面向21世纪课程教材
Textbook Series for 21st Century

城市地理学

（第三版）

许学强　周一星　宁越敏　编著

高等教育出版社·北京

城市地理学

（第三版）

许学强　周一星
宁越敏　编著

1　计算机访问 http://abook.hep.com.cn/1220925，或手机扫描二维码、下载并安装 Abook 应用。

2　注册并登录，进入"我的课程"。

3　输入封底数字课程账号（20位密码，刮开涂层可见），或通过 Abook 应用扫描封底数字课程账号二维码，完成课程绑定。

4　单击"进入课程"按钮，开始本数字课程的学习。

城市地理学（第三版）

进入课程

本数字课程资源与许学强、周一星、宁越敏编著的《城市地理学》（第三版）配套，是教材的补充和拓展，包含每个章节的PPT，共十五章。数字课程资源很好地展现了教材中的主要概念、理论、重难点，教学适用性好，有助于读者更好地掌握和理解教材，提高学生自主分析问题和解决问题的能力。

　　课程绑定后一年为数字课程使用有效期。受硬件限制，部分内容无法在手机端显示，请按提示通过计算机访问学习。

　　如有使用问题，请发邮件至 abook@hep.com.cn。

扫描二维码
下载 Abook 应用

http://abook.hep.com.cn/1220925

第三版前言

20 世纪 70 年代初,我们陆续从"五七干校"返回学校,"复课闹革命"。通过"内查外调",了解国际社会发展趋势和学科发展动态。我们深刻认识到,当今世界,不管历史背景和社会制度如何,城市化已经成为世界各国发展的共同趋势,城市地理学逐步成为地理学发展中最活跃的分支学科之一。而在我国,由于"文化大革命"的破坏,经济地理学及其专业受到冲击,经济地理学如何发展、专业如何办下去成为当时急需解决的问题。于是高校教师们开展大量的实践,寻找经济地理学的出路。随着拨乱反正,经济全面恢复发展,迫切需要开展区域与城市规划工作,为此,经济地理学工作者陆续参与区域与城市规划。以南京大学宋家泰、吴友仁教授领衔,全国相当部分地理学者开展了中国城市化、城市发展合理规模问题的研究。中山大学与香港大学合作,以学术、目标、问题为导向,先后召开四次城市发展、规划与教育学术讨论会。北京大学、南京大学、中山大学和杭州大学等高校受国家建设部的委托,开办一年制或短期的城市规划进修班等。这些都拉近了经济地理学与城市规划的距离,大大推动了城市地理学的发展!

1982 年中山大学邀请美国内布拉斯加大学地理系鲁格(Dean S. Rugg)教授为经济地理学专业学生系统讲述"都市地理学",为期两个月,对我们系统了解西方城市地理学有重要作用。1983 年 12 月华东师范大学严重敏教授的两位学生于洪俊、宁越敏教授出版了《城市地理概论》,这是我国第一本城市地理学专门著作,系统地讲述了城市地理学的基本理论和基础知识。许学强于 1982 年 9 月至 1983 年 8 月到香港大学进行学术访问,先后翻译和编译《西方城市研究的发展》《规划教育的回顾与展望》等,对介绍和引进西方城市地理学起了一定的作用。与此同时,许学强与香港中文大学朱剑如教授商议准备出版一本城市地理学书籍。在写作过程中,于、宁合作的《城市地理概论》已经出版,为避免简单重复,许学强与朱剑如重新调整全书的结构,删除某些在《城市地理概论》中已写得很详尽而从新书结构看又可省略的章节,多写一些 20 世纪 70 年代末、80 年代初的城市地理学新发展。在撰写过程中,关于国内部分的内容,除个别章节外,主要是作者当时的研究成果。该书因讨论了 20 世纪 80 年代中前期城市地理学的发展,包括激进地理学派(radical geographical school),所以书名定为《现代城市地理学》。初稿完成后,中山大学梁溥教授、北京大学周一星教授提出了许多宝贵建议。该书于 1988 年 11 月出版。后来周一星教授参与现代地理科学理论丛书编写,于 1995 年出版的《城市地理学》为丛书之一。

1985 年 11 月 11 日,中国地理学会人文地理专业委员会组织在无锡市召开了"中国首届城市地理学术讨论会"。会议由鲍觉民、宋家泰、钱今昔、吴传钧,人文地理专业委员会郭来喜,以及中国科学院南京地理所佘之祥、虞孝感等主持。国内 50 多个单位的 114 人及英国、日本两个代表团参加了会议。会议指出,"城市化问题是我国建设中面临的新的重要课题之一,如何从国情出发,研究出一套符合本国特色的城市化理论,对加快社会主义建设步伐至关重要"。宋家泰、严重敏、杨吾扬、吴友仁等 52 位参会者做了大会发言。许学强参加了会议,并宣读了与朱剑如合写的《努力发展我国的城市地理学》论文。时任《经济地理》主编的宋家泰教授认为这篇文章不错,决定发表在《经济地理》1986 年第 1 期。这篇文章的基本观点是:我们的城市地理研究目标不能仅停留在检验丰富西方城市地理学阶段,而要创建具有中国特色的城市地理学。我们要加强城市地理学理论研究,从我国实际出发,加强理论的概括,科学的推论,模式的创立;既要重视宏观的区域城市体系的研究,也要进行不同类型的单个城市的微观研究;要向相邻学科学习,填补学科空白;随着计量地理学的发展,引进和发展数量分析方法,提高研究水平。这篇文章于 2000 年 11 月获得《经济地理》创刊 20 周年优秀论文一等奖。

经过十多年改革开放,经济迅速发展,工业化程度大幅提升,城市化进程加快,地理学及有关学科把研究的目光投向城市,许多学校有关专业开始开设“城市地理学”课程,但苦于没有教材。这时,编写一本《城市地理学》教材的条件已经成熟。于是许学强于 1991 年邀请周一星、宁越敏合编一本《城市地理学》教材。三人一拍即合,并得到高等教育出版社的支持,教材被纳入高等教育出版社“八五”教材建设规划。经过几年努力,于 1997 年正式与读者见面。2000 年该教材荣获教育部科技进步三等奖。同年该教材又作为“面向 21 世纪课程教材”第四次印刷。2001 年我国加入 WTO,与世界进一步接轨,中国城市发生了很大的变化。2009 年《城市地理学》教材第二版修订出版,进一步丰富了城市地理学的内容。《城市地理学》(第二版)于 2019 年获得第二届中国地理学会全国优秀地理图书(普通高校教材)的奖励。

2014 年 5 月,习近平总书记指出,我国发展仍处于重要战略机遇期,要增强信心,从当前我国经济发展的阶段性特征出发,适应新常态,保持战略上的平常心态。之后习总书记系统阐述了新常态,指出新常态有几个主要特点:速度上,从高速增长转为中高速增长;经济上,结构不断优化升级;动力上,从要素驱动、投资驱动转向创新驱动,并强调“新常态将给中国带来新的发展机遇”,中国经济发展从此进入了一个新的发展时期。从地理学的视角来看,新常态下城市与区域发展的动力与要求正在发生一些新的变化。其中,中国低成本比较优势发生了转化,高水平引进来和大规模走出去正在同步发生;基础设施互联互通和一些新技术、新产品、新业态、新商业模式的投资机会不断涌现;新兴产业、服务业、小微企业作用更加凸显,生产小型化、智能化、专业化将成为产业组织新特征;人口老龄化日趋发展,劳动力要素驱动力减弱,经济增长将更多依靠人力资本和技术进步;个性化、多样化消费渐成主流;环境承载力已接近上限,必须推动形成绿色低碳循环发展新方式;等等。

为此,在高等教育出版社的支持下,编者决定对《城市地理学》(第二版)进行修订。

在修订过程中,力求坚持原书的基本特点:系统介绍城市地理学的基本理论、基本方法、基础知识;力求反映我国城市地理学的理论研究成果与实践经验;坚持定性与定量分析相结合,以提高理论深度与应用广度。同时,根据近年来城市发展环境的变化、城市的发展情况以及国内外的学术研究成果,对部分内容有所增减,在保留城市地理核心、经典内容的基础上,增加了一些内容。一是大数据研究方法、城市产业空间、信息化下的市场空间重构、消费城市、城市群发展等;二是新常态下城市发展的有关内容,如新型城市化、人口变化与移民、人口老龄化、中产阶层、城市贫困、绿色生态等;三是城市增长管理的内容。同时,对教材中的相关数据、参考文献等也进行了更新。

全书共 15 章,第二章、第三章第二至三节、第六至七章、第九章由周一星撰写完成,其中第三章第二至三节、第六至七章由曹广忠修订,周一星复核定稿,第九章由张莉修订,周一星复核定稿;第四至五章、第八章第一至三节由宁越敏撰写、修订完成;第一章、第三章第一节、第八章第四至五节、第十至十五章由许学强和周春山撰写、修订完成。全书由许学强统稿、修改及完善。李世杰、金万富、陈静、黎明、刘樱、刘松、王宇渠、曹永旺等协助许学强做了大量具体工作。甄峰教授审阅了书稿,提出了中肯的意见;陈正雄副编审在本书的撰写、修订、出版过程中做了大量组织、指导工作,在此表示诚挚的谢意。

在修订过程中,虽然尽了很大的努力,但限于水平和时间,本书难免还有疏漏和不当之处,望读者不吝赐教,非常感谢!

岁月在流逝,我们在成长。虽然这版《城市地理学》的作者有的已迈入耄耋之年,恐无法参与下一版的修订,但我国城市地理学的同仁志士良多,人才辈出,特别是中青年学者迅速成长,为共同推动中国城市地理学健康发展创造了条件。中国城市地理学的发展可以为祖国的美好未来贡献一份力量!

许学强

2020 年 12 月

目　录

第一章　绪论

要学习城市地理学，必须首先了解城市地理学是干什么的，与其他相关学科的关系如何，发展动态怎样。虽然这是初步的，但是，是十分必要的。

第一节　城市地理学的研究对象、任务、内容和方法

一、城市地理学的研究对象和主要任务

1. 城市地理学的研究对象

城市是具有一定人口规模，并以从事非农业的人口为主的居民集居地，是聚落的一种特殊形态。

城市是一种复杂的动态现象。它的兴起和发展受自然、经济、社会和人口等方面因素的影响。不同的历史时期，不同的地区，不同的社会经济发展水平和发展速度，不同的人口分布和迁移特点，都对城市的发展速度、性质、规模、空间组织等产生影响。

城市是一种区域现象。它在地球表面占据着一部分土地，虽然面积不大，但作为人类活动的中心，同周围广大区域保持着密切的联系，具有调控和服务等机能。

城市可以看作一个"面"，它的内部有各种构成要素的演变和组合问题。但从区域角度看，城市是一个"点"。几乎每个城市都是一个地区的经济、政治或文化的中心，每个城市都有自己的影响区域（腹地或集散区）。由于城市规模不同，影响范围有大有小，各城市影响区域之间也可能有叠加或交错。但每个城市都在其影响区域内起着焦点或核心作用。

由此可见，城市不但具有区域性和综合性的特点，而且是一个历史范畴。一方面，城市是人类文明的代表，时代经济、社会、科学、文化的渊薮和焦点；另一方面，城市也集中了整个社会生活、整个时代所具有的各种矛盾。所以，城市是一个动态的复杂巨系统。这个系统包含的内容很广，不仅包括生产、消费、流通等空间现象，也包括造成空间现象的非空间过程。

城市地理学的研究对象就是城市这一动态的复杂的巨系统。城市地理学主要研究在不同地理环境下城市形成、发展、组合分布和空间结构变化规律。它既是人文地理学的重要分支，又是城市学科群的重要组成部分。

2. 城市地理学的主要任务

一般来讲,城市地理学最重要的任务是揭示和预测世界各国、各地区城市现象发展变化的规律性。揭示和掌握世界各国、各地区城市现象的规律,属于认识世界的任务;科学预测世界各国、各地区城市现象的变化规律,属于改造世界的任务。

就我国来说,当前正处于新旧体制转型时期,新型城镇化建设向我国城市地理学提出了许多重大的理论和实践问题。比如,大、中、小城市的合理布局和城镇化水平的调控,区域城镇体系、城市群、都市连绵区的形成,农业劳动力转移,城市职能的更替和空间重组,城市可持续发展等问题。我国城市地理学的迫切任务,就是从我国的国情出发,解决城市发展和城镇化过程中不断出现的矛盾和问题,为制定科学的城市政策提供参考。

为了完成这一任务,城市地理学必须在总结我国实践经验的基础上,借鉴西方城市地理学的理论和方法,形成具有中国特色的城市地理学理论和方法。西方城市地理学经历了近百年的发展,是无数地理学家和其他社会科学家智慧的结晶,我们应取其精华,洋为中用。同时,应该注意到任何理论的产生都不能超越其时间和空间的限制。虽然,对于许多表面看来抽象晦涩、远离现实的学说,如果从它们的主导思想倾向和基本原理进行深入分析,都可以在现实生活中找到它们产生和发展的根源,都有着理论的客观性。但是,所谓理论的客观条件是相对的,总是有时代的局限性,受原创者和倡导者的立场观点所制约,其中也掺杂着不少主观成分。作为社会科学的城市地理学也毫不例外。因此,我们在学习西方城市地理学的理论和方法时,必须保持清醒的头脑,绝不能不顾国情,生搬硬套。更何况西方理论本身在西方的国度里也不是完美无缺的,而是在发展与完善之中。同时,西方理论,尤其是通过归纳法而得到的理论,其归纳范围仅仅局限于过去一段时间的西方社会经验。即使是今日的西方社会也不一定适用,更何况是不同时期的非西方社会! 例如,在城市化与工业化的关系方面,在西方18、19世纪的时空条件下,城市化确实促进了工业化。可是今天许多第三世界国家的城市化,并没有带来相应的工业化。

现代城市地理学的主要理论和模式,其归纳范围主要是西方城市,特别是欧美的城市,这是因为在第二次世界大战以前,城市化地区和大城市主要集中于欧美地区。然而第二次世界大战以后,第三世界城市化速度非常快,可以预料,在不久的将来,世界上大部分城市人口,大部分大城市将出现在第三世界,而欧美地区的城市和城市人口在世界上所占比例将越来越小。因此,其代表性也将有所降低。未来城市地理学的理论和研究方法,如忽略第三世界的城市进行归纳法和演绎法研究,那么,这种理论和研究方法便不可能有充分的代表性,必然缺乏现实意义。

我国有着丰富的实践经验,有着可以发展高水平的城市地理学的土壤。然而,可惜的是,我们缺少理论的概括、科学的推论、模式的建立。我们知道,一种理论,一个研究模式的创立、发展和运用是无数学者、实践者共同努力的结果。因此,我们应该不断总结我国城市发展的过程,并对西方理论加以验证,在吸收西方有益理论的基础上,探讨和建设具有中国特色的城市地理学的理论体系。

当然,城市地理学的发展离不开教学和研究的专业人才。从教学、研究来看,都需要不同层次的城市地理学专业人才。教学上,既需要高等教育的城市地理学教学人员,也需要中等教育的教学人员;研究上,既需要一定数量的有较深造诣的专门研究人才,更需要大批能从事基本问题研究的普通研究人员。所以,专业人才培养是促进城市地理学发展的有效途径,也是这门学科的任务之一。在城市化水平迅速提高的今天,不论是专业人才的培养,还是人们文化素质的提高,都需要广泛普及城市地理学教育。通过对城市地理知识的学习,不仅可以使广大公民,特别是青年了解当今城市地理学的发展现状和趋势,以及它的重要地位与作用,而且可以使其结合个人的工作实际,更好地认识和处理城市活动与资源开发的相互关系,进而更好地为经济和社会发展服务。

二、城市地理学研究的主要内容

城市地理学研究所涉及的内容十分广泛,但其核心是从区域和城市两种地域系统中考察城市空间组织,即区域的城市空间组织和城市内部的空间组织。城市地理学研究的主要内容可以概括为以下几个方面。

1. 城市形成与发展条件研究

城市地理学主要研究、评价城市的地理位置、自然条件、社会经济与历史条件对城市形成、发展和布局的影响。

2. 区域的城市空间组织研究

城市地理学在区域层面对城市空间组织的研究主要包括以下几个方面。

（1）城市化研究

城市化研究包括城市化的衡量尺度、城市化过程(包括逆城市化过程)、城市化阶段、城市化动力机制、城市化的效果与问题、城市化水平预测、各国和各地区城市化对比研究、郊区化、乡村城市化,以及全球化和信息化发展趋势对于我国城市化过程的影响等。

（2）区域城市体系研究

我国的城市体系研究一般侧重从区域角度、整体观点分析一国或某一地区城市体系的等级规模结构、职能结构、空间结构和发展趋势以及城市体系的理论、模型和方法等。近年来,区域城市体系研究包括对城市带和城市群、都市区与都市连绵区的研究以及区域城市发展的研究、城市经济区的划分、中心城市及不同层次城市体系的特征和发展研究、经济全球化下的城市体系研究和新技术方法的应用等。

（3）城市分类研究

城市分类研究包括规模分类、形态分类和职能分类,通过对一国或某一地区城市的考察,拟定分类的依据、指标和方法,划分出各种类型的城市。城市分类研究主要侧重职能分类,其方法从定性到用统计方法处理,如今发展到把一定地域内各城市的经济与非经济的变量加以综合,用多变量分析方法找出城市之间的异同。

3. 城市内部空间组织研究

目前城市内部空间组织的研究主要集中在城市功能分区、城市功能区演化、城市土地利用、社会空间、行为空间和感知空间等。

城市内部一般分化为居住、工业、交通、商储物流等功能区域,城市地理学研究这些区域的特点、兴衰更新,以及它们之间的相互关系。随着大城市的迅速发展,以及城市化进程的加速,城市边缘区面临一系列新的问题,如"城中村"、产业结构转型、人口城市化、土地利用优化与管理等。随着城市迅速发展和土地使用制度的改革,有关土地利用的研究更加深入,包括城市土地利用的现状评价与定级分析、土地利用演化及动力机制、土地利用管理等。

城市内部空间组织研究还包括以工业、服务业为主导的产业空间,以商业网点为核心的市场空间,由邻里、社区和社会区构成的社会空间,以及从人的行为考虑的感知空间等的研究。城市因为产业的聚集而发展,产业结构演化及新产业的出现对城市发展有重要的影响,因而城市产业空间一直是城市地理学研究的重要内容。第三产业的迅速发展,使得市场空间、商业空间的研究成为城市地理学研究的热点内容之一,内容涉及商业网点的布局、中心商务区、消费者行为等。社会空间结构的研究主要在引进西方理论和方法的基础上,研究居住空间和社会空间、感知空间、城市环境质量地域分异、流动人口、社会极化、城市贫困、犯罪和社会公平等。

4. 城市可持续发展研究

进入 21 世纪,可持续发展是全球面临的共同问题。城市作为人口、产业最集中的区域,可持续发展问题十分重要。城市地理学研究在城市发展过程中如何处理好人口、自然、环境的关系,加强城市管治、体制及政策研究,解决城市发展中出现的环境、交通、住宅、内城贫困等问题,使自然与人和谐,使城市成为人类的安全、富裕、健康、平等、适宜居住、适宜创业的家园。

5. 新方法、新技术应用和新领域的研究

首先要强调,我们不是研究新方法、新技术的本身,而是研究新方法、新技术在城市地理学中的应用。

20 世纪 90 年代以来,数量方法、系统动力学、仿真技术、计算机技术在城市职能划分、土地定级、城镇等级结构分析、城市系统演化规律分析、城市空间形态的计量分析等方面得到广泛应用,大大提高了城市地理学研究的科学性和实践应用能力。遥感技术、GIS 技术的逐步推广和二者的应用相互结合,为城市地理学的研究提供了重要的工具,为实例研究的数据处理提供了便利,大量应用于城市形态及其演变、城市布局、城市土地利用、社会空间等方面的研究。带有地理空间信息的"大数据"为城市地理学的研究提供了丰富的数据来源,目前"大数据"在城市功能区、热点区和边界鉴别,行为和消费研究,以及社会空间与社会网络分析等方面的研究中已经得到较多应用。

在知识经济的影响下,城市的主要发展趋势表现在:网络化的世界城市体系正在形成、大都市带的地位和作用得到强化、城市职能发生新的分化和整合,以及城市地域空间结构优化与重组等几个方面。随着经济全球化、信息化和社会经济发展,城市地理学的研究内容将不断丰富,出现许多新的研究领域,而且这些研究成果与实践的结合必将促进社会经济的发展。

面对经济的全球化和世界城市体系形成,各国传统的国家、区域和地方城市体系都将直接或间接地受世界城市体系的影响,中国也不例外。因此,我们应该将中国的城市地理学研究置于经济全球化的大背景下来进行。目前,中国扮演了"世界工厂"的角色,在对外贸易中工业制造品出口已经占据主要地位,成为国际分工体系的重要参与者。但是从现代产业新的垂直分工体系

来看,发达国家及其跨国公司凭借在资金、技术、品牌等方面的优势,在许多领域依旧占据着附加值较高的产业或产业环节,中国还处于相对不利的地位。在这种形势下,对区域发展和城市化的研究应尽量克服传统的依附理论从外部原因来解释不足,而从外部和内部两方面来进行。更重要的是,应把理论研究的着眼点放在如何改变中国在国际分工中的不利地位。这都要求城市地理工作者站在全球的高度分析问题和解决问题。

三、城市地理学的研究方法

科学研究不仅需要有方法论的指导,还需要有得力的研究工具、研究方法。作为人文地理学的重要分支,城市地理学的研究依然遵循人文地理学的一般程序,即选择研究课题—制订研究计划—收集、整理资料—实地考察—分析研究—成果总结。

城市地理学是研究城市现象的规律,而城市是自然与社会结合的产物,所以城市地理学的研究方法也表现为自然科学方法论与社会科学方法论的交汇。经多年积淀,从哲学层面,城市地理学已形成经验主义、实证主义、人本主义和结构主义等多种方法论。归纳法是经验主义方法论的基础,经验主义方法的特征是通过观察、实地调查、综合归纳,最后进行经验判断与评价,得出结论。实证主义又称为逻辑实证主义,在20世纪50年代末产生的地理学"计量革命"后得到广泛运用。实证主义方法论使得地理学作为空间科学重建了研究内容和理论主体,例如城市地理学就确立了中心地理论、工业区位论、空间相互作用理论等。针对实证主义忽视了人的主体倾向,一些学者从个体行为的角度进行研究,他们把客观存在看作人为的心理构造,形成人本主义方法论,主要应用于文化历史方面的人文现象研究。结构主义是根据因素之间的关系,而不是根据事物和社会事实来解释现象,结构主义方法论是从结构的整体性去认识事物,试图超越地理因素寻求深层结构来解释地理现象。每种方法论适用于某些方面,但都具有其局限性,城市地理学应博采众长,加强跨学科的交叉研究。从具体的方法层面,城市地理学的主要研究方法可分为质性方法、定量方法、地理信息技术与空间分析法和大数据技术等。

1. 质性方法

质性研究是对事物的质的方面的分析和研究,目的是通过解答所研究事物"是什么"以及现象"为什么会发生"等本质性的问题,继而对所研究的地理现象和过程进行深度描述,从而实现对研究对象的特征、本质和机理的诠释和解释。质性研究侧重用文字描述、阐述来探索事件、揭示现象和发现问题。

（1）描述法和比较法

对地表各种现象的分布进行记载和描述是地理学最古老的传统,描述有文字描述、数字和图形描述等方式,古老的地方志和近代的区域地理就是这一传统的产物。比较就是比较两个或两类事物的共同点和差异点,通过比较能够更好地认识事物的性质,通过空间上的比较,区域差异和区域个性可以比较生动形象地显现出来,通过时间上的比较,区域过程和空间动态特征得以刻画。但是,地理比较法的应用首先必须注意研究的问题有可比性,无论是在时间序列还是空间系列方面。如第二次世界大战期间,美国曾经出现这样的统计报道,说在战场的死亡率是0.9%,比在美国本土的死亡率还低,鼓励参军,实际上它们之间是不可比的,它忽略了两地的人口构成的差异,是一种误导。其次,要对对象的实质进行比较,不要因为某种表面上的相同而忽略实质上的差异,也不要因为表面上的差异就忽略了实质上的相同。传统描述法和比较法在城市地理学研究中应用最早,现在仍然有生命力。

（2）访谈法

对于某类现象无法直接观察和获取相关资料时,可采用访谈法。访谈法可分为单人访谈和会议座谈两种形式。访谈时应根据问题的性质确定访问对象,并事先做好准备工作,列出详细的访谈提纲;若在访谈中发现有矛盾,则应重点深入调查,并结合自己掌握的情况做出正确判断。

城市地理学的质性方法应用集中于对社会问题的研究,关注和理解社会情境与个体行为的互动过程。研究主题与结构主义、马克思主义、女性主义、人本主义和后现代主义思潮下产生的研究问题相同,包括特定社会群体如何应对城市化、郊区化、全球化等社会和制度宏观变革,具体内容有城市贫困、种族隔离、性别差异、空间剥夺、绅士化等。基于微观个体尺度的城市研究兴起,个体经历和个体行为的城市社会空间分析,试图揭示全球化、信息化时代背景下城市空间快速变革、社会空间复杂化的过程和机制。

2. 定量方法

在古代地理学中运用数学方法仅仅是为了描写地理事件、地理事实和记载地理知识,在近代地理学中运用数学方法只是局限于对地理现象的解释性描述,而现代地理学的数学方法受到计量革命的深刻影响,旨在进一步深入进行定量化研究,以揭示地理现象发生、发展的内在机制及运动规律,从而为地理系统的预测及优化调控提供科学依据。现代地理学数学方法的出现反映了地理学朝着定量化方向发展的新趋势。这种新趋势是在地理学研究中以定量的精确判断补充定性的文字描述的不足,以抽象的、反映本质的数学模型去刻画具体的、庞杂的各种地理现象,以对过程的模拟和预测来代替对现状的解释和说明,以合理的趋势推导和反馈机制分析代替简单的因果关系分析。

（1）问卷调查和社会统计学方法

城市地理学的许多内容涉及人的行为研究,如商业活动、交通运输、旅游活动、资源利用、区位选择、全球经济区域化、城市化等。因此,借助于社会科学的研究方法是必要的。

社会学的问卷调查以及社会统计学方法在城市地理学中已经有很广泛的应用,如对游客的出行动机调查、流动人口的生活情况调查等。问卷调研抽样时应注意样点选择的随机性和样点分布的均匀性,使抽样结果具有代表性。调查问卷中的问题应较为明确、简单,易于填写和回答。通过预先设计的调查问卷可以获得研究所需要的原始数据,对这些数据进行量化处理和分析就要求助于数理统计。在开始分析之前一定要弄清将要进行的统计假设检验,了解它的性质和适用范围。对诸如推算两相邻地区的某地理要素如气温、降水、作物产量等平均值之类的问题,需要先对未知母体的参数或分布情况做出某种假设,再根据抽样理论选取适当的统计量,然后根据实测的样本资料来对所做的假设进行检验,从而判断原假设是否正确。

（2）统计分析与数学模型

早在古希腊时期,著名学者埃拉托塞尼(Eratosthenes)就运用古代几何的成就对地球的周长进行了量算,可以说是计量地理学的先驱。经济学中的区位论,如杜能(J. H. von Thunnen,1783—

1850)的农业区位论、韦伯（A. Weber，1868—1958）的工业区位论、克里斯泰勒（W. Christaller，1893—1969）的中心地理论、廖什（A. Losch，1906—1945）的市场区位论以及艾萨德（W. Isard，1919—2010）的区域经济方法等被移植到地理学中，开创了地理学运用数学分析的新时代。20 世纪60 年代经过美国的华盛顿小组、英国的剑桥学派和瑞典的隆德学派的学术活动，把这些方法引入地理研究的各个领域，采用模式化的方法，使地理学从单纯的归纳过渡到以理论演绎为主，通过实验反馈来丰富完善地理学的科学内涵。

城市地理学的数学模型主要分为三类。一为统计分析模型，用于定量揭示地理要素之间相互关系以及各种地理现象的空间分异规律，主要有相关分析、回归分析、聚类分析、主成分分析、因子分析等。二为规划与管理模型，用于工业、商业、交通运输规划及管理、多目标规划决策，如可达性、最短路径等问题，主要有线性规划方法、多目标规划方法、随机型决策方法、层次分析方法和网络分析方法等。三为系统分析模型，可以用于分析城市、区域经济系统中各产业之间的相互关系，主要有模糊数学方法、灰色系统方法、系统动力学方法和投入产出分析方法。

对地理学进行实验模拟的难点在于面对的是复杂巨系统，目前还没有更加完善的数学工具产生，地理现象或过程的复杂性和要素之间的不确定性严重影响了模型的真实性和可靠性。或许这正是计量革命遭受种种责难的原因之所在。因此，在城市地理学研究中应用模型要谨慎行事。

（3）地理计算

20 世纪 90 年代中期，国外学者正式创造了"地理计算"（geocomputation）一词。作为计量地理学的深层次发展，地理计算对整个地理科学尤其是对城市地理学的理论模型和应用研究，已经产生并将继续产生深远的影响。地理计算的出现与发展，得益于计算机技术和计算机理论方法的大发展，也得益于复杂科学研究的兴起和深入。复杂科学属于横断科学，发展了一套解决复杂系统问题的方法，如神经网络（neural network，NN）、元胞自动机（cellular automata，CA）、遗传算法（genetic algorithm，GA）、多智能体（multi-agent system，MAS）等。神经网络、遗传算法、细胞自动机等在地理计算中占有重要地位。这些方法在空间决策、城市模拟、农田保护、交通运输等传统地理问题研究中均有尝试，取得良好的效果。还有人用相似性匹配（similarity matching，SM）技术对环境和地理问题的复杂性进行尝试性探讨，不一而足。

城市地理学需要以定量方法作为工具支撑。对于城市规划与管理决策者而言，定量方法是获取更为合理、可信、有效数据的一种重要手段。定量方法能以多种方式、多重侧面详尽而精确地解释事情的状态特征和演变过程，合理推测未来发展规律，提供多重决策。这是社会对计量地理学的基本要求，也成为城市地理学定量方法继续存在并努力发展的动因。

3. 地理信息技术与空间分析方法

地图被称为地理学的第二语言，地图实质上是地理空间的模型化。地图方法对各分支地理学来说都是重要的基本方法，通过编制地图可以发现研究对象的地理分布规律和有关对象之间的相互关系。与语言文字不同，它用符号、图标按照一定的规则（如比例尺、投影、坐标），通过制图专家精心挑选的制图信息来反映地理空间特征。

随着计算机技术，尤其是计算机图形学的突破，纸质地图逐渐有了新的形式——电子地图。20 世纪 60 年代发展起来的地理信息技术通过空间数据库，大大提升了地理学处理数据的能力，地理学中的信息革命由此开始。地理信息技术从数据的采集、存储、分析、显示等侧面加强了地理数据处理能力,尤其是能够作为统计信息、地图信息、遥感信息、全球卫星导航信息等多种信息源的集成平台,使地理信息时空分析成为可能。

地理信息技术的核心就是空间分析,空间分析是将统计分析的方法应用于点、线、面的空间分布模式的分析,强调地理空间本身的特征、空间决策过程和复杂空间系统的时空演化过程分析。常用的空间分析方法有空间查询、空间量算、缓冲区分析、叠加分析、网络分析、空间插值和空间统计分析等。空间分析方法不断发展,区域综合研究得到强化。利用地理信息系统的空间分析功能,结合城市地理学的专业知识,还可建立各种类型的辅助决策模型,大大提高城市管理与规划决策的科学性和效率,增强了城市地理学解决实际问题的能力。

从学科发展的角度,信息获取与管理能力的提升将推动学科重新审视研究范式的进程,提出面向新时期社会需求、复杂城市问题的新范式。

4. 大数据技术

伴随着移动通信技术的快速发展以及定位应用程序的普及,带有地理空间信息的数据成为"大数据"中的重要部分,为城市地理学研究的发展提供了新的机遇,也契合了人文地理学"计量转向"与"社会转向"的发展规律。

人文地理学的发展由早先的以定性描述分析为主到计量革命后的定量方法兴起,到20世纪七八十年代以后定性与定量相结合的研究模式,再到大数据环境以数据驱动的地理学研究,这其中通过对人与自然交互活动过程的实时、精细、动态感知,使从原先只能由结果去推断过程的研究模式转变为可以对事件发生的全过程实现可感、可知、可控的革新。这就是以数据驱动,特别是大数据环境人文地理学研究范式的一个创新。

目前,大数据技术已经在城市地理学的许多领域中得到一些初步应用。大数据技术促进了从社会经济活动来揭示城市功能区、热点区和边界鉴别的研究。行为消费的研究,比如通过电话记录比较城市和乡村居民经济行为的差异,根据已经掌握的出租车轨迹来建立电动车充电桩方案,利用公交卡数据来分析人们出行的行为规律。

尽管大数据宣称是用全样本在做数据分析,但其实调查群体存在很大限定性,或者说存在数据有偏性。如社交网络数据是基于对使用社交网络人群的调查,对于不用社交网络的人,如大多数老年人、未入学的少年儿童和因贫困没有能力购买社交电子产品的人来说,大数据技术显然在目前是无能为力的。再如获取公交刷卡记录的前提是对使用公共交通者的出行规律进行调查,对于通勤范围很短,没必要使用公共交通工具的人来说,大数据的使用便存在一定局限性。而针对数据有偏性,一些研究已经开始积极采取对应方法,例如加强对局部群体的行为特征研究,或者是结合其他数据对同一问题进行研究,来保证研究结果的稳定性。

同时,城市地理学者也面临着数据决定论、数据分析方法准备不足以及数据自身缺陷所带来的危机与挑战。在"大数据"热潮下,无论是定量研究还是定性研究,无论是"大数据"的研究还是"小数据"的研究,都应当给予同样的重视,数据规模与数据的采集、分析和阐述并无很大的关联。并且,还需要警惕由于数据垄断可能带来研究的"数字鸿沟",城市地理学研究在研究方法与内容等方面应与其他学科进行更多的跨学科合作。

第二节　城市地理学学科性质及其与相关学科的关系

一、城市地理学的学科性质

城市地理学是地理学范畴内的三级学科,属于人文地理学的一个分支。主要研究城市现象的各种类型和过程,包括:① 描述性研究,即描述城市现象的空间分布特征;② 解释性研究,即研究城市现象的因果关系;③ 评价性研究,即既要认识资源空间分配的不平衡性,又要识别符合效益和社会公平标准的状态。城市地理学属于自然科学的边缘学科(尽管它可以借用自然科学的某些方法和手段来解决问题),其研究对象是人和人类社会经济活动的集聚地——城市。城市的发展受自然环境的影响,同时又影响自然环境,因而有些地理学者从事城市与自然环境之间关系的研究。但是,城市的主体毕竟是人及其活动,其作用机制虽然也受自然规律的影响,但更主要的是受社会经济规律支配。因此,城市地理学的学科性质与地理学有较大的差异。在我国,地理学属于自然科学,而城市地理学常常被认为是自然科学中的社会科学。在一些发达国家,技术进步使得改造自然的能力提高,自然规律的作用力逐步减小,因此,在一些国家的学科分类上,城市地理学完完全全地被划归进社会科学。

图 1-1 表示了城市地理学在地理学各主要分支学科中的地位。可见,城市地理学是属于社会科学范畴的地理学科,是一门特殊的社会科学。城市地理学的特殊研究内容以及研究中所采用的方法使其具有独特的一面;但当地理学者更进一步考察城市的格局和过程,把城市看作各种社会力量的一种空间表现形式时,城市地理学将与其他学科进一步接触,并朝着一门综合的社会科学的目标发展(图 1-2)。

主题	研究领域						
	地貌学	气候学	历史地理学	经济地理学	社会地理学	城市地理学	区域地理学
地球表面	▲					?	▲
大气现象		▲				?	▲
历史发展			▲			▲	▲
经济活动				▲		▲	▲
社会组织机构和制度					▲	▲	▲

图 1-1　城市地理学在地理学中的地位

二、城市地理学与相关学科的关系

城市是一种特殊的地域,是地理的、经济的、社会的、文化的区域实体,是各种人文要素和自然要素的综合体。因此有许多学科以城市作为研究对象。除了城市地理学以外,比较成熟的学科还有城市经济学、城市社会学、城市规划学、城市生态学等。它们各自从不同的侧面研究城市的某种矛盾和运动过程。城市现象的复杂性,使得这些学科之间存在着密切的联系(图1-3)。

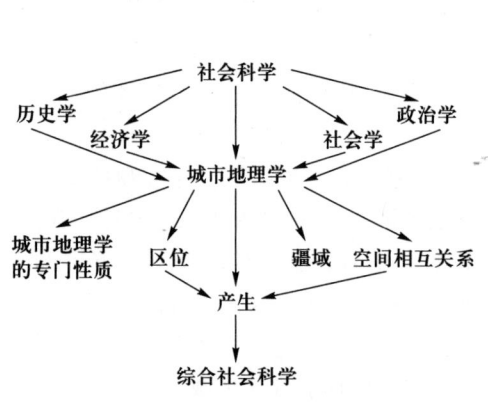

图 1-2　社会科学中的城市地理学

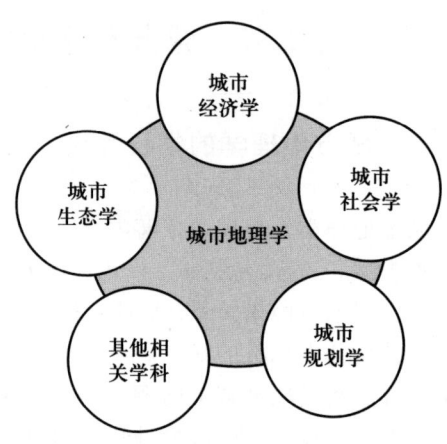

图 1-3　城市地理学与相关学科的关系

1. 与城市经济学的关系

城市经济学起源于城市土地利用和房地产的研究。20世纪70年代以来,它才逐渐成为综合研究城市特有经济关系,即城市固有的经济问题及其发展规律的学科。城市经济学研究的经济问题(如城市的财政税收,城市土地管理,城市建设的投资来源等)与城市的发展休戚相关,研究成果有可能解决城市固有的经济问题,给城市带来直接的经济效益。因此,城市经济学与实际结合得更紧密。城市地理学在研究城市时,往往把经济作为一个影响因素来分析,或是研究经济问题的空间表现形式及其与城市发展的关系。由于经济发展与城市发展关系密切,所以城市地理学十分注意吸收城市经济学的研究内容,反之,城市地理学的研究成果对城市经济学亦有一定的参考价值。

2. 与城市社会学的关系

社会学以研究社会问题为己任,而城市以人口密集为首位特征。因此,许多社会问题都较为集中地发生在城市里,这些问题也称为城市问题。所以,城市社会学是研究城市社会问题的学科。在城市里,不论什么事,只要构成"问题",必然与城市居民发生联系,必然是个社会问题。20世纪70年代以后,随着西方国家社会问题的日趋严重,城市问题也成为城市地理学的研究内容之一。在研究方法上,城市地理学和城市社会学互相取长补短,在研究内容上相互融合。然而,两门学科的区别仍然十分明显,城市地理学研究社会问题的目的在于探索规律性,强调从空间出发研究和解决城市问题,为政府决策作参考;而城市社会学则注重社会实践,探讨促进社会发展,特别是城市社会进步的有关问题和对策。

3. 与城市规划学的关系

城市地理学与城市规划学是具有渗透关系的相互独立的学科。两门学科在学科性质和研究方向上存在着根本的区别。城市地理学是一门地理科学,是研究城市地域状态和分布规律的一门地理科学。而城市规划学是为城市建设和城市管理提供设计蓝图的一门综合科学。两者都以城市为研究对象,但是侧重点和研究方向根本不同。城市地理学不仅研究单个城市的形成发展,还研究一定区域范围内的城市体系产生、发展、演变的规律,理论性较强。城市规划学则从事单个城市内部的空间组织和设计,注重为具体城市寻找合理实用的功能分区和景观布局等,工程性较强。

城市地理学与城市规划学的相互联系也是十分密切的。城市地理学需要从城市规划学的进展中汲取营养,去探讨更全面的城市地域运动规律。而城市规划学则需要以城市地理学的知识来充实自己的设计理论,并具体运用到规划实践中去。但是,两者间不存在一一对应的指导与应用关系。城市地理学除可以应用于城市规划,还可以应用于国土整治和区域规划等其他领域,同时也具备直接解决实际问题的能力。城市规划学是一门综合性很强的科学,它在规划和设计城市时,除需要运用城市地理学知识外,还需要运用建筑学、自然地理学、力学、哲学等多方面的理论知识。

4. 与城市生态学的关系

城市生态学是研究城市生态系统的科学。城市生态学主要研究城市中自然环境与人工环境、生物群落与人类社会、物理生物过程与社会经济过程之间的相互联系及相互作用。城市生态学源于帕克(R. E. Park)、伯吉斯(E. W. Burgess)等人于 20 世纪 20 年代创立的人类生态学。他们多以社会现象来类比生态世界,认为在城市内部的土地利用与居民活动中,存在着与生态学中相似的模式与联系。城市生态学到 20 世纪 50 年代以后,随着城市问题日趋增多和严重而大规模发展起来。早期的城市生态学对城市地理学家研究城市地域结构、建立地域结构模式产生了重大影响,并使地域结构成为城市地理学的研究内容之一。20 世纪 50 年代以来,城市生态学和城市地理学的研究内容都迅速拓展,并相互交叉。城市生态学的"系统"和"平衡"的思想为城市地理学研究所吸取,并融入有关城镇体系、城乡关系、城市的吸引力和辐射力、城市中心作用和中心城市作用等研究之中。

以上简单介绍了其他以城市为研究对象的主要学科与城市地理学的关系。这些学科从不同角度、不同层次观察、剖析、认识、改造城市,城市地理学在研究城市的过程中,只有不断吸收这些学科的新进展,不断拓宽研究领域,才能成为社会科学中不可缺少的组成部分,并促进社会经济的发展。

第三节　西方城市地理学的发展简史

西方城市地理学发展根据研究重点不同可以分为以下 6 个阶段。

一、1920 年以前

城市地理学在地理科学体系中是一门年轻的学科,从建立至今约 1 个世纪。在此之前,城市地理学是聚落地理学(或称居民点地理学)中的一个组成部分。

19 世纪前后,工业革命的浪潮席卷西方资本主义国家。大机器生产为城市发展提供了强大的动力,城市开始以空前的速度向外扩张,城市人口在总人口中的比例出现了飞跃般的增长。到

20世纪初,西方资本主义国家相继完成了工业革命,形成了许多世界瞩目的特大城市。与此同时,欠发达地区也出现了一批繁华的港口城市,尽管这些城市中的多数,带有严重的殖民主义色彩。这一期间,地理学家从人地关系的角度研究聚落。城市研究没有独立的理论和方法,深受地理环境决定论的影响,尤其强调地理位置决定城市的命运。研究城市的内部时,往往描述建筑的形式、当地的自然条件、建筑与街道的组合形式、屋顶的式样、材料的种类等。

二、1920—1950 年

工业革命使世界的经济结构发生了变化。经济活动的重心转向城市,农村逐渐成了配角。城市的物质条件和生活方式对农村人口产生了强大的吸引力。在人们的精神世界中,城市被罩上了绚丽的光环。世界开始进入城市主导人类生活的时代。

这些变化,引起了人们观察城市、研究城市的兴趣。随之,关于城市的各种理论和学说也陆续问世。城市是发生于地表的普遍宏观现象,有一定的空间组织,有很强的区域性和综合性。因而,研究城市的第一批理论,不管作者是否是地理学家,几乎都属于地理学范畴。

20世纪20年代,美国芝加哥大学从社会学的角度来研究城市。社会学家帕克(1864—1944)、沃思(L. Wirth,1897—1952)和伯吉斯(1886—1966)对城市小的住宅区、工业区及中心商务区的形成和变迁做了大量的调查研究工作,对人口的地域分布过程和机构设置、调整过程亦做了大量分析,创立了城市结构的同心圆模式。在研究中,他们使用了生态学的方法,被称为"人类生态学的芝加哥学派"。在此基础上,发展了后来被广泛引用的城市土地利用结构的三模式。

受芝加哥学派的影响,这一时期的城市地理学研究转向实地考察,观察城市实际景观,研究城市内部的土地利用。热衷于划分城市内部的功能区和城市的吸引范围。同时地理学对城市体系的研究有了很大的发展,其中特别值得提出的是克里斯泰勒的中心地理论。克里斯泰勒于1933年发表了《德国南部的中心地》一书,首先揭示了城市规模等级、空间分布、职能层次规律,对城市构成的中心地等级体系做了深入的研究。

1950年以前的城市地理学研究有两大特点:第一,把物质环境的约束条件看成城市命运的决定因素;第二,对城市做形态上的研究,忽视成因的动态分析。此时,虽已初步奠定了城市地理学的研究重点,出现了一些理论,但城市地理学尚未完全成为独立的分支学科。城市地理学研究系统的、大规模的开展是在第二次世界大战后,尤其是1950年以后。

三、1950—1970 年

第二次世界大战期间,欧洲许多城市被毁,世界上许多城市因战争而衰微破败。大战结束后,人口纷纷返城,经济急待恢复,尤其是欧洲、日本、东南亚一带。人们在废墟上重建城市,在不断增长的人口压力下扩展城市,急需了解城市的构成和布局,需要对城市进行系统的研究和规划,从而大大刺激了城市地理学的发展。

第二次世界大战后,地理学经历了"计量革命",1958—1962年达到高峰。传统的克里斯泰勒的中心地理论在20世纪30年代并没有引起广泛注意,他的著作也没有明确引用城市系统的概念。到20世纪60年代,克里斯泰勒的著作被翻译成英文,中心地理论的影响迅速扩大,许多地理学者,后来还有经济学者、社会学者都投入了城市系统的研究。其中特别值得一提的是计量地理学家布恩·贝里(B. J. L. Berry),他用数理统计方法对中心地理论进行了许多实证研究,发表了大量的文章和专著,他的《城市作为城市系统内的系统》(*Cities as system within systems of cities*)一文,把城市人口分布与服务中心的等级联系起来,是城市系统研究的一个重要转折点。从那以后,关于城市系统的文献逐渐丰富起来。不少学者认为,如果说克里斯泰勒是城市系统研究的理论家、奠基人,那么,贝里就是城市系统研究的实践者和推动者。因此,"计量革命"使城市地理学研究从形态学的城市景观转移到了空间分析上来。

20 世纪 50 年代空间学派兴起以后,城市地理学的框架建立了起来,其研究对象可分为两大部分:① 宏观城市空间,即城市之间构成的空间,集中在城市体系研究上,主要内容包括空间的形成——城市化、城市规模分析、空间格局、职能结构和网络形式;② 微观城市空间,即城市的内部空间,集中在城市土地利用模式上,主要内容包括城市用地分异过程、各功能要素的区位分析和土地利用模式。

四、1970—1990 年

进入 20 世纪的 60 年代和 70 年代,美国和西欧的社会问题越来越严重,发生过多次大规模的社会动乱和反政府行为,如黑人运动、学生运动、内城暴动等。与此同时,就业、住房、交通、环境卫生、治安等城市问题也日趋严重。对于这些激烈的社会冲突,原有的西方正统理论无法解释,这就刺激了不同学科的学者从不同的角度进行研究,寻找新的解释。城市地理学也受其影响不断开拓新的研究领域,探索新的理论。在这一时期,对城市地理学的发展影响较大的主要是社会科学的研究。

英国一批年轻的新韦伯主义社会学家致力于研究地方政府在城市发展中的作用,特别是在城市空间资源分配中的作用。他们认为城市资源的分配不仅应考虑经济因素,而且应考虑空间公平。他们认为技术进步、人类特征变化会对城市发展产生重要影响,不同意把城市中发生的问题完全归于生产方式、归于制度。美国城市社会地理学家段义孚(Y. F. Tuan)等从研究社区与人的关系出发,运用行为科学和现象学,开展了个人性格如何影响家庭和房屋的装饰的分析,并伸展到群体的性格如何反映到所谓"文化景观"的分析;他们特别强调"地方"(place)这一概念不仅是一个几何空间,还包括了人地之间的关系。在城市地理学的发展中,段义孚等人的研究对剖析城市内居民与其邻里区域所产生的亲切感或疏离感和冷漠感,做出了很大贡献,也扩大了城市地理学的领域。在实际应用方面,段义孚对内城重建和拆迁过程中,如何破坏,或如何保存这一人地感情方面,提出了不少建设性的意见。

曼纽尔·卡斯特(M. Castells)是一位西班牙籍的社会学家,当代城市理论研究的带头人。卡斯特和他的同事全面批判了芝加哥学派的城市社会学理论,认为帕克和沃思混淆了资本主义社会组织和具体的社会区位之间的因果关系。与新韦伯主义不同,他们认为城市问题实际上是资本主义内部矛盾的结果。

在这些研究的影响和带动下,城市地理学中出现了人文学派、行为学派和激进学派。人文学派和行为学派认为空间学派将人地关系物化,忽视了人在塑造空间结构方面的作用。行为学派强调,要分析空间形式,首先必须分析个人的决策过程。他们从日常生活的社会心理学出发,特别注意文化、价值、非正式团体、城市机构等在人类空间行为中的作用。激进学派的代表人物是英国地理学家和政治经济学家哈维(D. Harvey)。以他为首的这派学者认为,计量方法仅从统计入手认识存在的类型,而行为学派只注意个人行为,忽视了社会对人类决策的制约,割裂了主、客观的联系。他们以社会冲突为核心,强调一切应从政治、社会、行政、文化背景加以认识,认为要解释城市的结构,必须了解资本主义制度、政治经济环境和政治权力作用。

20世纪70年代中期,西方社会问题日趋严重,计量革命的热潮逐渐降低,其所带来的问题逐一显露,伴随计量革命而出现的空间学派受到挑战,以及受社会科学、政治科学研究的影响,城市地理学开始进入一个新的多元发展的阶段。

20世纪80年代以来,全球化、信息化、生态化等全球性趋势更加明显,促使城市体系、城市功能、城市空间和城市社会出现了许多新的特征。在社会公众对现代工业文明、社会秩序不满,对自然生态文明追求,对传统的地方文化重视的背景下,受当代西方哲学文化思潮影响,西方城市地理研究领域具有明显的社会理论趋势,兴起新城市主义,产生了所谓的“洛杉矶学派”。城市地理学研究的哲学基础和方法呈现多元化态势。城市内部空间、城市社会地理问题一直是研究的热点,新领域、新方法的研究迅速增加,成为城市地理学研究的热点之一,而城市化、城市职能的研究已经不是研究的重点。

五、1990—2010 年

从20世纪70年代末期开始,在新技术革命和新自由主义思潮的共同推动下,西方资本主义进入了一个社会经济全面变革的新时期。国际上,日本经济高速增长带来巨大挑战;国家内部,持续的失业和通货膨胀的经济阴影使凯恩斯主义福利国家政策受到了空前挑战。同时,苏联和东欧社会主义国家政治和经济实践失败,经济全球化进程加速,信息技术等新技术飞速发展,知识经济异军突起,资本主义进入新发展阶段。20世纪90年代以来,西方人文地理学进入了第二次世界大战之后第三次重大的理论转向,在资本主义发展的“新现实”和以多元化为特征的后现代主义哲学的共同推动下,西方人文地理学研究的领域和视角大大拓展。这次理论转向的维度是极其多样化的,主要有制度转向、文化转向和尺度转向。

制度主义地理学关注各种正式和非正式制度的作用,并试图阐明各种制度在塑造资本主义空间经济过程中的作用,在制度“路径依赖”和“锁定”机制作用下资本主义空间经济的演化动态,以及区域和地方发展的社会管制(regulation)与治理(governance)机制。其中,弹性专业化和产业区学派、新产业空间学派、学习型区域学派、创新环境学派、区域创新系统学派、管制与治理理论为较有影响力的学派与理论。制度转向极大地拓展了人文地理学研究范围和观察的理论视角,使人文地理学从抽象的一般化走向关注现实的社会经济生活,为当代人文地理学的文化转向和尺度转向等奠定了理论基础,使人文地理学出现了前所未有的理论建构运动。

与制度转向一样,人文地理学文化转向的理论视角是多元的,它涵盖了后马克思主义、制度主义、后结构主义、女性主义等思想流派。文化转向将传统人文地理学所忽视的制度、文化等因素融入资本主义经济新时空的研究中,并在方法论、认识论和本体论上借鉴社会科学和人文科学中“后现代主义”和“人本主义”的最新成果,将文化研究和社会理论纳入自己的分析体系,有力促进了人文地理学在社会科学中的复兴和与主流社会科学研究之间的对话,使西方人文地理学出现了第二次世界大战之后所未有的繁荣局面。

全球化以无法阻挡的威力迅速进入社会科学研究的视野,那些关注劳动国际分工和跨国公司活动的地理学家则迅速将视角转向全球化研究,并引发了有关全球化与国家、区域、地方作用的研究热潮,人文地理学的尺度转向是非常明显的。尺度转向强调尺度的过程、演化、动态和社会政治竞争等性质,认为地理尺度是社会建构的,它本身也是参与社会建构的基本力量,地理尺度的重组过程和一定的尺度构造是激烈的社会政治斗争的产物。尺度转向是西方人文地理学的一次"本体论"革命,它对理解资本主义社会经济生活提供了基于"尺度"和"空间"的独特视角。通过尺度转向,西方人文地理学在关注地方的综合、地方之间的相互依赖性的同时,进一步强调尺度生产和尺度重组过程对资本主义空间经济动态的重要性,它使人文地理学家既关注于全球化对地方和空间的影响,也关注于地方和空间对全球化的影响。通过不同层级的地理尺度和对尺度间相互依赖性的观察,人文地理学对全球化、城市与区域发展的过程和机制,以及管制与治理模式有了更为深入、全面的认识。

作为人文地理学的重要分支,城市地理学的研究内容也发生了相应的转变。由于欧美发达资本主义国家的城市化高潮已经过去,城镇体系、城市化、城市职能等城市地理学的传统研究课题,在近年来逐渐减少,城市化研究的重点主要是发展中国家和经济转轨国家。在城市产业研究方面,西方对城市经济和产业发展的研究领域不断拓展,主要包括:运用新制度经济学的理论来解释城市经济组织的发展和经济组织的解体,研究后福特时代产业重构过程及在此过程中大都市区的弹性生产方式;分析不同类型的非正式经济活动与它们在城市空间分布的关系;生产性服务业在城市和区域发展中的经济地位、区位模式;都市区产业重构中的生产方式的变化、知识的作用、高新技术产业的空间集聚等。

信息革命使时空障碍大幅度减低,并创造了网络空间。随着技术的不断进步,传统空间结构理论所依赖的"距离衰减"和"收益递减"规律已经面临严峻的挑战,由此引发信息技术对城市地理学的时空观念、空间邻近性、研究范式等方面的影响。奥布莱恩(O'Brien)的"地理消亡"(end of geography)和凯恩克罗斯(Cairncross)的"距离已死"(the death of distance)引发了地理学对网络空间的研究,特别是时空距离的关注。信息技术的飞快发展深刻影响着城市经济空间布局,它使企业空间重组成为可能。在理论方面,有学者研究了互联网、电子商务、企业内部信息系统等信息技术对传统制造业、信息产业、服务业区位的影响;在实证方面,经济活动有向信息基础设施水平高的大城市及周围地区聚集的倾向。由于互联网活动在地理分布上具有明显的"城市偏好"和空间集聚性,加剧了互联网城市之间的差异,导致地区之间的空间极化。美国互联网城市发展具有以下特点:一些传统重要城市因惯性发展在互联网城市等级体系中仍有较高地位,比如现代服务业中心;原有城市等级体系产生较大变动,一些原本相对等级较低或规模较小的城市成为新兴互联网城市,如圣弗朗西斯科(旧金山);地方经济、人口特征如高技术地区、高素质人口密集地区的城市成为互联网等级体系中的重要节点。

伴随全球化的发展,全球尺度的研究更进一步受到重视。1986年弗里德曼(M. Friedman)提出了世界城市假设(world city hypothesis),萨森(S. Sassen)于1991年提出了全球城市(global city),斯科特将国际化、区域化及城市化复合在一起,提出了全球城市区域(global city region)。城市地理学的研究从单一城市尺度研究过渡到全球城市区域的尺度研究。近年来,以下问题成为全球城市地理学研究的热点:① 全球城市体系的研究;② 全球城市区域的研究;③ 国际地域分工、贸易活动格局变化及资本、劳动力转移对国家城市和城市圈的发展过程与空间格局变化影响的研究；④ 全球范围内城市及城市圈、都市圈等的变化比较研究；⑤ 城市经济结构的变化，特别是第三产业、第四产业的发展对城市系统及城市成长影响的研究；⑥ 世界国际性大城市内部结构，特别是中心商务区的研究。

六、2010 年至今

20 世纪后期开始，在郊区化、去工业化、全球化、局部金融危机和社会转型的交叠影响下，部分城市出现了明显的经济衰退、人口减少的现象。德国学者豪斯曼（Häußermann）等在 1988 年的一篇有关德国鲁尔地区的实证研究中正式提出"收缩城市"（shrinking cities）的概念。20 世纪末和 21 世纪初，越来越多的城市出现了大量人口的持续流失和住宅空置现象，"收缩城市"概念逐渐获得了学界和政策界的认可，并从最初的关注人口数量变化的研究到探讨引发城市人口流失的动力机制研究，国外相关研究主要从去工业化、郊区化、老龄化、政治变革、全球化和自然灾害等成因进行解释，并归纳出以欧洲城市为代表的"穿孔型"收缩与以北美城市为代表的"圈饼型"收缩，进而从政策与规划的角度提出了以"城市更新"为代表的复兴型规划和以"精明收缩"为代表的适应型规划两个应对思路。

随着信息技术的发展，人们之间的交流越来越密切，所产生的数据量也越来越大。2008 年维克托·迈尔-舍恩伯格（Viktor Mayer-Schönberger）和肯尼斯·库克耶（Kenneth Cukier）提出大数据（big data）概念。计量方法与传统定性研究方法的结合，共同推动了城市地理学的大发展，大数据价值的发现与挖掘，则为城市地理学研究提供了强大的数据支撑。数据获取方式由传统结构化数据转变为以网络信息数据的抓取和信息设备，例如手机、传感器、IC 卡等的数据为主。数据内容也注重研究对象地理位置信息的提取和相关文本数据的解析，并综合运用活动分析、舆情分析等数理方法及技术。大数据对城市地理带来的影响和变化已成为西方城市地理学关注的热点话题。基于这些带有人类活动时间、空间及活动内容的信息，利用活动依存链（chains of interdependence），可以更好地构建模型去展现人地互动，从而画出一个多层复杂的人文地理图景。作为大数据生产最重要的场所——城市，大数据技术已经在城市地理学的许多领域得到应用，主要包括：利用用户位置数据对城市居民流动与出行模式的研究；利用社交网络数据分析城市重大事件或活动，研究具有不同人群特征的社会空间结构；利用手机定位与通话数据模拟旅游者的出行轨迹，判断旅游资源的冷热区域及旅游基础设施的利用状况；利用企业日常生产过程中产生的统计或文本数据及客户行为数据来提升企业外部发展环境、降低运营和劳动成本、创新企业营销模式及科学选址；利用电商大数据资源分析客户与供应者行为，构建物流生态系统（产业链结构和布局），缓解城市交通压力；利用城市监测和居民社交数据分析城市复杂巨系统，改变城市规划调研和编制方法，提升城市公共服务水平和政府管理效率。可以看出，西方城市的大数据应用研究已经涵盖了城市的空间组织、社会文化、旅游行为、企业经济、物流交通及规划管理等多个方面，且研究理念、方法和技术也正在系统化。大数据时代不仅仅有大数据，小数据仍然重要并持续发挥作用。在描述相关关系方面大数据具有科学性和准确性，但在解释因果关系及精准研究方面还需要借助对传统小数据的分析和定性分析方法。总体来讲，大数据的出现已经将信息时代城市地理学研究带进了以大数据挖掘为核心，以 GIS 分析技术和数理模型为支撑，以定性分析为辅助的科学模拟微观人类活动与情感和地理空间关系的新阶段。

气候变化是 21 世纪人类面临的最严峻挑战之一,已成为全球社会和学术界共同关注的重点和热点问题。联合国政府间气候变化专门委员会(Intergovernmental Panel on Climate Change, IPCC)报告认为气候变暖至少 90%与人类燃烧化石燃料排放的温室气体有关。城市地理学主要从两个视角介入气候变化研究:一是研究气候变化的效应与人类的认知和适应行为;二是从气候保护政策出发,研究碳排放、碳减排和低碳相关研究议题。主要涉及研究碳排放的核算、空间格局和影响因素,低碳经济对区域经济的影响,以及碳减排的区域配额、碳交易和碳减排路径。此外,城市形态、空间结构、居民出行模式对碳排放的影响,探索低碳导向下的城市空间模式的研究也得到越来越多的关注。

第四节　中国城市地理学的发展

中国的现代城市地理学研究开展较晚,是地理学中基础较为薄弱的学科之一,直到近年来才得以较为迅速的发展。同时,对城市地理学的研究表现出明显的特征和趋势。

一、中国城市地理学的发展历程

中国奴隶社会时代的一些早期典籍,如《尚书》《礼记》《周礼》《诗经》《管子》等,就已经记载奴隶主阶级的城邑、聚落的相关地理知识。这方面的许多珍贵记录,集中反映在先秦时期城址选择的地理原则和城市规划的思想。

在漫长的封建时代,除了《史记·货殖列传》《汉书·地理志》和大量的方志中包含有大量城市的描述外,也有许多描述单个城市的著作,诸如《洛阳伽蓝记》《汴京遗迹志》《东京梦华录》《武林旧事》《唐两京城坊考》《日下旧闻考》等,大都记载都城的政治、经济、文化、地理、建筑、风俗、掌故等,内容庞杂,难以称作城市地理学著作。

中国近现代城市地理学,作为人文地理学的一个分支,始于 20 世纪,其间随着整个人文地理学的沉浮历经坎坷,其发展大体可以分为 6 个阶段。

1. 1949 年以前的兴起阶段

鸦片战争结束以后,许多人提倡向西洋学习,因此这一时期的中国城市地理学受欧美的影响最为深刻。一方面中国派遣许多留学生赴欧美留学,包括学习地理;另一方面不少外国地理学家来华考察和讲学。通过这两个途径,西方地理学开始传入中国。

1909 年张相文等仿效欧美的先例创立"中国地学会",标志着中国近代地质学和地理学的萌芽。20 世纪初叶,许多赴欧美留学的学生开始回国,他们将西方地理学的研究方法和实践工作经验带回中国,用野外考察、因果分析和推理代替了单纯方志性的记叙。他们在国内又亲手培养了一批地理人才,不少人接着到西方深造,取得学位,又回国服务。从 1921 年起,多数大学相继设立了地学系或地理系,1934 年成立了中国地理学会,同年出版会刊《地理学报》。到 1937 年前的若干年中,中国的人文地理学曾经有一个短暂的相对繁荣时期。但 1937 年后,设有地理系的几所大学和地理学会、地理研究所均内迁到重庆、遵义、昆明等地,处境极为艰难,人文地理学的研究不得不限于西南、西北等地的路线考察和区域研究。直到抗日战争胜利后,情况也未能恢复正常。

纵观这一阶段,中国人文地理学毕竟已经形成雏形。有了一支有理论有实践的研究队伍,研究的领域几乎在人文地理的每个分支全面展开,在人地关系论、经济地理、城市地理、文化地理、政治地理、军事地理等各分支领域都取得了一定的进展。专门的城市地理学的论文始见于 20 世纪 20 年代,主要以单个城市的研究为主,面上的研究较少,理论的探讨则更少。

2. 1949—1966 年的相对萧条阶段

新中国成立以后,整个地理学的科研和教育工作得到迅速发展,专业研究队伍日益扩大,取得了很大的成绩。但这一阶段由于受苏联的影响,地理学的发展很不平衡,主要表现在自然地理学和人文地理学之间,人文地理学发展相对落后,人文地理学内部经济地理学一花独放;经济地理学内部非物质生产部门的分支相对落后。

在 20 世纪 50 年代初期,中国地理界曾不适当地开展了对西方地理学思想的全面批判,批判的矛头主要指向人文地理学。其结果是研究人文地理学被视为畏途,一批擅长人文地理学的学者转向自然地理学,人文地理学的论文在地理刊物中的比例显著下降。城市地理学在绝大多数情况下成为经济地理学描述中的一个附属部分。

中国地理学会经济地理专业委员会于 1961 年在上海举行了一次重要的会议。会上提出要学习国际多方面的包括西方的先进经验,建立中国的经济地理学理论体系,特别是要及早填补人口居民点地理学等缺口。根据这些意见,中国科学院地理所成立了第一个人口居民点地理研究组,北京大学、中山大学等第一次开设了人口居民点地理或聚落地理学的专题课,1964 年出版了新中国成立后的第一本介绍西方人文地理学发展动态的书籍,中心地理论也开始被介绍进来,包括城市地理学在内的人文地理学的发展在新中国成立后第一次有了一线转机。可惜的是这一线转机很快就在“文化大革命”中消失了。

3. 1966—1976 年的停滞阶段

“文化大革命”10 年间城市地理学的发展可以分为两个阶段。1966—1971 年间,几乎所有地理学的科研和教学工作都被迫停止,许多地理研究机构和教学组织被强行拆散或撤销。1972 年以后大部分地理工作者逐步回到原来的工作岗位,为了学科的生存,尽可能在社会上寻找适合自己专业的工作方向,逐步开展了一些工作。1974 年中山大学、南京大学、杭州大学举办了为期一年的城市规划进修班,北京大学举办了为期三个月的城市规划培训班。随后各高等学校的经济地理专业都陆续转向城市规划方向,地理研究机构也都组织专门力量从事城市课题的研究。在当时的艰苦环境下,经济地理学界进行了大量的探索性实践,保存了专业队伍,开拓了一些新的服务方向和研究领域,为后来人文地理学的复兴准备了条件。但是,由于当时大环境的限制,普遍轻视基础理论的学习和研究,与国外的学术交流和信息资料往来几乎完全断绝。与此同时,20 世纪 60 年代和 70 年代正是世界地理学发展迅速、发生重大变革的时期,这就使得中国地理学特别是人文地理学与世界水平的差距进一步拉大了。

4. 1976—1990 年的振兴阶段

1976 年以后,特别是中国共产党十一届三中全会以后,城市规划工作受到重视和普遍开展,带来了城市地理学研究工作的迅速发展,20 世纪 80 年代达到历史以来最旺盛的发展时期。

1979 年 12 月至 1980 年 1 月在广州召开中国地理学会第四次全国代表大会,李旭旦(1911—1985)教授第一个提出了复兴中国人文地理学的战略口号。由于多方努力,1983 年 7 月正式成立了中国地理学会人文地理专业委员会,具体负责推进经济地理以外的人文地理学分支的发展。1985 年在无锡召开了第一次全国性的城市地理学术讨论会,许学强在会上宣读了《努力发展我国的城市地理学》一文。这期间城市地理学的两部著作问世,分别是于洪俊、宁越敏编著的《城市地理概论》(1983 年),以及许学强、朱剑如编著的《现代城市地理学》(1988 年),这两部综合性研究著作在借鉴国外理论和方法的同时,总结了国内城市地理学的发展,并指出当时城市地理学的发展问题。城市地理学成为我国人文地理学中发展最快的一个分支。

在这一阶段,城市地理学的研究领域日益拓宽,研究手段和方法不断更新,开始注重研究课题的实践意义和研究成果的应用价值,与相邻学科的交叉渗透加强,初步形成了一支年龄结构比较合理的研究队伍,此时城市地理学的中外交流与合作也日益频繁。

5. 1990—2010 年的快速发展阶段

1994 年正式成立中国地理学会城市地理专业委员会,推动我国城市地理学发展。

20 世纪 90 年代,城市地理学的研究更加多元化。不仅新理论、新领域、新方法的研究日益增多,而且在传统的题目中也包含了新的内涵。随着信息技术的发展,经济全球化、全球城市、全球城市体系、数字城市等问题受到普遍关注,有的学者对生态城市、城市的可持续发展也做了大量的研究工作。在这些研究中城市建模、GIS/RS 等空间信息技术被越来越多的城市地理学者运用。后来城市地理学的研究思路越来越广,深度越来越深,学科的思维方法越来越复杂。概括起来城市地理学的新思维表现在三个层面:从单要素到综合思维观的层面、从微观分析到宏观思维方法的研究和从线性思维到网络思维观的深入。

6. 2010 年至今的国际化阶段

2011 年中国城镇化率超过 50%,三产比例在 2013 年首次超过二产比例,一产比例也首次下降至 10%,步入后工业化时代。"收缩城市"的概念起源于 20 世纪 90 年代的德国,以城市人口规模减小作为城市收缩的主要标志。随着中国经济步入新常态,在全球金融危机引发的外向型制造业衰退、人口刘易斯拐点出现后人口红利逐渐消失,以及城市土地财政市场出现紧缩等因素作用下,中国城市经济及发展条件发生结构性的变化,部分资源型城市、外向加工制造业城市以及位于大都市外围的边缘城市均出现了局部收缩的新现象。目前,中国对收缩城市的研究内容主要集中于从分布、成因、类型与应对措施上,对国外较为知名的收缩城市进行介绍、分析与对比,还有一部分研究采用跨国比较的方法来探寻收缩城市在不同地域背景下的差异,也对中国的收缩城市研究进行了一定的探索。

大数据应用。随着信息技术的发展,大数据的有效处理与数据挖掘成为可能,大数据已经渗透至政治经济的各领域,提高了各部门、各行业的创造力、竞争力、生产效率与经济效益。大数据技术促进了从社会经济活动来揭示城市功能区、热点区和边界鉴别的研究。例如通过兴趣点（point of interest，POI）来获得人们对某一感兴趣地区的访问次数，从而对城市的热点区和边界加以甄别。利用道路网络和POI数据，综合考虑了物理设施和人类活动对应的兴趣点，对城市边界进行了地块尺度刻画。重要的是，因为大数据的采集可以是任意时段的，那么理论上对空间利用的分析就可以是动态的过程，这对传统分析方法来说无疑是一个巨大进步。

行为和消费研究。随着移动互联网技术的广泛应用和发展，个人数据的产生、记录、存储已经成为城市居民日常生活的一部分，特别是电话记录数据、公交卡数据、签到数据、出租车轨迹数据为交通和行为研究提供了丰富的数据来源。通过电话记录数据比较城市和乡村居民经济行为的差异，根据已经掌握的出租车轨迹数据来建立电动车充电桩方案，利用公交卡数据来分析人们出行的行为规律。

社会空间与社会网络分析。情感、文化、性别以及公平和民生等逐渐成为城市地理学中重要话题之一。大数据在这一方面具有独特的优势，它通过社交媒体和社交网站表达和收集大众心声，成为获取上述话题研究所需数据的重要来源。一些研究利用大数据来揭示城市的社会空间构成，如犯罪空间。在网络和计算机技术的推动下，人们还通过获取社会行为标签来反映人们的社会行为和网络群体的关注，并在社会网络图中辨识区域所在节点的特殊性和作用。

目前北京、上海、广州、深圳等城市已跻身世界城市行列，中国城市国际化/全球化的研究成为中国城市地理学研究的一个重要领域。研究内容主要包括全球城市理论引进、全球城市/世界城市的概念辨析、新国际劳动空间分工与世界城市发展、全球化对中国城市体系的影响、发展中的全球化城市研究、中国城市全球化发展过程、跨国移民社会空间、跨国机构与城市的相互作用，以及国家、区域和城市应对全球化的政策建议和发展战略。

在经济全球化和信息技术快速发展的背景下，此阶段的中国城市地理学在批判地引进西方世界城市、收缩城市等理论并将其本土化的同时，也利用中国在互联网革命中的优势，积极将大数据、机器学习等新理念、新技术运用到城市地理学的研究，引领国际城市地理学研究的热潮。

综上，中国城市地理学从20世纪初期自西方国家引进以来，走过了一条在艰辛曲折中奋进的道路。和过去相比，是前进了一大步，但和同期的国际先进水平比，差距还很大。从立足于本国的研究到着眼世界，从引进国外的理论和方法到创立中国特色的理论体系，从重于描述到定性定量的高度结合，从重于现状的研究到精于预测和政策、决策的研究，真正形成一个多角度、多层次研究的生动活泼的局面，还有相当长的路要走。中国有世界上最多的城镇人口和最庞大而复杂的城镇体系，城市化的发展方兴未艾，完全可以期望，中国的城市地理学在未来一段时间有更快的发展。

二、中国城市地理学的研究内容

总体上中国城市地理学的研究有以下核心主题。

1. 城市化

吴友仁1979年在《城市规划》发表的《关于我国社会主义城市化问题》，揭开了中国城市化研究的序幕。城市化是城市地理学研究中争论最多的一个主题。中国城市化研究重点大致包括城市化内涵,城市化水平测度,城市化道路选择,城市化动力机制,乡村城市化,城市化中的社会公平、环境问题、贫困问题、老龄化、安全问题等,城乡一体化中经济一体化、文化一体化、交通一体化、基础设施一体化等方面。

值得注意的是,随着全球金融危机和中国进入经济发展新常态,城镇化速度减缓,部分地区出现"局部收缩"现象,"收缩"表现为人口外流、GDP 和地方财政增长乏力乃至城市空间衰败。如何在慢增长或逆增长环境下实现城市可持续发展,是城市地理学研究的方向之一。

2. 城镇（区域）体系

城镇(区域)体系的研究将单个城市作为"点"进行研究。城镇(区域)体系的研究主要涉及城市职能结构、城镇规模结构和城市空间分布。在不同的发展阶段,城镇体系也作"城市体系"。

城市职能结构的研究主要涉及城镇基本职能的类型、城镇职能组合系统和城镇职能地域组合类型。城镇规模结构的研究,分析中国城市规模、分布类型及演变。城市空间分布的研究侧重在城市分布形态和城市分布类型上。研究发现,中国城市主要集聚于东部沿海地带,高度集中于珠江三角洲、长江三角洲、环渤海地区和具有全国意义的交通沿线,总体城镇密度自东向西递减。

在全球经济一体化和城市区域化背景下,城市联系日趋紧密,中国城市空间结构研究重点转向城市群、城市带、城市经济区、大都市连绵区和区域城市的发展。城市群和城市带的研究主要集中在中国城市群的界定、地域结构特征、经济发展阶段和类型、发展趋势等方面。有关大都市连绵区的研究主要集中在珠江三角洲和长江三角洲。2000 年以来关于区域城市一体化、城镇协调发展的问题备受关注。地区性的实证研究成果也较多,如高技术引导下的深港一体化研究、珠海—澳门社会经济一体化研究等。

3. 城市空间结构

城市空间结构指城市系统中各组成部分或各要素之间的关联方式,城市空间结构的研究将单个城市作为"面"进行研究,城市空间结构一直是研究热点。

城市实体空间结构研究是主体,实体空间包括城市地域结构及演化、城市土地利用与评价、城市边缘区以及产业空间等。近年来,城市社会空间的研究成为研究热点之一,并逐步与城市社会问题的地理研究互相融合。

城市地域结构及演化的研究包括城市空间形态、城市物质形态产生的深层次动力,如经济、社会、文化等因素。城市土地利用研究涉及土地利用模式演变、土地适用性平均分析等。城市边缘区的研究主要包括城中村、产业结构转型升级等。城市产业空间研究主要涉及城市商业空间、中心商务区功能特征与空间结构、居住环境、城市内部高新技术企业集散、城市空间结构优化的经济分析、信息产业与城市发展等问题。城市社会空间结构的研究主要涉及社会空间、感知空间、社会极化、犯罪和社会公平等,其中城市贫困与犯罪地理研究是两个重点。其他城市空间结构诸如城市信息空间、文化空间、意象空间、行为及行为空间也均有涉及。

4. 城市地理技术

随着地理分析技术的不断成熟和发展,以及地理数据的可获得性逐渐增强,新技术在城市地理学研究中的应用研究日益广泛。这些新技术包括因子生态分析、聚类分析、城市分形、GIS/RS等空间信息技术、城市建模、元胞自动机、神经网络、深度学习等。城市地理学的研究范式也在不断创新，由早期的定性描述为主，到计量革命之后定性与定量的结合，由于带有位置信息的大数据在研究中不断应用，数据驱动的研究正在兴起。

5. 信息化、全球化背景下的中国城市地理学研究

在信息化和全球化背景下，中国城市地理学研究出现了新的研究特点。一方面，信息化和全球化产生了很多新的研究领域，涌现了一批新的研究热点，如全球城市、世界城市、国际化城市、新国际劳动分工、生产性服务业、公众参与、人居环境生态化、信息空间、科技城、网络城市、高新技术区发展、数字城市等。学界主要从国际化视角下对某一概念的定义、内涵、特征、发展规律进行归纳，进而提出对中国城市发展的启示和建议等。另一方面，信息化和全球化成为中国城市发展的新语境，新形势下的原有城市发展逻辑或多或少地受到影响，信息化和全球化的影响研究成为焦点。

三、中国城市地理学的研究趋势

中国城市的发展日新月异，这为中国城市地理学的快速发展提供了广阔的空间。从目前中国城市和城市地理学的发展来看，其发展表现出以下趋势。

1. 对理论的研究将进一步加强

中国城市地理学经过几十年的发展，虽然学科理论有了充实和提高，但由于中国城市地理学研究起步较西方晚，在很多研究领域多是翻译和借鉴西方的经验，尚未形成中国特色的理论体系。到目前，中国城市地理学的实践工作已经在多方面展开，并积累了丰富的经验，为进行理论的概括、科学的推论和模式的建立奠定了基础，使得进一步深入研究成为可能。

2. 对经济全球化和全球城市的研究将加强

经济的全球化正推动着新的世界体系的形成，这就需要我们从世界体系的视野出发，深入研究生产、贸易、投资跨国流动和本地化，从而揭示世界城市体系、城市带和大都市连绵区形成演变规律、机制及对策，以应对经济全球化、信息化的挑战。

3. 对城市社会地理的研究将加强

城市空间是在政府、市场、社会三者互相制约的综合作用下形成的。一方面，由于种种原因，中国城市已经出现社会极化的现象，并进一步对城市的居住空间分布产生影响；另一方面，面对城市移民与非正规经济，如何维持城市经济发展、社会秩序与空间匹配之间的有效平衡，将是中国城市空间结构研究无可回避的现实问题。这主要包括：从城市社会学层面进行城市社区组织结构、城市婚姻与家庭、城市社会阶层、城市社会空间分异、城市犯罪等社会问题的研究；从城市社会结构的角度描述和解释社会空间要素，理解和认识社会群体对空间的利用而产生的结构模式，以及这一结构形成和变化的过程；从城市问题层面强化对现代城市社会环境、城市人类生态

系统、城市社会区与社会极化、新城市富裕阶层、新城市贫困现象、城市异质社区、街角帮犯罪、城市社会冲突与融合,以及城市空间分异等实证研究。

4. 对新理论和新方法的研究将加强

虽然,对城市地理学的新理论和新方法研究取得了一定的成绩,尤其是改革开放以来,发展很快。但从总体上看,新理论和新方法的研究比较零散,缺乏一定的系统性,而且大多停留在介绍国外的理论和方法或仅在少数大城市进行实践研究的水平上。虽然研究广度不断拓宽,但研究的深度仍明显不足,有待进一步加强。

5. 空间规划等应用研究将进一步加强

城市地理学者在参与空间规划过程中,着重在城市与区域关系研究、确定城市定位、预测城市规模、城市建设适宜性和承载力分析、进行城镇用地分析和用地评价、城市总体布局等方面为编制城市规划提供理论依据。伴随着经济全球化的持续深入和经济新常态的到来,产业升级转型、人口老龄化、应急公共事件多发等问题的出现,智慧城市、生态城市、低碳城市、韧性城市、收缩城市等概念不断涌出,空间规划需要新的理论支持。因此,城市地理学在空间规划等应用研究将进一步加强。

6. 对新型城市发展模式研究将进一步加强

为应对全球气候变化,实现节能减排、人与自然系统和谐、经济高效、生态良性循环、可持续发展,低碳城市与生态城市的新型城市发展模式相应提出,这也是中国城市地理学研究的新方向之一。

低碳城市发展模式与低碳城市建设的研究方面,探索建设实现节能减排目标的低碳城市发展道路与模式,分析城市低碳经济发展和减少碳源与增加碳汇的途径与对策;建立低碳城市综合评价标准与指标体系,研究推动城市经济社会低碳转型,构建低碳城市现代产业体系和消费服务体系,建设低碳型产业集群和产业集聚区的设想,大力推进城市经济发展实现由高碳经济向低碳经济的战略转变;提出建设低能耗、低污染、低排放、高品质、高效率的"三低两高"型现代化低碳城市的总体框架;提出城市间碳交易的机制和融资机制,总结出中国低碳城市规划建设理论与方法。

生态城市是新世纪人类最理想的人居模式,体现了进入文明时代相适应的人类社会生活的空间组织形式,是自然、城市与人融合为一个有机整体所形成的互惠共生结构。生态城市建设相关科学问题的研究包括:研究生态城市建设目标,生态产业链的培育和延伸,生态空间优化与整合,为优化人类最理想的生存环境提供科技服务。通过研究,总结出中国生态城市规划建设理论与方法。

7. 对个体的微观尺度研究将进一步加强

城市社区居民行为等微观尺度研究将是中国城市地理学研究前沿。目前,城市生活质量、幸福观成为关注的新焦点。随着经济的发展,居民生活质量的提高,消费者的空间行为与城市休闲娱乐场所的和谐关系日渐重要,这对城市社区、居民消费行为、居民休闲行为等微观尺度研究提出要求,并成为中国城市地理学研究的前沿方向。

8. 对经济新常态时期的城市发展研究将进一步加强

中国经济发展进入"新常态",随着"刘易斯拐点"的到来,外部需求收缩、内部固定资产投资和消费增长放缓,经济从高速增长转为中高速增长;技术进步和市场改革,经济和产业结构面临调整,经济结构不断优化升级;经济发展动力从要素驱动、投资驱动转向服务业发展及创新驱动。中国的城镇化是长期建立在"增长模式"下的顶层设计,随着2011年中国城镇化率超过50%,中国开始步入城市型社会,并进入城镇化加速发展的中后阶段,速度减慢,以中西部中小城市人口向东部迁移导致的发展放缓或停滞,以东北城市为代表的"局部收缩"已初见端倪,而在金融危机后,东部的工业城市也出现了部分"收缩"的空间。城市地理学的研究应该抓住这一时机,构建中国特色的城市地理学的理论和框架体系,丰富研究方法,开拓研究领域,强化研究深度。

思考题

1. 谈谈你对城市地理学研究对象的理解。
2. 结合中国实际,你认为城市地理学的主要任务是什么?
3. 如何理解城市地理学的学科性质及其与其他相邻学科的关系?
4. 简述西方城市地理学发展简史。
5. 如何评价中国城市地理学的发展?
6. 你为什么要学习城市地理学? 如何才能学好城市地理学?

参考文献

[1] 柴彦威,赵莹,刘云刚.城市地理学研究方法的进展与展望[J].中国科学院院刊,2011,26(4):430-435.

[2] 柴彦威.城市地理学思想与方法[M].北京:科学出版社,2012.

[3] 陈明星,梁龙武,王振波,等.美丽中国与国土空间规划关系的地理学思考[J].地理学报,2019,74(12):2467-2481.

[4] 方创琳,陈田,刘盛和.走进新时代的中国城市地理学——建所70周年城市地理与城市发展研究成果及展望[J].地理科学进展,2011,30(4):397-408.

[5] 顾朝林,徐海贤.改革开放二十年来中国城市地理学的研究进展[J].地理科学,1999,19(4):320-331.

[6] 顾朝林.科学发展观与城市科学学科体系建设[J].规划师,2005,21(2):5-7.

[7] 黄耿志,冷疏影.国家自然科学基金推动下的中国人文地理学发展[J].地理学报,2018,73(3):578-594.

[8] 宁越敏.建设中国特色的城市地理学——中国城市地理学的研究进展评述[J].人文地理,2008,(2):1-5.

[9] 谢守红,宁越敏.世界城市研究综述[J].地理科学进展,2004,23(5):56-66.

［10］许学强,姚华松.百年来中国城市地理学研究回顾及展望［J］.经济地理,2009,29(9):1412-1420.

［11］许学强,周素红.20世纪80年代以来我国城市地理学研究的回顾与展望［J］.经济地理,2003,23(4):433-440.

［12］许学强,朱剑如.努力发展中国的城市地理学［J］.经济地理,1986,6(1):10-14.

［13］薛德升,王立.1978年以来中国城市地理研究进展［J］.地理学报,2014,69(8):1117-1129.

［14］严重敏.城市地理学［M］//李旭旦.人文地理学论丛.北京:人民教育出版社,1985.

［15］闫小培.近年来我国城市地理学研究领域的新进展［J］.地理学报,1994,49(6):533-542.

［16］姚士谋,王成新,朱振国.城市地理学研究新的领域思考［J］.经济地理,2003,23(5):625-629.

［17］甄峰,王波."大数据"热潮下人文地理学研究的再思考［J］.地理研究,2015,34(5):803-811.

［18］周春山,叶昌东.中国城市空间结构研究评述［J］.地理科学进展,2013,32(7):1030-1038.

［19］周一星.中国的城市地理学:评价和展望［J］.人文地理,1991,6(2):54-58.

［20］周一星.二十世纪的中国城市地理学［C］//杨汝万.迈向廿一世纪的中国:城乡与区域发展.香港:香港中文大学香港亚太研究所,1999.

［21］Herbert D T. Urban geography:a first approach［M］.Chicester:John Wiley & Sons,1982.

第二章 城乡划分和城市地域

研究城市地理学首先要了解什么是"城市""城市地域"和"城市人口"。这似乎是非常简单的问题,实际却是非常复杂的。这一章为正确理解城市和正确应用城市统计资料打下初步基础。

第一节 城市概念及标准

一、城市和城镇

在中国,"城"最早是一种大规模永久性防御设施,主要用于防御野兽侵袭,后来演变为防御敌方进攻。最早的"城"还不具备宗庙、宫室、商业市场、手工业工场等一般城市所应该具备的物质要素。中国古代的城市常有城墙,但城市并不非有"城"不可。

"市"是商品交易的场所。最早的市没有固定的位置,后常在居民点的井旁,故有"市井"之称。人们在特定的地点按特定的时间相互交易,形成集市。随着商品经济的发展,为了经营上的方便,"市"逐渐被吸引到人口比较集中,又是奴隶主贵族居住的"城"中,并有固定的位置,真正意义上的"城市"方才产生。到近现代,"市"引申为一级城镇聚落性质的行政建制单元。

"镇"与"市"原本有严格的区别,"有商贾贸易者谓之市,设官防者谓之镇"。到宋代,"镇"的概念开始不再限于军事色彩,贸易镇市开始出现于经济领域,成为县治和农村集市之间的一级商业中心。到近现代,"镇"也引申为一级政区单元和起着联系城乡经济纽带作用的较低级的城镇居民点。

正因为"城""市"和"城市"具有发生学上的密切联系,现在,城、市都成为与乡村相对的概念而作为城市的简称。加上"镇"的介入,就产生了城、市、镇、城市、城镇、市镇等名词术语混用的局面。

在许多场合下,城市和城镇这两个概念有严格的区分。只有那些经国家批准设有市建制的地方才称为市,不够设市条件而符合设镇条件的建制镇才称为镇,市和镇的总称才叫城镇或市镇。在我国的人口统计中,对应有市人口、镇人口和城市人口、城镇人口(或市镇人口)之分是最明显的例子,这时的城市作狭义理解。但在很多情况下,又常常把城市作广义理解,代表城镇居民点的合称。例如原先的《中华人民共和国城市规划法》所称的城市就包括国家按行政建制设立的直辖市、市、镇。现行的《中华人民共和国城乡规划法》所规定的市规划和镇规划,指的是行政建制市规划和行政建制镇规划。本书除作专门说明外,也把城市作广义的理解,包括乡村以外的一切城市型聚落,而不对不同时期混用的名词术语作刻板的统一。

二、定义城镇的标准

笼统地说,中外各国大体都有小村—村庄—镇—城市—大城市这样一套居民点的系列。村庄和比村庄还小的居民点一般是乡村型的居民点,居民主要从事农业活动;镇和比镇大的居民点是城镇型的居民点,统称城镇,是以非农业活动为主的人口集中点。

城镇不同于乡村的本质特征有:① 城镇是以从事非农业活动的人口为主的居民点,在产业构成上不同于乡村;② 城镇一般聚居较多的人口,在规模上区别于乡村;③ 城镇有比乡村要大的人口密度和建筑密度,在景观上不同于乡村;④ 城镇具有上下水、电灯、电话、广场、街道、影剧院、博物馆等市政设施和公共设施,在物质构成上不同于乡村;⑤ 城镇一般是工业、商业、交通、文教的集中地,是一定地域的政治、经济、文化的中心,在职能上区别于乡村。还可以从生活方式、价值观念、人口素质等许多方面寻找城乡间的差异。上述几点虽不十分严密,却无疑是最基本的差别。

在日常生活中,区别城镇和乡村似乎是轻而易举的事。实际上,目前世界上还没有一个统一的城镇定义标准。世界各国各地区根据各自社会经济发展的特点,制定了不同的城镇定义标准。这些标准很少离开以上城镇的本质特征,所不同的是有些国家的标准侧重于强调某一个特征或几个特征;有的有明确的数量指标,有的只有定性指标。下面举几个典型例子。

(1) 单纯用某级行政中心所在地为标准:如埃及规定省的首府和地区首府为城镇,蒙古的首都和地区中心为城镇。使用这类标准的有三十几个国家。

(2) 单纯以城镇特征为标准:如智利规定有一定公共和市政服务设施的具有明显城镇特征的人口中心为城镇。

(3) 单纯以居民点下限人口数量为标准:如伊朗规定 5 000 人以上的市、镇、村均为城镇,肯尼亚规定 2 000 人以上居民点为镇,墨西哥规定至少 2 500 人的居民点为镇。采用这类标准最为普遍,有不下 50 个国家。

(4) 用居民点的下限人口数量指标和密度指标相结合作为标准:如瑞典规定只要 200 人以上,房屋间距通常不大于 200 m 的建成区即为城镇;加拿大规定 1 000 人以上的设有建制的市、镇、村以及 1 000 人以上、人口密度至少每平方千米 390 人的未设建制的居民点为城镇。

(5) 用人口规模和城镇特征两个指标为标准:如巴拿马规定 1 500 人以上且具有街道、上下水系统和电力系统等城镇特征的居民点为城镇。

(6) 用人口规模和从业构成两个指标为标准:如荷兰规定以 2 000 人以上的市或人口不到 2 000 人但男子从业人口中从事农业活动的人口不超过 20%的市为城镇。

(7) 取两个以上指标作为标准:如印度规定镇以及所有 5 000 人以上、人口密度不低于每平方千米 390 人、成年男子人口中至少 3/4 是从事非农业活动并具有明显的城镇特征的地方为城镇。

目前世界上还有近 70 个国家和地区没有明确的城镇划分标准,有的只公布城镇的名称和数量,有的只说明法律上事先规定的居民点为城镇,有的干脆对此不加任何说明。

很显然,世界各国确定城镇的标准悬殊,单从城镇定义中包含有人口下限指标的 80 个国家和地区来看,标准最低的只有 100 人(乌干达),最高的为 50 000 人(日本)。而且随着时代的变迁,标准还会有所变动。

第二节　城 市 地 域

城市具体到空间上无非有三种地域概念:行政地域、实体地域和功能地域。

一、城市的行政地域

国家要按一定的标准或程序在行政上分别设置市、镇、乡、村等建制,并确定它们的行政管理边界。划定市、镇的行政管辖范围即城镇的行政地域,主要目的是为了管理,这是容易理解的,只是不同国家市镇的行政体制与地域空间尺度情况不一。

中国行政上的城镇有两个特点区别于大多数的其他国家。

(1) 中国的城镇有严格的行政等级。中国城镇的行政级别,从高到低分别是直辖市(省级)、副省级市(10 个省会城市加上 5 个计划单列市)、地级市(地区级别的省辖市)、县级市(县级的省辖城市,一般由地级市代管)和建制镇。需要说明的是,事实上还存在着准副省级市、副地级市和副县级镇;地级及以上级别的市通常都是设区的市[1],可以领导数量不等的县或代管数量不等的县级市;县级市在行政上不设区;建制镇有县辖、市辖、区辖之分。城镇行政级别越高,享受的政策待遇越好,资源分配的能力越强,这导致了纷纷申请"升格"的现象。在国外,城镇一般不过是地方的自治组织。

(2) 中国城镇的行政地域范围一般都远远大于城镇的实体地域范围。20 世纪 80 年代以来,在城市行政体制改革的驱动下,中国出现一波又一波的"乡改镇""县改市""县级市升地级市""撤地区改市""撤县设区""撤市设区"浪潮,中国在大小市长管辖下的人口早已超过全国人口的 90%。也就是说,中国行政上的"市"和"镇"实际上是以城镇为核心、以乡村空间为主体的城乡混合的一个相当大的区域。而国外的一个城市建成区一般会有若干个行政上的市、镇。

二、城市的实体地域

城镇的本质特征本来是对城市的实体地域即城市建成区而言的,划分城市的实体地域主要是为了区分城乡空间和城乡人口。这是国家一项重要的基本国情。

按理说,根据各国确定的城镇定义,城镇作为一级行政单位,有了自己的辖区范围,就可以把城镇与乡村区分开来。其实不然。如果我们从飞机上来观察一座城市,它的辖区界线是看不见的,看到的是完全不同于乡村景观的城镇聚落的实体——有着密集人口和由各种人工建筑物、构

---

[1]　中国广东省的东莞市和中山市、海南省的儋州市、甘肃省的嘉峪关市,是地级行政单元,下设街道和镇,未设辖区和辖县。

筑物和设施组成的建成区。如果城镇的辖区界线大体上就是实体地域上的城乡之间的分界线,那么问题就比较简单,城镇辖区内的人口就是城镇人口,辖区外的人口就是乡村人口。但实际情况远非如此,城镇的实体范围和行政辖区相一致的情况是很少见的。不一致有两种情况,一种是城镇的行政管辖范围比实体范围大,包括了相当大的乡村地域;另一种是城镇的实体范围已经超出了城镇的行政管辖范围,或者城镇的实体地域包括若干个城镇的行政地域。显然,这两类城镇的行政界线都不反映城乡界线,它们辖区范围内的"城市人口"是不可比的,前者偏大,后者偏小。

可见,为了确定城市的实体范围而进行的城乡划分与确定城镇地位的标准是有着内在联系的两回事,而不是一回事。

要真正在城镇和乡村之间划出一条有严格科学意义的界线绝非易事。古代筑有城墙的城镇,城圈以内尽管也常常有大片农田,但城墙毕竟还可以作为城乡的明显界线。工业革命以后,城镇突破城圈膨胀起来,城墙一类的明显界线不复存在,但每个城镇毕竟还是相对集中,像大饼似的一块。进入现代,由于汽车的普及和城市郊区化的作用,城市变成了中心市和包括外围若干城镇在内的城郊的复合体。城市到乡村的渐变特点和复杂交错,已经很难找到一个城市消失和乡村开始的明显的标志点,大城市尤其如此。

为了解决城市实体同城市行政界线不相符合的问题,使城市和城市的比较能放在同一可比的基础上,常用的途径是对城市实体范围的划定使用详细的规定。在这方面美国的处理方法比较完整,在发达国家中具有代表性。

美国国情普查局规定,全国的城镇人口由居住在"城市化地区"(urbanized area, UA)的人口和城市化地区以外的 2 500 人以上"地方"(place,即居民点)的全部人口组成。城市化地区就是美国为了确定城市的实体界线以便较好地区分较大城市附近的城镇人口和乡村人口而提出来的一种城市地域概念,大体相当于我们常用的城市建成区的概念。按照 1990 年普查的规定,一个城市化地区由中心和外围密集居住区两部分组成,二者合起来至少有 5 万人。

"中心地"(central place),在 1990 年以前被称为中心市(central city),它是城市化地区中一个或几个人口最多的设有建制的地方,人口至少为 15 000 人。外围密集居住区的划分基本上以普查小区为基本单元,以人口密度为基本指标,它们是否能归入某个城市化地区,需满足以下条件。

(1) 一个或多个连续的人口密度在每平方英里[①] 1 000 人(相当于 386 人·km^{-2})以上的普查小区。这些普查小区与其他符合条件的地域必须相连;若不相连,则与城市化地区主体之间的公路距离不得超过 1.5 英里,且与隔断它们的这一不符合条件的地域一起,其总体人口密度必须在每平方英里 500 人以上;若隔离部分是水体或其他难开发地域,则公路距离可放宽到 5 英里。

(2) 一个"地方"若包含有满足条件(1)的地域,并且该地域的人口占该"地方"人口的 50%以上,则将该"地方"全部划入城市化地区;如果该"地方"没有包含满足条件(1)的地域,或者即使满足条件(1)但该地域的人口不足该"地方"的 50%,则该"地方"全部排除在城市化地区之外。

(3) 其他人口密度不足每平方英里 1 000 人的地域,如果作为飞地被包围在满足密度标准的城市化地区中,而且面积不超过 5 平方英里,则可并入城市化地区;当城市化地区边界上有锯齿形缺口,缺口两侧地域满足人口密度标准,若缺口的开口端不超过 1 英里,深度至少 2 倍于开

---

① 1 英里 ≈ 1.609 km。

口端宽度,整个缺口面积不超过5平方英里,则可将缺口划入城市化地区。

规则还对城市化地区之间的连接合并、命名代码等做了详尽的规定。美国从1950年的国情普查开始使用城市化地区的概念,这一名词术语已在世界各国广泛应用。

2002年美国颁布新的标准,采用自动化软件程序加上人机对话,来划分城镇地区(urban area)的边界,城镇地区的人口即城镇人口。城镇地区由连续的居民稠密的普查街区组和普查小区为单元组成,根据人口规模分成两种类型,一种是前述的人口不少于5万的城市化地区,另一种是人口规模为2 500人以上但不足5万人的城镇簇(urban cluster)①。与以前的标准相比,其含义并没有本质的不同,保持了较好的统计上的连续性(冯健等,2012)。

三、城市的功能地域

城市的实体地域作为人口和各种非农业活动高度密集的地域而区别于乡村,是城市研究中最基本的城市地域概念。可是城市实体地域的边界易于变动,取得各年的资料比较困难,更重要的是随着城市发展中的离心扩散过程,以一日为周期的就业、商业、教育、娱乐、医疗等城市功能所波及的范围已经超出城市建成区或城市化地区。城市社会越发达,城市与周围地域之间的社会经济联系越频繁,城乡之间的分界也越模糊,这就要求建立一种城市的功能地域概念来适应这种变化。在城市研究和规划实践中,对城市功能地域概念有许多不同的名称。虽然学术界试图将其规范,但成效不大。因此有必要对使用频率较高的概念做一些辨析。

1. 都市区

都市区(metropolitan area,MA)是一个大的人口核心以及与这个核心具有高度社会经济联系、并具有一体化倾向的邻接社区的组合,一般以县作为基本单元,是城市日常活动所及的功能地域概念。在国外这是最常用的城市概念。

美国早在1910年就提出都市区(metropolitan district)的概念,1949年正式建立具体的统计标准用于国情普查,命名为标准都市区(standard metropolitan area,SMA),1959年改称标准都市统计区(standard metropolitan statistical area,SMSA),一直沿用到1980年,20世纪90年代又改称都市统计区(metropolitan statistical area,MSA)。

每一个MSA必须至少包括一个5万人以上的中心市或者包括一个5万人以上的城市化地区,并满足都市区总人口至少10万人的条件。一个MSA由中心县(central county)和外围县(outlying county)两部分组成。

中心县,简单地说,即中心市所在的县或有50%以上的人口居住在城市化地区里的县。同中心县结合在一起组成MSA的外围县必须满足某些都市特点(如人口密度、城镇人口比例、非农业劳动力比例等)以及与中心县之间的社会经济联系(主要指标是通勤)等特别的标准。

需要指出的是,确定都市区地域标准的核心是以非农业活动占绝对优势的中心县和外围县之间劳动力联系的规模和密切程度。更多地反映了就业机会集中(需要劳动力)和人口集中(供

---

① urban cluster直译就是"城市群",但显然与我国常用的城市群词义相冲突。现已有人译为"城市簇",意为若干小城市的结聚地,也符合美国原意。

应劳动力)的县的组合。

20 世纪 90 年代的美国都市区一定包括一个或几个城市化地区,有城市化地区才可能有都市区。人口在 100 万以上的包括有两个或两个以上城市化地区的 MSA 复合体,假如满足特别的标准,要进一步定义出它们的组成部分"基本都市统计区"(primary metropolitan statistical area,PMSA)。包含有几个 PMSA 的都市区复合体则称为"结合都市统计区"(consolidated metropolitan statistical area,CMSA)。MSA、PMSA 和 CMSA 统称都市区(MA)。

进入 21 世纪,针对美国社会经济发展及其在城市形态结构上发生的变化,2000 年的国情普查对都市区的标准又做了一些新的变动。其中最重要的变动是降低了都市区中核心人口规模的标准。除了延续以前都市区核心人口不少于 5 万人的标准以外,新规定以 1 万人以上 5 万人以下的城镇簇为核心,也可以组成都市区,并把它称为小都市统计区(micropolitan statistical area,μSA)①。同时,为了都市区统计的目的,美国推出了统计区(statistical area,SA)、基于核心的统计区(简称核心统计区,core-based statistical area,CBSA)、联合统计区(combined statistical area,CSA)等一系列新名词。以前的 SMSA、PMSA 等概念不再使用。

它们的逻辑关系如下:核心统计区(CBSA)由都市统计区(MSA)和小都市统计区(μSA)两部分组成;相邻接的都市统计区(MSA)和小都市统计区(μSA)如果达到一定程度的通勤联系,则组成更大的联合统计区(CSA),但是被组合的部分仍然保留它们自己作为 MSA 和 μSA 的名称。一个 CSA 与 MSA/μSA 之间的主要区别是,CSA 内部的通勤联系程度要低于 MSA 和 μSA 内部各县之间联系的水平;在数量上,核心统计区(CBSA)加上联合统计区(CSA)即统计区(SA)(表 2-1)。

2013 年美国管理和预算办公室(OMB)为了描述都市区,公布了 1 098 个统计区(SA)(含波多黎各)的清单和人口。这其中包括 929 个核心统计区(CBSA)和 169 个联合统计区(CSA)。929 个核心统计区中有 388 个都市统计区(MSA)(含波多黎各 7 个)和 541 个小都市统计区(μSA)(含波多黎各 5 个)。169 个联合统计区(CSA)(含波多黎各 3 个)中,每一个有 2 个以上相邻的核心统计区(CBSA)。在网上可以找到它们最新的人口变动资料。

表 2-1 2010 年美国都市区新定义的 CBSA 界定标准

类别	说明
核心	CBSA 必须有一个人口至少 5 万的城市化地区,或人口至少 1 万但不足 5 万的城市簇
中心县	至少有 50% 的人口居住在 1 万人以上的城市地域的县;或者县内至少 5 000 人居住在一个 1 万人以上的城市地域内;或中心县与特定的城市地域相连,能够度量出往来于潜在外围县的通勤人口
外围县	至少 25% 的居民在 CBSA 的中心县工作,或者至少 25% 的就业人口居住在 CBSA 的中心县
县合并	当某一 CBSA 的中心县满足另一 CBSA 的外围县标准,两者合并成一个新的 CBSA
CBSAs 合并	毗邻的 CBSA 之间的就业通勤率达到 15% 以上,可合并为联合统计区(CSA)。合并后原 CBSA 统计上仍相对独立

资料来源:王凯等,2018

①　此处把以若干小城市结聚的城市簇为核心而形成的 micropolitan statistical area 翻译为小都市统计区。但笔者认为没有必要把 metropolitan statistical area 翻译为大都市统计区。

美国都市区的名称和统计标准,虽然随着时代的发展有所变化,但是,都没有脱离以人口密集的城市实体为核心和与之保持密切社会经济联系的外围县的组合这个实质含义。本节之所以不厌其烦地介绍这些内容,除了我们在解决中国问题时可以从中得到一点启发外,还因为在西方发达国家,城市功能地域相比于城市实体地域,其应用频率已经越来越高了,阅读不同时代的西方文献时,难免会遇到这些名词。

为了把中国的城市功能地域概念与国际通用概念相接轨,又考虑到通勤指标当时不适合在中国使用,周一星在 20 世纪 90 年代曾建议中国都市区的界定方案如下。① 都市区由中心市和外围非农化水平较高、与中心市存在着密切社会经济联系的邻接县(市)两部分组成。② 凡城市实体地域内非农业人口在 20 万人以上的地级市可视为中心市,有资格设立都市区。③ 都市区的外围地域以县级区域为基本单元,原则上需同时满足以下条件:a. 全县(或县级市)的 GDP 中来自非农产业的部分在 75% 以上;b. 全县社会劳动力总量中从事非农业经济活动的占 60% 以上;c. 与中心市直接毗邻或与已划入都市区的县(市)相毗邻;④ 当中心市为小郊区城市时(一般为"切块设市"的市),中心市的非农化水平能满足第③条规定的非农化水平指标,当中心市为大郊区城市时(一般为"整县设市"的市),整个市区还需满足第③条规定的非农化水平指标;⑤ 如果一县(市)能同时划入两个都市区则确定其归属的主要依据是行政原则(视其行政归属而定),在行政原则存在明显不合理现象时(如舍近求远),采用联系强度原则(即依据到各个中心市的客流量取最大者而定)。应用以上标准,城市地理学界曾联合研究过中国东部的几个城市密集区。

随着中国可获得城市统计数据的进步,宁越敏等在 2007 年利用第五次全国人口普查数据研究了中国都市区的界定,后来根据第六次全国人口普查城乡人口统计的新特点,又进行了完善。其标准如下。① 人口密度达到 1 500 人·km^{-2} 以上,城镇化率在 70% 以上的地级及以上市的市辖区,总人口在 50 万以上,为都市区的中心市。由于中国市行政区的复杂性,在上述标准型中心市的情况下,对少数中心市又分出中心市分离型、主副双中心型、无中心市型、多核心分散型等四种非标准型。② 中心市外城镇化率大于 60% 的邻接区县(市)为都市区的外围县。中心市加外围县组成都市区的空间范围。此标准一共界定出 128 个都市区(由于人口下限为 50 万,故作者称为大都市区)。

现在,随着信息技术的发展和应用,一些学者正利用大数据在探讨新时代中国都市区的新标准。

2. 大都市带

由许多都市区首尾连成一体,它们在经济、社会、文化等各个方面又存在着密切的交互作用,这样的巨大城市地域复合体叫作大都市带(megalopolis)。这一概念是法国地理学家戈特曼(J. Gottmann)在研究了美国东北部大西洋沿岸的城市密集区以后,于 1957 年首先提出来的。戈特曼选择了古希腊时代建立的一个理想中非常大,但从未发展到这么大的城市的名字 megalopolis(意即非常大的城市)来称呼这个当时世界上最大的、人口超过 3 000 万的超级大都市区。

大都市带的地域组织有这样几个特点。① 多核心。区域内有若干个高人口密度的大城市核心,每个大城市核心及其周围郊区县之间,产生以通勤流为主要指标的紧密社会经济联系,组成一连串的都市区。各核心城市之间的低人口密度地区,多为集约化农场、开阔林地、零星分布的牧场和草地。这些非城市性用地提供城市人口的休憩场所和食品供应。② 交通走廊。这些大城市核心及都市区沿高效率的交通走廊发展,开始是铁路,进而是高速公路,它们构成大都市带空间结构的骨架,把各个都市区联结起来,没有间隔。③ 密集的交互作用。不仅都市区内部,中心城市与周围郊区之间有密集的交互作用,都市区之间也有着密切的社会经济联系。④ 规模特别庞大。戈特曼以 2 500 万人口作为大都市带的规模标准。⑤ 国家的核心区域。它集外贸门户职能、现代化工业职能、商业金融职能、文化先导职能于一身,成为国家社会经济最发达、经济效益最高的地区,甚至具有国际交往枢纽的作用。

20 世纪 70 年代,戈特曼认为世界上有 6 个大都市带,它们是:① 从波士顿经纽约、费城、巴尔的摩到华盛顿的美国东北部大都市带,简称波士华(Boswash);② 从芝加哥向东经底特律、克利夫兰到匹兹堡的大湖沿岸都市带,简称芝匹兹(Chippits);③ 从东京、横滨经名古屋、大阪到神户的日本太平洋沿岸大都市带;④ 从伦敦经伯明翰到曼彻斯特、利物浦的英格兰大都市带;⑤ 从阿姆斯特丹到鲁尔和法国北部工业聚集体的西北欧大都市带;⑥ 以上海为中心的长江三角洲城市密集地区。当时认为还有 3 个可能形成大都市带的地区:以巴西里约热内卢和圣保罗两大核心组成的复合体;以米兰—都灵—热那亚三角区为中心沿地中海岸向南延伸到比萨和佛罗伦萨,向西延伸到马赛和阿维尼翁的地区;以洛杉矶为中心,向北到圣弗朗西斯科(旧金山)湾,向南到美国、墨西哥边界圣迭戈的太平洋沿岸地区(简称圣圣,Sansan)。

到 20 世纪 80 年代后期,加拿大地理学家麦吉(T. McGee)分析了亚洲一些农业国家经济核心区域都市区的迅速发展,认为在中国的东部沿海和中国台湾西海岸、印度尼西亚的爪哇、泰国等地由于非农业活动从城市核心向周围乡村的渗透,导致农业/非农业在同一个地理区域里的高度交错、融合和互补,也出现了类似于西方发达国家大都市带的城市地域,并用印度尼西亚语命名为 desakota area。

杜克西亚迪斯(C. A. Doxiadis)在 1970 年曾大胆推断,100 年以内由于交通和通信手段的改善,城市动力场会不断扩大和延伸,以前相对独立的大大小小的城市动力场会逐渐合并形成一个复杂系统,使几个大都市带互相联结,形成一种由许多大的节点或发展极联结成网络的更大的城市地域空间,并称之为世界性大都市带(ecumenopolis)。欧洲的世界性大都市带的主要节点将在西北欧、意大利北部和白俄罗斯—乌克兰地区。北美洲的世界性大都市带将以美国东北部为主要节点,通过发展走廊与加利福尼亚、佛罗里达和墨西哥湾沿岸等外围节点联系起来。但是,这种观点并没有被普遍接受。贝里(B. J. L. Berry)就认为,人类正从机械时代进入电子时代,尽管大都市中心将变成高度一体化的通信网络的中心,实际的优势可能增加,但实际的发展速度将放慢,大都市带以外的具有高度舒适环境的较小中心,借助发达的电子通信网络,将获得较快的发展。

3. 都市连绵区

1986 年,周一星在分析中国城市概念和城镇人口统计口径时,提出了都市连绵区(metropolitan interlocking region,MIR)这一概念,1991 年对中国沿海 6 个区块做了都市连绵区的假设,以与国外普遍使用的大都市带(megalopolis)和麦吉的 desakota area 相呼应。他所指的都市连绵区是以都市区为基本组成单元,以若干大城市为核心并与周边地区保持强烈交互作用和密切社会经济联系,沿一条或多条交通走廊分布的巨型城乡一体化地区。他认为都市连绵区的成型有 5 个指标:① 具有两个以上人口超过百万的特大城市作为发展极,且其中至少一个城市具有较高的对外开放程度,具有国际性城市的主要特征;② 有相当规模和技术水平领先的大型海港(年货物吞吐量在 $1×10^8$ t 以上)和空港,并有多条定期国际航线运营;③ 区域内拥有由多种现代化运输方式叠加形成的综合交通走廊,区内各级发展极与走廊之间有便捷的陆上手段;④ 区内有较多的中小城市,且有多个都市区沿交通走廊相连,总人口规模达到 2 500 万以上,人口密度达到 700 人·km^{-2} 以上;⑤ 组成都市连绵区的各个都市区之间、都市区内部中心与外围县之间存在密切的社会经济联系。

第①项指标强调骨干城市的规模及其国际性特征,是因为当今世界上已经成型的大都市带均与国际性城市甚至世界城市(world city)之间存在着显著的耦合关系,如纽约、伦敦、东京不仅是美国东海岸、英格兰、日本东海道 3 个最大的都市连绵区的核心城市,也是在世界政治经济体系中居于顶尖地位的国际大都市。从都市连绵区的功能来看,这也应是其基本内涵之一。

第②项指标是对拥有对外海空口岸条件的具体化。港口吞吐量 $1×10^8$ t 相当于世界上已经成型的大都市带的指标。中国香港 1994 年港口货运吞吐量为 14 102×10^4 t。上海港 1995 年吞吐量为 16 576×10^4 t,相当于 20 世纪 80 年代初国外大都市带枢纽港的水平。而今天吞吐量超亿吨的中国港口已经有几十个之多!

第③项指标要求都市连绵区不仅有强有力的综合交通走廊,而且区内广大中小城市与交通走廊之间有良好的沟通条件,可以方便地利用走廊。这就要求其具有网络化的交通系统,除了常规运输方式外,高速公路、高速铁路等现代运输方式应逐渐占据主导地位。

总人口规模达到 2 500 万与戈特曼坚持的下限指标一致,700 人·km^{-2} 的密度指标显著高于戈特曼建议的 250 人·km^{-2} 的标准。这是基于中国是一个人口大国的基本国情而设计的。

城市地理学界 20 世纪 90 年代的合作研究认为,长江三角洲和珠江三角洲已经达到上述标准。

4. 城市群

在姚士谋等 1992 年出版《中国的城市群》以后,"城市群"(urban agglomerations)这一名词在中国得到了广泛的应用,并被写入《中华人民共和国国民经济和社会发展第十一个五年规划纲要》《中华人民共和国国民经济和社会发展第十二个五年规划纲要》和城镇化工作会议纪要等一系列国家重要的政策文件之中。一般认为城市群是指在特定的地域范围内具有相当数量的不同性质、类型和等级规模的城市,依据一定的自然环境条件,以一个或两个超大或特大城市作为地区经济的核心,借助于现代化的交通工具和综合运输网,以及高度发达的信息网络,发生与发展着城市个体之间的内在联系,共同构成一个相对完整的城市集合体。但是城市群的提出和应用有两个先天不足的问题。一是没有界定指标,划定城市群范围的任意性太大,空间尺度的概念不明确。小到一个矿业城市的矿工居民点群体,大到沪江浙皖一市三省的长江三角洲城镇群体,都可以被认为是一个城市群。二是赋予城市群的英文译名为"urban agglomerations",而在国际上它指的正是都市区范围内的城镇集聚体。正由于"城市群"在中国被当作一个广义概念,现在国内在使用这个名词时完全失去了规范。例如,某省把省域当作一个城市群来规划,全省又分成几个城市群来规划,每个城市群规划里面又套了城市群、都市区、大都市带和城市联合发展区。

近年来,规范城市群的研究取得了一些进展。例如宁越敏 2011 年提出城市群界定的 6 条标准:① 以都市区作为城市群的核心,至少有两个人口百万以上大都市区作为发展极,或至少拥有一个人口在 200 万以上的大都市区;② 大城市群的总人口规模达 1 000 万人以上;③ 城市化水平应高于全国平均水平;④ 沿着一条或多条快速交通走廊,连同周边有着密切社会、经济联系的城市和区域,相互连接形成巨型城市化区域;⑤ 区域内部在历史上有较紧密的联系,并有共同的地域认同感;⑥ 以地级及以上城市型行政区作为城市群的组成单元。在前述他界定的 128 个大都市区的前提下,一共识别出中国大陆 13 个规模较大的城市群,它们是长江三角洲、珠江三角洲、京津唐、山东半岛、辽中南、哈尔滨—齐齐哈尔、长春—吉林、中原地区、闽南地区、成渝地区、武汉、长株潭、关中。

另一种思路来自被纳入“十二五”国家科技支撑计划的城市群识别和空间格局研究课题组,他们也把都市区作为城市群的基本构成单元,按照都市区—联合都市区—准都市连绵区—都市连绵区的发育演化逻辑,以联合都市区、准都市连绵区、都市连绵区作为城市群的 3 种类型。借鉴国内外已有相关研究,提出了适合中国特点的中心市和外围县界定标准(黄金川等,2014;王凯等,2018),然后基于 GIS 技术对 283 个地级市和 2 003 个县级行政单位,进行了都市区发育范围的识别。两个以上空间邻接的都市区即联合都市区;两个以上的联合都市区,且发育较成熟、体量特大、总人口规模超过 2 000 万、经济密度超过 6 000 万元·km^{-2}的为都市连绵区;其余介于都市连绵区和联合都市区之间的为准都市连绵区。最后,城市群识别结果显示,2010 年中国城市群的总体空间格局由长江三角洲、珠江三角洲、京津冀 3 个都市连绵区,武汉、山东半岛和成德绵 3 个准都市连绵区和 25 个联合都市区构成(图 2-1)。

5. 都市圈

都市圈是又一个比较“热”而使用并不规范的概念。“都市圈”最早是在美国“都市区”概念基础上,由日本结合自身特点而形成的一个概念,日本把“城市”称为“都市”。从矶村英一主编的《城市问题百科全书》(1988)中看出,都市圈在日本也是含义多样,因人而异。笼统的都市圈,包括城市的生活圈和城市的经济圈。城市的生活圈,相当于西方的都市区。经济意义上的都市圈,指的是以物资依存关系为中心的城市势力圈,相当于中国经济地理学和城市地理学上所说的城市经济区的概念。日本都市圈的确定是有方法、有指标的,划定的要素要参考通勤、通校、购物、娱乐、报纸、快信、医院、图书馆等。这一点中日之间有所不同。

1990 年的《南京城市总体规划(1991—2010)》第一次出现“南京都市圈”的概念,成为这次规划的一个亮点,其内容和空间范围相当于“南京都市区”。后来在江苏省城市体系规划中又提出了内涵不同的 3 个都市圈:其中“南京都市圈”的内容和空间范围大为扩大,实质上变成了南京城市经济区,为了避免重复,原来的“南京都市圈”被改称为“南京都市发展区”;“徐州都市圈”更是淮海经济区的概念;“苏锡常都市圈”实际相当于美国“结合都市统计区”(CMSA)的概念。《哈尔滨大都市圈城镇体系规划(2001—2020 年)》所包括的面积达到 83 000 km^2,实际上也是典型的城市经济区规划。可统一把都市圈理解为城市经济区,以避免与都市区相混淆。

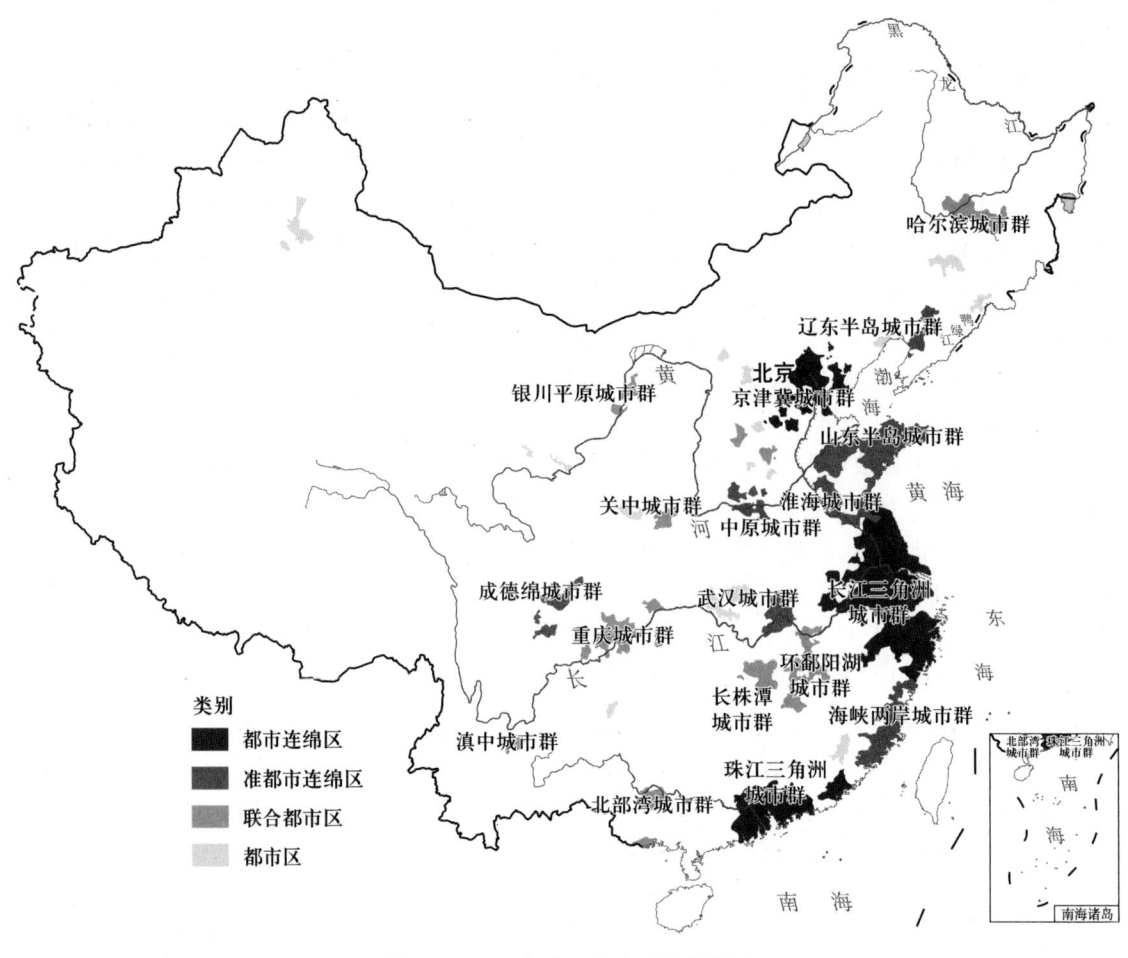

图 2-1　2010 年中国城市群发育格局

（数据未包括港、澳、台地区）

资料来源：黄金川等，2014

6. 城镇密集区

城镇密集区是对城镇分布比较密集、相对发达的地理空间的一种称呼，是一个比较中性的、一般的、可以广泛使用的词汇，用"城镇密集区"做研究和规划，被误导和误解的可能性很小。比较典型的例子如 2000 年出版的《中国沿海城镇密集地区空间集聚与扩散研究》。有人试图用定量指标把城镇密集区分成不同的类型和等级，这是很好的一种尝试。

总之，城市功能地域概念很多，从学科角度看，百花齐放，无可非议。从法定规划看，还需要在国家层面采取措施，逐步走向统一、规范、科学、严谨。

第三节　中国市、镇概念和统计口径

一、中国市、镇建制标准

中国对城乡第一次进行划分是在 1908 年(光绪三十四年)清政府颁布的《城镇乡地方自治章程》,规定"凡府厅州县治城厢地方为城,其余市镇村庄屯集等各地方,人口满 5 万者为镇,人口不满 5 万者为乡"。1911 年 11 月江苏省临时省议会议决通过的《江苏省暂行市乡制》将上面的城、镇统称为市,并规定县治城厢地方为市;县下市镇村庄屯集各地方,人口满 5 万以上者为市,不满 5 万者为乡。1918 年广州成为中国近代行政区域建制意义上的第一个设市的城市。1921 年中央政府颁布《市自治制》,规定在首都、省会、商埠、县治城厢及其他满 1 万人之地方设市。市分特别市与普通市。特别市不入县的行政范围。这一立法开创了全国性城市行政区划制度的先河。南京国民政府期间,对市制又做了一些完善,市分直属中央管辖的行政院辖市(即直辖市)和省辖市,并分别提出了需要具备的条件。之后设市城市逐渐增加,到 1948 年新中国成立前,全国有 12 个直辖市和 57 个省辖市(戴均良,2000)。

新中国成立后,中国的市、镇建制标准前后经历过好几次变动。1955 年公布的第一个标准,基本上规定聚居人口 10 万以上的城镇可以设市;若聚居人口不足 10 万,如果是重要工矿基地、省级地方国家机关所在地、规模较大的物资集散地或边远地区的重要城镇,确有必要也可设市;规定县级或者县级以上地方国家机关所在地或常住人口 2 000 以上、居民 50% 以上为非农业人口的居民区可以设置镇的建制,少数民族地区标准从宽。当时还把常住人口不足 2 000,但在 1 000 以上,非农业人口超过 75% 的地区以及休疗养人数超过当地常住人口 50% 的疗养区列为城镇型居民区。那时的"市"有直辖市、省辖市和地辖市之分,到 20 世纪 80 年代演变为今天的直辖市、地级市和县级市。

1963 年国务院对上述标准作了较大修改。设镇的下限标准提高到聚居人口 3 000 以上,非农业人口 70% 以上或聚居人口 2 500~3 000,非农业人口 85% 以上。设市的基本标准虽然没有变,但基于"大跃进"期间城镇人口增加过猛,市镇建制增加过多,城市郊区偏大,对设市标准从严掌握。经逐个审查,撤销了一批市建制,并且缩小了城市郊区范围,规定城市人口中农业人口所占比例一般不应超过 20%。

现行的设镇标准是 1984 年正式颁布的。这一年撤销人民公社,恢复乡作为县以下的乡村基层行政单位。规定 20 000 人以下的乡,假如乡政府驻地非农业人口超过 2 000 人的,可以撤乡建镇;总人口在 20 000 以上的乡,乡政府驻地非农业人口占全乡人口 10% 以上的,也可以撤乡建镇。县政府所在地均应设镇的建制。少数民族地区、人口稀少的边远地区、山区和小型工矿区、小港口、风景旅游区、边境口岸等地,非农业人口虽不足 2 000,如确有必要,也可设镇。

1986 年设市标准又作了较大调整,主要精神是推行"整县改市"。规定非农业人口 6 万以上,年国民生产总值 2 亿元以上,已成为该地经济中心的镇,可以设置"市"的建制。虽不足此标准,但确有必要的地方,也可设市。总人口 50 万以下的县,县人民政府驻地所在镇的非农业人口 10 万以上,常住人口中农业人口不超过 40%,年国民生产总值 3 亿元以上;或者总人口 50 万以上的县,县人民政府驻地所在镇的非农业人口一般在 12 万以上,年国民生产总值 4 亿元以上,可以撤县设市。市区非农业人口 25 万以上,市国民生产总值 10 亿元以上的中等城市,可以实行市领导县的体制。

1993 年国务院对 1986 年的设市标准又作了调整,调整的要点是采取了分类指导的原则和增加了考察的指标(表 2-2)。如果用 1993 年的设市标准来对照 1992 年的全部 479 个市,结果有 428 个市至少有一项指标不符合标准,占全部市的 89%。那就是说,1993 年的标准在当时显然是很高的。但是,到 1998 年,54%的县已经达到 1993 年的设市标准,纷纷要求设市。所以设市标准又不得不酝酿修订,要提高标准。据初步分析,大量已经设的市又不符合酝酿中的新标准。显然,问题出在设市的模式和标准本身,首先需要回答:为什么要设市?设的"市"是不是"城市"?同理,为什么要设镇?设的"镇"是不是就是"城镇"?

表 2-2 1993 年的设市标准

指标		县级市			地级市
		原来县的人口密度			
		>400 人·km^{-2}	100~400 人·km^{-2}	<100 人·km^{-2}	
人口	县城镇人口中 非农产业人口 非农户口人口	≥12 万人 ≥8 万人	≥10 万人 ≥7 万人	≥8 万人 ≥6 万人	市政府驻地非农户口人口>20 万人
	县总人口中 非农产业人口 非农产业人口比例	≥15 万人 ≥30%	≥12 万人 ≥25%	≥10 万人 ≥20%	市区人口中非农产业人口>25 万人
经济	全县乡镇以上 工业产值 占工农业总产值比例	≥15 亿元 ≥80%	≥12 亿元 ≥70%	≥8 亿元 ≥60%	市区工农业总产值>25 亿元;市区工业产值所占比例>80%
	全县 GDP	≥10 亿元	≥8 亿元	≥6 亿元	市区 GDP>25 亿元
	全县第三产业占 GDP 比例	>20%	>20%	>20%	第三产业占 GDP>35%
	地方人均预算内财政收入	≥100 元·人$^{-1}$	≥80 元·人$^{-1}$	≥60 元·人$^{-1}$	地方预算内财政收入>2 亿元
	地方预算内财政收入	≥6 000 万元	≥5 000 万元	≥4 000 万元	
基础设施	自来水普及率	≥65%	≥60%	≥55%	
	道路铺装率	≥65%	≥55%	≥50%	
	排水系统	较好	较好	较好	

距离 1998 年又 20 多年过去了,中国在经济上已经突飞猛进。但是,因为没有新的设市标准出台,"撤县改市"一直处在冻结或半冻结状态。直到近几年,国家才重新开始陆续批准了一些

新设城市。1997 年中国的设市城市总数达到 668 个,为历史最高。2016 年设市城市数为 660 个,反而减少了!怎么解释这种现象?1997 年至 2016 年,直辖市 4 个,未变;地级市由 222 个增加到 293 个,增加了 71 个;县级市由 442 个减少到 363 个,减少了 79 个;县(包括自治县、旗)也减少了 143 个,而同期市辖区增加了 213 个!说明最近 20 多年来 200 多个县和县级市直接变成了市辖区,主要是大城市、特大城市、超大城市的市区范围变得更大了!

二、中国的城乡划分和统计口径

城乡划分有多方面的意义,最基本的目的是用于区分城乡人口。城乡人口结构状况是极为重要的国情状况,向来受到各国和世界组织的重视。

中国长期以来没有稳定的城乡划分标准。主要原因是中国没有建立城镇的实体地域概念,一直以市镇行政界线作为城乡划分的基础。而中国市镇行政管辖范围都远大于实体范围,包括了相当一部分的乡村地域和农业人口。

1955 年公布的中国第一个城乡划分标准规定,城镇人口包括设有建制的市和镇辖区的总人口(非农业人口和农业人口)以及城镇型居民区的人口。当时市和镇的郊区较小,城镇人口中包含的农业人口只有 15% 左右。规定还是比较切合实际的。

"大跃进"以后,中国经济进入困难时期,作为克服国民经济困难的一项措施,在 1963 年规定,城镇人口只计算设有建制的市和镇的非农业人口,不再包括农业人口。从这时候开始,城镇人口与城镇地域之间开始脱节。市镇辖区内的人口并不全部是非农业人口,而作为城镇人口的城镇非农业人口却不一定居住在城镇建成区,而可能在郊外的乡村。居住在城镇建成区内持有农业户口的居民却又不计入城镇人口。城镇人口的这种统计标准比实际偏小是主要倾向。这一城乡人口划分标准使用了 18 年之久。

1979 年以后,政府和学术界一致感到以前的城镇人口统计口径偏小,不能反映中国城镇化的实际水平。因此在 1982 年第三次全国人口普查时重新使用 1955 年的标准。公布当时城镇人口占总人口比例为 20.6%。然而,不久以后中国设置市、镇建制的标准大幅度下降,市、镇的数量直线上升;加上普遍推行"整乡改镇""以镇管村"和"撤县改市""县并市"的行政措施,市、镇的辖区范围迅速膨胀,使中国的城镇人口统计出现了数量上的超常增长。1989 年城镇人口比例上升到 51.7%,其中农业人口占 63.5%。这时候的中国有关城乡的概念和城镇人口的统计已完全失去实际意义。联合国和世界银行等国际机构也停止公布中国 1982 年以后的城镇人口统计资料。

在这种背景下,1990 年中国第四次全国人口普查不得不为城镇人口制定新的统计标准。城镇人口由市人口和镇人口两部分组成。市人口是指设区的市所辖的区人口和不设区的市所辖的街道办事处人口;镇人口是指不设区的市所辖的居民委员会人口和县辖镇的居民委员会人口。普查结果,城镇人口占全国总人口的 26.23%。从表面上和总体上看,这一结果是可以接受的。

然而,这种城镇人口统计的双重标准可能导致设区市的统计偏大,不设区市及镇偏小,进而不仅造成设区市和不设区市之间有不可比性,而且同是设区市之间也有不可比性,此外还造成了省区间的不可比性。

针对第四次全国人口普查存在的问题,2000 年第五次全国人口普查的城乡人口划分试行了新的统计标准。新标准的精神实质是:① 引入"人口密度原则",用人口密度把设区市的"区"分成两类,只把 1 500 人·km⁻² 以上的区(一般是城区和近郊区)的人口全部算作城镇人口,而对 1 500 人·km⁻² 以下的区(一般是远郊区),只计算真正的城镇部分,区的乡村部分不再计入城镇,从而在一定程度上克服了第四次全国人口普查对设区市城镇人口的偏大统计;② 引入"建成区延伸原则",对不设区市和建制镇,除了按照城市社区管理的街道办事处和居民委员会人口以外,还包括了与市镇驻地建设用地相连的乡镇地域和村委会地域,可以认为这一地域的人口大都以非农业经济活动为主,从而在一定程度上克服了第四次全国人口普查对不设区市和建制镇人口的偏小统计。从原则上讲,这一标准比第四次全国人口普查完善。第五次全国人口普查和第四次全国人口普查城镇人口统计标准的对比如图 2-2 所示。

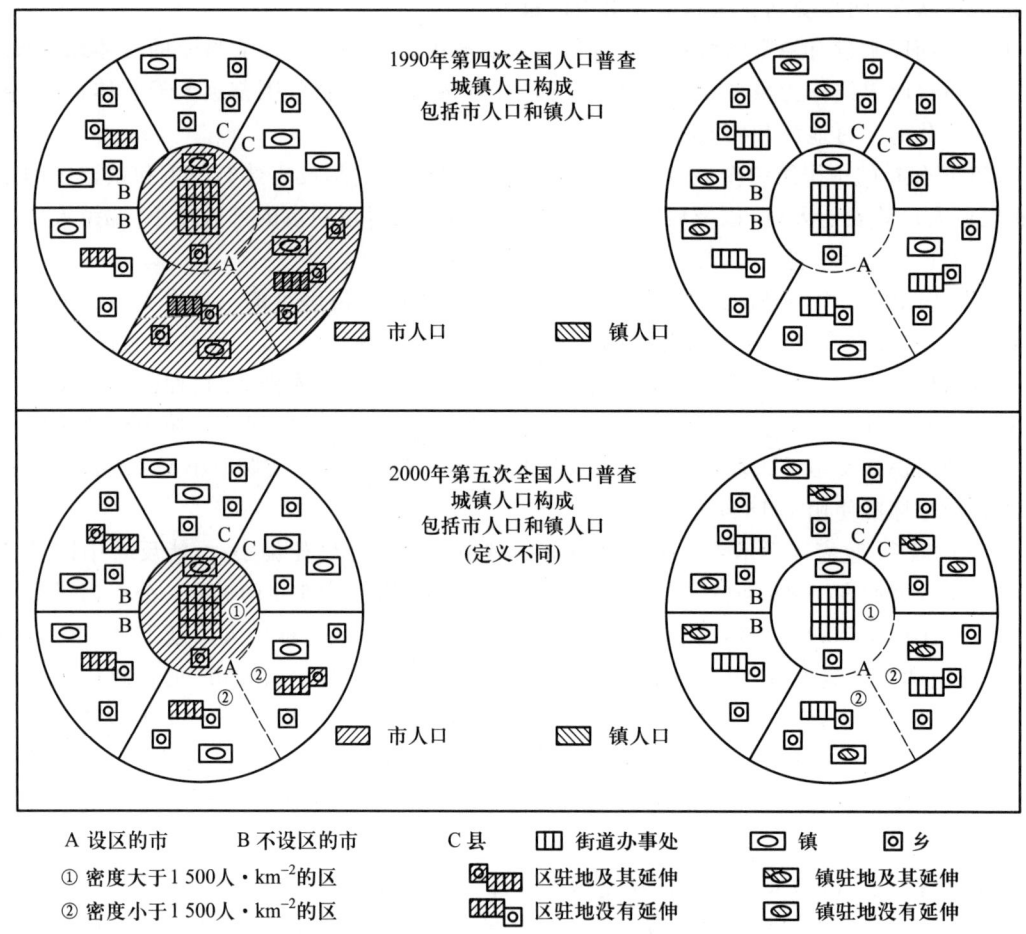

图 2-2　第五次全国人口普查和第四次全国人口普查城镇人口统计标准的对比

　　由于 50 年来的 5 次全国人口普查对城镇人口采用了不同的统计口径,每一次普查得到的城镇人口比例与按老口径计算的比例都无法衔接(表 2-3)。每一次普查以后都不得不对以前公布的历年城镇人口数和城镇人口比例进行修正。修正中就难免夹杂进一些人为的非理性因素。如果去分析一下中国历次全国人口普查城镇化水平的轨迹,就可以充分地体会到这一点。

表 2-3　中国历次全国人口普查城镇人口比例的不衔接

普查时间	城镇人口占全国总人口的比例/%
第一次全国人口普查(1953.6.30)	13.26
	↓
第二次全国人口普查(1964.6.30)	(18.40) → 14.10
	↓
第三次全国人口普查(1982.7.1)	(14.40) → 20.55
	↓
第四次全国人口普查(1990.7.1)	(53.21) → 26.23
	↓
第五次全国人口普查(2000.11.1)	(31.39) → 36.09
	↓
第六次全国人口普查(2010.11.1)	(47.5) → 49.68

注:表中不带括号的数字是每次普查按新口径统计的城镇人口比例的公布数,括号内的数字是每次普查时按上一次普查的老口径计算的城镇人口的比例。

在总结前几次城乡人口划分经验的基础上,2008 年国务院公布了新的《统计上城乡划分的规定》。它的核心如下。① 简化指标,不再用"人口密度"指标把"区"分成两类。而是统一以已建和在建的公共设施、居住设施等实际建设为标准。② 提高精度,以法定最小的居民委员会和村民委员会辖区为基本单元,划分"城区"和"镇区"。所谓"城区"是指市辖区和不设区的市,其政府驻地的实际建设连接到的居民委员会和其他区域;所谓"镇区"是指在城区以外的县政府驻地和其他镇驻地实际建设连接到的居民委员会和其他区域。③ 与政府驻地不相连接的常住人口 3 000 人以上的独立工矿区、开发区、科研单位、大专院校等特殊区域及农场、林场场部驻地视为镇区。城镇以外的区域为乡村,城区和镇区的常住人口为城镇人口。

2010 年的第六次全国人口普查采用以上与城镇实体地域界线十分接近的口径统计城镇人口,所得的城镇人口比例为 49.68%,与普查前口径数据的差距降到+2.18 个百分点(李恩平,2012),是各次普查结果与上次口径数据差距最小的一次。

具体到每个城市的人口规模,可以有多种口径。近年来各年中国城市统计年鉴提供的数据有市辖区和全市两种不同地域范围的人口之分,地级及以上市的"市辖区人口"指"区"的总人口(不包括所辖县和县级市),县级市的"市辖区人口"指的是县级市的城关镇人口(人口统计年鉴中提供县级市市区总人口);全市人口指的是地级及以上市包括所辖县和县级市的市域总人口。按照人口类型分,有户籍人口(农业人口加非农业人口)、户籍非农业人口和常住人口之分。第五次全国人口普查和第六次全国人口普查的常住人口指的是户籍总人口减去外出半年以上的本地户籍人口加上离开户籍所在地半年以上的外来人口。第五次全国人口普查给出的每个市的"市人口"和每个镇的"镇人口",以及第六次全国人口普查给出的每个市的"城市人口"和每个镇的"镇人口"是比较接近城市实体地域的人口规模的,问题是只有普查时点的数据,而且没有对应的空间范围边界。城市人口规模是城市地理学研究最基础的资料,由于上述特别复杂的情况,在研究中识别和选择合适的、可比的数据,具有特别重要的意义。

三、市带县体制

市带县体制是中国很特殊的一种行政体制。1982 年以前，只有少数大城市为了确保蔬菜、牛奶、鸡蛋等副食品的供应而管辖若干个县。1982 年以后，为了发挥城市带动地区经济发展的作用，源于辽宁、江苏等发达地区的市领导县的体制大面积推广到全国各省区。只有地级或以上的市（包括直辖市、副省级市、地级市，它们的市区可以设区，故统称设区市）才有资格领导县。随着大量的"整县改市"，有些设区市领导的县，逐渐变成县级市。随着一些地区的撤销，原来地区驻地的县级市升格为地级市，也带了县或县级市。进入 21 世纪，中国除了分布在吉林、湖北、湖南、四川、甘肃、云南、贵州、青海、内蒙古、西藏等省、自治区还存在少量的"自治州""盟"和"地区"建制外，市带县体制已基本全覆盖。

在市带县体制下，包括辖县（市）在内的设区市的市域范围，是中国特定条件下的一种行政区域概念，本质上并不是城市地域概念。但是现在中国流行的各种城市指标却普遍以市域范围为地域单元。需要强调的是，不同设区市之间，带县（市）的范围变化很大，并没有明确的标准。小城市可能带很多个县，如赣州带了 17 个县（市）；大城市可能只领导很少的县，如沈阳只带 3 个县（市）。面积、人口和所辖单元列第一位的重庆市，有 19 个区和 21 个县，3 200多万人口。而地级市中山、东莞、三沙、儋州、嘉峪关不仅不设区也没有辖县，直接管辖街道和乡镇。因此，包括辖县的"全市"概念的数据，只具有行政单元的意义，作为城市之间的比较，并没有可比性。国外学者有时用中国包含辖县的市域人口与国外的都市区相提并论，严格来说是不正确的。

20 世纪 90 年代以来，随着城市"做大做强"的发展需要，不少设区市加快了将所管辖的县或县级市改设为"区"的步伐，成为扩大市区城市用地的重要渠道。这既可以看作是市带县体制的一种发展，也可以看作是摆脱市带县体制的一种方式。

设区市空间扩张状况的不平衡，导致设区市之间的辖区数量和市区范围也变化很大，缺乏可比性。1998 年武汉市成为率先全域改辖县为辖区的特大设区市；2002 年年底，原来被地级佛山市所代管的顺德、南海、高明和三水 4 个县级市同时改设为"区"，使佛山全域的市区面积由 150 km² 一下扩大到 3 800 km²，实际居住人口由 77 万变成 534 万。近几年，北京、上海、天津、广州、南京等先后完成了全市域设区的过程，市区面积小者六七千平方千米，大者上万平方千米。

思考题

1. 你认为应该如何定义城镇及城镇人口的标准？
2. 简述城市地域的概念。
3. 如何理解和评价各种城市功能地域的概念？
4. 中国市镇建制标准和城镇人口统计发生过什么变化？了解这些变化有什么意义？
5. 如何评价中国的市带县体制？如何评价"要把城市群作为推进城镇化的主体形态"？

参考文献

[1] 许学强,伍宗唐,梁志强.中国小市镇的发展[M].广州:中山大学出版社,1987:17-22.

[2] 周一星.关于明确我国城镇概念和城镇人口统计口径的建议[J].城市规划,1986(3):10-15.

[3] 严重敏.试论我国城乡人口划分标准和城市规模等级问题[J].人口与经济,1989(2):22-26.

[4] 周一星,孙樱.对我国第四次人口普查市镇人口比重的分析[J].人口与经济,1992(1):21-27.

[5] 周一星,史育龙.城乡划分与城镇人口统计——中外对比研究[J].城市问题,1993(1):22-26.

[6] 周一星,史育龙.建立中国城市的实体地域概念[J].地理学报,1995,50(4):289-301.

[7] 冯健,周一星,李伯衡,等.城乡划分与监测[M].北京:科学出版社,2012.

[8] 周一星,史育龙.中国都市区与都市连绵区研究[M]//周一星.城市地理求索.北京:商务印书馆,2010:342-370.

[9] 罗海明,汤晋,胡伶倩,等.美国大都市区界定指标体系新进展[J].国外城市规划,2005,20(3):50-53.

[10] 姚士谋等.中国的城市群[M].合肥:中国科学技术大学出版社,1992.

[11] 姚士谋,陈振光,朱英明,等.中国城市群[M].合肥:中国科学技术大学出版社,2006.

[12] 张欣炜,宁越敏.中国大都市区的界定和发展研究——基于第六次人口普查数据的研究[J].地理科学,2015,35(6):665-673.

[13] 宁越敏.中国都市区和大城市群的界定——兼论大城市群在区域发展中的作用[J].地理科学,2011,31(3):257-263.

[14] 黄金川,刘倩倩,陈明.基于GIS的中国城市群发育格局识别研究[J].城市规划学刊,2014(3):37-44.

[15] 王凯,陈明,等.中国城市群的类型与布局[M].北京:中国建筑工业出版社,2018.

[16] 李恩平.基于六普、五普的城镇化人口统计数据修补[J].人口与经济,2012(4):64-70.

[17] 矶村英一.城市问题百科全书[M].哈尔滨:黑龙江人民出版社,1988.

[18] 胡序威,周一星,顾朝林,等.中国沿海城镇密集地区空间集聚与扩散研究[M].北京:科学出版社,2000.

[19] 戴均良.中国市制[M].北京:中国地图出版社,2000.

[20] Chan K W, Xu X Q. Urban population growth and urbanization in China since 1949: reconstructing a baseline[J]. China Quarterly, 1985(104):583-613.

[21] McGee T G. The emergence of desakota regions in Asia: expanding a hypothesis[M]//Ginsburg N, et al. The extended metropolis: settlement transition in Asia. Honolulu: University of Hawaii Press, 1991.

[22] Zhou Y X. The metropolitan interlocking region in China: a preliminary hypothesis[M]//

Ginsburg N , et al. The extended metropolis : settlement transition in Asia. Honolulu : University of Hawaii Press , 1991 : 89－111.

[23] Zhou Y X , Ma L J C. China's urbanization levels : reconstructing comparable time-series data based on the fifth population census [J] . The China Quarterly , 2003 , 173 : 184－204.

[24] Xu X Q. Urban development and urbanization in China [M] . Guangzhou : Guangdong High Education Press , 2003 : 370－405.

[25] Zhou Y X , Ma L J C. China's urban population statistics : a critical evaluation [J] . Eurasian Geography and Economics , 2005 , 46 (4) : 272－289.

[26] Leman E. Metropolitan regions : new challenges for an urbanizing China [C] // World Bank/ IPEA. Urban Research Symposium [S. l.] : Chreod Ltd , 2005.

第三章　城市的产生与发展

要研究城市首先要了解一个城市是如何产生和发展的。从时间角度看,为什么某一时期城市才能产生或快速发展,而某些时期城市难以产生或发展很慢。从空间角度看,为什么有的地方城市发展很快,有的地方城市发展很慢;有的地方只能形成小城市,有的地方可以发展成为特大城市;有的地方可以发展成为工业城市,有的地方可以发展成为港口城市……本章为研究这些问题提供一个思路。

第一节　城市是社会生产力发展到一定阶段的产物

关于城市的产生有着不同的看法,有人认为"城市是私有制和阶级社会的产物",也有人认为城市"是防御安全的需要"。按照马克思主义的观点,城市是社会生产力发展到一定阶段的产物。

一、第一次社会大分工:村庄的出现

100多万年前,地球上就有了人类。最初,人类因谋生不易而过着成群结队的、漂泊不定的生活。后来,随着社会生产力发展,人们谋取生活资料的方式有了很大进步。首先,打猎的发展导致了原始畜牧业的产生。其次,在采集野生果实和植物根茎的基础上,慢慢开始种植植物,原始农业随之出现。后来,随着人们利用驯养的牲畜来耕田和金属工具开始使用,农业生产率有了较大提高,农业和畜牧业有了较巩固的基础,人类定居下来的可能性和必要性越来越迫切,越来越明显。从此,许多萌芽状态的村落逐渐发展成为定型的乡村。并且,随着农牧业的发展,陆续涌现出许多新的村庄。

城市的出现后于乡村,它是在原始公社制社会的末期形成的。当时,在原始公社制度中,人类虽然定居下来,并因而形成了乡村,但种植谷物及驯养牲畜的工作是在各个氏族公社内部统一进行的。在各个氏族公社内部,人们共同生产、共同消费,彼此间没有进行交换的基础。各个氏族公社虽有处于萌芽状态的交换发生和发展,但一般带有偶然的性质。随着社会生产力的继续提高,出现了第一次社会大分工,即游牧部落和农业部落分离开了。第一次社会大分工促进了畜牧业和农业的发展,而且在生产力发展的基础上各自都有若干产品剩余,因此,为游牧部落和农

业部落间开始进行商品交换提供了足够的可能性和必要性,交换从偶然性逐渐变为经常性了。交换一具有经常性,就必然出现固定的交换场所。后来,这些场所逐步演变为市集。

二、第二次社会大分工:集市的形成

在石器时代后期,某些开化的民族逐渐掌握了铁器的运用,这就促使人们进入了一个崭新的时代——铁器时代。铁犁和铁斧的使用使人们可以开垦大面积的田野以供耕作,同时也给了手工业者以坚固而锐利的器具。另一方面,随着人们需求的多样化,产生了专门从事一些手工制品制作的人,农民中的手工匠人逐渐演化成为专门的手工业者。于是发生了人类史上的第二次社会大分工——手工业与农业的分离。"某一民族内部的分工,首先引起工商业劳动和农业劳动的分离,从而也引起城乡的分离和城乡利益的对立。"(《马克思恩格斯全集》3卷,24~25页)。第二次社会大分工的结果是提高了劳动生产率,扩大了交换范围,使得农人、牧人及手工业者彼此都有需要,也有可能去进行越来越频繁的交换。交换的扩大引起了商品生产的萌芽和发展,交换日益繁荣和扩大,逐渐形成了许多手工业和商业的集中地,进而逐步形成城市。

三、第三次社会大分工:城市的繁荣

随着以交换为目的的商品生产活动和人们之间的商品交换日益密切,社会创造了一个不从事生产而只经营生产品交换的阶级——商人。商人的出现并逐渐从其他人群中分离出来,这就是对人类文明有决定意义的第三次社会大分工。

第三次社会大分工之后,便出现了金属货币——铸币,以及货币高利贷,它们成了商人阶级统治生产者的新手段。随着商业活动的扩大,以及货币和货币高利贷的广泛使用,社会财富迅速地集中到商人的手中,导致了社会贫富差别不断加剧。商人们为了维护其既得利益,巩固其统治,保护其私有财产,同时在阶级的出现以及部落之间的战争等因素的促使下,人类开始在聚集区周围筑城;他们出于军事、政治、宗教等目的的考虑,兴建了城市,挖壕筑墙,修城造廓。真正意义上的城市便在这个时期产生并繁荣起来。

恩格斯指出:"用石墙、城楼、雉堞围绕着石造或砖造房屋的城市,已经成为部落或部落联盟的中心;这是建筑艺术上的巨大进步,同时也是危险增加和防卫需要增加的标志。……如此多样的活动,已经不能由同一个人来进行了;于是发生了第二次大分工:手工业和农业分离了。"(《马克思恩格斯全集》21卷,186页)。从恩格斯的论述中可以看到,城市早在氏族制度的情况下,作为部落或部落联盟中心就已经出现了。而这种用石墙、城楼围绕的城市的产生,似乎只是为了保护整个氏族生存与发展的需要,是为了防御其他部落或自然界野兽的需要,还不是为了保护"统治阶级"或"私有财产"。恩格斯还说:"社会一天天成长,越来越超出氏族制度的范围;……但在这时,国家已经不知不觉地发展起来了。最初在城市和乡村间,然后在各种城市劳动部门间实行的分工所造成的新集团,创立了新的机关以保护自己的利益;各种官职都设置起来了。"(恩格斯,《家庭、私有制和国家的起源》,111页)。恩格斯在此说得十分清楚,城市的出现先于国家的产生。城市中劳动分工的产生,就出现了各种"新集团"。由于集团间的利益冲突,为了保护自己的利益,就必然创造国家机器。因此,可以说,城市的出现是国家产生的物质条件和社会条件。

"随着城市的出现也就需要有行政机关、警察、赋税等等,一句话,就是需要有公共的政治机构,也就是说需要一般政治。在这里居民第一次划分为两大阶级,这种划分直接以分工和生产工具为基础。"(《马克思恩格斯全集》3卷,57页)。这段话更明确地说明了,城市的出现是在国家机器之前,并且是由于城市的出现而随之出现了阶级的划分。可以说,城市的出现促使人类进入阶级社会。

在谈到现代大城市的产生时,恩格斯曾作过生动的描述:"大工业企业需要许多工人在一个建筑物里面共同劳动;这些工人必须住在近处,甚至在不大的工厂近旁,他们也会形成一个完整的村镇。他们都有一定的需要,为了满足这些需要,还须有其他的人,于是手工业者、裁缝、鞋匠、面包师、泥瓦匠、木匠都搬到这里来了。……当第一个工厂很自然地已经不能保证一切希望工作的人都有工作的时候,工资就下降,结果就是新的厂主搬到这个地方来。于是村镇就变成小城市,而小城市又变成大城市。"(《马克思恩格斯全集》2卷,300~301页)。这样,由于大工业的发展,"建立了现代化大工业城市(它们像闪电般迅速地成长起来)来代替从前自然成长起来的城市。"(《马克思恩格斯全集》3卷,68页)

综上所述,我们可以得出结论,城市是社会生产力发展到一定阶段的产物。"城市是私有制和阶级社会的产物"的说法,既不符合马克思、恩格斯的基本观点,也不符合历史事实。我们不能把城市的产生作为私有制和阶级社会出现后的一种阶级剥削和压迫的现象来看待。诚然,在阶级社会里,城市里充满着阶级剥削与压迫的现象,存在着城乡对立,但是城市最初产生并不是由于阶级剥削和压迫的需要。城市,并不意味着剥削和压迫,并不会随着私有制的废除而消亡。当代社会主义国家废除了私有制,建立了社会主义公有制,并没有导致城市的毁灭,而是使其得到了进一步发展,并在国家社会经济中发挥重要的作用。至于"城市的产生是防卫安全的需要"一说,归根到底,防卫安全的需要也是发展社会生产力的结果。

第二节　城市产生与发展的区域基础

上节讨论的社会生产方式对城市产生和发展的影响是非常深刻和广泛的。下面两节讨论区域地理条件和地理位置的影响。前者是城市形成发展的基础和背景,不同的区域为那里的城市发展提供了不同的舞台,形成了城市分布的宏观差异。后者则是在区域背景基础上,对单个城市发挥影响。

一、区域自然地理条件

自然地理条件如地质、地貌、气候、水文、土壤、植被首先作为人类生存环境,通过影响人口分布而影响城市的形成发展。世界上不少城市分布现象明显反映出自然地理条件的影响。一般说来,大城市对自然地理条件的依存关系比非特殊职能的小城镇要紧密得多,因此大城市在地域分布上的规律性更典型。世界百万人口以上城市分布的平均纬度,在20世纪20年代初是44°30′,在50年代初是36°20′,在70年代初是34°50′,具有在中纬度范围内向低纬方向缓慢移动的趋势(图3-1)。1981年年初,全世界有百万人口以上城市197个,其中近90%(175个)在北半球。

在北半球的这些大城市向北不超过 60°N,其中 137 个(占总数的 78%)在 25°N 以北。南北纬 25°之间的低纬度地区一共只有 50 个。这些具体的数字到现在当然已经发生改变,但同样的趋势不会有大的变化。

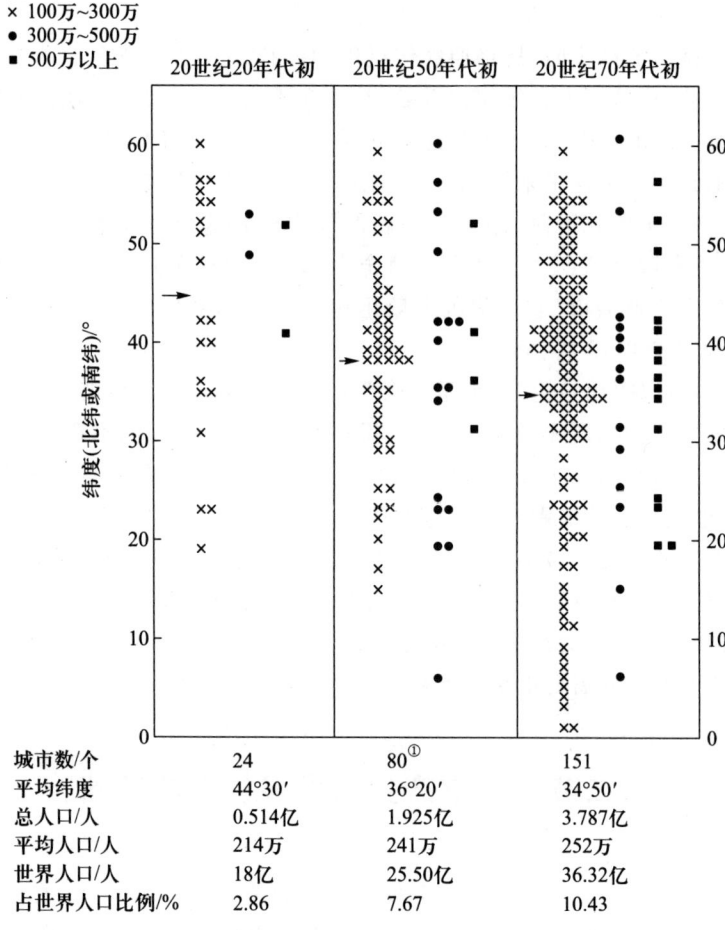

图 3-1　世界百万级城市的纬度分布(1920—1970 年)

　　大多数城市的分布,既要求气温适中,又要求降水适度。在 2010 年第六次全国人口普查时中国 70 个 100 万人口以上的大城市中,只有包头、兰州、西宁、乌鲁木齐等很少几个城市是在年降水量不足 400 mm 的西北部干旱、半干旱地区。美国 10 万人口以上的城市,绝大多数分布在 762～1 270 mm 降雨量的较湿润地区。有趣的是,从 20 世纪 50 年代以来,美国城市人口出现持续几十年的从北方"雪带"到南方"阳光带"迁移的趋势。人口增长最高的前 10 个 50 万人口以上的大都市区全部分布在年降雨量不足 508 mm 的干旱、半干旱地区的南部州。产生这种现象的重要原因之一,恰恰是城镇化后期人们对适于户外活动和有益于健康的气候环境的追求。富裕阶层和老年退休者是这种人口迁移的主体。

注:①原文献中只有 74 个城市的符号。

区域地形条件与城市分布也有密切关系。1981年世界197个百万人口以上的大城市80%以上(160个)分布在海拔不足200 m的濒海、濒湖或沿河的平原地带,其中又以位于海拔100 m以下的居多。2016年年底中国城市分布在地形的第一、第二、第三级阶梯上的比例大致分别是2.6%、27.7%和69.7%。

中国城市按其所在的区域地形分类,有10种类型。

(1)滨海城市。滨海城市多依托优良港湾或便利的海运条件而形成发展。这类城市所在的滨海平原较为狭窄,背靠着低山丘陵,是其共同的特点。大连、青岛、厦门、香港等下沉海岸沿线的城市属于这种类型。

(2)三角洲平原城市。三角洲平原城市距海远近与三角洲大小有关,但一般来说距海较近。与滨海城市的差异在于,周围平原广阔,水网稠密,土肥人众,农产品资源丰富,是城市形成发展的主要优势。这种类型以长江三角洲和珠江三角洲的密集城市群最典型。

(3)山前洪积、冲积平原城市。山前洪积、冲积平原是中国城市形成发展中很重要的一种区域地形类型。山前洪积、冲积平原地形平坦、土壤肥沃而有坡度,水源丰富又排灌条件良好,为城市发育提供了优良环境。这类城市在中国北方分布十分广泛,尤以华北平原外侧沿着燕山南麓、太行山东麓、淮阳丘陵北麓、鲁中南丘陵山地外缘的一连串城市数量最多。

(4)平原与低山丘陵邻接的城市。这类城市处在狭窄平原和低山丘陵的交接地带。城市本体虽是平原地形,并都临河,但因平原狭窄,间有残丘起伏或周围一侧地形破碎。最典型的是镇江以上长江中下游平原边缘的城市。

(5)低山丘陵区的河谷城市。这种类型城市多位于河谷,临河是共同特点。当低山丘陵区的河谷平原较宽阔时,城市则地形较平坦;当河谷平原比较窄小时,城市则有山城特点;当河谷平原呈盆地状时,城市则均靠盆地边缘。这类城市在江南丘陵区数量最多、最典型。

(6)平原中腹的城市。这类城市位于广阔的平原面上,不临海、不背山、面坡小、地势低平甚至涝洼,城市建设维护成本高。这种区域的城市发展和建设条件相对较差,很少有大城市分布。

(7)高平原上的城市。这类城市数量很少,都分布在开阔、平坦,海拔在1 000 m上下的内蒙古高原面上。

(8)高原山间盆地和谷地的城市。在中国地形二级阶梯的高原上,绝大多数城市均分布在相对低平的山间盆地或谷地,而且濒临河流,如位于云贵高原坝子和谷地中的城市。

(9)中山谷地城市。在海拔500~3 000 m的中山地区,相对高差较大,城市一般位于狭窄的河谷平原,如南平、十堰、攀枝花。

(10)高山谷地城市。在3 000 m以上的高山地区,城市极少。这类城市必定在河谷之中,如拉萨。

1983年中国289个城市在上述10类区域地形的分布频数如表3-1。概括地说,中国平原地区的城市多于低山丘陵地区的城市,中山、高山地区城市数量极少;除了大平原中腹和三角洲平原外,城市选择两种地形过渡或交接的部位形成发展的情况非常普遍;除了平原城市濒临江河湖海以外,丘陵区、山地区的城市多趋于河谷,临水也是普遍特点;少有在低洼的平原中腹发育大城市。城市的分布是有规律可循的,按理说,就目前的技术条件和经济水平,在地球大陆的任何地方都可以建设城市,但是新建大城市还是要尊重自然规律,追求经济效益、环境效益、社会效益的统一。

表 3-1　中国城市在不同区域地形类型的分布(1983 年)

地形类型	城市数/个	比例/%
1. 滨海	21	7.3
2. 三角洲平原	17	5.9
3. 平原中腹	29	10.0
4. 山前洪积、冲积平原	63	21.8
5. 平原与低山丘陵邻接	20	6.9
6. 低山丘陵区的河谷	76	26.3
7. 高平原	6	2.1
8. 高原山间盆地和谷地	41	12.2
9. 中山谷地	15	5.2
10. 高山谷地	1	0.3
全国城市	289	100.0

二、区域经济地理条件

区域经济地理条件的内容更加丰富多样。矿产资源、淡水资源、水热资源、动植物资源的丰饶度及其组合,基础设施的状况,区域劳动力的数量和质量,经济发展的历史传统,现状经济的发展水平和结构特征,未来的开发潜力等都可以影响区域的城市发展。这些条件有的是自然地理条件的衍生转化,有的是区域经济开发的历史积累,还有的是未来的发展可能性。

城市与区域经济地理条件之间具有密切关系的基本原理就在于城市在任何时候都是一个复杂的开放系统。城市要从区域获取发展所需要的食物、原料、燃料和劳动力,又要为区域提供产品和各种服务。城市和区域之间的这种双向联系无时无刻不在进行。区域能够向城市提供多少食物、原料、燃料、劳动力,区域又能够吸收多少城市的产品和服务,城市与外界区域有什么样的交流手段,就成了城市发展的基础。因此我们常说城市是区域的缩影,城市是区域的中心和焦点。区域整个历史的特殊状态,规定了每个城市的特点。

我们在这里不可能充分地讨论每个区域因素与城市产生发展的关系。实际上,这些因素都是结合在一起综合发生作用的。许多区域性的城市现象,除了历史上生产力和生产关系在不同区域影响的原因外,就只能从区域地理背景的差异中去寻找答案。

第三节　城市地理位置与城市的产生和发展

从更小尺度来看,为什么一个城市会在某一地点形成发展起来? 为什么这个城市发展得很大,那个城市却很小? 为什么有的城市长盛不衰,即使毁于天灾人祸,也往往在原地重建,而有些城市却在历史上昙花一现？揭示某个城市形成、发展的特性，除了上面所述的条件外，还必须考虑城市的地理位置这一因素。

一、城市地理位置的概念

巴朗斯基曾给地理位置下了这样一个定义：位置是某一地方对于这个地方以外的某些客观存在的东西的总和。也就是说，城市的地理位置是城市及其外部的自然、经济、政治等客观事物在空间上相结合的特点，有利的结合即有利的城市地理位置，必然促进城市的发展；反之亦然。

城市地理位置的特殊性，往往决定了城市职能性质的特殊性和规模的特殊性。矿业城市（如大同等），一定邻近大的矿体；大的工商贸易港口城市（如武汉、广州、上海、天津等），必定濒临江河湖海；城市腹地的大小、条件和城市与腹地间的通达性决定了上海比天津、广州、武汉要发展得大，而不可能颠倒过来。

深圳是内地通向香港的口岸。长期以来它不过是只有数千人口的边陲小镇，现在已是一座全新的超大城市，这种巨大变化归之于深圳政治地理位置的质变也并不为过。

城市地理位置是绝对个性化的特点。地球表面充其量只有某些方面地理位置相似的城市，而没有地理位置完全相同的城市。这是因为自然、经济、政治地理要素包括的内容异常丰富；城市与这些要素的空间组合关系千变万化；各种要素本身在历史上又在不断的变化之中，尤其是人文要素变化更加频繁；即使是变动相对较小的自然条件，对城市发生的作用在过去、现在和将来也在不断变化。正因为如此，富于强烈地理性的地理位置分析始终吸引着城市地理学者。

二、城市地理位置的类型

列举出一些城市地理位置的类型，目的是为城市地理位置分析提供一些思路。

1. 大、中、小位置

这是从不同空间尺度来考察城市地理位置。大位置是城市对较大范围的事物的相对关系，是从小比例尺地图上进行分析的。而小位置是城市对其所在城址及附近事物的相对关系，是从大比例尺地图上进行分析的。有时可以从大小位置之间分出一种中位置。

以上海为例，大位置的特点是其位于中国南北海岸线的中点以及长江的出口处。对内它是广阔富饶的长江流域以至更大地域的门户，对外它是中国大陆向东最接近太平洋世界贸易要道的城市。中位置的特点是其位于长江三角洲的东南端和太湖流域的下游，整个长江三角洲平原，特别是太湖流域作为上海的直接腹地，为上海城市的形成和繁荣奠定了区域基础。黄浦江和吴淞江相汇的特点则是上海形成与发展的小位置因素。

2. 中心、重心位置和邻接、门户位置

这是从城市及其腹地之间的相对位置关系来区分的。

如果城市处于某一区域的中央，城市与区域内各个方向的联系距离都比较近。这种有利的中心位置既便于四面八方的交通线向中心会聚，也有利于从中心向外开辟新的交通线，因而促进

城市的发展。

一国的首都位于国家中心位置的例子并不鲜见,如马德里对于西班牙,布拉格对于捷克,柏林对于历史上的德意志帝国等。美国独立战争以后,纽约是临时首都,1789 年年底首都向南迁到费城,1801 年又向南迁到组成美国东部最初 13 个州的中心位置华盛顿。日本的首都也有变动。709 年从大阪迁到奈良,793 年从奈良迁到京都,1819 年从京都迁到日本的中心位置东京后,再没有变动。

国内城市位于某一区域中心位置的例子也很多。太原盆地的农业条件并没有南部的运城盆地好,但其得益于中心位置而历来成为山西的首府;再如贵阳处于贵州省的中心,成都处于四川省的中心,广州处于广东省的中心。安徽省会从安庆迁到合肥,河南省会从开封迁到郑州,也都是为了取得中心位置。

应该指出的是,这种中心位置并不一定是严格意义上的地区几何中心,很多情况下可能是地区的重心位置。当一个地区内人口分布和开发条件差异较大时,假想按不均匀性进行加权,就会有一个偏向于优势区域的重心位置。在这里形成的中心城市也具有和中心位置一样的总联系距离最短的效果。如西安、杭州、南昌、乌鲁木齐等省会城市均不在各省的中心位置,却都接近于省域的重心位置。

与中心位置相对的是邻接位置,即城市区位追求邻接于决定其发展的区域,不必要或不可能在本区域的中央。渔港要求邻近渔场,如舟山的沈家门,广西的北海;矿业城市要求邻接矿区,如煤城淮北、鸡西;耗能工业城市要求接近廉价电源地等。

大量的例子还可以从许多县和省的边缘部分去寻找。县城常常位居全县中心,而其他镇却经常明显偏离中心而靠近县域边缘。这些镇就是为了避免与中心县城的竞争,在县城引力较弱的边缘地区利用两县产品和商品价格的差别开展县际贸易而发展起来的。它们追求的正是邻接位置。

一种特殊的邻接位置可叫门户位置或出入口位置。当一个地理区的对外联系集中在某一方向上时,这个区域的中心城市常常不在本区中央,而明显偏于主要联系方向一端。河口港城是最典型的门户位置。位于闽江口的福州就是在能控制福建省整个闽江流域商品集散的地理基础上发展成省会城市的。

究竟是中心位置好还是门户位置好? 这要具体分析,不能一概而论。在一个相对完整的地域里,若没有明显的主要对外联系方向,则中心城市常在区内联系的均衡点上成长发育,在区域的中心区位或重心区位,有利于区域内部的联系和管理。当一个区域在外部有明显的主要对外联系方向时,中心城市常在区域偏于主要对外联系方向的门户位置上形成发展,有利于区域与外部的联系。它们各有优势。计划经济时代,中国各地采取相对自成体系的内向型经济,位于中心区位或重心区位的行政首府获得较快发展。改革开放以来,外向型的市场经济主导城市发展,大力促进沿海、沿江和沿陆上边境城市的发展,虽然经济联系的层次不同,但客观上都是促进门户区位城市的发展。开发深圳特区和浦东新区称得上是这方面最成功、最精彩的决策。

3. 城市沿交通线成长的区位类型

所有城市原则上都要求依托一定的对外交通设施。

河运是早期城市形成的主要因素。从中国城市发展史来看,大部分城市都是沿江湖河海交通要道发育壮大起来的。就沿河城市论,可以分成 6 种区位类型:航运端点、梯级中转点、河流交汇点、河曲位置、过河点位置(渡口)、河口。所有这些区位都是有利于人流、货流中转的位置。

随着航运技术的发展,船型不断加大,吃水不断加深,河口港城市向下游出海口方向推移是带有普遍性规律的。到近现代,这种趋势更加明显,在中国如广州港向黄浦和南沙、天津港向塘沽、福州港向马尾、宁波港向镇海和北仑、上海港向宝山甚至大小洋山扩展,都是典型的例子。

至于海港城市的区位,除了河口港外,还有位于海湾(如青岛、大连)、岛屿(如香港、厦门)、陆连岛(如澳门)、陆岬(如开普敦、直布罗陀)等其他位置类型。

铁路是现代快速、大运量运输的主要方式。铁路的修筑可以促使沿线城市的诞生和兴盛,又可能带动另一些城市的发展。石家庄市原来不过是正定县的一个小乡村,当初京汉铁路修到正定县城时,为了不破坏正定县的风水,把车站向南迁了十几千米,建在了石家庄。不料后来石德、石太铁路又在这里与京汉线相交,石家庄成了重要的铁路枢纽,大大促进了城市的发展,其地位不仅超过了正定县城,而且成了省城。在石家庄人口超过100万时,正定县城仍不过是几万人的小城。

城市与铁路的关系也有不同类型。若有几条铁路线在城市衔接或交汇,则城市在铁路网中处于枢纽位置。一般来说,这里通达性好,城市腹地范围比较广大,地理位置比较重要,有利于城市发展。中国1990年在289个20万人口以下的小城市中,只有10%的城市有3个或3个以上方向出线的铁路枢纽;在119个20万到50万人口的中等城市中,这类城市占29%;在50万到100万人口的大城市中,相应为50%;在100万以上的特大城市中,高达84%。铁路枢纽城市按它们在路网中的地位和作用,还有主要枢纽、一般枢纽、次要枢纽和专业性枢纽的区别。若城市有两个方向的铁路对外联系,称为通过位置,在我国这种类型的城市是大量的,约占总城市数的38%。城市只有一个方向的铁路对外联系,则为端点位置,不少港口城市(如烟台、厦门)和矿业城市(如东营、枣庄、茂名)属于这种类型。城市是被高速铁路、干线铁路联结还是被支线铁路联结,其城市地理位置的意义也不一样。

城市与公路的关系类似于铁路,也有主要枢纽、一般枢纽和一般通过等的区别,公路也有国道、省道、县乡道等不同主次和高速、一级、二级等不同等级之分。城市与空港的关系取决于国际、国内、省内航线的数量和航班数。

随着交通通信技术发展和交通设施建设的突飞猛进,城市发展与它在高速水陆交通网络、航空网络和信息网络中的位置关系日趋重要。多种交通方式之间在一个城市的组合状况和联运条件,又构成城市间交通地理位置的复杂差异。

第四节 信息革命与城市发展

技术进步自古以来就是城市形成与发展的重要动力。技术进步使人类经历了农业和工业社会,现正进入信息社会。在这一漫长的发展过程中,社会经济制度发生了深刻变化。从农业到工业,产业空间和城市空间出现了由分散到集中的演替和转换。由于信息产业对信息的依赖和着重工序的生产,区位因素发生了很大变化,新的产业空间正在形成,城市亦表现出不同于以往任何时期的空间重组。新产业空间和世界信息的形成伴随着经济全球化和新国际分工的形成,致使区域和城市空间转换具有世界性。发达国家的城市体系已由过去国家层次的格局发展为跨国城市网络,世界城市体系正在形成,各国城市之间的相互作用和相互联系更加密切。

一、信息革命及其基本特征

20世纪60年代以来,西方工业社会又爆发了信息革命。信息革命可以理解为第三次工业革命的新阶段,或第四次工业革命。信息革命的核心是信息技术的发明和创新。信息技术构成了信息经济的基础。生产组织主要表现为两种形式,国家和大公司尤其是跨国公司,控制着能源和资源,决定着土地、资本、资源和技术的利用,它们制定和要实现的目标将改变个人、群体、区域和整个国家的生活,进而影响区域和城市发展的类型。这种新的技术组织范式使技术创新的重要性增加,创新扩散的速度和频率加快,产品生命周期缩短。因此信息技术正在转换生产、消费、管理等方式,生产、消费、管理等过程对信息依附性更强,而且信息加工活动使这些过程发生了结构性变化,从而使工业发展方式向信息发展方式转换。

在生产领域,一方面,大公司进行的是大规模生产和中心化管理,其运作本身就产生了大量的信息流;另一方面,知识逐渐取代资本和劳动力成为提高生产率的主要因素,因而需要大量的信息才能进行有效的组织和管理。在消费领域,买卖双方距离增大,需要公司进行特殊销售和有效分配,从而使信息采集和信息分配的速度加快,效率提高,买卖双方才能保持密切的联系。这产生了庞大的信息流系统和服务传递机构,使信息部门的就业职位增加。在通信和交通领域,信息技术的发展形成了大容量、高速度和高效率的信息网络,远距离监测、控制和指挥生产过程的能力增强,导致生产过程全球分散。大量、高速、远距离的接收、储存、分析和传播信息能力的提高亦使贸易市场全球化。随着人们工作地点由集中向分散变化,以及传统的硬件交通设施进一步现代化,交通运输系统朝着有效、最适方向发展。在国家干预方面,政府对社会经济活动的干预程度加大,形成了完全由信息流和信息为基础的决策过程,构成全新的行政管理。因此,政府干预将通过控制和操纵所有社会经济活动的信息流网络来进行。在劳动力就业结构方面,虽然工业和农业仍是生产的重要部门,但对劳动力数量需求进一步减小,而服务业、以知识和信息为基础的产业就业将迅速增加。从而对劳动力质量和对职业培训、继续教育等知识部门的需求增大。

20世纪80年代以来,发达国家社会经济制度进一步调整,所有经济过程加速国际化,以拓展市场和增加盈利性。毫无疑问,信息技术在调整过程中起着决定性作用。而调整过程又将促使信息技术不断创新,其结果将对经济发展和区域与城市发展产生深刻的影响。

二、信息革命与新城市空间结构

1. 信息革命与新产业空间的形成

自20世纪70年代西方发达国家信息产业全面发展以来,信息技术产业的区位表现出两个明显趋势。

(1) 集中区位,专门进行信息技术产品从构思、设计、样本制作、实验性生产以及产品的关键零部件生产,形成了一些新增长中心,如以生产半导体和计算机为主的美国的硅谷和波士顿,以生产航天航空器原件为主的美国的达拉斯—沃思堡、休斯敦,日本的筑波,英国从伦敦向西南至布里斯托尔的高技术走廊等。考察这些新增长中心,可以发现它们具有一些共同的发展条件:有一流的研究大学或研究与开发机构,如麻省理工学院和哈佛大学位于波士顿,硅谷围绕斯坦福大学,筑波邻近筑波大学;有组织完善的金融网络和大量富有家庭,使风险资本异常活跃;是国家和国际电子通信网络和航空运输网络中的节点,形成了网络化的生产环境;具有较高的生活质量,能吸引大量高质量劳动力;其研究与开发往往同军事合同有着密切关系,因而有着良好的产品市场。

（2）分散区位,主要进行装配工序生产,分散在较大区域范围内,如美国华盛顿州、俄勒冈州、新墨西哥州进行的半导体装配设备的生产,英国苏格兰、威尔士等地区进行的信息技术产业中以装配工序为主的活动。不仅如此,信息技术广泛应用,特别是现代国际交通和电子通信网络的形成,使得这种分散跨越国界,走向全球化,分散到发展中国家。从许多实例分析可见,这类产业的区位要求是有一个宽松的投资环境、接近发达的交通和通信网络、廉价的劳动力和土地等。

信息服务业也表现出集中和分散两种趋势。由决策、管理、协调、金融、保险、法律、经纪等构成的高层次职能属集中区位,而文秘、实际操作等为高层次职能服务的辅助职能属分散区位。由于前者需要专门化知识和技术,是控制整个生产过程的决策中心,因此必须位于最容易收集、加工、扩散信息的大都市区。从全球看,高级决策中心集中于世界大都会如纽约、伦敦、东京、巴黎等,次一级决策中心集中于发展中国家的沿海大都会。后者属地方性市场和一般性自动化办公,可分散到发展中国家的一些装配生产中心。信息服务业在一个大都市里分布也不一样,如美国最大的大都市区——纽约,地域上分为核心、内环、中环和外环4个圈层。与金融货币市场、娱乐—交流—艺术综合体相联系的部门,具有国际和全国市场,集聚经济效益明显,因而集中核心区(曼哈顿)。其他部门拥有的是地方或区域市场,或是一般自动化办公活动,主要分布内环和中环,呈现出分散趋势。

其他现代技术产业都有与信息技术产业类似的特征,生产过程明显分为以知识为基础的设计、试验生产和装配测试工序,前者的区位趋向于高质量劳动力集中的地区,后者需大量低技能劳动力,在现代化的交通和电子通信网络十分发达的条件下,可以在全球分散。这样,在集中与分散并存并相互作用的基础上,形成新产业空间格局,即以知识为基础的产业生产阶段和管理、决策等高层次职能主要集中在大都市区及其郊区。大城市的国际化程度越高,其职能层次越高,而装配和测试生产及低层次职能则分散在边缘区或发展中国家。

从国内外的实例看,在信息技术广泛应用和强大的交通通信网络的支撑下,以知识为基础的技术产业相对集中分布,装配工序相对分散,高层次的信息服务业高度集中,低层次服务业广泛分散。在这种集中区位、分散区位交叉作用下,形成新的国际劳动地域分工,从而形成新的全球性产业空间。

2. 信息革命与城市空间功能复合化

信息通信技术催生的新的生产和生活方式对居民的社会经济活动、生活方式等产生深刻影响。虚拟空间使传统功能分区的界限变得模糊,并趋于复合化。作为支撑虚拟空间的信息流,其接入网络空间信息的能力成为城市生产和生活组织最重要的区位因素之一。

在前工业时代,居民的生活节奏较慢,城市各种功能混在一起。工业时代使城市的物质空间趋于刚性,城市的建筑物与工业产品都是标准化的产物,整体空间布局与"电脑主板"的差距越来越小。而信息技术创造的虚拟空间使城市居民的日常生活和工作空间充满了弹性,现实物质世界中的商店、书店、影院、医院等服务实体,都能在虚拟环境中找到替代者,信息技术的发展已使得部分城市功能虚拟化,物质场所不再是居民唯一的选择。通信工具的远距离相互作用正在部分取代现实工作活动中发生的实际位移,远程活动的成分开始增加。信息化使得居民在家中可以完成大多数的工作和游憩等活动,原本具有单一功能的家在城市居民生活中的地位变得愈加重要,传统功能分区的界限变得模糊,并趋于复合化。

城市居民接近和使用信息通信技术的数字鸿沟日益受到重视,在信息时代,信息接入的不平等直接意味着经济收入和社会地位的不平等。信息技术的发展使得城市精英群体变得更为强势,对传统物质空间的控制愈加强烈。网络拥有者与未拥有者之间的差异增加了不平等来源和社会排斥,其复杂的互动进程扩大了信息社会所承诺的状况与真实世界之间的鸿沟。因为信息网络的物质载体——信息化基础设施往往是已有电话网络或有线电视系统的更新,它总是优先布局在城市经济较为发达的地段,然后逐步扩散,不同城区间的居民家庭在接入信息设施时存在显著的差异。低收入的居民社区很难优先吸引到对新的通信基础设施的投资,而贫民窟将是最后获取接入信息社会的权利的角落。可见,在信息时代,信息技术的发展并未抹平社会原来的差距,能否接入信息网络、占有信息的多少以及使用信息产品质量的高低将产生新的空间分异。正如卡斯特警告的那样,我们可能会以在社会和空间上形成两极分化的双重城市(dual cities)结束。

3. 信息革命与城市空间结构形态网络化

工业化前期,以大工厂为核心的现代生产促使传统的小农经济走向解体,农民与手工业者向城市集中,并与城市的资本、技术优势相结合,促进城市化快速发展。进入工业化后期,电气化与石油的使用造就了现代城市,城市土地的利用方式出现明显的分化,形成不同的功能区,例如城市中心区往往是商务区,向外是居民区与工业区,再向外的城市边缘则又以居住为主。城市形态呈圈层式自内向外扩展。

进入信息社会,准确、快捷的信息网络将部分取代物质交通网络的主体地位,空间区位影响力削弱。网络的"同时"效应使不同地段的空间区位差异缩小,城市各功能单位的距离约束变弱,空间出现网络化的特征。网络化的趋势使城市空间形散而神不散,城市结构正是在网络的作用下,以前所未有的紧密程度联系着。

另外,城市结构的网络化重构也将出现多功能新社区。网络化城市的多功能社区与传统社区不同,它除了居住功能外,还可以是远程教育、远程医疗、远程娱乐、网上购物、居民自助辅助等功能机构的复合体。目前在世界发达地区的城市,位于郊区的社区不仅是传统的居住中心,还是商业中心、就业中心,具备了居住、就业、交通、游憩等功能,可以被看作是多功能社区的端倪。

三、信息革命与世界城市体系

一定的产业空间格局形成一定的城市体系,城市体系是产业空间组织的表现形式。但城市体系一经形成,又会反过来影响产业的空间分布。在信息技术高度发达的社会里,产业空间组织开始跨出国界,走向全球。与此相适应,城市体系由单一国家的城市体系走向跨国城市体系,乃至世界城市体系。

1. 跨国网络化城市体系

西方发达国家随着信息技术的不断创新和广泛应用加速了经济全球化,促进了新国际分工的形成。为了增强竞争力,发达国家均以发展和完善基础设施为新起点,建设四通八达的高速道路网。基于大城市的优势,重新确立了其在发展中的地位和形象,因而国家层次的城市体系进一步发展,而且出现了范围更大的、以大城市(区)集聚发展为特色的跨国城市网络。

跨国网络化城市体系的主要物质基础是跨国高速道路网络和发达的电子通信设施。在地域和功能上跨越国界,具有洲际或国际重要性。在跨国网络化城市体系内,大都市区出现人口与经济活动再集中趋向,出现重新城市化(reurbanization)现象。但经济活动内容发生变化,由制造业为主转为服务业为主,进而由分配性服务业、社会性服务业和个人服务业为主转为生产性服务业为主。在这种情况下,形成的城市体系是以经济全球化为背景的,因此越来越多的城市日趋专门化,如工业城市(如汽车城、机器制造、高技术工业城等)、服务业城市(如金融城)、旅游城市等。专门化城市对劳动力产生特殊需求,从而将进一步强化城市的专门化。在这种网络化城市体系中,空间极化趋势渐趋明显。大都市,尤其是核心区的大都市,具有其他规模城市无可比拟的优势,因而获得更快的发展,加之不同国家分别处于城市化的不同阶段,产生了空间极化,核心与边缘城市差异拉大。如西欧核心区(比利时、德国、荷兰、法国中北部、英国的英格兰)的城市比边缘地区(英国的苏格兰、爱尔兰、希腊、葡萄牙)的城市发展更快。

2. 世界城市体系

进入20世纪90年代,信息技术创新更加活跃。1994年1月,以美国政府公布"信息高速公路"计划为标志,全球信息革命进入一个新的阶段,有学者称之为第五次工业革命。世界各国对此纷纷做出反应。许多发达国家乃至发展中国家陆续提出本国信息高速公路构想。信息网络正成为影响城市体系发展的基本因素。国家层次的信息网络正在彼此沟通,结成一个复杂而庞大的世界信息网络,城市体系由跨国城市体系迈向世界城市体系。

首先,世界城市体系由世界各国城市组成,并有明显的等级结构。在一定程度上,这种结构是跨国公司内部垂直分工的反映。最高等级城市是全球经济的控制和管理中心、资本集聚的主要场所、跨国公司总部高度集中地,如伦敦、纽约、东京、巴黎。第二级是大量的区域性金融、管理和服务中心,其作用是协调上下级联系。第三级是大量具体进行生产和装配的城市。世界城市体系中的主要城市是信息网络上的节点,是网络依附性城市,城市职能在不同程度上带有国际性。

其次,空间极化和城市职能专门化趋势将进一步强化。信息网络的建造往往以原有基础设施(有形的和无形的)为基础,并在一定程度上受原有格局的制约。因此,虽然信息网络可以从分散的大小居民点连接成一个巨大的居民点网络,一些经济活动亦能分散在不同地点进行,但许多决定当今社会经济发展全局的活动和职能仍在大都市集中发展。大都市的优势吸引了大量的高质量劳动力,因而强化了大都市的支配地位。大都市影响范围之内的中小城市因接近大都市亦获得较大发展。相反,在远离大都市的地区,尤其是在信息网络和交通网络未及地区或稀疏地区,获得的投资与大都市相比将相对或绝对减少。因此空间极化趋势将进一步加强。

最后,传统的国家和区域城市系统将直接或间接地从属于世界城市体系。过去在国家城市系统中居统治地位的大都市可能失去其在国家的重要性;一些位于对外开放边界地带的城市可能获得较快发展,地位上升;过去处于衰落状态的边缘城市可能进一步衰落。

在世界城市体系的跟踪研究中,全球化与世界级城市研究小组与网络(Globalization and World Cities(GaWC)Study Group and Network)的研究成果最为瞩目。据其最新研究,2018年中国已经有 23 座城市分别是 Alpha(一线城市)、Beta(二线城市)、Gamma(三线城市)等级的世界城市,其中香港、北京、上海、台北、广州、深圳在世界城市体系中占据重要地位。

思考题

1. 如何理解城市是社会生产力发展到一定阶段的产物?
2. 评述地理位置对城市产生与发展的影响,并以实例说明。
3. 试举例分析不同类型的城市产生与发展的动力是什么。
4. 如何评价信息技术革命对世界城市体系的影响?
5. 在 GaWC 的世界城市排名体系中,挑选任意感兴趣的中国城市,观察其排名变化,并简述该变化的原因。
6. 以家乡所在的城市(或者是你所了解的城市)为例,简述其产生和发展的过程、动力及未来发展趋势。

参考文献

[1] 林文盛,冯健,李烨.ICT 对城中村居民居住和就业迁移空间的影响——以北京 5 个城中村调查为例[J].地理科学进展,2018,37(2):276-286.

[2] 秦萧,甄峰.信息渠道对城市居民迁居空间的影响——以南京为例[J].地理研究,2016,35(10):1846-1856.

[3] 申悦,柴彦威,王冬根.ICT 对居民时空行为影响研究进展[J].地理科学进展,2011,30(6):643-651.

[4] 王少剑,高爽,王宇渠.基于流空间视角的城市群空间结构研究——以珠三角城市群为例[J].地理研究,2019,38(8):1849-1861.

[5] 魏宗财,甄峰,席广亮,等.全球化、柔性化、复合化、差异化:信息时代城市功能演变研究[J].经济地理,2013,33(6):48-52.

[6] 闫小培.信息产业与世界城市体系[J].经济地理,1995,15(3):18-24.

[7] 甄峰,魏宗财,杨山,等.信息技术对城市居民出行特征的影响——以南京为例[J].地理研究,2009,28(5):1307-1317.

[8] 周春山,王宇渠,徐期莹,等.珠三角城镇化新进程[J].地理研究,2019,38(1):45-63.

[9] 周一星.主要经济联系方向论[J].城市规划,1998,22(2):22-25.

[10] Bourne L S,Simmons J W. Systems of cities[M].New York:Oxford University Press,1978.

[11] Carter H. The study of urban geography[M].3th ed. London:Arnold,1981.

[12] Castells M. The informational city:information,technology,economic restructuring and the urban-regional process[M].Oxford:Basil Blackwell,1989.

[13] Johnston R J. City and society:an outline for urban geography[M].London:Penguin,1980.

第四章 城市化原理

城市化是当今社会最重要的现象之一,中国正处在快速城市化时期,城市化不仅受到学术界而且受到各级政府的广泛关注。但什么是城市化,城市化有什么类型,什么力量推动城市化,如何测度城市化,本章将从理论上探讨这些问题。

第一节 城市化定义

1867年,西班牙工程师塞尔达(A. Serda)首先使用了"urbanization"一词。20世纪50年代后,随着世界范围内城市化进程加快,urbanization一词开始风行世界。80年代初,中国学者在研究城市化问题之初多把urbanization翻译为城市化,个别学者翻译为都市化。此后,一些学者认为英语中的urban包括city和town,对应汉语就是城市和镇,urbanization一词翻译为城镇化更为妥当。在中国,镇和市都属于城市型居民点,因此,"城市化"和"城镇化"两者完全同义。由于从2000年中华人民共和国国民经济和社会发展第十个五年计划起中国将城镇化列为国家战略,因此本章部分内容及第五章的第三节和第四节采用城镇化一词。

一、城市化的概念

城市化是当今世界上重要的社会、经济现象之一。总的来说,城市化反映了乡村变为城镇的一种复杂的过程。但是,由于各个学科对城市化的理解不一,城市化的概念也有不同的提法。

在城市化各种各样的定义中,有一种较为普遍的提法是:农村人口向城市集中的过程即为城市化。由于农村人口向城市集中或迁移的过程包含了社会、人口、空间、经济转换等多方面的内容,加上可以采用比较简单易行、有一定可比性的以城市地区人口占全地区总人口的百分比这一指标衡量城市化水平,故这一城市化定义为人口学、地理学、社会学和经济学所普遍接受。

但是,城市化除了包括农村人口转换和集中的过程外,是否还包括其他的过程?对此,各个学科作出了不同的理解。

人类学研究城市以社会规范为中心,城市化意味着人类生活方式的转变过程,即由乡村生活方式转为城市生活方式。由于社会规范的概念比较抽象,难以度量,所以少量人类学家为使其探讨有实用价值,曾采用文盲率、语言统一率及大众传播普及率作为两种生活方式的度量方法。其意思是,一个社会的教育普及化,即文盲率下降,带来高社会移动性,随之相应减少乡土情感,促使城市生活方式广泛传播。可见此种城市化度量指标是间接的,较少为其他学者所采纳。尽管如此,城市化包含生活方式转变这一概念逐渐为其他学科所认可。例如,中国城市中存在着大量的从农村来的流动人口,中国城市社会学界特别强调流动人口的"市民化",认为城市生活方式若不能扩散到城市中的流动人口就不是完整意义上的城市化。

经济学认为城市是人类从事非农业生产活动的中心,没有产业结构的转换,即农业活动向非农业活动的转换,并由此产生的大量新的就业机会,就不会有农村人口大规模地向城市流动。因此,经济增长特别是产业结构的变化是城市化的核心内容。经济学界也重视生产要素流动,即资本流、劳力流在城市化过程中的作用,同时注重从世界经济体系的角度探讨一国一地区的城市化问题。

地理学主要研究地域空间与人类活动之间的关系,研究经济、社会、政治和文化等人文因素在地表上的分布规律及形成的空间结构,其研究具有综合性。地理学除了认识到城市化过程中的人口与经济的转换与集中外,特别强调城市化是一个地域空间的变化过程,包括区域范围内城市数量的增加和每一个城市地域的扩大两个方面。

综合以上各个学科的观点,城市化一词至少包含了乡村—城市之间的 4 种转型:① 人口结构的转型;② 经济结构的转型;③ 地域空间的转型;④ 生活方式的转型。

弗里德曼将城市化过程区分为城市化Ⅰ和城市化Ⅱ。前者包括人口和非农业活动在规模不同的城市环境中的地域集中过程、非城市型景观转化为城市型景观的地域推进过程;后者包括城市文化、城市生活方式和价值观在农村的地域扩展过程。因此,城市化Ⅰ是可见的物化了的或实体性的过程,而城市化Ⅱ则是抽象的、精神上的过程。

二、城市化地域空间过程的类型

可以从上两种空间过程相互配合的情况出发,将当今世界各国的城市化划分为 3 种类型。

第一种是正统的城市化类型,即既有人口和非农业活动的地域集中、城市型景观的地域推进,又有城市文化的地域扩散,它们之间协调发展。

第二种是只有人口和非农业活动的地域集中、城市型景观的地域推进,而没有或很少有城市文化的地域扩散,也就是说,在城市中居住着大批没有城市化的人,这种情况被称为假城市化(pseudo-urbanization),如南亚、非洲的一些国家。另外,如拉丁美洲的一些国家,全国人口主要集中在城市,城市化水平很高,甚至超过一些发达国家的水平,但是经济发展相对滞后,城市居民的失业率很高,大量人口生活在贫民区,与南亚、非洲等国的城市类似,这种情况被称为过度城市化(hyper-urbanization,或 over-urbanization)。

第三种是只有城市文化的地域扩散,而没有或很少有人口和非农业活动的地域集中。这又可以分为以下两种情况。

在一些发达国家,一方面由于厌恶城市恶劣的生活环境,追求较宽裕的活动空间、新鲜空气,另一方面由于交通信息发达,因此人口和工业、商业事务等活动纷纷迁往郊区甚至农村,出现了郊区化(suburbanization)、逆城市化(counter-urbanization)。在这一过程中,伴随出现城市型景观的地域推进。

在中国则是另一种情况。一些经济较发达地区的农村,大批农业剩余劳动力开始转向非农业活动。这些人由于职业变化,经济来源改变,加强了与现有城市的联系,接受了城市文化的地域扩散,因而,其生活方式已开始向城市型转化。其中相当一部分人逐渐向广阔乡村中的小城镇集聚,加速了农村原有小城镇的发展,并形成许多新的小城镇,这种现象被称为乡村城镇化(rural urbanization)。当然,要真正实现乡村城镇化,除必须改变劳动方式、经济来源外,还必须使居民达到一定的教育水准,享受城市型公共设施(交通、供水、供电、排水等)和社会文化娱乐设施等。为了发挥这些设施和所有非农业活动的集聚经济效益和规模经济效益,达到上述乡村城镇化的要求,这些非农业活动及其从业人员,应该在地域空间上实现相对集聚,形成和发展小城镇,提高城镇设施水平。这样,才有可能真正实现乡村城镇化,促进农村发展。

第二节　城市化的机制

城市化为什么会发生?为什么会延续?推动城市化的主要原因是什么?城市化今后将如何发展?这些很容易被人们提出的问题促使科学工作者去探讨城市化的机制。

一、城市兴起和成长的一般前提

前面已经提到,城市是人类第二次社会劳动大分工,即农业和手工业分离后的产物,这就意味着农业生产力的发展是城市兴起和成长的前提,而这又可再分为两个方面。

1. 第一前提——剩余粮食的生产能力

城市是非农业人口的集聚地,即从事第二、第三产业人口集中的地方。第二、第三产业的出现和集聚,加强了生产的社会化和专业化,导致了不同产业构成在空间场所上的分工,表达了经济结构上的进步趋势,造就了城市文明。也正是这个分工过程,决定了城市不能生产农产品,城市人口所需的粮食必须由城市外部的农村提供。

就整个社会而言,农业劳动力生产农产品的能力,除第一产业从业者自己及其家属所需份额之外,剩余的粮食生产能力就是城市生存的必要前提条件。所以,只有农业发达,城市的兴起和成长在经济上才能成为可能,正是基于这个原因,历史上的第一批城市都诞生在农业发达地区,如尼罗河流域、两河流域、印度河流域和黄河流域。

当代,就一国或一个地区而言,剩余粮食的生产能力并不一定构成本国或本地区城市化的前提。例如,历史上的英国在实现城市化的进程中,是依靠其军事、政治力量及现代交通工具从国外得到自己所需的农产品的。当代,靠军事、政治力量从外国征收粮食已不可能,主要通过贸易方法获得农产品,如日本通过国际劳动分工,长期依赖进口粮食实现了它的工业化和城市化。

中国是一个人口大国,解决14亿人口的吃饭问题必须立足于国内,必须保证粮食的基本自给,这是涉及粮食安全的战略问题。而保证粮食基本自给的重要条件就是保证耕地的数量。虽然农业技术的进步有助于提高粮食的单产和稳产,但如果耕地数量不能保证,粮食的总产量也就不能保证。根据国家统计局提供的数据,1996年全国耕地面积(总资源)为1.3亿hm²,合19.5亿亩①。当年全国总人口为12.24亿,人均耕地面积为1.59亩,是世界平均水平的1/4。2001年全国耕地面积下降为1.27亿hm²,合19.05亿亩,5年中耕地减少4 500万亩。在一些沿海城市化进程较快的省市,耕地面积减少的速度更快。耕地面积减少的原因,主要是实施了退耕还林、还草、还湖的政策,但有近1/5减少的耕地是城镇、交通建设和农民建房所致。由于耕地减少以及其他原因,全国粮食总产量在1998年达到创纪录的5.12亿t,即超过1万亿斤后逐渐下滑,2003年仅为4.30亿t,比1998年减少了16%,人均粮食拥有量更从411 kg下降到334 kg,减少了近19%。显然,按照这一趋势发展下去的话,必然对中国的粮食安全造成重大影响。为此,中央政府实施了最严厉的耕地保护政策,确保18亿亩耕地红线,并对各地每年占用的耕地量下达具体指标,要求各地耕地的占(用)补(充)尽可能平衡。由此可见,城市化的第一个前提,即剩余粮食的生产能力,在今后一段时间内依然是中国城市化发展中的一个制约因素。

2. 第二前提——剩余农业劳动力

农业生产力发展,粮食生产出现剩余,仅凭这一点,还不足以导致城市的兴起和成长。如果社会的全部人口始终都从事农业生产活动的话,城市现象还是不可能发生。也就是说,农村还必须提供有劳动能力的剩余人口,城市现象才能发生。

城市在农业发达地区兴起,是因为粮食的剩余刺激人口劳动结构发生分化,社会中出现了一批专门从事非农业活动的人口。显然,最初这批劳动人口全部是由农业部门提供的,因为在人类经济的发展中,首先进行的是维持自己生存的第一产业,之后才是为第一产业服务和提高生活质量的第二、第三产业。

第二、第三产业为农业提供了新工具、新技术和各种服务,促进农业劳动生产率的提高,使农村又可以提供更多的剩余粮食和剩余劳动人口进城从事非农业生产活动。这个往复过程不断叠加上升,城市化也就随之得到发展。

所以,若农业只能提供粮食,不能提供剩余劳动人口,非农业部门就不能兴起;非农业部门不能形成,城市也就不能产生。随农业生产力提高而造成的剩余农业劳动力是城市兴起和成长的第二前提。

不仅在城市产生的初期需要农业提供剩余劳动力,欧美发达国家在工业革命时期也依赖农业提供剩余劳动力。在英国工业革命的初期,伴随大工业的发展,城市劳动力出现了短缺现象。为此英国实施了"圈地运动",强迫农民离开土地,以便为城市工业的发展提供廉价的劳动力。在美国,工业化时期所需要的劳动力则通过国际移民的方式来解决。

20世纪以来,农业技术、农业经营方式接连出现革命,农业现代化进程加快,这些新发展大大提高了农业的人口抚养能力。一些经济发达国家每一个农民生产的粮食往往可以供养十几个到几十个城市人口,而第二、第三产业的发展则使大量农业人口向非农产业转化,促进了城市化的发展。发展中国家虽然农业现代化水平很低,但由于农村人口激增,人多地少的矛盾日益尖锐,所产生的剩余人口问题十分严重。在大量的剩余农业劳动力向城镇迁移的过程中,若城市中的非农业部门不能提供足够的就业机会,城市中就会产生大量的无业人口和贫民区,造成过度城

---

① 1亩≈667 m²。

市化现象。因此,在实践中,如何使城市化进程与社会经济协调发展,即如何使剩余农业劳动力得以顺利的转化,已成为发展中国家包括中国在内面临的重大问题。

二、经济增长与城市化

分析城市化的动力结构,是探讨城市化机制的核心课题。但是,对这一问题的看法,正如城市化的概念一样,各个学科各有不同。

经济学人士认为,城市化的原动力就是资本的积累和循环,整个城市化过程就是资本扩大再生产过程在城市地域上的体现。这一观点已被西方城市地理学中激进学派所接受。

社会学人士认为,城市化的动力除经济原因外,人类精神、个性解放、政治状态等非经济原因也都是城市化的动力。

城市地理学在分析城市化动力时,首先应注意问题的空间性,从地域秩序入手。如戈特曼在对美国东北沿海地区城市化分析中,提出了"集中分散""集聚""优势度"等城市化的动力过程。但这些阐述没有涉及城市化动力机制的本质。在此从经济增长的角度来探讨城市化的动力机制,概括起来有以下几个方面。

1. 工业化与城市化

工业化与城市化之间的密切关系是显而易见的,因为近代城市化始于工业革命。19世纪是工业革命在欧美国家迅速传播的时代,工业革命造成了城市的大量发展。韦伯在分析19世纪欧洲城市化时认为,人口在城市中的日益集中是经济增长和差异化发展的"自然结果"。由于农业生产中的机器使用大大提高了劳动生产率,促使被替换下来的农业人口为寻求就业而流向城市。他认为:"经济发展,或孤立的社会与经济团体的结合,需要一部分人口在商业城市中集中。同样地,作为乡村经济向世界经济转变的工业社会成长过程中的一个方面,市场的扩大促使制造业集中"。按照这种观点,城市化是由工业化所产生的劳动力分工在空间上的反映。

那么,工业为什么会向城市集中?工业的区位过程与城市化又有什么关系?美国经济地理学家斯科特(Scott,1988)从劳动过程的角度探讨了这一问题。斯科特称整个生产系统的核心是劳动过程,即工人使用劳动工具进行商品生产时的实际操作过程。在不同劳动过程中存在各种连接方式,假设有上下联系的两个不同类型的劳动过程,纺纱和织布,它们可能是在独立的生产单位中进行的,也可能是在一家公司内进行的,前者被称为竖向分离,后者被称为竖向结合。企业采取何种方式,取决于各自的平均成本函数。竖向结合产生于以下条件:① 可得到技术经济的场合,如钢铁联合企业;② 出于扩大企业管理效率的目的;③ 打破生产投入产出过程中的瓶颈。竖向分离则出现在以下场合:① 寻求单一产品的规模效益;② 防止企业管理中的矛盾;③ 降低劳动成本。

从工场手工业向机器化大生产转化的过程看,除个别部门如钢铁、化工等外,更多出现的是斯科特称之为竖向分离的过程。但是,劳动过程的竖向分离,并不意味着企业的生产完全独立进行。恰恰相反,由于劳动过程的相互依赖性,企业间的横向联系大大增强,从而导致一个更为复杂的生产网络的出现。但为了降低厂家之间联系的空间成本,企业在区位选择时有向着中心企业汇集的倾向,其结果是产生生产集聚的景观,如英国伯明翰的枪炮制造业,美国底特律的汽车制造业。城市中心商务区的办公事务服务也属于同样性质。这一过程实际上也就是空间极化过程。在极化过程中,其他集聚效应开始出现。随着一个极化的工业综合体的出现和发展,基础设施和交通服务的成本不断下降,能满足当地需求的劳动市场形成,集体消费项目在城市中兴建,有助于降低劳动力再生产的私人和社会开支。由于集聚经济如此明显,以致企业通常和城市联系在一起,而不是形成单独的、高度专门化的工业综合体。这样,在城市中形成多重生产体系,如洛杉矶的服装业、航空业、电影业,这些部门很少有直接的功能联系,但它们都能从加强地方集聚效应中得到好处。斯科特提出以上的分析是"后韦伯"工业区位活动的解释,即任一地点区位的优点或缺点,与其说是先天给予的,不如说是企业本身内部生产与组织的动态变化所产生的。在城市经济学中,斯科特提出的两种现象分别被称为地方化经济和城市化经济,两者都属于集聚经济的表现形式。奥沙利文认为,地方化经济是指某行业的企业生产成本随着行业总产量的提高而降低,它的出现有3个原因:中间投入品生产的规模经济、劳动力市场共享和知识溢出;城市化经济是指单个企业的生产成本随着城市地区总产量的上升而下降,它与地方化经济的区别表现在两个方面:一是城市化经济源于整个城市经济的规模,而不单单是某一个行业的规模,二是城市化经济为城市中的所有企业带来利益,而并非只针对某一行业中的企业。

20世纪50年代以来,发达国家的工业朝着自动化、标准化方向发展,劳动密集型工业向发展中国家转移,工业部门大量吸收劳动力的时代已告结束,城市发展对工业发展的依赖程度减轻。但是,从世界范围看,工业对于城市发展的主导地位依然存在,工业化仍然是城市化的基本动力。这是因为,世界上实现工业现代化的国家仍占少数,而人口众多、幅员广阔的欠发达地区要想全部实现工业化,还有很长的一段路要走。在许多发展中国家,工业化正在起步,科研水平和工人技艺都有待提高。生产的自动控制和科学管理远未全面铺开,许多企业内部生产工艺的集约化程度还比较低。在这些国家,工业仍是吸收剩余农业劳动力和推动经济增长的主要部门,工业化主导城市化的过程正处在上升阶段。即使在已实现工业现代化的国家,工业仍然是创造财富的基本手段之一,城市成长的有力方式仍是工厂企业的发展。所以,现代化工业向城市,特别是小城市集聚的倾向仍在延续。

2. 第三产业与城市化

日本地理学家国松久弥认为,现代城市化的过程就是第二、第三产业集聚行为所进行的过程。随着发达国家工业现代化后,工业化在城市化过程中的作用减弱,第三产业在城市化过程中的作用日益突出。

城市中第三产业的发达,与现代社会的发展和工业的现代化密切相关。现代条件下,整个社会的生产流通容量在加大,市场交换的频率在加快。企业在这样的条件下组织生产就需要想方设法提高经济效益,千方百计地为用户服务,以增强自身的竞争能力。因此,企业对城市的生产性服务也就不断提出新要求。例如,生产运作,要求有金融、通信、运输、研究机构的协助,产品流通,要求有批发、零售、仓库、广告等行业的配合。

与此同时,随着世界经济体制的国际化,跨国公司数量猛增,已成为第二次世界大战后世界经济格局变化中的显著特点之一。由于发展中国家有着大量而廉价的劳动力,跨国公司的资本向发展中国家输出,从而形成新的国际劳动分工。这一分工的特点是管理部门与生产过程的分离,管理部门包括公司总部、产品的研究与开发,仍然留在发达国家,特别是在大城市中。随着制造业的国际扩散而来的是服务业的国际扩散,全球性的金融网络出现,它们进一步刺激了城市中的第三产业的发展。

除了生产性服务业的发展之外,城市居民由于生活水平的提高,对消费性服务业也提出了更高的要求。既要求有物质消费,也要求有文化消费、精神消费。这些要求刺激城市迅速发展各种各样的服务性行业,如零售饮食、社会保险、文化娱乐、体育卫生、文化教育、房地产等。

尽管自动化、信息技术的发展使第三产业的现代化程度不断提高,但第三产业的特点是需要人与人之间面对面的交流,这就使得第三产业不可能像工厂那样大规模地郊迁。而且,第三产业的门类众多,手工操作比例仍然很高,只有在城市中才能找到所需的大量的不同性质的劳动力。第三产业的这些特性,使它成为现代城市的主要就业部门。经验还表明,城市规模越大,第三产业在就业中占的比例一般也越高。

随着社会的发展,物质文明和精神文明的水平还将继续提高,企业对生产性服务和居民对生活性服务都将提出更精细更全面的要求。所以,第三产业在城市中有着广泛的发展前景。

3. 经济增长与城市化

以上具体讨论了工业化和第三产业发展对城市化的影响,这里探讨经济增长与城市化之间的一般关系。

从经济学角度看,城市化是在空间体系下的一种经济转换过程,人口和经济之所以向城市集中是集聚经济和规模经济作用的结果。经济增长必然带来城市化水平的提高,而城市化水平的提高无疑又会加速经济增长。

美国经济学家兰帕德(E. E. Lampard)在《经济发展和文化变迁》第三卷中发表了一篇名为《经济发达地区城市发展历史》的文章,指出,"近百年来,美国城市发展与经济增长之间呈现一种非常显著的正相关,经济发展程度与城市化阶段之间有很大的一致性"。1965 年美国地理学家贝里选用了 95 个国家的 43 个变量进行主成分分析,以解释城市化水平与这些因素之间的关系,最后导出经济、技术、人口和教育等因子。他的这一工作也证明了经济增长与城市化之间的关系。

根据 1981 年美国人口咨询局的资料,不同经济类型的国家,加权人均国民生产总值与其相应的加权平均城市化水平之间确实呈现出一种很明显的相关关系(表 4-1),人均国民生产总值高的国家一般城市化水平也高。但是,我们不能据此得出结论,两者之间成正比例关系。

表 4-1　1981 年不同经济类型国家的加权人均国民生产总值与加权平均城市化水平

国家类型	国家数	加权人均国民生产 总值/(美元·人$^{-1}$)	加权平均城市化水平/%
低收入国家	33	260	17
中等收入国家	63	1 400	45
高收入石油出口国家	4	12 630	66
市场经济工业国	19	10 320	78
非市场经济工业国	6	4 640	62
世界平均	125(合计)	2 340	41

为了证明经济增长与城市化水平之间的关系,国内外学者都曾就各国人均国民生产总值与其城市化水平之间的关系作过分析。周一星、许学强的分析分别采用 137 个国家和 151 个国家的资料,最后得出的结果完全一致,证明人均国民生产总值与城市化水平之间存在着对数曲线相关(图 4-1),相关系数分别为 0.96 和 0.81。即城市化水平随国民生产总值的增长而提高,但提高的速度又随人均国民生产总值的增加趋缓。进一步分析表明,这一曲线可以分为 3 段:对发达国家来说,城市化水平已达到 70% 以上,城市化进入后期阶段,因此用城市人口比例表示的城市化水平与其人均国民生产总值之间不存在显著相关;对中等收入国家来说(人均国民生产总值从 1 000 美元到 5 000 美元),由于处于经济起飞阶段,人均国民生产总值与城市化水平呈正相关,相关性最高;对人均 GDP 低于 1 000 美元的低收入国家来说,经济发展水平之间的绝对差异不大,但是所对应的城市化水平差异很大。需要指出的是,一国城市化水平受城市界定标准、历史等多种因素的影响,统计分析结果揭示的只是一般趋势。即便是中等收入国家,对应的城市化水平也可以从 40% 变化到 90%,其差异大于发达国家。这是因为位于曲线上方有一些拉丁美洲国家,它们的城市化水平超过 70%,甚至超过了 80%,达到了发达国家的水平,但人均 GDP 长期徘徊在 3 000~7 000 美元,由此产生过度城市化现象。因此,不能把人均国民生产总值与城市化水平之间存在的相关性绝对化。

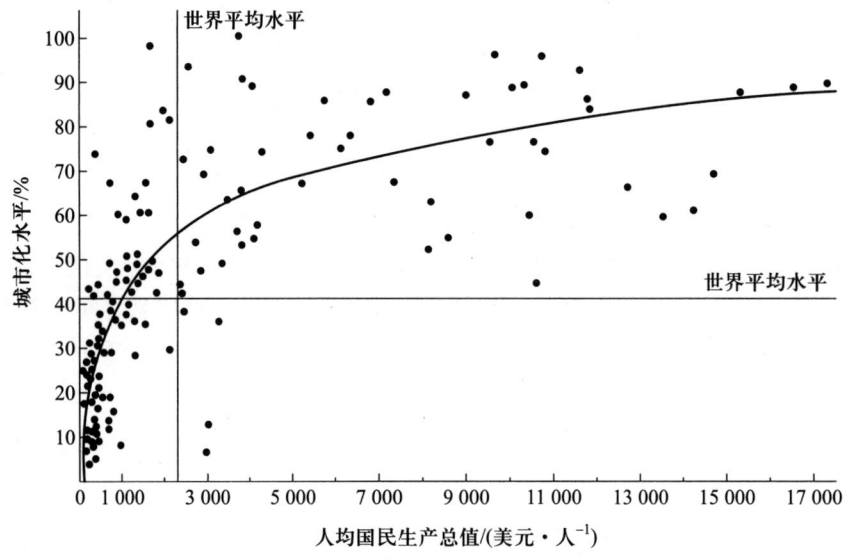

图 4-1　世界各国城市化水平与人均国民生产总值的关系

三、乡—城人口迁移的动因分析

人口城市化若从人口流动的角度进行分析,就是发生在乡村系统和城市系统间的人口迁移。伯格(D. Bogue)等人从宏观上分析了影响人口迁移的经济原因,提出了著名的"推—拉"假说("push-pull" hypothesis),认为人口迁移是其原住地的推力和迁入地的拉力两种力量共同作用的结果。工业革命使城市现代工商业兴起,为外来移民提供了大量的就业机会,加以较高的生活水平和生活质量,更好的文化和教育机会等都构成了吸引人口迁入的拉力;而农业机器使用、农村人口增长、人均耕地减少、环境恶化、受教育机会和发展前途受到限制等都属于人口迁移的推力因素。李(E. S. Lee)1966 年在美国《人口学》杂志上发表《迁移理论》一文,对"推—拉"假说进行了系统的总结,并将影响迁移行为的因素进一步概括为 4 个方面:与迁入地有关的因素、与迁出地有关的因素、各种中间障碍和个人因素。"推—拉"假说从综合因素考虑农村人口向城市的迁移,具有较强的说服力。

美国发展经济学家刘易斯从发展中国家经济二元结构的角度,提出了两部门模型。刘易斯认为,不发达经济由两个部门组成:一个是传统的、人口过剩的仅能维持生存的农业部门,另一个是高劳动生产率的现代城市工业部门。只有现代化的城市工业部门才是增长的主导部门,也只有工业部门的发展才能吸收农业剩余劳动力。费景汉和拉尼斯接受了二元结构的观点,但他们认为刘易斯没有看到农业在促进工业增长中的作用,事实上伴随农业生产率提高而出现剩余产品是劳动力流向城市的先决条件。一般把以上 3 位学者的观点称为"刘易斯—费—拉尼斯模式"。

刘易斯的模型有 3 个前提:一是模型暗含假定现代部门的劳动转移率和就业创造率与现代部门的资本积累率成比例;二是农村存在着剩余劳动力,而城市实现了充分就业;三是现代部门存在着一个竞争性的劳动力市场,从而保证在农村的剩余劳动力被全部吸收以前城市的实际工资保持不变。由于有这 3 个前提,刘易斯模型解释发达国家工业革命时期的城市化进程可能更有说服力。托达罗认为上述 3 个假设和发展中国家的现实相去甚远,特别是发展中国家普遍存在这样一种现象,即城市中存在大量的失业,但农村人口仍然大规模地向城市流动。

芝加哥经济学派代表人物舒尔茨(T. W. Schultz)1962 年提出迁移行为是个人的一种经济投资过程,是人们追求更大经济收益的行为决策过程,迁移者预期通过实施这一行为会得到比较大的收益。其中,迁移成本包括货币成本和非货币成本,前者是迁移费用(包括交通、住宅和食物等方面增加的支出)及迁移时的机会成本,后者则包括迁移的时间成本、体力劳动的支出等,还包括心理成本(如对迁入地感到生疏等感情上的支出等)。而收益则包括货币收入(如迁移后收入的增加)和非货币收入(如社会关系改善、个人心理满足等)两部分。当迁移收益大于成本时,迁移就可能发生。

托达罗在此基础上提出了人口流动模型,认为人口流动过程是人们对城乡预期收入差异而不是实际收入差异做出的反应。他认为,即使城市存在大量失业人口,只要城市的预期收入高于农村,农村人口也会向城市流动。其中,预期的差异是由实际的城乡工资差异和在城市部门成功地获得就业机会的概率这两个变量之间的相互作用决定的。托达罗的模型较好地解释了一些发展中国家为什么产生过度城市化的现象。

还有一些学者从其他角度提出解释,这有助于加深发展中国家农村人口为什么要流动的理解。斯塔克和布罗姆提出移民的新经济学解释。该理论强调移民是由家庭集体决策的结果。迁移不仅是为了获得预期收入,同时也是为了使家庭收入的风险最小,因此区域间的收入差异不是人口迁移的必要条件。即使区际收入差异缩小,由于其他市场(资本、保险市场等)没有得到有效发展,农村人口仍然会向外迁移。由此导出的政策是,政府不仅需要缩小区际发展水平的差异,还需要在经济落后地区建立比较完善的市场体系,这样才能减少人口流出的数量。派尔认为人口流入地对低级劳动力市场的需求是产生人口流动的原因,其最重要的观点是工资不仅反映了劳动力的供需条件,也象征着个人的社会地位,各种职位构成一个等级体系,一旦提高最低工资以满足这一岗位的劳动力需求,必将产生连锁反应,产生工资的结构性膨胀。因此,发达地区才从低收入地区引进劳动力以满足低级劳动力市场的需求。如果把这一理论引申,发达地区引进低级劳动力,有利于提高竞争力,还可以控制通货膨胀。

美国学者扎林斯基(Zelinsky,1975)把人口迁移与人口再生产类型及其转变、工业革命发展的不同阶段联系起来考察。他认为人类迁移活动有 5 个发展阶段。第一阶段是工业革命前阶段,人口出生率和死亡率都很高,人口增长缓慢,人口迁移活动不活跃。第二阶段是工业革命早期社会转变阶段,人口死亡率迅速下降,自然增长率提高,增加的农村人口不得不向外围地区扩散;同时由于工业的迅速发展,带动了城市的高速增长,大量农村人口开始涌入城市。第三阶段是工业革命晚期社会转变阶段,人口出生率开始下降,人口增长速度趋缓,由于大量农村劳动力已转移到城市,农村向城市的迁移活动已减少,城市与城市之间的迁移、循环迁移开始增加。第四阶段是发达社会阶段,工业革命的后期,人口的自然增长已完成转变,达到低出生率和低死亡率的稳定平衡,农村向城市的迁移活动也基本结束,绝对量和相对量都已很小,城市间和城市内的迁移活动成为迁移的主要形式。第五阶段是未来超发达社会阶段,由于信息技术的发展替代了一部分人口流动,人们将主要在自己的家庭中从事各种活动,人类的迁移活动又将进入一个新的不活跃时期。

中国学者对农村人口迁移也进行了大量研究,这些研究多以城乡二元结构理论为基础,认为城乡经济发展差距形成推—拉两种力,是造成乡—城人口迁移的主要原因。根据国家统计局公布的数据,1978 年中国农村居民家庭人均纯收入为 133.6 元,城镇居民家庭人均可支配收入为 343.4 元,两者之比为 1:2.57。至 2000 年,虽然前者的上升速度更快,达到 2 622.2 元,但后者上升到 8 472.2 元,两者之比扩大为 1:3.23。因此,上述解释有一定的说服力,但它不能解释为什么中国的农村人口主要向沿海地区的城镇迁移,而不是相对均衡地发生在全国的城乡系统之中。根据第五次全国人口普查,居住本乡、镇、街道半年以上,户口在外乡、镇、街道的流动人口总数为 1.34 亿人,占全国人口的 10.8%。其中,沿海地区的流动人口达 7 806 万,占流动人口总数的 58.3%,而沿海地区总人口占全国总人口的比例为 42.5%。

宁越敏(1997)认为中国乡—城人口流动是多种原因综合作用的结果,推—拉模式虽然缺乏经济学的理论基础,但能较好地反映中国农村人口向沿海城镇迁移的原因。从拉力角度看,人口流入地即沿海城镇的经济发展和人口老龄化形成本地低级劳动力的巨大市场,由此形成对农村人口的巨大拉力。其中城市人口老龄化是中国特有的现象。由于城市较早实行了计划生育制度,从 20 世纪 90 年代开始,城市人口老龄化程度逐步上升,而"独生子女"政策实施的后果又使城市中的青少年不愿从事繁重的体力劳动,其结果是在沿海城市中形成了一个庞大的外来劳动力市场,从而主动消化了相当一部分进城农民。从推力角度看,除了各国普遍存在的城乡发展差距外,中国区域之间的发展差异也是促使农村人口外流的推力。

对中国来说,城乡差异不仅表现在由于户口制度所形成的人口再生产方面的差异,如医疗、子女教育、退休后的生活保障、就业安排、住房分配等,还表现在观念、文化等方面的差异。相对于农村较为封闭的生活环境,城市的环境更为包容和开放。因此,很多农村青年进城打工除出于赚钱谋生的目的之外,也有出于实现自我价值的目的。

至于如何协调城市化进程中的城市和乡村的发展,这是一个复杂的问题。中国一些地方已提出了城乡一体化的发展目标。为进一步推进农村的发展,中共中央在《国民经济和社会发展第十一个五年规划建议》中提出了扎实稳步推进新农村建设的目标,包括加大各级政府对农业和农村增加投入的力度,扩大公共财政覆盖农村的范围,强化政府对农村的公共服务,建立以工促农、以城带乡的长效机制;搞好乡村建设规划,节约和集约使用土地;培养有文化、懂技术、会经营的新型农民,提高农民的整体素质。由于中国农村人口众多,发展条件和发展水平不一,新农村的建设将是一项长期的工作。

四、城市化的政治经济学解释

自 20 世纪 70 年代起,在一些西方国家的城市化研究中,出现了一个以马克思主义的政治经济学作为分析城市问题理论基础的学派,其代表人物有英国的哈维(D. Harvey)、美国的卡斯特(M. Castells)等。他们的观点形成城市化研究中的新马克思主义学派,在当前西方国家的城市学界有着相当大的影响。

哈维等人认为,对资本主义社会城市化的研究应从对资本主义生产方式的分析入手,只有这样才能揭露资本主义社会城市化的本质及所产生的城市问题的根源。由于在资本主义社会中,资产阶级控制着生产资料,而资产阶级的生产目的是追求资本积累,因此新马克思主义者多采用马克思关于资本积累的理论来对资本主义社会的城市化进行分析。例如,哈维认为,资本家为了在生产中取得超过社会平均利润的超额利润,即相对剩余价值,可以通过生产过程中的劳动分工与协作的组织和更新固定资本(机器)来实现。在此基础上,哈维(1985)进一步提出资本"三次循环"的概念。资本的第一次循环包括在生产之中,在不变的劳动生产率条件之下,经过价值与剩余价值的生产,一部分以奢侈品方式满足资产阶级的奢侈消费需要,另一部分以工资货物的形式保证劳动者的再生产条件,使他们的劳动力继续投入价值与剩余价值的生产。然而,由于资产阶级追求超额利润的动机导致资本的过度积累,表现在商品的过度生产、利润率下降和资本剩余等方面。这些问题刺激了资本转向第二次循环和第三次循环。第二次循环包括固定资本投资和消费资金两方面,前者可分为两部分,一部分包含在生产过程之中,另一部分起着为生产服务的功能,哈维称之为生产性建成环境。同样,消费资金也可以分为两部分,一部分直接包含在消费过程中(如各种耐用消费品),另一部分起着为消费服务的作用,被称为消费性建成环境。资本的第三次循环是指在科研和技术以及各种社会消费,如教育和卫生等方面的投资。

由上可知,在哈维所称的资本三次循环中,以第二次循环和城市化的关系最为密切,因为生产性建成环境(工厂、仓库等)和消费性建成环境(住宅、居住区、道路等)共同组成城市建成环境。哈维给建成环境(built environment)下的定义是,由无数不同要素——道路、运河、港口码头、工厂、仓库、下水道、公共建筑、住宅等组成的复杂的、混合的商品,其中每一种要素都是在不同条件下按不同的规律进行生产的,而某些要素,如交通网络,既发挥生产性建成环境的功能,又发挥消费性建成环境的功能。建成环境是一个总的一般性的概念,它具有长期存在、难以变动、空间上不可移动、需要大量投资等属性。对建成环境的投资通常是大规模的和长时间的,因此,对资本家个人来说往往难以胜任,这就需要借助国家的力量来实现资本两次循环间的流动。

哈维对资本三次循环的分析进一步拓宽了城市化的研究领域。如前所述,城市化的定义除包括人口的转换和集中外,也包含地区经济结构的转换过程和城市地域空间的转换过程,但人口统计资料比较易得,使得以往的城市化研究多从人口转换的角度进行。新的理论及城市建成环境概念的提出,以及衡量城市建成环境动态变化的多项指标,如固定资产投资额的提出,为研究城市化进程中其他转换过程的分析提供了新的手段。与采用传统理论和人口指标分析城市化相比,新的理论和指标有以下特点。

(1) 由于城市建成环境是城市化的物质体现和结果,通过对城市固定资产投资额的分析,可在一定程度上反映城市经济结构和空间结构的转换。特别是通过对固定资产投资的结构分析,可以了解城市化进程中的生产性建成环境和消费性建成环境各自的发展过程。例如,中国城市在新中国成立后的前 30 年中,城市固定资产投资的大部集中在生产性投资方面,特别是重工业方面,虽形成很多工业区、工业卫星城镇,但住宅区的更新与发展比较缓慢。20 世纪 80 年代以来,城市基础设施与住宅的建设受到高度重视,不仅提高了城市现代化的程度,而且随着大批新建住宅拔地而起,城市地域面积急速扩展,城市的用地结构也发生了变化。显然,这些城市化进程中的特点是城市人口指标所不能反映的。

(2) 在绝大多数国家的城市化进程中,用城市人口占总人口比例衡量的城市化水平总是不断上升的,但如用投资等指标计算,却具有明显的周期性特点。哈维认为,受资本第一次循环中积累周期的影响,在建成环境中的投资也具有周期性,但建成环境本身是一个物质实体,各要素的自然和经济寿命也影响对建成环境的投资。研究表明,美、英等国建成环境中的投资周期介于10 年左右的经济周期——"朱格拉周期"和长达 50 年左右的"长波"——"康德拉季耶夫周期"之间(图 4-2)。戈特里勃对 8 个国家 30 个城市建筑业周期的研究也发现,建成环境中的投资周期为 15~25 年。一般地说,当建成环境中的投资处于上升期时,城市化进程就加快;反之,城市化进程就减缓。

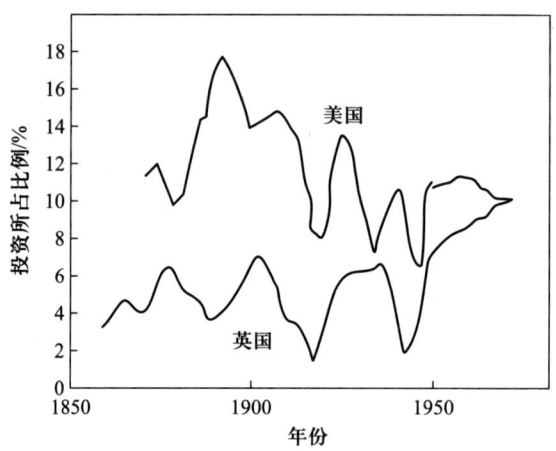

图 4-2　美国和英国建成环境中投资的不同周期变化
(美国指建成环境中的投资占国民生产总值的比例,英国指占国内生产总值的比例)

资料来源:Harvey,1985

(3) 若干发达国家已完成人口城市化的进程,当前正处于郊区化、逆城市化的阶段。对此,若仍从人口城市化角度考虑,会得出这些国家城市化逆向发展的结论。显然,这与真实情况不符。沃尔克认为,郊区化也是资本从第一次循环转向第二次循环的例子。他认为美国 20 世纪

30 年代的经济危机,即消费不足的问题至少部分地被郊区的发展所缓解。随着郊区的发展,在独户住宅和有关耐用消费品如洗衣机、冰箱、汽车等方面进行各种投资的可能性,通过联邦住宅管理局的住房贷款补助和快速公路建设等政府干预措施而得到极大加强。哈维认为,美国联邦政府于 1972 年削减了 60 亿美元的住房贷款利息税收和房地产税收,使住房建设经历了第二次世界大战后一个显著的繁荣时期,由此产生美国现代城市化进程。这一进程是以低密度的郊区化的发展,包含城市基础结构及家庭设备等在内的强大的乘数效应和个人及地方的政府加强投资活动等为特征。此外,交通工具的变革对郊区化的发展也起了积极作用。

以上所述显示了新的理论和分析方法的一些优点,如果和传统的理论和方法相结合,无疑会加深人们对城市化规律的认识。

第三节　城市化的类型和测度

一、城市化的类型

地理事物的类型划分,是为了理清各种地理现象之间的状态差异和内在联系。划分时,要么依据时间背景,要么偏重空间条件。现代城市化在短短的几十年间出现了纷繁复杂的情况和规模宏大的局面,除了依据时间背景划分之外,如从空间系列和发生根源上去观察,可以发现许多种不同的表现形式。有趣的是,这些不同的表现形式都呈对应状态出现。

1. 向心型城市化与离心型城市化

以大城市为中心来考察城市化现象,即会发现存在着向心型与离心型两种类型的城市化。

城市中的商业服务设施及政府部门、企事业公司的总部、银行、报社等脑力劳动机关,都有不断向城市中心集聚的特性,这就是向心型城市化,也称集中型城市化。向城市中心集聚的这些部门,或者是决策部门(如政府机关、公司总部、银行等),或者需要与服务对象进行直接交流(如文化、体育、娱乐设施等),或者需要以稠密的人流作为经营对象(如商店、酒楼等)。这些部门的职能特点,要求它们向城市中心运动,密集布置。

与上述部门相反,有些城市设施和部门则自城市中心向外缘移动扩散,这被称为离心型城市化,也称扩散型城市化。这些具有离心倾向的部门,有的需要宽敞用地,如大型企业、自来水厂等;有的需要防止灾害和污染,如煤气厂、垃圾处理厂等;有的需要安静环境,如精神病院、传染病院等;有的具有特殊使命,需要离开市区,如兵营、监狱、火葬场等。

向心型城市化促使城市中心土地利用密度升高,向立体发展,形成中心商务区。离心型城市化导致城市外围农村地域变质、城市平面扩大。

2. 外延型城市化与飞地型城市化

按照城市离心扩散形式的不同,还可分出外延型和飞地型两种类型的城市化。如果城市的离心扩展,一直保持与建成区接壤,连续渐次地向外推进,这种扩展方式被称为外延型城市化。如果在推进过程中,出现了空间上与建成区断开,职能上与中心城市保持联系的城市扩展方式,则称为飞地型城市化。

外延型城市化是最为常见的一种城市化类型,在大中小各级城市的边缘地带都可以看到这种外延现象,这一正在进行外延型城市化的边缘地带被称为城乡接合部。

飞地型城市化一般要在大城市的环境下才会出现。因为大城市的人口、用地规模业已十分庞大,各类城市问题较多,如果继续采取外延型的发展方式,将使各种矛盾更为尖锐。在此情况下,通常跳出中心城市现有边界,到条件适宜的地理位置上去发展,用以分散中心城市的压力,有的则形成大城市郊区的卫星城镇。

在一些发展中国家,为了改变经济过分集中于沿海地区状况和发展内地经济的目的,将首都搬迁到内地,或在内地开辟增长中心,从广义上讲,这也是飞地型城市化的一种表现形式。

3. 景观型城市化与职能型城市化

传统的城市化进程造成人口和土地利用高度密集的城市景观,使人们习惯上认为,人口只有住进了这样的城里才算城市化。然而,当代城市化的多样性,使城市化的概念范围远比上述看法广泛。例如,在发达国家的城市中正在进行郊区化和逆城市化的地带内,留有大片的自然景观,人口和建筑密度都比较低,但是人们的生活水平却比城里人高。再如,中国珠江三角洲和长江三角洲的某些地区,农业人口的职业已基本转化,他们有着宽敞的住宅和现代化的家庭设施,尽管他们没有搬到城镇中去,但是与经济欠发达地区小城镇居民相比,显然更"城市化"。类似这样一些问题,都说明城市化确实存在着景观型城市化与职能型城市化之分。

景观型城市化是传统的城市化表现形式,指城市性用地逐渐覆盖地域空间的过程。因为这种城市化直接创造市区,所以也称直接城市化。

职能型城市化是当代出现的一种新的城市化表现形式,指的是现代城市功能在地域系列中发挥效用的过程。这种城市化表现了地域进化的潜在意识,不从外观上直接创造密集的市区景观,所以也称间接城市化。

职能型城市化的出现,对城市地域的划分和城市化水平的衡量有重要影响。目前,国外普遍采用城市功能区(即城市核心连同周围功能上有联系的区域)来替代城市行政区作为城市的地域范围,并以城市功能区的人口作为城市总人口。这种探讨是值得我们借鉴的。

4. 积极型城市化和消极型城市化

积极型城市化和消极型城市化两种类型的城市化同样是由于城市化的复杂性所造成的。

一般认为,一个国家或地区城市化的水平,体现着该国家或地区经济发展的水平,这就是城市化的表征性能。但是,在发展中国家中,却存在着与经济发展不同步的城市化。在拉丁美洲的有些国家中,城市化水平与最发达的资本主义国家相似,但经济发展水平远低于后者。还有很多发展中国家,首都人口规模急剧膨胀,但存在着大片没有城市基础设施的贫民区。

因此,与经济发展同步的城市化为积极型城市化。反之,先于经济发展水平的城市化为消极型城市化,也称假城市化或过度城市化。

消极型城市化是由农村经济的破产和城市经济的发展缓慢所造成的。由于农民在农村里失去了赖以生存的经济条件(原因是多样的,如人口激增、灾害、土地制度、战争等),只好向城市迁居。尽管实际上城里生活条件丝毫不优于农村,但给人们以某种希望。随着农村人口源源不断涌入城市,贫民区、失业、犯罪、饥饿、传染病等各种城市病症开始蔓延。显然,要消除消极型城市化现象,除了发展经济之外,还要实行社会制度等方面的变革。

5. 自上而下型城市化和自下而上型城市化

自上而下型城市化和自下而上型城市化这两种城市化类型划分是建立在分析中国城市化动力机制时提出的一种观点之上的。

自上而下型城市化是指国家投资于城市经济部门,随着经济发展产生的劳动力需求而引起的城市化,具体地表现为原有城市发展和新兴工矿业城市产生两个方面。

自下而上型城市化是指农村地区通过自筹资金发展以乡镇企业为主体的非农业生产活动,首先实现农村人口职业转化,进而通过发展小城市(集)镇,实现人口居住地的空间转化。崔功豪、马润潮进一步指出"下"可从 3 个方面来理解。一是从主体上看,城市化的发动主体是来自"下",即来自地方乡镇村社区政府和农民,城市化发展的投资主体是乡镇村地方社区和农民群体,以自有自筹资金为主。二是从地域上看,城市化发生发展的地域在"下"——乡和镇,即在广大农村地区——"乡下";城市化人口来源以农村的就地转移为主,即农村人口在农村内转化为城市人口(在经济发达地区也包括少数外来人口)。三是从层次上看,城市化发生的等级系统是属于"下"层——乡镇。在中国行政体制上,乡镇为最基层的行政单元;在中国的城市系统层次上,建制镇是最下层的城市单元。因此,自下而上型城市化,即指发生在农村地域,由基层社区政府发动和农民自主推动的、以农村人口在农村内就地转移,建立小城镇为中心的城市化过程。

产生这两种类型城市化的根源是由中国国情所决定的。在中国的生产要素构成中,除劳动力资源十分丰富外,按人均计算的资源并不丰富,资金更为有限。如果单靠国家投资进行经济建设,城市所吸收的剩余农业劳动力有一定限度。如果在农村发展各类乡镇企业,实现产业结构转换,就可吸收多得多的剩余农业劳动力。可见,发展乡镇企业,走自下而上型城市化道路是中国实现城市化的重要途径。

二、城市化的指标和测度

城市化现象涉及范围广泛,对城市化进行测度并非易事。综合各方面的研究成果,目前确定城市化指标及测度方法主要有两种,即主要指标法和复合指标法。

主要指标法,是选择对城市化表征意义最强的、又便于统计的个别指标,来描述城市化达到的水平。这种指标主要有两个:人口比例指标和土地利用状况。其中,城镇人口占总人口的比例是最常用的城市化测度指标。因为人口比例比土地利用指标在表达城市成长状况方面更典型深刻,更便于统计。但需要指出的是,用城镇人口占总人口的比例测量城市化水平存在着一定的局限性。

第一,城镇的定义不同将直接影响城镇人口数量的统计,进而影响城市化水平的计算和比较。中国在实行市带县、撤县设市、撤乡设镇体制后,所谓城市和镇都是等级不同的行政区,因此不能直接把市或镇看作真正意义上的城市或镇,并将其人口都当作城镇人口对待。例如,20 世纪 80 年代的中国统计年鉴曾有市镇人口的统计,即指全市(镇)的总人口,该市镇人口占总人口的比例不能看作城镇化水平。目前,中国城市统计通常把城市下辖的区、街道或居委会作为城镇的实体地域,将其人口计算为城镇人口。即便如此,各市的市区概念甚至同一城市的市区概念差异也很大。直至 2000 年第五次全国人口普查,才有全国城乡人口的统一界定。

第二,城市人口的定义不同也将影响城市化水平的计算。在中国,长期以来的城乡二元结构使城市人口有不同的统计口径。第一种是只统计本地户籍的市区人口,第二种是全国人口普查时采用的常住人口统计口径,但 2000 年和 2010 年两次全国人口普查对常住人口的统计口径又有所不同。2000 年第五次全国人口普查定义居住在当地乡镇街道半年以上才能算该地的常住人口,2010 年第六次全国人口普查改为居住在当地乡镇街道且离开户口登记地所在的乡镇街道半年以上的人口即可为该地常住人口,即第六次全国人口普查对常住人口的界定比第五次全国人口普查更为宽松。

第三,以城市人口比例衡量城市化水平只是测度了农村人口向城市集中的数量过程,它不能反映城市化的其他性质,如非农经济发展水平,城市生活方式向农村地域的扩散过程。因而,在国际上它无法辨别真假城市化。以城市人口比例衡量不同国家和地区的城市化,可能水平相同,但经济发展水平、现代化设施和生活质量相距甚远,最典型的例子就是拉丁美洲一些国家的城市化水平与发达国家相当,但经济发展水平相差很大。

第四,城市化水平用城市人口比例表示,反映了城市化发展的相对水平,但不能反映城市化发展的总体规模。例如,中国总人口数位于世界前列,在不计算港澳台地区的情况下,已接近 14 亿人,这使城市化水平每增加一个百分点就意味着要转移 1 400 万农村人口。

为了克服其局限性,国内外学者在分析城市化问题时,还辅以其他指标反映城市化的进程,如城市人口的增长动态,城市数量的增长情况,不同规模城市的数量及人口的增长动态等。

土地利用指标,是从土地性质和地域范围上来说明城市化水平的一个指标。测度方法主要是统计一定时间内非城市用地(如农业、草原、山地、森林、海滩等)转变为城市用地(如工厂、商业、住宅、文教等)的比率。这个指标过去因为统计困难,使用不广泛。随着遥感技术的提高和普及,这个测度指标已得到越来越多的应用。

复合指标法,是选用多种指标对城市的某项特征予以综合分析,以考察城市发展的不同侧面。随着城市各项统计的不断完善,复合指标法的运用近年来在中国比较流行,如各种城市现代化指标体系、可持续发展指标体系、城市竞争力指标体系、城市化质量指标体系等。其做法是,根据需要收集某一年份若干个样本城市的数十个指标,然后分成若干大类指标,每一大类指标又包含若干二级指标,通过各种数理统计分析法,最后对城市进行打分、排名。

第四节　城市化的近域推进和郊区化

按照经济学的解释,现代城市源于现代生产中的规模经济和集聚经济的效益。这两种效益产生巨大的向心力,使生产向城市集中以获得成本的节约。然而,企业向城市集聚到一定程度,也会产生集聚的不经济。集聚不经济主要来自市中心更高的土地使用费、拥堵的交通和下降的环境品质,由此产生城市发展的离心力,推动人口和经济要素向城市周边地域的扩散。这种现象被称为城市化的近域推进。若在城市化的近域推进过程中伴随中心城人口的绝对下降和郊区人口的增长,则称为郊区化。

一、城市化的近域推进

城市化的近域推进在空间序列上表现最激烈的就是紧邻市区外围的郊区。这里的城市化是利用市区内部一些城市设施和职能部门的空间移位来完成的。当一个部门迫于内部市区的压力外移时,也牵动着其他有关部门渐次外移。

1. 对外交通设施的伸展与城市化

现代交通工具的产生与变革是现代城市发展的基本动力之一。

19 世纪中叶之前,城市中的主要交通工具是马车,人们出行方式则主要依赖于步行。由于人们的出行能力有限,其活动半径很小,形成高度密集而面积狭小紧凑的城市。如 19 世纪初期的伦敦,其核心区的半径约为 2 英里。从 1800 年到 1850 年,伦敦人口从 100 万增加到 200 万,城市半径还未增加到 3 英里。当时绝大多数居民根本没有任何公共或私人的交通工具,步行上班时间约需 1 h。

铁路的出现给城市的发展与扩张带来了生机。首先,通过铁路可将工业生产所需的原材料从遥远的产地运到城市中,使工厂不必紧邻原材料产地布局,从而给工业革命时期的城市带来经济增长的动力。其次,铁路可以用作城市公共客运工具,使人们的出行距离大大增加,这就为城市向外扩张提供了必要的条件。特别是当地铁出现后,铁路对大城市扩张所起的作用更为明显。1863 年,伦敦兴建了世界上第一条地下铁道。此后,随着地铁和郊区铁路向四面八方伸展,伦敦的通勤半径迅速增长至 15 英里。但由于当时缺乏有效的支线客运系统,铁路线之间的地区尚未发展起来,城市呈触须式的发展形式。

20 世纪初出现了电气火车,它是比蒸汽火车更为有效的交通工具,由于它增速与减速都很迅速,因而可以设置更多的站。更重要的是,新兴的公共汽车替代了公共马车和有轨马车的陈旧支线交通方式。作为一种快速而经济的高效率支线交通,它可以使人们沿现有的道路通达任何方向。于是,铁路线之间的空地得到开发,原先触须状的城市转变为大致圆形的城市,城市的占地面积大为增加。图 4-3 显示了交通方式变革与城市规模形态演变的关系。

近几十年来,随着高速公路的出现和小汽车的普及,城市向郊外扩展的速度更快,距离也更远。为了防止城市无限制地向四周蔓延,人们采取了不少措施,如兴建绿带、卫星城镇等。但在若干发达国家中,大城市向郊外扩展的势头依然很猛,从而出现所谓郊区化、逆城市化的现象。

2. 工业的扩张与城市化

工业的扩张带动城市的扩张,这是城市化的传统推进方式。为了追求更高的经济效益,工厂之间有集聚成团的倾向,形成规模不等的工业区。同时,为了获得更大利润,企业要扩大再生产,这就需要占用更多的土地兴建厂房和各种附属设施。于是,城市在工厂的带动下,急剧向外推进。到了现代,技术进步使产业的区位选择越来越少地受到传统区位因子的约束,城市工业在扩展方式上又出现了一些新的特点。

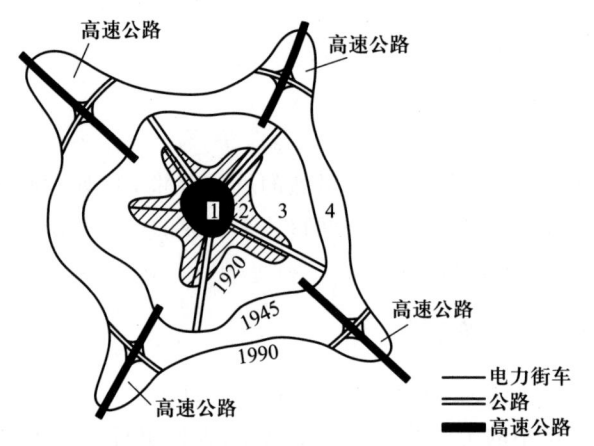

1—步行马车时代；2—电力街车时代；3—汽车时代；4—高速公路时代

图 4-3　交通方式变革与城市规模形态的演变

资料来源：顾朝林，2000

第一，大型工厂和重型企业外迁的倾向强烈。主要是因为城市土地利用更紧张，第三产业的许多部门在单位土地面积上创造的价值要大大超过大型工厂。只能作平面布局、需占用大量土地的工厂只好外迁，以减少土地成本开支。第二，工厂外迁常以某些特殊工厂为先导，如煤气厂、自来水厂、化工厂、钢铁厂、重型机械厂等。这些工厂或因占地面积过大，或因安全、环保需要，常先于其他工厂在外围市区出现。第三，现代工业的专业化生产协作，形成许多规模宏大的联合企业。这些企业厂房高大，面积宽广，集中人口甚多，多采取飞地型城市化在远郊区选址兴建。第四，工厂外迁最终不会脱离城市的影响范围，因为它们需要使用城市的各项设施和服务。20 世纪 80 年代以来，独立的工厂外迁逐渐减少，工厂的外迁和新工厂的建设相结合，以各类开发区的形式在郊区布局，促进了工业布局的优化。

3. 住宅的扩散与城市化

居住是城市的主要功能之一，通常，住宅用地占城市用地的比例也最大。在城市向外围的扩散中，住宅扩散起着十分重要的作用。

城市人口的增加和改善居住条件的欲望导致城市住宅大量地、经久不断地兴建，这是住宅不断向城市外围扩散的原因所在。在发达国家，由于生活水平较高，人们追求带庭院的独户住宅，使住宅在外围市区的扩散较为稀疏。在中国，城市用地比较紧张，新建住宅一般采用居住区集中布局的方式，使住宅向外扩散的距离比较有限。但是，20 世纪 90 年代以来中国城市住宅大规模地兴建，使住宅向郊外推进的现象已经变得十分显著。

住宅扩散还会带动城市其他职能部门的扩散，如商业服务、中小学校、医疗保健、文体娱乐设施等。在它们的参与下，街区才会慢慢繁华起来，城市的气氛才会慢慢浓起来。否则，住宅区将是单调的"卧城"。但是，早期人们并没有认识到住宅扩散中的这一特点。20 世纪 20 年代西方一些大城市为解决住宅问题，曾在近郊区兴建过不少卧城。它们的商业服务设施水准很低，人们的很多活动仍须去母城解决，故吸引力不大。20 世纪 50 年代以后，伴随住宅向外扩散的商业服务设施建设才受到人们的高度重视,并导致城市商业区位发生重大变化。在城市边缘地带,出现了规模巨大的购物中心、汽车商场等。

除了以上一些主要职能部门的扩散外,还有一些较为次要的职能部门也有向郊外扩散的强烈倾向,如文教科研单位(这里专指高等学校、科研机构)、特殊病院、苗圃、墓地等。20世纪50年代,中国一些大城市出现第一波的高等学校建设高潮,即在当时城市边缘地带兴建高校科技园区,如北京西北郊的中关村、武汉的东湖等。20世纪90年代末以来,由于大学扩招的需要,很多城市出现了规模更大的高校园区,即"大学城",典型的有广州大学城、杭州下沙大学城、上海松江大学城等。

二、郊区化

1. 城市演变模型

西方学者在城市化的研究中,把城市化、郊区化、逆城市化、再城市化看作一个连续演变的过程,其中英国地理学家、规划学家彼得·霍尔(Peter Hall,1984)的城市演变模型称得上是城市化发展阶段理论上能取得全球共识的模型之一(图4-4)。

霍尔把一个国家分为都市区和非都市区两部分,又把都市区分为首位城市体系和其他一般城市体系两部分,都市区由中心市和郊区组成。霍尔将城市演变过程归纳为5个时期6个阶段,依次如下。

(1)流失中的集中。城市化水平的提高主要表现在大城市体系的发展。中、小城市体系吸引人口的能力较弱。中心市除吸引部分周围郊区和农村地区迁出的人口外,还有人口流失迁往大城市。

(2)绝对集中。工业化遍及大多数城市,吸引了大批劳动力,乡村人口继续大量减少,城市化水平增加迅速,各都市区的人口规模都在绝对增加,人口主要向中心市集中。

(3)相对集中。城市化高速发展阶段,都市区人口增长迅速,但中心市人口的增长速度高于郊区,仍是向心集聚的过程。

(4)相对分散。城市化增长模式发生了重要变化,即都市区人口在继续膨胀的过程中,中心市人口尽管仍有增长,但郊区人口的增长速度已经超过了中心市,中心市在整个都市区人口中的比例开始下降。

(5)绝对分散。都市区人口流动的主要方向发生逆转,即在都市区人口继续增长的过程中,中心市的离心分散力量超过了向心集聚力量,人口从中心市向郊区迁移,绝对量下降,郊区人口低速增长。

(6)流失中的分散。大都市区的中心市人口大量外迁,除部分被周围郊区吸收,另一部分则向非都市区扩散。大都市区人口总量下降,标志着城市进入逆城市化阶段。霍尔认为此时城市地区有一个明显的衰落,而且这种衰落将持续一定时期,小的都市区和非都市区人口的增长超过了大都市区的增长。

在霍尔模型的前3个阶段中,中心市人口高速增长,城市发展以向心集聚为主;第4阶段中心市人口增长速度低于郊区,是离心扩散的初始阶段,出现了郊区化的前兆;第5阶段中心市人

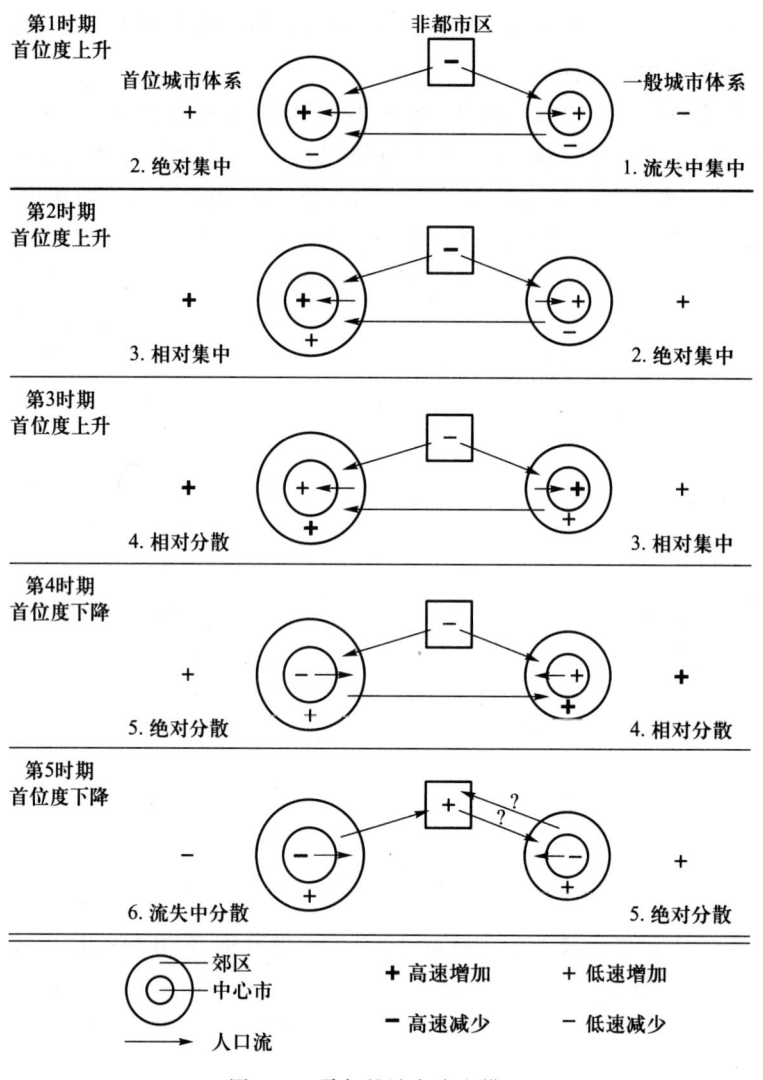

图 4-4　霍尔的城市演变模型

口出现负增长,人口向郊区迁移,为典型的郊区化阶段;而第 6 阶段则与逆城市化阶段相联系。该模型充分展示了流量经济 5 大要素流集聚与扩散的阶段性。

霍尔提出上述模型是在 1984 年,当时英、美一些大都市区已出现较长时间的逆城市化现象。1961—1971 年间,大伦敦人口减少 0.8%,英国另外 6 个大都市区人口减少 1.0%;1971—1981 年间,它们的人口又分别减少了 10.1% 和 5.4%。美国出现逆城市化的时间稍晚。根据美国 30 个最大的标准大都市统计区(SMSA)的人口统计,20 世纪 60 年代有 14 个 SMSA 的中心市人口出现下降,但有 29 个 SMSA 的总人口有所增长,表明美国当时正处于郊区化时期。20 世纪 70 年代,有 9 个 SMSA 的总人口出现下降,表明这些大都市区进入逆城市化时期,其中大多为东北部的老城市,如纽约、费城、底特律、匹兹堡、巴尔的摩等。

然而,进入 20 世纪 80 年代后,有些大都市区的人口又开始恢复增长。其原因一是这些城市中的国际移民增长较为迅速,二是这些城市为挽回发展的颓势,采取了大规模的都市更新,使城市中心区恢复了昔日的活力。在此情况下,大都市区的人口又开始恢复增长。这就是城市发展中的第 4 个阶段,即再城市化。

与再城市化有关的一个概念是 gentrification 现象,中文多译作绅士化。gentrification 一词是英国社会学家格拉斯在 1964 年对伦敦中产阶级家庭进入工人阶级居住街区的研究中最先采用的。肯尼迪(M. Kennedy)将 gentrification 定义为在一个街区中,较高收入的家庭取代较低收入居民的过程,在这个过程中,整个街区的本质特征和文化品位也发生了改变。按肯尼迪的定义,gentrification 具有 3 个特征。第一,必须有低收入的居民从他们的街区中被置换出来,而这种置换往往是非自愿的置换,也就是通过迅速升高的地租或是增加的物业税,让那些宁愿留在原居住地的居民无力负担生活开支而被迫离开。第二,不仅街区的住宅质量得到提升,而且其人群的社会经济特征也发生改变。第三,街区社会文化特征改变,因为新来者会按他们自己的文化、生活方式、消费品位来改变这个街区原有的社会文化特征。由于中产阶级引导了 gentrification 的过程,因此,把 gentrification 翻译为中产阶级化更合适些。

一些学者对中产阶级化的形成进行了分析。雷(D. Ley)主要从对内城住房需求和追求内城多元化生活方式的角度分析中产阶级化出现的原因,如为减少通勤时间和成本促使家庭接近内城工作地;郊区住宅成本上升,而内城的房价较为低廉;出于独身生活方式的需要,或出于同性恋文化和非传统生活方式的需要;出于延续内城历史文脉,提倡多元化社会文化的需要。史密斯(N. Smith)提出了"地租缺口"概念来解释中产阶级化的过程。第二次世界大战后英、美一些城市周边地区的低地租使得资金不断地向郊区流动,这个趋势引起内城房产的贬值和逐渐衰败,其结果是造成内城破旧住宅收取的租金和它若经过完全更新达到所谓最好利用时可收取的潜在租金之间出现巨大差别,这就是所谓的地租缺口。当地租缺口变得足够大时,开发商就会对内城进行更新,重新开发新住宅,以满足专业人士或经理等中产阶级的居住需求。

中产阶级化在改变旧城面貌的同时,也产生了负面的影响。近几十年来,在内城居住的人口多是受教育较少的低收入人群、少数民族或以妇女为户主的单亲家庭,由于经济转型,制造业部门逐步衰落,这个群体的失业率很高,生活困难。在中产阶级化现象发生后,该地区的消费成本被抬升,更使这些低收入者无力负担。因此,在美国一些城市反中产阶级化的呼声比较强烈。

虽然中产阶级化引起社会的广泛关注,但中产阶级化并不是普遍发生的现象,它通常发生在城市中的特定街区,如 CBD 附近的历史街区或滨水地带。就美国来说,中产阶级迁入内城的运动只是一小股逆流,而主流则是大规模的从中心市向郊区迁移的郊区化。

2. 美国郊区化及其机制分析

毫无疑问,霍尔模型的判断依据主要是考察人口流动的方向性。但在人口流动的背后实际蕴含着资金、物资、技术、信息等经济要素的流动,正是要素在空间上的双向多重流动才构成了城市化的不同阶段,其中,郊区化是城市发展由向心集聚走向离心扩散的特定阶段,对城市发展的影响极为深远。

发达国家的郊区化出现较早,以美国最为典型。20 世纪 20 年代汽车的大量使用加速了郊区化的过程,第二次世界大战后美国政府的住宅政策和高速公路建设不仅促进了住宅郊区化,而且引发了产业郊区化的热潮,80 年代以后,郊区已经成为美国主要的就业中心,办公设施和机构也开始外迁,郊区的城市功能越来越强,出现了"边缘城市"这种新的城市形式。边缘城市是中心市外围的写字楼和零售活动新的集中地带,对中心市的职能地位提出挑战。美国 1948 年和 1990 年中心市的人口与就业分布,伴随着人口外迁,更多的经济要素也随之产生郊区化过程。

奥沙利文(2003)从制造业、人口、零售业、办公业 4 个方面阐述了郊区化的成因。他认为郊区化使得城市从单核心向多核心演变,在郊区形成了许多次级就业、购物中心。

(1)制造业郊区化。制造业是最早出现郊区化的部门。1948 年,美国 64% 的制造业就业人数位于中心市,但到 1990 年,这一比例下降到 39%。导致制造业郊区化的主要因素是汽车时代的来临。无论是对货物运输还是对工人的通勤来说,汽车的灵活性较其他运输工具都具有更大的优势,这使工厂布局在郊区比在中心市成本更低。另一个因素是,福特汽车公司为提高劳动生产率发明的流水线作业法使得厂房使用从传统的多层向单层车间变化,这使工厂的占地面积大大增加。由于郊区的土地比中心市要便宜得多,促使工厂向郊区迁移。奥沙利文还认为在美国越来越重要的空中运输也是制造业郊区化的原因。使用飞机运输的产品多是单位附加值高的产品,特别是电子产品。这吸引了有关企业向位于郊区的机场集聚。

(2)人口郊区化。人口郊区化首先同样和汽车的广泛使用有关,而制造业、零售业、办公业等各个行业中企业的郊迁进一步促使人口的郊区化。美国联邦政府的公共政策对人口郊区化也有影响。哈维认为,美国的私人、联邦、地方政府的金融组织的政策及实践特别有利于独家住户的住宅所有制形式。20 世纪 30 年代,美国就建立了一批联邦组织,旨在确保那些贷款给购房者的金融组织的稳定性。1972 年联邦政府削减 60 亿美元住房贷款利息税收和房地产税收,使美国住房建设经历了第二次世界大战后一个显著的繁荣时期,由此产生美国现代城市化进程。而这一过程就是以低密度的郊区化为特征。

(3)零售业郊区化。零售业是为消费者服务的行业,当人口向郊区迁移,势必会带动相关的零售业向郊区的迁移。但美国郊区的零售业并没有采用传统的商业街等布局模式。由于郊区人口密度低,消费者多自驾汽车购物,加上地价便宜,美国郊区的零售业以占地面积很大的购物中心(shopping mall)为主。其兼具购物和休闲娱乐的功能,是一种大型的综合性的室内购物场所。

(4)办公业郊区化。传统上,城市中心的 CBD 是办公业的集聚中心,这里是大公司和金融机构的集中地。20 世纪 50 年代后,在东京、巴黎、伦敦等城市建设的副中心仍位于中心市。但美国在郊区化的影响下,从 70 年代起,办公业就开始在郊区兴起。到 20 世纪末,一些地处"阳光带"的城市,如洛杉矶、亚特兰大,其郊区办公区的规模已超过 CBD,而东北部老工业城市的郊区也出现了很多郊区办公区。美国把这些位于郊区的办公区称为"边缘城市"(endless city),它的出现使一些传统的单中心大都市区向多中心的大都市区转化。

以私人小汽车为主导的美国郊区化使城市无序蔓延,土地、能源消耗过大。不仅如此,由于中产阶级外迁,中心市逐步成为低收入群体的集聚地,出现了财政危机、高失业、贫困和犯罪等内城问题。20 世纪末,美国的城市规划学界开始反思,提出了"精明增长"的理念,主张城市发展优先考虑既有城区的再开发,采取以快速公共交通为导向的紧凑型发展方式(transit-oriented development,TOD),但精明增长的理念能在多大程度上改变美国城市发展的传统还有待观察。

思考题

1. 如何完整地理解城市化的概念?
2. 推动城市化的主要动力是什么?
3. 如何用资本的三次循环来解释城市化的过程?
4. 如何用乡—城人口迁移的"推—拉"假说来解释中国的城市化?
5. 举例说明不同类型城市化的基本特征。
6. 试评价中国现行的城市化指标及测度方法。
7. 举例分析城市化近域推进最主要的因素。
8. 从西方再城市化、郊区化的经验,分析中国旧城改造与郊区化的实践。

参考文献

[1] 周一星.城市地理学[M].北京:商务印书馆,1995.

[2] 许学强,薛凤旋,闫小培.中国乡村—城市转型与协调发展[M].北京:科学出版社,1998.

[3] 于洪俊,宁越敏.城市地理概论[M].合肥:安徽科学技术出版社,1983.

[4] 许学强,朱剑如.现代城市地理学[M].北京:中国建筑工业出版社,1988.

[5] 顾朝林.经济全球化与中国城市发展——跨世纪中国城市发展与战略研究[M].北京:商务印书馆,2000.

[6] 许学强.中国城市化理论与实践[M].北京:科学出版社,2012.

[7] 崔功豪,马润潮.中国自下而上城镇化的发展及其机制[J].地理学报,1999,54(2):106-115.

[8] 奥沙利文 A.城市经济学[M].4版.苏晓燕,常荆莎,朱雅丽,等译.北京:中信出版社,2003.

[9] 宁越敏.从劳动分工到城市形态(一)——评艾伦·斯科特的区位论[J].城市问题,1995(2):18-21.

[10] 周一星.城市化与国民生产总值关系的规律性探讨[J].人口与经济,1982(1):28-33.

[11] 胡序威.对我国城镇化水平的剖析[J].城市规划,1983(2):9-16.

[12] 许学强.城市化空间过程与空间组织和空间结合[J].城市问题,1986(3):2-6.

[13] 许学强,张文献.对外开放地区农村城镇化的动力初探[J].热带地理,1986,2(6):108-119.

[14] 宁越敏.城市化研究的社会理论评述[J].城市问题,1990(1):18-22.

[15] 姚士谋,吴楚材,赵梅,等.我国城市化过程中的几个关键问题[J].城市规划,1997(6):30-31.

[16] 宁越敏.90年代上海流动人口分析[J].人口与经济,1997(2):9-16.

[17] 宁越敏.新城镇化进程——90年代中国城镇化动力机制探讨[J].地理学报,1998,53

（5）:470-477.

［18］宁越敏,石崧.从劳动空间分工到大都市区空间组织［M］.北京:科学出版社,2011.

［19］周一星,孟延春.北京的郊区化及其对策［M］.北京:科学出版社,2000.

［20］Harvey D. The urbanization of capital:studies in the history and theory of capitalist urbanization［M］. Baltimore:John Hopkins University Press,1985.

［21］Scott A J. Metropolis,from the divisions of labour to urban form ［M］. Berkeley:University of California Press,1988.

［22］Cadwallader M. Urban geography and social theory ［J］. Urban Geography,1988（9）:227-251.

第五章　城市化的历史进程

第三章和第四章分别从理论上讨论了城市的产生与发展和城市化原理,本章主要讨论世界和中国城市化的历史进程,进而讨论当代城市化的特点。

第一节　世界城市化的进程

自从地球上出现城市以来,迄今已有 5 000 多年的历史,按其发展特征大致可分为中世纪前发展阶段、中世纪阶段、工业社会时期的城市化和当代城市化(1950 年以来)4 个阶段。

一、中世纪前城市的发展

公元前 3500—前 3000 年间,在尼罗河流域和两河流域,出现了人类历史上最早的一批城市。公元前 3000 年左右,埃及形成统一王朝,定都提尼斯,之后又建都孟斐斯。公元前 3000—前 2500 年,两河流域的苏美尔地区出现了若干个城市国家,重要的有埃利都、乌尔、乌鲁克等。这些早期城市国家是由几个地区围绕一个中心城市联合而成的。在尼罗河和两河流域文明共同影响下,公元前 2000 年左右,在小亚细亚的赫梯和地中海东部沿岸的腓尼基,以及东地中海上的克里特岛上也开始出现城市文明。

印度河流域是人类文明的又一发源地。1922 年,先是在信德地区的摩亨佐达罗,后在西旁遮普的哈拉帕发现古城遗址,它们统称为哈拉帕文化。哈拉帕文化的存在时期,估计为公元前 2500—前 1500 年,但也有一说上推至公元前 3500 年,从而使这两个城市成为世界上已知最早的城市。哈拉帕时期的居民主要从事农业,但手工业和商业也相当发达。城市有又高又厚的城墙,并占据相当大的面积,如摩亨佐达罗占地达 260 hm^2。在公元前 2000 年前后,这两个城市进入繁荣期,人口估计为 2 万左右,属于当时世界上最大的城市行列。

中国是世界城市文明的发源地之一。距今 6 000—4 000 年前就已出现城市的雏形,中国考古学界称之为古城。公元前 2000—前 1600 年间出现第一批城市,我们将在第二节详细介绍。美洲和非洲作为另两个城市发源地,城市出现的时间略晚一些。在危地马拉热带丛林中发现了一座玛雅人建设的城市埃尔麦雷多,其兴盛年代是公元前 300 年,产生的年代或许更早些。在非洲,特别是在津巴布韦、尼日利亚、苏丹等地也都曾发现城市遗址,其中一些至少在公元 1 世纪时就已存在了。

综上所述,公元前3000—前1500年是世界上城市产生的主要时期。此后,在亚欧非大陆上,从西部到东部,城市文明蓬勃地兴盛起来。澳大利亚史学家柴尔德(V. G. Childe)称城市的出现是人类史上的一次革命,他还强调了在产生古代文明的泛滥平原上,农田灌溉与广泛贸易活动兴起在城市革命发生上的重要性。但是,美国城市学家芒福德(L. Mumford)却认为:"从分散的村落经济向高度组织化的城市经济进化过程中,最重要的参变因素是国王,或者说是王权制度"。这是因为在美索不达米亚平原的文字中,"商人"这一词汇是到公元前2世纪才出现的。从埃及、苏美尔、中国等城市发源地看,王权制度在城市兴起中确实起到了决定性的作用,但就腓尼基、希腊等地后起的城市来说,商业的作用或许更重要一些。因此,影响各个地方城市起源的主要因素有所不同。

从公元前1000年起,至公元5世纪罗马帝国衰亡为止,地中海地区产生了光辉灿烂的希腊、罗马文化,这一文化的出现是与城市的发展息息相关的。在亚欧大陆的另一端——中国,产生了可以与之媲美的春秋战国及秦汉文化,同样是以城市的发展为主要标志的。

公元前8—前6世纪,希腊各地社会生产力有了很大发展。生产力发展的一个主导因素是铁矿的开采。而后,随着与地中海沿岸各国的贸易往来,商业也大大发展起来。这些因素促进了希腊奴隶关系和阶级分化的发展,城邦国家也一个接一个出现。在最初兴起的希腊城邦中,尤以米利都、以弗所、卡尔西斯、科林斯等最为繁盛。雅典和斯巴达则是后来两个最大的城邦。希腊城邦发展中还通过移民在希腊以外地方建立移民城邦,将城市文明扩散到地中海西部和黑海地区。在新建立的移民城邦中,包括意大利的那不勒斯、叙拉古,高卢南部的马赛利亚,黑海南岸的锡诺普等,它们都是重要的工商业中心。

当希腊文明逐渐衰退之时,亚平宁半岛上的罗马开始强大起来。公元100年时,罗马控制了地中海和西欧的大部分地区。罗马的统治者不断进行军事征服,为这一目的建立了公路系统。正是凭借公路系统,罗马人在欧洲内陆建立了各种各样的市场中心、行政中心和军事基地,现今欧洲一些著名城市,如伦敦、巴黎、科隆、维也纳等均始兴于这一时期。罗马在顶峰时,人口达80万~100万,占地面积约为206 km^2。罗马的城市建设也取得很高的成就,修建了环绕整个城市的长达数百英里的排水道,还有高达35 m的建筑物,相当于10层或者11层楼高。至今,罗马还保存着规模巨大的浴池、斗兽场、宫殿寺庙的遗迹。但是,在罗马城市建设成就中极其富丽堂皇的另一面是极其奢侈糜烂。罗马是一个寄生城市,后来又发展为一个病态城市。芒福德称古希腊文化是讲求体魄强壮而又精神健康,而古罗马文化基本上是四肢发达头脑简单,讲求满足物欲,靠自己的势力过着寄生生活。公元5世纪,罗马的城市文明与罗马帝国一起消亡。

二、中世纪城市的发展

中世纪是欧洲各国的封建社会时期,从罗马帝国消亡至17世纪英国资产阶级革命,持续达1 000余年。

罗马帝国的消亡使很多城市遭到破坏,而南下的日耳曼人以农业耕作为主,对城市的依赖程度轻,加上频繁的战争使商路断绝,手工业、商业萧条,人们生活重心转入农村。这些因素使欧洲很多城市衰落,如罗马城由近百万人减至4万人。但是,欧洲的城市传统并没有完全消亡。中世纪的后半期,约从 11 世纪以后,城市在整个欧洲再次出现。著名的城市有法国的巴黎,西班牙的科尔瓦多,土耳其的伊斯坦布尔,意大利的罗马、那不勒斯等。

10 世纪末期,欧洲的封建人身依附关系相对松弛,农业生产也开始恢复。农奴、手工业者成批逃离封建领主的庄园,到便于销售产品的关隘、渡口、交通要道、寺庙附近及罗马旧城等地方去,其聚集地就逐渐形成了城市。如在法国,500 个城市中有 420 个就是这样兴起的。为了吸引专门人才前来城市,一些封建领主给予前来城市的工匠和商人以永久定居的各种特权和利益,例如一个农奴在某法定城镇能够连续居住一年零一天,他的农奴身份和义务便被免除了。因此中世纪城市便成为一个竞争力很强的场所,它从农村吸引了大批更有开拓精神、有技能的人口。

尽管中世纪城镇初建时的政治需要高于其经济需要,军事防卫上的考虑往往放在第一位。但随着商人阶级的兴起和商业繁荣,一些城市"市"的色彩日益增强,这是中世纪城市与早期城市的一个显著差别。随着贸易的复兴,城堡的君主也越来越依靠商人,以便从他们那儿得到奢侈品。其结果是商人的力量增强,被允许在城堡外筑起城墙自卫,城市的局部自治也开始出现,而且自治的程度越来越大,最终形成"自治市"。"自治市"也称"自由城市""帝国城市",它实际上是以城市为中心、辖有周围农村的一种政体。与古希腊城邦不同的是,它是一种封建制的共和政体。12—13 世纪,意大利的威尼斯、佛罗伦萨、热那亚、锡耶纳等,德意志的汉堡、不来梅、卢卑克、科隆等都属于这样的城市国家。直至今日,欧洲以及美国一些大都市区下仍保留具有一定自治意义的自治市,最典型的如伦敦由 32 个自治市(borough)组成,纽约市由 5 个自治市组成。

但是,自治市的权力并非完全的地方自治,因此一些自治市结成同盟以保护自己的政治与商业利益。在这些同盟中,最著名的是汉萨同盟。"汉萨"一词的德文含义为公所、会馆。从 14 世纪到 17 世纪,汉萨同盟一直是西欧政治结构中的一个活跃因素,这些城市的自治权力一直勃兴到 19 世纪中叶的俾斯麦时代。至今,汉堡、不来梅仍拥有庞大的自由港区。

以城市为单元,结成政治同盟,以及以城市为中心形成城市国家、自由城市、帝国城市等政治客体,这些都说明了欧洲中世纪时城市在地区政治经济中的地位。欧洲城市的发达,促进了欧洲文化的发展,成为日后欧洲文艺复兴和资产阶级革命的重要舞台。

三、工业社会时期的城市化

18 世纪中叶开始的工业革命,迎来了城市发展史上一个崭新的时期。在工业革命的新潮中,城市发展之快、变化之巨,超过了以往任何时期。

工业革命结束了工场手工业的生产形式,代之以机器大工业的生产形式,使城市中经济活动的社会化、生产的专业化向着更广的范围发展。工厂企业为寻求协作利益和增强竞争能力,在地域上出现了相对集中的倾向。这种倾向直接影响近代城市内部的扩展形式和城市的区域分布格局。

在城市内部,蒸汽机的发明导致铁路和火车的出现,中世纪紧凑的城市出现了向郊区发展的倾向,成片的工业区和工人住宅区也开始出现。

在区域范围内,随着资本、工厂、人口向城市迅速集中,近代城市化进程开始出现。特别是在煤田和沿海地区,如英国的兰开夏地区,德国的鲁尔区,美国东北部大西洋沿岸和五大湖沿岸,都在工业革命中形成城市密集地区。

总之,工业化带动城市化,是近代城市发展中的一个重要特点。

工业革命开始于英国,因而英国也是世界上最早开始近代城市化的国家。在工业革命推动下,19世纪英国的城市化进程十分迅速,一大批工业城市,如格拉斯哥、曼彻斯特、伯明翰、利兹、纽卡斯尔等迅速成长起来。在19世纪上半叶,英国5 000人以上的城市由106座增至265座。城市人口比例由26%增至45%。到1900年,英国的城市化水平上升到75%,成为世界上第一个城市化国家。

19世纪起,法国、德国、美国、荷兰、比利时等国也相继开始工业革命,城市化的进程在西方国家大幅度铺开。例如,美国1800年时城市人口仅占全国总人口的6.1%,到1890年则上升到35.1%,城市数目也由33座激增到1 384座。需要指出的是,19世纪开始的从欧洲向美洲大规模的移民,是美洲城市化进程中一个不可缺少的因素。从1846年到1939年,欧洲共向外移民5 159万人(19世纪前半期约数百万人),其中大部分到美洲,一部分到大洋洲和世界其他地区。这些移民首先在沿海港口登陆,然后向内地推进,故在沿海形成很多著名港口城市,如纽约、费城、巴尔的摩、圣保罗、里约热内卢、布宜诺斯艾利斯、墨尔本、悉尼等。

在进行工业革命的同时,英、法、葡、德、美等国开始向海外实行殖民主义扩张,通过炮舰政策不断向亚非大陆施行殖民和掠夺。亚洲、非洲众多的沿海城市开始畸形繁荣起来,如非洲的阿克拉、布拉柴维尔、金沙萨、内罗毕、拉各斯等,南亚的卡拉奇、孟买、加尔各答、科伦坡等,东南亚的新加坡、雅加达、曼谷、西贡(今胡志明市)、马尼拉等,中国的香港、上海、天津、大连、青岛等。这些城市引进的近代工商业对本国的封建经济造成了一定冲击,产生了新兴的资产阶级和无产阶级,加速了社会分化和社会变革的步伐。由于这些城市的兴起,亚非广大国家也开始近代城市化的进程,一元的传统城市体系向传统城市与近代城市并存的二元结构转化。这是近代世界城市化的又一特点。

随着资本的扩张,世界政治经济体系开始形成,而世界城市体系也相伴形成,成为近代世界城市化的第三个特点。资本主义国家在世界政治经济体系中的中心地位,使它们的城市在世界城市体系中也处于垄断中心的地位。1900年,伦敦、巴黎、纽约、柏林、阿姆斯特丹是国际商业、金融的中心,也是政治经济决策的重要中心。但是,由于各资本主义国家间的相互竞争和发展的不平衡性,其首位城市的发展差异明显,并进一步影响世界最大城市的规模分布变化(表5-1)。

表5-1显示,1850年殖民主义刚开始之际,世界前10位城市属于资本主义国家的仅3个。19世纪后半期起,随着资本主义国家工业化的推进,资本主义国家大城市的发展速度开始遥遥领先。19世纪中期,英国确立了它在世界上的霸主地位,首都伦敦成为世界上最大的城市,并在1875年达到它的高峰,约为第二大城市巴黎人口的两倍。19世纪末,美国、德国等新兴资本主义国家赶了上来。1900年,纽约的人口超过了巴黎,1920年又超过伦敦,成为世界上最大的城市。同一年,柏林、东京等城市的人口也超过了巴黎。1920年,阿根廷的布宜诺斯艾利斯首次成为第10大城市,之后,又有上海、加尔各答进入世界前10位城市之列,显示它们已成为区域性的国际城市,这与北京等封建城市的衰落形成鲜明对照。

据估计,1800年世界城市人口为2 930万,城市化水平为3%;1850年增至8 080万人,城市化水平上升至6.4%;1900年增至2.44亿人,城市化水平为13.4%;1950年又增至7.34亿人,城市化水平上升到29.6%。1900年,世界上10万人口以上的城市数共38个,1950年增至484个。

表 5-1　1850—1950 年世界人口前十位城市的变化

序位	1850 年		1875 年		1900 年	
	城市	人口/千人	城市	人口/千人	城市	人口/千人
1	伦敦	2 320	伦敦	4 241	伦敦	6 586
2	北京	1 648	巴黎	2 250	纽约	5 048
3	巴黎	1 314	纽约	1 900	巴黎	3 330
4	广州	800	北京	1 310	柏林	2 424
5	君士坦丁堡	785	柏林	1 045	芝加哥	2 092
6	杭州	700	维也纳	1 001	费城	1 892
7	纽约	682	广州	944	东京	1 818
8	孟买	575	费城	791	维也纳	1 675
9	江户（东京）	567	东京	780	圣彼得堡	1 439
10	苏州	550	圣彼得堡	764	曼彻斯特	1 255

序位	1920 年		1940 年		1950 年	
	城市	人口/千人	城市	人口/千人	城市	人口/千人
1	纽约	8 490	纽约	11 660	纽约—新泽西	12 300
2	伦敦	7 488	伦敦	8 700	伦敦	10 400
3	柏林	3 801	东京	7 358	莱茵—鲁尔	6 906
4	芝加哥	3 521	巴黎	6 005	东京—横滨	6 700
5	东京	3 358	芝加哥	4 825	巴黎	5 900
6	巴黎	2 907	柏林	4 332	上海	5 800
7	费城	2 714	莫斯科	4 137	布宜诺斯艾利斯	5 300
8	大阪	1 961	布宜诺斯艾利斯	4 089	芝加哥	4 900
9	维也纳	1 866	上海	3 595	莫斯科	4 800
10	布宜诺斯艾利斯	1 632	加尔各答	3 436	加尔各答	4 800

四、当代世界的城市化进程

直至 20 世纪上半叶，快速城市化仅仅是先进工业国家的发展倾向，并未在世界范围内铺开。据统计，1900 年时，城镇人口超过乡村人口的国家只有英、澳、德三国，1940 年增加到十几个国家，大部分为发达的工业国。第二次世界大战后，城市化开始形成世界规模。这是因为从 20 世纪 50 年代至 70 年代初期，资本主义国家的经济增长较快，而殖民地半殖民地国家取得政治独立以后，经济上也有一定发展，这一切都大大加快了世界城市化的进程。

虽然从 20 世纪 50 年代中期起,在若干最发达的资本主义国家,工业化时代已经结束,经济转向以信息服务业为主的发展阶段,以人口集中为标志的城市化也转向人口向外扩散为主的郊区化和逆城市化。但出现上述趋势的只有美、英等少数几个发达国家,广大发展中国家的城市化仍然以工业化为主要动力,它们仍然在为实现工业化而努力。因此,工业化仍然是推动当代世界城市化的主要动力之一。

当代世界城市化有以下 3 个特点。

1. 城市化进程大大加速

根据联合国秘书处经济和社会事务部《世界城市化展望》(2018 年修正版)的报告,1950 年世界城市化水平为 29.6%,经半个世纪至 2000 年上升到 46.7%,增加了 17.1 个百分点(表 5-2)。2007 年世界城市化水平达到 50%,即在世界范围内,居住在城市中的人口首次占到一半,此后,城市人口日益增长而农村人口逐渐减少,人类社会由此进入"城市时代"(图 5-1)。

表 5-2　世界城市化的发展趋势(1950—2030 年)

时间	区域					
	世界		发达国家		发展中国家	
	城市人口/百万人	城市化水平/%	城市人口/百万人	城市化水平/%	城市人口/百万人	城市化水平/%
1950	750.90	29.6	446.28	54.8	304.62	17.7
1960	1 023.85	33.8	560.26	61.1	463.59	21.9
1970	1 354.22	36.6	674.09	66.8	680.13	25.3
1980	1 754.20	39.3	762.10	70.3	992.10	29.4
1990	2 290.23	43.0	829.88	72.4	1 460.35	34.9
2000	2 868.31	46.7	883.88	74.2	1 984.43	40.1
2010	3 594.87	51.7	954.09	77.2	2 640.78	46.1
2020	4 378.99	56.2	1 003.64	79.1	3 375.35	51.7
2030	5 167.26	60.4	1 049.70	81.4	4 117.56	56.7
2040	5 938.25	64.5	1 090.43	84.0	4 847.82	61.3
2050	6 679.76	68.4	1 123.97	86.6	5 555.78	65.6

资料来源:联合国秘书处经济和社会事务部,《世界城市化展望》(2018 年修订版)

一国城市化水平与其经济发展水平有密切关系。表 5-2 显示,如果把世界分为发达国家和发展中国家两大部分,那么发达国家早在 1950 年城市化水平已超过 50%,1950—1980 年间的城市化速度仍较快,30 年中增加 15.5 个百分点,年均增加约 0.52 个百分点。但此后发达国家的城市化发展速度开始减缓,2010 年城市化水平为 77.2%,较 1980 年仅增加 6.9 个百分点,年均增加 0.23 个百分点。预计至 2030 年,发达国家的城市化水平为 81.4%。另一方面,1980 年发展中国家的城市化水平为 29.4%,比 1950 年增加 11.7 个百分点,年均增加 0.39 个百分点。此后,发展中国家的城市化速度开始加快,2010 年达到 46.1%,较 1980 年增加 16.7 个百分点,年均增加约 0.56 个百分点。预计 2030 年,发展中国家的城市化水平将达到 56.7%,较 2010 年再增加 10.6 个百分点,年均增加 0.53 个百分点。由于发展中国家的快速城市化,从 1970 年起,发展中国家的城市人口数就开始超过发达国家,2000 年时,两者之比超过 2∶1,2030 年时将大于 3.9∶1。这表明,发展中国家的城市化已构成当代世界城市化的主体。

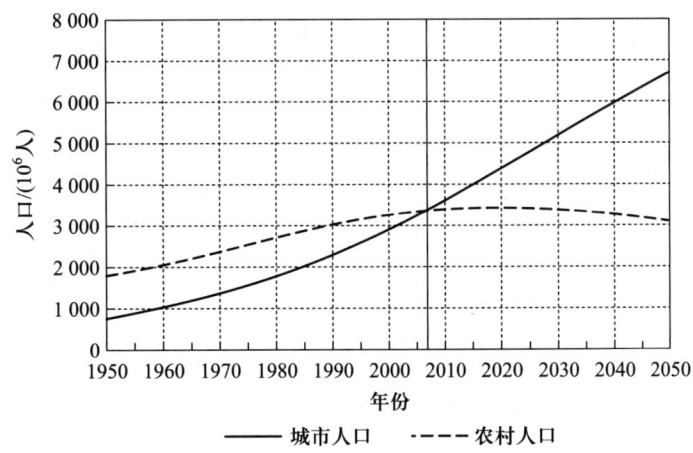

图 5-1　世界城市人口和农村人口增长趋势

资料来源:联合国秘书处经济和社会事务部,《世界城市化展望》(2018 年修订版)

如果分地区分析世界的城市化进程,可以发现区域差异更大(表 5-3)。在发达国家中,经济发展水平最高的北欧、西欧和北美洲是高度城市化地区,2000 年城市化水平达到 76% 以上,业已进入城市化的后期阶段。而东欧、南欧的城市化水平尚不到 70%,仍有一定的增长潜力。

在发展中国家,城市化水平及进程的差异更大。南美洲的城市化水平在 1950 年就达到 42.7%,与南欧相当。其原因一是阿根廷、智利、乌拉圭等国作为欧洲移民在南美洲的主要定居国,城市化水平原本就比较高;二是 20 世纪 50—60 年代,南美洲大国巴西、阿根廷的工业化进程较快,对城市化进程也起到了一定的促进作用,如巴西 1950—1970 年间城市化水平提高了 19.8 个百分点,年均增加近 1 个百分点,远远高于同期发展中国家年均增加 0.38 个百分点的速度;三是 1970 年后南美洲的经济尽管停滞不前,但一方面人口出生率较高,另一方面农村经济的衰退使大量农村人口仍向城市集中,使城市化仍保持较高速度。2000 年,南美洲的城市化水平达到 79.6%,超过了北美洲的 79.1%,成为世界上城市化水平最高的地区之一。但由于城市化水平超过经济发展水平,南美洲存在比较严重的过度城市化现象。类似现象在中美洲的墨西哥也存在。西亚则是发展中国家中城市化进程最快的地区之一,1950—2000 年间城市化水平增加 34.9 个百分点,达到 63.8%,其原因一是人口密度较低,二是石油开采带来巨额财富,促使人口向城市集中。

从全球看,城市化水平较低的地区是东亚、东南亚、中亚—南亚和非洲。其中亚洲历来是人口稠密的传统农业区,虽然近半个世纪经济有一定的发展,但仍有大量人口居住在农村,因而总体上城市化水平较低。但东亚一些新兴工业化国家仍显示了较快的城市化进程,如韩国从 1965 年到 1990 年间城市化水平从 32.4% 上升到 73.8%,年均上升近 1.7 个百分点。在非洲,除北非和南非外,大多数地区的经济发展水平很低,导致城市化水平也很低。

表 5-3　世界分地区城市化进程

地区	1950 年		2000 年		2030 年	
	城市人口/百万人	城市化水平/%	城市人口/百万人	城市化水平/%	城市人口/百万人	城市化水平/%
世界	750.90	29.6	2 868.31	46.7	5 167.26	60.4
发达国家	446.28	54.8	883.88	74.2	1 049.70	81.4
发展中国家	304.62	17.7	1 984.43	40.1	4 117.56	56.7
非洲	32.66	14.3	286.00	35.0	824.01	48.4
东非	3.84	5.7	54.95	21.0	202.58	34.5
中非	3.68	13.9	38.18	39.7	133.73	56.2
北非	12.72	25.9	83.36	48.3	157.85	55.3
南非	5.85	37.7	28.16	53.8	51.91	69.4
西非	6.57	9.3	81.35	34.5	277.95	53.6
亚洲	246.19	17.5	1 399.72	37.5	2 802.26	56.7
东亚	121.10	17.9	635.75	42.0	1 222.48	72.8
中亚—南亚	84.68	16.6	447.09	29.6	931.44	42.0
东南亚	25.63	15.6	198.78	37.9	404.50	55.6
西亚	14.79	28.9	118.10	63.8	243.85	75.4
欧洲	284.09	51.7	516.73	71.1	572.89	77.5
东欧	87.51	39.7	207.28	68.2	203.27	72.2
北欧	54.39	69.7	73.63	77.9	94.05	85.0
南欧	50.20	46.2	96.76	66.4	112.28	75.4
西欧	91.98	64.6	139.05	76.0	163.29	82.2
拉丁美洲	69.76	41.3	397.06	75.5	600.48	83.6
加勒比海地区	6.20	36.3	24.10	62.8	35.73	76.2
中美洲	14.93	39.2	94.80	68.7	160.49	78.5
南美洲	48.63	42.7	278.16	79.6	404.26	86.5
北美洲	110.30	63.9	247.47	79.1	334.78	84.7
大洋洲	7.91	62.5	21.33	68.3	32.83	68.9

资料来源:联合国秘书处经济和社会事务部,《世界城市化展望》(2018 年修订版)

2. 大都市化趋势明显

当代世界城市化进程中,大城市数量增长迅速,并且规模也在不断扩大,人口超过 500 万的超级城市(super-city)、人口超过 1 000 万的巨型城市(mega-city)数量不断增加。不过,联合国有关机构研究报告中所指的大城市均指以某个大城市(包括超级城市和巨型城市在内)为核心的城市聚集区(urban agglomeration),例如,东京指东京圈,纽约指纽约-纽瓦克大都市区,并非指行政区划上的东京市或纽约市。一般来说,可以把城市聚集区看作都市区,人口达 50 万以上的城市聚集区就是大都市区。

1975 年,世界大都市区的数量为 386 个,2015 年增加到 1 067 个,预计到 2030 年将增加到 1 416 个。在新增的大都市区中,绝大多数位于发展中国家,1975—2015 年间,发达国家仅增加 74 个大都市区,而发展中国家增加了 607 个大都市区。因此,当代世界城市化的第二个特征就是大都市化进程加速,且发展中国家大都市化的速度更为惊人。

百万人口以上各个规模等级的大都市区的发展更加引人注目。1900 年,全世界百万人口以上的大都市区仅 13 个,1975 年为 163 个,2015 年增加到 513 个,其中 122 个位于发达国家,391 个位于发展中国家(表 5-4)。500 万人口以上的超级城市数量从 1975 年的 18 个增加到 2015 年的 74 个,而同期巨型城市的数量从 4 个增加到 29 个。

表 5-4　世界大都市区的发展

城市规模	世界				发达国家				发展中国家			
	1975 年	2000 年	2015 年	2030 年	1975 年	2000 年	2015 年	2030 年	1975 年	2000 年	2015 年	2030 年
1 000 万人以上	4	18	29	43	3	5	6	7	1	13	23	36
500 万 ~ 1 000 万人	14	30	45	66	6	7	13	16	8	23	32	50
100 万 ~ 500 万人	145	325	439	597	70	96	103	113	75	229	336	484
50 万 ~ 100 万人	223	396	554	710	105	122	136	156	118	274	418	554
30 万 ~ 50 万人	258	524	707	827	114	183	203	198	144	341	504	629
总数	644	1 291	1 774	2 243	298	413	461	490	346	878	1 313	1 753

资料来源:联合国秘书处经济和社会事务部,《世界城市化展望》(2018 年修订版)

世界城市发展历史上第一个人口超过 1 000 万的巨型城市是纽约,1930 年纽约人口就已超过 1 000 万。东京于 1950 年成为第二个人口超过 1 000 万的巨型城市。2000 年,世界人口超过 1 000 万的巨型城市有 18 个,其中发达国家仅有 5 个,它们是东京、纽约、洛杉矶、大阪—神户和莫斯科,发展中国家有 13 个,它们是墨西哥城、圣保罗、孟买、加尔各答、上海、布宜诺斯艾利斯、德里、雅加达、北京、里约热内卢、开罗、达卡、卡拉奇。2015 年,世界 1 000 万人以上的巨型城市数量增加到 29 个,其中发达国家有 6 个,发展中国家有 23 个,其中东京、孟买、德里和墨西哥城 4 个巨型城市的人口都超过了 2 000 万。

在大都市区数量增加的同时,它们的人口占城市总人口的比例从 1975 年的 40.7%上升到 2015 年的 50.7%。其中,100 万人口以上的大都市区占城市总人口的比例基本在上升,而 50 万~100 万人口大都市区其人口占城市总人口的比例有所下降(表 5-5)。从 1975 年到 2015 年,世界 1 000 万人口以上的大都市区的人口占城市总人口的比例从 4.5%上升到 11.6%,发达国家从 8.1%上升到 11.3%,发展中国家从 1.3%上升到 11.7%。

表 5-5　不同规模等级大都市区人口占城市总人口比例的变化　　　　(单位:%)

城市规模	世界				发达国家				发展中国家			
	1975 年	2000 年	2015 年	2030 年	1975 年	2000 年	2015 年	2030 年	1975 年	2000 年	2015 年	2030 年
1 000 万人以上	4.5	8.5	11.6	14.5	8.1	10.5	11.3	11.7	1.3	7.7	11.7	15.3
500 万~1 000 万人	7.0	7.4	7.8	8.7	6.5	5.6	8.5	10.0	7.5	8.3	7.6	8.3
100 万~500 万人	19.1	21.8	21.7	22.9	19.0	21.5	20.3	20.6	19.3	22.0	22.2	23.5
50 万~100 万人	10.1	9.4	9.6	9.5	10.1	9.3	9.3	10.0	10.1	9.4	9.7	9.4
30 万~50 万人	6.4	7.0	6.8	6.2	6.1	7.8	7.8	7.2	6.7	6.6	6.4	5.9
30 万人以下	52.7	45.8	42.5	38.1	50.2	45.4	42.8	40.5	55.1	46.0	42.4	37.6

资料来源:联合国秘书处经济和社会事务部,《世界城市化展望》(2018 年修订版)

虽然从世界范围看,发达国家和发展中国家大都市区的数量都在迅速增加,但它们形成的原因是不同的。总体而言,发达国家大都市区的不断增加是城市化进入郊区化阶段的产物。以美国为例,早在 1910 年美国在人口普查中就提出了都市区的概念。1920 年以后,美国城市化进入郊区化阶段,都市区也进入快速发展的时期。1940 年,美国的都市区数量已达 140 个,占全国总人口的比例为 47.6%,即接近一半。因此,美国学术界认为 1940 年以后即进入都市区化时代。第二次世界大战后,美国进入大都市区的发展阶段。1990 年,人口百万以上的大都市区有 40 个,居住的人口达 1.33 亿,占美国全国人口的比例达 51.5%。1994 年,这一比例上升到 56.1%。伴随大都市区数量的不断增加,一些邻接的都市区又组合为尺度更大的联合都市区。

1990 年以来,国外一些学者从经济全球化角度出发,对某些具有国际影响力的大都市区又提出一些新的概念,如加拿大地理学家麦吉提出的属于大都市区概念的"巨型城市区域"(mega-urban region),美国经济地理学家斯科特提出的"全球城市区域"(global city-region),等等。这些概念强调了全球化下一些城市的发展与腹地更加紧密,形成面积巨大的城市区域。但城市区域没有明确的界定,有时相当于联合都市区,其范围介于都市区和大都市带之间,如纽约联合都市区、英格兰东南部、东京圈等,有时则把中国的珠江三角洲城市群也称为崛起中的城市区域。表 5-6 是三大全球城市区域纽约、伦敦、东京三个圈层的界定,从中可以发现三大城市—区域具有明显的空间层次,即中心区、都市区和城市(外围)区域,其中中心区因集中大量的金融机构和公司总部扮演着世界经济枢纽的作用,都市区内的其他地区和城市(外围)区域则承担其他经济功能以及居住、环境等功能。三大城市区域彼此间的中心区和都市区面积的差异较大,如东京中心区的面积约是伦敦中心区的 2 倍,其都市区的面积约是纽约都市区的 2 倍,但三者的城市(外围)区域的面积相当接近,约为 3 万 km²,差异相对较小。

表 5-6　纽约、伦敦、东京三个圈层的面积、人口和人口密度

圈层划分		纽约 (2000 年)	伦敦 (2001 年)	东京 (2000 年)
中心区	面积/km²	26	20	42
	人口/(10⁴人)	55.8	15.0	27.3
	人口密度/(人·km⁻²)	21 462	7 500	6 500
都市区	面积/km²	833	1 572	1 787③
	人口/(10⁴人)	800.8	735.2	1 165.1
	人口密度/(人·km⁻²)	9 613	4 677	6 519
城市(外围)区域	面积/km²	27 065①	28 030②	32 821④
	人口/(10⁴人)	2 119.1	1 903.2	4 017.3
	人口密度/(人·km⁻²)	783	679	1 224

注:① 指纽约联合都市区;② 指英格兰东南部;③ 东京都的面积为 2 187 km²,此处不包括位于太平洋上的岛屿;④ 指东京圈。

另一方面,发展中国家大都市数量的迅速增加却是国家经济社会发展不平衡的产物。不论是城市化水平较高的拉丁美洲国家还是城市化水平较低的亚洲、非洲,广大发展中国家普遍存在城乡发展差异较大,而城市间的发展又高度不平衡的现象。大城市表面的繁华,潜在的就业机会,吸引了大量农村人口向大城市集中。其中,首都或沿海大都市区作为本国与世界经济体系联系的节点往往吸引了更多的人口,如墨西哥城、圣保罗、里约热内卢、布宜诺斯艾利斯、孟买、加尔各答、卡拉奇、雅加达、达卡、开罗等城市的人口均达到 1 000 万人以上。然而,发展中国家的大城市往往并没有足够的就业机会来吸纳源源不断涌入的农村人口,导致大城市失业率居高不下,并形成大片的贫民区。在许多发展中国家的大城市,现代化的高楼大厦与低矮破旧、基础设施严重短缺的贫民窟并存,形成明显的二元城市景观。

3. 大都市带成为国家的核心区域

伴随大都市区的形成和发展,出现了若干个大都市区在空间上集聚成片的现象。1957 年戈特曼提出"大都市带"这一概念,指由多个大都市为核心组成的巨大的城市地域复合体。1976 年,他撰文《环绕世界的大都市带体系》,认为如果以 2 500 万人为大都市带最低人口规模,世界上有 6 个大都市带:① 美国东北部大都市带;② 五大湖沿岸大都市带;③ 日本东海岸太平洋沿

岸大都市带;④ 英格兰大都市带;⑤ 欧洲西北部大都市带;⑥ 中国以上海为中心的长江三角洲城市群。

正在形成的大都市带有:① 巴西以圣保罗和里约热内卢两大城市为核心的大都市带;② 意大利北部以米兰、都灵、热那亚三角区为中心,向南延伸至佛罗伦萨,向西延至法国马赛的大都市带;③ 美国西部沿岸大都市带,以洛杉矶为中心,向北延伸到圣弗朗西斯科(旧金山)湾,向南延伸至美国墨西哥边境。

霍尔提出近似大都市带概念的巨型城市区域的概念。2003 年,在霍尔的领导下,欧洲学者合作开展了西北欧 8 个巨型城市区域的研究,但这 8 个巨型城市区域规模不一。

伴随城市化进程的加速,不仅发达国家出现了规模巨大的城市区域,发展中国家也出现了城市密集地区。1987 年,麦吉采用"desakota area"一词命名人口密集的亚洲国家出现的城市密集区的现象。1988 年,周一星提出了都市连绵区的概念。20 世纪 90 年代,中国城市地理学界对中国沿海城市密集区进行了深入的研究,认为长江三角洲、珠江三角洲已形成都市连绵区,而京津唐地区、辽中南地区正在形成都市连绵区。

以上所有概念,实际上反映了世界城市化发展的一个新趋势,即城市化在空间上呈不均衡发展,其结果是形成两种不同的区域,一种是大都市带、都市连绵区,另一种是除此之外的外围区域。从一国乃至全球来看,少数条件比较优越的地区因集聚更多的生产要素,其城市化速度更快,最终形成人口达数千万、以多个大都市区为核心、具有高度城乡一体化倾向的大都市带。大都市带较外围区域具有更强的竞争力,是一国经济的核心和连接世界经济的窗口。外围区域占有更广大的空间,但城市化水平较低,都市区多为孤立分布,城乡之间的界线也较为明显,总体上其发展受大都市带的支配。

从全球来看,处于不同发展水平的大都市带又构成全球大都市带的等级体系。豪尔(即霍尔)认为,以全球城市纽约、伦敦、东京为核心的三个巨大城市区域处于第一层次,这就是美国东北部的波士顿—华盛顿走廊、日本太平洋沿岸的东京—大阪走廊和以伦敦—巴黎—法兰克福为核心的,由英格兰、欧洲西北部两大都市带组成的城市走廊。处在三大城市区域之外的外围地区内的主要城市,如格拉斯哥、爱丁堡、柏林、米兰、马德里、芝加哥、亚特兰大、西雅图、札幌等城市则扮演外围区域门户的角色。霍尔还认为,在发展中国家新兴工业化地区,城市区域也正在形成,这些区域为世界市场生产产品,其结果是它们与周边地区的联系反而不如和外部发达地区的联系更为密切,它们成为发展中国家先进经济的孤岛,显现出和周边地区收入和财富的巨大差异。

4. 世界城市和全球城市影响日益增强

世界城市最初的提出者是 18 世纪德国大诗人歌德,他把历史上的罗马、巴黎等称为世界城市。1905 年,苏格兰区域规划学家格迪斯赋予世界城市以现代意义,特指那些扮演世界商业中心的城市。1966 年,霍尔出版了《世界城市》一书。霍尔认为,世界城市是具有世界意义的政治、商业、文化、交通中心,它们也是巨大的人口中心。该书对伦敦、巴黎、莱茵—鲁尔、兰斯塔德、莫斯科、纽约和东京等世界城市(区域)进行了研究。

20 世纪 50 年代起,世界经济进入跨国公司主导的全球化时代,劳动密集型产业开始向发展中国家转移。针对这一新的现象,西方学术界提出新国际劳动分工、世界体系等理论。受这些理论影响,弗里德曼等于1982年和1986年两次撰文,提出世界城市假说。弗里德曼的世界城市假说是在全球化背景下形成的,其认为跨国公司集聚的世界城市对世界经济起着支配作用,从而首次给世界城市予以现代性解释。弗里德曼特别强调了世界城市对国际和区域性资本的控制能力,认为企业总部、国际组织以及金融机构等指标是判定世界城市的核心要素,而人口规模指标并不是衡量世界城市的主要指标。受沃勒斯坦世界体系理论的影响,他把世界分为核心和半边缘两大区域,前者指发达国家,后者指新兴经济体。在此基础上,弗里德曼界定了两大区域的世界城市,其中核心地区有18个世界城市,半边缘地区有12个世界城市,并分一级世界城市和二级世界城市(表5-7)。核心国家的一级世界城市有9个,其中欧洲有5个,美国有3个,日本有1个。这9个城市的人口规模差异很大,既有人口上千万的大都市,如伦敦、纽约等,也有人口刚过百万的法兰克福、鹿特丹等城市。半边缘国家的一级世界城市只有巴西的圣保罗和亚洲的新加坡,其余均为二级世界城市。这30个城市构成世界城市的体系。弗里德曼的世界城市假说为后来学界的世界城市研究奠定了基础。

表 5-7　弗里德曼世界城市等级体系划分

核心国家		半边缘国家	
一级世界城市	二级世界城市	一级世界城市	二级世界城市
伦敦＊I	布鲁塞尔＊III		
巴黎＊II	米兰III		
鹿特丹III	维也纳＊III		
法兰克福III	马德里＊III		
苏黎世III			
			约翰内斯堡III
纽约I	多伦多III	圣保罗I	布宜诺斯艾利斯＊I
芝加哥II	迈阿密III		里约热内卢I
洛杉矶I	休斯敦III		加拉加斯＊III
	圣弗朗西斯科III		墨西哥城＊I
东京＊I	悉尼III	新加坡＊III	香港II
			台北III
			马尼拉＊II
			曼谷＊II
			首尔＊II

＊国家(地区)首都(首府);人口规模(10^6人):I.10及以上,II.5~10,III.1~5。

资料来源:Friedmann J. The world city hypothesis. Development and Change,1986

1991年,沙森在全球化背景下提出全球城市理论。受新自由主义思潮影响,沙森强调去国家(调控)化和全球城市之间的竞争。沙森多次说明全球城市和世界城市两个概念的区别。因世界城市的提法源于歌德,沙森认为这是一种经历了几个世纪的城市类型,而全球城市是经济全球化的结果。在沙森看来,威尼斯是一个世界城市,不是全球城市;迈阿密则是全球城市,不是世界城市。沙森认为全球城市的首要功能是以金融、保险和房地产为代表的生产性服务业,为此构造了一个这 3 个产业的缩写词 FIRE。她认为以金融为代表的生产性服务业可能具有独特的空间网络,不同的网络通过不同类型的全球城市得以运行,形成具有高度专业化的全球城市。这些专业化的全球城市与主导的全球城市联系在一起形成复杂的全球城市网络,而全球城市就是网络中的战略空间。沙森全球城市的概念与弗里德曼世界城市的概念都强调全球化对世界城市或全球城市产生的影响,城市在全球经济中的连接性,以及金融业对全球经济的控制力。不同的是,受新国际劳动分工理论影响,弗里德曼更为强调跨国公司总部对世界城市的重要性;而沙森则认为全球化的经济活动在地域上分散的同时又有显著的集中,这种集中对于分散化的经济活动管理和服务是必不可少的,由此催生了以金融和专业服务业为主要经济部门的全球城市。

以英国拉夫堡大学泰勒和毕沃斯托克为首的"全球化与世界城市"(GaWC)研究小组认为,弗里德曼和沙森在研究中仅仅利用了世界城市或全球城市的属性数据,而忽视了每一个城市都处于全球城市体系之中,它们彼此相互依赖,因而需要研究城市之间的关联性。该研究团队依据沙森全球城市和卡斯特"流动空间"的理论,从 20 世纪 90 年代末开始进行世界城市网络的实证研究,以全球 100 个城市为分析样本(2010 年后增加至 175 个),通过生产性服务业代表性企业的全球网络来测定全球城市网络的连接性。其研究采用社会网络分析法,选取 5 个先进生产性服务业门类,即会计业、广告业、金融业、律师业、管理咨询业中的代表性企业在全球的分支机构,用以测定城市之间的网络联系。城市的地位由在网络中的连接性决定,共分 5 个级别:第一级别的城市称为 Alpha 级,又分 Alpha++,Alpha+,Alpha,Alpha−4 段;第二级别的城市称为 Beta 级,分 3 段;第三级别的城市称为 Gamma 级;第四级别的城市称为高度自足级(high sufficiency);第五级别的城市称为自足级(sufficiency)。GaWC 研究小组从 2000 年起每隔 4 年公布他们的研究成果,最新公布的成果为 2018 年的数据。其中,列入 Alpha++的为伦敦、纽约,列入 Alpha+的为香港、北京、新加坡、上海、悉尼、巴黎、迪拜、东京,列入 Alpha 级的有米兰、芝加哥、广州等 23 个城市,列入 Alpha−的有阿姆斯特丹、斯德哥尔摩、深圳等 22 个城市。由于 GaWC 研究小组的世界城市网络研究依据沙森的全球城市理论,只采用属于生产性服务业 5 个行业的数据架构城市之间的联系,而没有包括 21 世纪以来快速发展的新兴产业如互联网经济、创意产业,因此不能反映世界城市的科技、文化内涵。

第二节 中国城市发展史

中国是世界著名的文明古国,也是世界六大城市发源地之一。特别是作为中国古代文明标志之一的城市文明,自产生之日起就从未中断过,其丰富的内涵对当代中国城市有着广泛而深刻的影响。研究中国城市的发展史,不仅有助于完整地理解当代中国城市化的进程,也有助于中国城市体系、城市内部空间结构乃至中国城市重建、更新等方面的研究。

根据不同时期城市发展的主要特征,1949 年以前中国城市的发展史大致可以分为 3 个时期:城市起源和初期、封建社会时期和近现代时期。

一、城市起源和初期的发展

考古学资料证明,距今 8 000 年前的新石器时代,在中国的黄河流域和长江流域已出现原始农业。随着原始农业的出现,永久性的村落也开始出现。仰韶文化时代,聚落的规模已相当可观。河南渑池仰韶村遗址,面积近 $30 \times 10^4 \ m^2$;陕西西安半坡遗址,面积约为 $5 \times 10^4 \ m^2$;临潼姜寨遗址,面积约为 $5.5 \times 10^4 \ m^2$。这些村落都已有一定规模,特别是后两个遗址,在居住区外发现了起防御作用的壕沟。

距今 6 000 至 4 000 年,生产力有进一步的发展,氏族社会走向解体,部落之间的战争也日趋激烈,这时出现了城市的萌芽——有城墙包围的居民点,中国考古学界称之为"古城"。今在黄河流域、长江流域等地发现了 50 多座距今 4 000 年前的古城遗址,其中黄河流域有 40 多座,长江流域以及河套地区等地也发现了 10 多座。分布在黄河流域著名的古城遗址有登封王城岗古城、淮阳平粮台古城、章丘城子崖古城、寿光边线王古城、邹平丁公古城,这些古城筑造时间在 5 000 年前至 4 000 年前的龙山文化时期。长江流域最著名的古城遗址当属湖南澧县城头山古城遗址,该遗址的面积有 $8 \times 10^4 \ m^2$,第一期城墙筑造的时间属于大溪文化一期,距今已有 6 000 年以上,相当于西安半坡遗址的年代。因此,城头山古城是中国迄今所发现的最早的一座古城,它的使用时间一直延续到 4 800 年前。

在已发现的所有古城中,最有意义的是近年来获重大考古发现的山西临汾陶寺遗址。该遗址属于龙山文化时期,在 1978—1984 年间就曾被发掘过,当时发现了 1 300 多座规格不同的墓葬,表明等级社会已初露端倪。2002—2004 年间的发掘再获重大成果,发现了距今 4 300—3 900 年前的面积为 $56 \times 10^4 \ m^2$ 的早期小城,面积合计为 $280 \times 10^4 \ m^2$ 的中期大城和小城,这是中国迄今所发现的史前(即夏王朝之前)最大城址。中期大城(面积为 $270 \times 10^4 \ m^2$)内有宫殿区、贵族居住区、一般氏族成员区,其布局与夏商早期都城类似。在大城外的中期小城(面积为 $10 \times 10^4 \ m^2$)发现中国最早的古观象台遗址。墓葬中发现了象征权力的礼器,出土陶器上还发现三个陶文,其中有一字符被认为是"堯"(尧)的初字。由于陶寺文化的时间和地点均与传说中的"尧都平阳"有关,一些考古人士认为陶寺遗址很可能就是唐尧部落的活动中心,并已具备初期都城的性质。

公元前 2000 年,我国进入传说中的夏代。20 世纪 70 年代以来,在黄河中下游地区,相当于夏和早商时期的城市遗址屡有发现,考古工作取得了重大突破。在河南偃师二里头发现了距今约 4 000 年到 3 600 年的遗址,其中三、四期遗址上发现了宫殿、城墙遗址,出土了青铜器、玉器、兵器,还发现了 20 多个陶文。考古界认为城市、文字、青铜器、礼器是国家文明标志的四大要素,而二里头遗址基本上具备了上述各个条件。因此,中国考古学界倾向于认为二里头是夏王朝中晚期的都城斟鄩(郭)所在,它是被中国考古界公认的中国最早的都城遗址。在夏之后的商朝城市遗址发现较多。20 世纪 80 年代,在二里头附近的尸乡沟发现一座早商城址,被认为是商第一代王成汤所建的"西亳"。除此之外,商代前期的城市遗址已发现 6 座,其中 4 座位于黄河中下游地区,以郑州商城最为著名,还有两座分别位于长江中上游地区,即湖北黄陂的盘龙城和四川广汉的三星堆古城。考古显示,它们已受到黄河中游商文化的强烈影响,推测为方国的都城。商代最著名的城市,当属位于今河南安阳的殷墟,其范围广达 30 km²,是商后期的都城。

继商之后的周王朝为巩固其统治,实行分封制。为防御侵占和保护领地的需要,统治阶级把筑城看作立国的一项根本方略。"立国"就是在自己的封域内选择适中的地点,营建可以防守的城池。因此,早期城市的功能是以政治、军事为主的。周初的城市,主要仍分布在黄河中下游地区,但向北已扩展至太原、北京附近,向南则至淮河、汉水流域。自此之后,中国城市的分布就以这一地区为中心,逐渐向四周扩展。

二、封建社会时期的发展

自春秋开始,中国奴隶制社会逐渐走向解体,至战国时代后期,封建制度最后得以确立。这一时期是社会的大动荡、大分化时期,也是经济和城市发展最为活跃的时期。随着生产力的发展,城市的经济功能大大强化,从而出现了完整意义上的城市。公元前221年,秦兼并六国,建立了中央集权制的封建国家。

汉继承了秦的郡县制,在全国范围内建立了以首都、郡府、县城三级行政中心城市为主体的城市体系。当时中国的经济重心在北方,城市的分布也以北方为主。但随着四川盆地的开发和丝绸之路的开辟,城市分布的地域范围较以前更为扩大了。据司马迁《史记·货殖列传》等记载,全国有20多个较大的商业都会。

东汉末期,北方军阀混战,黄淮流域遭到极大破坏。其后虽有西晋时的短暂统一,但不久北方地区接连受到边远地区游牧部落的侵占,经济又遭到极大破坏。与此相反,江南地区自孙吴以后,经济逐渐发展,至唐后期成为中国新的经济重心。所以,从三国以后,南方逐渐成为中国主要的城市发展地区。

继隋之后的唐代行政区划有重要变革,即在郡之上设道,全国分为15道,道驻地通常为区域中心城市。这样形成了以首都、道治、郡府、县城四级行政中心为主体的城市体系。这也是今天省、地、县三级地方行政区的由来。

随着经济发展水平达到一个新的高峰,继战国时期之后唐代大中商业城市再次大量出现。据统计,唐代城乡人口合计超过10万的大城市有15个,其中北方地区仅5个,即长安、洛阳、汴州(今开封)、太原、魏州;南方地区有10个,即扬州、成都、苏州、常州、杭州、湖州、会稽(今绍兴)、宣城、丹阳、广州。此外,还有一批数万人口的中等城市。

北宋政权统一了当时中国人口最多、经济最发达的东部地区,其社会与经济的发展水平超过了唐代。北宋时期在中国城市的发展史上,是继春秋战国之后的第二个高峰时期。人们甚至认为在北宋时期,产生了一次"城市革命",主要表现在以下几个方面。

(1)城市商业空前发展,传统的坊市制被打破。早在二里头时期,中国就已出现了货币经济的萌芽。但当重农的周王朝确立其统治后,商业就开始退居于次要地位。在当时的城市规划中,市场被置于宫城之后的一个特殊地域,设立市官,定时交易,超过特定时间和空间的交易都是不允许的。春秋战国时代,城市商业在一定程度上突破了上述限制,但不久秦汉重农抑商的政策重新导致固定的、僵化的市场管理制度。随着封建统治的加强,城市居住区也开始模仿市场管理制度,里变为坊,四周环绕围墙,设置管理人员,定时出入。唐长安、洛阳两城的兴建,使上述坊市制的发展到顶峰。长安城居住区有108坊,其中市场仅分二市,各占两坊之地。尽管市场内拥挤不堪,营业范围却不能任意扩大。

但是,商品经济的发展终究要突破坊市制的桎梏。唐代晚期,军阀割据,中央政令不行,在扬州、成都等商业发达的城市中开始出现夜市。五代时期,夜市进一步发展,致使宋太祖即位后不久正式下诏不得禁止夜市。于是,传统的市场模式的时间限制被消除了。北宋中期,又出现了破墙开店的现象,封闭的街坊开始瓦解。这样,坊市制就全面崩溃了。坊市制的崩溃具有革命性的意义,它标志着中国商业由定时限地的古代型商业向全天的、不受地点限制的近代型商业转化,封闭的城市开始向开放型的城市转化。

(2) 新型的城市型聚落——镇、草市开始显现。中国的镇和草市均起源于南北朝时期。最初的镇属于边地军事系统中的低级驻军单位。宋代,镇逐渐向地方行政系统转化,其中经济功能突出者,成为县城以下的城市型聚落,又可分为交通型、商业型、手工业型等不同职能类型。著名的如港口镇青龙镇为今日上海港的前身,还有著名的制瓷手工业镇景德镇等。宋代的草市则有两种类型,一种是依附城郭的草市,本身属于城市的一部分,是城市地域范围扩大的结果,其中有些草市的面积还大大超过城的面积。另一种是农村中的周期市场,属于农村聚落,但当规模扩大后,可升置为镇或县。镇和草市的出现,使中国城市等级体系的层次更为丰富。

(3) 大中城市继续发展,首次出现百万人口的特大城市。北宋时,首都开封市内有近 10 万户,人口约为 50 万。由于当时城市的发展已经突破围墙范围,盛期时开封城内外人口有 60 万,较唐长安城增长 1/3。加上禁军、皇宫内的各种人口、僧道、游民等不入籍人员,开封人口最多时估计近 100 万,是中国有史以来可以较为确认的第一个百万人口城市。南宋是偏居江南的小朝廷,都城临安的人口少于开封,但估计仍可达 70 万左右。开封和临安,在当时均为世界上最大的城市,这足以证明宋代社会经济的发展达到一个新的高峰。

从元开始,中国作为一个统一的国家就再也未分裂过。元、明、清三代的统一局势,造就了中国城市发展史上最为雄伟、辉煌的都市——北京。但是,从总体看,随着封建社会开始走下坡路,元、明、清时期城市的发展未能在宋代的基础上取得全面突破,在某些方面甚至有所倒退。如明清时的海禁政策,就阻碍了港口城市的发展。又如,元大都乃至明、清北京城的规划按《考工记·匠人》所述的“左祖右社”的思想将皇宫置于全城的中心,并在其左右布置了太庙和社稷坛,充分反映了封建统治者“皇权至上”的思想。

明清时期城市发展中最显著的特征是在一些商品经济较发达地区,工商业市镇大量涌现。它们不同于以往由封建统治者出于统治目的而设的王都州府县城,而是商品经济的产物。按职能类型,这些市镇可分为手工业型和工商业型两大类。手工业市镇又可分丝织手工业、制茶业、制糖业、制烟业、制瓷业、矿业等不同类型。有些手工业市镇往往同时也是工商业市镇。从空间分布看,工商业市镇集中在商品经济比较发达的东南沿海一带,特别是在长江三角洲和珠江三角洲。宋代长江三角洲上的苏州、松江、常州、杭州、嘉兴、湖州六府有 71 个市镇,明代增至 316 个,清代增至 479 个,平均每县分布 8 到 9 个市镇,构成四通八达、商品流通的市镇网络。

明清时期,大中城市也有一定的发展。除北京外,还有 30 多个大中城市,如南京、苏州、杭州、广州、福州、武汉、成都、重庆、开封、济南、临清等。其中,广州作为明清实施禁海政策后的唯一对外开放城市,发展尤为迅速,至鸦片战争前夕估计人口为 80 万~90 万,成为仅次于北京的全国第二大城市。苏州则是手工业最为发达的城市,在封建社会时期城市普遍为消费型城市的情况下,苏州已具备一定的生产功能。从城市的分布看,明清时期的大中城市大部分集中于东南沿海一带,江浙两省差不多占了全国的 1/3,而整个北方仅占 1/4。愈偏北和愈到内地,城市的发展就愈见低下。

三、近现代时期的发展

1840 年的鸦片战争后,外国资本主义大举入侵,"不仅对中国封建经济的基础起了解体的作用,同时又给中国资本主义生产的发展造成了某些客观的条件和可能"(《毛泽东选集》,第 589 页)。随着资本主义世界工业革命的兴起,工业新技术和大机器生产的浪潮也波及中国,使中国城市的发展速度超过以往任何时期。但是,由于中国处于半殖民地半封建社会之下,城市化进程与资本主义国家相比又是十分缓慢的。据美国学者施坚雅的研究,1843 年中国的城市化水平约为 5.1%(不包括边远地区),到 1949 年中国的城市化水平上升至 10.6%,仅增加了 5.5 个百分点,而同期世界城市化水平却增加了 22.8 个百分点。

近现代时期中国城市的发展具有以下两个主要特点。

(1) 二元结构的城市体系。1840 年的鸦片战争,迫使清政府打开闭关自守的大门,开始加入世界经济体系。一方面从 19 世纪中叶起,资本主义工商业首先在沿海沿江城市中出现,随后波及东北和内地广大地区。尽管这些发展从本质上说是服务于资本主义世界经济体系需要的,但随着商品生产的发展,形成一批近现代工商业城市,其中上海、天津、大连、青岛、重庆等城市迅速崛起,其地位逐渐超过邻近的苏州、北京、济南、成都等传统城市。由于上海等城市代表了更为先进的生产力,它们逐渐成为全国或大区的经济中心,并形成以它们为中心的商品生产、流通的经济网络乃至城市网络。另一方面,广大内地城市的变化不大,它们很少受近现代经济的影响,基本上仍担负中心地的职能。这样,中国近现代城市体系由一元的,以各级行政中心城市为主体的结构,转向以近代工商业城市为一方,传统的中心地城市为另一方的二元结构。在这个二元结构中,近现代工商业城市居于统治地位。

(2) 城市发展速度加快,区域差异明显。随着资本主义工业的发展,产生了不少新兴工矿业城市,如抚顺、鞍山、本溪、唐山、焦作、大冶、萍乡、玉门等。由于中国煤铁资源主要分布在北方地区,新兴工矿业城市也多位于东北及华北地区。这样,自魏晋南北朝以来,中国城市主要在南方发展的趋势发生了逆转,北方再次成为城市的主要发展区,其中东北成为中国近现代城市化速度最快的地区。

东北地区原来人烟稀少,19 世纪后期,清政府解除对东北地区的移民禁令后,人口才开始逐步增加。从 20 世纪初到 30 年代初,东北人口增长了 3 倍。由于东北资源极为丰富,成为沙俄和日本帝国主义掠夺的对象。20 世纪 30 年代东北沦陷后,日本试图变东北为其附庸,在东北广泛筑路开矿设厂,形成一批大中城市。20 世纪 40 年代初,沈阳人口接近百万,长春人口达 80 多万,哈尔滨、大连人口超过 70 万,加上抚顺、鞍山、本溪、吉林等城市,形成工业—城市密集带。但随着日本帝国主义垮台,这些城市的人口急剧减少。

资本主义在南方的发展主要是在条件较好的长江中下游地区和珠江三角洲等地,其中一些地理位置优越的城市发展尤快。如上海,在鸦片战争前城内人口仅为 10 多万,到 1949 年人口增至 545 万,成为中国最大的经济中心。其他如武汉、重庆、南京、广州也先后成为百万人口的特大城市。在长江三角洲,还形成由上海、苏州、无锡、常州等城市组成的城市密集带的雏形。但是,在很多交通不便,又没有什么特殊资源和外来经济条件刺激的地区,城市发展不快,甚至有所衰落,与内地偏远地区城镇的情况相似。

广大西部地区是近现代城市化进程中最落后的地区,除了在抗日战争期间部分城市的发展受到短暂刺激外,由于缺乏近现代经济的支撑,绝大多数城市的发展处于停滞状态,从城市职能到空间结构基本保持前工业社会城市的特征。

第三节 当代中国城镇化的进程

1949 年以后,中国步入一个新的历史发展阶段。伴随工业化的展开,城镇化也在全国范围内开始了新的进程。表 5-8 反映了新中国成立以来城镇化的发展趋势,从中可以发现中国城镇化的进程在 1960—1980 年间曾长期停滞不前,直至 1980 年后才开始加速。按国家统计局公布的数据,2018 年,中国城镇常住人口总量达到 8.3 亿人,占总人口的 59.58%;按城镇户籍统计的人口城镇化率为 43.37%。

表 5-8 新中国成立以来城镇化发展趋势

年份	总人口/万人	城镇人口/万人	城镇化水平/%
1950	55 196	6 169	11.2
1955	61 465	8 285	13.5
1960	66 207	13 073	19.7
1965	72 538	13 045	18.0
1970	82 992	14 424	17.4
1975	92 420	16 030	17.3
1980	98 705	19 140	19.4
1985	105 851	25 094	23.7
1990	114 333	30 191	26.4
1995	121 121	35 174	29.0
2000	126 743	45 906	36.2
2005	130 756	56 212	43.0
2010	134 091	66 978	49.9
2015	137 462	77 116	56.1

资料来源:国家统计局,《中国统计年鉴 1991》《中国统计年鉴 2017》

回顾新中国成立以来中国的城镇化进程,起伏波动是最显著的特点。图 5-2 显示,从 1953 年起中国的城镇化水平逐渐上升,到 1960 年达到一个高峰,其后呈下降趋势,1963 年达到谷底。1964 年城镇化水平又开始回升,但其后城镇化水平又呈停滞不前的态势。直至 1977 年后,城镇化进程才步入正常发展的轨道,这与图 5-1 显示的 1950 年后世界城市化水平快速上升的曲线有明显的差异。其主要原因是,20 世纪 50 年代后期至 70 年代中期,中国社会发展进程多次受到政治运动的干扰,加上当时对经济发展客观规律的认识不足,城市的发展经常受到冲击,从而影响了城镇化的健康发展。根据不同时期中国政治经济生活的特点,1953年以来的中国城镇化进程可分为以下7个时期。

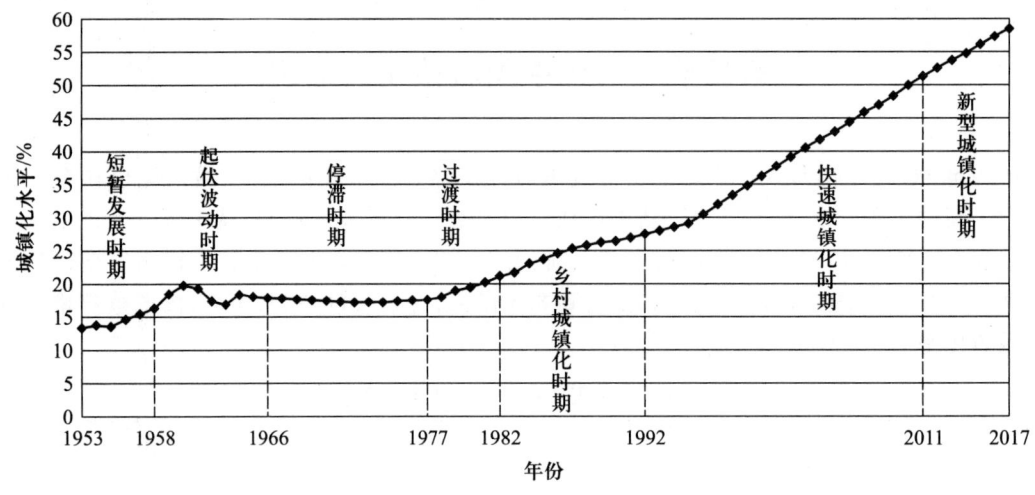

图5-2　中国城镇化进程曲线

一、短暂发展时期(1953—1957年)

1949—1952年是新中国成立后国民经济的恢复时期,其主要任务是恢复正常的社会经济活动。1952年,中国的国民经济基本上得到恢复和发展,社会秩序趋于安定。因此,国家统计局把1952年作为各项经济指标统计的起始年。中国城镇化的进程也不例外,原先受战争影响迁往农村的人口陆续返回城中,1952年,中国城镇总人口为7 163万,占总人口的比例为12.5%。

新中国成立之初,当时中央决策层认为中国应首先进行新民主主义社会的建设。毛泽东在1949年政协《共同纲领》的讨论中曾指出,搞社会主义是在20年,甚至是30年以后的事。所谓新民主主义社会,其要点就是从中国资本主义发展较弱的实际出发,在重点发展社会主义公有制性质经济(当时称全民所有制经济)的同时,在城市中保留原有的私营经济,在农村中进行土地改革,把地主的土地分给贫下中农,保留富农,保留农民的个体经济。但经济发展的手段则以苏联的中央计划经济为模式,实施每五年一次的国民经济发展计划。

1953年,我国开始实施第一个五年计划(以下简称"一五"计划)。该计划把工业建设的重点放在冶金、煤炭、机械等重工业部门上;工业布局考虑到国防战备的需要,重点放在东北和内地的城市;在项目安排上以苏联、东欧等社会主义国家援建的156个项目为重点。这样,获得重点项目较多的城市大多成为中国新兴的工业城市。据统计,在156个项目中,西安市有17项,名列第一,哈尔滨市有13项,太原市有11项,武汉市和兰州市各有8项,吉林市有7项,沈阳市有6项,成都市有5项。以上8大城市合计布置了75个重点项目,几乎占全部重点建设项目数的一半。此外,获得重点项目较多的城市还有洛阳、抚顺、齐齐哈尔,获得大量投资的有鞍山、本溪、包头3个钢铁工业城市以及峰峰、阜新、鹤岗、双鸭山等一批煤矿城市。在上述城市中,仅沈阳、武汉有一定工业基础，其余城市的工业基础均极为薄弱（抚顺、鞍山的工业在抗日战争胜利后大都被破坏）。正是通过"一五"计划时期及后来的工业建设，才使它们成为中国有影响的中心城市或工业城市。

在工业化的推动下，城镇化进程明显加速。"一五"计划时期，中国城镇总人口年平均增长率为 7.8%，其中自然增长率高达 3.3%，为新中国成立后的最高时期，城镇人口机械增长率达 4.5%，平均每年机械增加人口 250 万人。至 1957 年城市总人口为 9 949 万，城镇化水平为 15.4%。

虽然"一五"计划时期与后来的 20 年相比取得了很大的成就，但从今天的角度来看，仍然存在着两大不足之处。

首先，片面强调经济基础变革对生产力发展的推动作用，试图通过加快私有制的改造来推进中国的工业化。1953 年，党中央明确提出过渡时期的总路线，党在这个时期的总任务就是基本实现国家的工业化和对农业、手工业、资本主义工商业的社会主义改造。当时所说的过渡时期是指 15 年或更长一点时间，这已经比 1949 年时提出的 20~30 年的过渡时间要短。但实际上，从过渡时期总路线的提出，通过政治运动的形式，仅用三四年的时间就完成了所有制改造的目标。1956 年，城市中原来的资本主义性质的私营经济全部改造为公私合营经济，个体劳动者则大多被组织到集体所有制性质的企业之中，作为全民所有制的补充。城市中的所有制改造完成后，城市经济的发展受到中央计划经济的严格控制，地方自主发展的活力很弱。在广大农村，则在短短几年中完成了从农户单干、互助组（个体经济性质）到初级合作社（具有部分个体经济性质）再到集体所有制的高级合作社的转换。1958 年，农村的高级合作社再上升到人民公社的准全民所有制，最终由于严重破坏了农村生产力的发展，导致整个国民经济乃至城镇化进程的逆转。

其次，"一五"计划时期照搬苏联的经济管理体制，过分强调重工业的发展，忽视轻工业和第三产业的发展，导致经济结构开始失调。特别是由于中国原有经济基础十分薄弱，为保证重工业发展所需的资金，从 1953 年开始对农村实施"统购统销"政策。"统购"政策的实质是压低农产品的价格，利用工农产品的"剪刀差"，让农业为工业化提供原始积累，让广大农民为工业化作贡献。一开始，仅对粮食进行统购，但后来逐步扩大到粮棉油等主要农产品的统购，还对生猪、鸡蛋、糖料、生丝、黄红麻、烤烟、水产品等实行派购或专营，品种多达 132 种，几乎包括所有的农副土特产品。"统销"则是对农产品实行国家垄断经营，这不仅导致城乡商业的逐步萎缩，还引起一连串的连锁反应。因为粮食被统销后，城市人口的数量就必须予以控制，而要控制城市人口，就必须强化户口制度，控制乡村人口向城市的迁移。这样，原来只具有人口登记作用的户口制度逐步强化为限制农村人口进城的主要手段，从而引发城乡隔离的二元结构制度的形成。

二、起伏波动时期（1958—1965 年）

1958 年，中国进入第二个五年计划（以下简称"二五"计划）时期。为尽快改变中国贫穷落后的面貌，党中央在 1958 年正式制定了社会主义建设总路线，并发动了"大跃进"和人民公社化运动。但 1958—1959 年间的"大跃进"违背了经济发展的客观规律和中国国情，工业的发展依赖"人海战术"，在全国范围内大炼钢铁，搞所谓"小（小高炉）、土（土法炼钢铁）、群（群众运动）"。在此背景下，农村人口爆发性地进入城市，估计总数达 2 500 万人左右，城市人口的年递增率竟达 10.5%。

为配合"大跃进",农村迅速完成了人民公社化。但农村中浮夸风、"共产风"盛行,农村生产力受到严重破坏。从1959年开始,许多地方的农村由于粮食短缺已开始出现饥荒,最终造成1959—1961年为期三年的严重困难时期,中国人均占有的粮食从1958年的606斤锐减至1960年的433斤。在经济已经处于极端困难的情况下,1960年全国城镇人口仍然达1.31亿,城镇化水平为19.75%。显然,与当时急转而下的经济形势相比,出现了"过度城镇化"的现象。

从1961年开始,中央采取多种措施进行国民经济的调整。1961年1月党的八届九中全会上提出了"调整、巩固、充实、提高"的八字方针,决定大力压缩基本建设的规模。当年6月举行的中央工作会议提出,要求全国城镇人口在1960年年底1.29亿的基础上,3年内减少2 000万人以上,本年内至少减少1 000万人。其后,在1961年和1962年两年内,全国城市人口年均增长率为-5.4%。如果考虑到城市人口自然增长率的影响,那么这两年中的机械迁出率达到7.3%。到1963年6月为止,动员回乡的职工和家属总计达2 600万人,与"大跃进"期间进城人口数大致相等。全国的城镇人口降至1.16亿人,城镇化水平下降到16.84%。

这次国民经济的调整对城镇化的影响反映在两个方面。就短期而言,为减缓城市粮食供应不足的问题,政府动员大批城镇人口返回农村,使之造成"逆城镇化"现象。就长期影响而言,为控制城镇的发展,一是全面加强户籍制度,出现了非农业人口和农业人口的划分;二是提高市镇建制的标准,使中国的城乡二元结构更趋完整。非农业人口身份制度的实行是从1961年开始的,它把全国人口分为非农业人口和农业人口两大类,前者由国家发给粮票,保证一定份额的粮食供应;后者的口粮自理,除非严重受灾,国家一般不承担粮食供应的责任。由于城市人口主要为非农业人口,为保证粮食供应,农村人口向城市人口的转换除升学(中专以上)、参军提干外基本上被停止。另一方面,1963年调整了市镇建制的标准,规定城市建制的标准一般为10万人,镇的设置标准是聚居人口在2 500人以上,非农业人口占的比例在70%以上。经过上述调整,全国城市的数量从1961年的208个减少到1964年的169个,其中浙江省仅剩杭州、宁波、温州3个城市;全国镇的数量则从4 429个减少到2 877个。

1963—1965年间是国民经济的调整时期,经济得到一定程度的恢复和发展,1964年工业总产值已达到1958年的水平。但是,经济增长没有带来城镇人口的显著增长,1965年全国城镇总人口仅为1.3亿人,城镇化水平为18%,仍低于1959年的水平。其原因是,在当时"左"的思想影响下,城市第三产业和个体经济的发展受到严格的限制,使城市就业的门路逐渐缩小。为解决城市青年的就业问题,动员中学生上山下乡。另外,从1965年开始的三线建设也迁移了一批城市职工和家属。因此,1963—1965年间的经济增长没有促进城镇化的相应发展。

三、停滞时期(1966—1976年)

从1958年开始的第二个五年计划由于"大跃进"的破坏性影响被迫中止,其后是漫长的国民经济的调整。1966年,按照正常形势的发展应该开始实施第三个国民经济发展的五年计划,然而长达10年的"文化大革命"发生了。

"文化大革命"中,经济短期波动十分频繁,经济增长速率逐渐下降。对城镇化的影响主要表现在:大规模的"上山下乡"运动,工厂内迁,大批干部、知识分子受迫害被迁往农村。因此,继1961年国民经济调整时期后在全国范围内再次出现"逆城镇化"现象,不同的是,上次逆城镇化是经济发展受到严重挫折的结果,而本次逆城镇化是极"左"政治路线的产物。

在本次逆城镇化的过程中,广大城市知识青年的上山下乡是主体。所谓知识青年系指城市中的初、高中毕业生。知识青年上山下乡的起源可追溯到 20 世纪 50 年代,当时主要目的是缓解城市的就业困难。"文化大革命"中,学校成为重灾区,正常的教学秩序被彻底破坏。1966 年,全国所有的学校停课闹"革命",各级学校正常的招生也全部停止。这样,到 1968 年已经积累了从 1966—1968 年三届的初、高中毕业生,数量达数百万人。而且,从 1970 年起,每年都有百万以上的中学生需要安排出路。但"文化大革命"时大学停止招生,经济受到巨大破坏,使城市已无法提供中学毕业生继续升学和就业的机会。1968 年,全国仍陷于"文化大革命"造成的混乱之中,毛泽东发出了"知识青年到农村去,接受贫下中农的再教育,很有必要"的号召,全国掀起了规模浩大的知识青年"上山下乡"运动。两年内全国就有 400 多万知识青年响应号召上山下乡。由于现实生活中无法安排中学生升学和就业,上山下乡从意识形态的宣传逐步转为解决上千万在 20 世纪 50 年代"婴儿潮"中出生、在"文化大革命"中毕业的中学生出路的一种手段。1968—1970 年是上山下乡的高峰期,共计有 1966—1969 年间毕业的 570 余万中学生上山下乡。1971—1975 年间又有 640 万知识青年下乡。至 1979 年,全国累计有 1 700 万知识青年下乡。从知识青年上山下乡的地域分布来看,1965 年前的知识青年以回乡参加农业生产为主,但也有一些大城市的知识青年前往新疆屯垦戍边。1968 年以后知识青年的去向更为广泛,北起黑龙江的漠河,南至云南的西双版纳和当时属于广东的海南岛,都留下了知识青年的踪影。

"文化大革命"期间,除知识青年上山下乡外,还有大批被迫害的干部、知识分子去农村的"五七干校"劳动;沿海城市一批工厂内迁参与大三线、小三线的建设;一批城市中没有工作的闲散人员被动员下乡。此外,还有一批人因阶级成分的问题受迫害下乡。估计在 20 世纪 60 年代末下乡的高峰期,全国有 1 000 多万人从城市迁移到农村,而 1968 年全国的城镇人口才 1.38 亿。换言之,当时有近 10% 的城镇人口从城市迁移到了农村,从而掀起了一场规模空前的反城镇化运动。

需要指出的是,在此所指的"逆城镇化"完全不同于发达国家出现的逆城市化,前者是在城镇化水平很低的情况下,由于极"左"思潮造成的大规模城市人口向农村迁移,不仅迁移的距离可达数千千米,更重要的是城市居民身份变为农村人口;后者是城市化发展到更高阶段后的产物,人们的职业没有变化,只是迁移到城市以外的小城镇居住,其距中心城市的距离最多为 100 多千米。因此,在中国发生的"逆城镇化"最终还是要以"落实政策"的名义来结束,从而又造成 1978—1980 年间大规模的"返城"现象。

从 1966 年起,中国的城镇化水平就逐渐下降,到 1972 年降至最低点,为 17.1%。1971 年后,随着农村小城镇"五小工业"的发展,城镇企事业单位恢复招收职工,以及大学逐步恢复招生,下放的知识青年陆续以各种途径回城。至 1976 年,回城的知识青年已达 737 万。但城镇化水平一直徘徊不前,到 1976 年,中国的城镇化水平仍只有 17.4%。

四、过渡时期(1977—1981 年)

1976 年 10 月,历时 10 年之久的"文化大革命"结束。1978 年 12 月,中共中央召开了十一届三中全会,作出把党的工作重点转移到经济建设上来,实行改革开放的历史性决策。从 1978 年起,中央为纠正过去历次政治运动造成的错误,开始落实各项政策,使各类下放农村人员大规模返城,其中仅知识青年就达 900 余万(包括"文化大革命"前下乡的部分知识青年)。1979—1981年间,城镇非农业人口年递增率达 4.8%,大大高于 1977—1978 年间的 2.7%,而同期人口自然增长率不足 1%,表明这一时期的人口增长主要是落实政策带来的人口回城所致。1981 年城镇化水平为 20.2%,达到新中国成立以来的最高水平。由于这一时期城市人口的增长主要是落实政策的结果,而非经济发展所致,因此是迈向正常发展前的过渡时期。

五、乡村城镇化时期(1982—1991 年)

根据中国改革开放以来的基本进程,城镇化进程大致可以分为 3 个阶段:第一个阶段从改革开放初期至 1991 年,这一时期以农村体制改革为主,取得很大成绩,促进了乡村城市化的发展,但有低度城市化的现象;第二个阶段从 1992 年起至 2010 年,全国城乡实施了全面的改革与开放,农村人口开始大规模地流入城市,城镇化出现了快速发展的势头;第三个阶段为 2010 年后,进入新型城镇化时期。

自 1953 年实施统购统销政策后,虽然中国的工业化有较大的发展,但农村经济徘徊不前。早在 1978 年年底,安徽凤阳县小岗生产队的农民就举行秘密会议进行分田到户。1979 年全国有更多农村自发实行包产到户。1980 年,邓小平同志肯定了包产到户的形式。1982 年的中央一号文件《全国农村工作会议纪要》正式承认土地的家庭承包经营制度,指出生产责任制长期不变。同时,该文件也提出发展农村的多种经营和社队企业。此后,包产到户在全国推行,掀起了改革的第一次浪潮。

包产到户的制度极大地提高了农业生产力,首先,表现在粮食的大幅增产。1978 年中国的粮食产量为 3 000 亿 kg,1984 年突破 4 000 亿 kg,长期困扰的吃饭问题得到了有效的解决。其次,人民公社制度下农民出工不出力,包产到户使农民的生产积极性大大提高,大大减少了农业劳动力的使用,使农村有大量的剩余劳动力可向非农业生产转换。在包产到户制度的推行下,城市化发展的两个前提——足够的剩余粮食和剩余劳动力都得到实现。

但如何安排包产到户后出现的大量剩余农业劳动力?除部分劳动力可以从事农业的多种经营外,剩余农业劳动力主要应向非农业生产部门转移,即走城镇化的道路。由于农产品产量大幅增加已经可以满足农民进城后的口粮需要,加上已经开始对统购统销政策进行改革,中央的文件从原来严格控制农村劳动力进城务工转向发展小城镇以安置剩余农业劳动力。1984 年的中央一号文件及以后的文件制定了"允许务工、经商、办服务业的农民自理口粮到集镇落户"的政策,把农民进城限制在县城以下的集镇。由于 1963 年的设镇标准过严,1978 年时全国仅有 2 173 个镇,为推进小城镇发展,1984 年公布了新的设镇标准,凡达到一定标准的乡可实行撤乡设镇,即乡可以整建制地转为镇。到 1990 年,中国建制镇的数量达到 11 392 个,比 1978 年增长了 4 倍以上。

新的设镇标准迈出了打破城乡二元结构的第一步。从 20 世纪 80 年代初开始,中央就一直鼓励各地农村发展乡镇企业以吸收剩余农业劳动力,但要求就地安置,提倡离土不离乡。20 世纪 80 年代,剩余农业劳动力的空间转移有 3 种层次:① 进入城镇,包括招工进城的农民、自理口粮进城务工经商的农民和进城从事建筑业、运输业的农民(这一类农民流动性较大);② 进入集镇,主要是在乡镇办企业中工作的农民和从事其他非农业生产活动的农民,其中大多数人白天进集镇工作,晚上回自己的村庄居住,因此没有实现完全的空间位移;③ 就地转换,主要是在村及村以下企业中工作的农民,其绝大多数只有职业转换,没有空间转换。1978—1988年,国家招工的农民有1 110万,而在各类乡镇企业中工作的农民达9 000多万人。其中大多数属就地转化型,进入城镇的仅占一小部分。因此,当时中国农村工业化的速度要大大超过城镇化的速度,出现了"过低城市化"(under-urbanization)的现象。只有原有小城镇基础较好,且以集体所有制或"三资"企业、乡镇企业为主的长江三角洲、珠江三角洲等地的农村小城镇发展较快,成为自下而上城市化的典型地区。

崔功豪、马润潮认为自下而上城市化动力机制来自政策、资金和地方社区政府的作用,而农民群体和区外力量也有重要的启动作用。第一个因素是政策。其影响可以分为3个层次。① 国家的方针政策指明了发展的方向和道路。如1984年中央一号和四号文件关于"开创社队企业新局面"的指示,使全国乡镇企业在1984—1985年有一个很大的飞跃。中央关于沿海开放和建立经济特区、开发区的政策,大大促进了港澳台和国外资金的进入,为上述地方发展提供了直接的动力,使城市化速度高于其他地区。② 国家主管部门的政策直接与城市化有关。如农民进入集镇落户、入城农民办理暂住人口登记、调整建制镇标准等,使1984年起城镇数量大增,人口规模增加,从而大大提高城市化水平。③ 地方(省市县乃至乡镇)的具体政策,如各种优惠税收政策、土地出让费、地方户口设施配套费标准等,均影响着当地经济发展、人口移动和城市化过程。第二个因素是资金。在市场经济下,资金已不再完全依靠国家分配,而是靠自身的实力,靠培育投资环境以吸收外来资金。因此,资金量的大小和来源就影响着经济发展和城市化的方向与速度,并左右其运行过程。从城市化发展角度,可以分乡镇企业投资和城镇建设投资两方面。按乡镇企业固定资产投资来源可以分为国家扶持资金、主管部门下拨资金、银行信用社贷款、引进资金(包括外资)、自有资金(包括群众集资)和其他资金共六类。按自下而上的概念,前两种属于"上"的部分,第四种属于"外",其他三种基本上属于"下"的范畴。城镇建设投资亦可分为"上"(即国家和地方政府的投资)和"下"(即农民建城)。第三个因素是社区政府的作用。在中国的政治体制下,各级社区政府对当地经济社会发展和城镇建设起着核心决策的作用,构成了中国特色的社区推动型经济的城市化类型,如江苏南部。第四个因素是农民主体的行为。崔功豪、马润潮认为农民群众是自下而上城市化的一个发动主体,农村广大的农民在对政策的理解和运用、对产业的选择和资金投放及与社区政府协调中,同样成为推动自下而上城市化发展和运行的重要力量。第五个因素是外来力量的影响。随着改革开放的扩大和深化,自"外"的力量正在逐步加大。国内(包括邻近城市)和国外的企业在区位条件和当地经济社会基础较好的城镇的开发区、工业小区投资设厂布点,带动经济发展、人口集中和城镇建设,并对城市化的运行起着重要的作用,构成一种重要的外部力量型的城市化类型,代表性的地区如广东珠江三角洲等。

珠江三角洲是中国最早实施对外开放的地区,因此这个地区城市化动力机制与其他地区有所不同。许学强等认为影响珠江三角洲城镇人口增长的因素是多方面的,但对外开放,引进外资、技术和设备是最重要的因素之一。这是因为外资企业在空间集聚,就会增加就业机会,吸引周围剩余农业劳动力进城,进而扩大城镇人口规模或产生新城镇。对外开放对珠江三角洲城镇化的影响还表现在以下3个方面:一是促进了产业结构的变化,导致城镇职能的改变;二是加速了城镇建设,城镇用地大幅度向外伸展;三是加速城镇体系空间格局的变化。

六、快速城镇化时期(1992—2010 年)

回顾 20 世纪后期中国的城镇化进程,虽然开始提倡小城镇的发展,但大城市的发展仍受到束缚,对农村人口的跨区域迁移仍有所限制,这些因素都制约了当时的城镇化进程。

1990 年后,经济全球化进程不断加速,信息经济方兴未艾,大量的国际资本需要寻求新的投资空间,使传统产业出现了大转移的趋势。在国内,1992 年邓小平同志南方谈话发表,党中央宣布了建设社会主义市场经济的重大决定,解决了长期争论的姓资还是姓社的问题。国内外有利形势的结合,使中国迎来前所未有的发展机遇。

1992—2010 年,中国 GDP 的年递增率近 10%。1980 年,人均 GDP 仅为 463 元,1990 年为 1 644 元,2001 年达到 8 622 元,即超过了 1 000 美元。2010 年人均 GDP 达到 29 992 元。在经济发展中,产业结构得到了调整。1992—2010 年间,从业人员总数从 6.6 亿增加到 7.6 亿人,但第一产业的就业比例从 58.5% 降低到 36.7%,第二、第三产业就业比例从 41.5% 上升到 63.3%。

为促进经济的持续稳定发展,中央做出了实施城镇化战略的重大决策。2000 年 10 月,党的十五届五中全会通过的《中共中央关于制定国民经济和社会发展第十个五年计划的建议》中指出:"随着农业生产力水平的提高和工业化进程的加快,我国推进城镇化条件已渐成熟,要不失时机地实施城镇化战略。"该建议还指出:"在着重发展小城镇的同时,积极发展中小城市,完善区域性中心城市功能,发挥大城市的辐射带动作用,提高各类城市的规划、建设和综合管理水平,走出一条符合我国国情、大中小城市和小城镇协调发展的城镇化道路。"2005 年 10 月,《中共中央关于制定国民经济和社会发展第十一个五年规划的建议》的第 17 条中指出:"促进城镇化健康发展。坚持大中小城市和小城镇协调发展,提高城镇综合承载能力,按照循序渐进、节约土地、集约发展、合理布局的原则,积极稳妥地推进城镇化。"同时,该建议还首次提出了"珠江三角洲、长江三角洲、环渤海地区,要继续发挥对内地经济发展的带动和辐射作用,加强区内城市的分工协作和优势互补,增强城市群的整体竞争力。"新的提法对中国长期以来实施的控制大城市发展的政策做出了重大调整。

在中央有关文件精神的指导下,中国人口城镇化的速度大大加快。2010 年第六次全国人口普查数据显示,中国常住人口的城镇化率达到 49.68%,较 2000 年第五次全国人口普查城镇化率增加了 13.59 个百分点,年增加 1.36 个百分点。

需要指出的是,1982 年以来中国进行的 4 次全国人口普查对城镇人口的定义不尽相同。1982 年,中国进行了第三次全国人口普查,年末城镇化水平为 20.55%(后按第四次全国人口普查口径调整为 21.13%)。1990 年,第四次全国人口普查时城镇化水平上升到 26.23%。8 年中增加 5.68 个百分点,年均增加约 0.71 个百分点。2000 年第五次全国人口普查时使用了新的城乡人口界定标准,其人口城镇化水平达到 36.09%,比按第四次全国人口普查口径计算的城镇化水平增加了近 10 个百分点。因此,国家统计局又对 1995 年以后历年城镇化水平进行了修正,使城镇化曲线在 1996 年出现明显的上扬。第六次全国人口普查对常住人口有新的定义,不再要求离开户籍所在地,在新的居住地半年以上,而是只要离开户籍所在地半年以上即可。

快速城镇化时期中国城镇化的动力机制引起学术界的广泛重视。薛凤旋、杨春认为珠江三角洲是外资影响下的城市化。跨国资本流动和发展中国家城镇化是两个密切相关的空间过程。

传统的"核心—边缘"(core-periphery)理论、"极化和涓流"(polarization and trickling down)理论认为城镇化是国家或区域内部各种因素作用的结果。然而,在当今全球一体化的大背景下,外商投资对发展中国家和地区空间经济和城镇化的格局和过程产生了深远的影响,仅仅局限于内部动力的分析已不能提供令人满意的答案了。薛凤旋等认为珠江三角洲外资影响下的城镇化特征有:① 小城镇和小城市为主导的城镇化;② 人口迁移构成的城镇化;③ 土地利用与景观的变化;④ 跨边境城市集群(transborder urban cluster)的形成。外资在珠江三角洲显示出"小城镇"倾向,与之一致的是以小城市、小城镇为主导的城镇化。外资的涌入,在小城镇甚至农村城区兴建外资企业,不但吸收了当地剩余农业劳动力,而且为大量来自区外、省外的迁移人口创造了就业机会,使农村景观迅速向城市景观转变,从而加速了城镇化的进程。外资在珠江三角洲的沿边境导向效应改变了珠江三角洲城市发展的格局,构成了"珠江三角洲—港澳跨边境城市集群"的基础和条件,从而通过香港这个世界城市,使珠江三角洲城镇纳入世界城市体系的范畴。

许学强、周春山采用加拿大学者麦吉的 desakota 概念分析了珠江三角洲大都会区的形成,认为珠江三角洲区内地势平坦,商品经济、对外贸易发展较早,水陆交通方便,经济联系密切,很早以来就是一个完整的经济地理网络。这是该大都会区形成的前提。工业化是该大都会区形成的根本动力。工业化促进经济迅速发展,并带动城镇化。香港及外来投资的促进作用、"城市成本"的上升对企业的排斥促使企业向城镇外扩散等因素也起了重要的作用。

宁越敏从城镇化行动者视角解释城镇化的动力机制,认为中国正处于计划经济向市场经济的转变时期。一方面,传统的计划经济模式痕迹依然清晰可见;另一方面,市场经济的制度正在逐步建立,其结果是经济运行主体多元化,政府(包括中央政府和地方政府)、企业(国有企业、外资企业、民营企业等)、个人都积极参与了经济发展乃至城镇化的进程。

中央政府对城镇化进程起着统揽全局的作用。首先,中央政府根据形势的变化制定相应的城镇化政策。2000 年,城镇化被列入国家发展战略。2014 年,中央政府提出新型城镇化发展战略。其次,为鼓励地方政府发展经济的积极性,实行了分权化的措施。通过分税制使一部分税收留存地方政府,地方政府享有土地批租、城市规划、设置开发区等权限。需要指出的是,这些权限往往由省级政府下放到地级市乃至县级政府,形成了多层级的分权化。中国地方政府在经济发展中发挥的作用远甚于市场经济主导的发达国家。分权化导致地方政府成为相对独立的、以辖区内发展为取向的行为主体。鉴于行政区划的边界性,地方政府更多关注自身行政区内的经济发展和社会福祉。而计划经济时期形成的户籍管理制度也在新的时代被赋予了新的功能,成为形成地方壁垒的主要制度。由于户籍制度的存在,进城农业转移人口被称为"外来人口""流动人口""农民工",他们不能够享受与城市户籍人口同等的公共服务,形成新的城乡二元结构。

企业是市场经济的主体,其扩张可产生大量的非农业就业机会,是拉动城镇化的直接因素,而其投资区位则影响城镇化的空间格局。1992 年中国实施全面对外开放的战略后,由于中国拥有大量的剩余农业劳动力及巨大的市场潜力,大量跨国公司进入中国寻找投资机会。与此同时,改制后的国有企业以及民营企业也获得了前所未有的发展机遇。多种所有制经济的发展使中国在 20 多年的时间里成为世界上最大的制造业国家和出口贸易国。工业化是城镇化的主要推动力。正是中国制造业的快速发展为进城农民提供了大量的就业机会,使得中国在快速城镇化进程中没有出现若干发展中国家的大都市普遍存在的大规模失业现象。总体而言,剩余农业劳动力通过进城后的职业转化提高了收入水平。因此,国际资本和中国农业转移人口的双向流动推动了中国城镇化的进程。

人口的自由迁徙是城镇化的基本条件。计划经济时期的户籍制度把农民束缚在乡村,不准农民在城乡之间自由迁徙。中国改革开放最大的成果之一就是政府顺应经济发展的需要,从限制到转而鼓励农业转移人口向城镇迁徙。农业转移人口的个体特征,如人力资本、年龄、性别、婚姻状况、方言掌握程度等是影响其社会融合的重要因素,具有较高人力资本的外来人口往往更容易融入城市。第一代农民工的受教育年限有限,而且与农村的社会关系密切,他们融入城市困难较多,在丧失劳动能力后通常选择返乡。第二代农民工亦称为新生代农民工,他们多是出生以后就上学、上学结束就进城打工,或者由第一代农民工抚养,在城市出生、长大。新生代农民工对农村和农业已经陌生,"回不去的乡村、留不下的城市"成为他们的真实写照。因此,与第一代农民工相比,新生代农民工面临着更为严峻的社会融入问题。

在上述 3 个城镇化行为主体中,流入城镇的农民工无疑处于最弱势的地位。虽然市场经济的发展为他们参与城市经济活动提供了一条新的途径,但市场经济本身以及制度性的障碍使他们作为个体难以完全"嵌入"城市社会,形成所谓"脱嵌"的现象。对新生代农民工而言,由于既难以融入农村又难以融入城市,形成"双重脱嵌"。因此,提升城镇化质量,必须重点解决新生代农民工在城市中的社会融入问题。

七、新型城镇化时期(2011 年至今)

城镇化是当今世界重要的社会、经济、空间现象,反映了农村变为城镇的一种复杂过程,它包括了人口结构的转型、经济结构的转型、地域空间的转型以及生活方式的转型,其中人口转型是核心,经济转型是基础,空间转型是载体,社会转型是根本。当代中国的城镇化是在全球化、工业化、市场化、信息化的背景下形成的。经历了近 30 年的快速城镇化后,中国城镇化的转型成为必然,而新型城镇化概念也因此应运而生。早在 2006 年,浙江省就提出要创新发展机制,走资源节约、环境友好、经济高效、社会和谐、大中小城市和小城镇协调发展、城乡互促共进的新型城镇化道路。2012 年 12 月,中央经济工作会议提出积极稳妥推进城镇化,着力提高城镇化质量。中小城市和小城镇、城市群要科学布局;有序推进农业转移人口市民化;要把生态文明理念和原则全面融入城镇化全过程,走集约、智能、绿色、低碳的新型城镇化道路。

中国推进新型城镇化的原因主要有以下两点。

一是中国的城镇化具有"半城镇化"的特点。城镇化进程包含人口、经济、空间、社会 4 个方面的转型。但长期以来,农民进城的同时其身份没有发生变化,致使出现了"外来人口""流动人口""农民工"等称谓。这种现象表明中国城镇化进程中社会转型滞后,很多学者称之为半城镇化。一般认为,2010 年时中国 50% 左右的人口城镇化率中,有 30% 左右是由农民工进城产生的,按城镇户籍人口计算的城镇化率仅为 36% 左右。

半城镇化现象的出现和中国独有的户籍制度相关。1958 年 1 月颁布的《中华人民共和国户口登记条例》,标志着新中国户籍管理制度的形成,城乡二元分割社会开始逐步出现。改革开放后,对乡—城人口流动的管制逐步放松,大量农民进入城市务工经商,形成了中国特殊的农民工群体。1982 年,中国仅有 250 万进城农民工,2011 年增加到 25 278 万,增加了约 100 倍。但因城乡二元户籍制度的限制,流入城市的农民工不能获得城市户口,不能享受与城市居民同等的公共服务,面临着社保缺失、子女教育不平等、工资拖欠、劳动条件和居住条件较差等问题。除此之外,农民工的待遇普遍较差。据统计,2011 年 53.7%的农民工从事劳动强度较大的制造业和建筑业;84.5%的外出农民工每周工作时间超过劳动法规定的 44 小时;外出农民工月均收入为 2 049 元,其中 41.3%的农民工雇主或单位不提供住宿也没有住房补贴。

城镇化社会转型的核心就是农民工的市民化,即让进城农民享受城市户籍人口的同等待遇。一方面,农民工的市民化是促进社会融合的基础;另一方面,在传统投资模式拉动经济增长边际效应逐渐下降的背景下,促进农民工的市民化可对经济发展产生巨大的需求。农民工的市民化与经济发展互动就是李克强所说的"城镇化是扩大内需的最大潜力"的意义所在。

二是中国的城镇化进程需要以可持续发展为指导。随着城镇化的快速推进,在城镇让生活更美好的同时,也形成了困扰城市发展、削弱居民幸福感的诸多城市病,主要表现为:人口拥挤、交通拥堵、环境污染、住房困难等。在住房方面,到 2010 年年底,中国仍有 2 000 多万户城镇低收入和少量中等偏下收入家庭的住房不成套,设施简陋,其中 1 000 多万户居住在棚户区。在城市交通方面,由于中国正快速进入汽车社会,私人汽车保有量逐年增加,交通拥堵日益严重,导致了巨大的经济损失和环境污染。环境污染方面,2011 年,全国 325 个地级及以上城市中,污染物排放超标城市的比例为 11.0%。2011 年,对 200 个城市的地下水水质监测显示,较差和极差水质的监测点比例达到 55.0%;2011 年,在监测的 468 个市(县)中,48.5%的市(县)出现酸雨。针对以上问题,"预防和治理城市病"被写入《中华人民共和国国民经济和社会发展第十二个五年规划纲要》,成为中国新型城镇化需要重点解决的问题之一。

从全球来看,以气候变暖为主要特征的全球气候变化正在给人类敲响警钟,而城镇化被认为是全球气候变暖最重要的原因之一。城市作为社会经济活动的集聚地,对 CO_2 排放的贡献最大。以生产类数据为基础,得出由城市人类活动引起(或人为)的温室气体排放量所占比例在 40%~70%;如果是以消费类数据为基础,则温室气体的排放量所占比例高达 60%~70%。目前,中国已成为世界 CO_2 排放量最多的国家,1990—2007 年的 CO_2 排放量年均增长率为 5.9%,明显高于其他发达国家。在全球气候变化的压力下,低碳、绿色成为未来中国发展的必然之路,这也对中国的城镇化提出了新的要求。

中国的快速城镇化还面临着沉重的资源、能源压力。中国是世界上人均水资源最缺乏的国家之一,人均水量仅为世界人均水量的 1/4,并且地域分布和季节分布极不均衡,水资源短缺将成为中国许多城市发展的瓶颈。汽车时代的到来大大增加了能源的消耗,而中国的石油和天然气储量分别只有世界平均值的 7.4% 和 6.0%。伴随着原油进口量的不断上升,中国石油的对外依存度已超过 60%。在资源、能源约束和环境保护的压力下,推进生态文明建设,建设美丽中国,走集约绿色的新型城镇化道路显得更加必要。

2014 年,国务院颁布了《国家新型城镇化规划(2014—2020 年)》(以下简称《规划》),提出有序推进农业转移人口市民化,城镇化水平和质量稳步提升。2020 年,常住人口城镇化率达到 60%左右,户籍人口城镇化率达到 45%左右,户籍人口城镇化率与常住人口城镇化率差距缩小 2 个百分点左右,努力实现 1 亿左右农业转移人口和其他常住人口在城镇落户。其后,国家进一步提出在第十三个五年规划期间实现"三个 1 亿人"的目标,即到 2020 年,促进 1 亿农业转移人口落户城镇;改造约 1 亿人居住的城镇棚户区和城中村;引导约 1 亿人在中西部地区就近城镇化。为实现 1 亿农业转移人口落户城镇,2016 年,国务院办公厅公布《推动 1 亿非户籍人口在城市落户方案》,指出除极少数超大城市外,全面放宽农业转移人口落户条件。其中,城区常住人口在 300 万人以下的城市不得采取积分落户方式。

《规划》还提出优化城镇化布局和形态,提高城市可持续发展能力等具体措施。《规划》提出要让城市群成为支撑全国经济增长、促进区域协调发展、参与国际竞争合作的重要平台,要建设绿色城市、智慧城市、人文城市。

第四节　中国城镇化的基本特征

一、城镇化速度快、半城镇化现象明显

1980 年,中国的城镇化率仅为 19.39%,远落后于世界平均的城镇化水平。2018 年城镇化率上升到 59.58%,略高于世界平均的城镇化水平。28 年内,中国人口城镇化率年均增加一个百分点以上,每年新增城镇人口 1 500 万左右。如此大规模快速的城镇化现象举世罕见,这与政府主导的城镇化进程密切相关。新增城镇人口包括城镇人口的自然增长和机械增长,其中机械增长人口主要来自农村,又可分为两部分:小部分为就地转化的农村人口,大部分为异地农业转移人口。2010 年第六次全国人口普查数据显示,全国户口登记地在外乡镇街道的总人口为 2.61 亿,其中在城镇中人口总数为 2.26 亿,农村中的流动人口为 3 497 万。这些户口在外的人口按居住地又可分为 3 种类型,即本县(市区)、本省级行政区其他县(市区)、省级行政区外,3 种类型的人口大致各占 1/3。

根据 2000 年和 2010 年两次全国人口普查数据分析人口省级行政区间迁移,该段时间的迁移总量从 2000 年的 4 241.9 万人增至 2010 年的 8 587.6 万人,10 年间增长量超过了以往年份的累计迁移总量。据测算,在此期间,中国城镇化率相应从 36.22% 升至 49.68%,增加了 13.46 个百分点,省级行政区间人口迁移对城镇化的贡献占到了 18.13%。省级行政区间人口迁移的空间特征突出表现为从中西部地区指向东部地区。东部地区作为最主要的迁移人口集聚地呈现进一步集聚态势,省级行政区间迁入人口总数由 2000 年的 3 211.5 万升至 2010 年的 6 813.6 万,占全国省级行政区间迁移人口的比例由 75.7% 升至 79.3%。而中西部地区作为最主要的人口迁出地的格局始终未发生改变,两者迁出人口之和占全国省级行政区间迁出人口的比例始终维持在 75% 左右。其中,中部地区迁出人口占全国的比例进一步提高,由 2000 年的 43.6% 升至 2010 年的 44.5%。东北地区的省级行政区间迁入和迁出规模都相对较小,人口流动较为均衡,但总体仍以人口流出为主。

从各省、直辖市、自治区的省级行政区间迁入人口量来看,2000 年时,主要迁入地,即省级行政区间迁入人口占全国省级行政区间迁移人口比例在 5% 以上的地区主要是广东、浙江、上海、江苏、北京、福建等沿海省级行政区,它们的迁入量均在 200 万人以上。其中,广东省级行政区间迁入人口高达 1 500 多万,占到了全国省级行政区间迁移人口总量的 1/3 以上。2010 年,省级行政区间迁入人口的分布格局与 2000 年具有类似特征,省级行政区间迁入人口占全国省级行政区间迁移人口比例在 5% 以上的地区仍为广东、浙江、上海、江苏、北京、福建等省级行政区,各地的人口迁入量均增加到 400 万人以上。但广东省所占比例降至 25.0%,长江三角洲和京津地区的浙江、

上海、江苏、北京、天津等地迁入人口所占比例分别上升了5.1个百分点、3.1个百分点、2.6个百分点、2.4个百分点、1.8个百分点,形成了以三大城市群为主的省级行政区间人口迁入地分布格局。

省级行政区间迁出人口的分布格局与省级行政区间迁入人口的分布格局基本成互补关系,迁入人口较多的地区往往人口迁出相对较少,例如北京、天津、上海等地迁出人口占全国省级行政区间迁出人口的比例不到1%;此外,西藏、青海、宁夏、新疆等地迁出人口也较少,所占比例均在0.4%以下。2000年时,人口迁出较多的地区主要为四川、安徽、湖南、江西等地,其迁出人口规模均在350万人以上,占全国省级行政区间迁移人口的比例均在8%以上;紧随其后的为河南、湖北、广西等地,其规模也都超过200万人,所占比例均在5%以上。2010年,四川、江西、湖南等地迁出人口占全国的比例有所下降,而河南和安徽的迁出人口快速增长,安徽超越四川成为省级行政区间迁出人口最多的省,达到962.3万人。安徽、四川、河南、湖南成为新的四大人口迁出地。

中国自20世纪50年代起一直实行城乡分离的户籍制度。1980年后,传统的户籍制度开始改革,允许农民自理口粮落户小城镇,但各地的城市户口大多未对外地农村人口放开,致使进城农民虽然职业发生了变化,但因未获得城市的合法居住权,使大量农业转移人口难以融入城市社会,市民化进程滞后。因此,中国的人口城镇化具有半城镇化的特点。《国家新型城镇化规划(2014—2020年)》指出,2012年,城镇常住人口城镇化率为52.5%,户籍人口城镇化率为35.3%,两者相差17.2个百分点。被统计为城镇人口的2.34亿农民工及其随迁家属,未能在教育、就业、医疗、养老、保障性住房等方面享受城镇居民的基本公共服务。城镇内部出现新的二元结构,农村留守儿童、妇女和老人问题日益凸显,给经济社会发展带来诸多风险隐患。按照《国家新型城镇化规划(2014—2020年)》要求,各地在户籍制度上进行了改革,放宽了农民工的落户标准。根据国家统计局公布的数据,2018年,中国常住人口城镇化率为59.6%,户籍人口城镇化率为43.4%,两者相差16.2个百分点,较2012年减少了约1个百分点。

二、郊区化进程

一个城市的发展始终受到向心力与离心力的推动。这两种力量的对比、转换,导致城市发展出现阶段性。郊区化就是城市在经历了中心区绝对集中、相对集中和相对分散以后的一个绝对分散的阶段,它表现为人口、工业、商业先后从城市中心区向郊区迁移,中心区人口出现绝对数量的下降。郊区化始于20世纪20—30年代的欧美发达国家,盛于50年代以后。中国是一个发展中国家,总体上仍处于城镇化阶段。但中国的地区发展差异较大,北京等个别城市从20世纪80年代起就开始了郊区化的进程,其后郊区化现象扩散到更多的城市。

郊区化研究首先要有城市中心区和郊区的地域界定。在西方,城市中心区即行政上的中心市,郊区即中心市以外的建成区。在中国,由于大城市实行市带县体制,近年来一些直辖市又实行了撤县设区,因此需要对中心区和郊区的范围进行界定。有些设区市的中心区与区界相一致,如北京的东城、西城两区组成北京的中心区,但多数城市没有现成的中心区,需要根据城市的发展历史在街道层次上划分中心区。又由于中国城市的郊区通常辖区面积都很大,需要把郊区再分成近郊区和远郊区两部分。

表5-9是5个郊区化案例研究城市的圈层划分,其中,北京、杭州、沈阳3个案例的研究由周一星、孟延春、冯健等人进行,上海、广州两个案例的研究由宁越敏、徐玮、谢守红等人进行。在

5 个城市中,前 3 个城市的中心区以新中国成立初期的城区范围为准,后两个城市的中心区在新中国成立初期城区范围基础上略有调整。

表 5-9 5 个郊区化案例研究城市的圈层划分

城市	中心区/km²	近郊区/km²	远郊区/km²
北京	87.1	1 282.8	15 437.9
杭州	13.45	669.4	15 913.2
沈阳	25.8	689.3	2 761.9
上海	98.0	522.0	5 720.0
广州	52.4	1 878.1	3 529.4

资料来源:北京、杭州数据引自冯健,2004;沈阳数据引自周一星,1997;广州数据引自谢守红,宁越敏,2003;上海数据引自徐玮,2004

在圈层划分基础上,利用 1982 年、1990 年和 2000 年全国人口普查资料,对北京、上海、广州和杭州进行了郊区化的实证研究。表 5-10 显示,1982—1990 年间,北京中心区的人口出现负增长,上海中心区的人口接近零增长,而广州中心区的人口略有增长,但 3 个城市的郊区人口都有所增长,其中近郊区成为人口增长最快的圈层。1990—2000 年间,3 个城市中心区都出现了人口的负增长,其中上海中心区人口减少的速度最快,人口年均增长率达 -2.55%。同期,近郊区仍成为人口增长最快的圈层,而且人口的增长速度超过前一时期。图 5-3 和图 5-4 直观显示了广州郊区化的扩张,从中可以发现较之 20 世纪 80 年代,广州中心区 90 年代人口负增长的范围迅速扩大,而近郊区人口年均增长率超过 10% 的区域也迅速扩大。

表 5-10 北京、上海、广州的郊区化进程

城市	北京			上海			广州		
地域范围	1982 年人口/万人	1990 年人口/万人	人口年均增长率/%	1982 年人口/万人	1990 年人口/万人	人口年均增长率/%	1982 年人口/万人	1990 年人口/万人	人口年均增长率/%
中心区	241.8	233.7	-0.43	508.3	508.7	0.01	190.8	210.5	1.24
近郊区	284.0	398.9	4.34	215.0	331.7	5.57	160.9	227.6	4.43
远郊区	397.2	449.4	1.55	462.7	493.7	0.81	167.6	191.9	1.71
全市	923.0	1 082.0	2.00	1 186.0	1 334.1	1.48	519.3	630.0	2.44
地域范围	1990 年人口/万人	2000 年人口/万人	人口年均增长率/%	1990 年人口/万人	2000 年人口/万人	人口年均增长率/%	1990 年人口/万人	2000 年人口/万人	人口年均增长率/%
中心区	233.7	211.5	-0.99	508.3	392.9	-2.55	210.5	197.4	-0.64
近郊区	398.9	638.9	4.82	331.7	635.2	6.71	227.6	532.5	8.87
远郊区	449.4	506.6	1.21	493.7	612.7	2.18	191.9	264.3	3.25
全市	1 082.0	1 357.0	2.29	1 333.7	1 640.8	2.30	630.0	994.2	4.76

资料来源:同表 5-9

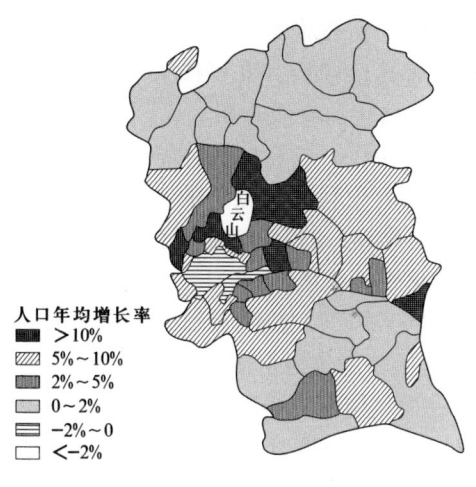

人口年均增长率
■ >10%
▨ 5%~10%
▥ 2%~5%
▢ 0~2%
▤ -2%~0
□ <-2%

图 5-3 1982—1990 年广州分
街镇总人口增长情况
资料来源:谢守红,宁越敏,2003

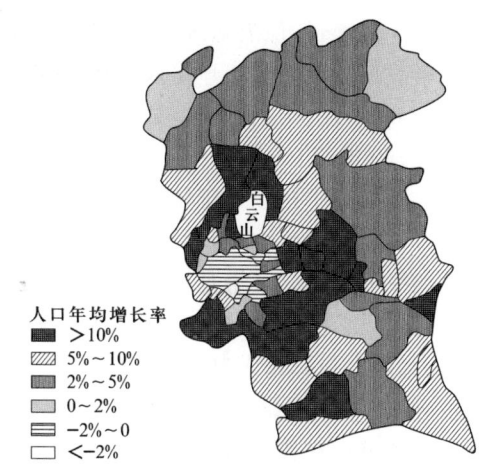

人口年均增长率
■ >10%
▨ 5%~10%
▥ 2%~5%
▢ 0~2%
▤ -2%~0
□ <-2%

图 5-4 1990—2000 年广州分
街镇总人口增长情况
资料来源:谢守红,宁越敏,2003

中国实行特殊的户口政策,因此在北京、上海和广州郊区化的研究中,还分别研究了常住户籍人口和外来人口分圈层的变化情况。如 20 世纪 80 年代,广州中心区常住户籍人口的年均增长率仅为 0.5%,接近零增长,而外来人口的人口年均增长率为 18.7%;近郊区常住户籍人口的人口年均增长率为 2.7%,外来人口的人口年均增长率为 34.0%。不论是中心区还是近郊区,外来人口的人口年均增长率都大大超过了常住户籍人口的增长率。20 世纪 90 年代,广州中心区常住户籍人口的人口年均增长率为-3.2%,负增长现象显著,外来人口的人口年均增长率为 13.1%;近郊区常住户籍人口的人口年均增长率为 1.5%,外来人口的人口年均增长率为 25.5%,外来人口的增长率仍大大超过常住户籍人口的增长率。2000 年,广州市外来人口的数量超过了 400 万人,使整个都市区的人口出现快速增长,其中集聚在近郊区的人口数达 300 万人。北京、上海常住户籍人口和外来人口分圈层的变化特点与广州类似。

纵观 1982—2000 年上述大城市人口空间格局的演变过程,可以发现有一个共同的特征,即在市域人口持续增长的同时,中心区的人口出现负增长,郊区的人口迅速增加,这就表明在这些城市出现了郊区化的现象。为进一步探讨人口的空间演变规律,有必要与霍尔的城市演变模型(图 4-4)进行比较。

(1)在霍尔的城市演变模型中,第 4 时期是相对分散阶段,即都市区总人口在继续膨胀,其中中心市人口低速增加,郊区人口高速增加。显而易见,20 世纪 80 年代上海、广州人口的空间变化动态与霍尔城市演变模型的第 4 时期是相符合的,即已进入郊区化的初期阶段。北京 20 世纪 80 年代中心区已出现人口的负增长,所以北京较上海、广州更早进入郊区化阶段。

(2)在霍尔的城市演变模型中,第 5 时期是绝对分散阶段,即中心区人口低速减少,郊区人口低速增加;第 6 时期为流失中的分散阶段,即中心区人口快速减少,郊区人口仍在低速增加。换言之,进入郊区化阶段后,西方城市人口变动的特点是,中心区人口负增长的速度由慢变快,郊区人口则始终保持低速增长的态势。对比该模型,20 世纪 90 年代北京、上海和广州中心区的人口都出现了负增长,但近郊区人口的增长速度超过了80年代,与霍尔模型郊区人口低速增长相反。但若我们只考虑常住户籍人口的空间变化,一些城市近郊区20世纪90年代人口的增长速度均低于80年代,与霍尔模型第5时期的特征相符,即进入郊区化的典型时期。

因此,20世纪90年代中国大城市总人口空间变化具有独特性。造成这种独特现象的原因有二。一是当前中国正处于转型时期,二元城乡结构仍然支配着中国社会经济的空间格局。由于内地发展相对滞后,中西部地区的农村人口大量向沿海地区转移,使得沿海地区总体上仍处于城镇化的发展阶段。不论是北京、上海,还是广州,总人口都出现大幅增加,而且主要分布在近郊区。二是中国沿海地区在20世纪90年代出现了前所未有的经济增长势头,使城市建设速度大大加快,大量常住户籍人口从中心区向郊区迁移,导致中心区人口的绝对下降。中国城市发展的高速度导致"时空压缩"效应,即发达国家要花上百年时间完成城镇化,然后进入郊区化阶段,而中国一些大城市在较短的时间里就从城镇化阶段进入郊区化阶段(以常住户籍人口为衡量标准)。这些因素的综合作用对区域人口产生拉力,对城市(中心区)人口产生推力。两种不同迁移力量的互动,使中国大城市同时出现人口集聚的城镇化和人口扩散的郊区化两种现象,其后果是大都市区的出现。

就郊区化的动力而言,地方政府扮演了主导作用。中国的经济改革以放权为主要特征。计划经济时期,经济决策和管理的权力高度集中在中央政府。在20世纪80年代实施改革开放政策后,为加速地方经济的发展,中央下放给省、自治区、直辖市政府越来越多的经济管理权力。通过计划单列市、市带县等体制改革和开发区的设置,非直辖市也获得更多的经济管理权力。其后的税制改革和土地批租制度推进,使地方政府更有条件谋划自己未来的发展。因此,改革使各级城市政府获得越来越多的发展自主权,从而推进了中国城市的郊区化进程。

就地方政府的具体措施而言,土地批租起了关键的作用。自20世纪50年代起,中国城市中就逐步取消了土地市场和房产市场,大部分土地和住宅收归国有。当城市用地需要增加时,征用农村集体土地(强制而低价的)成为城市国有土地新增部分的主要来源。由于城市土地长期无偿使用,城市的级差地租效应得不到体现,许多城市的土地利用不合理,效益低下的企业占据良好的区位,而需要良好区位的企业得不到所需用地。

中国实施对外开放政策后,随着外资企业的进入,城市土地计划配置、免费或廉价使用的方式显然已经不能适应新形势的需要。1987年,国务院特区办公室起草了《关于选若干点试行土地使用权有偿转让的建议》报告,提出选择上海、天津、广州、深圳4个城市作为土地有偿出让的试点城市。1987年,深圳批租了第一块土地。1988年,上海在虹桥经济技术开发区批租了两块土地,成为第二个进行土地批租的城市。但大规模的城市土地批租是在1992年后才开始进行的。土地批租对在迅速进行现代化建设而资金严重短缺的地方政府来说无疑具有极大的吸引力,城市政府利用土地批租在中心区实施"退二进三"的产业政策、推进中心区危旧房改造以及推进住房商品化和交通建设。为了加快土地批租的速度,土地批租的审批权被下放到各下级政府,从而使得各城市出让的土地数量和面积急剧增加。

土地批租使得土地的级差地租得到体现,进而优化了城市的土地利用。中心区的地价高,有利于服务业的发展。在中心区的土地批租有利于把对环境有害的工厂迁移出去,也有利于老城区的危旧房改造,这样就使一部分城市人口和工厂向郊区迁移。近郊区土地价格较低,有利于工业的发展和大规模居住区的建设,既吸引了中心区人口的迁移,又吸引了农民进城务工经商。

20 世纪 90 年代末以后,各地逐步停止福利分房制度,全面推行住房的商品化,而私家车也开始在一部分城市居民中普及,这些因素进一步加快了郊区化的进程。

三、大都市区快速成长

改革开放以来,中国经济发展迅速,出现了快速城镇化的发展趋势,城镇化率从 1978 年的 17.92% 上升到 2018 年的 59.58%。但长期以来,如何衡量中国城市的人口规模一直是中国城市研究中的一个难题。这是因为中国的城市从直辖市至县级市均是不同等级的行政区,"市"在中国实质上是城市型行政区。为推进城乡一体化建设,一些城市推行撤县设区的改革,市区规模越来越大,甚至出现"无县"市,市区人口等同于全市人口,这使"区"也失去了城市本来的意义。为了测度城镇化水平,第六次全国人口普查中使用了城区这一概念。城区系指"在市辖区和不设区的市,区、市政府驻地的实际建设连接到的居民委员会所辖区域和其他区域",但迄今尚未公布各市城区的范围、面积和人口数。

国际上通常采用都市区作为衡量城市规模的空间单元,而都市区的范围一般通过通勤这一指标来确定。中国在全国人口普查时没有进行通勤调查,因而学术界大多通过间接的方法来界定都市区的范围。宁越敏等借鉴国外大都市区的概念,提出中国大都市区的界定标准。遵循都市区空间结构的一般特征以及中国"市代管县"的行政区划特点,中国的大都市区以区、县级单位为基本单元,由中心市和外围县组成。中心市的人口规模在 50 万人以上,人口密度下限为每平方千米 1 500 人。外围县与中心市邻近,城镇化率下限为 60%。2010 年,全国共有 99 个城市的中心市达到 50 万人的门槛,且城镇化率达到 70% 以上,它们连同外围县,形成标准型大都市区。由于中国城市行政区划的复杂性,除标准型大都市区外,还存在中心市分离型、主副双中心型、无中心市型、多核心分散型 4 种非标准类型的大都市区,计有 29 个。采用上述界定方法得出的 128 个大都市区的城镇化率 2000 年时为 83.9%,2010 年上升到 88.2%,远远高于按全市口径得出的城镇化率,从而比较真实地反映了城市的实际规模。

2010 年,中国大都市区的数量为 128 个,仅比 2000 年增加 11 个,但总人口达 3.19 亿,比 2000 年增加了 1.2 亿,占全国总人口的比例上升至 23.8%,比 2000 年时提高了 7.7 个百分点(表 5-11)。其中,100 万人口以上大都市区的人口占全国总人口比例为 21%,显示出中国已进入大都市区化进程。与之相比,1990 年,美国百万人口以上大都市区人口占全美人口的比例已经超过 50%,这说明未来中国大都市区化进程有进一步发展的前景。

表 5-11　中国大都市区发展总体情况

年份	大都市区数量/个	总人口/亿人	大都市区化率(大都市区人口占全国比例)/%	大都市区城镇化率/%
2010	128	3.19	23.8	88.2
2000	117	1.99	16.1	83.9

128 个大都市区按其人口规模可以分为 4 个层级(表 5-12)。从大都市区的数量来看,随着人口规模等级的增加,城市数量逐渐减少,规模等级体系呈金字塔形,但 50 万~100 万人口大都

市区的数量在 10 年里减少了 14 个。各级大都市区人口占大都市区总人口的比例则呈"头重脚轻"的倒金字塔形,大都市区规模等级越高,所占的人口比例越大。从动态的人口变化来看,2000 年以来向高等级大都市区集聚的态势较为显著,大都市区大型化的趋势已经形成。其中人口超过 500 万的 I 级大都市区共有 16 个,虽然数量最少,但人口数达 1.48 亿人,占大都市区人口总数的 46.5%,是唯一有人口比例增长的大都市区等级。

表 5-12 2010 年中国大都市区人口规模结构及变动

大都市区等级和人口规模	数量/个	与 2000 年变化/个	人口比例/%	与 2000 年变化/%
I 级(大于 500 万)	16	+8	46.5	+15.8
II 级(200 万~500 万)	25	+7	25.5	-1.2
III 级(100 万~200 万)	39	+10	16.5	-4.2
IV 级(50 万~100 万)	48	-14	11.6	-10.4

四、都市连绵区、城市群成为国家经济的核心地区

城市化的巨型空间组织,国内外有不同的称谓。1983 年,宁越敏引进戈特曼"megalopolis"一词时,翻译为"巨大城市带",现简称为"大都市带"。21 世纪以来,又出现"mega city-region""mega region"等用语,它们被翻译为"巨型城市区域"或"巨型区域",但这些术语提出时作者并未给予清晰的概念界定。美国弗吉尼亚理工学院大都市研究所的 Lang 和 Dhavale 于 2005 年发表了 *Beyond megalopolis:exploring America's new "megapolitan" geography* 一文,他们在戈特曼大都市带概念基础上提出巨型都市区"megapolitan areas"概念,认为这是人口超过 1 000 万人,由都市区组成的集群网络。巨型都市区要满足以下标准:① 至少由两个或更多的都市区组合而成,都市区和小都市区呈连绵分布;② 预计到 2040 年人口规模达 1 000 万以上;③ 具有独特的历史和认知的"有机的"文化区域;④ 具有大致相似的自然环境;⑤ 由重要交通走廊连接主要的城市;⑥ 由物流和服务流形成城市网络;⑦ 以县作为基本单位。通过上述标准,他们界定出美国有 10 个巨型都市区,其中 6 个位于美国东部,4 个位于美国西部。这些巨型都市区除 1 个城市化水平为 67.3% 外,其余城市化水平均超过 80%,显示巨型都市区的重要特征是城市化高度发达的地区,并在美国经济中起着重要的作用。

中国学者把巨型城市区域称为都市连绵区、城市群。1986 年,周一星在分析中国城市概念和城镇人口统计口径时,提出了都市连绵区这一概念,以与国外普遍使用的大都市带(megalopolis)这一概念相对应。1988 年,周一星认为中国东南沿海的长江三角洲和珠江三角洲(含港澳)已经形成了两个都市连绵区,并认为辽中南、京津唐已有都市连绵区的雏形。周一星所指的都市连绵区以都市区为基本组成单元,是以若干大城市为核心并与周边地区保持强烈交互作用和密切社会经济联系,沿一条或多条交通走廊分布的巨型城乡一体化地区。都市连绵区的形成有 5 个必要条件:① 具有两个以上人口超过百万的特大城市作为发展极;② 有对外口岸;③ 发展极和口岸之间有便利的交通干线作为发展走廊;④ 交通走廊及其两侧人口稠密,有较多的中小城市;⑤ 经济发达,城乡间有紧密的经济联系。

其后,周一星进一步提出都市连绵区成型的指标。

(1) 具有两个以上人口超过百万的特大城市作为发展极,且其中至少一个城市具有相对较高的对外开放程度,具有国际性城市的主要特征。

(2) 有相当规模和技术水平领先的大型海港(年货物吞吐量在 1 亿 t 以上)和空港,并有多条定期国际航线运营。

(3) 区域内拥有由多种现代运输方式叠加形成的综合交通走廊,区内各级发展极与走廊之间有便捷的陆上手段。

(4) 区内有较多的中小城市,且多个都市区沿交通走廊相连,总人口规模达到 2 500 万以上,人口密度达到 700 人·km^{-2} 以上。

(5) 组成都市连绵区的各个都市区之间、都市区内部中心市与外围县之间存在密切的社会经济联系。

第(1)项指标强调骨干城市的规模及其国际性特征,是因为当今世界上已经成型的大都市带均与国际性城市甚至世界城市(world city)之间存在着显著的耦合关系,如纽约、伦敦、东京不仅是美国东海岸、英格兰和日本东海道 3 个最大的都市连绵区的核心城市,也是在世界政治经济体系中居于顶尖地位的国际大都市。从都市连绵区的功能来看,这也应是其基本内涵之一。

第(2)项指标是对起始条件的发展和具体化。港口吞吐量 1 亿 t 是同世界上已经成型的大都市带相当的指标。香港 1994 年港口货运吞吐量为 14 102 万 t。上海港 1995 年吞吐 16 567 万 t,相当于 20 世纪 80 年代初国外都市连绵区枢纽港纽约港的水平(1982 年日本神户港和美国纽约港的吞吐量分别为 15 565 万 t 和 16 699 万 t)。北方两个区块的枢纽港要逊色得多,大连港 1995 年吞吐量已达 6 417 万 t,在大窑湾港区建设完工之后可超过 1 亿 t;天津港 1995 年货物吞吐量为 5 787 万 t。

第(3)项指标要求都市连绵区成型之后不仅有强有力的综合交通走廊,而且区内广大中小城市与交通走廊之间有良好的沟通条件,可以方便地利用走廊。这就要求具有网络化的交通系统,除了常规运输方式外,高速公路、高速铁路等现代运输方式应逐渐占主导地位。

第(4)项指标中,总人口规模达到 2 500 万与戈特曼坚持的下限指标一致,每平方千米 700 人的密度指标显著高于戈特曼建议的 250 人·km^{-2} 的标准。这是基于中国仍是一个经济发展水平较低的人口大国的基本国情而设计的。

第(5)项指标为都市连绵区内部的联系指标。

周一星进一步提出中国在具备特定地理条件的区域内从都市区到都市连绵区的完整演化过程模型,划分为以下几个阶段(图5-5)。

(1) 中小城市独立发展阶段。各个中小城市均以集聚为主,城市本身处在扩张过程,与外围地区之间的作用以对各种经济要素的吸引为主,城市之间的联系相对薄弱。

(2) 都市区形成阶段。原有的个别城市依靠特定的优势在区域经济发展中处于有利的位置,城市规模超前发展,并将周围的中小城市纳入自己的势力范围之内(图中2、3成为1的边缘部分)。大城市的膨胀蔓延直到出现郊区化现象,开始形成了都市区。

(3) 都市区轴向扩展形成联合都市区阶段。区内具有特定指向的交通轴线出现,大部分城市形成了都市区,且各个独立的都市区均沿轴线扩展,除了都市区内部中心市和外围县之间的联

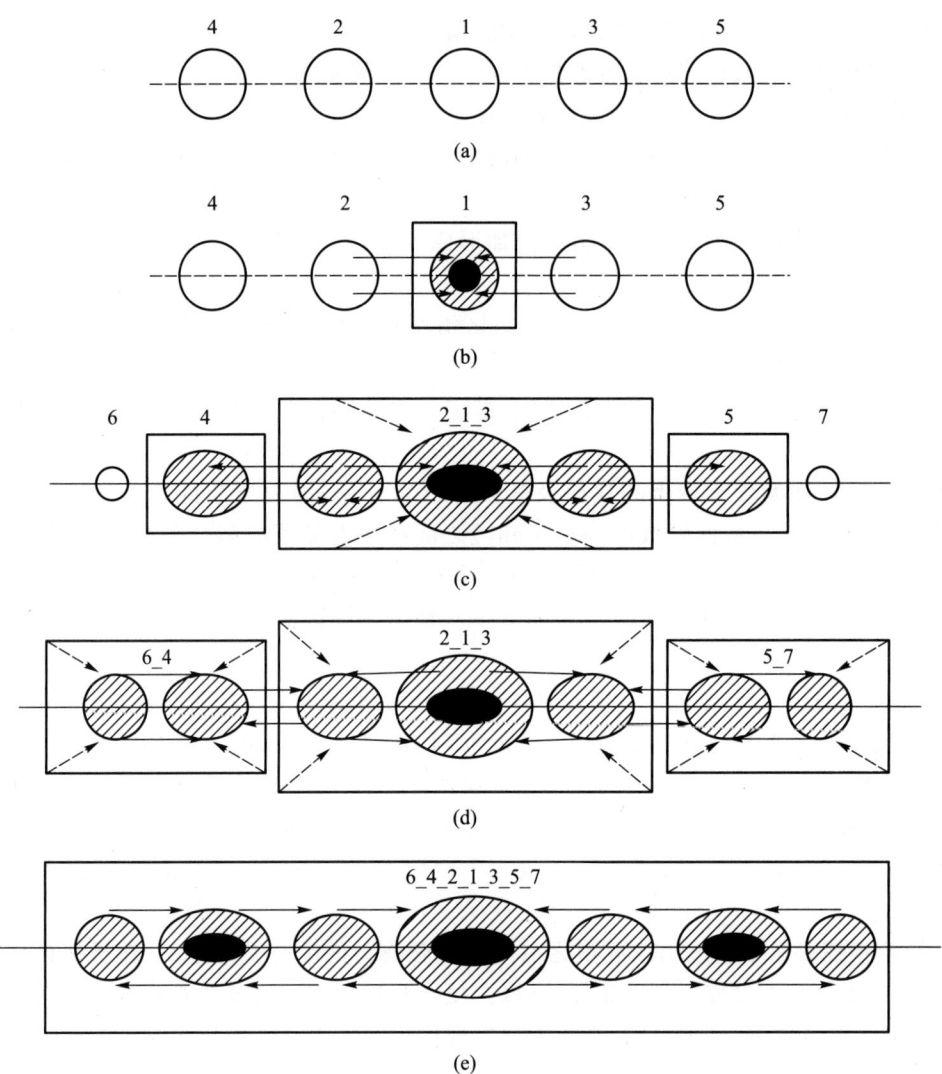

图 5-5　都市连绵区形成发展过程模型

（a）中小城市独立发展阶段；（b）都市区形成阶段；（c）都市区轴向扩展
形成联合都市区阶段；（d）都市连绵区雏形阶段；（e）都市连绵区成型阶段

系外，各个都市区的中心市之间的联系也逐渐加深，开始出现多个都市区空间相连组成联合都市区的现象。人口和各种经济要素在轴线两侧的集聚导致新的聚落中心出现（图中 6、7）。

（4）都市连绵区雏形阶段。在由多种现代运输方式构成的综合交通走廊形成之后，都市区沿着轴线方向扩展融合，建立起具有密切联系的功能性网络，初步形成区域一体的整合形态。

（5）都市连绵区成型阶段。作为国家经济核心地区的都市连绵区产生强大的吸引力，促使各种生产要素向这一地区进一步集聚，雏形阶段的枢纽城市发展为国际性城市。两个甚至多个都市连绵区结合成为更大规模的连绵区，甚至会超越国界成为在国际政治经济活动中发挥重要作用的核心地区，即杜克西亚迪斯提出的世界性都市连绵区（ecumenopolis）的一部分。再进一步的发展则表现为内部组织不断优化、走向动态均衡的趋势。

　　1994—1997 年间,中国城市地理学者对中国沿海 4 个城市密集地区进行了大规模的合作研究。该研究采用 1995 年的数据,以珠江三角洲、长江三角洲、京津唐、辽中南 4 个区块为例,进行了都市区和都市连绵区的实证研究,研究的结果如下(图 5-6)。

　　珠江三角洲:以广州、佛山、香港、深圳、澳门、珠海、中山、江门、惠州、肇庆等城市为中心市,加上 15 个外围县组成 6 个都市区。这 6 个都市区在地域上已基本连在一起,总人口达 2 500 万人,总面积为 33 010 km²,组成穗港澳都市连绵区。

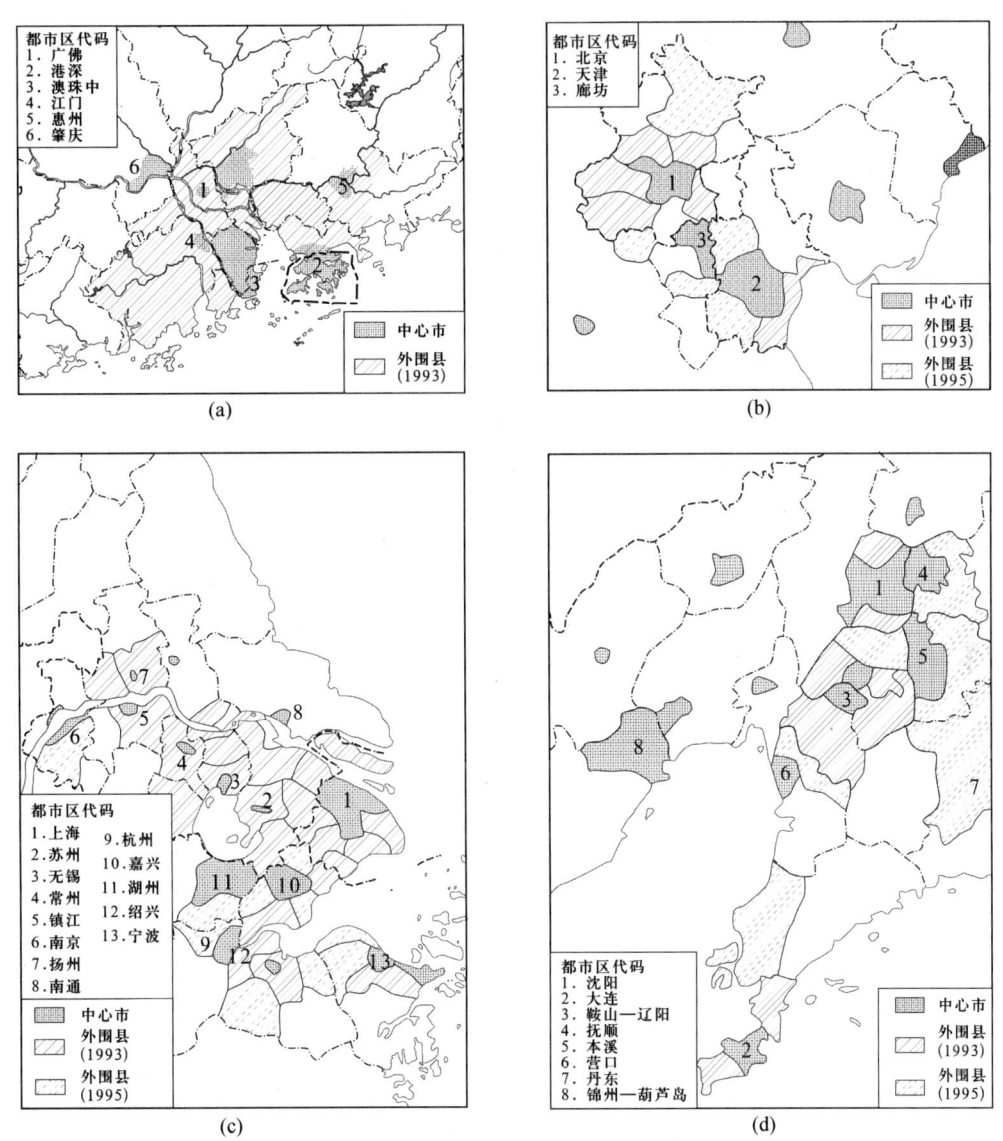

图 5-6　中国沿海 4 个区块的都市区和都市连绵区分布

(a) 珠江三角洲;(b) 京津唐;(c) 长江三角洲;(d) 辽中南

资料来源:胡序威,周一星,顾朝林,2000

长江三角洲:上海市和江苏、浙江两省所辖的 14 个地级市中,除舟山市外,都有条件形成自己的都市区。其中,从上海经苏州、无锡、常州至镇江的 5 个都市区已完成连片,它们与南京、扬州和南通 3 个都市区基本相连;从上海经嘉兴至杭州、绍兴 4 个都市区也基本连片,与湖州、宁波两个都市区也基本相连。因此,长江三角洲都市连绵区已经成形,其总人口为 5 110 万人,占长江三角洲总人口的 69.6%,是中国人口最多的都市连绵区。

京津唐:北京、天津两个直辖市和唐山、秦皇岛、廊坊都达到了作为都市区中心市的标准,其中北京和天津形成两个大都市区,介于京津之间的廊坊正在形成一个较小的都市区,而唐山和秦皇岛是两个孤立的中心市,周围尚无一个外围县与其相连。这样,京津和廊坊 3 个都市区共同组成拥有 1 800 万总人口和近 1 200 万城镇人口的京津都市连绵区。

辽中南:辽宁中部有沈阳—抚顺—本溪和辽阳—鞍山两组共 5 个都市区相连,这是介于单个都市区和都市连绵区之间的空间形态,可被称为联合都市区,但它们尚未和大连、营口两个都市区相连。辽中南都市区的总人口为 1 570 万,集聚的总规模小于前 3 个都市连绵区,说明只是仍在形成过程中的都市连绵区的雏形。

按照都市连绵区成型的 5 条标准,20 世纪 90 年代中期,珠江三角洲和长江三角洲已达到都市连绵区的标准,而京津唐和辽中南两个地区尚处于都市连绵区的发展过程之中。

宋家泰、崔功豪、张同海首先提出中国城市群的概念。他们在 1985 年编著的《城市总体规划》一书中认为,城市群即"多经济中心的城市区域,即在一个特定地区内,除其中一个作为行政—经济中心外,还存在具有同等经济实力或水平的几个非行政性的经济中心"。该书认为苏锡常、长株潭、沈鞍抚本辽就是这样的城市群。甚至扩而大之,像京津唐地区都是。同时,该书提出"大城市及其周围小城镇或卫星镇的结合,可视为城市群类型的变型"。换言之,城市群是在一定区域范围内,由若干个具有一定经济规模,且彼此差异不大,存在着内在联系的城市组成的集合体。

姚士谋等 1992 年出版的《中国的城市群》一书首次以城市群为研究对象。他们认为城市群是指在特定地域范围内具有相当数量的不同性质、类型和规模的城市,以一个或两个特大城市为核心,借助现代化的运输网、信息网发生紧密联系而共同构成的城市集合体。根据城市群的组合特征、城市规模、经济基础和自然环境特征,该书把城市群分成 3 种类型:一是沪宁杭、京津唐、珠江三角洲、山东半岛、辽中南、四川盆地 6 个超大型城市群;二是中等规模的城市群组,如关中、湘中、中原、福厦、哈大齐、武汉、台湾西海岸 7 个城市密集地区;三是地区性的小型城市群组。

《中华人民共和国国民经济和社会发展第十一个五年规划纲要》(简称"十一五"规划)和《中华人民共和国国民经济和社会发展第十二个五年规划纲要》(简称"十二五"规划)在谈及积极稳妥推进城镇化时,先后原则性地提出要发挥城市群的作用。"十一五"规划强调"要把城市群作为推进城镇化的主体形态"。"十二五"规划指出要"以大城市为依托,以中小城市为重点,逐步形成辐射作用大的城市群,促进大中小城市和小城镇协调发展"。

方创琳、宁越敏等学者对城市群概念进行了界定和研究,其中宁越敏在都市连绵区概念的基础上给予大城市群界定了以下 6 项指标。① 以 50 万人口以上的大都市区作为城市群的核心。由于中国的城市行政区划不能反映城市实体地域的大小,因此有必要引入城市功能地域即都市区的概念。一个城市群至少有两个人口百万以上大都市区作为发展极,或至少拥有一个人口在

200 万以上的大都市区。② 大城市群的总人口规模达 1 000 万人以上。③ 应高于全国平均的城市化水平。④ 沿着一条或多条快速交通走廊,连同周边有着密切社会、经济联系的城市和区域,相互连接形成巨型城市化区域。⑤ 城市群的内部区域在历史上要有较紧密的联系,区域内部要有共同的地域认同感。⑥ 作为功能地域组织的都市区缺少相应的经济统计数据,而地级市能够提供较为齐全的统计数据,因此城市群的实际组成单元以地级市及以上城市型行政区为主,并视具体情况加以调整。

以 2000 年第五次全国人口普查和 2010 年第六次全国人口普查数据首先对中国大都市区进行界定,辨认出若干个大都市区集聚区域。由于 2000 年时中国整体的城市化水平还比较低,除长江三角洲、珠江三角洲、京津唐等个别早已明确范围的城市群外,其他城市群的空间界定一般是以大都市区为端点,沿铁路干线所形成的城市带。如辽中南城市群主要由沈大线之间的城市组成,山东半岛城市群主要由济南—青岛—威海之间的城市组成,成渝城市群主要由成都和重庆之间的城市组成,中原城市群主要由陇海线开封—洛阳之间的城市组成,等等。这样,中国大陆合计有 13 个规模较大的城市群。其中,长江三角洲、珠江三角洲、京津唐、山东半岛、辽中南、哈大齐、长吉、中原、闽东南、成渝 10 个地区均有两个人口百万以上的大都市区以及一批人口在 50 万~100 万的都市区,这些都市区沿交通干线相互连接,形成了彼此间有着密切的社会经济联系的城市群。此外,武汉、长株潭、关中 3 个地区虽无两个人口百万以上的大都市区,但核心都市区的人口超过了 200 万人。

表 5-13 是根据 2000 年第五次全国人口普查和 2010 第六次全国人口普查结果计算出的 13 个城市群的人口规模和城镇化水平。按照城市群人口规模的大小,可将 13 个城市群分为 3 个等级。一级城市群的人口总规模达到 5 000 万人以上,包括长江三角洲、珠江三角洲、京津唐 3 大城市群。其中长江三角洲城市群 2010 年的人口超过 1 亿人,远远超过其他城市群的人口规模,是中国最大的城市群。珠江三角洲城市群若包括区域中心城市香港、澳门,其人口规模也超过 6 000 万人,是中国第二大城市群。京津唐人口超过 4 700 万人,是第三大城市群。二级城市群的人口规模为 2 000 万~4 000 万,包括成渝、山东半岛、辽中南、中原、武汉、闽东南 6 个城市群。三级城市群的人口规模为 1 000 万~2 000 万,包括关中、哈大齐、长吉、长株潭 4 个城市群。

城市群是城市的集聚区,一般具有较高的城镇化水平。2000 年,中国的城镇化水平为 36.09%,除中原城市群外,其他 12 个城市群的城镇化水平均超过了全国平均水平。其中,长江三角洲、珠江三角洲、京津唐和东北的三大城市群的城镇化水平均超过 50%,山东半岛城市群的城镇化水平接近 50%;而闽东南、成渝、武汉、关中、长株潭、中原 6 个城市群的城镇化水平均不到 50%。成渝城市群的城镇化水平仅为 44.1%,但比范围更广的四川盆地城市群 28.8% 的城镇化水平已高出 15.3 个百分点。显而易见,本文界定的成渝城市群比四川盆地城市群更好地反映它作为巴蜀地区增长极的地位。

2001 年中国加入世界贸易组织后,全球资本加快向中国转移,由于全球资本转移主要发生在沿海地区,所产生的就业机会导致中西部地区人口加速向沿海地区流动,这种双向流动造成沿海城市群人口激增。2000—2010 年间,长江三角洲人口增加了近 2 000 万人,珠江三角洲、京津唐两个城市群人口也各增加了 1 000 万人以上,三大城市群人口合计增加 4 313 万人。其他 10 个城市群除武汉城市群人口略微有所减少外,其余均有不同程度的增加,其中山东半岛、闽东南、成渝、中原 4 个城市群各增加了 300 万人以上。13 个城市群合计增加 6 425 万人,而同期全国人口(未包括港澳台地区)增加 7 400 万人。这表明历经 30 多年的改革开放,人口流动已突破省、市行政区划的束缚,城市群这一空间单元已成为中国人口的主要集聚区。

表 5-13　2000 年和 2010 年中国城市群的人口规模和城镇化水平

城市群	城市	2000 年总人口/百万人	2000 年城镇化水平/%	2010 年总人口/百万	2010 年城镇化水平/%	人口增加/百万
长江三角洲	上海、苏州、无锡、常州、镇江、南京、扬州、泰州、南通、杭州、嘉兴、湖州、绍兴、宁波、舟山、台州	87.77	58.23	107.63	69.68	19.86
珠江三角洲	广州、深圳、佛山、江门、惠州、珠海、东莞、中山、肇庆	42.88	68.95	56.12	82.73	13.24
京津唐	北京、天津、廊坊、唐山、秦皇岛	37.05	59.12	47.48	72.70	10.43
辽中南	沈阳、鞍山、抚顺、本溪、辽阳、营口、大连	24.61	63.92	26.59	71.27	1.98
山东半岛	济南、青岛、淄博、潍坊、烟台、威海	35.33	49.83	38.92	58.43	3.59
闽东南	福州、莆田、泉州、厦门、漳州	23.03	43.64	26.37	60.41	3.34
成渝	成都、资阳、内江、自贡、重庆	33.15	44.10	36.83	60.90	3.68
中原	郑州、开封、洛阳、新乡、焦作、济源、平顶山、许昌、漯河	37.59	31.36	41.53	45.80	3.94
武汉	武汉、鄂州、黄石、孝感、黄冈、咸宁、仙桃、潜江、天门	30.70	46.10	30.24	54.70	-0.46
哈大齐	哈尔滨、大庆、齐齐哈尔	17.41	51.66	18.91	56.69	1.50
长吉	长春、吉林	11.62	51.93	12.09	55.75	0.47
关中	西安、咸阳、铜川、宝鸡	16.55	43.28	17.91	55.44	1.36
长株潭	长沙、株洲、湘潭	12.39	40.92	13.65	60.95	1.26

注:① 长江三角洲城市群所属区域指上海、江苏、浙江一个直辖市两个省;京津唐城市群所属区域指北京、天津、河北两个直辖市一个省;成渝城市群所属区域指四川省和重庆市;其余城市群所属区域指城市群所在的省。② 重庆包括主城区、北碚区、渝北区、双桥区、巴南区、荣昌县、大足县、铜梁县、璧山县、永川市(区)。③ 城市群未包括香港、澳门和台湾资料。

资料来源:2000 年和 2010 年全国人口普查分县资料

　　这一时期也是中国城镇化水平提升较快的时期,2010 年中国人口城镇化率为 49.68%,而长江三角洲、珠江三角洲、京津唐和辽中南的城镇化率接近或超过了 70%,珠江三角洲的城镇化率甚至达到了 82.73%,成为一个超级都市区。在其他城市群中,除中原城市群的城镇化率略低于50% 外,其余均在 50%~60%,高于全国平均水平。

　　城市群的分布具有沿海、沿轴、沿江的特点,东部沿海地区有 6 个城市群,其余城市群则沿哈大线、京广线、陇海线以及长江沿线分布,这和中国的人口分布格局和经济梯度空间格局是一致的。

思考题

1. 简述世界城市化的进程。
2. 当今世界城市化的主要特征是什么?
3. 简述 1949 年以前中国各历史时期城市发展的主要特征。
4. 评述当代中国城镇化的进程。
5. 评述中国城镇化的动力机制。
6. 简述新型城镇化的要点。
7. 简述中国城市群的发展。

参考文献

[1] 芒福德 L. 城市发展史——起源、演变和前景[M].倪文彦,宋峻岭,译.北京:中国建筑工业出版社,1988.

[2] 豪尔 P.长江范例[J]. 王士兰,王之光,译.城市规划,2002,26(12):6-17.

[3] 沙森 S.全球城市:纽约、伦敦、东京[M].周振华,等译.上海:上海社会科学院出版社,2005.

[4] 泰勒 P J,德鲁德 B.世界城市网络:一项全球层面的城市分析[M].刘行健,李凌月,译.南京:江苏凤凰教育出版社,2018.

[5] 许学强,叶嘉安.我国城市化的省际差异[J].地理学报,1986,41(1):8-22.

[6] 宁越敏,张务栋,钱今昔.中国城市发展史[M].合肥:安徽科学技术出版社,1994.

[7] 周一星,曹广忠.改革开放 20 年来的中国城市化进程[J].城市规划,1999,23(12):8-13.

[8] 崔功豪,马润潮.中国自下而上城镇化的发展及其机制[J].地理学报,1999,54(2):106-115.

[9] 薛凤旋,杨春.外资影响下的城市化——以珠江三角洲为例[J].城市规划,1995(6):21-27.

[10] 许学强,胡华颖.对外开放加速珠江三角洲市镇发展[J].地理学报1988,43(3):201-211.

[11] 许学强,周春山.论珠江三角洲大都会区的形成[J].城市问题,1994(3):3-6.

[12] 宁越敏.新城镇化进程——90 年代中国城镇化动力机制探讨[J].地理学报,1998,53(5):470-477.

[13] 宁越敏,杨传开.新型城镇化背景下城市外来人口的社会融合[J].地理研究,2019,38(1):23-32.

[14] 杨传开,宁越敏.中国省际人口迁移格局演变及其对城镇化发展的影响[J].地理研究,2015,34(8):1492-1506.

[15] 周一星,孟延春.沈阳的郊区化——兼论中西方郊区化的比较[J],地理学报,1997,52(4):289-299.

[16] 周一星,孟延春.北京的郊区化及其对策[M].北京:科学出版社,2000.

[17] 谢守红.中国大都市区的空间组织[M].北京:科学出版社,2004.

［18］冯健.转型期中国城市内部空间重构［M］.北京:科学出版社,2004.

［19］张欣炜,宁越敏.中国大都市区的界定和发展研究——基于第六次人口普查数据的研究［J］.地理科学,2015,35(6):665-673.

［20］许学强,薛凤旋,阎小培.中国乡村—城市转型与协调发展［M］.北京:科学出版社,1998.

［21］胡序威,周一星,顾朝林,等.中国沿海城镇密集地区空间集聚与扩散研究［M］.北京:科学出版社,2000.

［22］吴缚龙,宁越敏.转型期中国城市的社会融合［M］.北京:科学出版社,2018.

［23］方创琳,王振波,马海涛.中国城市群形成发育规律的理论认知与地理学贡献［J］.地理学报,2018,73(4):651-665.

［24］宁越敏.论中国城市群的界定和作用［J］.城市观察,2016(1):27-35.

［25］孙斌栋,汪明峰,张文新,等.中国城市经济空间［M］.北京:科学出版社,2018.

［26］周一星.北京的郊区化及引发的思考［J］.地理科学,1996,16(3):198-206.

［27］Friedmann J,Wolff G. World city formation:an agenda for research and action［J］.International Journal of Urban and Regional Research,1982,6(3):309-344.

［28］Friedmann J. The world city hypothesis［J］. Development and Change,1986,17(1):69-84.

［29］Chan K W,Xu X Q.Urban population growth and urbanization in China since 1949:reconstructing a baseline［J］.The China Quarterly,1985(104):583-613.

［30］Ma L J,Cui G H.Administrative changes and urban population in China［J］.Annals of the Association of American Geographers.1987,77(3):373-395.

第六章　城市职能分类

城市职能决定了城市规模。城市职能又是由城市为外部服务的经济活动决定的。在讨论城市职能分类之前，有必要先介绍城市经济活动。

第一节　城市经济活动类型划分与城市发展

一、城市经济活动的基本活动与非基本活动部分

考察城市的产业结构，通常把城市经济分成第一产业、第二产业、第三产业等产业部门，在大的产业部门下面，又分成若干行业。每一个行业下面还可以细分为大类、中类、小类等不同部门。

现在换一种角度，即按照城市全部经济活动的服务对象来分，可分成两部分：一部分是为本城市的需要服务的，另一部分是为本城市以外的需要服务的。为外地服务的部分，是从城市以外为城市创造收入的部分，它是城市得以存在和发展的经济基础，这一部分活动称为城市的基本活动部分，它也是导致城市发展的主要动力。基本活动部分的服务对象都在城市以外，细分又有两种情况。一种是离心型的基本活动，例如，城市生产的工业产品或城市发行的书刊报纸运到城市以外销售；另一种是向心型的基本活动，例如，外地人到这个城市来旅游、购物、求学或接受医疗等。为本城市的需要服务、满足城市内部需求的经济活动，随着基本活动部分的发展而发展，被称为非基本活动部分。其细分也有两种，一种是为了满足本市基本部分的生产所派生的需要；另一种是为了满足本市居民正常生活所派生的需要。

虽然基本活动部分是城市发展的主导力量，但不言而喻，基本和非基本两部分是相互依存的。城市的非基本活动部分应该和基本活动部分保持必要的比例，当比例关系不协调时，就会使城市这架复杂的机器运转不正常。

城市经济活动的基本活动部分与非基本活动部分的比例关系叫作基本/非基本比率（简称 B/N 比）。例如，一个城市的钢铁工业，其产品的 80% 供给外地，20% 在本城市消费，则该市钢铁工业部门的 B/N 比是 1：0.25，或 100：25。也可以按该部门产品从外地和从本地获得的收入来求取 B/N 比。更多情况下是折合成劳动力来表示 B/N 比。如果城市各经济部门都把从业职工划分成基本和非基本两部分，即可得到整个城市的 B/N 比。

现代城市的每一个经济部门都可能既为外地服务又同时为本地服务，不过二者的构成状况，

127

即 B/N 比可能很不相同。有时也把以基本活动部分占明显优势的经济部门叫作基本部门,以非基本活动部分占明显优势的经济部门叫作非基本部门。

一个城市,如果其经济生活中基本活动部分的内容和规模日渐发展,这个城市就势不可挡地要发展。如果城市的基本活动部分由于某种原因而衰落,例如矿业城市因矿产资源耗竭,港口城市因港湾淤塞或腹地丧失,加工工业城市的输出产品失去竞争力等,同时却没有新的基本活动发展起来,那么这个城市就无可挽回地要趋向衰落。当城市的条件发生变化,促进新的基本活动部分萌发时(例如矿产资源耗竭的城市转变了经济结构,港口城市向下游深水港湾转移),衰落的城市还会复兴。这是理解一切城市成长发展机制的钥匙。这就是城市经济基础理论。一个城市的经济要可持续地发展下去,就要有可持续发展的基本活动部分。

二、划分城市基本活动和非基本活动的方法

城市经济基础理论中关于区分城市经济活动的基本和非基本部分的观念是简单明了的,但是具体区分起来却不那么容易。这里按发展顺序介绍几种有代表性的方法。

1. 普查法

通过发调查表和现场访问获得每一个企业和单位基本活动和非基本活动的信息,最后都折合成职工数,进而得到整个城市的 B/N 比。这一方法虽然可以得到比较准确的结果,但整个调查过程非常烦琐、冗长和乏味。当城市规模较大时,工作量浩瀚异常,如果想同时对比研究几个城市,就无法靠个人的力量得到第一手资料。

2. 残差法

这是霍伊特(Homer Hoyt)为了简化直接调查的程序而提出的一种间接方法。他先把已经知道的以外地消费和服务占绝对优势的部门,作为基本活动部分先分出来,不再过细地区分内部可能包含的非基本活动部分。然后从基本活动不占绝对优势的部门职工中,减去一个假设的必须满足当地人口需要的部分。他假设的比例为 1:1。

过去,中国城市规划在调查基本人口时,为了简化过程也有采用这一方法的。不过为了准确起见,常常是分别和有关的主管部门共同讨论,估计出每个部门的基本/非基本的合适比例。

3. 区位商法（或宏观法）

这个方法的实质是假设全国经济的部门结构是满足全国人口需要的结构,因此各个城市必须有类似的劳动力结构才能满足当地的需要。低于这一比例的部门,城市需从外地输入产品或取得服务。当城市某部门比例大于全国比例时,认为该部门除满足本市需要外还存在基本活动部分。大于全国比例的差额即该部门基本活动部分的比例,把各个部门和全国平均比例的正差额累加,就是城市总的基本活动部分。

马蒂拉(J. M. Mattila)和汤普森(W. R. Thompson)首先提出这种方法,其数学表达式为:

$$L_i = \frac{e_i/e_t}{E_i/E_t} \quad (i = 1, 2, 3, \cdots, n) \tag{6-1}$$

式中:e_i 为某城市 i 部门职工人数;e_t 为该城市总职工数;E_i 为全国 i 部门职工数;E_t 为全国总职工数;L_i 为区位商。L_i 大于 1 的部门是具有基本活动部分的部门。

$$B_i = e_i - \frac{E_i}{E_t} \cdot e_t \qquad (6-2)$$

式中:B_i 为剩余职工指数。$B_i<0$,则此部门只为本地服务;$B_i>0$,则 B_i 为 i 部门从事基本活动的职工数。

$$B = \sum_{i=1}^{n} B_i \quad (B_i>0) \qquad (6-3)$$

式中:B 为城市中从事基本活动的总职工数。

区位商法大大简化了区分城市基本活动部分和非基本活动部分的复杂过程,因此计算区位商在城市经济结构的研究中被广泛使用。但是,区位商法的假设只有在国家没有外贸出口和全国各城市都有相同的生产率和消费结构的前提下才能成立。对于重要的出口部门,用全国比例去衡量城市满足本地需要的部分,显然标准就偏高了。城市之间在同一部门生产率的实际差别和消费习惯的不同也会影响计算的准确性。当然,在很多情况下,研究者只是用区位商法甄别某城市的主导产业,可以不必满足如此严格的假设条件。

4. 正常城市法

瑞典地理学家阿列克山德逊(G. Alexanderson)在评价区位商法时,举例道:美国汽车工业职工占全国的 1.5%,但只有 12% 的城市能有这么高的比例,最高的底特律为 20%,而 70% 的城市只有 0.2% 甚至更少。那么,1.5% 的全国平均比例究竟意味着什么呢? 很难说清。为此,阿列克山德逊在 1956 年研究美国城市经济结构时试图为各部门寻找一个"正常城市"作为衡量所有城市应有的非基本部分的标准。低于这一标准的部门,只为本地服务,在这标准以上的部分,是城市的基本活动部分。

阿列克山德逊收集了美国 864 个 10 000 人以上城市 36 个部门的职工构成百分比资料。分别把 864 个城市每个部门的职工百分比从小到大排列起来,并据此画成各部门职工百分比的累计分布图。他经过大量的对比,最后确定选取各部门序列中第 5 个百分位(即第 43 位城市)城市的职工百分比作为该部门满足本地需要的正常比例,并称之为 K 值。超出 K 值的部分为基本活动部分。

36 个部门的 K 值加起来一共是 37.7%(表 6-1)。意味着美国城市当时为本市服务的"正常的"职工百分比应该在 37.7% 左右,即 B/N 比约为 1:0.6。

阿列克山德逊在大量的城市中寻找一个所谓"正常城市"的思想颇有新意。然而,尽管他在研究中曾尝试使 K 值分别取第 1 个百分位(即第 9 个城市)和第 5 个百分位城市的职工百分比(表 6-1),经过大量对比,最后选用了第 5 个百分位,但这仍然带有较大的主观性,很大程度上是经验性的决定。实际上,接近于作者想象中的具有 37.7% 非基本活动部分的所谓"标准结构"的城市,都是人口为 1 万~5 万的小城市。连他本人也为此提出疑问,这样选择出来的 K 值是否适合于内部交换比小城市大得多的较大城市。

莫里塞特(I. Morrissett)1958 年在阿列克山德逊研究的基础上继续进行工作,从原来 864 个城市中删去了 123 个经济结构比较特殊的城市,余下的 741 个城市,再分成美国东北部、南部和西部两个地区,又把每个地区中所包括的城市分成 7 个规模组,分别找出了 36 个部门每个规模组城市的 K 值(表 6-2)。从中得到了两个重要结果。

表 6-1　阿列克山德逊 36 个部门的 K 值

部门	$K_1(1\%)$	$K(5\%)$	部门	$K_1(1\%)$	$K(5\%)$
采矿业	0.0	0.0	邮电业	0.4	0.6
建筑业	2.6	3.5	公用事业	0.6	0.9
木材加工、家具工业	0.0	0.0	批发商业	0.9	1.4
冶金工业	0.0	0.0	食品零售商业	2.3	2.7
金属加工工业	0.0	0.0	餐馆和啤酒馆业	1.8	2.1
一般机械制造	0.0	0.1	其他零售商业	6.3	8.0
电机工业	0.0	0.0	金融信用业	1.2	1.8
汽车工业	0.0	0.0	事务服务业	0.1	0.2
其他运输机械	0.0	0.0	修理业	0.8	1.1
其他耐用品制造	0.1	0.2	仆役	1.0	1.3
食品工业	0.3	0.7	旅馆业	0.2	0.3
纺织工业	0.0	0.0	其他个人服务	1.7	2.1
缝纫工业	0.0	0.0	娱乐业	0.5	0.7
印刷工业	0.5	0.7	医疗服务	1.3	1.8
化学工业	0.0	0.1	教育	2.2	2.6
其他非耐用品制造	0.0	0.1	其他职业性服务	1.0	1.2
铁路运输业	0.2	0.4	行政机关	1.7	2.1
汽车货运业	0.3	0.5	总计	28.3	37.7
其他运输业	0.3	0.5			

资料来源:阿列克山德逊,1956

(1) K 值在经济发展水平不同的地区是有差别的。经济发展较早,制造业高度专门化的美国东北部城市,除了制造业以外,其他部门的非基本部分的比重(K 值)都比发展历史相对较晚、城市密度相对较小的南部和西部要低。

(2) 各部门的 K 值以及 K 值的和,无论在美国东北部或南部和西部地区,都随着城市规模等级的上升而提高,进一步证实了随着城市人口规模的增加,城市的非基本部分比例一般也相应增加。这也就说明,阿列克山德逊对 864 个从 1 万人到数百万人的庞大城市体系,统统使用第 5 个百分位的"正常城市"作为标准划分基本/非基本活动是不可取的。

表 6-2 美国各部门职工百分比、阿列克山德逊的 K 值和莫里塞特的 K 值比较表

部门			矿业	建筑业	耐用品制造业	非耐用品制造业	运输和公用事业	商业	服务业	总计
全国的百分比值			0.9	6.2	15.9	14.2	9.2	22.6	30.8	100.0
阿列克山德逊的 K 值			0.0	3.5	0.3	1.6	2.9	14.2	15.2	37.7
莫里塞特的 K 值	东北部	10	0.0	2.4	0.4	1.2	2.4	12.7	12.4	31.5
		25	0.0	2.7	0.8	1.4	2.7	14.2	13.3	34.1
		50	0.0	3.0	1.1	1.8	2.9	13.9	14.1	36.8
		100	0.0	3.4	1.7	2.4	3.1	14.7	15.4	40.7
		250	0.0	3.8	3.4	3.7	3.8	16.4	17.5	48.6
		500	0.0	4.0	5.4	5.3	4.6	17.6	18.7	55.6
		1 000	0.0	4.2	5.7	5.8	5.4	18.0	19.5	58.7
	南部和西部	10	0.0	4.2	0.3	1.3	2.9	15.2	15.0	38.9
		25	0.0	4.4	0.3	1.6	3.2	15.7	16.0	41.2
		50	0.0	4.6	0.5	1.7	3.5	16.5	16.9	43.7
		100	0.0	5.0	0.8	2.1	4.1	17.7	18.2	47.9
		250	0.0	5.7	1.6	3.1	5.1	19.3	21.4	56.8
		500	0.0	6.1	2.5	4.8	5.9	21.2	23.3	64.3
		1 000	0.0	6.4	3.5	6.2	7.6	21.7	24.8	71.0

注:原表中 36 个部门这里归并简化为 7 个大部门,因此个别规模组的累加值与总计有误差。

资料来源:Morrissett,1958

5. 最小需要量法

1960 年厄尔曼(E. L. Ullman)和达西(M. F. Dacey)提出了另一种划分基本/非基本活动部分的方法,叫最小需要量法。它和区位商法、正常城市法的不同在于:① 他们认为城市经济的存在对各部门的需要有一个最小劳动力的比例,这个比例近似于城市本身的服务需求,一个城市超过这个最小需要比例的部分近似于城市的基本部分;② 把城市分成规模组,分别找出每一规模组城市中各部门的最小职工比重,以这个比重值作为这一规模组所有城市对该部门的最小需要量。一城市某部门实际职工比重与最小需要量之间的差,即城市的基本活动部分,把城市各部门的基本部分加起来,得到整个城市的基本部分。

用最小需要量法分析美国的城市经济,同样证实了城市的非基本部分比例随着城市规模的增大而提高(表 6-3)。

厄尔曼等城市规模组来确定城市经济的基本/非基本活动部分,又向前跨出了一步,但仍不是尽善尽美。批评主要集中在两个方面。

表 6-3　美国 14 个部门不同规模组城市的最小需要量　　　　（单位:%）

部门	人口规模和样本数					
	100 万人以上,24	30 万~80 万人,38	10 万~15 万人,38	2.5 万~4 万人,38	1.0 万~1.25 万人,38	0.25 万~0.3 万人,38
农业	0.4	0.6	0.9	0.3	0.1	0.0
矿业	0.1	0.0	0.0	0.0	0.0	0.0
建筑业	4.0	3.4	3.5	3.2	2.7	0.4
耐用品制造业	2.8	3.8	1.5	1.3	0.5	0.9
非耐用品制造业	4.0	3.5	3.4	3.0	1.0	1.0
运输业	5.1	4.0	3.3	3.2	2.5	1.8
批发业	2.2	2.3	1.7	1.4	0.6	—
零售业	12.9	12.6	12.3	12.2	10.5	9.7
金融业	3.5	2.6	2.2	2.1	1.4	0.4
事务服务	1.9	1.6	1.6	1.0	0.6	0.5
个人服务	3.7	3.7	2.5	3.3	2.3	1.9
娱乐服务	0.6	0.4	0.4	0.2	0.2	0.0
专业服务	10.1	9.3	8.0	7.8	6.0	5.9
公共行政管理	2.9	2.2	2.2	2.4	1.6	0.9
总计	54.2	50.0	43.5	41.4	30.0	23.4

资料来源:Ullman,Dacey,and Brodsky,1969

首先,假如被选择出来作为衡量某一规模组最小需要量的那个城市,经济结构恰巧很特殊,不能代表一般状况,那就会影响一大片城市的计算准确性。厄尔曼等的研究只把美国城市分成6 个规模组,规模间也不连续,每个规模组只随机选择 38 个城市(人口 100 万以上级别为 24 个样本)。由于种种原因,的确使某些所选城市的代表性受到了怀疑。例如,首都华盛顿特别低的耐用品制造业和批发业比例被选作人口 100 万以上城市的最小需要量指标就是最突出的例子(表 6-3)。

另一更尖锐的批评认为,假如按照厄尔曼等的理论认为具有最小需要量比例的城市能满足自身需要,其余城市都有输出,那么就会得出一个矛盾的结论:几乎所有的城市都有输出,却没有一个城市需要输入。这一点也许正是最小需要量法与区位商法、正常城市法相比,在理论上的一个漏洞。批评者半开玩笑地说:不是所有高于最小需要量的城市输出货物或服务,而是所有高于最大需要量的城市输出货物和服务。

以上两个缺点已经被另一些研究者设法克服,使最小需要量法更趋完善。

为了避免第一个缺陷,穆尔(C. L. Moore)把城市按规模分成连续的 14 个等级,从每一个规模等级的城市样本中,找出每个部门的最小职工百分比和中位城市的规模。然后将两者进行回归分析,利用回归方程可以求到任何规模城市某部门相应的最小需要量。数学表达式如下:

$$E_i = a_i + b_i \lg P \tag{6-4}$$

E_i 是 i 部门 P 规模城市的最小需要量，a_i 和 b_i 是参数，a_i，b_i 用下式求得：

$$E_{ij} = a_i + b_i \lg P_j \tag{6-5}$$

E_{ij} 是第 j 规模等级城市中第 i 部门实际找到的最小职工百分比，P_j 是第 j 规模等级城市的人口中位数。

穆尔对 1970 年美国 333 个城市的分析结果表明(表 6-4，图 6-1)，大多数部门的城市规模等级与最小需要量之间有很高的正相关。出乎意料的是零售商业相关性不强。建筑业、健康服务业和农业则没有相关性，故没有包括在图表中。所有部门都表现出最小需要量随城市人口增加而上升的趋势，其中以耐用品制造业最显著。

表 6-4 穆尔回归分析的相关指数(R^2)

部门	R^2	部门	R^2
1. 非耐用品制造业	0.557	7. 金融、保险、房地产业	0.855
2. 耐用品制造业	0.864	8. 业务服务	0.718
全部制造业(1+2)	0.918	9. 个人服务	0.667
3. 运输业	0.818	10. 教育	0.569
4. 通信业	0.651	11. 其他服务	0.722
5. 批发商业	0.736	12. 公共行政	0.719
6. 零售商业	0.241	全部经济活动	0.861
全部商业(5+6)	0.516		

注：原表还有两个回归方程的 a_i，b_i 和标准差，此处从略，可从图中判断。

资料来源：Moore，1975

为了克服厄尔曼等人的方法中的理论缺陷，吉布森(L. J. Gibson)和沃登(M. A. Worden)改用各规模组中第二位最低的城市职工百分比作为每个规模组城市的最小需要量。他们为了从各种方法中找出最佳区分基本/非基本的间接方法，曾经对美国亚利桑那州的 20 个小城镇(人口从 1 838 人到 15 000 人)用普查法、3 种不同比例的抽样调查法、两种不同标准的区位商法和 4 种不同的最小需要量法进行对比研究。结果证明，用穆尔建立的最小需要量的回归模型所得到的结果最接近于普查结果，用第二位最低职工百分比的最小需要量法效果也相当好。

三、影响基本/非基本比率的因素

城市 B/N 比在不同城市之间有很大差异。

首先是随着城市人口规模的增大，非基本活动部分的比例有相对增加的趋势。城市越大，城市内部各种经济活动之间的依存关系越密切，城市内的交换量越多；城市居民对各种消费和服务的要求也越高；城市也越有可能建立较为齐全的为生产和生活服务的各种行业和设施。而小城市一般只有很小一部分的生产和服务是维持本身需要的，基本活动部分比例较高。

在规模相似的城市，B/N 比也会有差异。专业化程度高的城市基本活动部分的比例较高，

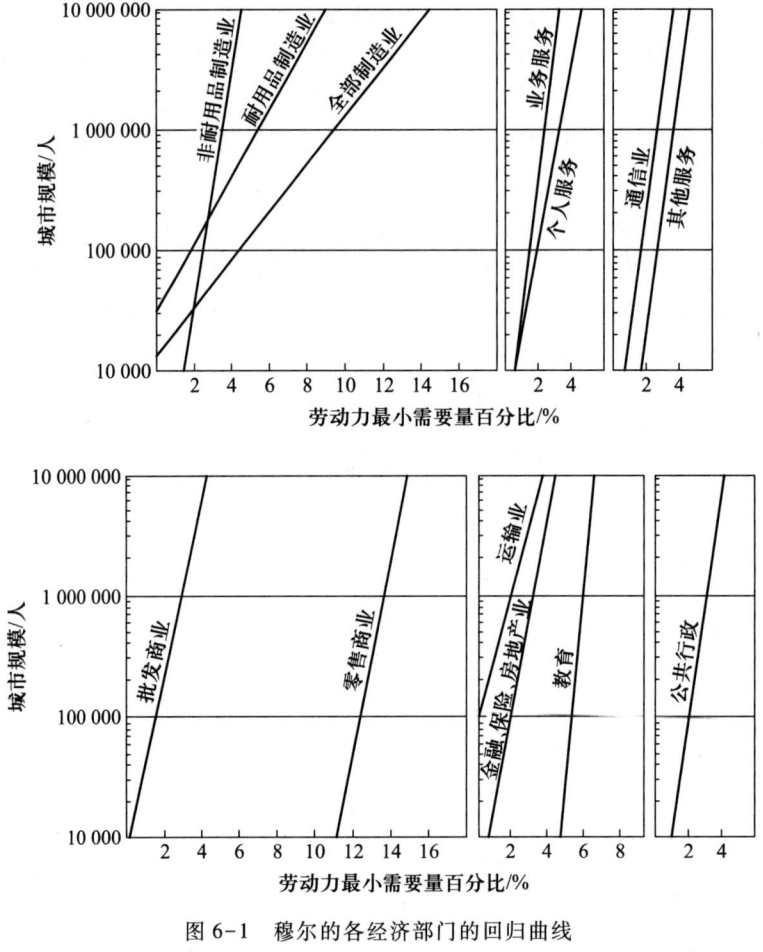

图 6-1　穆尔的各经济部门的回归曲线

资料来源：Moore，1975

而地方性的中心一般基本活动部分比例较低。差不多规模的城市，如果一个是位于大城市附近的中小城镇或卫星城，另一个是远离大城市的独立城市，则前者因依附于母城，可以从母城取得本身需要的大量服务，非基本活动部分就可能较小；而后者必须建立自己较完整的服务系统，非基本活动部分就较大。

老城市在长期的发展历史中，已经完善和健全了城市生产和生活的体系，非基本活动部分比例较高，B/N 比可能较小，而新城市则可能还来不及完善内部的服务系统，B/N 比可能较大。

城市经济的基本/非基本活动部分的结构随着时间的推移也有变化，穆尔的分析表明，1940—1970 年期间城市总的最小需要量比例，总体上是呈不断上升的趋势，在大城市尤为明显，中等城市次之。在最低等级的小城市不仅增长的趋势不明显，反而略有下降（图 6-2）。这种变化趋势还在不断发展中。

城市人口在年龄构成、性别构成、收入水平等方面的差别对城市经济的基本/非基本活动部分也都有影响。

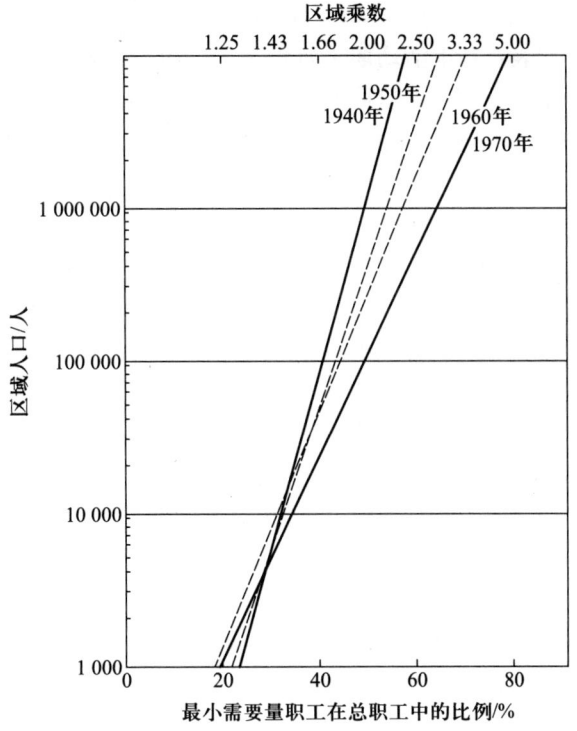

图 6-2　城市最小需要量的变动趋势

资料来源：Moore，1975

四、城市基本活动与非基本活动对城市发展的影响

城市发展的内部动力主要来自输出活动即基本活动部分的发展。城市由于基本活动部分的发展,从输出产品和劳务中获得的收入增加。收入的一部分导致基本活动部分的职工对本地消费和服务需求的扩大,也就导致了本地非基本活动部分就业岗位的增加和收入的增加。基本活动收入的另一部分则用于本身的扩大再生产,继续为城市从外部获得更多的收入……基本和非基本活动每一次的增加都要引起当地人口的进一步增加,这样反过来又增加本地的需求和本地的人口。城市发展的过程也就是基本和非基本两部分活动在一个地方循环往复、不断集聚的过程。城市基本活动部分每一次的投资、收入和职工的增加,最后在城市所产生的连锁反应的结果总是数倍于原来投资、收入和职工的增加。城市基本活动所引起的这样一种放大的机制被称作"乘数效应"。

从城市就业职工的结构来看,城市总就业(E)等于基本活动部分就业(BE)和非基本活动部分就业(NBE)之和,即:

$$E = BE + NBE \tag{6-6}$$

亦即：

$$E = BE + \frac{NBE}{BE} \cdot BE = \left(1 + \frac{NBE}{BE}\right) \cdot BE \tag{6-7}$$

设

$$\left(1 + \frac{NBE}{BE}\right) = m$$

则：
$$E = m \cdot BE \tag{6-8}$$

这里的 m 就是乘数，它表示基本活动职工每增加一个单位，引起城市总就业职工的增加量是基本活动部分就业职工增加的 m 倍。显然乘数大小和城市就业职工的基本/非基本比是有关系的。

城市总人口(P)与城市总就业(E)和基本活动部分就业(BE)之间也有一种乘数关系，乘数大小也和 B/N 有关：

$$P = a \cdot E \quad (a>1，也称带眷系数) \tag{6-9}$$

$$P = a \cdot m \cdot BE = a\left(1 + \frac{NBE}{BE}\right) \cdot BE \tag{6-10}$$

如果我们知道城市非基本活动部分就业(NBE)与它所服务的城市总人口(P)之间的系数β，则：

$$NBE = \beta \cdot P \quad (\beta<1) \tag{6-11}$$

那么，从(6-6)、(6-9)、(6-11)3 式可以得到以下 3 个经济基础方程式，说明城市或区域的人口和职工的发展与衰落是由基本活动部分的变动来控制的。

$$E = (1-\alpha \cdot \beta)^{-1} BE \tag{6-12}$$

$$P = a (1-\alpha \cdot \beta)^{-1} BE \tag{6-13}$$

$$NBE = \alpha \cdot \beta (1-\alpha \cdot \beta)^{-1} BE \tag{6-14}$$

根据这样的原理，基本活动部分就业职工数一旦确定，就可以计算出相应的非基本活动部分就业职工数和城市总人口，计算程序的框图见图 6-3。

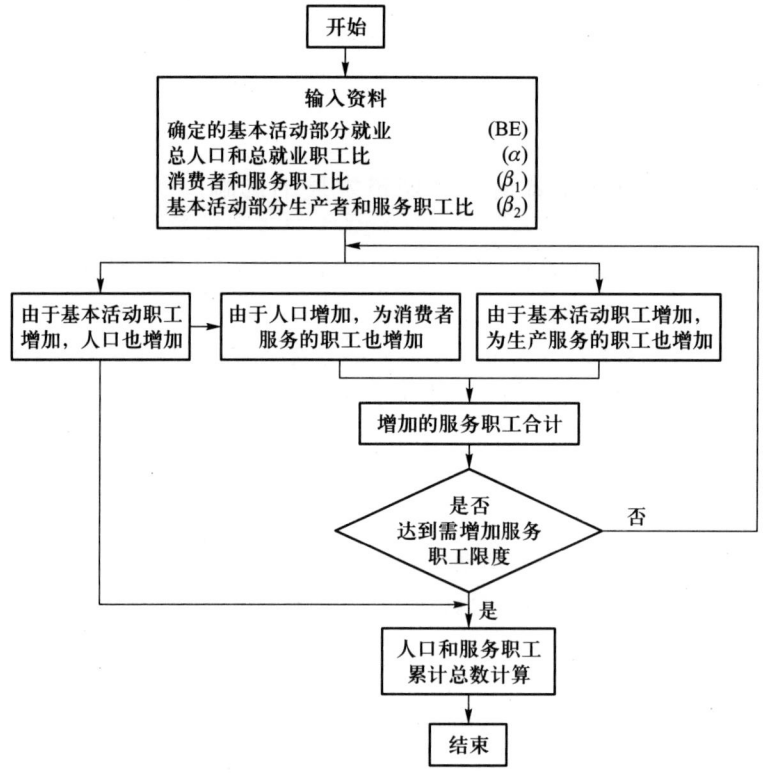

图 6-3　经济基础乘数模式计算程序框图

资料来源：Kohasaka Kiroyki,1977

在图 6-3 中,服务职工即非基本活动部分职工被细分成为为消费者服务的职工和为基本活动部分生产服务的职工两个部分。并且假设城市已知的总人口和总就业职工比 α、消费者和服务职工比 β_1、基本活动部分生产者和服务职工比 β_2 是不变的。只要把基本活动部分就业职工数输入后,就可确定最终造成的服务职工和城市人口的增长量。利用这个结果,人们可以预测由于基本活动部分人口的增加,所需增加的新住宅单元数、中小学的班次、公共交通和上下水道设施等。

第二节 城市职能及其分类

一、城市职能和城市性质的概念

城市职能是城市科学里的专门术语,指某城市在国家或区域中所起的作用,所承担的分工。

上节已述,城市的政治、经济、文化等各个领域的活动是由基本、非基本活动两部分组成的。这两部分活动的发展常常互相交织在一起,但主动和主导的因素一般来说是前者。城市职能概念的着眼点就是城市的基本活动部分。有人把城市对内、对外进行的各种生产和服务活动都归入城市职能范畴,这是不够严密的。城市职能是从整体上看一个城市的作用和特点,指的是城市与区域的关系,城市与城市的分工,属于城市体系的研究范畴。

城市性质和城市职能是既有联系又有区别的概念。

联系在于城市性质是城市主要职能的概括,指一个城市在全国或地区的政治、经济、文化生活中的地位和作用,代表了城市的个性、特点和发展方向。确定城市性质一定要进行城市职能分析。

城市性质并不等同于城市职能。城市职能分析一般利用城市的现状资料,得到的是现状职能,城市性质一般是表示城市规划期里希望达到的目标或方向;城市职能可能有好几个,职能强度和影响范围各不相同,而城市性质关注的是最主要、最本质的职能;城市职能是客观存在的,可能合理,也可能不合理,而城市性质是在认识客观存在的前提下,糅进了人的主观意念,可能正确,也可能不正确。

为了科学地确定城市的规划性质,有必要在理论上给城市职能和城市性质概念以一个时间的尺度,城市有历史上的职能和性质、现状的职能和性质、规划的职能和性质。在实践中要避免如下一些倾向。

(1)既要避免把现状城市职能原封不动地照搬到规划的城市性质上,又要避免脱离现状城市职能的完全理想化地确定城市性质。

(2)城市性质的确定一要跳出就城市论城市的狭隘观念,在方法论上一定要眼睛向外,运用区域分析方法、城市间对比的方法、城市经济结构分析的方法。

(3)城市性质对主要职能的概括深度要根据使用场合的不同而区别对待,用于区域规划和城市规划时,表达不宜过泛,以便于指导实践,城市性质所代表的城市地域要明确。

近些年来,在原来确定"城市职能"和"城市性质"的基础上,中国不少城市在规划时又增加了"发展目标"和"战略定位"。由此,相互间在概念上可能出现一些交叉甚至混淆,处理不当的时候常常把"经济繁荣""社会文明""科教发达""设施完善""环境优美""宜居城市""生态城市""资源节约型城市""环境友好型城市"等普适性的词汇都引入城市职能或城市性质的表述中,导致客观的职能分析削弱了,增加了人为主观意念的成分。"直辖市""地级市"和"历史文化名城"可不可以是城市性质的组成部分?严格说来,这些都不是城市性质。前两个主要代表行政等级的建制概念,不是广义经济为外地服务的概念;第三个反映该城市历史上的重要职能、地位和特色,虽然今天对文化遗产有保护和利用的重要价值,但不是今天的城市职能和城市性质。如果因为"历史文化名城"而派生出重要的为外地服务的教育科研职能或旅游职能,则可以在城市职能或城市性质中如实表达。

二、城市职能分类方法

按照城市职能的相似性和差异性,对一定区域里许多城市进行的分类就是城市职能分类。类别的多少与考虑城市各个职能的精细程度有关。类别控制在适当的数量,就必然要对城市职能加以概括,抓住主要的特征,而舍弃某些细节。

英国城市地理学家卡特(H. Carter)把城市职能分类方法按发展的时间顺序分为 5 种,我们顺着这个线索看看它的发展过程。在 5 种方法的基础上,再介绍其新的动态。

1. 一般描述方法

它由研究者首先确定一个城市类别的体系,以描述性的名称加以命名,然后根据自己对每个城市的了解,分别把城市归入各个类别。在 1921 年发表的英国奥隆索(M. Auronsseau)的分类是这一方法的著名代表(表 6-5)。

表 6-5　奥隆索的城市职能分类体系

第一类	行政	首都,税收城镇
第二类	防务	要塞城镇,驻军城镇,海军基地
第三类	文化	大学城,大教堂城镇,艺术中心,朝圣中心,宗教中心
第四类	生产	制造业城镇
第五类	交通	(1) 汇集:采矿业城镇,捕渔业城镇,森林城镇,仓库城镇 (2) 转运:集市城镇,瀑布线城镇,中转城镇,桥头城镇,潮限城镇,航运起点城镇 (3) 分配:出口城镇,进口城镇,补给城镇
第六类	娱乐	疗养胜地,旅游胜地,度假胜地

资料来源:Auronsseau,1921

这类方法的致命弱点是任意性和主观性较大。分类的好坏完全取决于研究者对每个城市职能特点的了解深度。确定一个描述性的城市职能分类的系统相对来说并不困难,每一类里选取几个典型城市作例子也是容易的。难的是要使大量的城镇在分类表中都各得其所。因为这种方法,一个城市只限于归入一类,绝大多数类别以一种职能命名,而职能特点较为复杂的城市,不依靠一个客观标准,分类就遇到困难,只能用主观判断解决。

2. 统计描述方法

统计描述方法的城市类别仍是分类者事先决定的,但每一类增加了一个统计上的数量标准,以1943年发表的哈里斯(C. D. Harris)的美国城市职能分类最负盛名(表6-6)。

他利用1930年人口普查职业和就业两大数据库的资料,把美国605个10 000人以上的城镇分成10类,给其中8类规定了明确的数量指标。指标一般包括两部分,第一是主导职能行业的就业比例应该达到的最低临界值;第二是主导职能行业职工比例和其他行业相比所具有的某种程度的优势。例如,对于重要制造业城市(M′亚类),其制造业职工必须至少占从业职工的45%,同时,制造业在制造业、零售业和批发业三业的总就业人数中占74%以上。运输业城市的交通运输业职工至少占城市从业职工的11%,同时,不少于制造业职工的1/3,不少于商业职工的2/3,等等。把那些主导职能不明显的城市归为综合性城市。哈里斯没有为娱乐休养城市和政治中心城市找到合适的指标,这两类城市是凭印象分出来的。哈里斯把美国城市职能分类的结果用分布图表示,并给予了合理的解释。

表6-6　哈里斯美国城市职能分类的标准

类别　　　标准	主导行业在制造业、零售业和批发业三业总就业比例	主导行业在全部从业职工中的比例
制造业城市 M′亚类	+74%	+45%*
制造业城市 M 亚类	+60%	30%~45%
零售业城市 R 类	+50%(并至少是批发业的2.2倍)	
批发业城市 W 类	+20%(并至少是零售业的45%)	
运输业城市 T 类	至少是制造业职工的1/3、商业职工的2/3*	+11%
矿业城市 S 类		+15%
大学城市 E 类		在大学一级学校的注册人数至少等于该城市人口的25%
综合性城市 D 类	−60%(制造业不足制造业、零售业和批发业三业的60%) −50%(零售业不足制造业、零售业和批发业三业的50%) −20%(批发业不足制造业、零售业和批发业三业的20%)	
娱乐休养城市 X 类	没有找到满意的统计标准,就业率低的城市被归入这类	
政治中心城市 P 类	各州首府及首都华盛顿	

*代表职业数据。

资料来源:Harris,1943

　　用劳动力结构的资料为城市主导职能规定一个定量指标，比一般描述方法前进了一步。不过，定量指标的使用尚不充分，例如，74%、45%、60%、2.2倍、1/3等指标，是作者凭经验做出的主观决定，不易被他人所理解。这种方法仍然没有超脱描述性分类的范畴。不同的只是由以前的定性描述变成了数量描述。另外，除了增加了综合性城市类外，这种方法仍然没有解决一个城市只反映一个主导职能的局限性，不能反映城市职能的复杂性。后来的学者开始尝试用统计分析方法来修正哈里斯确定指标的主观性。

3. 统计分析方法

　　进入20世纪50年代，要获得一整套全国城市的劳动力结构资料已经不再困难。城市职能分类开始探索用一个比较客观的统计参数来代替人为确定的数量指标，用以衡量城市主导职能的标尺。首先被使用的统计参数是平均值，然后是标准差。这就是统计分析方法进行城市职能分类的实质。波纳尔(L. L. Pownall)、纳尔逊(H. J. Nelson)和罗伯特(C. A. Robert)发表了一系列有名的成果。

　　1955年纳尔逊的美国城市职能分类影响十分深远。他试图提出一种客观的、统一的、能被其他人检查和理解的量测方法，来确定城市所承担的足以高出常态的主导职能。其研究的要点如下。

　　(1) 把1950年美国国情普查中24个主要行业重组成9种经济活动，作为划分城市职能类别的基础。

　　(2) 分别计算897个万人以上城镇9种活动的劳动力结构百分比，并绘制了9个部门劳动力结构百分比的城镇频率分布曲线(图6-4)。曲线普遍有峰值出现。

　　(3) 计算所有城镇每种活动职工百分比的算术平均值(M)和标准差(σ)。以高于平均值加一个标准差作为城镇主导职能的标准，以高于平均值以上几个标准差来表示该职能的强度(表6-7)。

表6-7　美国城镇9种活动的职工平均比例和标准差

	制造业	零售业	专门服务业	交通运输业	个人服务业	公共行政	批发业	金融、保险、房地产业	矿业
平均值(M)	27.07	19.23	11.09	7.12	6.20	4.58	3.85	3.19	1.62
标准差(σ)	16.04	3.63	5.89	4.58	2.07	3.48	2.14	1.25	5.01
$M+\sigma$	43.11	22.86	16.98	11.70	8.27	8.06	5.99	4.44	7.63
$M+2\sigma$	59.15	26.49	22.87	16.28	10.34	12.54	8.13	5.69	12.64
$M+3\sigma$	75.26	30.12	28.16	20.86	12.41	16.02	10.27	6.94	17.65

资料来源：Nelson,1955

　　(4) 按照上述标准，48%的城市有一项主导职能，被分入1个类，16%的城市分入2个类，7%的城市分入3个类，不到1%的城市分入4个甚至5个职能类。还有246个城市没有任何一个部门的职工百分比达到平均值加一个标准差的分类标准，它们被归入多样化城市职能类。

　　(5) 作者的分类结果用代号列出每个城市的职能类别，并对每一类城市的地理分布作了简

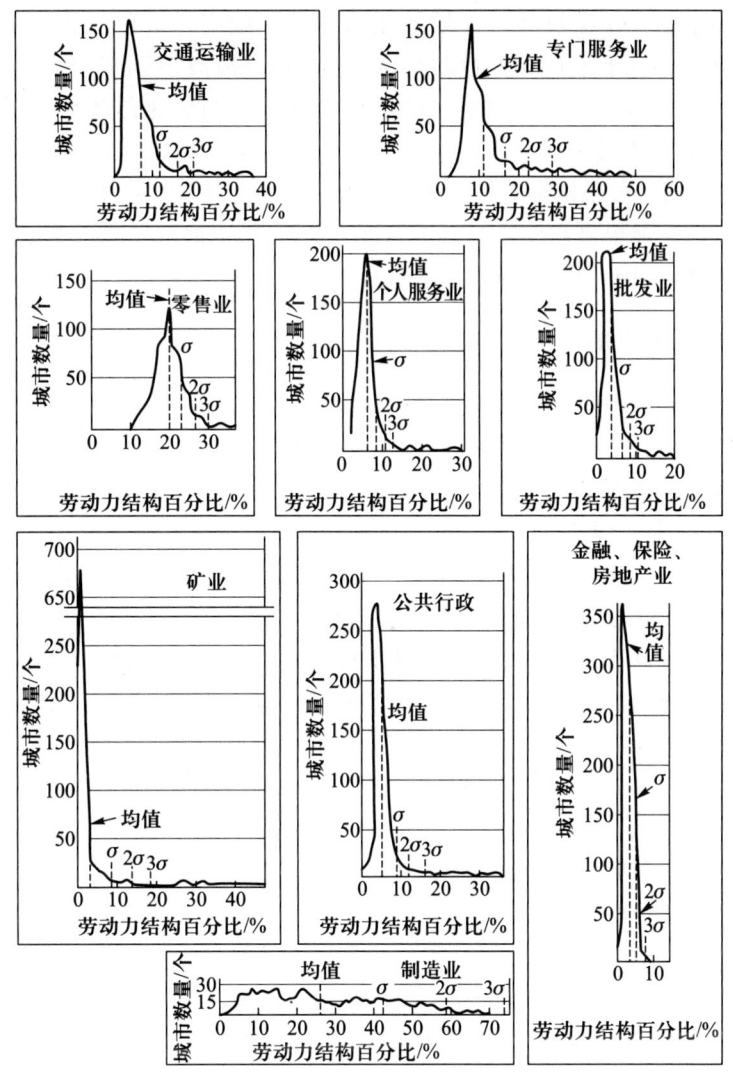

图6-4　美国城镇9种经济活动劳动力结构百分比的频率分布曲线

资料来源:Nelson,1955

要说明。城市职能的表达方式举例如下。

华盛顿 *Pb3F*(公共行政3级,金融、保险、房地产业1级)

底特律 *Mf*(制造业1级)

纽约 *F2*(金融、保险、房地产业2级)

迈阿密 *Ps3RF*(个人服务业3级,零售业1级,金融、保险、房地产业1级)

埃尔森特罗 *R3W3PsPbF*(零售业3级,批发业3级,个人服务业1级,公共行政1级,金融、保险、房地产业1级)

纽黑文 *D*(多样化城市)

以纳尔逊为代表的统计分析方法与过去相比有3点进步:一是分类建立在比较客观、统一的统计推导的方法论基础上;二是一个城市可以有几个主导职能,属于几个城市类,较能反映实际的城市职能状况；三是可以反映城市主导职能的专门化程度。这种方法的不足之处有 3 点。① 它实际上没有根据城市职能的相似性和差异性把城市分成类，只是表达了每个城市的职能特点。② 城市有几个主导职能被筛选出来，与确定职能主导性的标准有很大关系。应该说用平均值加一个标准差的标准是相当高的。这是导致有约 27.4% 的城市被归入多样化城市的原因。③ 所有城市，全用一把尺子来衡量它们为外地服务的作用与城市非基本活动部分的比例随城市规模的增大而提高的原理相违背。针对上述的第 3 点不足，罗伯特先将所有城市按规模分组，然而在各规模组内部再应用平均值和标准差进行分类。

4. 城市经济基础研究的方法

阿列克山德逊认为城市职能分类应该扣除城市非基本活动部分以后，在城市基本活动部分的结构基础上来进行，他的分类要点如下。

（1）得到美国 864 个城市 36 个行业的职工百分比，按行业把全部城市的职工百分比从小到大排列，并画出累计分配曲线。

（2）从中找出第 5 个百分位即第 43 个城市的职工百分比作为这一行业的 K 值，某城市大于 K 值的部门即是这个城市的形成部门（即基本部门）。

（3）把超过 K 值标准 5~10 个百分点的城市称为 C 型城市，超过 K 值 10~20 个百分点的城市称为 B 型城市，超过标准 20 个以上百分点的城市称为 A 型城市。

（4）一个城市可以有一个或几个形成部门。阿列克山德逊列出了每个城市的形成部门的强度类型。例如：

匹兹堡	B	冶金工业
纽约	C	缝纫工业、金融业
普林斯顿	A	教育
	C	仆役、职业性服务

从方法论上看，阿列克山德逊的方法与纳尔逊的相比，没有本质上的区别，只是判断城市主导职能的标准前者较低，后者较高；部门分类前者较细，后者较粗。

麦克斯韦尔(J. W. Maxwell)对加拿大的城市分类是一个颇有新意的典型。他首先用厄尔曼和达西的最小需要量法计算出了加拿大 80 个城市 13 个经济部门职工的最小需要量，在总职工结构中扣除城市的非基本活动部分职工，得到每个城市基本活动部分的职工结构。然后从这一套资料演变出 3 个指标来分析城市的职能特点。① 城市的优势职能(dominant function)。根据城市基本活动部分职工构成中比例最大的部门来确定。在优势职能的分析中发现，加拿大 80 个城市中有 61 个城市的优势职能是制造业。② 突出职能(distinctive function)。麦克斯韦尔借用纳尔逊的平均职工百分比加标准差的方法来分析突出职能。分析发现，加拿大城市的突出职能的差异与批发业的比例有很大关系。③ 城市的专业化指数。麦克斯韦尔使用了厄尔曼和达西建立的专业化指数公式：

$$S = \sum_i \left[\frac{(P_i - M_i)^2}{M_i} \right] \div \frac{\left(\sum_i P_i - \sum_i M_i \right)^2}{\sum_i M_i} \tag{6-15}$$

式中:i 为各经济活动部门;P_i 为 i 部门职工在总职工中的百分比;M_i 为 i 部门的最小需要量。专业化指数最低的城市 S 值只有 1.16,最高的城市 S 值达到 1 952.46。

通过上面 3 个指标的分析,麦克斯韦尔选择城市的制造业基本职工百分比、批发业基本职工百分比、专业化指数和人口规模 4 个要素,把所有城市标在一幅三维坐标图上(图6-5)。然后根据这些要素的特点,把加拿大的城市分成 5 个职能类。

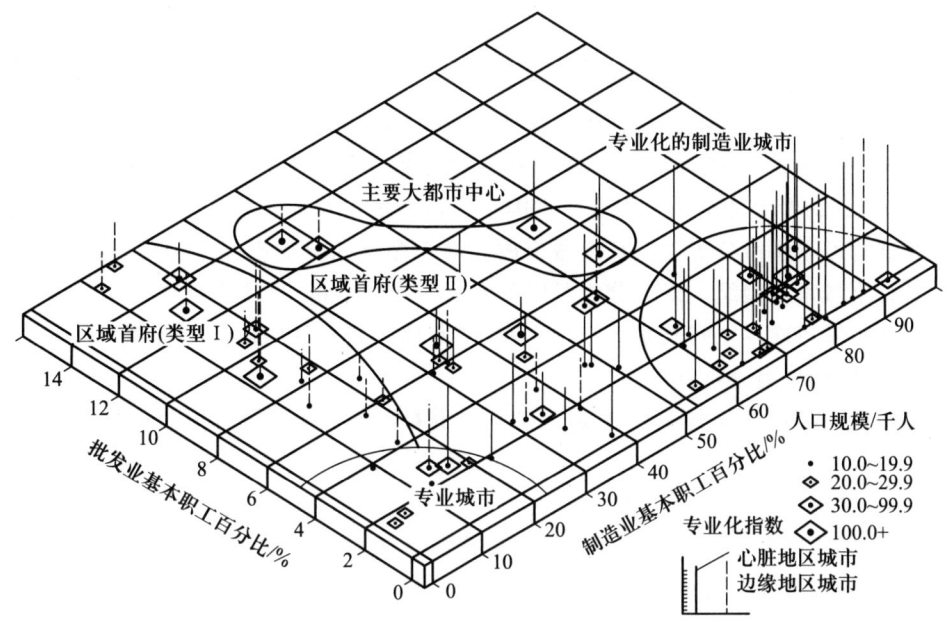

图 6-5　加拿大的城市类型
(某些专业城市的专业化指数值因太高而未能表示)
资料来源:Maxwell,1965

(1) 专业化的制造业城市,共 31 个,它们都有很高的专业化指数,制造业的比例很大,批发业的比例很低。

(2) 区域首府(类型Ⅰ),共 17 个,绝大多数分布在加拿大边缘地区,制造业相对不重要,批发业比例较高,专业化指数也不高,主要职能是地区性的集散中心。

(3) 专业城市,有 8 个,其中有全国的政治中心渥太华和西部的政治中心维多利亚。其余 6 个是专业化指数极高的采矿业中心。加工工业和批发业的比例很小。

(4) 主要大都市中心,有 4 个,即蒙特利尔、多伦多、温哥华、温尼伯。制造业和批发业都较发达,反映了综合性的大都市职能特征。

(5) 区域首府(类型Ⅱ),共 20 个,制造业相对来说比较重要,但在其他职能特征上各不相同,可以看作是(1)(2)(3)类城市的过渡类型。

麦克斯韦尔用于分类的资料虽与前人一样,但在处理和运用这些资料时能博采众长,开始突破单要素的框架,采用多个指标,初步考虑了城市规模的因素,表达方法也较新颖直观,这都是优点。可惜分类结果比较简单。

5. 多变量分析方法

随着统计资料越来越丰富,除劳动力以外的社会、经济、文化领域的各种城市统计资料也日益齐备。同时,由于计算机技术的发展,人们驾驭大量的复杂变量进行客观分类成为可能。在西方社会里,特别是进入城市化高级阶段的发达国家,城市的社会问题日益突出,如种族和民族矛盾,收入水平和城市化水平的差异,人口和家庭的频繁流动,新旧产业发展的不平衡等,客观上也需要寻找这些城市问题发展的规律性。在以上背景下,一种不同于传统方法的多变量分析方法发展起来了。当20世纪60年代地理学的数量化运动发展到高峰的时候,也是这种城市职能分类方法最盛行的时候。常用的分析技术是主成分分析和聚类分析。

通过主成分分析,可以把许多变量组合成少数几个具有综合性质的"因子",每个因子有不同的"载荷量",载荷量大的前几个因子为主因子。每个城市对应于各个主因子有自己的一套因子率得分。这套因子率得分等于把每个城市放入一个多维的分类空间中,经过合适的归并技术最后就得到若干城市类型组。聚类分析可以不经过主成分分析,直接用资料矩阵经标准化后,由计算机自动计算城市样本之间或城市组群之间的"距离",进行逐级归并。计算"距离"的方法不同,就形成了不同的聚类分析方法。

在许多城市的多变量分类成果中,最大的一个资料矩阵可能要数贝里(B. J. L. Berry)的美国城市分类。他收集了1 762个城市的97个变量。这样庞大的资料矩阵,若用手工分析,工作量难以想象,而计算机做起来却轻而易举。

应该指出,城市的多变量分类已经不限于城市经济的职能分类,而是扩展到了包括经济、社会、文化等广义的城市综合特征的分类。表6-8是贝里在美国城市分类中对97个变量进行主成分分析后所得到的前14个因子,这些因子反映的内容可以充分说明这一点,经济职能只占了其中的一小部分。

表 6-8 美国城市分类中前 14 个因子

主因子号	因子特征	变量数
1	在城市等级体系中城市的职能规模	22
2	城市居民的社会经济地位	12
3	城市居民的生活史阶段	8
4	非白种人人口和住宅主权	7
5	最近的人口增长过程	6
6	经济基础	5
7	出生在国外或外国人的人口比例	6
8	最近的就业增长	4
9	经济基础:制造业	3
10	在劳动中妇女参与的程度	4

主因子号	因子特征	变量数
11	经济基础:专门的服务中心	7
12	经济基础:军事	2
13	经济基础:矿业	2
14	在劳动中老年男子参与的程度	2

资料来源:Berry,1972

城市多变量分析方法在分类结果上也不同于传统的城市职能分类方法。因为分类的类别不可能由研究者事先确定,它只能由计算机输出结果后,由研究者逐一分析,对特征概括和命名。每一类型所包含的内容比传统的城市职能分类方法更综合、更丰富。而对研究者来说,类别的命名也更困难,有时不得不更抽象。

6. 新的动态

贝里在1996年提出基于长波理论的城市职能分类思想。他认为,城市职能受技术变迁的影响,其演变是有周期性的。城市化过程是受25~30年增长周期和55年技术变迁周期共同驱动的,二者共同作用会改变已有城镇体系结构,并促进新的城市经济基础部门产生。因此,贝里提出,一个有价值的,能对政策制定者提供更好指导作用的城市职能分类需要满足3个条件:① 需要对城市的主要增长时代(growth epoch)进行定义,因为这可以使城市发展模式与技术变迁周期相关联;② 应考虑新技术对城市职能产生类别变化的影响;③ 必须对上一时代已有城市对新技术的适应能力进行评估。

近年来在分形理论和自组织理论的基础上,有人假设城市职能是与城市建成区的主要土地利用模式紧密联系在一起的,开创了利用城市形态进行城市职能分类的先例。佛兰凯(A. Frenkel)2004年利用以色列土地利用普查数据,基于密度指数(the special measure of urban density)、分形维数(fractal dimension)、破碎度(the level of fragmentation)、形状指数(the shape index)等,对城市职能实体空间进行分类。在此分类基础上,他又利用传统社会经济系统的数据,采用聚类分析法和判别分类法对城市进行分类,发现两种分类的结果存在巨大差异。

第三节　中国城市职能分类

一、最早的区域性城市职能分类

地理学者孙盘寿先生的"西南三省城镇的职能类型"是中国区域性城镇职能分类研究中最早且比较深入系统的一个例子。分类的对象包括四川、贵州、云南三省22个城市和515个非农业人口2 000人以上的镇。由于资料的局限性,孙盘寿没有采取一揽子分类的方法,而是采取两种分段处理。一是把22个城市和515个镇的职能类型分别处理,重点放在城市;二是在城市的职能分类中,对城市的基本类型和城市的工业类型又分别处理,然后加以综合。

对城市部分分类的思路是先利用城市职工部门构成的资料,取其中工业、运输、科教文卫、机关团体类行政职能4个部门的职工比例进行城市基本类型的划分。因为工业是所有城市的第一大部门,平均占全部职工人数的一半,工业的门类又多,因此又利用工业职工的部门构成资料,取其中冶金、煤炭、化学、机械、食品、纺织、造纸7个部门,进一步划分城市的工业职能类型。

分类的定量标准主要借用纳尔逊的平均值加一个标准差。但按这个标准进行的分类被发现有许多不理想的地方。例如,只有个旧、东川、西昌、宜宾、内江、绵阳、南充、自贡、乐山9个城市符合进入工业城市、运输城市、科教文卫城市和机关团体类行政职能城市的标准,有重庆、成都、昆明、贵阳等13个城市却达不到平均值加一个标准差的标准。孙盘寿为了弥补这种方法的不足,不得不对纳尔逊方法的分类结果作了大幅度的调整,调整后的分类结果,包含的纳尔逊方法的成分已经不多(图6-6)。

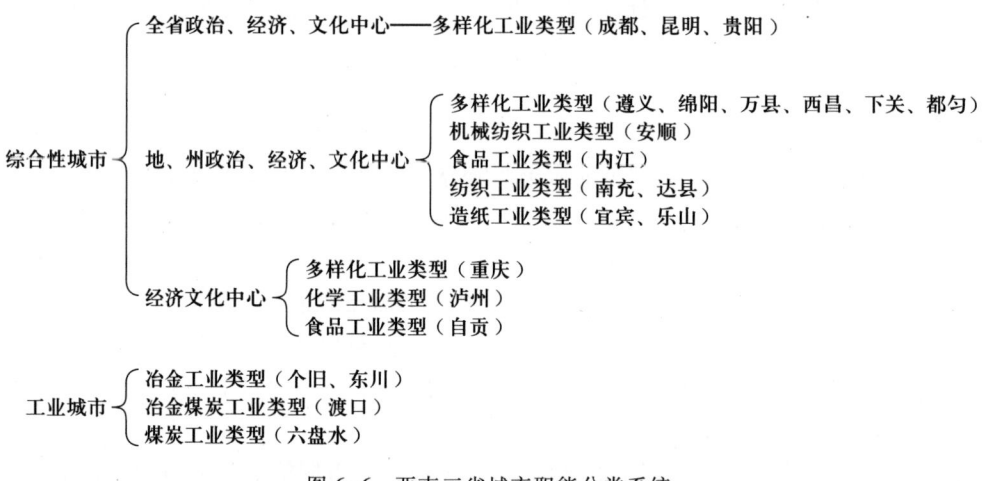

图6-6　西南三省城市职能分类系统

资料来源:孙盘寿等,1984

对515个镇的职能类型,主要根据定性资料分别归入地(州)县驻地、工商业镇、矿业镇、加工工业镇、郊区镇、区中心和乡中心等类。

二、全国性城市职能分类

在西方国家,城市职能分类的研究高潮早已过去。而中国由于一直缺乏必要的系统资料,这个城市地理学研究的传统热门领域却相对冷清。1985年中国城市统计年鉴首次公布全国295个城市(包括辖县)各工业部门的产值及其他有关资料,这为进行全国城市的工业职能分类提供了可能。周一星等于1988年和1991年相继发表了两篇关于中国城市工业职能分类的文章。顾朝林在1992年出版的《中国城镇体系》一书中,提出过一个一般描述式的基本职能类型表,把中国城市职能体系分成政治中心、交通中心、矿工业城镇和旅游中心4个体系及若干亚体系和若干子集来加以阐述。该书没有覆盖当年的全部城市,分析基本上是定性式的。1990年《人文地理》杂志发表了《论中国城市职能分类》一文,这是中国第一篇综合性城市职能分类的论文,论文作者利用 1986 年的统计资料,参考纳尔逊的分类思想进行了可贵的探索。但是,主要因为当时不具备必要的资料,分类结果很不理想,漏洞甚多。覆盖全国城市的比较系统的综合职能分类,最早是周一星等在 1990 年全国 465 个城市分行业劳动结构资料的基础上进行的,成果发表于 1997年。以下简单介绍中国城市职能分类不同于国外的几个特色。

1. 理论基础

一个完整的城市职能概念应该包括 3 个要素:专业化部门、职能强度、职能规模。前两个要素是被前人公认的,而职能规模在以往国外的职能分类研究中一般被忽视。职能规模之所以重要,用一个例子可以说明。譬如说 20 世纪 80 年代上海和温州的工业部门结构是十分相似的,假设这两个城市工业职工的产出效率也相似,那么它们的工业职能强度同样是相似的。按照以往的分类方法,这两个城市属于同一职能类。但是当时上海有 700 多万人,温州城市人口有 37 万。显然,上海向国家提供的工业品的数量远远大于温州,即它们的职能规模完全不同,在全国城市体系中处于完全不同的职能等级,不能因为工业结构类似而同属一类。因此,中国城市职能分类强调是在城市的专业化部门、职能强度、职能规模 3 个要素的相似性和差异性的基础上的分类。

2. 方法论

中国城市职能分类在方法论上,采取多变量分析与统计分析相结合的方法和综合性职能分类与工业职能分类相结合的方法。

前一种结合指的是,职能分类方案以沃德误差法的多变量聚类分析得到的分类结果为基础,结合纳尔逊统计分析法的原理对分类结果进行类别描述和命名。这样做吸收了多变量分析方法综合判别的客观性和快速性的优点,避免了统计分析方法不能把职能相似的城市归并成类的缺点;又以统计分析方法能通过平均值和标准差简要揭示城市职能特征的特长,弥补了多变量分析方法无法告知每一类别定性特征的缺陷,实现了定性和定量的良好结合。

后一种结合指的是,以城市的综合性职能分类为主,又兼顾中国正处在工业化高潮的国情,同时反映城市的工业职能。在缺乏各城市工业部门劳动力结构资料的情况下,采用纳尔逊方法,用产值资料判别城市的工业专业化部门和专业化强度,将城市的工业职能特征标注于城市综合性职能特征之后,作为对综合性职能分类的补充。

3. 资料矩阵

1991 年国家统计局首次在内部公布了 1990 年全国 465 个城市市区全部 13 个行业社会劳动者人数资料,这是中国城市综合性职能分类的基础资料。为了适应城市职能分类的需要,对资料进行了剔除(农业和其他行业)、归并和新增 3 种方式的处理,得到 465 个城市 10 个变量的数据矩阵,作为多变量综合性职能分类的基础(表 6-9)。这 10 个变量的简称分别是:工业、采掘业、地质勘探业、建筑业、交通邮电业、商业、机关团体、旅游业、其他第三产业、人口规模。人口规模反映城市职能规模,赋予较高的权重。"其他第三产业"是针对当时新兴服务业还很不成熟的情况下,把占比很小的"房地产管理/公用事业/居民服务/咨询服务业""卫生体育/社会福利事业""教育文化艺术/广播电视事业""科学研究/综合技术服务业""金融保险业"五业合并而成的。金融保险业在国外一般都作为重要职能单独列出,然而在中国 1990 年时只占 11 个行业总职工的 0.42%,单独列出意义不大。但在今天再作分类就不能这样处理了。

表 6-9　各行业指标在 465 个城市的最低值、最高值、平均值和标准差

项目	工业职工比例/%	采掘业产值比例/%	地质勘探业职工比例/%	建筑业职工比例/%	交通邮电业职工比例/%	商业职工比例/%	机关团体职工比例/%	旅游业职能指数	其他第三产业职工比例/%
最低值	12.94	0.00	0.00	0.00	1.09	4.63	1.11	0.00	2.88
最高值	82.34	94.77	25.20	33.80	29.41	41.06	27.27	350.68	45.88
平均值	48.08	9.41	0.76	10.38	7.58	14.27	5.21	8.84	13.72
标准差	12.68	17.71	2.13	5.17	3.79	5.15	3.01	32.87	5.34

在城市综合性职能分类的 10 个变量中,工业和采掘业只是其中的两个变量,反映不了城市具体的工业职能。而 1990 年整个城市职工中工业职工占了 46.09%,1/3 以上的城市工业职工比例高达 50% 以上,是几乎所有城市无可争辩的最大的产业部门。要反映中国城市职能结构的全貌,就要同时反映城市的工业职能。我们采用纳尔逊方法,用 465 个城市 16 个工业部门的产值资料判别城市的工业专业化部门和专业化强度,将城市的工业职能特征标注于城市综合性职能分类结果之后。

4. 分类表达形式

中国城市职能分类的类别体系也不同于国外以往的成果而有所创新。过去的分类结果,或者是一个城市被分入由一个主导部门命名的类别,或者是一个城市按部门被分到几个职能类别,实际上没有形成系统的类别。前者过于简单,后者过于烦琐。而我们的职能分类是在聚类分析基础上,形成由大类、亚类和职能组组成的三级分类体系。大类反映城市职能的总体差异,亚类反映城市职能的基本类型,职能组则是对亚类内城市更详细的分类。从类别的命名上可以反映出职能规模、专业化部门和职能强度。信息丰富而不烦琐,类别清晰但不粗陋。

从聚类分析图上截取 3 个断面,把中国 465 个城市分成 4 个职能大类(距离系数 60)、14 个职能亚类(距离系数 30)和 47 个职能组(距离系数 5~15),并在每个城市后面列出这个城市的职能规模、综合职能类、工业职能 3 方面的特征(规模级/高于平均值的产业部门和平均值以上的标准差/高于平均值以上的工业部门的标准差)。即分类结果有 4 个层次的信息。我们从每个大类里各选取一个城市为例来说明。

北京属于"全国最重要的超大型综合性城市大类(Ⅰ)""全国最重要的超大型综合性城市亚类(Ⅰ1)""以行政、旅游、其他第三产业为主的全国综合性城市职能组(Ⅰ1A)"。它的职能特征可概括为:北京(超大/行政 0.5,旅游 1,其他第三产业 2.0,建筑业 0.5/电子 0.5,文教 0.5)。

兰州属于"大区、省区级大型、特大型综合性为主的城市大类(Ⅱ)""省区级大型、特大型综合性为主的城市亚类(Ⅱ2)""以工业为主的省区级大型、特大型综合性城市职能组(Ⅱ2A)"。它的职能特征为:兰州(特大/工业,其他第三产业,建筑业/电力 0.5,石油 1,化学 0.5,电子 0.5)。

厦门属于"中小规模为主的专业化或综合性城市大类(Ⅲ)""商业城市亚类(Ⅲ2)""工商业

城市职能组(Ⅲ2A)"。职能特征为:厦门(中/工业,商业,旅游,其他第三产业0.5/化学0.5,电子2.5,食品0.5,文教0.5,其他0.5)。

承德属于"小型的高度专业化为主的城市大类(Ⅳ)""高度专业化的旅游城市亚类(Ⅳ1)""工业职能明显的高度专业化的旅游城市职能组(Ⅳ1B)"。职能特征为:承德(中/旅游4,行政,工业0.5,地质/冶金0.5,化学0.5,纺织0.5,缝纫3.5)。

整个分类结果是一个很长而很有用的表。由于篇幅限制,这里只能摘取分类的三级系统和城市数(表6-10),每个城市的归属和职能特征需要读者去寻找原文。

表6-10 中国城市职能分类系统表

类别号	类别	城市数
Ⅰ	全国最重要的超大型综合性城市	3
Ⅰ1	全国最重要的超大型综合性城市	3
Ⅰ1A	以行政、旅游、其他第三产业为主的全国综合性城市	1
Ⅰ1B	以工业为主的全国综合性城市	1
Ⅰ1C	以工业、其他第三产业为主的全国最大综合性城市	1
Ⅱ	大区、省区级大型、特大型综合性为主的城市	35
Ⅱ1	大区级特大型综合性城市	13
Ⅱ1A	大区级最重要的特大型综合性城市	3
Ⅱ1B	大区级特大型综合性城市	10
Ⅱ2	省区级大型、特大型综合性为主的城市	22
Ⅱ2A	以工业为主的省区级大型、特大型综合性城市	5
Ⅱ2B	以其他第三产业为主的省区级大型、特大型综合性城市	5
Ⅱ2C	以其他第三产业和建筑业为主的省区级大型、特大型综合性城市	5
Ⅱ2D	大型、特大型工业城市	7
Ⅲ	中小规模为主的专业化或综合性城市	311
Ⅲ1	建筑业占重要地位的城市	46
Ⅲ1A	地方中心性建筑业占重要地位的城市	16
Ⅲ1B	地方中心性建筑业特别突出的城市	8
Ⅲ1C	工业职能明显、建筑业占重要地位的城市	15
Ⅲ1D	工业职能明显、建筑业特别突出的城市	7
Ⅲ2	商业城市	53
Ⅲ2A	工商业城市	26
Ⅲ2B	行政和其他第三产业服务职能明显的商业城市	18
Ⅲ2C	交通运输职能明显的商业城市	9
Ⅲ3	中小型为主的综合性城市	91
Ⅲ3A	以工业为主的综合性城市	22
Ⅲ3B	以工业、交通运输业为主的大中型综合性城市	15
Ⅲ3C	以交通运输业、建筑业为主的综合性城市	10
Ⅲ3D	以商业、建筑业为主的综合性城市	15
Ⅲ3E	商业、行政和其他第三产业职能明显的综合性城市	11
Ⅲ3F	以工业、交通运输业为主的中小型综合性城市	18

续表

类别号	类别	城市数	
Ⅲ4	工业城市	53	
Ⅲ4A	高度专业化的工业城市		18
Ⅲ4B	专业化的工业城市		14
Ⅲ4C	其他第三产业职能明显的高度专业化工业城市		7
Ⅲ4D	商业或交通运输职能明显的工业城市		14
Ⅲ5	采掘业城市或采掘业占重要地位的城市	47	
Ⅲ5A	交通运输职能明显的采掘业城市		4
Ⅲ5B	专业化的工业、采掘业城市		20
Ⅲ5C	专业化的小型矿业城市		7
Ⅲ5D	采掘业占重要地位的城市		16
Ⅲ6	高度专业化的采掘业城市	21	
Ⅲ6A	高度专业化的石油工业城市		7
Ⅲ6B	行政职能明显的高度专业化的矿业城市		6
Ⅲ6C	高度专业化的煤炭工业城市		8
Ⅳ	小型的高度专业化为主的城市	116	
Ⅳ1	高度专业化的旅游城市	8	
Ⅳ1A	行政、其他第三产业职能明显的高度专业化的小型旅游城市		2
Ⅳ1B	工业职能明显的高度专业化的旅游城市		2
Ⅳ1C	高度专业化的小型旅游城市		4
Ⅳ2	高度专业化及专业化的交通运输业城市	40	
Ⅳ2A	高度专业化的交通运输业城市		7
Ⅳ2B	商业、行政或其他第三产业职能明显的高度专业化的交通运输业城市		8
Ⅳ2C	专业化的交通运输业城市		8
Ⅳ2D	商业、交通运输业城市		17
Ⅳ3	边境或偏远地区高度专业化的行政和其他第三产业城市	12	
Ⅳ3A	边境或偏远地区高度专业化的行政和其他第三产业城市		12
Ⅳ4	高度专业化的商业城市	15	
Ⅳ4A	其他第三产业职能明显的高度专业化的商业城市		10
Ⅳ4B	行政和其他第三产业职能明显的高度专业化的商业城市		5
Ⅳ5	专业化部门不很突出的城市	41	
Ⅳ5A	综合性城市		11
Ⅳ5B	旅游职能明显的综合性城市		5
Ⅳ5C	交通运输业、其他第三产业服务职能明显的专业化行政城市		15
Ⅳ5D	行政职能明显的专业化的其他第三产业城市		10

资料来源：周一星，孙则昕，1997

三、近期动态

1997 年以后,中国有关城市职能分类的论文明显增加。对全国性和区域性城市职能分类的研究进一步揭示了中国城市职能类型的新近特征,在思路和方法方面也有新的尝试。

1. 全国城市职能变动

许锋和周一星(2008)借鉴 1997 年城市职能分类研究方法,采用 2000 年第五次全国人口普查数据对全国城市职能分类进行研究(表 6-11),并与 1990 年第四次全国人口普查数据分析(表 6-12)对比发现,城市职能出现了一些新的变化。

表 6-11　2000 年中国各规模级具有某项职能的城市数比例　　　　(单位:%)

职能规模/城市数量	采掘业	工业	建筑业	地质勘查水利管理业	交通运输仓储邮电业	批发零售贸易餐饮业	国家机关党政社会团体业	其他第三产业
特大城市(>100 万人)/55 个	14.55	72.73	36.36	16.36	12.73	40.00	5.45	52.73
大城市(50 万~100 万人)/71 个	28.17	60.56	39.44	33.80	33.80	42.25	28.17	40.85
中等城市(20 万~50 万人)/189 个	22.22	47.62	41.80	37.57	40.21	50.26	46.56	46.03
小城市(10 万~20 万人)/235 个	29.36	37.02	43.83	34.04	48.09	45.53	51.91	54.47
特小城市(<10 万人)/99 个	34.34	25.25	28.28	33.33	63.64	45.45	69.70	55.56

资料来源:许锋,周一星,2008

表 6-12　1990 年各规模级具有某种职能的城市数量比例　　　　(单位:%)

职能规模/城市数量	采掘业	工业	建筑业	交通运输仓储邮电业	批发零售贸易餐饮业	国家机关党政社会团体业	其他第三产业
特大城市(>100 万人)/31 个	6.45	67.74	38.71	25.81	19.35	9.68	54.84
大城市(50 万~100 万人)/27 个	32.14	78.57	39.39	35.71	14.29	10.71	25.00

职能规模/城市数量	采掘业	工业	建筑业	交通运输仓储邮电业	批发零售贸易餐饮业	国家机关党政社会团体业	其他第三产业
中城市 （20万~50万人）/117个	33.88	67.77	32.23	33.88	33.06	19.83	22.31
小城市 （10万~20万人）/164个	12.03	53.16	43.67	46.84	54.43	44.94	44.94
特小城市 （<10万人）/126个	26.77	37.01	46.46	52.76	53.54	53.54	55.91

资料来源：孙则昕，1994

　　到2000年，工业仍然是中国城市的最大职能部门，但第三产业正在逐渐成为中国经济的主要增长动力和职能部门。与1990年相比，主要变化在于：① 采掘业职能和工业职能地位相对下降，建筑业、批发零售贸易餐饮业和其他第三产业职能向大中城市集中；② 城市规模级越大，具有工业职能城市的比例越高，其中特大城市中有72.73%的城市具有工业职能；③ 与工业职能相反，具有交通运输仓储邮电业、国家机关党政社会团体业城市的比例有随着城市规模级增大而表现出逐渐下降的趋势，但小规模级城市具有交通运输仓储邮电业和国家机关党政社会团体业职能的比例都很高；④ 各规模级城市均具有较高比例的其他第三产业和批发零售贸易餐饮业职能，说明这两项职能在2000年已成为中国城市的"遍在职能"。此外，"旅游城市"和具有"其他第三产业"职能的城市数量明显增多，各自的专业化程度也明显提高。

　　从城市职能变动的地区差异上来看，沿海城市工业有向重化工化和精密化发展的趋势。中西部地区城市矿业职能、中部地区城市交通职能、东部地区城市工业职能进一步强化。

2. 区域性城市职能分类研究增加

　　近年来先后发表的一些区域性城市职能分类研究的成果，主要有关于云南、广东、东南六省、华南沿海四省、西部九省、东北三省、长江三角洲、福建等地区城市职能分类的探讨，揭示了不同地区的城市职能特点。

3. 职能分类方法的新尝试

　　新的尝试主要体现在两个方面。一是有人利用经济基础理论的原理，把非基本活动部分职工分离出去，直接以城市各部门的基本活动部分职工数作为聚类分析的变量，试图让每个变量本身承担城市职能三要素的三重含义。二是有人使用神经网络模型（SOM）中的Kohonen网络的聚类功能替代传统的统计系统聚类法。

　　各种有益的尝试应该继续深化，但最好是使不同分类方法的结果可比和对分类结果进行对比。分类结果是否符合实际是判断城市职能分类好坏的首要标准。经历了20世纪90年代以来中国城市经济的快速发展，国家城市职能结构和城市的职能要素已经发生了很大的变化，迫切需要新的全国性城市职能分类研究成果。

四、城市职能分类的用途

城市职能分类要收集和处理大量的数据,但分析结果仅仅只反映一年的实际状况。相对于不断发展变化的单个城市或城市群体来说,似乎意义不大,但事实并非如此。

分类是认识和研究复杂对象的一种常用方法。基本目的是便于把握对象的特征。城市具有多方面的特征,城市的职能分类是按它为外部的服务作用而进行的一种经济分类,它至少有以下几方面用途。

(1)每一个城市可以从中找到它最基本的职能特征,对城市规划中确定城市性质有参考价值。

(2)每一个城市可以为有目的的对比分析找到职能相似或迥异的比较对象。

(3)不同区域(例如一个省)可以从全国的分类结果中挑出有关的城市,概括和认识本区域的城市职能结构,对于区域规划和城镇体系规划有参考价值。

(4)便于认识和分析全国城市职能结构的特征。

(5)利用城市职能分类的结果,还可以进行城市职能与其他要素的相关分析。例如,城市结构趋同分析和城市职能结构与经济效益的分析,这一类的应用潜力还有待开发。

(6)如果使用同样的方法来分析两个时点(譬如间隔10年)的城市资料,就可以分析城市职能结构的动态变化,也能够为调整国家或区域的城市职能结构提供依据。

20世纪90年代以来,在经济快速发展的背景下,中国的城市经济结构发生着巨大的变化。关于城市职能分类方法的进一步探讨和关于中国城市职能结构演变的研究,都有非常重要的意义。

思考题

1. 简述城市经济活动的基本与非基本理论。
2. 用经济活动的基本与非基本理论来解释城市发展的机制。
3. 简述城市职能与城市性质的区别与联系。
4. 怎样确定城市性质?
5. 简述城市职能的各种分类方法。
6. 尝试自己寻找资料对某个省(区)做城市职能分类。

参考文献

[1] 阿列克山德逊 G.美国城市的经济结构[M].刘丕竟,译.北京:商务印书馆,1963.

[2] 许学强,曾怀正.城市规划中的人口分类问题[J].经济地理,1981,(1):69-73,27.

[3] 孙盘寿,杨廷秀.西南三省城镇的职能分类[J].地理研究,1984,3(3):17-28.

[4] 周一星,布雷特肖.中国城市(包括辖县)的工业职能分类:理论、方法和结果[J].地理学报,1988,43(4):287-298.

［5］田文祝,周一星.中国城市体系的工业职能结构［J］.地理研究,1991,10(1):12-23.

［6］顾朝林.中国城镇体系——历史·现状·展望［M］.北京:商务印书馆,1992.

［7］张文奎,刘继生,王力.论中国城市职能分类［J］.人文地理,1990,5(3):1-7,80-88.

［8］周一星,孙则昕.再论中国城市的职能分类［J］.地理研究,1997,16(1):11-22.

［9］许锋,周一星.我国城市职能结构变化的动态特征及趋势［J］.城市发展研究,2008,15(6):49-55.

［10］孙则昕.中国城市的职能分类［D］.北京:北京大学,1994.

［11］闫小培,许学强.广州城市基本-非基本经济活动的变化分析——兼释城市发展的经济基础理论［J］.地理学报,1999,54(4):299-307.

［12］陈忠暖,张明举,何劲耘.试析西部城市的职能分类［J］.西南师范大学学报(自然科学版),2002,27(2):250-254.

［13］凌怡莹,徐建华.长江三角洲地区城市职能分类研究［J］.规划师,2003,19(2):77-83.

［14］Kohasaka Kiroyki. Economic base theory and urban models［J］.Tsukuba Studies in Human Geography,1977,(3):1,73-86.

［15］Auronsseau M. The distribution of population:a constructure problem［J］.Geographical Review,1921,11(4):563-592.

［16］Morrissett I. The economic structure of American cities［J］.Papers and Proceedings of the Regional Science Association,1958,4(1):239-256.

［17］Ullman E L,Dacey M F,Brodsky H. The economic base of American cities［M］.Seattle:University of Washington Press,1969.

［18］Berry B J L. City classification handbook:methods and applications［M］.New York:John Wiley & Sons,1972.

［19］Carter H. The study of urban geography［M］.London:Edward Arnold,1972.

［20］Yeates M,Garner B. The North American city［M］.New York:Harper & Row,1980.

［21］Harris C D. A functional classification of cities in the United States［J］.Geographical Review,1943,33(1):86-99.

［22］Nelson H J. A service classification of American cities［J］.Economic Geography,1955,31(3):189-210.

［23］Maxwell J W. The functional cities:a classification of cities［J］.Geographical Bulletin,1965,6(3):79-104.

［24］Moore C L. A new look at the minimum requirements approach to regional economic analysis［J］.Economic Geography,1975,51(4):350-356.

［25］Gibson L J,Worden M A. Estimating the economic base multiplier:a test of alternative procedures［J］.Economic Geography,1981,57(2):146-159.

［26］Berry B J L. Technology-sensitive urban typology［J］.Urban Geography,1996,17(8):674-689.

［27］Frenkel A. Land-use patterns in the classification of cities:the Israeli case［J］.Environment and Planning B:Planning and Design,2004,31(5):711-730.

第七章　城市规模分布

在一个国家或区域,因各城市所处的内外条件不同,会形成城市间不同的职能分工,由此也形成不同的城市规模。城市规模主要有人口规模和用地规模两种表达方法。因前者资料比较容易取得而更为常用。城市人口规模是城市极重要的一种综合性特征。现代最大的城市人口已超千万,小的只有百千人。我们不免要问,一国或一地区城市规模的分布有没有规律性?

第一节　城市规模分布理论

城市规模分布理论是和用什么方法、指标来衡量城市规模结构或规模分布特点联系在一起的,下面介绍几种主要的理论和方法。

一、城市首位律

城市首位律(law of the primate city)是马克·杰斐逊(M. Jefferson)早在 1939 年对国家城市规模分布规律的一种概括。杰斐逊分析了 51 个国家(其中 6 个国家为两个不同时段)的情况,列出了每个国家前三位城市的规模和比例关系,发现其中有 28 个国家的最大城市是第二位城市人口的两倍以上,有 18 个国家大于第二位城市三倍以上。这个最大城市还体现了整个国家和民族的智能和情感,在国家中发挥着异常突出的影响。杰斐逊认为这种普遍现象已经构成了一种规律性的关系,并把这种在规模上与第二位城市保持巨大差距,吸引了全国城市人口的很大部分,在国家政治、经济、社会、文化生活中占据明显优势的城市定义为首位城市(primate city)。杰斐逊解释道,一个国家在它的城市发展早期,无论因为什么原因而产生的一个规模最大的城市,都有着一种强大的自身继续发展的动力。它作为经济机会的中心而出现,把有力量的个人或活动从国家的其他地区吸引到这里,逐渐变成一个国家、一个民族的象征,在很多情况下,就成为首都。

杰斐逊的观察和发现对现代城市地理学是一个贡献。首位城市的概念已经被普遍使用,一国最大城市与第二位城市人口的比值,即首位度,它已成为衡量城市规模分布状况的一种常用指标,首位度大的城市规模分布,就叫首位分布。

用首位度来表示最大城市在城市体系中城市人口的集中程度,不免以偏概全。为了改进首位度 2 城市指数的简单化,又有人提出 4 城市指数和 11 城市指数。

4 城市指数 $=P_1/(P_2+P_3+P_4)$,11 城市指数 $=2P_1/(P_2+P_3+\cdots+P_{11})$,$P_1,P_2,\cdots,P_{11}$ 为城市按规模从大到小排序后,某位序城市的人口规模。按照位序—规模法则的原理,正常的 2 城市指数应该是 2,正常的 4 城市指数和 11 城市指数都应该是 1。三者都抓住第一大城市与其他城市的比例关系,因此有些学者把它们统称为首位度指数。

二、城市金字塔

把一个国家或区域中许多大小不等的城市,按规模大小分成等级,就有一种普遍存在的规律性现象,即城市数量随着规模等级而变动,规模等级越高,城市数量越少,规模等级越低,城市数量越多。把这种关系用图表示出来,形成城市等级规模金字塔。金字塔的基础是大量的小城市,塔的顶端是一个或少数几个大城市。不同规模等级城市数量之间的关系可以用每一规模等级城市数量与其上一规模等级城市数量相除的商(K 值)来表示。

城市金字塔只是给我们提供了一种分析城市规模分布的简便方法。只要注意采用同样的等级划分标准,对不同国家、不同省区或不同时段的城市规模等级体系进行对比分析,还是很有效的,能够从中发现它们的特点、变化趋势和存在问题。

对照 1980 年和 1990 年中国 10 万人以上城市的城市金字塔(图 7-1),可以发现:① 20 世纪六七十年代中国市镇建制工作一度停顿,80 年代以来恢复了正常,小城市数量增加非常快;② 小城市因人口增长较快,小城市向中等城市的晋级很明显;③ 50 万~100 万规模等级的城市向特大城市的晋升也很明显,相对来说,20 万~50 万规模等级的城市向 50 万~100 万的递补较慢;④ 中国最大城市上海,人口一度下降—徘徊—低速增长的过程已经扭转,在 20 世纪 80 年代上海人口增长速度逐渐接近北京,非农业人口突破了 700 万大关。

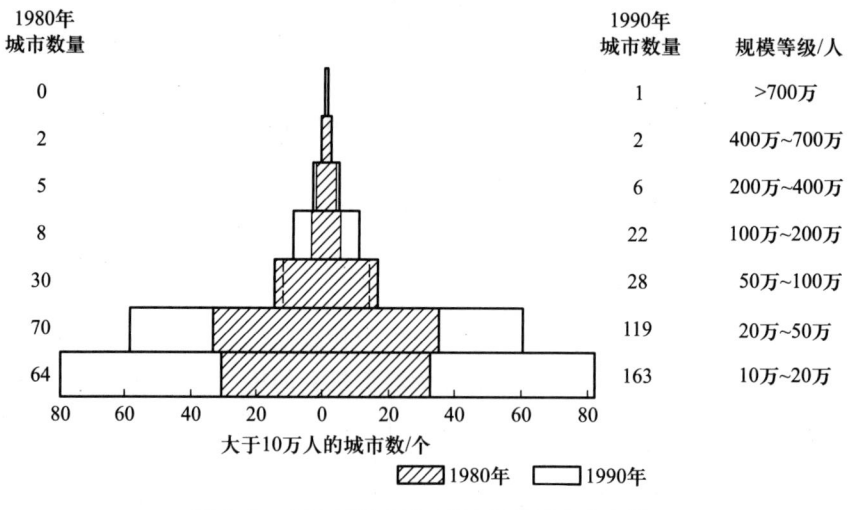

图 7-1 中国 1980 年和 1990 年的城市金字塔

20 世纪 80 年代以来,中国城镇化进程快速推进,随着大量农村人口进入城市工作和居住,用城市非农业人口口径表示城市规模的准确性已经下降,采用第五次全国人口普查和第六次全国人口普查提供的城市常住人口统计口径的"市人口",来表示城市人口规模更符合实际。1990年以来,中国城市规模增长迅速,城市规模结构也出现了新的变化,高位次层级的城市数量有了大幅度增加。图 7-2 表示中国 2000 年和 2010 年的城市金字塔,特征依然明显。如果再与图 7-1 对比,更可以看出 30 年来国家城市规模分布发生的巨大变化。需要说明的是,2010 年中国 20 万人以下城市数量相对较少的现象,与 1998 年以后较长一段时间里新设市数量少、部分县级市改为市辖区有关。如果考虑中国已有数十个镇区人口 10 万人以上的建制镇,那么 20 万人以下的城市数量将大幅增加。

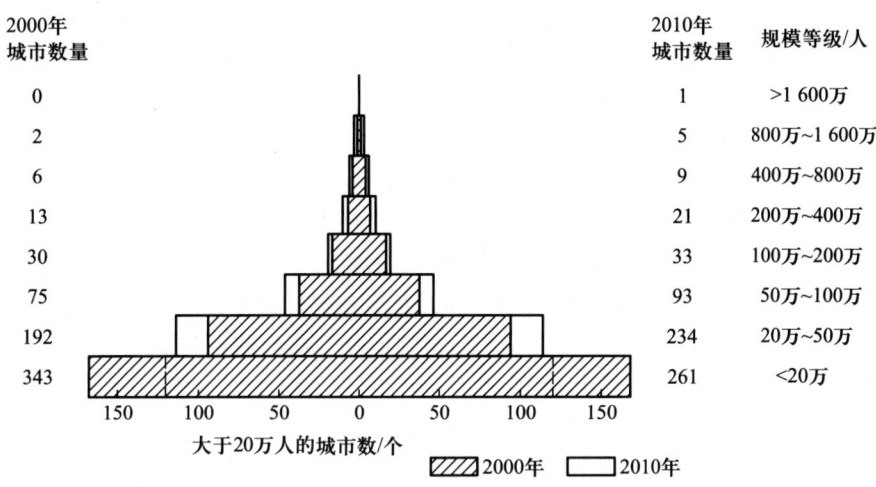

2000年城市数量	2010年城市数量	规模等级/人
0	1	>1 600万
2	5	800万~1 600万
6	9	400万~800万
13	21	200万~400万
30	33	100万~200万
75	93	50万~100万
192	234	20万~50万
343	261	<20万

图 7-2　中国 2000 年和 2010 年的城市金字塔

（城市数量指设市城市数量）

需要特别强调,上述"头轻脚重"状的金字塔形结构,是专指城市数量随规模等级而变化的一般规律。不同规模等级的城市人口数量结构虽然也可以用类似的方法来分析,但并不存在随规模等级而呈"头轻脚重"的递变规律。

戴维斯(K. Davis)把城市金字塔的规模等级边界规范化,当城市规模按二倍数分级时(例如,10 万~20 万,20 万~40 万,40 万~80 万……),发现世界及城市体系发育的大国基本符合各规模等级城市的数目随着规模等级的降低而倍增的规律。

三、位序—规模法则

位序—规模法则(rank-size rule)从城市的规模和城市规模位序的关系来考察一个城市体系的规模分布。

最早是 1913 年奥尔巴克(F. Auerbach)发现 5 个欧洲国家和美国的城市人口数据符合下式的关系:

$$P_i R_i = K \tag{7-1}$$

式中:P_i 是一国城市按人口规模从大到小排序后第 i 位城市的人口数;R_i 是第 i 位城市的位序;K 是常数。

1925 年罗特卡（A. J. Lotka）发现美国符合式（7-2）的关系：

$$P_i R_i^{0.93} = 5\ 000\ 000 \tag{7-2}$$

他给出了一个比奥尔巴克方程更好地拟合美国 1920 年的 100 个最大城市的模式。罗特卡的贡献在于对位序变量允许有一个指数。

1936 年在辛格（H. W. Singer）的研究中才出现一般转换公式：

$$\lg R_i = \lg K - q \lg P_i \tag{7-3}$$

式（7-3）相当于：

$$R_i P_i^q = K \tag{7-4}$$

1949 年捷夫（G. K. Zipf）提出在经济发达的国家里，一体化的城市体系的城市规模分布可用简单的公式表达：

$$P_r = \frac{P_1}{R} \tag{7-5}$$

式中：P_r 是第 R 位城市的人口；P_1 是最大城市的人口；R 是 P_r 城市的位序。

这样，一个国家的第二位城市的人口是最大城市人口的一半，第三位城市是最大城市人口的 1/3，依次类推。这样的位序—规模分布的图解点，表示在双对数坐标图上时，就成为一条斜率为 -1 的直线。假如，一个国家有很强的首位度，城市规模分布曲线就明显偏离位序—规模法则，在强大的首位城市以下缺少中间等级的城市。

捷夫模式并不具有普遍意义，但作为一种理想的均衡状态，已被很多人接受。现在被广泛使用的公式实际上是罗特卡模式的一般化：

$$P_i = \frac{P_1}{R_i^q} \quad \text{或} \quad P_i = P_1 \cdot R_i^{-q} \tag{7-6}$$

式中：P_i 是第 i 位城市的人口；P_1 是规模最大城市的人口；R_i 是第 i 位城市的位序；q 是常数。

捷夫模式是 $q=1$ 时的特例。对式（7-6）做对数变换：

$$\lg P_i = \lg P_1 - q \lg R_i \tag{7-7}$$

式（7-6）和式（7-7）对概括国家和区域的城市规模分布具有相当的普遍性，在实际研究中有广泛的用处。当把一个城市体系中的每个城市按位序和规模落到双对数坐标图上时，就已经对这个城市体系的规模分布有了初步的概念。通过散点图可以对城市的规模等级做客观的划分。然后进行 $y = a + bx$ 形式的回归分析。回归所得的各项结果都很有用。a 的大小在坐标图上是回归线的截距，反映了第一位城市的规模。b 是回归线的斜率，$|b|$ 接近 1，说明规模分布接近捷夫的理想状态；$|b|$ 大于 1，说明规模分布比较集中，大城市很突出，而中小城市不够发育，首位度较高；$|b|$ 小于 1，说明城市人口比较分散，高位次城市规模不很突出，中小城市比较发育。当进行多年对比时，$|b|$ 变大，说明城市规模分布趋于集中的力量大于分散的力量；$|b|$ 变小，则说明趋于分散的力量大于集中的力量。回归的相关系数很大，说明该体系符合位序—规模分布，反之则很可能是首位分布或在高层次有多个中心并存或别的什么特殊类型。

需要强调的是，不要被高相关系数所迷惑。因为，城市的位序本来就是按规模排列的，再加上城市规模以对数尺度表示时，人口规模等级被大大缩小，因此位序与规模之间有一种天然的相关关系。有时相关系数很高的城市体系，并不是位序—规模分布，而是首位分布或别的分布。各城市在回归线上的位置，即城市规模的实际值与理论值之间的正负离差，对判断各城市的发展状况和发展前景也有一定参考价值。把城市职能的特点和规模分布结合起来,则可以较好地解释城市规模分布的现状特点。

图 7-3 是美国 1790—1950 年城市位序—规模分布的演变。在这 160 年的漫长时间里,美国的城市体系始终以位序—规模分布形式稳定地发展,并没有发生明显的类型转换。但从 4 个典型城市的位序变化看,城市之间的发展是不平衡的。

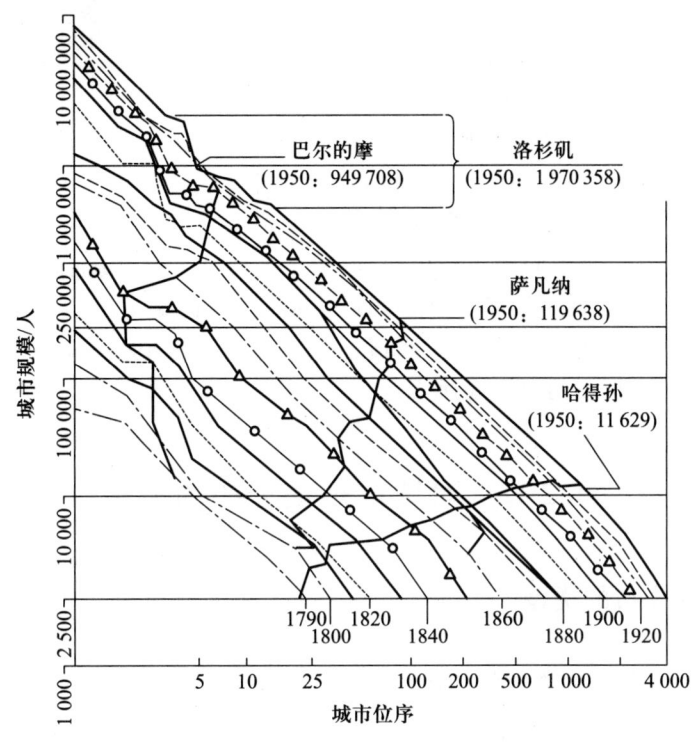

图 7-3 美国 1790—1950 年城市位序—规模分布

资料来源:Madden,1956

图 7-4 是日本高阪宏行对新潟县城市位序—规模分析的实例。他用实际资料得到1955 年、1965 年和 1975 年的回归方程。然后用马尔柯夫链模型对各城市做人口预测,对预测后的城市人口又做 1985 年和 1995 年的回归分析,结果如下:

$$1955 \text{ 年} \quad P = 237\ 000R^{-0.758} \quad r^2 = 0.979$$
$$1965 \text{ 年} \quad P = 294\ 000R^{-0.812} \quad r^2 = 0.978$$
$$1975 \text{ 年} \quad P = 355\ 000R^{-0.889} \quad r^2 = 0.986$$
$$1985 \text{ 年} \quad P = 410\ 000R^{-0.930} \quad r^2 = 0.987$$
$$1995 \text{ 年} \quad P = 447\ 000R^{-0.952} \quad r^2 = 0.986$$

由此得到结论:① 各年回归的相关系数都很高,规模分布符合位序—规模分布类型;② 高位序城市人口在不断增加,特别是最大城市在前 20 年中平均人口的增长绝对量在上升,但增长速度在下降,所以 1975 年后估计增长的绝对量呈下降趋势;③ 斜率在不断增加,人口分布日益集中是总趋势,转折点在 4 万~5 万人口规模的城市,比这还小的城市人口有下降现象。前 20 年斜率增加的速度在加快,后 20 年在放慢,而且斜率越来越接近于 1,说明集中的力量虽然一直在起主要作用,但力度趋于削弱,逐步达到集中与分散的力量趋于平衡的状态。这一案例具有很好的示范性。

在应用位序—规模分布模式分析具体问题时,必须注意可以有两种截距,一种是 $\lg P_i = \lg P_1 - q\lg R_i$ 情况下,截距 $\lg P_1$ 是最大城市人口数的对数值,是已知的;另一种是 $\lg P_i = a - q\lg R_i$ 情况下,a 是待求的系数,代表的是回归在误差平方和最小条件下,最大城市人口的理论值。这两种不同的截距所得到的回归方程是不同的。采用前者时,所得方程的相关系数会低于后者,采用后者时,第一大城市的理论值可能大大偏离实际值,究竟用哪一种,应根据不同目的慎重选择。

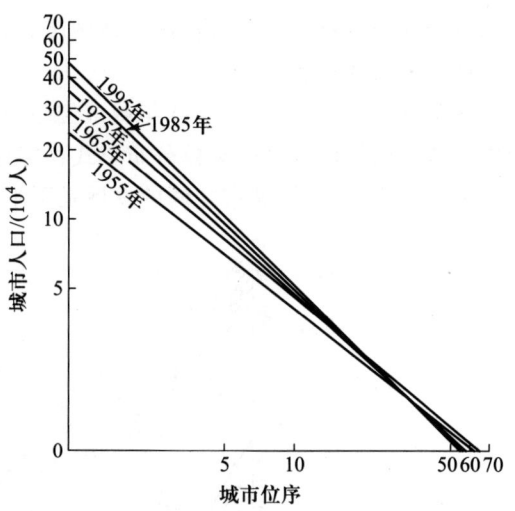

图 7-4　日本新潟县城市规模分布的时间变化
资料来源:高阪宏行,1978

第二节　对城市规模分布的解释

一、城市规模分布的类型

学术界一般习惯于把城市规模分布分为位序—规模分布和首位分布两种基本类型,介于这两者之间的,属于过渡分布类型(图 7-5)。

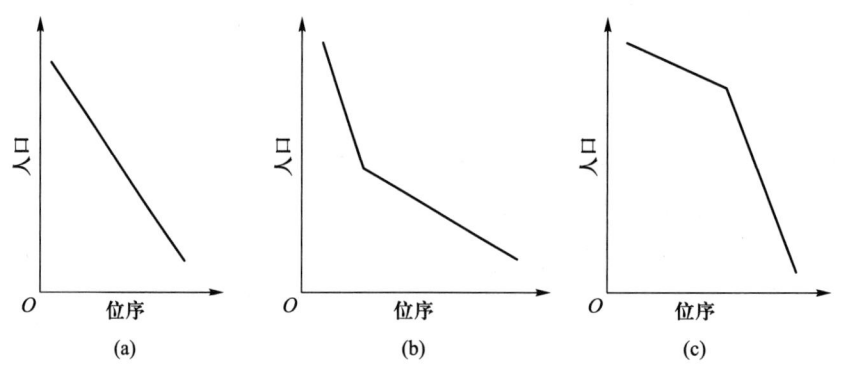

图 7-5　城市规模分布类型
(a)位序—规模分布;(b)首位分布;(c)过渡分布

贝里 1960 年曾经选择 38 个国家的城市资料做过分析,与位序—规模分析所不同的是横坐标为对数尺度的城市规模等级,纵坐标是正态概率尺度,表示某规模等级城市占 2 万人以上城市数量的累计百分比。最后把各国分等级的城市规模分布连成线。接近于直线的符合对数正态分布,已有人证明,对数正态分布和位序—规模分布实质上是同一类型的规模分布;呈明显折线的,说明有规模等级的缺失,为首位分布。

贝里在分析中发现,38个国家中有13个国家属于对数正态(位序—规模)分布;有15个国家属于首位分布;其余10个国家属于过渡分布,其中有的偏于接近对数正态分布,如澳大利亚、加拿大,有的偏于接近首位分布,如马来西亚、巴基斯坦(图7-6)。

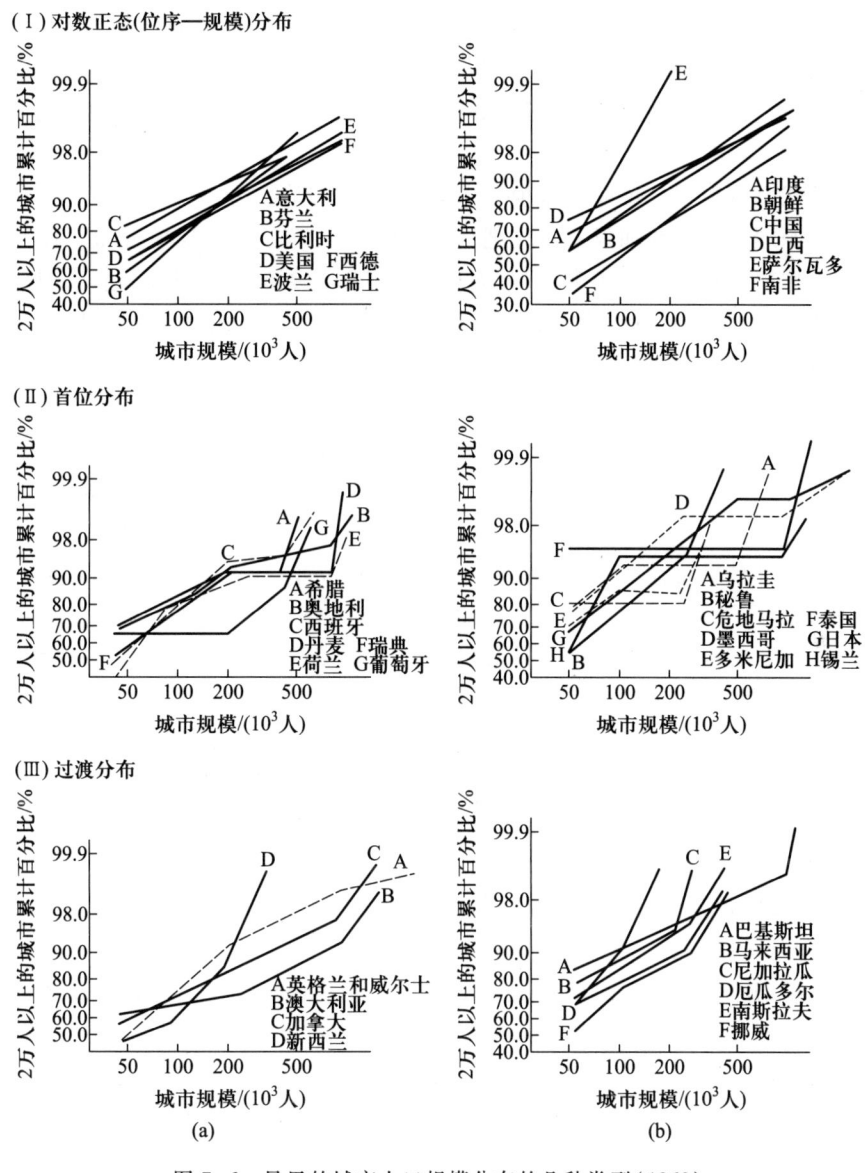

图7-6 贝里的城市人口规模分布的几种类型(1960)

(a)发达国家和地区;(b)欠发达国家

资料来源:Berry,1960

二、对城市规模分布的理论解释

从方法论上来说,对城市规模分布的理论解释有两种基本类型,一种是从变量和过程中抽象出一定数学关系,如对数正态分布、帕累托分布等,来证明特定的规模分布类型。陈彦光(2001)的研究推导证明了基于中心地理论的贝克曼(M. J. Beckmann)城镇等级—规模模型、戴维斯(K. Davis)的二倍数规律与位序—规模规律,具有逻辑演绎关系,在数理上是等价的。另一种通常不表现出数学关系,而是提出一种关于各种变量之间的原因性论点。按理论解释的模式来分,有随机模式、城市增长模式、迁移模式、城市等级体系模式,以及考虑政治、经济、文化和历史诸因素的机制分析模式。

各种随机模式是解释城市位序—规模分布最有影响的理论。有一种流行的随机模式来自系统论的熵最大化原理。贝里和加里森首先把这一原理用来解释城市规模分布。他们认为,熵是一种当影响城市规模分布的力量很多,其行为也很混乱时达到的稳定状态,这时的城市规模分布与只由极少数几个力量影响下产生的规模分布形成鲜明的对照。在只有少数几个力量强大的因素作用的国家,城市规模常产生首位分布,一般是人口少、面积小的国家,或城镇化历史比较短的国家,或有单一出口的殖民地历史的国家;而位序—规模分布是许多种力量在很长时间里作用的结果,以致一旦获得了位序—规模分布,那么这些力量中的任何一个很可能只是产生一种随机的相对微小的作用。这种分布通常在工业经济发达的国家或那些面积大、历史久、人口多、条件复杂的大国出现。

虽然随机过程已被反复证明可以产生位序—规模分布,但有人认为它也有缺陷,因为许多随机模式没有注意位序—规模分布可能有不同的斜率。

大量的文献都断定经济力量是城市社会组织的中心要素,这种观点也正在受到挑战。强调政治因素的人把国家看作是城市体系的决定因素,经济力量只被认为是一种中间变量。认为在工业化的早期阶段,区位选择受到经营欲望的强烈影响,倾向于直接接近政府权力中心。有人用亚洲、拉丁美洲一些国家首都的政治作用不断增强作为主要原因来解释这些国家首位度的增加。认为国家结构的集中化程度高,常呈首位分布;社会主义的政府类型常常与首位分布相联系,而联邦政府类型常常与位序—规模分布相联系;政府控制越强的国家,企业紧靠权力中心布局的动力也越强;民族主义精神强的国家可产生首位分布等。支持这些解释的证据往往是轶事式的,并不很严密,因此常常可以找到一些相反的例子。

埃尔·莎科斯(E. Shaks)于1972年提出了一个经济发展城市规模分布的动态模式,试图将城市规模分布与不同经济发展阶段联系起来。他认为位序—规模分布是与社会均衡发展相联系的,这种均衡是在经济发展起飞前和发展后产生的。首位分布是社会不均衡发展造成的,这种不均衡是在经济发展过程中形成的。按此模式,一个国家或区域,在经济起飞前常属均衡状态,是位序—规模分布,在经济大发展过程中,均衡状态被集中发展几个经过选择的大城市所动摇,城市规模呈首位分布。随着时间推移,经济发展渐渐从大城市转向中小城市,城市系统的均衡状态又逐渐恢复,在新的基础上,再现位序—规模分布。

三、城市规模分布类型的利弊

到底是首位分布好还是位序—规模分布好,这是一个争论不休的问题。

有许多人对首位分布提出种种指责。譬如说,首位分布对国家经济发展有一种寄生作用;首位分布的空间集中是资源的一种低效利用方式,有损于更合理的资源利用;首位分布代表了一种超国家的倾向,这种倾向不利于全国动员,因此对经济增长有害;首位分布反映了许多社会方面的不平等;等等。

也有许多人从规模经济和集聚经济的角度提出不同见解,指出空间集中的有益影响。例如,有人认为首位分布允许资金和人才的更大积累,有利于知识的更加专门化和思想的广泛交流;大城市内的各种运输成本一般比城市间的运输成本低,因此大城市的劳动生产率是最高的;首位城市常常是交通运输网络中效益最好的地方,是革新的源地,比乡村地区更能吸引投资;等等。

换一种方式来问,首位分布和位序—规模分布与国家的经济发展水平有没有联系?

一种很流行的观点是,城市的首位分布是和经济发展的低水平联系在一起的。甚至有人说,经济不发达是造成城市首位分布的原因。反之,经济发展是城市体系均衡发展的原因。斯图尔德(C. T. Jr. Steward)则把首位分布与农业经济,位序—规模分布与工业经济分别联系在一起。

而一些实证研究,并未证明上述观点是普遍正确的。在图 7-6 被贝里分为对数正态(位序—规模)分布的 13 个国家中,既有西欧、北美很发达的国家,也有亚非拉的发展中国家;被分为首位分布的 15 个国家中,有发达国家,也有发展中国家。它们之间并没有规律性。贝里还检验过城市规模分布类型与城镇化水平之间的关系,结果也没有发现它们之间存在着必然联系。

尽管对国家城市规模分布有过大量的研究,但是缺乏共同性的发现,原因就是这些研究在样本、研究方案、度量和分析技术等方面都缺乏可比性。至少在目前把城市规模分布归为首位分布与位序—规模分布两大类的前提框架下,不能一概而论地说首位度大一定不合理,首位度小就一定合理。人们还没有真正理解城市规模分布形成的机制。

总之,一个国家或区域的城市规模分布是其社会经济发展过程所决定的,反过来,已经形成的城市规模分布又会推动或制约其社会经济的发展。因此,我们不能就城市规模分布论城市规模分布,必须紧密联系社会经济发展的实际。

第三节　中国的城市规模分布

一、中国城市位序—规模法则的验证

贝里 1960 年的研究已经把中国列入对数正态(位序—规模)分布类型。严重敏、宁越敏(1980)和许学强(1982,1995)先后用全国城市的详细人口资料,进行了位序—规模法则的检验。他们的不同视角在于前者以第一大城市上海为基准,以斜率指数等于 1 的理想模式考察了中国 1952 年和 1978 年 10 万人以上的城市规模分布的变化,后者则不以第一大城市的实际规模作为截距,而是跟踪了 1953 年、1963 年、1973 年、1978 年、1990 年中国前 100 位城市的位序—规模分

布状况,并预测了 2000 年的状况(图 7-7)。许学强得到的结果如下:

$$1953 \text{ 年} \quad P_i = 781.18 R_i^{-0.906} \quad r = 0.990$$

$$1963 \text{ 年} \quad P_i = 910.87 R_i^{-0.888} \quad r = 0.992$$

$$1973 \text{ 年} \quad P_i = 554.84 R_i^{-0.811} \quad r = 0.991$$

$$1978 \text{ 年} \quad P_i = 773.56 R_i^{-0.762} \quad r = 0.987$$

$$1990 \text{ 年} \quad P_i = 1\,058.25 R_i^{-0.737} \quad r = 0.995$$

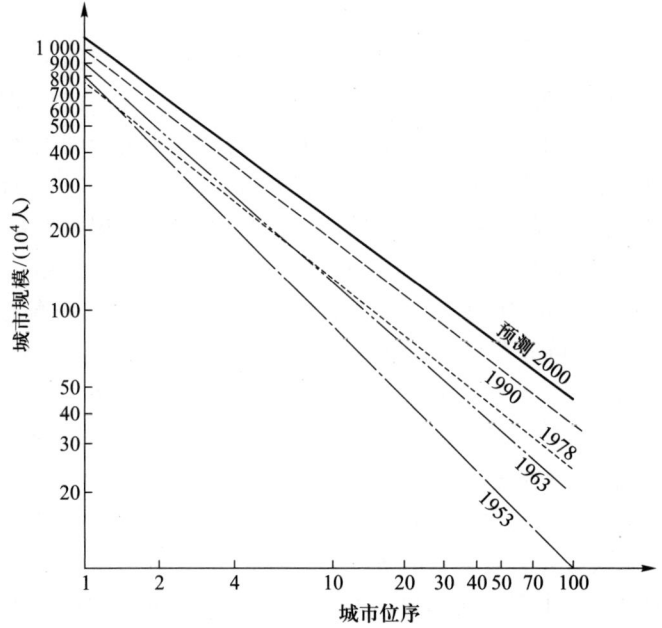

图 7-7 中国前 100 位城市位序—规模分析(1953—1990 年)

资料来源:许学强等,1995

按照许学强的思路,周一星等利用 2000 年第五次全国人口普查"市人口"数据做了前 100 位城市两种不同截距的位序—规模分析(图 7-8,图 7-9)。变换成相同的表达式为:

$$2000 \text{ 年} \quad P_i = 1\,272.07 R_i^{-0.629} \quad r = 0.984\,2(\text{截距固定})$$

$$2000 \text{ 年} \quad P_i = 1\,872.54 R_i^{-0.729} \quad r = 0.994\,2(\text{截距不固定})$$

2015 年张欣炜、宁越敏利用 2000 年和 2010 年的普查数据,对他们界定的中国 100 多个大都市区的人口规模,也做了一次位序—规模分析(图 7-10)。

另外,王法辉(1989)和陈勇等(1993)还用位序—规模分布和帕累托分布检验过中国历年的城市规模分布状况。

从以上这些统计分析可以得到几点共识。① 中国的城市规模分布无疑属于相对均衡的分布类型。这是和中国国土辽阔,人口众多,城市发展历史悠久,发育了数量庞大的城市,国家城市体系由明显的大区级、省区级和地方级的地域子系统共同组成分不开的。在这样的条件下,不可能形成很高的首位度。② 新中国成立以后,中国城市规模分布的总趋势是日益均衡,但各时期的波动很大,主要反映中国政治经济政策和经济过程的不连续性,城市人口增长速度上下起伏较

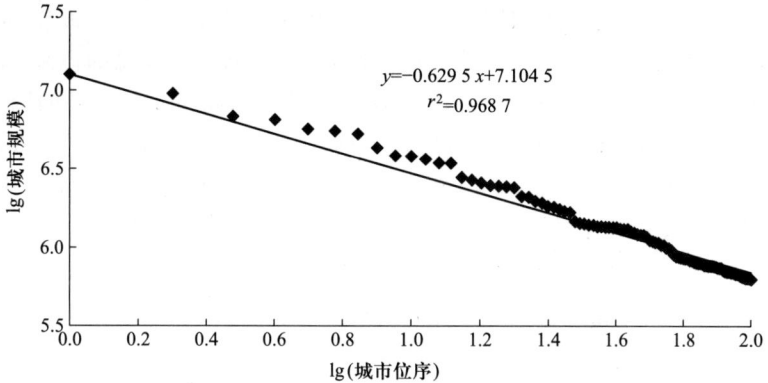

图 7-8 中国前 100 位城市位序—规模分析（2000 年）（截距固定）

资料来源：周一星，于海波，2004

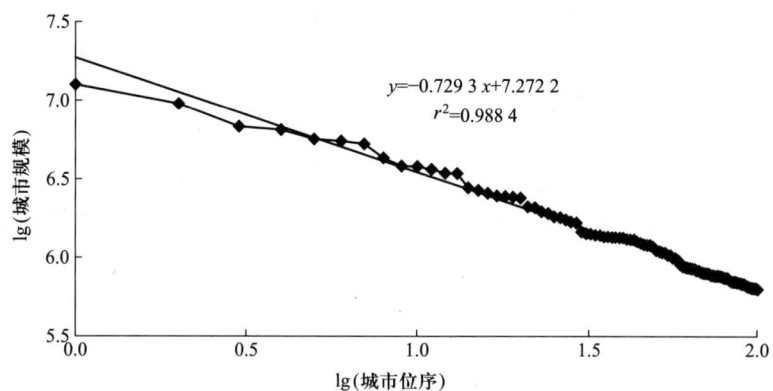

图 7-9 中国前 100 位城市位序—规模分析（2000 年）（截距不固定）

资料来源：周一星，于海波，2004

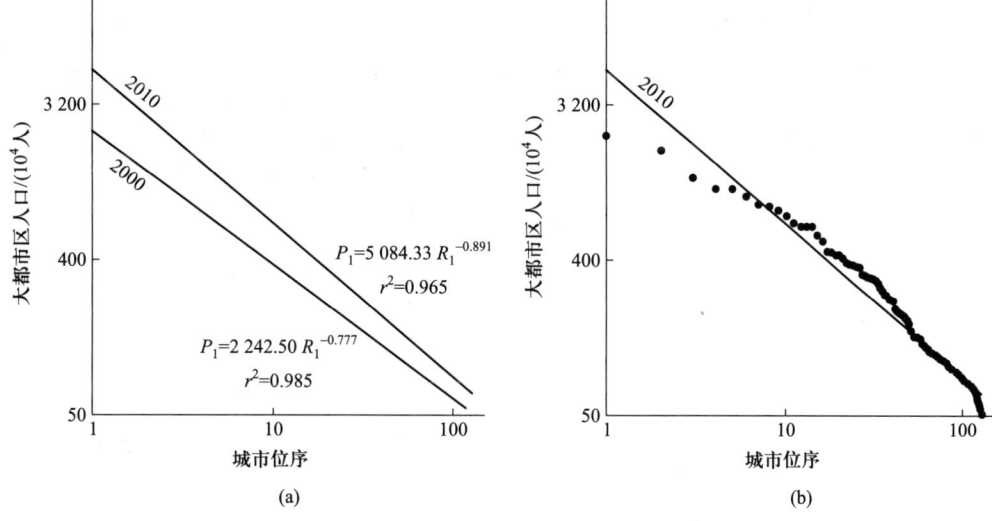

图 7-10 中国大都市区位序—规模双对数回归图（2000 年、2010 年）

（a）两个年份的拟合；（b）2010 年的实际值和理论值

资料来源：张欣炜，宁越敏，2015

大。其表现就是在双对数坐标图上,位序—规模分布和帕累托分布的斜率波动都较大。③ 改革开放以来中国高位序大城市人口增长加快,首位度指数有所回升。但总的说来,中国今后一二十年内也不会出现 2 城市指数接近 2、4 城市指数和 11 城市指数接近 1 的所谓的"标准均衡"状态。④ 至 2000 年前,中国城市位序—规模分析的斜率 $|b|$ 主要呈下降趋势,但是 2000 年以后则有明显上升,有向大城市集聚的倾向。⑤ 中国高位序城市,特别是最大城市的实际规模比它们的理论规模小得多,从国家城市体系的背景上看,它们仍然有较大的发展空间。

二、中国城市规模等级结构的变化

中国一直以城市市区的非农业人口 20 万、50 万和 100 万 3 条界线,把城市人口规模分为小城市、中等城市、大城市和特大城市 4 个等级。表 7-1 用若干典型年份表示了中国城市规模等级结构的变动。前 4 个年份有较强的可比性。可以看出在 20 世纪 60 年代以前,中国城市数量增长缓慢,大城市和特大城市无论在城市数量和城市人口中的比例都呈上升趋势,中小城市的比例在下降。在 20 世纪 60 年代和 70 年代,情况相反,因这一时期国家投资重点放到中西部,搞"三线"建设,大量城市人口、特别是大城市人口"下放"农村,大城市和特大城市在城市体系中的地位受到削弱。"文化大革命"动乱使新设市镇的建制工作处于停顿状态,有些小城市因自然增长晋升为中等城市的同时,没有新的小城市递补,因此相对而言,中等城市增长最明显,小城市没有得到发展。整体来说,这是一个城市发展停滞、萧条的阶段。改革开放以后中国城市发展进入了新的阶段,除了经济高速发展的原因以外,在行政体制上大量县改市、乡改镇。县级市改地级市,反映在 1990 年和 2000 年的城市数量与 1980 年比发生大幅度增加,导致小于 20 万人口的小城市组无论在城市数量和城市人口中的比例都比 1980 年明显上升,而特大城市、大城市的比例有所下降。到 20 世纪 90 年代中期县改市的进程过快(1997 年设市数已达 668 个),以致进入暂时的冻结阶段,而同时兴起了地级及地级以上市兼并所辖县和县级市改区的热潮,加上人口增长、规模等级晋升的作用,反映在 2000 年小城市数量和人口比例与 1990 年相比有所下降,而大中城市比例有所上升。

表 7-1　我国城市规模等级结构的变动

规模等级	城市数量/个	占城市数量的比例/%	占城市人口的比例/%	城市数量/个	占城市数量的比例/%	占城市人口的比例/%
	1949 年			1958 年		
特大城市（>100 万人）	5	4.5	36.1	11	6.5	42.4
大城市（50 万~100 万人）	7	6.4	17.8	19	11.2	20.8
中等城市（20 万~50 万人）	21	19.1	22.2	39	22.9	20.1
小城市（<20 万人）	77	70.0	23.9	101	59.4	10.8
合计	110①	100	100	170①	100	94.1

续表

规模等级	城市数量/个	占城市数量的比例/%	占城市人口的比例/%	城市数量/个	占城市数量的比例/%	占城市人口的比例/%
	1964 年			1980 年		
特大城市 （>100 万人）	13	7.8	45.0	15	6.7	38.7
大城市 （50 万～100 万人）	18	10.8	19.0	30	13.5	24.6
中等城市 （20 万～50 万人）	43	25.7	20.7	69	30.9	23.1
小城市 （<20 万人）	93	55.7	15.3	109	48.9	13.6
合计	167①	100	100	223	100	100
	1990 年			2000 年		
特大城市 （>100 万人）	31	6.6	41.7	40	6.0	38.1
大城市 （50 万～100 万人）	28	6.0	12.6	54	8.1	15.1
中等城市 （20 万～50 万人）	119	25.5	24.6	217	32.7	28.4
小城市 （<20 万人）	289	61.9	21.1	352	53.1	18.4
合计	467	100	100	663	99.9	100

注：此表城市人口均为市区非农业人口。

① 1949 年、1958 年、1964 年的设市城市数量应分别为 134、185、168，有个别小城市缺人口资料。

中国城市的规模等级划分，在 2014 年发生了重要的变化。为了更好地反映全国快速城市化的实际，国务院印发了《关于调整城市规模划分标准的通知》，新标准以城区①常住人口为统计口径，将中国的城市规模分为五类七档，50 万人以下为小城市（其中 20 万～50 万人为 I 型小城市，20 万人以下为 II 型小城市），50 万～100 万人为中等城市，100 万～500 万人为大城市（其中 300 万～500 万人为 I 型大城市，100 万～300 万人为 II 型大城市），500 万～1 000 万人为特大城市，1 000 万人以上为超大城市。城市规模等级的上下线大幅度上调，并增加了一个新的等级——超大城市。

三、中国不同规模城市人口增长速度的变化

中国城市的等级规模结构很大程度上受到市镇建制剧烈变动的影响，从中很难看出不同规

---

① 此处城区指在市辖区和不设区的市，区、市政府驻地的实际建设连接到的居民委员会所辖区域和其他区域。

模等级城市的人口增长速度。

如果要考察不同时段城市的人口增长速度,就需要排除掉新设城市和城市规模晋级的不可比因素。有人把中国 1949 年以来的前 46 年的过程分成 1949—1957 年、1957—1978 年、1978—1995 年 3 个阶段,以 1949 年的 110 个城市、1957 年的 152 个城市和 1978 年的 189 个城市的人口资料作为每个阶段的可比考察对象,分析中国城市人口的可比增长速度(表 7-2)。得到以下结论。① 从 3 个阶段来看,无论是全部城市还是 4 个规模等级城市的平均增长速度,都是第一阶段最高,第二阶段最低,第三阶段有所回升,但并未达到第一阶段的水平,整体呈明显的马鞍形趋势。② 平均增长率的标准差都是第一阶段较大,第二、三阶段较小,说明第一阶段中国城市规模增长总体上很快,但城市间的差异较大。第二阶段是城市增长速度普遍很慢,第三阶段的城市增长普遍加快,城市间的差异较小。③ 各规模等级在各时期都存在着规模等级从大到小,增长速度的平均值与标准差由小到大的负相关关系。第一阶段特大城市的增长速度高于大城市是唯一的例外。④ 值得注意的一个现象是,第二阶段与第一阶段相比,规模等级越高,平均增长速度的下降幅度越大;而第三阶段与第二阶段相比,情况恰恰相反,规模等级越高平均增长速度回升的幅度越大。

表 7-2　3 个阶段各规模等级城市规模增长速度差异的总体变化

城市规模/人	1949—1957 年		1957—1978 年		1978—1995 年	
	平均值	标准差	平均值	标准差	平均值	标准差
特大城市(>100 万)	0.067	0.021	0.009	0.006	0.025	0.003
大城市(50 万~100 万)	0.063	0.026	0.013	0.006	0.027	0.010
中等城市(20 万~50 万)	0.071	0.055	0.025	0.012	0.033	0.012
小城市(<20 万)	0.089	0.068	0.031	0.018	0.045	0.019
全部城市	0.082	0.063	0.026	0.017	0.037	0.017

资料来源:周一星,曹广忠,1998

把上述城市各阶段的人口增长状况分成快速、一般和缓慢 3 个等级,分别列入东、中、西 3 大地带,也有很明显的规律(图 7-11)。反映了第一阶段中国城市发展的重点是西部,第二阶段的重点是中部,第三阶段的重点回到了东部,与中国投资重点的变化趋势相当一致。

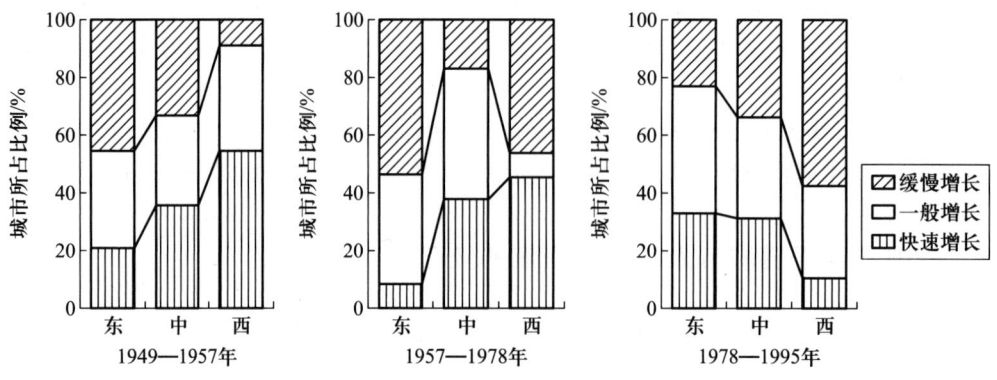

图 7-11　3 个阶段 3 种增长状况城市在东、中、西 3 大地带所占比例的变化

资料来源:周一星,曹广忠,1998

四、中国城市规模分布的省级行政区间差异

中国的城市规模分布属于均衡的位序—规模分布,并不等于说中国各省级行政区也都是这种类型。比较它们的区域差异,寻找导致这种差异产生的原因和演变的规律性,有助于因地制宜采取不同的区域政策。

首先需要找到一种各省级行政区间描述城市规模分布的可比的方法。首位度指数太简单,位序—规模模式则由于回归拟合程度的不同,不具有可比性。我们尝试用下列 3 个指标来描述各省级行政区的特点。① 省级行政区内第一大城市的规模(P),反映省级行政区城市规模等级体系的层次高低。② 省级行政区内最大城市占省级行政区城镇人口的比例(R),反映城市人口在第一大城市的集中程度,简称首位比。③ 城镇规模等级体系不平衡指数(S),反映各规模等级城镇分布的均衡程度,不平衡指数采用罗伦兹曲线中计算集中指数的公式求得:

$$S = \frac{\sum_{i=1}^{n} y_i - 50(n+1)}{100n - 50(n+1)} \qquad (i = 1, 2, 3, \cdots, 17)$$

式中:$n = 17$,即把当时全国的 3 000 多个市镇的人口规模按一定规则细分成 17 个等级,最高等级大于 500 万人,最低等级小于 5 000 人。y_i 是各规模等级按占城镇人口的比例从大到小排序后第 i 级的累计百分比。如果城镇人口平均分布在 17 个等级中,则 $S = 0$;如果分配极不平衡,集中在一个规模等级,则 $S = 1$。

把 1980 年 26 个省级行政区(京、津两市与河北合一,上海和江苏合一,当时海南尚未建省、重庆尚未成为直辖市)的 3 项指标值落实到坐标图上,采用多元统计的逐步判别法,得到最佳的分类结果(图 7-12)。

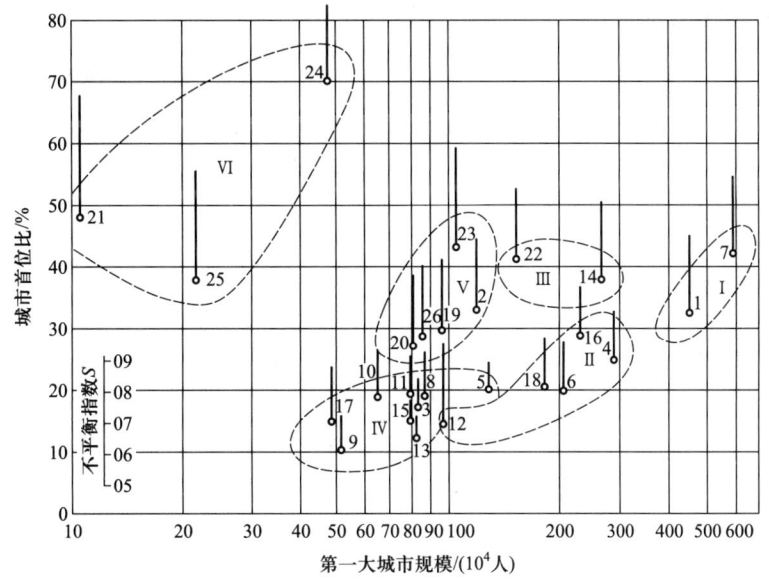

图 7-12 中国省级行政区城镇规模等级体系的分类(1980 年)

(未包括港、澳、台地区)

资料来源:周一星,杨齐,1986

中国省级行政区的城市规模分布被分成6个类型(逐步判别的过程从略)。

第Ⅰ类是沪、京、津3个超大城市所在的苏沪和京津冀两个单元。虽然首位比相当大,但各规模等级城镇发育完善,更有多个大中型规模的核心城市带动地方经济,小城镇也很发达。这是中国的政治、经济核心区,可称为高级首位型,以苏沪最典型。

第Ⅱ类是辽、黑、鲁、川、粤5个省级行政区。它们也有强大的中心城市,而且高位序城市不止一个,其他等级的城市也基本齐全。这一类型首位比和不平衡指数都属中等,是中国经济相对发达或经济规模较大的省份,属于中级平衡型。

第Ⅲ类是中国重点开发的两个内地省级行政区鄂和陕。首位城市武汉、西安早先就是超越本省意义的华中和西北的中心城市。省内二级中心不够发育,新中国成立后中小城镇虽有发展,仍不足以改变首位比大的特点,可称为中级首位型。

第Ⅳ类有湘、内蒙古、豫、吉、皖、闽、浙、赣、桂9个省级行政区。中小城市较多,第一位城市的规模相对于省级行政区的人口规模来说并不突出,甚至很多情况下偏小,首位比和不平衡指数在各类型中最小,是中国过去工业投资相对较少的农业省级行政区的类型,称为初中级平衡型。

第Ⅴ类有晋、云、贵、新、甘5个省级行政区,原来经济比较落后,除山西外,多数位于边远地区,新中国成立后开发性投资较多,省级行政中心城市的高速度增长是这些省级行政区城镇体系变化的最大特点,属于开发中的初中级不平衡型。

第Ⅵ类有青、藏、宁3个省级行政区,其人口稀少,经济落后,城镇体系很不发育,数量不多的城镇人口高度集中在规模不大的省级行政中心城市,首位比和不平衡指数特大,属于初级首位型。

以上6个类型的差异,可以用6个典型省级行政区的城镇规模分布曲线直观地表现出来(图7-13)。这6条曲线的第一大城市的规模等级由大到小递变,以苏沪最大,人口超过500万;以西藏最小,人口只有10万。城市首位比基本上高低交替出现,以西藏最高,湖南最低;规模分布的不平衡指数,以湖南最小,向两侧增大,西藏特大。

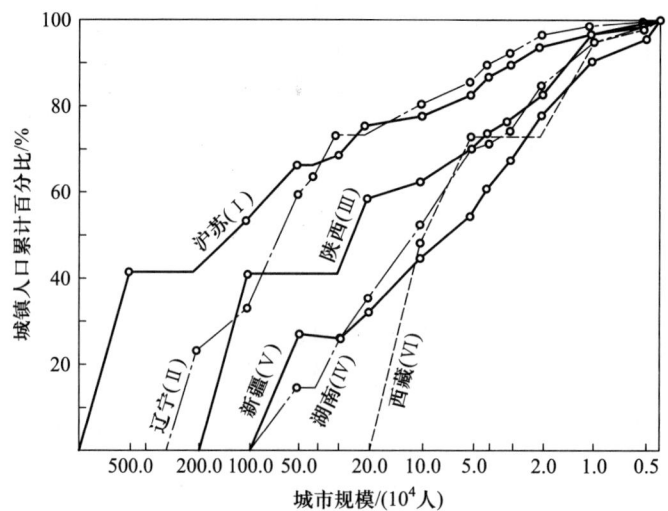

图7-13　6个典型省级行政区城镇规模分布曲线(1980年)

资料来源:周一星,杨齐,1986

用 1980 年分类的判别函数对 1964 年各省级行政区的 P、R、S 3 项指标值也作判别分类。结果证明,1964—1980 年各省级行政区城镇规模分布具有由低级向高级发展的普遍趋势(图 7-14)。一些省级行政区在此期间已经发生了类型上的进步。黑龙江省由 Ⅳ 类变到 Ⅱ 类,广东省由 Ⅲ 类变到 Ⅱ 类,陕西省由 Ⅴ 类变到 Ⅲ 类,江西省由 Ⅴ 类变到 Ⅳ 类,山东省由 Ⅳ 类变到 Ⅱ 类,甘肃省由 Ⅵ 类变到 Ⅴ 类,由此可以初步提炼出中国省级行政区城镇规模分布的演变模式(图 7-15)。

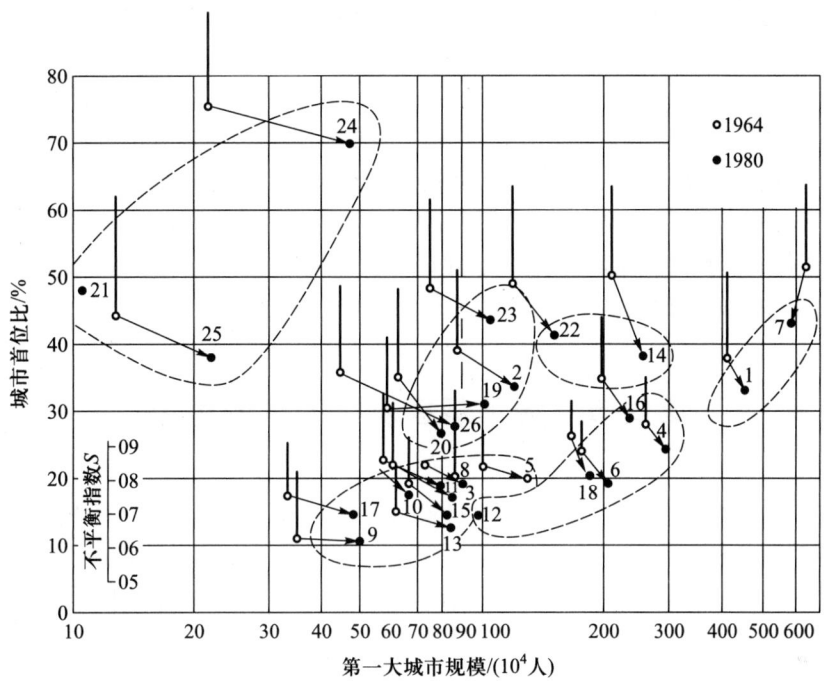

图 7-14　1964—1980 年中国省级行政区城镇规模等级体系的演变

资料来源:周一星,杨齐,1986

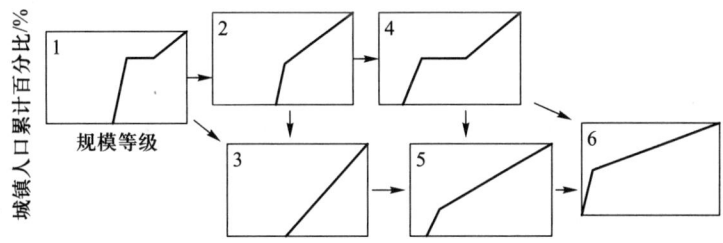

图 7-15　中国省级行政区城镇规模等级体系的演变模式(1964—1980 年)

资料来源:周一星,杨齐,1986

用 7 组 17 个变量的相关分析来寻找省级行政区城镇规模分布类型与哪些因素有关,也可以间接解释推动城镇规模分布类型由低级向高级变化的动力(相关系数表从略)。结论如下。

(1) 省级行政区的城镇规模分布类型与市镇有关的人口数量因素关系最密切,职工(特别是工业职工)和城镇人口多的省级行政区就处在城镇规模分布的较高级类型。

(2) 与省级行政区的经济发展水平有较密切的关系,但主要取决于工商业发展水平,与农业发展水平虽有某种正相关的联系,但相关的显著性程度很低。

（3）与省级行政区交通网密度有明显关系,偏僻、闭塞、交通网稀疏的省级行政区,一般处于较低级的城镇体系类型。

（4）人口密度是地区自然条件和经济开发程度的集中反映,人口密度较大的省级行政区,城镇规模分布一般处于较高级类型,西部低密度人口省级行政区处于低级类型。

（5）用城镇人口比例来衡量的城镇化水平与城镇规模分布类型间没有直接联系。这与其他学者的结论类似。

这一研究对西方公认的城市规模分布从首位分布直接向位序—规模分布演变的论断提出了质疑。至少中国省级单元的城镇规模分布有 6 种不同类型,类型间表现出平衡/不平衡从低级到高级循环上升的演变规律,其轨迹可能是从低级不平衡向低级平衡,再到中级不平衡,然后到中级平衡,再向高级不平衡,又到高级平衡循环发展的过程。它为城市体系规划突破从不均衡变得均衡、从均衡变得更均衡的固定套路提供了理论依据。可惜,20 世纪 80 年代以来,中国的城市人口统计发生了太大的变化,暂时没有条件进行跟踪研究。

第四节 城市规模发展政策的讨论

在 20 世纪 50—70 年代,西方曾经热烈讨论过城市最佳规模的问题。中国在 20 世纪 80 年代也在讨论类似的问题:中国城市发展的战略重点应该放在什么规模的城市? 是大城市还是小城市或者中等城市? 中国曾经在全国城市工作会议,《中华人民共和国城市规划法》和中华人民共和国国民经济和社会发展第六个五年计划、第七个五年计划、第八个五年计划中,明确地提出了按规模分类指导城市发展的要求。

一、中国城市发展方针的来龙去脉

第一个五年计划期间(1953—1957 年),中国的城市建设方针是"重点建设,稳步前进",取得了较好的效果。从 20 世纪 50 年代后期,特别是进入 60 年代,国家出于对国际形势的严峻估计,开始强调"控制大城市规模和发展小城镇"。显然这是在当时"备战备荒"的特殊时代背景下产生的。实际上,这些方针也并没有得到认真贯彻,因为在"三年困难时期"和"文化大革命"期间,连城市规划工作也被停止了,城市处于乱占乱建的状态。新建工业区不搞集中的城市,"三线"工业则强调进山、入洞,否定用城镇形式来组织工业。整个 20 世纪六七十年代城市人口反向流入乡村,大城市发展极为缓慢,小城市也没有发展起来,建制镇的数量还有所下降。

"文化大革命"结束后,1978 年全国第三次城市工作会议把"控制大城市规模,多搞小城镇"正式确立为国家的城市建设方针。1980 年全国城市规划工作会议又确定"控制大城市规模,合理发展中等城市,积极发展小城市"为国家的城市发展总方针。同时定义市区非农业人口超过 50 万的城市为大城市,20 万~50 万的为中等城市,不到 20 万的为小城市。随后,1990 年生效的《中华人民共和国城市规划法》明确规定中国的城市发展方针是"严格控制大城市规模、合理发展中等城市和小城市"。

二、关于城市规模发展战略的讨论

20 世纪 80 年代,关于中国城市发展战略讨论焦点是大城市规模要不要控制,发展小城市(镇)是不是中国城镇化的唯一道路。其观点概括有以下几种:① 小城市重点论;② 城乡一体化论或城乡融合论;③ 大城市重点论;④ 中等城市重点论;⑤ 大、中、小合理结构论。城乡一体化论或城乡融合论的理论依据和小城市重点论是类似的,可以和小城市重点论合为一类观点。大城市重点论者虽然不一定反对发展小城市,但反对把小城镇作为中国城镇化的主要途径或唯一途径,他们积极主张发展大城市。中等城市重点论和大、中、小合理结构论介于两派之间,带有强烈的中性色彩。

小城市重点论者的理论依据是马克思主义的"城乡关系理论",认为"缩小以至消灭城乡差别是社会主义的重要任务""大工业在全国的尽可能平衡的分配,是消灭城市和乡村的分裂的条件"。在他们眼里,大城市姓"资"不姓"社"。他们没有注意到经典著作中也有很多可以用来否定这种观点的论述,例如斯大林的"苏联社会主义经济问题"。小城市重点论者出于对巨量的剩余农村劳动力涌入大城市的担心,接了费孝通"小城镇大问题"的题目,提出"剩余劳动力就地消化""离土不离乡,进厂不进城""发展小城镇是中国城镇化发展的唯一道路"等,这些观点成为一时的主流,认为这正是建设具有中国特色的社会主义的一个重要特征。与这些观点相配合,1984 年中国降低了设置市、镇的标准,大力推行"乡改镇""县改市"。建制镇和小城市的数量从此一路激增。"离土不离乡,进厂不进城"这一条以分散为特征的城镇化道路影响尤其深远,它虽然解决了一部分农民的非农就业问题,但同时也带来了经济上的低效益,宝贵耕地的过量占用,环境污染的面状扩散,丧失了大量第三产业的就业岗位。

大城市重点论的主要观点如下。① 部分学者认为"大城市的超前发展是工业革命以后存在于世界各国的普遍规律,即大城市人口的增长速度比城市人口增长快,比总人口增长更快""控制大城市发展是违背客观经济发展规律和城市发展规律的人为办法""大城市是国家的'超级金库',是带动中小城市和乡镇快速高效发展的火车头""控制大城市人口的方针是脱离了财政经济利益的片面方针"。② 大城市在经济上的集聚效益和规模效益高于中小城市是主张发展大城市的主要依据。很多人从成本效益分析入手,认为不同规模等级城市组的经济效益,具有随城市规模等级的提高而提高的规律性,发展大城市最经济。③ 有些学者论证了大城市不仅有经济规模效益的优势,也有社会规模效益、环境规模效益、建设规模效益方面的种种优势。而且把按城市规模等级分析得到的结论进行了推广,认为"城市规模越大,城市效益越高"是不以人的意志为转移的客观规律。

中等城市重点论者认为大城市和小城市都有其难以克服的弊端,主张确立以发展中等城市为中心的城乡网络结构。大、中、小合理结构论者主张完善城市规模结构,形成合理的城市体系。有人具体建议中国东部应以发展小城镇为主,中部应以发展中等城市为主,西部要以发展大城市为主。

三、城市规模与经济效益的关系

对于大、中、小城市发展重点的争论虽然也涉及社会效益与环境效益,但主要的分歧还是在城市经济效益上。

城市有没有最佳规模或合理规模呢?在理论上是有的。城市经济学家巴顿给出了城市规模的费用/效益曲线(图7-16)。

图中 AB 是平均效益曲线,表示由于城市规模扩大而增加的平均每人的效益从开头迅速增长,后来上升趋势减弱,最后下降。MB 是边际效益曲线,表示城市每增加一个单位成员应有的效益。AC 是城市平均生活费用曲线,它随城市人口增加、城市面积扩大而趋于上升,但在人口极少的情况下,开始可能有些下降。MC 是边际费用曲线。P_1 是城市最小合理规模,人口少于 P_1 的城市是不经济的。P_2 是城市生活每人净效益最高时的规模,AB 与 AC 之间的差最大,对现有的城市居民是最理想的规模。但这时 MB>MC,城市人口仍然要增加。P_3 是城市所得到的总的纯效益达到最高时的规模,这时的社会效益最

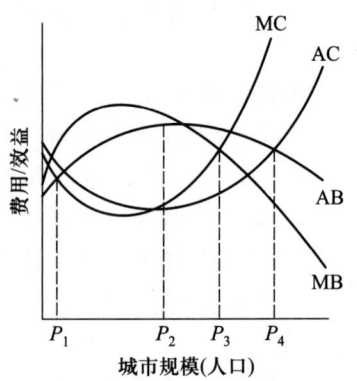

图 7-16　城市规模的费用/
效益曲线

高,对决策者最理想。但这时 AB>AC,对个人来说,只考虑平均效益,因此人口可能继续迁入。P_4 处于 AB=AC,这时如不能制止人口增加,城市就要超出最佳规模的上限而不经济。

需要注意的是,理论模型中的曲线形状不是很确定的,所以 P_1、P_2、P_3、P_4 也没有一个确定的数值。当城市人口规模达到相当数量,由于人口密度过高而造成效益下降时,人口会扩散,使人口密度下降,城市地域扩大,这时会产生新的费用/效益曲线,产生新的交点。

大量的实证研究也已证明,城市合理规模只能是一个相对的概念。从不同的评价角度和采用不同的评价标准,可以得出不同的最佳规模;最佳规模是时间的变量,随着时间的变化,技术水平在变化,人们的价值观及价值所构成的标准也随之变化,相同的标准会得出不同的最佳规模。因此,对于某一特定的城市,在一定的历史时期内,根据其具体条件,研究其合理规模是有必要的,而一个统一的、能被普遍接受的城市最佳规模至今仍然没有找到,也许它根本就不存在。

发表在 20 世纪 80 年代末的中国城市规模与工业经济效益之间关系的研究发现:① 随着城市规模等级的提高,中国城市按人口平均和按工业职工平均的工业产出水平确实存在着逐级提高的总趋势,但是这种趋势下又掩盖了许多城市个体间的差异;② 单个城市的产出水平和城市规模之间在统计上是一种弱正相关关系,它们之间并不存在稳定的因果关系(表7-3)。

表7-3　城市人均产出、职均产出(y)与城市规模(x)的一元回归结果

	$y=a+bx$	$y=a \cdot x^b$	$y=a \cdot e^{bx}$	$y=a+b\lg x$	$1/y=a+b/x$	$\lg y=a+b\lg x$
人均产出分析						
R	0.088	0.408	0.257	0.122	0.500	0.408
F	2.3	58.3	20.7	4.4	97.8	53.8
职均产出分析						
R	0.065	0.275	0.240	0.070	0.197	0.273
F	1.3	23.5	17.9	1.4	11.9	23.5

资料来源:周一星,1988

以上两点对于正确理解城市的规模效益是缺一不可的。看不到第一点,就会否定大城市的

经济效益一般来说确实比中小城市好,从而片面强调发展小城市和乡镇企业。看不到第二点,就会把大城市相对较好的效益优势强调到不恰当的程度,从而片面强调发展大城市,认为城市越大越好。这两种倾向都是不足取的。

中国城市经济效益的多元回归分析进一步证明,影响中国城市间工业经济效益差异的决定性因素并不是城市规模,而首先是城市职工平均拥有的固定资产(即投资强度)和城市的工业结构(表7-4)。城市规模因素在影响城市职均工业净产值的7个因素中排在第5位,对城市百元资金利税率的影响力排在第2位。城市规模因素对城市工业经济效益的影响力在不同地区间也有很大差别,在边远地区列7个因素中的第1位,在内地居第4位,在沿海地区降到第5位(表7-5)。

表7-4　中国城市经济效益与7个因素多元回归的标准回归系数

影响城市职均工业净产值的7个因素的排序		影响城市百元资金利税率的7个因素的排序	
1. 职均固定资产	0.693 5	1. 工业结构指数	0.592 4
2. 工业结构指数	0.374 7	2. 城市规模	0.332 2
3. 大型企业比例	−0.196 0	3. 职均固定资产	−0.172 2
4. 离港口距离	−0.157 0	4. 交通条件指数	0.167 8
5. 城市规模	0.137 1	5. 离港口距离	−0.140 2
6. 专业化指数	0.091 8	6. 专业化指数	0.134 1
7. 交通条件指数	0.065 6	7. 大型企业比例	−0.111 3
$n=285$;$R=0.881\ 5$		$n=283$;$R=0.705\ 8$	
$F=137.93>2.71(a=0.01)$		$F=39.00>2.71(a=0.01)$	

资料来源:周一星,杨齐,1990

表7-5　3个地带城市职均工业净产值多元回归结果

序号	地区	标准回归系数		
		沿海	内地	边远
	城市个数	104	150	41
1	城市规模	0.055 6[5][1]	0.149 3[4]	0.382 5[1]
2	职均固定资产	0.959 6[1]	0.439 7[1]	0.127 5[2]
3	交通条件指数	0.036 6[2]	−0.004 4[2]	0.174 5[2]
4	离港口距离	−0.089 7[4]	−0.015 8[2]	−0.019 3[2]
5	在型企业比例	−0.232 5[2]	−0.128 2[5]	−0.121 1[2]
6	工业结构指数	0.147 8[3]	0.353 4[2]	0.297 7[3][1]
7	专业化指数	0.048 7[6][1]	0.212 3[3]	0.378 7[2]
相关系数 R		0.953	0.761 1	0.602 2
F 值		158.34(2.84)	27.92(2.77)	2.68(3.24)

注:[ ]内数字表示重要性次序;( )内数字表示方程在 $\alpha=0.01$ 水平上的检验临界值。
① 表示该变量在回归方程中不能通过显著性水平 $\alpha=0.1$ 的检验;② 表示不能通过 $\alpha=0.2$ 的检验。

资料来源:周一星,杨齐,1990

2006 年用上述类似的方法来揭示中国城市人均 GDP 水平差异的原因,再一次证明资本投入是影响城市人均 GDP 的决定性因素,其次是城市的产业结构,外资对东部和大中城市有明显影响,人口规模与城市人均 GDP 之间相关性仍然不大,甚至在大城市组中人口规模与城市人均 GDP 呈负相关。分析表明转变中国粗放的经济增长方式已经非常迫切,片面"做大"城市规模对提高城市的经济发展水平于事无补。

总之,关于大、中、小城市发展重点的讨论,单就"要不要发展大城市""要不要发展小城镇"来说,各家所言都有合理的成分。但是,如果用小城镇的发展来排斥大城市的发展,或把大城市的发展强调到不适当的地步,用它来排斥小城镇的发展,那么这些道理都不足以说服人。

各种观点的争论不管多么对立,中国的城市发展方针尽管改来改去,其思维的框架都是相似的,都是在城市规模的框框里转圈子,不是发展这个规模等级的城市,就是控制那个规模等级的城市,可以被称为"城市规模政策"。用单纯的规模政策作为国家城市发展的总方针或基本方针,来指导这么大一个国家的城市发展,难免带有片面性。

我们注意到,中华人民共和国国民经济和社会发展第六个五年计划、第七个五年计划、第八个五年计划都无一例外地强调要贯彻上述的城市发展方针。然而,从中华人民共和国国民经济和社会发展第十个五年计划开始,一系列中央正式文件不再提城市发展方针,不再提严格控制大城市规模。但是社会上又有一种新的潮流,就是不论大小城市都在追求把规模"做大",这是从一个极端走向另一个极端的新的规模政策思潮,其背后的根源是通过城市规划上的"做大"来扩大城市用地,通过圈地出让来增加 GDP 和财政收入,显然这不符合科学发展观的要求。

四、城市规模研究的新难点

城镇人口统计标准的变来变去,特别是第四次全国人口普查、第五次全国人口普查标准的变动,对于城市规模的实际应用没有产生多大的影响。迄今为止国内的统计出版物一般仍是提供两种城市人口规模的统计资料,一是城市市区的非农业人口,二是城市市区总人口,这两种人口都属于户籍人口。

外来人口的"崛起"使城市人口规模中"户籍人口"和"非户籍人口"的界限在淡化。在 1982 年前使用户籍人口是可以理解的,因为离开土地流入城市的农民数量有限,而 20 世纪 80 年代以来,中国人口的流动性明显提高,据估计有近 40% 的农村劳动力被吸引到流动的打工大军中,近 80% 的人口流动是从乡村到城市的迁移,绝大多数属于无户口迁移。城市中的非户籍人口即外来人口已经成为城市人口规模的重要组成部分。

农村产业结构的重组使城市人口规模中"非农业人口"和"农业人口"的界限在模糊。2001 年中国按就业人口的分类,第一产业的劳动力正好占 50%,而同年按农业、非农业人口的分类,农业人口却占 73.32%。这就说明差不多 1/3 的"农业人口"已经转而从事第二、第三产业。2000 年第五次全国人口普查公布全国的城镇人口中有大约 31% 是所谓的"农业人口"。

城市市区的户籍非农业人口之所以不能反映城市的规模,是因为在当前,除了少数相当边远的、经济很不发达的城市以外,它几乎永远是偏小统计。越是发达的城市,偏小统计就越厉害。

城市户籍总人口之所以不能反映城市的规模,关键在于对外来人口多的城市而言,这个口径是偏小统计;对于外来人口少的城市而言,这个口径是偏大统计。

在第二章里已经交代过,第五次全国人口普查给出的按常住人口统计的每个市的"市人口"和每个镇的"镇人口"是比较接近城市实体地域的人口规模,问题是只有普查年的数据而且没有与之相对应的实体地域边界。从图 7-17 可以看出 2000 年"市人口"前 100 位的城市与市区非农业人口、市区总人口相比在城市按人口规模排序时的巨大差别。

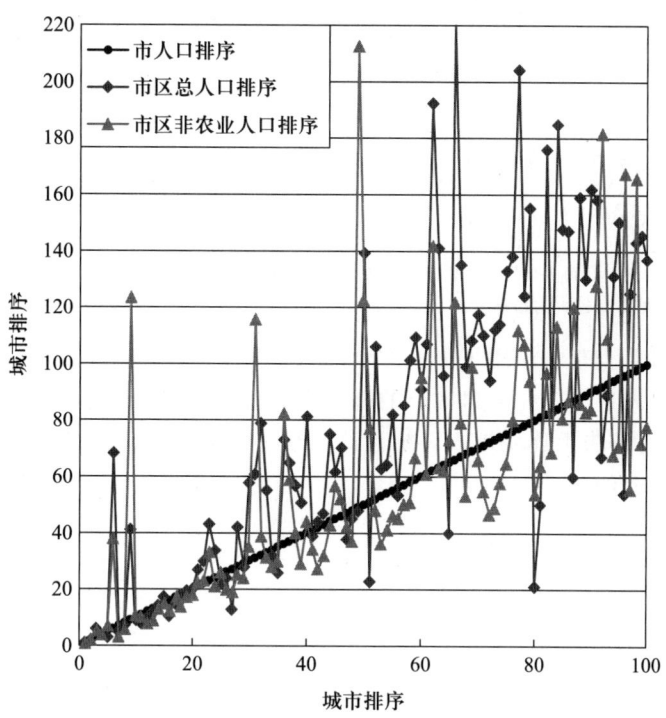

图 7-17　中国 3 种城市人口规模排序的差别(2000 年)

资料来源:周一星,于海波,2004

表 7-6 列出了前 10 位城市的具体数据。中国城市的人口规模分布研究和城市人口规模预测研究在城市人口规模口径选择上已经非常困难。在介绍城市时,常喜欢用包括辖县的市域总人口,因为数据比较大;在计算人均 GDP 时喜欢用户籍的非农业人口,因为分母比较小;讲人气如何高时,喜欢用包括外来人口的实际居住人口。城市规模仿佛成了橡皮筋,可以随意伸缩。至于做城市规划时,就苦了规划人员,常常不知道用什么人口数据。

表 7-6　2000 年我国前 10 大城市不同口径的城市人口规模和位序的比较　　(单位:万人)

城市名	第五次全国人口普查口径市人口	位序	市区户籍总人口	位序	市区户籍非农业人口	位序
上海市	1 272	1	1 137	1	938	1
北京市	950	2	974	2	727	2
广州市	687	3	567	6	401	5
武汉市	656	4	749	4	441	4
重庆市	568	5	896	3	382	7

续表

城市名	第五次全国人口普查口径市人口	位序	市区户籍总人口	位序	市区户籍非农业人口	位序
深圳市	557	6	125	67	100	38
天津市	531	7	682	5	499	3
沈阳市	434	8	485	7	395	6
东莞市	387	9	153	40	40	120
成都市	382	10	336	9	228	11

注："第五次全国人口普查口径市人口"是目前较好的城市人口规模指标；"市区户籍总人口"对外来人口多的城市是偏小的指标，对外来人口不多的城市是偏大的指标；"市区户籍非农业人口"几乎对任何城市都是偏小的指标。

第六次全国人口普查基本沿用了第五次全国人口普查关于城乡人口区分的原则和方法，并进一步对市人口和镇人口与乡村人口区分的基本单元细化到村和居委会，这更接近实际。但除普查年份外，依然没有解决上述城市人口统计口径较多较乱、难以获取与城市实体地域相对应的市人口数和镇人口数的问题。

思考题

1. 城市规模分布有哪些基本的理论？

2. 试着用城市金字塔的方法，把不同规模等级的城市数量换成不同规模等级的城市人口，分析中国城市规模结构的另一个侧面。

3. 试分析经济发展与城市规模分布的关系。

4. 公式 $P_i = P_1 \cdot R_i^{-q}$ 是城市规模分布的一般化模式，试说明 q 变化的意义。

5. 试分析城市规模分布的类型及利弊。

6. 任选两个省级行政区，比较它们的城市规模分布。

7. 你对中国城市规模发展方针有什么看法？

参考文献

[1] 高阪宏行.都市规模分布的动态分析——以新潟县为例[J].地理学评论（日），1978,51（3）:223-234.

[2] 严重敏，宁越敏.我国城镇人口发展变化特征初探[C]//胡焕庸.人口研究论文集.上海：华东师范大学出版社,1983.

[3] 许学强.省会城市人口规模的发展与控制[J].城市规划,1982(4):41-45.

[4] 许学强.我国城镇规模体系的演变和预测[J].中山大学学报（哲学社会科学版）,1982（3）:40-49.

[5] 孙盘寿.我国城市人口规模的变化[J].地理学报,1984,39(4):345-358.

[6] 周一星,杨齐.我国城镇等级体系变动的回顾及其省区地域类型[J].地理学报,1986,42(2):97-111.

[7] 周一星.中国城市工业产出水平与城市规模的关系[J].经济研究,1988(5):74-78.

[8] 王法辉.我国城市规模分布的统计模式研究[J].城市问题,1989(1):14-20.

[9] 陈勇,陈嵘,艾南山,等.城市规模分布的分形研究[J].经济地理,1993,13(3):48-53.

[10] 顾朝林.中国城镇体系等级规模分布模型及其结构预测[J].经济地理,1990(10):54-56.

[11] 周一星,杨齐.中国城镇经济效益的多因素分析[J].经济地理,1990(10):43-50.

[12] 周一星,曹广忠.中国城市人口可比增长速度的空间差异(1949—1995)[J].经济地理,1998,18(1):27-34.

[13] 李立勋,温锋华,许学强.改革开放以来珠三角城市规模结构及其分形特征[J].热带地理,2007,27(3):239-244.

[14] 陈彦光.城镇等级体系的 Beckmann 模型与三参数 Zipf 定律的数理关系[J].华中师范大学学报(自然科学版),2001,35(2):229-233.

[15] 周一星,于海波.中国城市人口规模结构的重构(一)[J].城市规划,2004,28(6):49-55.

[16] 周一星,于海波.中国城市人口规模结构的重构(二)[J].城市规划,2004,28(8):33-42.

[17] 张欣炜,宁越敏.中国大都市区的界定和发展研究——基于第六次人口普查数据的研究[J].地理科学,2015,35(6):665-673.

[18] 金浩然,刘盛和,戚伟.基于新标准的中国城市规模等级结构演变研究[J].城市规划,2017,41(8):38-46.

[19] 顾朝林.全球化与重建国家城市体系设想[J].地理科学,2005,25(6):641-654.

[20] 贾娜,周一星.中国城市人均 GDP 差异影响因素的分析[J].中国软科学,2006(8):109-118.

[21] Jefferson M. The law of the primate city[J].Geographical Review,1939,29(2):226-232.

[22] Davis K. World urbanization 1950-1970[M]//Bourne L S,Simmons J W. Systems of cities. New York:Oxford University Press,1978.

[23] Auerbach F. Das gesetz der bevölkerungskonzentration[J]. Petermann's Geographische Mitteilungen,1913,59:74-76.

[24] Singer H W. The"courbe des populations":a parallel to Pareto's law[J]. Economic Journal,1936,46:254-263.

[25] Zipf G K. Human behavior and the principle of least effort:an introduction to human ecology[M]. Cambridge Mass:Addison-Wesley,1949.

[26] Maddern C H. On some indications of stability in the growth of cities in the United States[J].Economic Development and Cultural Change,1956(4):236-252.

[27] Berry B J L. City size distribution and economic development[J].Economic Development and Cultural Change,1961,9(4):573-588.

[28] Carroll G R. National city-size distribution:what do we know after 67 year of research? [J].Progress in Human Geography,1982,6(1):1-43.

[29] Xu X Q. Trends and changes of the urban system in China[J]. Third World Planning

Review,1984,6(1):47-60.

[30] Thomas I. City-size distribution and the size of urban system[J].Environment and Planning A,1985,17(7):905-913.

[31] Xu X Q,Ouyang A J,Zhou C S. The changing urban system of China:new development since 1978[J].Urban Geography,1995,16(6):11-38.

[32] Chen Y G,Zhou Y X. Multi-fractal measures of city-size distributions based on the three-parameter Zipf model[J]. Chaos,Solitons & Fractals,2004,22(4):793-805.

第八章　城市空间分布体系

城市空间分布是地理学从区域角度研究城市的重要内容之一。从理论上讲,在一定的区域范围内,城市空间分布有没有规律可循,能否成为一个有机的整体,又是什么力量使其成为有机整体的? 从实践上讲,中国城市的空间分布有什么规律,又是什么原因形成这些规律的? 本章将一一作出回答。

第一节　空间相互作用和空间扩散

地表上的任何一个城市都不可能孤立地存在。为了保障生产、生活的正常运行,城市之间、城市和区域之间总是不断地进行着物质、能量、人员和信息的交换,我们把这些交换称为空间相互作用(spatial interaction)。正是这种相互作用,才把空间上彼此分离的城市结合为具有一定结构和功能的有机整体,即城市空间分布体系。

一、相互作用的分类

根据相互作用的表现形式,海格特(P. Haggett)1972 年提出一种分类,他借用物理学中热传递的 3 种方式,把空间相互作用的形式分为对流、传导和辐射 3 种类型。第一类,以物质和人的移动为特征。如产品、原材料在生产地和消费地之间的运输,邮件和包裹的输送及人口的移动等。第二类,是指各种各样的交易过程。其特点不是通过具体的物质流动来实现,而只是通过簿记程序来完成,表现为货币流。第三类,指信息的流动和创新(新思维、新技术)的扩散等。这样,城市间的联系可表现为以下 3 种主要方式:货物和人口的移动,财政金融上的往来联系和信息的流动。

相互作用的进行,需要借助于各种媒介,其中交通通信设施是主要的手段。因为货物和人口的移动,必须通过各种交通网络;信息的流动,必须通过各种通信网络。铁路网、公路网、航空网,以及水路、管道等,是城市对外交通联系的工具;电话、电报、传真、卫星通信等,是城市对外通信联系的手段。因此,如果把相互作用赖以进行的各种网络和城市一起考虑,那么城市就是位于网络之中的节点(node)。交织在城市中的网络越多,说明城市的易达性越好,在城市体系中的地位也越重要。

二、相互作用产生的条件

厄尔曼认为相互作用产生的条件有 3 个:互补性、中介机会和可运输性。

1. 互补性

最初,人们认为,地区间的职能差异是相互作用形成的条件。后来发现,这个假设的理由不很充分。因为,并非任何地方彼此间都存在相互作用。厄尔曼认为,从供需关系角度出发,两地间的相互作用需要有这样一个前提条件,即它们之中的一个有某种东西提供,而另一个对此种东西恰有需求,这时才能实现两地间的作用过程。厄尔曼称这种关系为互补性(complementarily)。正是这种特殊的互补性,构成了空间相互作用的基础。厄尔曼提出的互补性侧重于两地间的贸易联系,互补性越大,两地间的流动量也越大。

2. 中介机会

两地间的互补性,导致了货物、人口和信息的移动和流通。但是也可能存在以下情况:当货物在 A 和 B 两地间输送时,A 和 B 两地间介入了另一个能够提供或消费货物的 C 地,从而产生所谓中介机会(intervening opportunities),引起货物运输原定起止点的替换。这时,即使 A 和 B 两地间存在互补性,相互作用也难以产生。

实际上,与其说中介机会是相互作用产生的条件,不如说是改变原有空间相互作用格局的因素。一般说来,中介机会起两种作用:首先,可以节省运输费用,这是商品流通的一个显著要求。假设 B 地和 C 地提供同一商品给 A 地,如果 C 地与 A 地间的距离较 B 地与 A 地间的距离更近些,C 地就能起中介机会的作用。货物由 C 地运往 A 地的费用将比由 B 地运往 A 地便宜,结果 C 地的这项货物在 A 地的价格就将下降而富有销路。其次,中介机会具有影响运输,特别是影响人口移动的过滤器作用。它导致地点上的置换,减少了长距离的相互作用。

准确地把握中介机会,可以促进一个城市、地区或国家的经济发展;反之,则可能因失去良机,给经济发展带来副作用。

3. 可运输性

除了互补性和中介机会外,空间相互作用产生的第三个条件是可运输性(transferability)。

尽管当代运输和通信工具已经十分发达,距离因素仍然是影响货物和人口移动的重要因素。距离影响运输时间的长短和运费。距离越长,产生相互作用的阻力越大。如果两地间的距离过长,克服距离过长的成本超过了可接受的程度,那么,即使两地间存在着某种互补性,相互作用也不会发生。所以,距离的摩擦效果导致出现空间组织中的距离衰减规律(distance-decay regularity)。

不同的货物,对距离的敏感性也不同,这和它们的可运输性有关。一般地,货物的可运输性是由单位重量的价值所决定的。单位重量价值低的货物运输距离较短,而单位重量价值高的货物运输距离较长。非常明显,笨重的砂土、砖石的运输距离,将大大小于精密仪表、电子元件的运输距离。

可运输性除对货物的运输有影响外,对人的购物出行也有显著影响。人们通常走较少的路去购买低价值的货物,而走较多的路去得到高价值的货物,从而促成商业中心等级体系的出现。

不过,货物的可运输性会随时间而变化。这主要受运输工具改革、生产发展和资源减少等因素的影响。现代运输发展的总趋势是,货物的运输距离不断加长。如 1957 年,中国铁路每吨货物平均运输距离为 420 km,1980 年则达到 526 km,增加了 100 多 km。

厄尔曼提出空间相互作用的 3 个条件是在 1956 年,因而对物质流的讨论较多。比较而言,对货币流和信息流的探讨较少,由产业组织的演变对空间相互作用产生的影响也未提及。例如,货币的流动受距离衰减规律的影响就较小。在通信手段高度发达、全球金融网络业已形成的今天,国际金融业务可实行全天 24 小时的运转。再如,跨国公司的发展已导致全球工厂的出现,这使跨国公司的内部贸易日益重要。在跨国公司的垄断下,货物的可运输性已不成为一个重要的制约空间相互作用的因素,而跨国公司以外的中介机会亦很难参与跨国公司内部的贸易。随着经济与社会的发展,货币流和信息流在空间相互作用中的地位将日益重要,因此有必要进一步研究它们独自的特点。

三、城市间、城市和区域间的相互作用

1. 节点、结节区域和城市等级体系

城市是人类进行各种活动的集中场所,通过各种运输通信网络,物质、人口、信息不断地从各地向城市流动,这种过程类似光线的聚焦作用,而城市就是各种网络中的聚焦点,或称节点。节点连同其吸引区组成结节区域。城市对区域的影响类似于磁铁的场效应,随着距离的增加,城市对周围区域的影响力逐渐减弱,并最终被附近其他城市的影响所取代。每一个结节区域的大小,取决于节点提供的商品、服务及各种机会的数量和种类。一般地说,这与节点的人口规模成正比。很明显,村庄的吸引区小于集镇,集镇的吸引区又小于城市。不同规模的节点和结节区域组合起来,形成城市等级体系(the urban hierarchy)。

如果把不同规模的结节区域或不同层次的城市体系重叠在一起,可以发现它们具有马赛克式的镶嵌构造特征。小的结节区域总是镶嵌在大的结节区域中,大的结节区域又镶嵌在更大的结节区域中。如此向上,直到等级体系中的最高一级结节区域。由克里斯泰勒和廖什所提出的中心地理论就是探讨城市等级体系的理论,我们将在下一节进一步讨论这个问题。

城市间的相互作用,除了不同等级城市之间的垂直联系外,还存在着与同一等级其他城市间的横向联系。实际上,即使属于同一等级的城市,由于其规模、职能各不相同,其吸引区的大小也不同。因此,结节区域的划分,或称城市吸引区边界的确定,就成为一项比较复杂的工作。

2. 城市吸引区边界的确定

划分结节区域,确定城市吸引区的边界,是研究城市间、城市与区域相互作用中的一个重要内容。很明显,它也是城市体系、城市经济区研究中的一项基础工作。如果我们不能确定城市吸引区的范围,城市空间分布体系规划等工作就无从做起。

　　格林(H. L. Green)曾探讨了纽约与波士顿在新英格兰南部的相互影响。他根据 5 项指标：铁路通勤流向、报纸发行范围、电话呼唤方向、工业公司负责人的办公地点、银行负责人的办公地点，分别测量了纽约与波士顿之间的平均边界，即在这一条边界上纽约与波士顿的影响相同，然后综合出一条纽约和波士顿之间的模式边界。在模式边界的靠纽约一侧，纽约的影响大于波士顿；反之，在模式边界的靠波士顿一侧，波士顿的影响大于纽约。实际上，情况更复杂些，由于各功能的吸引范围不同，在纽约与波士顿之间存在着一条中间分界带。在中间分界带内，纽约(或波士顿)某些功能的影响更强些，而某些功能的影响更弱些(图 8-1)。

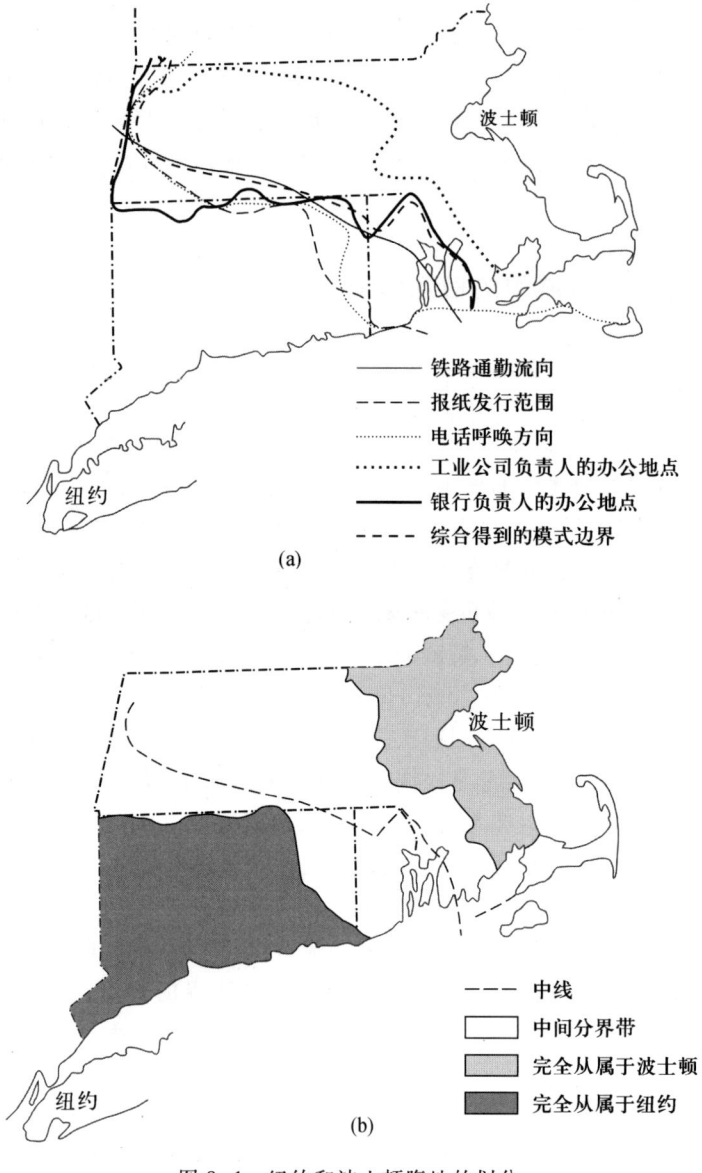

图 8-1　纽约和波士顿腹地的划分
（a）新英格兰南部的结节区域；(b) 纽约和波士顿的腹地

赖利(W. J. Reilly)1931年根据牛顿力学中万有引力的理论,提出了"零售引力规律",其公式为:

$$\frac{T_a}{T_b}=\frac{P_a}{P_b}\left(\frac{d_b}{d_a}\right)^2 \qquad (8-1)$$

式中:T_a 和 T_b 为从一个中间城市被吸引到 a 城和 b 城的贸易额;d_a 和 d_b 为 a 城和 b 城到那个中间城市的距离;P_a 和 P_b 为 a 城和 b 城的人口。

根据这个规律,一个城市对周围地区的吸引力,与它的规模成正比,与离它的距离成反比。

康弗斯(P. D. Converse)发展了赖利的理论,于1949年提出"断裂点"(breaking point)概念。两个城市间的分界点(即断裂点)可以用下列公式求出:

$$d_a=\frac{d_{ab}}{1+\sqrt{P_b/P_a}} \qquad (8-2)$$

式中:d_a 为从断裂点到 a 城的距离;d_{ab} 为 a 和 b 两个城市间的距离;P_b 为较小城市 b 城的人口;P_a 为较大城市 a 城的人口。按照这一公式,a 城由于规模较大,其吸引区也较大,因而将断裂点推向更靠近 b 城的地方。

断裂点公式在实际运用中有着相当大的局限性,因为城市人口规模不完全反映城市的实际吸引力。根据本地区的具体情况,选择出若干有代表性的指标来确定城市吸引区的边界将更符合这个城市的实际情况。结节区域,或城市吸引区、城市体系的概念意味着在系统内部的各种相互作用流比系统之间的相互作用流更密集。在现实世界中,有很多因素对相互作用流构成障碍,从而形成城市吸引区的边界。首先,各种地理边界——河流、山脉、海洋等,都会有效地限制城市之间的相互作用流,甚至限制同一系统内部的互相交流。如上海的黄浦江,其宽度达 400～800 m,使得上海城市的发展长期偏居浦西一隅。如果要开发浦东,就必须克服自然障碍物的影响。其次,政治边界的影响也不可忽视。不过,政治边界常常沿着地理分界线的走向。在各种政治边界中,国家的政治边界通常是影响相互作用的最大障碍。但是,随着跨国公司的发展和区域集团的形成,在某些情况下,国家或地区边界的作用已不如过去那样明显。在一个国家内,地区之间的边界对相互作用流也有相当大的影响。特别像中国这样一个具有悠久历史的国家,行政边界往往是长期历史发展的产物,再加上商品经济的不发达,新中国成立后的前30年中对横向经济联系加以种种限制,使得行政边界在确定城市体系边界时往往起决定性的作用。这也是中国目前进行的各种经济区划、城市体系规划以省域、县域为主的原因。相比之下,跨行政区域的规划往往收效不大,因为这牵涉利益在各地区之间重新分配的问题。从目前的各种跨行政边界的城市经济区情况看,弱弱联合或强弱联合的情况较好一些,究其原因,在于各城市之间的互补性程度较高;而强强联合形成的城市经济区问题就较多一些,特别是随着产业结构的趋同化,互补性降低竞争则趋激烈。在此情况下,只有重塑中心城市的产业结构,与其他城市形成新的互补关系,才可能稳固经济区的存在与发展。

3. 相互作用模式

各种相互作用模式的产生,旨在寻求空间组织中相互作用的特点和规律。比较著名的有引力模式、潜力模式。

(1) 引力模式

引力模式是各种相互作用模式中最简单的一个。引力模式是根据牛顿万有引力定律推导出来的。该模式认为,两个城市间的相互作用与这两个城市的人口规模(表示城市的质量)成正比,与它们之间的距离成反比。其一般形式如下:

$$I_{ij} = \frac{(W_i P_i)(W_j P_j)}{D_{ij}^b} \tag{8-3}$$

式中:I_{ij} 为 i 和 j 两个城市间的相互作用量;W_i,W_j 为经验确定的权数;P_i 和 P_j 为 i 和 j 两个城市的人口规模;D_{ij} 为 i 和 j 两个城市间的距离;b 为测量距离摩擦作用的指数。

这个引力模式的特点是简单明了,但要应用于实际却比较复杂。难度较大的问题是式中的变量如何确定的问题。

引力模式中确定城市质量一般用人口规模,有时也用其他指标。如艾萨德(W. Isard)就认为,在探讨大城市的移民问题时,城市的就业机会和收入水平在反映城市的吸引力方面更具代表性。又如,考虑市场问题时,城市的零售总额比人口规模更多地反映出城市对产品的需求量。更好的方法是,选取若干个相互独立又反映城市实力的指标,采用数学统计的方法构造出一个指数,用这个指数来表示城市的质量。

引力模式中的距离,一般用千米表示。但随着各种现代化运输工具的发展,传统的距离概念正在受到挑战。在交通便捷的地方,空间上的距离被"缩短"了,因此也可以用时间、运输成本等特殊距离单位来衡量两地间的距离。

引力模式中的质量加权问题更为复杂。在一些应用中,人口的加权取值 1,这等于没有加权。如果选用别的适当的数值将能更好地改善这个模式的性能。质量加权的基本原理,是要显示人口规模不能反映的人口结构上的差异,因此,人口性别、年龄、收入、职业、受教育水平等因素都可以作为"权数"来考虑。但是,要加权,就将使引力模式变得复杂,计算困难。而不加权,公式的适用范围和客观性都将受到局限。

引力模式中另一个重要问题是对距离指数 b 的选择。理论上认为,b 应等于 1.0 或 2.0(即取平方),但经验研究显示,b 可以在 0.5~3.0 的幅度内变化,其原因在于不同货物的可运输性不同,从而影响了距离指数的值。

(2)潜力模式

根据引力模式,我们能计算一对城市间预期的相互作用量。如果我们计算一个城市与城市空间分布体系内所有城市(包括它自身)的相互作用量时,那么,只需要应用引力模式分别求出这个城市与其他每一城市的相互作用量,然后求和,就可以得到。总结成公式如下:

$$\sum_{j=1}^{n} I_{ij} = \sum_{j=1}^{n} \left(\frac{P_i P_j}{D_{ij}^b} + \frac{P_i P_i}{D_{ii}^b} \right) \tag{8-4}$$

公式(8-4)即为潜力模式的公式。式中的符号与引力模式中的符号意义相同。D_{ii} 有时采用 i 城与离它最近城市之间距离的一半,也可以用 i 城面积的平均半径。

将上述公式两边同除以 P_i,得到下式:

$$\sum_{j=1}^{n} \frac{I_{ij}}{P_i} = \sum_{j=1}^{n} \left(\frac{P_j}{D_{ij}^b} + \frac{P_i}{D_{ii}^b} \right) \tag{8-5}$$

这一公式意味着 i 城的相互作用总量表现为每人或每单位质量的相互作用量。

以上公式中如采用城市人口作质量单位,计算出的潜力称为人口潜力,它表达了 i 城与城市系统内所有其他城市相互作用可能性的强度。如果对城市系统内每一个城市分别计算出其潜力,根据计算结果可以画出潜力等值线,从而绘出等人口潜力面。图 8-2 是美国本土 1940 年的等人口潜力面,从图上可以看出,纽约的潜力最高,达 550 以上。以纽约为中心,人口潜力向西、南、北三面渐减。但在西海岸三大城市,即西雅图、圣弗朗西斯科、洛杉矶附近,人口潜力又有所回升。总的趋势是,它与人口密度的分布大致相同。但人口潜力分布是在经济空间中反映了人的相互作用,因而对经济活动的区位决策更为重要。

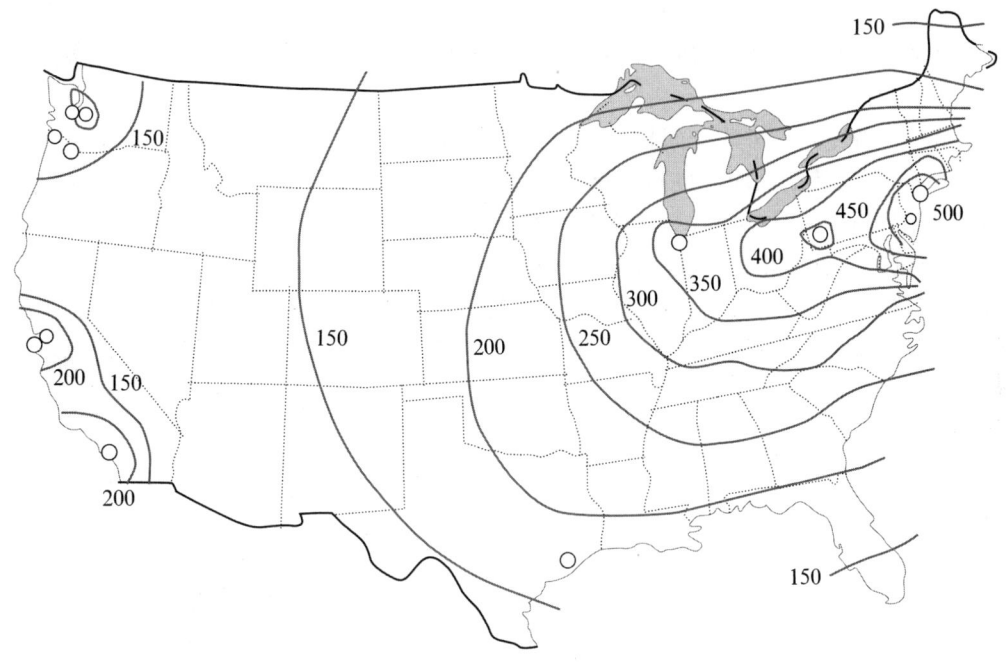

图 8-2　美国本土等人口潜力面图(1940 年)

潜力模式中的质量,可以用其他变量代替。如哈里斯就曾用零售额求得等市场潜力面,用制造业的就业人数求得制造业潜力面。借助于这些分析,可以更有效地指导以消费为指向的企业布局和制造工业布局。

四、空间扩散

空间扩散(spatial diffusion)是和空间相互作用既有一定联系又有区别的一个概念。作为物质流、货币流或信息流,空间扩散与空间相互作用有相似之处。但是,采取空间扩散方式的流是在时间与空间中进行的,每一种流动的现象在特定的时间和空间中从原生地产生,经过若干时间后扩散到承受者身上。在自然界中,典型的空间扩散现象譬如火山爆发后的火山灰扩散;而在人类社会中,疾病的传染,知识和时尚的传播,以及城市的蔓延等也采取空间扩散的方式。因此,空间扩散导致自然或人文景观的转换,这与在一个现存结构中维持日常功能所必需的相互作用不同。

扩散过程是多学科的研究对象。生物学研究动植物种群的空间扩散过程。经济学和社会学中研究的扩散问题是城市研究中的重要组成部分,如增长极理论就是研究经济增长中的扩散与回流的问题。瑞典学者哈格斯特朗(T. Hagerstrand)于 1953 年在其论文《作为空间过程的创新扩散》中首次提出空间扩散的问题。但是由于各种原因,这篇论文的重要性当时并未引起人们的重视。直到1959—1960年间,哈格斯特朗执教于美国华盛顿大学后,空间扩散的研究才逐步盛行,并被人们誉为20世纪人文地理学研究中两项最重大的贡献之一(另一个为克里斯泰勒首先提出的中心地理论)。

1. 空间扩散的基本概念

空间扩散有3种基本类型:传染扩散、等级扩散和重新区位扩散。

（1）传染扩散

现象从一个源生点向外作空间扩散,如果是渐进的、连续的过程,我们称之为传染扩散(contagions diffusion),其特征如同一块石子落入水中后产生的波纹运动。以新事物的扩散为例,通常,当新事物刚出现时,只是为一小部分人所了解、掌握(图8-3)。

然后,通过人与人的相互接触,新事物逐渐由已知者传播给他们的朋友、邻居、亲戚等。随着时间的流逝,越来越多的人将了解掌握这项新事物(图8-4)。这一扩散过程同传染病通过与病人的接触传播开来近似,故被称为传染扩散。由于距离的摩擦阻力效应,事物的扩散随着距离的增大而逐渐被削弱。

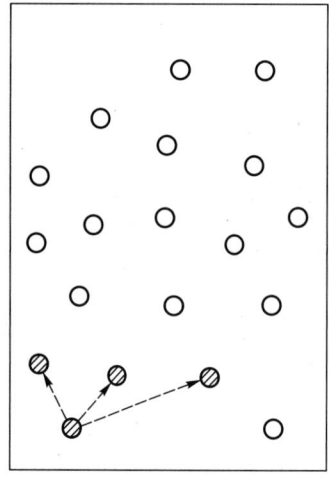 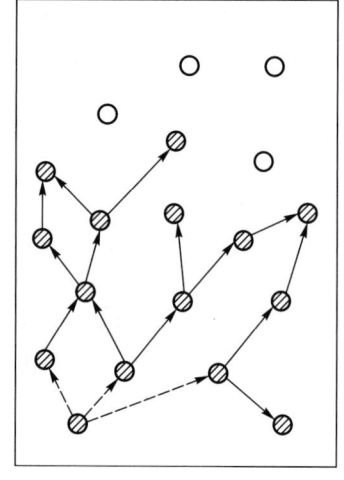

图8-3　传染扩散的初始阶段　　　　图8-4　传染扩散的扩散阶段

采取传染扩散的例子很多,如城市对周围农村的影响。又如城市化的近域推进也是一种传染扩散,而且由于城市化的近域推进在不同时期有不同特征,向外扩散过程中的波状现象特别明显,形成城市地域的圈层结构。

（2）等级扩散

对人文现象的空间扩散来说,采取完美的传染扩散的方式是很少有的。因为在现象的扩散过程中,地理距离并不总是起着非常强大的影响作用,社会等级、城市规模等级等有时也起着十分明显的作用。例如,价格昂贵的耐用消费品的扩散就与收入等级有关,而某些新思想、新技术在城市中的传播亦往往跳跃紧邻的小城市,在距离较远但属同级规模的城市中首先被接受,然后向次一级的城市扩散。这种形式的扩散被称为等级扩散(hierarchical diffusion)。等级扩散的产生,在于某些新事物在最初被接受时具有较高的"门槛",从而妨碍了它们迅速的传播,只能采取逐级向下扩散的过程(图8-5)。一般地说,等级扩散只产生于人文现象扩散的场合,自然现象的扩散不采取这种方式。

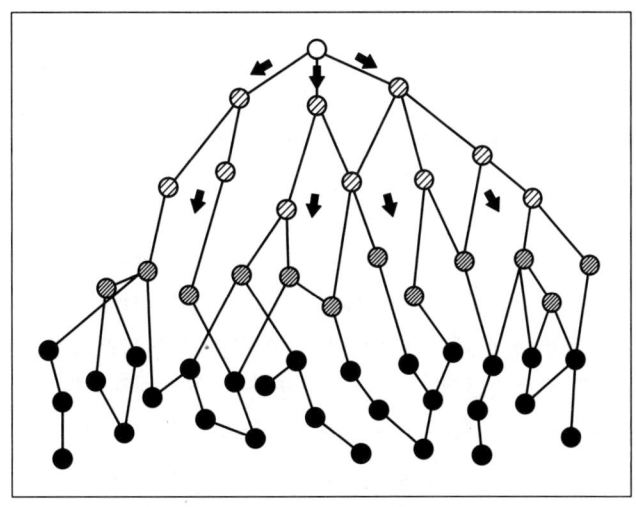

图8-5　等级扩散过程

（3）重新区位扩散

在传染扩散中,假如扩散导致更多的接受者,那么就将其称为扩张扩散(expansion-type diffusion)。反之,如果接受者的数量没有增加,仅仅发生了原有接受者的空间位移,我们称之为重新区位扩散(relocation-type diffusion)(图8-6和图8-7)。其典型例子就是移民过程。

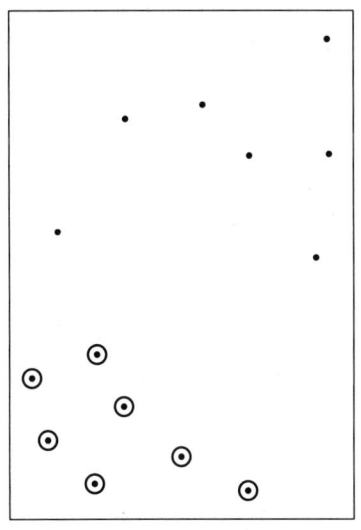

图8-6　重新区位扩散的初始状态

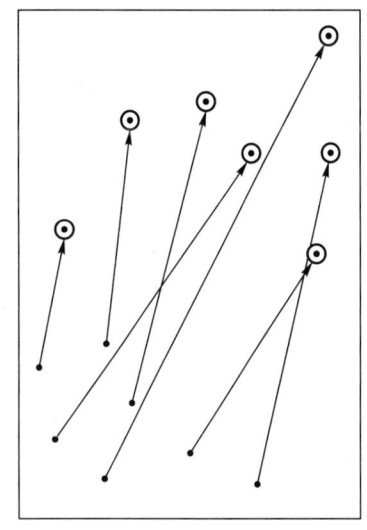

图8-7　重新区位扩散的扩散以后

实际上,人文现象的空间扩散过程常常采取多种方式。例如,城市化的近域推进,就建成区的向外扩张而言,是扩张扩散;而就人口的重新分布而言,具有重新区位扩散的特点。

对人文现象扩散的时间表现来说,通常呈"S"形的曲线。即扩散的初始阶段,接受者的比率呈缓慢上升趋势;经过若干时间后,阻碍新事物传播的各种障碍被消除,接受者的比例急剧增加;随着接受者的比例趋于饱和,曲线再次呈缓慢上升的趋势。

2. 空间扩散的研究

自哈格斯特朗开创空间扩散的研究后,有关这一领域的研究发展很快。在所使用的数学方法不断深入的同时,对空间扩散过程的阻力、障碍、特征以及在城市和区域规划中的应用的探讨也不断增加。

（1）阻力的作用

哈格斯特朗最早探讨的是农业创新的扩散。很明显,大多数人在接受该项创新之前,需要有一个劝说的过程,使人们了解、证实并能亲手操作这项新事物。但是新事物被接受的阻力因人而异,从而影响接受的时间长短、所形成的空间格局和接受者比率的饱和程度。

研究表明,新事物接受者的数量和时间分布呈正态分布型,即在新事物传播的最初阶段,只有少量的、富于革新的、勇于承担风险的人才会接受,大多数人由于更强的阻抗心理,则采取旁观的态度。随后加入接受者队伍的人数逐步扩大,这又可分为早期接受者和后期接受者两种类型。最后剩下少量的顽固派分子或反应迟钝者。另外,时间本身也具有一定的独立影响。在扩散的初期阶段,持怀疑和抵触情绪的人的比例较高,但当达到某个关键的接受者的比例之后,往往会出现接受的"赶浪头"效应。这一效应加强了扩散过程在时间上的不平衡性:初始由于只有少量的创新者和风险承担者,使创新接受的速度较慢,随后由于"赶浪头"效应出现爆炸式的增长,最后由于接受者的数量趋于饱和,传播的速度再次下降。

（2）障碍的作用

障碍在空间扩散中可以起重要的限制作用。障碍可以分自然障碍,如河流、湖泊、山脉、沙漠等;文化障碍,如语言、种族、宗教上的差异等;社会障碍,反映在阶级、年龄、性别、社会经济地位等方面;政治障碍,如民族性、意识形态上的差异;精神障碍,态度、个性等方面的差异等。

一般地,现象的空间扩散会随距离的增加而衰减,从而表现为一条下降的连续曲线。但当空间扩散遇到障碍时,原先的曲线将会改变。莫里尔(R. Morrill)将障碍分为两种类型:不可渗透的完全障碍和可渗透的部分障碍。在前一种情况下,当现象扩散到障碍物前时会因不可渗透形成反射,从而增加了在障碍物附近地区接受某种现象的可能性,使原先下降的曲线又恢复一定程度的上升趋势。如在自然界中,迎风坡降雨量的增加就是一个典型的例子。在后一种情况下,现象扩散到障碍物前时遇到严重阻碍,但其部分影响仍可渗透障碍物继续传播。这样,原先连续下降的曲线在通过障碍时将中断,然后在一个低得多的起点上随距离增加而下降。莫里尔认为政治边界,如国境线就起这种作用。

（3）中心城市的空间扩散

发挥中心城市作用是中国经济体制改革中的一项重要内容,其目的在于形成以中心城市为核心的经济网络,以推动区域经济的发展。中国的中心城市均实行市带县体制,辖县是受中心城市对外扩散影响最大的地区。因此,分析中心城市市区和辖县之间的关系可以衡量中心城市的经济对外扩散能力。宁越敏、严重敏(1993)采用郊县人均国民收入(Ⅱ)和市区人均国民收入(Ⅰ)与郊县人均国民收入(Ⅱ)之比(Ⅰ/Ⅱ)两项指标来分析中心城市对外扩散的能力。市区和郊县人均国民收入之比越大,说明中心城市内部核心(市区)与边缘(郊县)之间经济发展越不平衡;当两者之比趋于 1,且各自的人均国民收入都较高时,说明中心城市的对外扩散作用强烈,核心与边缘之间发展趋于平衡。经分析,中国的中心城市可以分为 3 种基本类型。

第一类:以上海为代表。上海是市区和郊县人均国民收入最高的城市,同时也是Ⅰ/Ⅱ值最低的城市,仅为 1.38,反映了上海经济发展水平较高,对外扩散作用强烈,市区和郊县的差异很小,即区内核心与边缘地区的经济发展较为平衡。

第二类:沈阳、武汉、南京等城市。其市区人均国民收入处于中等水平,郊县人均国民收入处于中等偏下水平,两者之比为 2.3~3.5,显示了它们集聚倾向较强而扩散效应较弱的特点。

第三类:哈尔滨、长春、西安、兰州、成都、重庆等城市。它们位于东北和西部地区,其市区和郊县人均国民收入都很低,Ⅱ值不足 1 000 元,Ⅰ/Ⅱ值则最高,在 2.5~4.4。从总体上看,这一类城市尚以集聚倾向为主。

此外,北京、广州、杭州等城市介于第一类和第二类城市之间。

(4) 空间扩散成功的因素

最初的空间扩散研究偏重于空间扩散的格局和现象接受一方的研究,从供需角度看,重点放在需求一方。以后重点逐步转向供应一方的研究,并加强了对宣传者作用的研究。这是因为扩散不仅是一个被动的接受过程,也是一个主动的、有目的的过程。成功的扩散包含了比被动的接受更为复杂的因素,因而需要宣传者来加速事物接受的速度和扩大事物接受的范围。以人文地理学中的两个重要的理论扩散为例,空间扩散理论的创始者哈格斯特朗主动赴美国讲学,使其理论从问世到在美国的传播仅花了 6 年的时间,而克里斯泰勒创建的中心地理论,相隔了近 20 年才开始在美国传播,其著作隔了 33 年才翻译成英语在美国出版。布朗(L. A. Brown)认为,对成功的扩散来说有 3 个因素极为重要,即创新的原生地、仔细选定扩散的中心和制定一份周密细致的扩散战略。关于第一个问题,一种理论认为,创新多产生于中心地等级体系中最高级的城市中,因为它们集中了资本和研究与开发活动。实际情况则要复杂得多,如对美国的研究表明,中等规模的区域中心城市和那些面临困境的城市往往是创新产生最频繁的城市。不过,大城市通常可以被选作扩散的中心,通过以大城市为中心的城乡网络促进创新的扩散。如不少消费品往往选择上海、武汉等区域中心城市,作为其产品在华东、华中等地区进行推销的基地,从而极大地促进了产品的销售。制定周密可行的扩散战略对创新的扩散具有重要意义。辽宁省是中国工业品获各奖项最多的省,但产品往往大批积压,这与缺乏周密的扩散战略有很大的关系。同时,广东省轻工业产品不断扩大国内市场上的份额,显然与积极引进海外的创新成果,并成功地进行扩散有很大关系。布朗还认为,基础设施对创新的扩散也是极为重要的,因为任何创新的扩散总是要凭借一定的物质基础。不过,对发展中国家而言,除加强基础设施建设外,还应重视各种人才的培训工作,以利于吸收、掌握发达国家的先进技术和设备,从而进一步在本国推广和应用。

第二节　中心地理论

中心地理论(central place theory)是由德国城市地理学家克里斯泰勒(W. Christaller)和德国经济学家廖什(A. Losch)分别于 1933 年和 1940 年提出的,20 世纪 50 年代起开始流行于英语国家,之后传播到其他国家,被认为是 20 世纪人文地理学最重要的贡献之一。德国城市地理学家绍勒尔(P. Scholler)甚至说:"没有克里斯泰勒的中心地理论,便没有城市地理学,没有居民点问题的研究"。自中心地理论流行于世界后,唤起世界各国数量众多的学者去实践应用它,修正发展它,目前它已成为城市地理学中一个重要的研究领域。

一、克里斯泰勒学说

克里斯泰勒曾经敏锐地提出过这样的问题:"我们探索这个原因,为什么城市有大有小？我们相信,城市一定有什么安排它的原则在支配着,仅仅是我们仍然不知道而已!"由此,他开始探索城市的分布规律。通过对德国南部城镇的调查,克里斯泰勒于 1933 年发表了《德国南部的中心地》一书,系统地阐明了中心地的数量、规模和分布模式,建立起了中心地理论。这个理论的主要内容如下。

1. 假设条件和基本概念

克里斯泰勒创建的中心地理论深受杜能和韦伯区位论的影响,故他的理论也建立在"理想地表"之上,其基本特征是每一点均有接受一个中心地的同等机会,每一点与其他任一点的相对通达性只与距离成正比,而不管方向如何,均有一个统一的交通面。后来,克里斯泰勒又引入新古典经济学的假设条件,即生产者和消费者都属于经济行为合理的人的概念。这一概念表示生产者为谋取最大利润,寻求掌握尽可能大的市场区,致使生产者之间的间隔距离尽可能地大;消费者为尽可能减少旅行费用,都自觉地到最近的中心地购买货物或取得服务。生产者和消费者都具备完成上述行为的完整知识。经济人假设条件的补充对中心地六边形网络图形的形成是十分重要的。

克里斯泰勒还提出以下概念。

(1) 中心地(central place),可以表述为向居住在它周围地域(尤指农村地域)的居民提供各种货物和服务的地方。

(2) 中心货物与服务(central good and service),分别指在中心地内生产的货物与提供的服务,亦可称为中心地职能(central place function)。中心货物和服务是分等级的,即分为较高(低)级别的中心地生产的较高(低)级别的中心货物或提供较高(低)级别的服务。

在大多数中心地,每一种中心货物或服务一般要由一家以上的企业事业单位承担。例如,一个集镇,往往有两三家杂货店或饮食店。每个担负一种中心地职能的单位,称为一个职能单位(functional unit)。可以肯定,中心地的职能单位数量必定大于或等于中心地职能种类的数量,通常总是前者的数量超过后者的数量。

除了几家单位共同提供一种中心货物或服务之外,也可能有一家单位提供多种中心货物或服务的场合,从而包括了几个职能单位。这种情况多见于百货公司、超级市场等大型零售商业组织。

(3) 中心性(centrality)或"中心度"。一个地点的中心性可以理解为一个地点对围绕它周围地区的相对意义的总和。简单地说,是中心地所起的中心职能作用的大小。一般认为,城镇的人口规模不能用来测量城镇的中心性,因为城镇大多是多功能的,人口规模是一个城镇在区域中的地位的综合反映。克里斯泰勒用城镇的电话门数作为衡量中心性的主要指标,因为当时电话已广泛使用,电话门数的多少,基本上可以反映城镇作用的大小,其公式如下:

$$中心性 = T_z - E_z \frac{T_g}{E_g} \tag{8-6}$$

式中:T_z 为中心地的电话门数;E_z 为中心地的人口;T_g 为区域内电话的数量;E_g 为区域的人口。

（4）服务范围。克里斯泰勒认为中心地提供的每一种货物和服务都有其可变的服务范围。范围的上限是消费者愿意去一个中心地得到货物或服务的最远距离,超过这一距离他便可能去另一个较近的中心地。以最远距离 r 为半径,可得到一个圆形的互补区域,它表示中心地的最大腹地。服务范围的下限 r' 是保持一项中心地职能经营所必需的腹地的最短距离。以 r' 为半径,也可得到一个圆形的互补区域,它表示维持某一级中心地存在所必需的最小腹地,r' 亦被称为需求门槛距离(threshold),即最低必需销售距离。

服务范围上下限之间存在着 3 种关系,它们对进一步的分析具有重要意义。① 如果门槛距离大于货物的最大销售距离,那么这种货物在该地区就不可能以正常的方式提供。② 如果货物的最大销售距离和门槛距离相等,那么,经营该种货物正好能得到利润。③ 如果货物的最大销售距离大于门槛距离,那么,该项货物不仅可被提供,而且经营者可从为居住在两个腹地间的人口服务中得到超额利润(图 8-8)。

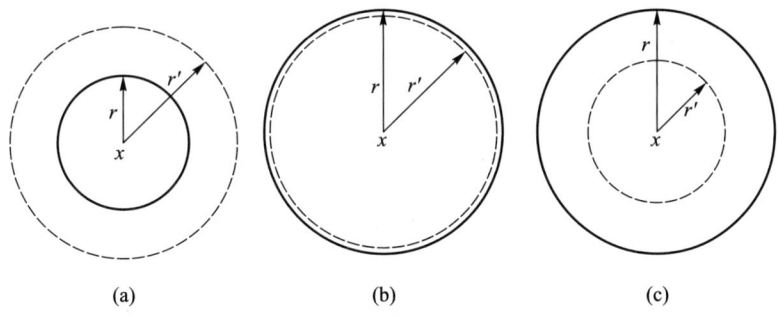

图 8-8　门槛距离和最大销售距离之间的关系

2. 六边形网络和城镇等级体系的形成

从以上条件出发,克里斯泰勒推导了在理想地表上的聚落分布模式。由于克里斯泰勒关心的是,在农村市场服务中心演化基础上发展起来的聚落体系的特征,他又提出了构成市场原则的两个限制因素:一是各级供应点必须达到最低数量以使商人的利润最大化,二是一个地区的所有人口都应得到每一种货物的提供或服务。为满足第一个条件,模式的概括中就必须采用货物的最大销售距离,因为这可以使供应点的数量达到最少化。于是,作为第一步,克里斯泰勒假设在理想地表上均匀分布着一系列的 B 级中心地,它们的最高级别货物的最大销售距离定为 r。这样,B 级中心地之间的距离为 $2r$。如将所有的 B 级中心地连接,则可得到一张有规则的等边三角形的网(图 8-9)。

但是,这样的一个系统将不能满足第二个限制因素。因为 B 级市场区都是圆形的,居住在三个圆形相切所形成的空角里的消费者将得不到供应(图 8-9 中的阴影地区)。因此,必须对

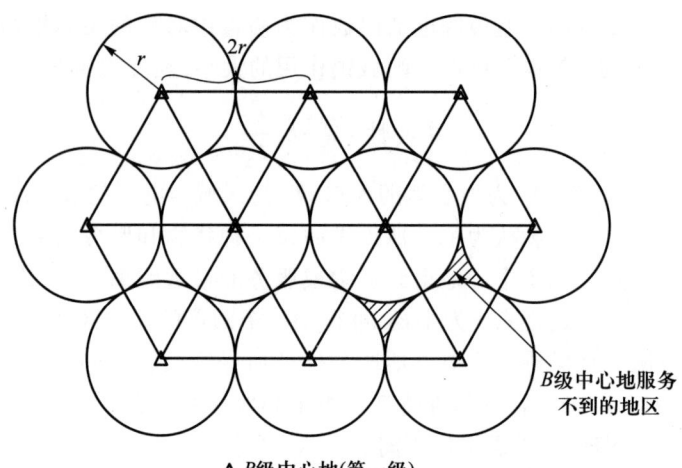

△ B级中心地(第一级)

图 8-9　圆形市场区最有效的排列和中心地的等边三角形网络

图 8-9 做一些修改,这就是将所有的圆形市场区重叠起来。重叠后,B 级中心地仍按有规则的等边三角形网排列,只是间隔更紧凑,其距离为 d。此外,由于重叠区被分割,圆形的市场区被六边形的市场区所替代,其理由是消费者应按"最近中心地购物"的假设,选择距离自己最近的中心地去得到货物或服务(图 8-10)。

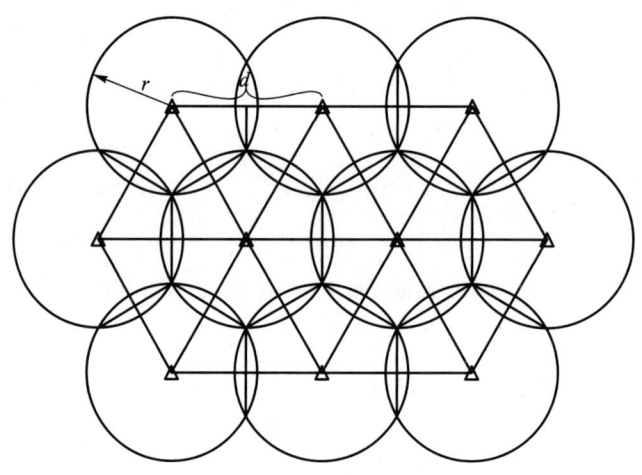

△ B级中心地(第一级)

图 8-10　圆形市场区的重叠和六边形网络的形成

至此,我们讨论了一种货物供应时的情况。实际上,一个中心地能提供多种货物。由于克里斯泰勒采用的是 B 级中心地最高等级货物最大销售距离的概念,这就意味着 B 级中心地还提供一系列较低级别的货物或服务。这些货物和服务组成一个连续的、递降的等级序列,自高级向低级,它们的最大销售距离分别为 $r-1, r-2, r-3, \cdots$,但是,由于它们的最大销售距离均小于 r,因此不能服务于 B 级中心地市场区的所有地方。随着货物级别的降低,较低级货物市场区的范围与

B 级中心地市场区的范围的差距将越来越大。在此情况下,一个较低级别的中心地(克里斯泰勒称之为 K 级中心地)的出现就顺理成章了,它可以为 B 级中心地中的较低级货物服务不到的地方的居民服务。K 级中心地的位置处于三个 B 级中心地所构成的等边三角形的中央,即引力中心的位置,因而可与 B 级中心地展开最有效的竞争。K 级中心地市场区的边界由它所提供的最高级货物的最大销售距离 e 所决定(图 8-11)。

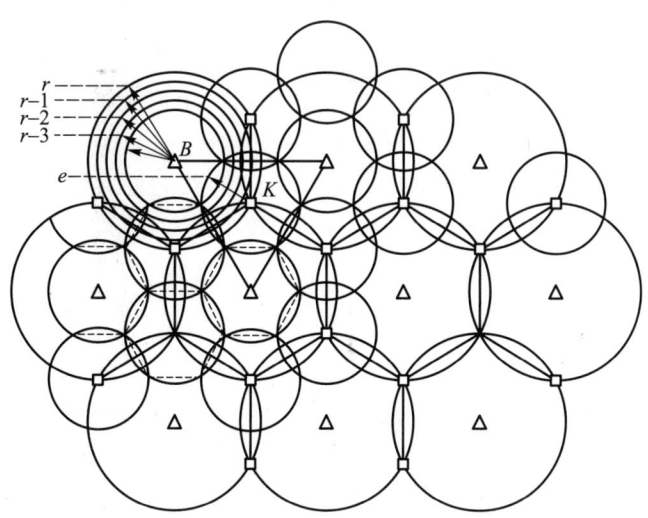

△ B 级中心地(第一级)——互补区　　□ K 级中心地(第二级)……互补区

图 8-11　中心地理论中第二级中心地的形成

与 K 级中心地产生的过程类似,在某项更低级的货物的最大销售距离上可产生相应级别的 A 级和 M 级中心地。作为一个反过程,则可能出现高于 B 级中心地的 G 级中心地,较低一级的中心地的位置总是在高一级的三个中心地所形成的等边三角形的中央,由此形成克里斯泰勒命名为 $K=3$ 的中心地网络(图 8-12)。

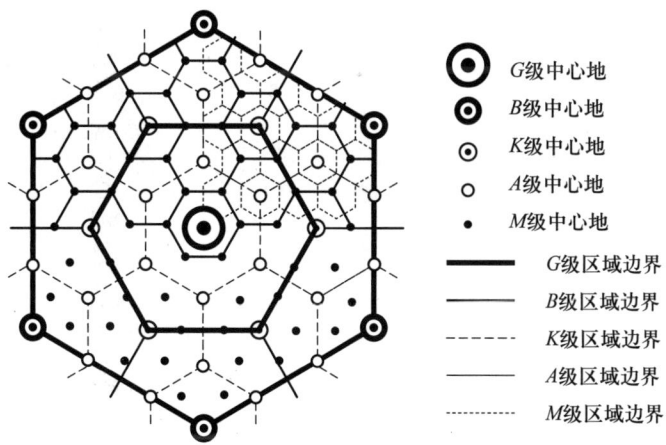

G 级中心地

B 级中心地

K 级中心地

A 级中心地

M 级中心地

G 级区域边界

B 级区域边界

K 级区域边界

A 级区域边界

M 级区域边界

图 8-12　克里斯泰勒的 $K=3$ 体系的形成

3. 理论模型

克里斯泰勒认为,有3个原则支配中心地体系的形成,它们是市场原则、交通原则和行政原则。在不同的原则支配下,中心地网络呈现不同的结构,而且中心地和市场区大小的等级顺序有着严格的规定,即按照所谓K值排列成有规则的、严密的系列。

（1）市场原则

克里斯泰勒首先关心的是在农村市场中心基础上发展起来的聚落体系。按照市场原则,低一级的中心地应位于高一级的3个中心地所形成的等边三角形的中央,从而最有利于低一级的中心地与高一级的中心地展开竞争,由此形成$K=3$的系统。图8-13(a)中有一个完整的基本六边形和周围6个基本六边形的各1/3,即有3个基本六边形,它们共同组成一个较大的六边形。换句话说,每一个较大的六边形包含了次一级的3个较小的六边形。图8-13(b)更加清楚地显示了这点:每个较大的中心地的市场区总是包含了3个比它低一级的市场区,而后低一级的市场区又包含了3个比它更低一级的市场区,这就定义了市场区的等级巢状系统是由以下的系列构成:

1,3,9,27,81,243,…

也就是说,低一级市场区的数量总是高一级市场区数量的3倍。由于每个中心地包括了低级中心地的所有职能,即一级中心地同时也是二级乃至更低级的中心地,所以,一级中心地所属的3个二级市场区内,只需在原有的1个一级中心地之外再增加2个二级中心地即可满足3个二级市场区的需要。在9个三级市场区内,因已有了1个一级中心地、2个二级中心地,因此只增加了6个三级中心地。这样,在$K=3$的系统内,不同规模中心地出现的等级序列是:

1,2,6,18,…

由市场原则形成的中心地等级体系的交通系统,是以高等级中心地为中心,有6条放射状的主干道连接次一级的中心地,又有6条也呈放射状的次干道连接再次一等级的中心地,如图8-13(c)所示。由于此种运输系统联系2个高一等级中心地的道路不通过次一级中心地,因此,这被认为是效率不高的运输系统。

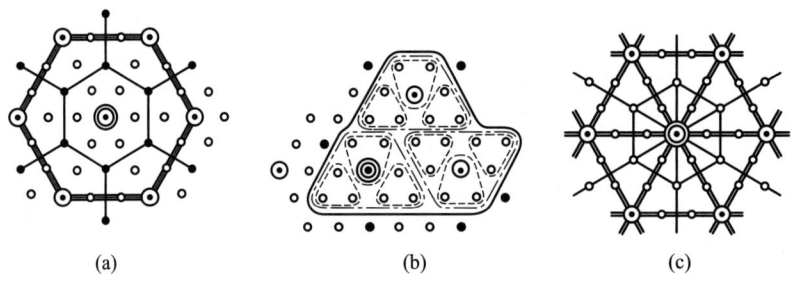

图8-13 根据市场原则形成的中心地体系
（a）供应;（b）行政;（c）交通

（2）交通原则

克里斯泰勒认识到,早期建立的道路系统对聚落体系的形成有深刻影响,这导致B级中心地不是以初始的、随机的方式分布在理想化的地表上,而是沿着交通线分布。在此情况下,次一级中心地的分布也不可能像 $K=3$ 的系统那样,居于 3 个高一级的中心地的中间位置以取得最大的竞争效果,而是位于连接 2 个高一级中心地的道路干线上的中点位置,如图 8-14(a)所示。

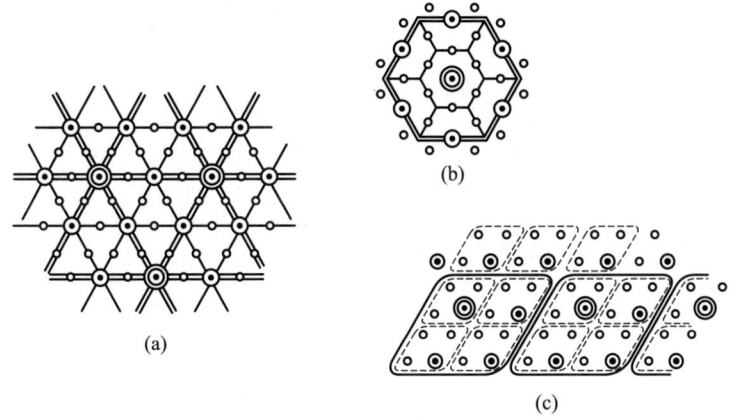

图 8-14　根据交通原则形成的中心地体系
(a) 交通;(b) 供应;(c) 行政

和 $K=3$ 的系统比较,在交通原则支配下的六边形网络的方向被改变[图 8-14(b)]。高级市场区的边界仍然通过 6 个次一级中心地,但次级中心地位于高级中心地市场区边界的中点,这样它的腹地被分割成两部分,分属两个较高级中心地的腹地内。而对较高级的中心地来说,除包含一个次级中心地的完整市场区外,还包括 6 个次级中心地的市场区的一半,即包括 4 个次级市场区,由此形成 $K=4$ 的系统[图 8-14(c)]。在这个系统内,市场区数量的等级序列是:

1,4,16,64,…

次级市场区的数量以 4 倍的速度递增。与 $K=3$ 的系统类似,由于高级中心地也起低级中心地的功能,在 $K=4$ 的系统内,中心地数量的等级序列是:

1,3,12,48,…

依交通原则形成的交通网,因次一级中心地位于联系较高一级中心地的主要道路上,被认为是效率最高的交通网,而由交通原则形成的中心地体系被认为是最有可能在现实社会中出现的。

(3) 行政原则

在 $K=3$ 和 $K=4$ 的系统内,除高级中心地自身所辖的一个次级辖区是完整的外,其余的次级辖区都是被割裂的,显然,这不便于行政管理。为此,克里斯泰勒提出按行政原则组织的 $K=7$ 的系统。在 $K=7$ 的系统中,六边形的规模被扩大,以便使周围 6 个次级中心地完全处于高级中心地的管辖之下。这样,中心地体系的行政从属关系的界线和供应关系的界线相吻合[图 8-15(a)]。

根据行政原则形成的中心地体系,每 7 个低级中心地有一个高级中心地,任何等级的中心地数目为较高等级的 7 倍(最高等级除外),即:

1,7,49,343,…

中心地的等级序列则是:

1,6,42,294,…

在 $K=7$ 的系统内,由于其运输系统显示出每位顾客为购买中心性商品或享受服务所需旅

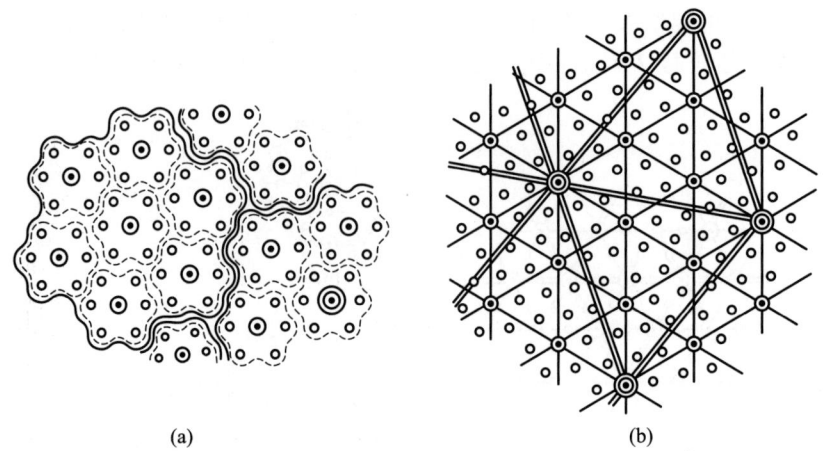

(a)　　　　　　　　　　　　　　　(b)

图8-15　根据行政原则形成的中心地体系

(a) 行政和供应;(b) 交通

行的平均距离较另两个系统都长,因此,行政原则下的运输系统被认为是效率最差的一种[图8-15(b)]。

以上三个原则共同导致了城市等级体系(urban hierachy)的形成。克里斯泰勒认为,在开放、便于通行的地区,市场经济的原则可能是主要的;在山间盆地地区,客观上与外界隔绝,行政管理更为重要;年轻的国家与新开发的地区,交通线对移民来讲是"先锋性"的工作,交通原则占优势。克里斯泰勒得出结论:在三个原则共同作用下,一个地区或国家,应当形成如下的城市等级体系:A 级城市 1 个,B 级城市 2 个,C 级城市 6~12 个,D 级城市 42~54 个,E 级城市 118 个。这里的符号仅代表中心地等级的高低,不同于克里斯泰勒模型中心地等级序列符号。

克里斯泰勒对德国南部中心地的研究成果显示,德国南部的中心地可分为 7 级,并遵循 $K=3$ 的规律(表 8-1)。

表8-1　德国南部的中心地体系

类型	中心地数量	市场区数量	区域半径/km	区域面积/km²	提供货物的种类	中心地人口(约值)/人	区域人口(约值)/人
M	486	729	4.0	44	40	1 000	3 500
A	162	243	6.9	133	90	2 000	11 000
K	54	81	12.0	400	180	4 000	35 000
B	18	27	20.7	1 200	330	10 000	100 000
G	6	9	36.0	3 600	600	30 000	350 000
P	2	3	62.1	10 800	1 000	100 000	1 000 000
L	1	1	108.1	32 400	2 000	500 000	3 500 000
合计	729	—	—	—	—	—	—

二、廖什景观

1940年,德国经济学家奥古斯特·廖什出版了《区位经济学》一书,在与克里斯泰勒的工作毫无联系的情况下,利用数学推导和经济学理论,得出了一个与克里斯泰勒学说完全相同的区位模型——六边形。与克里斯泰勒的工作相比,廖什更多的是从企业区位的理论出发,通过逻辑推理方法,提出了自己的生产区位经济景观,即通常称为的廖什景观(Loschian landscape)。廖什出色的工作,为中心地理论树立了更为牢固的理论基础。

1. 需求圆锥体

廖什对六边形市场区的形成作了严密的经济论证,他提出了需求圆锥体的概念。需求圆锥体本来是以啤酒的销售状况为例,在此我们转化为一般的货物 G。如果其他条件不变,消费者购买某种货物的数量,取决于他准备为之付出的实际价格。这个实际价格,就是货物的销售价格加上运费。很明显,实际价格随货物提供点的距离长短而变化。距离越远,运费越高,货物的实际价格越高,结果对该货物的需求也就越少。图 8-16(a)说明了这种关系。在货物 G 的产地(或供应点)B,它的价格为 P(B),居住在 B 地及周围的消费者将购买 x 单位的货物,即货物 G 在 B 的销售量为 x。距 B 点 c km 处 C 点的消费者,必须付出 cr(r 为每 km 交通费)的额外费用到 B 点去购买货物 G,这样 C 点的消费者对货物 G 的需求降为 y 单位。再远些,到 F 点,额外的交通费为 fr,由于实际价格过高,致使货物 G 在 F 点的销售为零。所以 BF 是货物 G 的最大销售半径。如果把原来表示价格的 BF 轴转为表示距离,并将 △BxF 三角形绕 Bx 轴旋转,就可得到一个货物 G 的需求圆锥体[图 8-16(b)],圆锥体的体积等于货物 G 的总销售量。

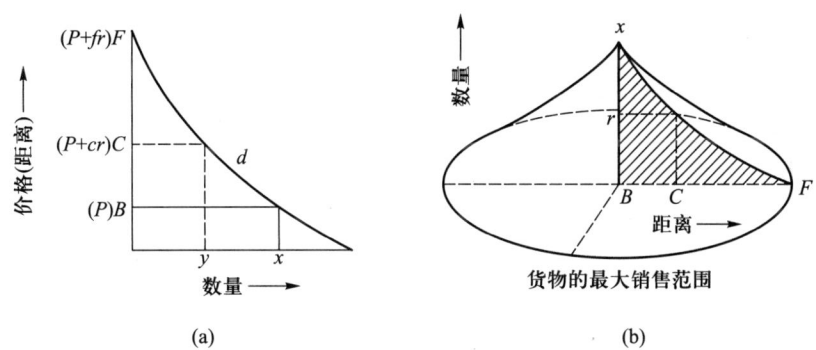

图 8-16　假设货物 G 的需求曲线和需求圆锥体

从图 8-16(b)中可看到,对货物 G 需求的最高点在产地 B,随着距离的增加,对货物 G 的需求量向四周渐减,至 F 点等于零。因此,BF 也就是克里斯泰勒模型中的最大销售距离。以 BF 为半径作圆,是货物 G 的最大销售范围。

2. 市场网

在需求圆锥体的基础上,廖什进而阐述了市场区由圆形转变为六边形的过程。他认为,要充分消除圆与圆之间的空隙地区,除正六边形外,还有等边三角形和正方形。相比之下,六边形的面积最接近于圆的面积。因此,在3种可能存在的几何形状中,六边形的单位需求最大。廖什还从数学上证明六边形是市场区最理想的形式。按照他的计算,六边形的需求要比面积相等的正方形的需求量大 2.4%,比圆大 10%,比等边三角形大 12%。换言之,在实现相同需求的前提下,占地最多的是等边三角形,占地最少的是六边形,六边形能容纳尽可能多的企业,因此成为经济区最理想的形状。

廖什景观的形成与克里斯泰勒模型有所不同。首先,它建立在假设的均质平原上,具有资源均匀分布、交通成本均一、人口及相应的消费需求呈有规则的连续分布等特征,这比克里斯泰勒的“理想地表”的假设条件更充分。其次,廖什从最低级货物的门槛需求开始,向上建立他的中心地体系,而克里斯泰勒则是从最高级货物的最大销售距离开始,向下建立起中心地体系。换言之,在廖什景观中不存在超额利润,每一个供应商只是刚好有盈利。因此,最低级的超额利润成为一个基本的组织原则。最后,与克里斯泰勒只有3种 K 值的中心地体系不同,廖什推论了一个更一般的中心地体系。在廖什的体系中,克里斯泰勒的3种形式仅是其中的特例。廖什通过不断改变六边形的方向和大小,得到不同规模的市场区。

廖什提供了一个计算不同等级市场区所包含的中心地数目 n 的公式:

$$n = (K\sqrt{3})^2 + j^2 \tag{8-7}$$

$$n = \left[\left(K + \frac{1}{2}\right)\sqrt{3}\right]^2 + \left(j + \frac{1}{2}\right)^2 \tag{8-8}$$

这两个公式的应用如下:首先 K 取 1,j 取 0 和 1;接着 K 取 2,j 取 0,1,2;即 K 分别取1,2,3,…时,j 相应取 0 到 K。按这个程序,使用公式(8-7)产生表 8-2 中第 1、2、5、6、7、11 等级市场区中的 n 值;使用公式(8-8)则产生第 3、4、8、9、10 等级市场区中的 n 值。廖什景观中 9 个最小的市场区如图 8-17 所示。

表 8-2　廖什体系中不同等级市场区的聚落数量

市场区等级	聚落数目 n
1	$(\sqrt{3})^2 + 0^2 = 3$
2	$(\sqrt{3})^2 + 1^2 = 4$
3	$\left(\frac{3}{2}\sqrt{3}\right)^2 + \left(\frac{1}{2}\right)^2 = 7$
4	$\left(\frac{3}{2}\sqrt{3}\right)^2 + \left(\frac{3}{2}\right)^2 = 9$
5	$(2\sqrt{3})^2 + 0^2 = 12$
6	$(2\sqrt{3})^2 + 1^2 = 13$
7	$(2\sqrt{3})^2 + 2^2 = 16$
8	$\left(\frac{5}{2}\sqrt{3}\right)^2 + \left(\frac{1}{2}\right)^2 = 19$

市场区等级	聚落数目 n
9	$\left(\dfrac{5}{2}\sqrt{3}\right)^2+\left(\dfrac{3}{2}\right)^2=21$
10	$\left(\dfrac{5}{2}\sqrt{3}\right)^2+\left(\dfrac{5}{2}\right)^2=25$
11	$(3\sqrt{3})^2+0^2=27$
⋮	⋮

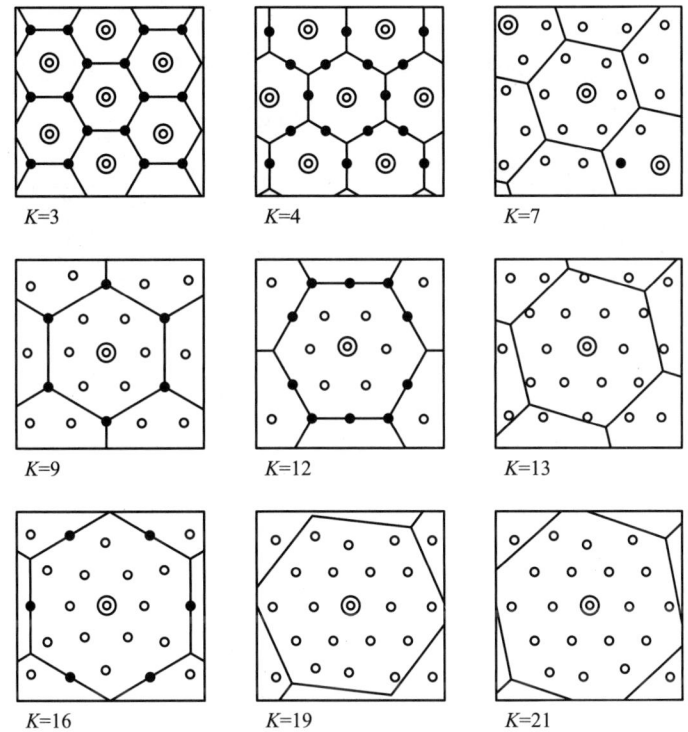

图 8-17　廖什的 9 个最小的六边形网络

3. 廖什景观

前面也已指出,廖什景观中不同等级货物的市场区,可以通过改变六边形的方向和大小得到。但是如果把这些大小不同的六边形网络任意重叠在一起,就会形成无规则的紊乱的网络。因此,廖什在重叠不同大小的六边形网络时,使它们至少有一个共同的中心,该中心点由于能提供所有地方需求而成为最高级中心地。而后把各六边形网络绕大城市旋转,使各中心地在中心地体系内所集中的活动数量尽可能地大。换言之,使其他中心地的位置尽可能地相互重合。通过六边形网的旋转,从中心城市放射出 6 个 60° 的扇面。每一个扇面由两个 30° 的扇面组成:一个是"城市密集"的扇面;另一个是"城市稀少"的扇面。总共有 6 个城市密集扇面和 6 个城市稀少扇面(图 8-18),形成所谓廖什的"经济景观"。廖什认为,这种经济活动的空间格局有两个优点:第一,由于各城市之间的总距离是最短的,因而满足中心地体系需求所需的运输量,交通路线的长度也缩短了;第二,由于生产位置尽可能地重合在一起,在当地就能实现最大的购买量。

但是,廖什的景观与他最初作出的假设有两点不符。第一,扇面的出现显示了人或物的移动会在彼此分隔的道路上进行,这就推翻了最初的一个假设,即朝各方向的移动都是可行的。第二,由于某些地区城市众多,某些地区城市稀少,人口的分布不再是均匀的了。

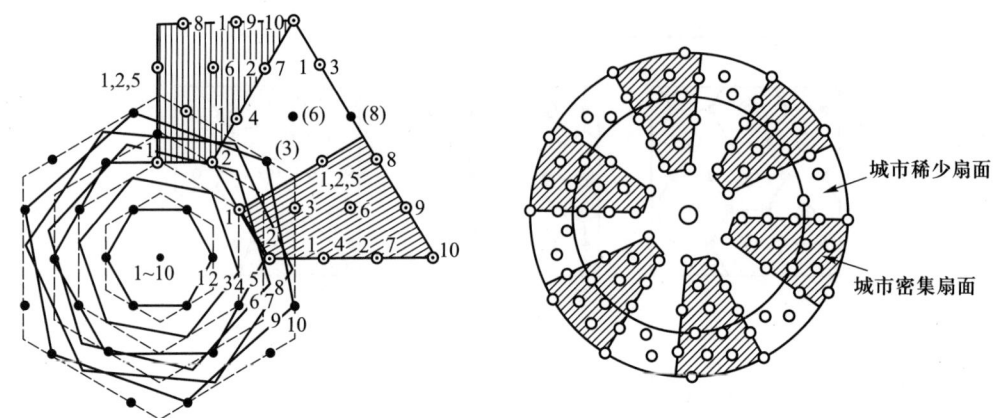

图 8-18 廖什的"经济景观"

廖什进一步指出,在他拟定的这种网络中,交通系统的一个主要特征是:最繁忙的交通将流向城市密集扇面。他假设,从中心城市放射出去的主要的交通干线,每一条都将沿着城市密集扇面的边界延伸。美国学者加里森不同意他的观点,认为这种假设不符合逻辑,事实上,交通线将切过城市密集的扇面。也就是说,从中心城市放射出去的应是 6 条交通干线,而不是 12 条交通干线。

三、克里斯泰勒学说与廖什景观的比较

以上简要地介绍了克里斯泰勒和廖什的中心地理论,这两个学说有什么异同之处呢?

首先,克里斯泰勒和廖什两人的学说均建立在假设的理想平原之上(后者假设的因素更多一些),因而都得出市场区的最佳形式是六边形。但是,最后形成的中心地模式不同。其原因在于:克里斯泰勒遵循"利润最大化"原则,从最高级货物的最大销售距离的顺序开始,由上至下地建立起他的中心地体系;而廖什则遵循"超额利润最低化"原则,从最低级货物的最小必需销售距离的顺序开始,由下至上地建立起他的中心地体系。一般认为,克里斯泰勒的模式,解释第三产业的区位比较合适。因为职能的聚集是服务业的重要特征,这能使人们的购物或取得服务比较方便。而廖什的模式,解释第二产业的区位比较恰当,因为第二产业各企业彼此相对独立,其区位易受市场、交通、原材料、燃料等区位因素的影响。

其次,两个学说还存在其他诸多差异。如在克里斯泰勒的模式中,中心地及其市场区按 3 种

K 值分别组成一个等级分明的体系,同一级的所有中心地不仅提供同样数量的中心地职能,而且其职能的类型也是相同的,因此克里斯泰勒的体系是非常严格的。在廖什的景观中,同级中心地提供同样数量的职能,但不必是同种类型的职能。而且货物的等级与提供货物的中心地等级之间也并不要求严格一致,较高级的中心地不必提供低级中心地的所有职能,低级中心地也可提供某些较高级的职能。因此,廖什的模式具有更大的灵活性,并且暗示了中心地的规模分布很可能是连续的而不是等级分明的。

第三节　对中心地理论的发展、验证及评价

中心地理论产生于 20 世纪 30 年代,盛行于 50—60 年代。20 世纪 70 年代以后,对中心地的研究文章仍时有所见。在所有研究者中,以美国学者贝里和加里森所作的贡献最为突出。

一、贝里和加里森对中心地理论的发展

1958 年,贝里和加里森连续发表两篇文章,对中心地理论作出了一些新的解释。首先,他们增补了中心地理论的假设,即消费者的消费支出是均质分布的。其次,由于当时克里斯泰勒的《德国南部的中心地》尚未译成英文,贝里和加里森对六边形网络作了自己的解释。他们认为,在均质平原上,自由竞争将使每个生产者的销售范围缩减至门槛范围。这一点与廖什的观点相同,而与克里斯泰勒的说法不一致。然后他们假设有几种不同的货物提供给一个区域,它们按照其门槛销售范围从 1 排到 n。第 n 级货物有最大的门槛需求,即要有最大的市场区才能维持其存在,它们出现在 A 级中心地(等于克里斯泰勒模型中的 B 级中心地)。A 级中心地出现的数量取决于对第 n 级货物的总需求量。假设在均质平原上有 100 万人,第 n 级货物的需求门槛为 20 万人,那么最多能出现 5 个 A 级中心地。由于其他货物的门槛都低于第 n 级货物,A 级中心地还将提供自第 $n-1$ 级一直到第 1 级的所有货物。在构造中心地等级体系时,贝里和加里森明确提出了"边际等级货物"这一概念,这对中心地理论是一个发展。如上所述,A 级中心地提供自第 n 级以下的所有货物,但随货物级别的逐渐降低,其门槛范围相应也逐渐缩小,以致在 A 级中心地市场区以外有可能留下对某货物未充分满足的需求空间,从而导致一系列新的货物提供点的出现。导致一系列新的较低级的 B 级中心地出现的第 $n-i$ 级货物,即为边际等级货物。B 级中心地与 A 级中心地一样,除提供 $n-i$ 级货物外,还提供 $n-(i+1)$ 级直至第 1 级的货物。照此类推,如果 $n-j$ 级是另一项边际等级货物,它将由第三级中心地 C 提供,C 级中心地还将提供第 $n-j$ 级以下的所有货物。

1962 年,贝里及其 6 位研究生对美国艾奥瓦州西南部的中心地系统用因子分析和行为分析进行了验证。他们认为,中心地的职能数与职能单位数之间的关系是一种对数线性关系(图 8-19),但是回归曲线明显地分为斜率不同的三段,分别反映了村庄、城镇、城市的中心地职能与职能单位的关系。说明随着中心地等级的提高,职能单位数目的增加比中心地职能数目的增加要快。

1967 年,贝里又指出中心地理论假设条件变化后对中心地体系的影响。他认为,人口密度

越高,地区潜在的消费也越高,因此,中心地体系中的层次
的潜在数目就越多。与此类似,农业社会由于消费水平低,
中心地职能分化程度低,中心地体系的层次数也较少。而
在发达的社会中,中心地体系具有相反的特征。贝里还认
为,落后的交通条件将增加距离的摩擦作用,从而促进各个
级别中心地的发展。相反,便利、快速、低成本的交通将减
少低级中心地的重要性,有利于较高级别中心地的发展,这
一点符合美国中心地的发展态势。

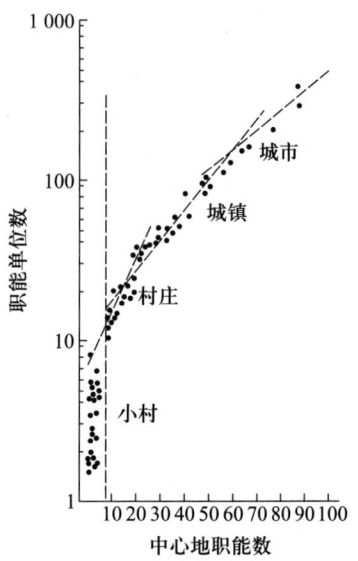

图 8-19 美国艾奥瓦州西南部中心地职能数与职能单位数之间的关系

二、斯梅尔斯的验证

英国学者斯梅尔斯(A. Smailes)是第一个对中心地理论
进行验证的人。他 1944 年广泛研究了英格兰和威尔士的
900 多个聚落,根据这些大小不同的聚落数目及职能,确定
其是否属于城市、主要城镇和城镇。他所得出的数目比是:
城市:主要城镇:城镇=1:3:9。他认为,凡具有以下条
件的便是城镇:A. 具有出售较高档次商品的商店和三间银行;B. 有一所中学和医院;C. 起码有
一座剧院;D. 有一份自己的周报。由于所有城镇并非完全具备上述条件,因而他又提出若干补
充规定:A′. 只有三间银行但没有出售较高级商品的商店;B′. 一间中学或医院;C′. 一座剧院。
根据实际调查的结果,斯梅尔斯认为,作为城镇最起码的资格是 A′B′C′D 或 A′B′C′的组合。实
际上,斯梅尔斯对城镇等级的划分是对克里斯泰勒学说中的中心性指标的发展。由于有了标准,
他就能将所有英格兰和威尔士的聚落分成主要城市、城市、较小城市或主要城镇、城镇、次级城
镇、城镇型村庄等城市等级系统。

三、施坚雅的验证

20 世纪 50 年代,美、英等国学者对发达资本主义国家的中心地体系做了大量的验证。20 世
纪 60 年代起,一些学者开始研究发展中国家的中心地体系,其中以美国著名城市历史地理学家
施坚雅(G. W. Skinner)对中国成都平原的周期市场的研究最为著名。

在前面介绍需求门槛和最大销售距离时曾指出,货物的门槛距离必须小于最大销售距离。
只有这样,提供货物的企业才能维持自身的生存。但是,这个条件在发展中国家的农村地区往往
难以满足。由于生活水平较低,交通落后(意味着消费者的购物必须依赖步行),商店的门槛距
离往往比它的最大销售距离大。结果,商店不能在一个固定地点经营下去,商人需要通过不断变
更销售地点的方式来出售他的货物。这样,通过对货物累积的消费需求可达到或超过其门槛需
要。由于这个原因,在发展中国家中往往出现周期市场,在中国被称为"集""场""墟"等,在一
个周期中,市场轮流在各村庄中设置。施坚雅对成都平原的研究表明,周期市场的时空结构在相
当程度上可以用修改了的中心地模型来解释。例如,观察一下图 8-20 中围绕中和镇的市场周
期变化情况。我们可以发现,农历初一,集市开设在这个级别较高的集镇(如中和镇)上,初二开

设在黄龙场,初三开设在石羊场,初四回到中和镇,初五开设在琉璃场,等等。在以9天为一个完整的周期中,有3天时间,市场开设在级别较高的中和镇(初一、初四、初七),剩下的6天则在周围6个独立市场中分配。通过这种方式,各地产品相互交换,同时也可提供各种专门化的服务。

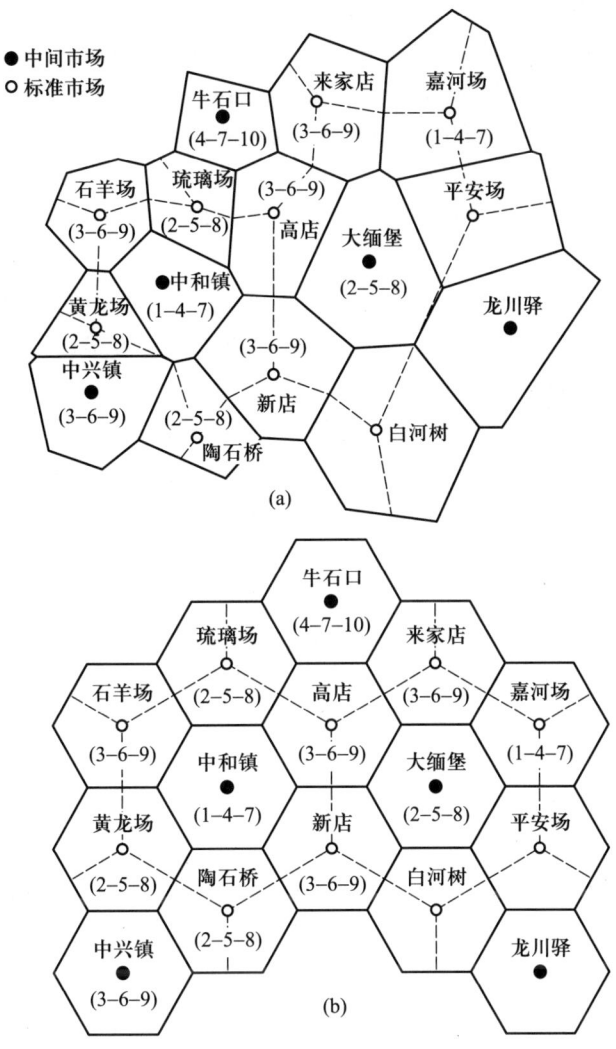

图8-20　中国的周期市场(接近于 $K=3$ 的格局)

四、对中心地理论的评价

由克里斯泰勒等人创立和发展起来的中心地理论对城市地理学乃至人文地理学的发展起了巨大的推动作用。这是因为在20世纪50年代以前,城市地理学的研究重点是城市的位置、自然条件及城市形态等方面的描述和分析,研究方法以事实的整理与归纳为主,缺乏自己的理论和对研究对象的深层次分析。以假设条件为基础,通过逻辑演绎建立的中心地理论是城市地理学研究对象及运用方法上的重大突破,它不仅导致"空间分析"学派的建立,而且极大地促进了城市和人文地理学中理论研究和数学方法应用的热潮。可以说,中心地理论标志着现代城市地理学的形成。

中心地理论和农业区位论、工业区位论一样,都是由德国学者率先提出的,这一方面反映了他们高度的抽象思维能力,另一方面也反映了他们醉心于创造各种理论体系的精神。因此,对中心地理论,要取其精华,弃其僵化和脱离实际的部分,把注意力集中在中心地的层次结构、功能专业化分工和空间结构上,而不是照搬 K 值系统和画出各种六边形来。从德国、荷兰、日本、加纳、以色列等国家利用中心地理论进行国土和区域规划的实践看出,着重于中心地的分级和相应的商业服务设施标准的确定,可以充分发挥各级中心地的社会与经济效益。

在基本肯定中心地理论作出的贡献的同时,围绕该理论人们也有很多不同的看法,大致说来,有以下几个方面。

(1)尽管假设在建立中心地理论过程中是必不可少的,但某些假设或条件不符合客观情况,从而损害了该理论的现实性。例如,克里斯泰勒认为消费者行为遵循“最近中心假设”。然而,后来的研究发现消费者的行为有多种形式,并不完全受上述假设的支配。

(2)中心地理论仅较适用于单纯农业区,而不适用于城市密集区。因为根据该理论,城市的主要作用仍是腹地的服务中心,如果腹地内没有其他城市,这种作用就十分明显。当在同一个区域内,有多个规模相当的城市时,城市间的分工就改变了克里斯泰勒的中心地等级关系。在人口密集、工业化程度高、城市密集的情况下,城市的发展可以不依赖于对腹地提供中心性商品和服务,而是依赖于城市间的分工协作。

(3)克里斯泰勒的中心地理论忽视了制造业发展对城市发展的作用。由于有集聚经济和广大劳动力市场,大城市本身就往往成为重要的制造业基地。在这种情况下,城市的发展主要是由于制造业发展,尤其当制造业产品远销全国和全世界时,制造业对城市发展的作用就更大,因而,无法用中心地理论来解释其发展。

(4)中心地理论强调了城市间的等级联系,而忽视了那些并非同一个子系统(处于不同区域)中的第二级或更低级中心地之间的横向联系,也忽视了同一个子系统中同级中心地之间的横向联系。在中心地模式中,仅仅假设功能上的相互依赖性存在于分级水平之间,而不是存在于整体的系统之内。当前,中心地理论的研究中出现了与其他理论,如城市规模分布理论、增长极理论相互结合的趋势,这是一个值得注意的现象。

应该指出,中心地理论是建立在假设的理想平原之上的城市空间分布理论,虽然为城市地理学的发展建立了一个重要的理论基础,但在实际运用中不能生搬硬套,以免出现简单的错误。

第四节　从生长极到核心边缘理论

生长极理论虽然由经济学家提出,是区域经济、区域规划的重要基础理论之一,但从城市地理学角度出发,可以将每一个生长极看作是一个城市或城市区域。而作为一个城市或城市区域,其必然和周边发生各种集聚或扩散的相互作用。为此,本节我们将介绍几个有关的概念和理论。

一、均衡增长与不均衡增长

均衡增长论以纳克斯（R. Nurkse）为代表。他认为，落后国家和地区容易产生一种恶性循环，影响资本积累。恶性循环表现在供给和需求两方面。供给方面是由于低的储蓄能力，引起资本不足，造成生产力低下，导致供给水平低，进而又影响储蓄能力，引起资本不足。如此循环不断。在需求方面，由于购买力低，缺乏投资诱因，部分地引起资本不足，造成生产力低下，导致收入少、购买力低……如此循环不息。

为了打破这种贫困的恶性循环，纳克斯主张均衡发展的策略。他认为，落后国家和地区维持各部门均衡发展，可以避免供给方面的困难，避免恶性循环的发生。如工农协调，社会基础设施配套，支持和鼓励多部门的发展，诱发许多关联性生产，使各产业间互相购买彼此的产品和劳务，并且在空间上建立许多据点，凭借便捷的交通联系，将其发展效果波及邻近地区，导致国家在空间上呈现活跃的景象。同样，纳克斯认为，多部门平衡投资，可以使各部门互为顾客，依靠提高劳动生产率，进而提高收入、提高购买力，使国内需求扩大，诱发投资，扩大生产。因而，他认为，均衡发展是提高增长速度的工具。

不均衡发展以赫希曼（A. O. Hirschman）为代表。他不同意仅靠增加资本就可打破恶性循环的说法。他认为，管理人才的培养和开发策略的制定与资本同等重要。有些落后国家之所以落后，不是因为缺乏资源、生产因素和资本，而是因为富者奢侈浪费，加上错误的投资策略。他认为，对不发达国家来说，多部门的齐头并进，多元发展，是不现实的，因为这些国家缺乏资金。最现实的办法是在各部门之间，保持某种比例的不均衡发展。不均衡就有压力，压力本身推动发展。在不均衡的发展过程中需要政府干预，支持发展某些私人资本不愿意投资的薄弱部门。如果政府在不均衡发展过程中不能做到不断地产生诱发性的决策及行动去克服不断出现的在供求上的比例失调，那么，这个政府就无力采取一系列的均衡增长所要求的主动性的决策。

不发达国家的资金有限，如将有限的资金均匀分配于各个发展据点和发展部门，这样不仅效果小，还会互相抵消，正如把几块小石头均匀投入水面，引起的波纹小，且互相冲突，效果消失。因此，应该集中有限的资金，投入重点地区和主导部门，通过横向水平关联效应，吸引相同产业的发展和集中；通过前向关联效应，利用主导部门的产品发展再加工的企业；通过后向关联效应诱发原材料生产，扩大经济效果。为了此策略的成功，就必须认真选择重点地区和主导部门。

日本宫译建一曾根据下列公式选择第二次世界大战后开发日本北海道的主导部门：

$$k = \frac{ab}{1-(c-m)ab-(1-a)r} \tag{8-9}$$

式中：k 为区域或城市经济增值数；a 为附加价值率＝（成品价格－中间产品价格）/成品价格；b 为区域内所得比例，即总利润减去流出外地的利润；C 为消费随收入增加而增加的比率；m 为区域内从外地购进物品的价值率；r 为原材料自给率。k 值越大的部门，投资效果越好。

二、生长极理论

生长极理论首先由法国经济学家普劳克斯（F. Perroiix）于 1950 年提出，后经赫希曼、鲍得维尔(J. Boudeville)、汉森(M. Hansen)等学者进一步发展。这一理论受到区域经济学家、区域规划师及决策者的普遍重视,不仅被认为是区域发展分析的理论基础,而且被认为是促进区域经济发展的政策工具。该理论认为,经济发展并非均衡地发生在地理空间上,而是以不同的强度在空间上呈点状分布,并按各种传播途径,对整个区域经济发展产生不同的影响,这些点就是具有成长以及空间聚集意义的生长极。根据普劳克斯的观点,生长极是否存在决定于有无发动型工业。所谓发动型工业就是能带动城市和区域经济发展的工业部门。一组发动型工业聚集在地理空间上的某一地区,则该地区透过极化(polarization)和扩散(spread)过程,形成生长极,以获得最高的经济效益和快速的经济发展。这种发动型工业的产品增长率特别高,与其他产业的关系特别密切,产品有全国性或世界性市场,产品增值效果好,市场对该产品需求的弹性高,具有高度的空间集中倾向。

由于规模经济的作用,随着发动型工业的生产发展和规模扩大,生产成本和产品价格随之下降。由于发动型工业与其他产业关系密切,发动型工业的产品大部分用于发展与其有垂直关联的工业,因此当发动型工业成本下降时,关联工业成本也下降,加速了关联工业的发展。为了节省运费,关联工业必然向发动型工业所在地集中,以便获得空间集聚效益。通过上述过程,生长极逐渐形成和发展。

普劳克斯含糊地提到生长极的空间集聚,但没有重视生长极的空间度量。后来赫希曼首先将空间度量引进生长极的概念中。他指出,经济发展不会同时出现在每一地区,但是,一旦经济在某一地区得到发展,产生了主导工业(master industry)或发动型工业时,则该地区就必然产生一种强大的力量使经济发展进一步集中在该地区,该地区必然成为一种核心区(core region),而每一核心区均有一影响区(zone of influence)。约翰·弗里德曼(John Friedmann)称这种影响区为边缘区(peripheral region)。

许多学者认为,核心与边缘的关系是一种控制和依赖的关系。初期是核心区的主要机构对边缘的组织有实质性控制,是有组织的依赖。然后是依赖的强化,核心区通过控制效应、咨询效应、心理效应、现代化效应、关联效应以及生产效应等强化对边缘的控制。进而是边缘获得效果的阶段,革新由核心区传播到边缘区,核心与边缘间的交易、咨询、知识等交流增加,促进边缘发展。随着扩散作用加强,边缘进一步发展,可能形成较高层次的核心,甚至可能取代核心区。

核心与边缘间有前向联系和后向联系,前者主要是核心向更高层次核心的联系和从边缘得到原料等。后者是核心向边缘提供商品、信息、技术等。通过两种联系,发展核心,带动边缘。

在区域发展过程中,核心对边缘有两种完全不同的效果。一种是负效果,由于核心自身的利益,使边缘的劳动力、资金等流入核心区,剥夺了边缘某些发展机会,这时以前向联系为主,是极化作用的结果。另一种为正效果,核心发展所得利益扩散到边缘,使边缘农产品及原料的销售量增加,就业机会扩大,次极核心发展等。这时后向联系明显,是扩散作用的结果。

三、核心—边缘模式

图 8-21 以核心和边缘作为基本的结构要素。核心区是社会地域组织的一个次系统,能产生和吸引大量的革新;边缘区是另一个次系统,与核心区相互依存,其发展方向主要取决于核心区。核心区与边缘区共同组成一个完整的空间系统。

　　这个模式经过了高度的提炼概括而显得很简单。但实际上，一个国家有多个核心和由依赖关系的类型所决定的边缘网络。核心和边缘间的控制依赖关系是模式的基础，是内部（空间的）发展变化的根源。由于在边缘区可出现城市型聚落，在核心区也会有农村型聚落，因此，边缘区也可能变成城市化地区，不过并没有改变其对核心区的依赖地位。

　　一个空间系统发展的动力是核心区产生大量革新（材料、技术、精神、体制等），这些革新从核心区向外扩散，影响边缘区的经济活动类型、社会文化类型、权力关系类型和聚落类型。因此，连续不断地产生的革新，通过成功的结构转换而作用于整个空间系统，促进国家发展。

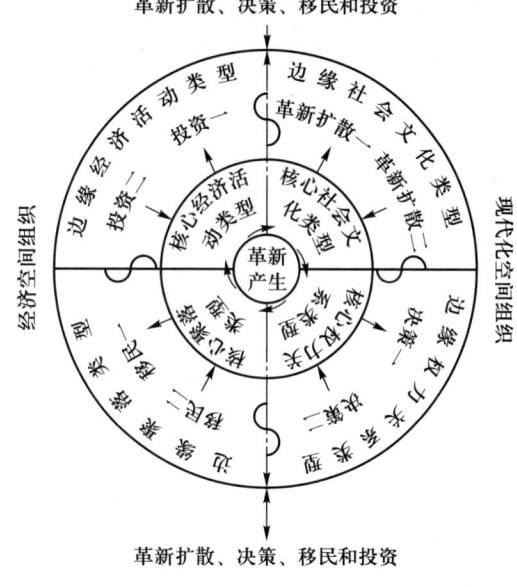

图 8-21　核心—边缘模式

　　除了产生革新外，图 8-21 所示的模式还包括了 4 个基本的空间作用过程，联系空间系统中的核心区和边缘区：革新的扩散、决策、移民和投资。用宽窄不同的箭头表明作用力的大小。从图中可看到，从核心向边缘和从边缘向核心的动态过程的作用力是不对称的，说明核心与边缘间的控制依赖关系不平等。这种不对称，在空间系统的组织中产生了一系列的不均衡。从核心区作出的决策控制边缘区的多，由边缘区产生的决策控制核心区的少。大量的资本由边缘流入核心，而边缘的人口也同时涌进核心。此外，革新不断地从核心扩散到边缘，不断加深了边缘对核心的依赖关系。

　　这 4 种不均衡的过程可能产生来自边缘区的社会政治压力，如果压力受到控制和失败，不均衡状态就会维持下去，否则，空间系统的发展将停滞或完全被打乱。

　　每一个动态过程都会影响整个空间系统中的次系统：革新扩散改变了核心区和边缘区的空间系统的社会文化类型；决策过程产生了核心区和边缘区的权力关系类型；人口迁移导致了核心区和边缘区的聚落类型的变化；投资过程影响到核心区和边缘区的经济活动类型。

　　各种空间类型又是相互关联的。权力类型和社会文化类型的结合可形成现代化的空间组织，而经济活动类型和聚落类型的结合又产生了特有的经济空间组织。最后，这两个次一级的空间组织的结合就构成了整个社会的空间组织。

　　空间组织，不论哪个层次，都不可能不受外部影响。因此，模式还考虑了外生核心区对空间动态过程和空间类型的影响。所研究的整个空间系统，一方面是更高层次的外生核心区的边缘，处于依赖（或部分依赖）地位；另一方面又是较低层次的边缘区的核心，处于控制（或部分控制）地位。

　　我们相信，在研究一个国家的发展时，这个模式是有用的。一般来说，如果这 4 个基本过程取得成功，国家就能通过一系列的结构转换，达到高水平的空间结合。国家地域的结合是国家发展的关键。

　　所谓空间结合可以有两个意思，第一个意思是，由于城市和区域相互交换的数量增加，而形成一种复杂的有机结合的劳动地域分工。第二个意思是，在一定地域内有日益广泛的共同的社会生活基础,或者更准确地说,形成了一种全社会共享的社会文化结构,这里包括语言、文化价值、政治立法、政治制度以及市场经济等。第二个意思可以当作第一个意思的前提条件。

图 8-21 表示的核心—边缘模式中,共同分享的社会文化在图的右边,以现代化空间组织表示;不断加深的劳动地域分工在图的左边,以经济空间组织表示。两者的结合,将使国家有可能成为一种在空间上有组织的社会系统。

第五节 中国城市空间分布

在结束本章之前,我们还要分析城市空间分布。重点是以中国城市空间分布为例,分析空间分布类型、城镇密度及空间分布模式(城市经济区)的演变。

一、空间分布类型

我们可以用归纳法,将城市空间分布归纳为规则的或不规则的分布,聚集的、随机的或均匀的分布(图 8-22)。最邻近分析指出,当最邻近指数为零时,属聚集分布;当最邻近指数为 1 时,属随机分布;当最邻近指数大于 1 时,为均匀分布。而中心地理论描述的城市体系的最近邻指数为 2.15,因而,可以说,中心地均匀分布系统只是城市空间统计分布的一个极端。

城市空间分布是动态的,其发展演变与经济、社会发展密切相关,具有明显的阶段性。

(1)离散阶段(低水平均衡阶段)。对应于自给自足式,以农业为主体的阶段,以小城镇发展为主,缺少大中城市,没有核心结构,构不成等级系统[图 8-23(a)]。

(2)极化阶段。对应于工业化兴起、工业迅速增长并成为主导产业的阶段,中心城市强化[图 8-23(b)]。

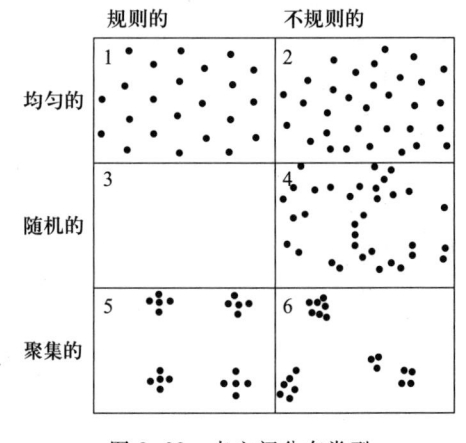

图 8-22 点空间分布类型

(3)扩散阶段。对应于工业结构高度化阶段,中心城市的轴向扩散带动中小城市发展,点—轴系统形成[图 8-23(c)]。

(4)成熟阶段(高级均衡阶段)。对应于信息化与产业高技术化发展阶段,区域生产力向均衡化发展,空间结构网络化,形成点—轴—网络系统,整个区域成为一个高度发达的城市化区域[图 8-23(d)]。

许学强等(1983)曾采用柯尔摩哥洛夫-史密尔诺夫公式(Kolmogorov-Smirnov)和罗伦兹曲线(Lovenz curve)来检验中国 1978 年 1 497 座万人以上城镇的空间分布类型。中国万人以上城镇的空间分布见图 8-24。

首先,使用方格分析法构造实际频率数组,并用柯尔摩哥洛夫—史密尔诺夫公式对城镇空间分布是否服从于泊松分布,即是否属于随机型进行检验。如果计算的 D 值小于查表的临界值,

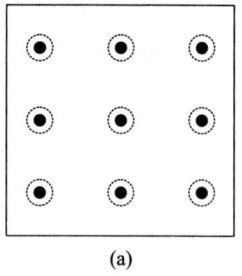 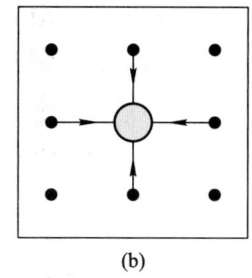 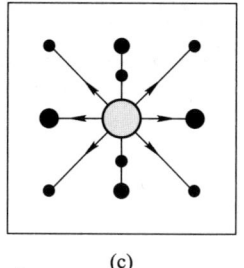 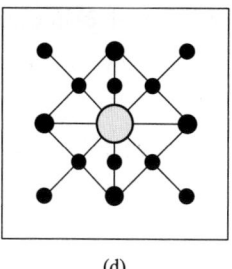

$$(a) \qquad\qquad (b) \qquad\qquad (c) \qquad\qquad (d)$$

图 8-23　城市空间分布发展演变模式

（a）离散阶段；（b）极化阶段；（c）扩散阶段；（d）成熟阶段

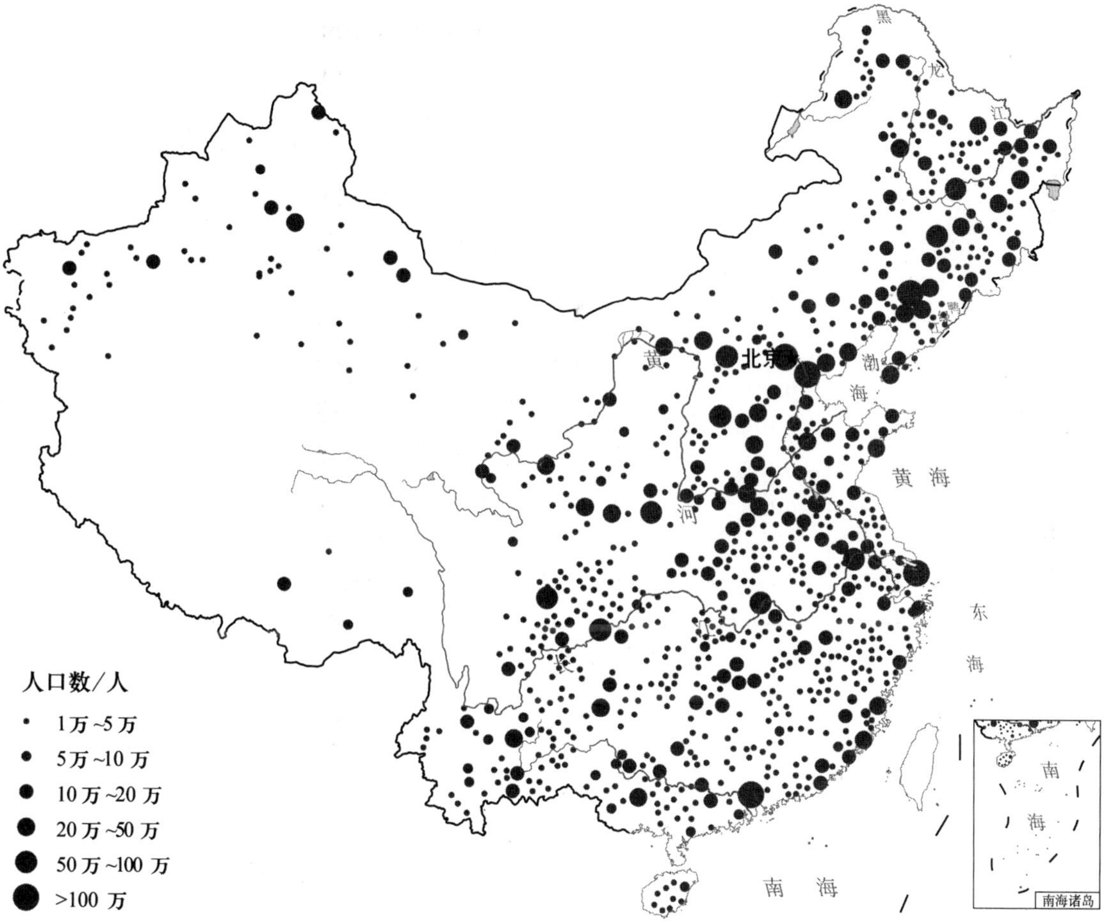

图 8-24　中国万人以上城镇空间分布

（未包括港、澳、台地区）

城镇分布服从泊松分布，即为随机型。否则为非随机型。

在地图上将全国划分为 304 个小方格子，观察每方格所包含的城镇数，检验结果见表 8-3。根据表中的数据，计算的最终结果，D 值（0.476）大于 99% 置信水平上的临界值（0.074），说明中国万人以上的市镇分布不是泊松分布,即不属随机型。

表 8-3　柯尔摩哥洛夫-史密尔诺夫 D 值检验表

| 一个方格含有点数（m） | 观察值 | | 期望值（泊松理论） | | 理论期望值累计频率 $C_m \cdot P_m \cdot N$（1） | 观察值累计频率 $C_m \cdot N_m$（2） | （1）—（2）绝对值 |
	含有 m 点方格数量（N_m）	N_m/N	P_m（查表）	$P_m \cdot N$			
0	123	0.404 6	0.006 7	2.036 8	2.0	123	121.0
1	34	0.111 8	0.033 7	10.244 8	12.2	157	144.8
2	19	0.062 5	0.084 2	25.596 8	37.8	176	138.2
3	17	0.055 9	0.140 4	42.681 6	80.5	193	51.2
4	9	0.029 6	0.175 5	53.352 0	133.9	202	112.5
5	9	0.296	0.175 5	53.352 0	187.3	211	23.7
6	7	0.023 0	0.146 2	44.448 0	231.7	218	13.7
7	5	0.016 4	0.104 5	31.768 0	263.5	223	40.5
8	9	0.029 6	0.065 3	19.851 0	283.4	232	51.4
9	9	0.029 6	0.036 3	11.035 0	294.4	241	53.4
10	5	0.019 7	0.018 1	5.502 4	299.9	247	52.9
11	5	0.016 4	0.008 2	2.492 8	302.4	252	50.4
12	4	0.013 2	0.003 4	1.033 6	303.4	256	47.4
13	6	0.019 7	0.001 3	0.395 2	303.8	262	41.8
14	6	0.019 7	0.000 5	0.152 0	330.0	268	36.0
15	4	0.013 2	0.002 0	0.060 8	304.1	272	32.1
16	4	0.013 2	0.001 0	0.030 4	304.1	276	28.1
17	5	…	…	…	…	…	…
18	4	（略）	（略）	（略）	（略）	（略）	（略）
19	1						
20	5						
21	2						
22	1						
23	2						
24	2						
25	1						
26	4						
⋮	⋮						
39	1						

注:（1）$N = \sum N_m = 304$;$r = \sum m \cdot N_m = 1\,497$;$\lambda = t/N = 4.92$;$P = 1/N = 0.003$。

（2）N 为方格总数;r 为市镇总数;λ 为平均每个方格的市镇数;P 为方格总数的倒数。

（3）使用此方法需满足条件:$N \geqslant 50$;$\lambda > 50$;$P < 0.1$。

（4）计算:$D = \dfrac{\max \mid C_m \cdot P_m N - C_m N_m \mid}{N} = \dfrac{144.8}{304} = 0.476 > 0.074$（在 99% 置信水平上的临界值）。

接着用罗伦兹曲线检验中国城镇分布属聚集型还是均匀型。罗伦兹曲线是用观察数据的累计百分比绘成的曲线。如果城镇分布是均匀的,则累计百分比曲线就是对角线,如果累计百分比曲线在对角线以下,则表示城镇分布是趋向集中的,其集中程度可用 I 指数表示:

$$I = \frac{累计频率曲线下的阴影面积}{均匀分布线下的面积}$$

I 值越小,空间分布越集中。根据表 8-4 中的方格观察数据进行计算,并绘成罗伦兹曲线图(图 8-25)。计算结果为 $I = 1\,744.75/5\,000 \approx 34.9\%$,它告诉我们,中国万人以上的城镇分布属集聚型。

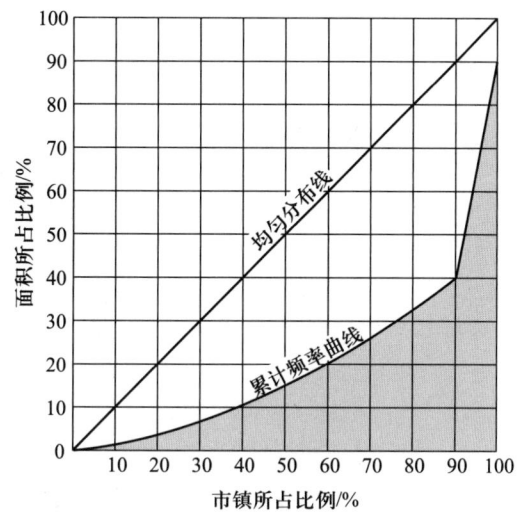

图 8-25　中国万人以上市镇空间分布的罗伦兹曲线图

经过 30 多年的建设,在中国西半部市镇稀少的地区出现不少新城镇,城镇分布的集聚程度有所缓和,这一点可从 1953 年、1963 年、1978 年中国城镇分布的最邻近分析的结果得到证明。1953 年最近邻指数为 0.850 1,1963 年为 0.905 0,1978 年为 0.916 3,越来越接近 1,说明中国城镇分布越来越接近随机分布,但到 1978 年为止,仍然为聚集分布。

中国市镇分布主要集中在东半部。以京广铁路和京哈铁路为界,东半部集中了中国特大城市 9 座,占特大城市总数的 69.23%,大中城市 61 座,占 70.93%,小城市和万人以上的城镇 671 座,占 48%,而其土地面积仅占全国的 1/7。具体而言,主要集聚在几个平原三角洲和交通线上,初步形成了辽中南、京津唐、长江三角洲和珠江三角洲 4 个规模特别大的城市集聚区。

二、城镇密度

城镇分布还可用城镇密度度量。许学强等曾分析了中国城镇密度及其形成原因。1978 年中国每万平方千米的国土上平均有万人以上城镇 1.56 座。正如上面所说,中国城镇分布属集聚型,因而城镇密度省际差异大。江苏、浙江、安徽、广东和福建密度最大,每万平方千米有万人以上城镇多于 4.10 座;江西、湖北、河南、山东、湖南、吉林、辽宁和河北等密度较大,每万平方千米

2.27~4.09座;四川、广西、山西、贵州、黑龙江和陕西密度较小,每万平方千米 1.17~2.26 座;云南、内蒙古、甘肃、宁夏、新疆、青海和西藏密度最低,每万平方千米少于 1.16 座。将上述资料绘成中国各省、直辖市、自治区城镇密度图(图 8-26),可以明显地看出中国各省级行政区城镇密度从东向西有规律地递降(考虑到其他因素,图中密度分级方案略有不同)。

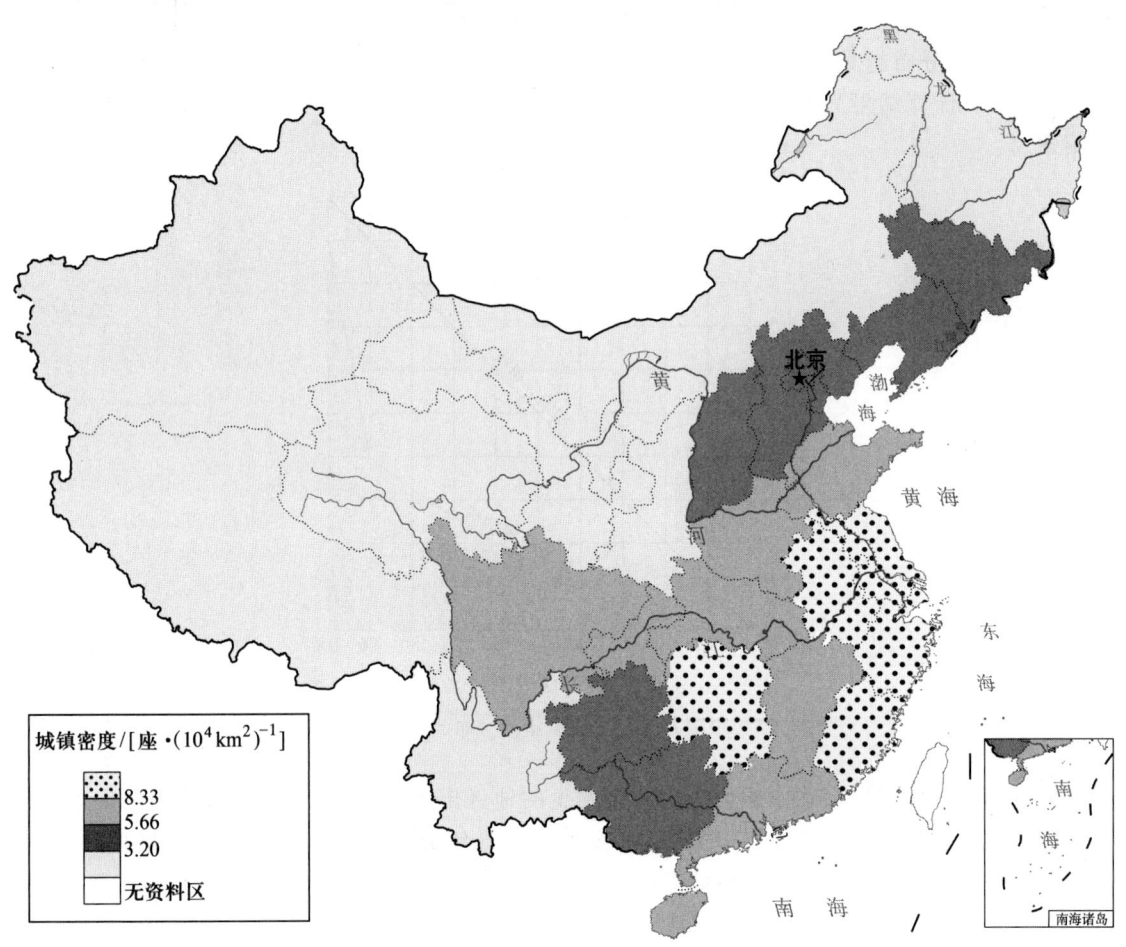

图 8-26　中国各省、直辖市、自治区城镇密度图

(未包括港、澳、台地区)

中国各省、直辖市、自治区城镇密度的省际差异,是自然、政治、经济、人口和历史等因素综合作用的结果。在某种意义上说,经济、人口因素对城镇密度的影响,已经反映了自然、政治、历史等方面的作用。为此,根据资料收集与数量化的可能性以及省际的可比性,选择了经济和人口因素方面的 6 个因子进行回归分析,试图对平均密度的省际差异进行定量的解释。选择及计算结果如表 8-4 所示。

表 8-5 告诉我们,6 个因子中,人口密度与城镇密度的相关性最显著,相关系数为 0.87,因数贡献的 F 值最大,为 195.58,说明人口密度较大的省级行政区,城镇密度也大。东半部省级行政区一般人口多,土地面积小,人口密度大,虽然城镇非农业人口占总人口的比例并不很高(一般为 12% 左右),但城镇非农业人口的绝对数都很大。城镇数目多,因此形成较高的城镇密度。相

表 8-4　因子选择与资料矩阵

因子	工农业总产值/亿元	城镇人均工业产值/（百元·人）	铁路长度指数	农业人均粮食产量/（公斤·人）	人口密度/（人·km⁻²）	城镇扩散系数
资料年份代号	1973 x_1	1978 x_2	1978(?) x_3	1978 x_4	1978 x_5	1978 x_6
河北 ⋮ 西藏	⋮	⋮	⋮	⋮	⋮	⋮
省级行政区平均值	216.90	342	88	367	188	26.60

注：① 铁路长度指数：根据 1979 年编《中国交通图册》中各省级行政区的铁路分布情况，按图论原理，用"边"数指标代表铁路通车里程指数。

② 城镇扩散系数：$I_d = \sum\limits_{i=2} P_1/P_i$。式中，$P_1$ 为首位城市的人口数，P_i 为按大小顺序排列的第 i 位城市的人口数。

③ 其他资料根据国家统计局有关资料。

反，西半部省级行政区大多土地辽阔，人口稀少，虽城镇非农业人口占总人口的比例较高（一般在 20% 左右），但城镇人口的绝对数却很少，城镇数目不多，因此城镇密度低。

表 8-5　城镇密度省级行政区间差异回归分析结果

与因变量的关系	自变量 x_i					
	工农业总产值	城镇人均工业产值	铁路长度指数	农业人均粮食产量	人口密度	城镇扩散系数
单相关系数	0.63[②]	0.41[①]	0.20	0.27	0.87[②]	-0.33
因数贡献的 F 值	7.74[②]	18.15[②]	12.86[②]	9.81[②]	195.58[②]	0.29

注：① 表示置信水平 0.95 上显著。

② 表示置信水平 0.99 上显著。

　　表 8-5 还告诉我们，国民经济发展的规模和水平与城镇密度关系也很大。工农业总产值可以衡量国民经济发展的程度，它与城镇密度的相关系数较高（0.63），因数贡献的 F 值可在 99% 置信水平上显著。说明国民经济越发达的省级行政区，其城镇数目越多，城镇密度越大。城镇人均工业产值大体上反映了各省级行政区的工业技术水平和劳动生产率的高低，进而反映了工业发展概况。城镇人均工业产值与城镇密度的相关系数和因数贡献的 F 值都较高，分别为 0.41、18.15，说明城镇人均工业产值越高的省级行政区，城镇密度越大。各省级行政区铁路长度指数、农业人均粮食产量与城镇密度的单相关不显著，但两者的因数贡献的 F 值都在 99% 的置信水平上显著，因此，被选入了回归方程。而城镇扩散系数与城镇密度的相关关系不显著，因数贡献的

F 值最小,因此未被选入回归方程。最后的回归方程为:

$$y = 0.103\ 3 + 0.000\ 4x_1 - 0.000\ 8x_2 - 0.001\ 2x_3 + 0.000\ 6x_4 + 0.001\ 3x_5$$

由于回归方程的复相关系数大($R = 0.96$),F 值高(50.36),估计标准误差小(0.063 5),估计值与实际值相比,超过两个标准误差的省级行政区只有山东。因此,该回归方程能较好地解释中国各省级行政区城镇密度的差异。

三、城市经济区

中国的城市经济区是以大中城市为核心,与其紧密相连的广大地区共同组成的经济上紧密联系、生产上互相协作、在社会地域分工过程中形成的城市地域综合体。它是以发挥中心城市作用,促进整个国民经济发展为目的的一种综合性的城市地域的空间组织形式。它与综合经济区的区别主要在于城市经济区更注重中心城市的合理联系以及它在组织区域经济中的关键作用。城市经济区的划分要以城市经济影响区的分析为基础,二者的结构要素是相似的。但城市经济影响区更侧重于客观的现状分析,城市经济区要在现状分析基础上为组织经济发展和建设提供具体的空间组织方案,带有一定预测和规划的意义,为了便于实施,习惯于和某级行政单元相一致,给出明确的边界,尽管这种边界仍具有一定的相对性和象征性。

陈田(1987)曾分析了中国城市经济影响区,顾朝林、周一星等分别于 1991 年、2003 年对中国城市经济区进行了划分,下面仅介绍两种划分方法和结果。顾朝林(1991)将图论原理与因子分析方法相结合,应用 33 个指标对全国 1989 年的 434 个城市进行了综合实力评价,借鉴经济区划的 $d_\triangle$ 系理论和 R_d 链方法,提出了中国两大经济地带、三条经济开发轴线、九大城市经济区和 33 个 II 级区的城市经济区区划体系的设想,为这方面研究的深入提供了第一个讨论的基础。

在他的系统中,有一定实力的社会、经济、科技、教育和交通线结合在一起的一个城市,称为一个 d 系,三个 d 系组成一个三角形的基本经济单元,称为 $d_\triangle$ 系。按照不同层次的 $d_\triangle$ 系,进一步把两个或两个以上的 $d_\triangle$ 系连接起来,即为 R_d 链。一个 R_d 链的范围就是组建城市经济区的范围。

434 个城市的实力指数的求取方法和度量城市经济影响力相对值的方法基本雷同,只是所用指标和提取的主成分更多,对城市综合实力的反映更加全面。

按照计算所得的城市实力指数和实力指数差,把 434 个城市中的前 102 个城市分成三个 d 系层次。表 8-6 列出了其中前两个 d 系层次的 42 个城市。

按照表中城市实力指数及 d 系层次分析,中国的四个 I 级 d 系城市,构成了以北方北京、天津,中部上海,南方广州为顶点的我国一级 $d_\triangle$ 系,形成了中国东部经济发展地带;与此对应的是西部经济发展地带。

38 座 II 级 d 系城市,它们在空间通道网的组合下构成了中国的 II 级 $d_\triangle$ 和 R_d 链(表 8-7)。在这个基础上,再参照全国省际货物流量流向,从建立全国分区城镇体系入手,提出了中国可逐步建成 9 个 I 级城市经济区。

表 8-6　中国城市实力指数及 d 系层次分析表（1989 年）

序号	城市	实力指数	实力指数差	d 系层次	序号	城市	实力指数	实力指数差	d 系层次
1	上海	214.497	—	I_1	22	兰州	22.866	2.660	II_3
2	北京	170.927	44.070		23	石家庄	22.091	0.775	
3	天津	102.225	68.702	I_2	24	抚顺	21.322	0.769	
4	广州	94.483	7.742		25	吉林	20.744	0.578	
5	沈阳	77.406	17.077	II_1	26	昆明	20.610	0.134	
6	武汉	67.657	9.749		27	郑州	20.178	0.432	
7	南京	51.395	16.298	II_2	28	贵阳	19.549	0.629	
8	哈尔滨	49.696	1.663		29	无锡	19.081	0.468	
9	大连	46.318	3.378		30	唐山	18.637	0.444	
10	重庆	45.150	1.168		31	长沙	18.195	0.442	
11	成都	41.173	3.977		32	苏州	15.211	2.984	II_4
12	西安	39.941	1.232		33	福州	13.729	1.482	
13	青岛	32.110	7.831	II_3	34	乌鲁木齐	13.689	0.040	
14	济南	30.516	1.594		35	南昌	13.550	0.139	
15	长春	30.035	0.481		36	宁波	13.393	0.157	
16	太原	29.967	0.068		37	合肥	12.860	0.533	
17	杭州	28.349	1.619		38	洛阳	12.373	0.487	
18	深圳	28.280	0.069		39	包头	12.190	0.183	
19	大庆	27.779	0.501		40	徐州	11.744	0.446	
20	鞍山	27.419	0.360		41	本溪	11.349	0.395	
21	淄博	25.526	1.893		42	常州	11.223	0.126	

资料来源：顾朝林，1991，原表中的Ⅲ级 d 系此处从略

表 8-7　中国Ⅱ级 $d_\triangle$ 和 R_d 链组合表（1989 年）

R_d 链	$d_\triangle$ 系
沈阳	大连沈阳鞍山 $d_\triangle$ 系，鞍山沈阳抚顺 $d_\triangle$ 系，长春沈阳吉林 $d_\triangle$ 系，哈尔滨长春吉林 $d_\triangle$ 系
京津	太原京津石家庄 $d_\triangle$ 系，石家庄京津济南 $d_\triangle$ 系，郑州太原石家庄 $d_\triangle$ 系，济南石家庄郑州 $d_\triangle$ 系，淄博济南青岛 $d_\triangle$ 系，济南郑州徐州 $d_\triangle$ 系
上海	南京上海杭州 $d_\triangle$ 系，合肥南京南昌 $d_\triangle$ 系
武汉	郑州武汉长沙 $d_\triangle$ 系，南京武汉重庆 $d_\triangle$ 系
广州	深圳广州香港 $d_\triangle$ 系，武汉广州上海 $d_\triangle$ 系
重庆	贵阳重庆成都 $d_\triangle$ 系，成都昆明贵阳 $d_\triangle$ 系
西安	西安兰州轴系
乌鲁木齐	乌鲁木齐 $d_\triangle$ 系
拉萨	拉萨 $d_\triangle$ 系

资料来源：顾朝林，1991

（1）沈阳经济区。以沈阳为中心,哈尔滨和大连为副心,包括黑龙江、吉林、辽宁三省和内蒙古东三盟一市在内的东北城市经济区。

（2）京津经济区。以京津为中心,济(南)、青(岛)、徐(州)为副心,包括河北、山东二省,京、津二市及苏北、皖北,豫东北、内蒙古锡林郭勒盟和河套地区在内的华北城市经济区。

（3）西安经济区。以西安为中心,郑州、兰州、包头为副中心,包括山西、陕西、宁夏、甘肃四省、自治区及青海东部地区在内的西北城市经济区。

（4）上海经济区。以上海为中心,南京、杭州为副中心,包括上海、江西(除赣州地区)两省(市)及苏皖中南、浙东北在内的华东城市经济区。

（5）武汉经济区。以武汉为中心,长(沙)、株(洲)、(湘)潭为副心,包括湖北、湖南两省及豫南在内的华中城市经济区。

（6）重庆经济区。以重庆为中心,成都、贵阳、昆明为副中心,包括四川、云南、贵州三省及桂西、陇南武都地区在内的西南城市经济区。

（7）广州经济区。以广州—香港为中心,台北、福州为副中心,包括广东、福建、海南、台湾四省以及桂东、浙南和港澳地区在内的东南沿海城市经济区。

（8）乌鲁木齐经济区。近期以乌鲁木齐为中心,包括克拉玛依、石河子、吐鲁番、昌吉和乌苏所辖的地区。远期可进一步扩大到包括整个新疆和青海柴达木盆地在内的外西北城市经济区。

（9）拉萨经济区。因青藏高原远离大经济中心城市,自然环境恶劣,人烟稀少,经济基础薄弱,区域交通网络还未形成,暂时划出以拉萨为中心包括西藏自治区及青海玉树自治州在内的青藏高原城市经济区。

中国有如此庞大而复杂的城市体系,理清全国城市经济区的空间组织是一项十分艰巨的任务,有不少问题还值得研究。

周一星等(2003)采取劳动力指标、流量指标和开放指标 3 大类共 14 项要素,分别代表城市职业构成、空间相互作用和对外开放中所获得的中心性。从而建立多指标体系对城市中心性进行综合评价,以确定 223 个地级以上城市的中心性指数,并将所有城市的中心性分为五级。

上海(5.34)、北京(4.82)中心性指数位居一、二位,是全国的一级中心城市;广州(3.20)、深圳(3.00)居三、四位,构成南部中国的中心城市。其他位居前列,中心性指数大于 1 的天津、武汉、沈阳、大连、西安、南京、哈尔滨、重庆分别是具有区域性意义的二级中心。中国前 4 级中心城市分布很不均衡,东部沿海的长江三角洲和珠江三角洲高等级中心城市分布集中,已经形成都市连绵区的空间构架,和京津唐地区一起构成中国三大核心区。此外,辽宁、山东、福建沿海也是高等级中心城市分布较为集中的地区,内地的武汉、重庆、西安等城市则具有较高的中心性等级。高等级中心城市在沿海几处的高度集中和在内地的大分散是中国城市体系空间结构的突出特点。

三大核心区在内向型和外向型联系中与腹地联系程度的差异,反映了三者在经济联系中的职能分工:珠江三角洲对外开放程度高、外向型经济发达,在对外联系中的地位突出;京津唐地区凭借北京的优势地位,在内向型联系中占据主导地位;而长江三角洲在外向型和内向型联系的腹地范围兼有广度和强度,这也是其能成为全国最大经济核心区的重要原因。

在上述分析基础上,提出了中国城市经济区的组织方案,把中国的经济地域划分为以京津唐、长江三角洲、珠江三角洲为核心的三个一级城市经济区,分别命名为北方区、东中区和南方区(表 8-8、图 8-27)。

表 8-8　中国一级城市经济区组织方案

经济区	中心城市	核心区	紧密腹地	次紧密腹地	竞争腹地	边缘腹地
北方区	北京、天津	京津唐	北京、天津、河北、山西、内蒙古中段四盟三市	辽宁、吉林、宁夏、甘肃、青海、内蒙古东段三盟一市、阿拉善盟	山东、河南、陕西	新疆、黑龙江
东中区	上海、南京、杭州	长江三角洲	上海、江苏、浙江、安徽	湖北	山东、河南、陕西南部、江西、四川、重庆、贵州、福建	湖南
南方区	广州、深圳、香港、澳门	珠江三角洲	广东、湖南、广西	海南、云南、西藏	江西、贵州、四川、重庆、福建	湖北

资料来源:周一星,张莉,2003

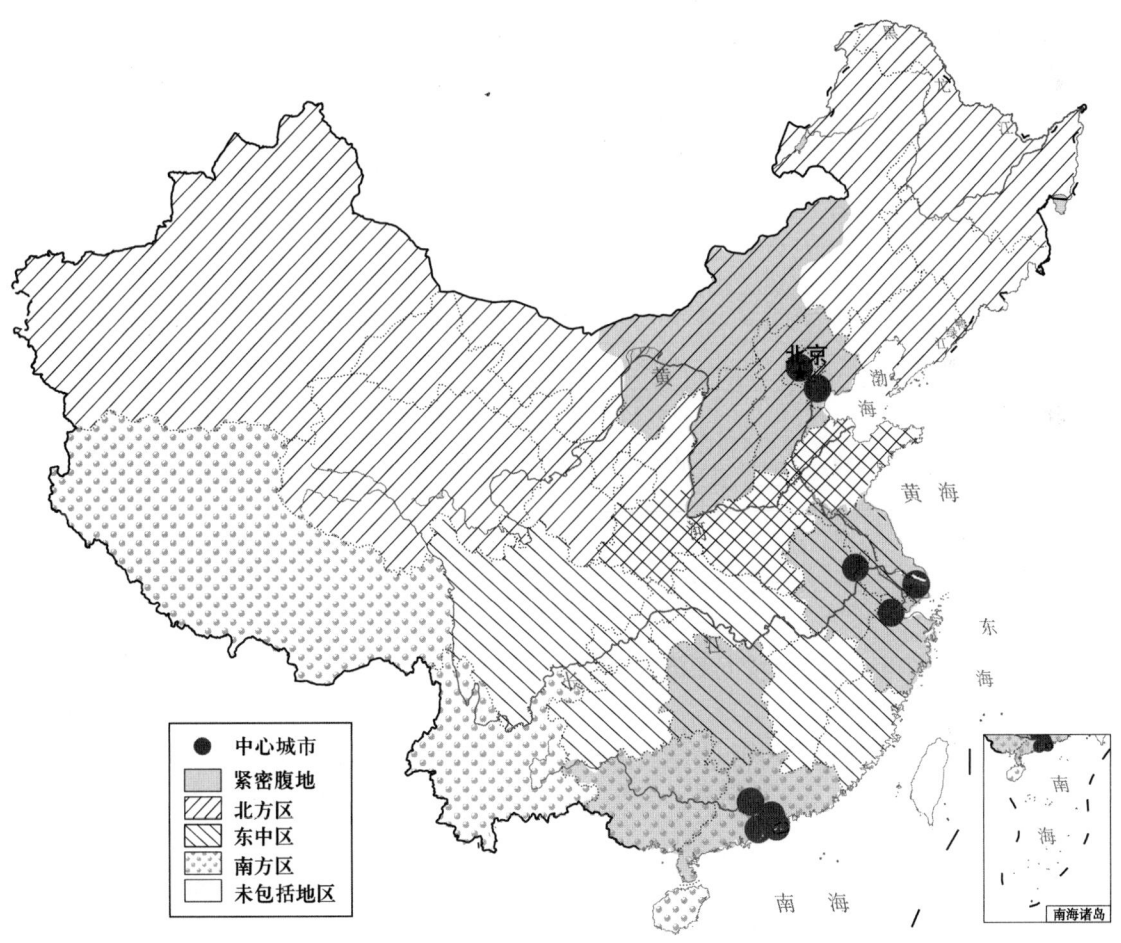

图 8-27　中国一级城市经济区分布图

（未包括台湾省）

资料来源:周一星,张莉,2003

北方区:以京津唐为主要联系方向的腹地,覆盖了中国秦岭—淮河一线以北的几乎所有省级行政区。京广、京沪、京哈等交通干线构成区内联系的主要骨架。

东中区:以长江中下游的沪、苏、浙、皖为主要构成单元,在沿长江流域向内地延伸的同时向南北扩展。由于长江南北缺乏沿江铁路干线,东中区各省级行政区内横向经济联系的开展明显不足,基础设施的加强会促进东中区进一步发展。

南方区:以珠江三角洲为核心,范围包括长江以南的赣、湘、粤、桂、琼、闽以及西南地区的云、贵、川、藏、渝。其内向型腹地相对较小,但毗邻港、澳的优越位置为珠江三角洲的外向型经济赋予了更大腹地。

二级城市经济区是基于三大核心区对国家全覆盖吸引前提下的城市经济区划方案。依据城市经济区的组织原则,综合各方面因素,共划出 11 个二级城市经济区(表 8-9,图 8-28)。

表 8-9　中国二级城市经济区组织方案

二级城市经济区	中心城市	核心区	腹地
华北	北京、天津	京津唐	北京、天津、河北、山西、内蒙古四盟三市、河南北部
华东	上海、南京、杭州	长江三角洲	上海、江苏、浙江、安徽、江西北部
华南	广州、香港、深圳、澳门	珠江三角洲	广东、湖南、广西、海南、江西南部
东北	大连、沈阳	辽中南地区	辽宁、吉林、黑龙江、内蒙古东三盟一市
西南	重庆、成都	四川盆地	重庆、四川、云南、贵州
西北	西安、兰州	关中和兰州地区	陕西、甘肃、青海、宁夏
新疆	乌鲁木齐	乌、石、哈天山北坡	新疆
西藏	拉萨	一江三河地区	西藏
山东	青岛、济南	山东半岛	山东
福建	厦门、福州	闽东南地区	福建
湖北	武汉	武汉地区	湖北、河南南部

资料来源:周一星,张莉,2003

华北、华东、华南三个二级城市经济区,以三大核心区紧密腹地为主,下面对其他二级城市经济区的情况作简单说明。

东北二级城市经济区:以沈阳、大连为中心的辽中南城市密集区形成核心区,以大连为主导的辽中南港口群构成东北区对外联系的主要门户,以哈大线为主轴的发达交通网支撑起东北区内部联系的主要骨架。

西南二级城市经济区:以重庆、成都为核心,以川、云、贵为腹地,成渝、昆渝、成昆、川黔、贵昆等交通干线构成区内联系的主要通道。在内向型联系中,有相对完整的地域联系系统,但对外经济联系方向不一。

西北二级城市经济区:以西安、兰州为中心,以陇海—兰新线为主要通道。西北各地在内向型联系中保持了较为密切的联系,在外向型联系中,基本以京津唐为主要出海口。

西藏二级城市经济区和新疆二级城市经济区：在内向型联系中西藏受四川的吸引，新疆受陕、甘、豫的吸引，而与沿边邻国的外贸联系是其对外经济联系的主要方向。

山东二级城市经济区：以青岛、济南为中心的城市密集区，有着独立的外贸经济联系系统，但对省外的影响还较小。

福建二级城市经济区：具有厦门、福州两个中心城市和初步成型的闽东南城市密集区，外向型经济发达，有着对外经济联系方向的独立性。

湖北二级城市经济区：有着强大的中心城市武汉，在内向型联系中，与三大核心区都较松散。

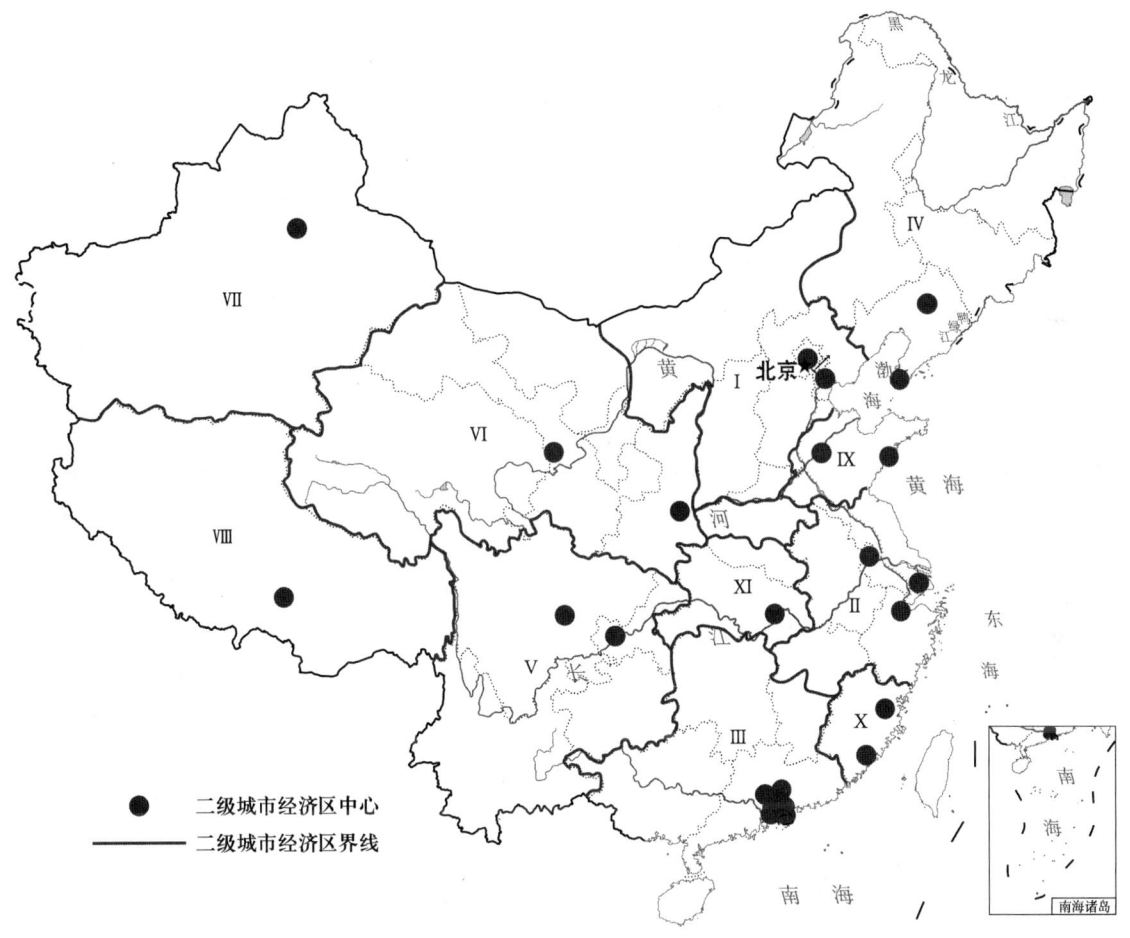

图 8-28　中国二级城市经济区分布图

（未包括台湾省）

资料来源：周一星，张莉，2003

思考题

1. 简述城市间相互作用的分类及其产生的条件。
2. 简述空间扩散的类型及扩散成功的因素。

3. 克里斯泰勒的中心地理论的六边形网络是怎样形成的？

4. 简答克里斯泰勒的中心地理论的需求门槛与最大销售距离之间的关系。

5. 试评述克里斯泰勒的中心地理论。

6. 试用生长极理论与核心边缘理论解释某一区域的发展。

7. 试描述中国或某省级行政区区域空间分布的规律。

参考文献

[1] 陆大道.区位论及区域研究方法[M].北京:科学出版社,1988.

[2] 吴传钧,侯锋.国土开发整治与规划[M].南京:江苏教育出版社,1990.

[3] 顾朝林.城市经济区理论与应用[M].长春:吉林科学技术出版社,1991.

[4] 胡序威,周一星,顾朝林,等.中国沿海城镇密集地区空间集聚与扩散研究[M].北京:科学出版社,2000.

[5] 黄亚平.城市空间理论与空间分析[M].南京:东南大学出版社,2002.

[6] 陆大道,等.中国区域发展的理论与实践[M].北京:科学出版社,2003.

[7] 顾朝林.城镇体系规划——理论·方法·实例[M].北京:中国建筑工业出版社,2005.

[8] 许学强,胡华颖,张军.我国城镇分布及其演变的几个特征[J].经济地理,1983(3):205-212.

[9] 陈田.我国城市经济影响区域系统的初步分析[J].地理学报,1987,42(4):308-318.

[10] 宁越敏,严重敏.我国中心城市的不平衡发展及空间扩散的研究[J].地理学报,1993,48(2):97-104.

[11] 闫小培,王玲.改革开放以来我国城市空间分布发展变化研究[J].人文地理,1996,11(3):19-23.

[12] 胡序威.沿海城镇密集地区空间集聚与扩散研究[J].城市规划,1998,22(6):22-28.

[13] 陆大道.关于"点—轴"空间结构系统的形成机理分析[J].地理科学,2002,22(1):1-6.

[14] 许学强,叶嘉安.我国城市体系发展中的新城市(1953—1986)[M].北京:科学出版社,2012.

[15] 周一星,张莉.改革开放条件下的中国城市经济区[J].地理学报,2003,58(2):271-284.

[16] Friedmann J R. Regional development policy:a case study of Venezuela[M].Cambridge,MA:MIT Press,1966.

[17] Friedmann J R. Urbanization, planning and national Development[M].Beverly Hills:SAGER Publications,1973.

[18] Herbert D T,Thomas C J. Urban geography:a first approach[M].New York:John Wiley & Sons,1982.

[19] Morrill R G L,Thrall G I. Spatial diffusion[M].Beverly Hills:SAGE Publications,1988.

第九章　区域城镇体系规划

城镇体系规划是以城镇为重点的区域规划,本质上起到了中国快速城镇化时代的区域规划的作用。它是城市地理学理论联系实际的重要应用领域,由中国地理学者最早在城市体系研究的基础上参与创立。

第一节　城镇体系规划的提出

一、城镇体系的基本特征

城镇体系(urban system)也称为城市体系或城市系统,指的是在一个相对完整的区域或国家中,以中心城市为核心,由不同职能分工、不同等级规模、联系密切、互相依存的城镇组成的集合。它以一个区域内的城镇群体为研究对象,而不是把一座城市当作一个区域系统来研究。

城镇体系具有所有"系统"的共同特征如下。

(1)整体性。城镇体系是由城镇、联系通道和联系流、联系区域等多个要素按一定规律组合而成的有机整体。其中某一个组成要素的变化,例如,某一城镇的兴起或衰落,某一条新交通线的开拓,某一区域资源开发环境的改善或恶化,都可能通过交互作用和反馈,"牵一发而动全身",影响城镇体系。

(2)等级性或层次性。系统由逐级子系统组成。城镇体系的各组成要素按其作用大小可以分成许多等级,如全国性的城镇体系由大区级、省区级体系组成,再下面还有地区级或地方级的体系。这就要求制订某一级城镇体系规划时要考虑上下级体系之间的衔接。

(3)动态性。城镇体系不仅作为状态而存在,也随着时间而发生阶段性变动。这就要求城镇体系规划也要不断地修正、补充,以适应变化了的实际。

从城镇体系的个性特征来看,它既不是简单的机械系统或自然系统,也不是严格的经济系统或政治系统,而是兼有自然、经济、政治、文化等多种层面的社会系统。社会系统的开放性特点,使城镇体系很容易受到来自外部的、难以预料的复杂影响,因此,就系统的变化状态而论,它有高度的不稳定性。作为社会系统的另一个特点,城镇体系不能像自然系统那样,通过某种已知的变化得到明确的决定性的结果。城镇体系的演变,虽然有总的规律性趋势可循,但对每个具体变动的反馈都存在着很大程度的不确定性。因此,按系统的规律性质而论,其不属于必然性系统,而属于随机性系统。

二、中国城镇体系规划的演变

第一个五年计划期间，为了更好地安排苏联援建的大型工业项目，在联合选厂的基础上，引进了中国最早的区域规划。后因"大跃进"失败，区域规划推行不久就中断了。改革开放以后，国家借鉴西方国家重视国土整治的经验，于1981年成立了国土局，1985—1987年组织人员编制《全国国土总体规划纲要》。同时，各省级行政区都开展了省级和地（市）一级的国土规划。

国土规划就是对国土空间的开发、利用、治理和保护，中心任务是实现经济发展与人口、资源、环境在地域空间的综合协调和规划管理。地区性国土规划也就是区域规划。地理界发挥自己的学科特长，积极参与了中国的区域规划和国土规划工作。

在推行国土规划的同时，国家十分重视发挥城市的作用，提出"要以经济比较发达的城市为中心，带动周围的农村，统一组织生产和流通，逐步形成以城市为依托的各种规模和各种类型的经济区"。在这种指导思想下，1983年以来，国家大面积推广"市带县"和"整县改市"的行政体制。这时，市政府的管理对象已经不是单个城市，而是一个相当大区域的城乡兼有的聚落群体，各市领导为了指导全局的发展，客观上对城镇体系规划提出了要求。在此背景下城镇体系规划作为区域规划的一个综合性组成部分应运而生。

1984年公布的中国《城市规划条例》第一次提出："直辖市和市的总体规划应当把行政区域作为统一的整体，合理部署城镇体系"。1989年年底，全国人大通过施行的《中华人民共和国城市规划法》进一步把城镇体系规划的区域尺度向上下两头延伸，明确规定"全国和各省、自治区、直辖市都要分别编制城镇体系规划，用以指导城市规划的编制""设市城市和县级人民政府所在地的总体规划，应当包括市或县的行政区域的城镇体系规划。"这样，城镇体系规划就确立了其法律地位，后来的《中华人民共和国城乡规划法》延续了这一点。

城镇体系规划的性质是以城镇为重点的区域规划，在20世纪80—90年代的空间规划系列中处在衔接国土规划和城市总体规划的重要地位。城镇体系规划既是城市规划的组成部分，又是区域国土规划的组成部分。城镇体系规划应以区域国土规划为指导，但它又以其特有的综合性特点充实国土规划，并与国土规划的主要成果——综合规划有极密切的联系，组成区域经济与社会开发的总体结构。城市总体规划的制订和修订应以城镇体系规划为指导，而城市总体规划的合理部分也可以纳入城镇体系规划。

区域规划、国土规划和城市规划、城镇体系规划，在管理职能上一度分属于计委系统和建设部系统。计委系统的国土规划高潮因种种原因只延续到1991年，至1996年已完全停顿。1998年国家计委改为国家发展和改革委员会，国土规划职能被划给新设立的国土资源部后，因各种原因国土规划未能启动。相反，在这同时，城市规划不能"就城市论城市"的观念在建设部城市规划系统深入人心，城镇体系规划在《中华人民共和国城市规划法》和《中华人民共和国城乡规划法》的保障下得以坚持了下来，并在内容上不断丰富和完善，在一定程度上起到了区域规划的作用。2007年通过的《中华人民共和国城乡规划法》规定，"国务院城乡规划主管部门会同国务院有关部门组织编制全国城镇体系规划""全国城镇体系规划由国务院城乡规划管理部门报国务院审批。"还规定，"省、自治区人民政府组织编制省域城镇体系规划，报国务院审批。"现在，市

（县）域城镇体系规划主要作为城市总体规划的市域规划层次而存在。近年来，有些省级行政区按县市域城镇体系规划的内容加以深化，直接编制县市域（城乡）总体规划。

随着计划经济的弱化和市场经济的发育，空间规划越来越成为政府进行宏观调控的重要手段。正因为它的重要性，除了住房和城乡建设部主管的城市总体规划、城镇体系规划外，国土资源部又重新编制了《全国国土规划纲要（2016—2030年）》和部分省的国土规划。国务院在2010年还印发了由国家发展和改革委员会主抓的《全国主体功能区规划》，它根据不同区域的资源环境承载能力、现有开发强度和发展潜力，统筹谋划人口分布、经济布局、国土利用和城镇化格局，把不同区域的主体功能，分为优化开发、重点开发、限制开发和禁止开发四种类型，具有上位规划意义。

上述几类空间规划，既有各自的重点，又在内容上存在交叉和重复。为了理顺它们之间的关系，2013年以来在国家层面上开始推进规划体制改革，开展了多个市县和省级空间规划"多规合一"的试点工作。

2018年3月全国人大通过了《国务院机构改革和职能转变方案》的决定，今后，以上各种空间规划，将统一归新组建的自然资源部领导。2019年5月，中共中央、国务院发布了《关于建立国土空间规划体系并监督实施的若干意见》，将主体功能区规划、土地利用规划、城乡规划等空间规划融合成为国土空间规划，实现"多规合一"。城镇体系规划成为各级国土空间规划的重要组成部分。大家要注意新形势下可能出现的新情况、新变化。不管发生什么变化，城镇体系规划的理论与方法，以及地域性、综合性和宏观思维的地理学思想，仍会在空间规划中发挥重要作用。

第二节 区域城镇体系规划的主要内容

一、早期的内容

早期的城镇体系规划是紧紧围绕着城镇体系而展开的。规划的基础是对中心城市吸引范围的分析和城镇体系发展的历史、区域、经济条件的分析，规划的主体是人口、城镇化水平预测，以及城镇体系等级规模结构、职能结构、空间结构的战略构思和规划。有人把城镇体系规划简化为"三个结构"或"三结构一网络"的说法就是这么来的（"一网络"是有人把城镇体系的基础设施网络从空间结构中独立出来的结果）。

现在来总结20世纪80年代背景下这项工作的特点，应该承认：① 区域城镇体系规划的三大重点与传统城市总体规划的三大重点（规模、性质、空间布局）是相呼应的；② 规划重视对区域交通等基础设施的分析建议，但建设部系统无法组织落实；③ 规划有对区域环境的分析建议，但没有现在这样重的分量；④ 基本缺失对土地供需的分析和管制，土地一票否决是后来的事；⑤ 研究的色彩较重，可操作性有待提高。

1994年，建设部发布《城镇体系规划编制审批办法》，曾提出全国、省域、市域、县域4个基本层次的城镇体系规划应当包括10项内容。在"三结构一网络"的基础上，增加了综合评价区域与城市的发展条件和建设条件，预测区域人口和城镇化水平，确定城镇化目标和城镇发展战略，保护区域生态环境、自然和人文景观以及历史文化遗产，确定各时期重点发展的城镇等。比20

世纪 80 年代时的内容更加丰富与完善。不过,受建设部职能限制,在基础设施、生态环境保护、自然景观保护等方面,仍然缺乏实施的抓手。

总之,城镇体系规划是国家的一种规划创新,不管有多少是是非非,客观地说,好的城镇体系规划对区域协调发展还是起到了积极的作用。

二、现在的内容

总结多年来中国城镇体系规划的编制实践,结合国土空间规划编制技术要求,现在的内容可包括以下 9 个方面,下面逐一作些说明。

（1）现行城镇体系规划实施评估

凡是已经完成上一轮城镇体系规划编制工作的区域,在编制新版城镇体系规划之前,都要分析评价现行城镇体系规划实施情况,分析区域城镇化和城镇体系的发展现状和问题,明确规划编制原则、重点和应当解决的主要问题。

（2）提出城镇化发展的总体要求

综合分析经济社会发展目标和产业发展趋势、城乡人口流动和人口分布趋势、城镇化和城镇发展的区域差异等因素,确定城镇化发展的总体目标和分期目标,提出本地区在国家或者大区域中的地位和作用。

预测规划期末的人口数、城镇人口数和城镇化水平,是重要的规划内容。已有的技术方法基本上是够用的,只要有规范和正确的"城镇人口"的基本概念,有相应的一定时间长度的数据,结合对人口发展影响条件的分析和假设,使用一定方法就可以对未来某一时点的人口量进行测算。其实,最重要的是基本概念层次的问题。究竟是什么"城市空间"的什么"人口"规模的预测,这在国内尤其莫衷一是。其次是方针政策、指导思想层次的问题。不正确的城市规模政策和一味"做大做强"的指导思想都会严重干扰城市人口预测的科学性,要避免做"奉命规划"。

提出城镇化发展的指标体系。健全的城镇化是经济非农化、人口城镇化和设施城镇化三者的统一,除了人口和城镇化水平外,城镇化发展的指标体系涉及经济发展、公共服务、基础设施、资源环境等各个方面,可参考表 9-1。

表 9-1　国家新型城镇化规划（2014—2020 年）主要指标

指标	2012 年	2020 年
城镇化水平		
常住人口城镇化率/%	52.6	60.0 左右
户籍人口城镇化率/%	35.3	45.0 左右
基本公共服务		
农民工随迁子女接受义务教育比例/%		≥99
城镇失业人员、农民工、新成长劳动力免费接受基本职业技能培训覆盖率/%		≥95
城镇常住人口基本养老保险覆盖率/%	66.9	≥90.0

指标	2012 年	2020 年
城镇常住人口基本医疗保险覆盖率/%	95	98
城镇常住人口保障性住房覆盖率/%	12.5	≥23.0
基础设施		
百万以上人口城市公共交通占机动化出行比例/%	45*	60
城镇公共供水普及率/%	81.7	90.0
城市污水处理率/%	87.3	95.0
城市生活垃圾无害化处理率/%	84.8	95.0
城市家庭宽带接入能力/Mbps	4	≥50
城市社区综合服务设施覆盖率/%	72.5	100.0
资源环境		
人均城市建设用地/m²		≤100
城镇可再生能源消费比例/%	8.7	13.0
城镇绿色建筑占新建建筑比例/%	2	50
城市建成区绿地率/%	35.7	38.9
地级以上城市空气质量达到国家标准的比例/%	40.9	60.0

资料来源:《国家新型城镇化规划(2014—2020 年)》

提出城镇化路径和发展策略,根据区域差异提出分类指导的城镇化政策。深入研究城镇化快速发展中出现的诸多新现象、新问题。通过区域优势条件、限制因素、机遇和挑战的正确分析,研究本区域城镇化的动力机制,明确其城镇化道路,确定适合于本地实际的发展战略。对条件优劣要坚持辩证唯物论的立场。认识和利用优势,区域开发才有前途,实事求是地分析不利条件,才能找到开发的正确途径;认识优势和劣势可以转化,才能懂得区域开发和城市发展有一定的时序和阶段。均衡与不均衡发展是经常面对的战略问题,均衡是相对的,不均衡是绝对的。对于经济还不够发达的地区来说,均衡发展是长期战略重点转移(倾斜战略)的结果。

(3)确定城镇等级体系和功能定位、城镇规模分布、城乡空间布局

城镇等级体系和功能定位　在现状城镇职能分析的基础上,确定区域中心城市等级体系,明确主要城市的功能定位,对不同类型城镇提出发展指引,确定重点城镇。继承和发展现状职能中合理的部分,寻找和调整其中的不合理部分,然后制订开放和全球化背景下有分工、有合作,符合比较利益原则,充分发挥各自优势的新职能。这项工作的关键是对中心城市的定位,重点是体现重要城市的分工,实质是产业空间的布局。对重要城市规划性质的表述不宜过于简单抽象,力求把它们的主要职能特征准确表达出来,使城市总体规划的编制有所依托。计划经济下常以具体的产品或行业作为城市定位的主导依据。在市场体制下,投资主体多元化,能发展什么和不能发展什么已经不完全取决于城镇的资源和区位,投资者的意愿和市场的需要以及其他非常规的条件也同样重要,甚至可能更重要。

城镇规模分布 通过现状的规模结构特点、问题、变动趋势的分析,预测和指导未来的变化,为城市总体规划确定城市规模提供依据。要体现城乡协调和大中小城市协调发展,重视对小城镇和新农村建设的指导。城镇的规模分布有其自身的发展规律,各地城镇体系的等级规模规划应根据自己的条件和特点酌情处理。

城乡空间布局 按照城乡区域全面协调可持续发展的要求,综合考虑经济社会发展与人口资源环境条件,提出城乡空间格局优化的规划要求,包括优化农村居民点布局的目标、原则和规划要求。要把不同职能和不同规模的城镇落实到空间,综合考虑城镇与城镇之间、城镇与交通网之间、城镇与区域之间的合理结合,俗称点线面的结合。包括确定不同等级的发展轴线,明确布局重点,主动遵循沿着阻力最小方向发展的规律;确定不同城镇的发展对策;确定各时期重点发展的城镇,提出近期重点发展城镇的规划建议;根据城镇间和城乡间交互作用的特点,划分区域内的城市经济区,为充分发挥城市的中心作用,促进城乡经济的结合,带动全区经济的发展提供地域组织的框架。本区域的网络结构要与更大范围的宏观结构相衔接。城镇体系的空间结构规划集中体现了城镇体系规划的思想和观点,是整个成果的综合和浓缩,是最富于地理变化和地理创造性的工作。由于决定空间网络结构因素的复杂性,城镇体系的空间结构没有统一的、固定的模式。只有深入分析各地区特有的背景、条件、矛盾和出路,才能找出适合于区域特有的空间结构。

以图 9-1 为例,在 2008 年汶川地震灾后重建城镇体系规划中,根据对发展条件的综合评价,把四川省灾区分为高山高原区、中山深谷区和平坝丘陵区;成(都)德(阳)绵(阳)广(元)城镇密集带细化为东、中、西三条发展轴;几条东西向发展轴在不同区域中承担的作用不同,在高山高原区和中山深谷区,承担着旅游发展生命线通道的功能,在平坝丘陵区起到人口产业拓展轴的作用;城镇中心体系分为成德绵城镇群、区域中心城市、区域次中心城市、市域中心城市、县域中心城市几个等级。该规划的空间结构分析很有新意。

(4) 明确与城乡空间布局相协调的区域综合交通体系

提出区域综合交通发展目标和策略,确定包括公路(高速公路、国道、省道)、铁路(高铁及其他)、水运、航空、城际轨道在内的综合交通网络,确定重大交通设施布局和建设要求。建立综合交通枢纽体系,明确不同层级、不同功能枢纽城市的交通建设要求。

(5) 明确城乡基础设施支撑体系

提出城乡供水、能源(电力、供热、燃气、新能源)、通信、环保设施(污水处理、垃圾处理)等的发展目标和战略。

提出区域各类设施共建共享策略,重大基础设施廊道(电力、输气、输油、电信等廊道)的协调布局要求。

提出区域城乡综合防灾减灾目标,确定主要灾害的防治标准,提出防洪、抗震、人防和地质灾害等的防治措施。

(6) 完善公共服务网络

确定教育、文化、医疗卫生、体育设施等各级城镇社会服务设施配置标准和布局原则,加强服务设施的城乡统筹,构建不同层次和类型、功能复合的城乡生活圈。

城乡生活圈是按照以人为核心的城镇化要求,围绕全年龄段人口的居住、就业、游憩、出行、学习、康养等全面发展的生活需要,在一定空间范围内,形成日常出行尺度的功能复合圈等,其中

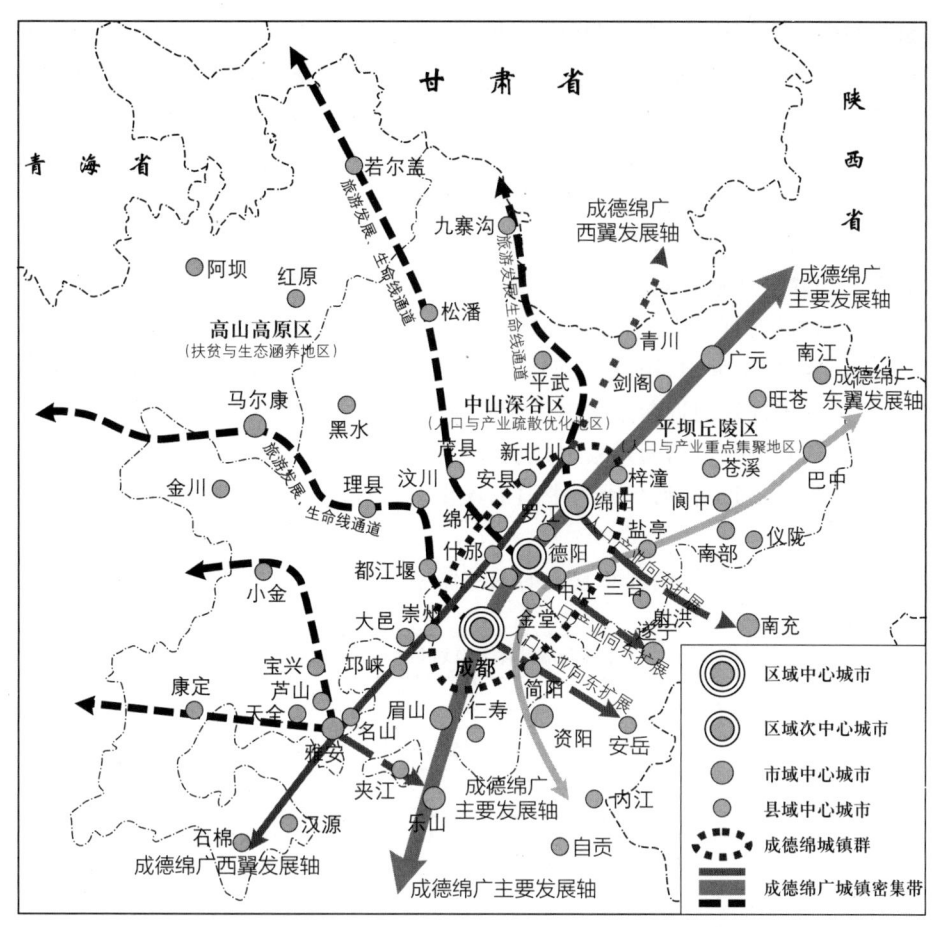

图 9-1　汶川地震灾后重建城镇体系规划中的空间结构规划图

资料来源：汶川地震灾后重建规划编制组，2008

社区生活圈应为完善城乡服务功能的基本单元。

（7）强化资源环境底线约束

落实上位规划要求，统筹划定生态保护红线、永久基本农田、城镇开发边界"三条控制线"。结合地方实际，提出历史文化、矿产资源等其他需要保护和控制的底线要求。

按照以水定城、以水定地、以水定人、以水定产原则，制定水资源供需平衡方案，明确水资源利用上限。

制定能源供需平衡方案，落实碳排放减量任务、控制能源消耗总量。

基于地域自然环境条件，严格保护低洼地等调蓄空间，明确海洋、河湖水系、湿地、蓄滞洪区和水源涵养地的保护范围，确定海岸线、河湖自然岸线的保护措施。确定天然林、生态公益林、基本草地等为主体的林地、草地保护区域。

（8）明确对下层次城乡规划编制和区域协调的要求

结合区域发展的实际情况，必要时要分成若干区，综合提出对各区在城镇协调发展、城乡空间布局、资源生态环境保护、交通和基础设施布局、空间开发管制等方面的规划要求。

在区域城镇体系规划中,经常遇到跨省、市或跨区域的开发、利用、治理和保护问题,主要集中在资源保护与利用、空间发展布局、区域性重大基础设施(交通通道预留等)、生态环境保护(流域污染控制等)、安全防灾等方面。在协调过程中,应该少用或不用习惯的计划思路,不要动不动以行政手段来解决问题。应该树立区域平等的理念,在自愿、互利、平等、合作的基础上建立协调机制、组织协调平台来解决问题,达到共赢的效果。

(9)明确规划实施的政策措施

城镇体系规划除了规划空间布局,还要研究落实空间布局要求所必需的公共政策。主要包括提出城乡统筹和城镇协调发展的政策,需要进一步深化落实的规划内容;提出规划实施的制度保障,如加强立法保障、重大项目选址管理、规划管理体制机制、规划实施督察制度、规划动态评估等措施;确定实施本规划的近期重大项目或措施,明确主管部门和地方政府的责任。

有人认为,在规划调控市场的过程中,政府的调控手段和途径主要有四种:一是替代市场,二是扶持市场,三是仲裁,四是管治。因为中国市场化发育程度还不高,这四种办法各地政府都在使用(仇保兴,2004)。

城镇体系规划的工作具体流程和它们的内部联系可用图9-2表示。

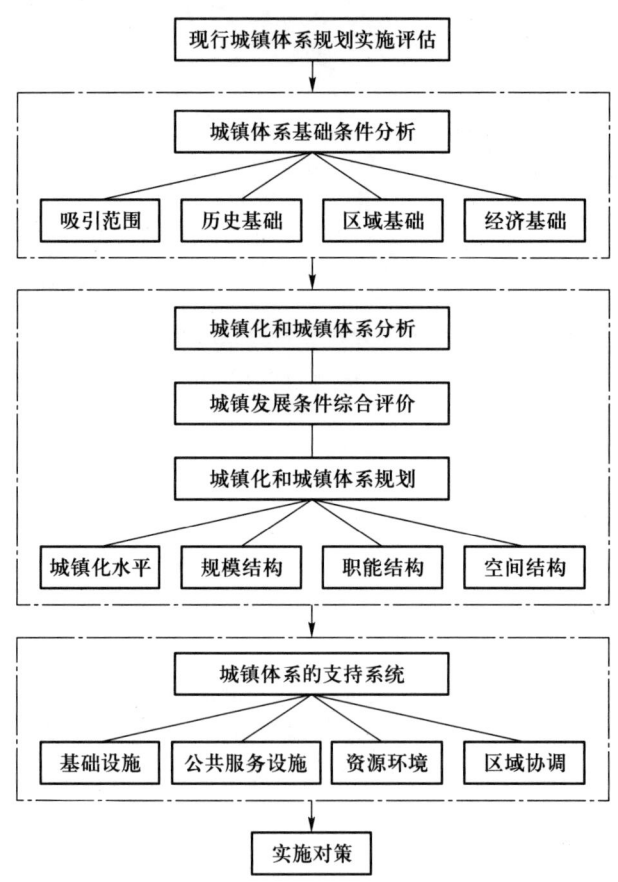

图9-2　现行城镇体系规划的工作内容

我们认为,"城镇体系基础条件分析"尽管在最新的城镇体系规划编制办法中不再做明确要求,却是整个工作必不可少的基础性环节,有必要独立出来。从地理学者的立场来看,一切城市规划、区域规划的前期工作都要花大量精力去了解和分析它们的基本条件。城市和城市、区域和区域都是千差万别的,只有对它们存在和发展的基础有了透彻的理解,才能提出正确的规划指导思想,建立正确的规划目标,采取适当的发展战略,选择符合实际的空间模式。"城镇体系基础条件分析"可以主要从吸引范围、历史基础、区域基础和经济基础四个方面切入,体现了地理学的学科优势。

在城镇体系基础条件分析中,为什么要分析中心城市的吸引范围呢?因为,中国现在的城镇体系规划几乎全以各级行政地域为单元开展。城镇体系所在的区域应当是一个相对完整的区域,即这个区域应当和中心城市的直接吸引范围大体一致。虽然在几千年漫长岁月中逐渐演变而来的中国省、县级行政区域,大多数与自然和社会经济区域有高度的一致性,是相对完整的,但是也不能排除有不相一致的部分。例如,内蒙古自治区东起大兴安岭,西至巴丹吉林沙漠,区内城市之间的联系远远不如与相邻的东北、华北、西北诸省之间的联系来得密切,在进行自治区的城镇体系规划时,就必须事先考虑这种城镇体系不完整的地域特点。在市域城镇体系规划中,地域完整问题就更突出了。只有一部分地级市的行政地域与中心城市的直接吸引范围基本一致,有相当一部分明显小于或大于中心城市的直接吸引范围。在明显不一致的情况下,中心城市吸引范围的分析就显得尤其重要。规划人员在规划中就要充分考虑到体系不完整的特点,如果把不完整的地域当作一个完整体系来规划,其科学性就要大打折扣。

第三节　城镇体系规划的工作流程和工作方法

一、工作流程

城镇体系规划的工作流程与城市规划、国土规划、区域规划大同小异,一般地说,可按以下的步骤进行(图 9-3)。在实施的过程中具体工作可以分成准备—实地调查、访谈、收集资料—分析、规划构思—专题研究、综合集成—与当地政府协调沟通—编写文字报告和绘图—向领导汇报和组织评议等几个阶段。

二、工作方法

本书的各章实际上为如何进行城镇体系规划作了必要的准备,除了有关的概念和基本理论以外,已经介绍了城镇体系规划中一些实用的方法和模式,这些方法和模式在今后还会随工作的广泛开展推陈出新。

在这里,我们只是提出工作方法上要注意 4 个结合。

1. 注重调查研究,上下结合

向上级和当地领导部门调查,了解领导的意图和精神;向下面实际工作部门和基层单位调查,取得第一手材料;再由规划工作者分析研究,去粗取精,去伪存真,形成观点。"没有调查研究就没有发言权"是千真万确的真理。

强调规划过程要贯穿上下结合的调查研究,目的就是要发挥规划人员的主观能动性,鼓励他们在调查中有所发现,有所突破。上级单位的正确意见无疑应该采纳,对他们不符合实际的计划、设想,则应该坦诚地交换意见,尽可能协调一致。无法取得一致时,规划人员应该保留自己认为正确的意见,写入规划报告,供规划在审批的程序中引起注意和讨论。

2. 宏观、中观、微观分析相结合

大的方向性问题要注重宏观分析,和中央、省的有关正确精神保持一致;中观分析是城镇体系的主要工作领域,这一点与城市总体规划、小区规划不同。虽然我们的工作不以微观分析为主,但常常要从微观中抓典型。

3. 定性分析和定量分析相结合

既不要固守传统的缺乏分析论证的定性描述,又要防止不切实际的纯数学游戏。脱离了定量分析的定性结论,常常缺乏说服力;脱离了定性分析的定量化,不过是花架子、装饰品。正确的结合应是定性在前,定量在后,正确的定量分析结果还应转化为定性化表述,以便为人们所理解。总的说来,目前定量分析仍较薄弱,我们应该提倡计量化、模式化和其他一切有用的新方法,更应提倡使用"适用技术",能用简单数学模型解决的问题就避免用复杂的模型。

4. 文字表达和地图表达相结合

城镇体系规划的成果包括文字部分的规划文件和主要图纸两部分。规划文件包括规划文本和附件。批准后的文本是具有规定性和指导性的法律性文件,附件是对文本具有说明性和解释性的综合报告、专题报告和基础资料汇编。

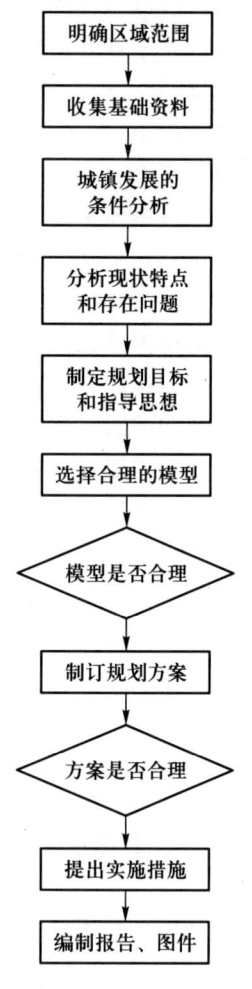

图 9-3　城镇体系规划的一般步骤

地图在空间规划研究中是一种不可缺少的重要工具,它既是地理工作者擅长的一种空间思维方法,也是成果表达的一种直观、通俗、生动活泼的手段,可以和文字报告相得益彰。不必追求图件的数量,但是表示城镇体系各要素的现状和规划的基本图件不可缺少,再配合必要的分析图。图件要兼顾信息量、可读性、科学性和艺术性。

城镇体系规划在中国推行的时间还不长,距离建立起一套规范的编制程序和一系列有关规划的标准,还有大量的工作要做。我们要把基点放在不断加强城镇体系的理论建设上来。不能只停留在分别对城镇体系的职能结构、规模结构和空间结构作一般分析,应加强对它们的动态演变、合理模式、结构调整和科学预测的研究。对城镇体系三大结构各自的演变规律及其相互之间的联系机制有所了解,才可能谈得上城镇体系规划的系统优化和合理调控。不然的话,规划的科

学性就无法得到保证。只要我们坚持理论联系实际的正确方向,紧密结合中国的国情,善于从国外先进经验吸收有益的营养,城镇体系规划就一定能够起到统筹城乡发展、统筹区域发展、统筹经济与社会发展、统筹人与自然和谐发展、统筹国内发展与对外开放作用的崇高目标。

思考题

1. 什么是城镇体系?城镇体系有哪些主要特征?
2. 简述法定的城镇体系规划的主要工作内容和新的变化。
3. 简述城镇体系规划的工作程序。
4. 简述城镇体系规划与其他有关规划的关系。
5. 简述城镇体系规划有关空间开发管制的若干概念。

参考文献

[1] 顾朝林.中国城市体系——历史·现状·展望[M].北京:商务印书馆,1996.

[2] 顾朝林.城镇体系规划——理论·方法·实例[M].北京:中国建筑工业出版社,2005.

[3] 严重敏.区域开发中城镇体系的理论与实践[J].地理学与国土研究,1985,1(2):7-11.

[4] 周一星.市域城镇体系规划的内容、方法及问题[J].城市问题,1986(1):3-8.

[5] 周一星,刘振立.市域城镇体系规划研究——以洛阳市为例[M].北京:中国环境科学出版社,1998.

[6] 许学强.关于城镇体系研究的几个问题[J].重庆城市科学,1987(3):36-39.

[7] 许学强,陈烈,袁华奇.县域城镇体系规划的内容和方法[J].城市规划汇刊,1987(2):37-46.

[8] 杨吾扬,梁进社.地域分工与区位优势[J].地理学报,1987,42(3):201-210.

[9] 顾朝林.地域城镇体系组织结构模式研究[J].城市规划汇刊,1987(2):37-46.

[10] 宋家泰,顾朝林.城镇体系规划的理论与方法初探[J].地理学报,1988,43(2):97-107.

[11] 胡俊.城镇体系规划研究中的几个问题[J].经济地理,1991(11):35-38.

[12] 周一星.区域城镇体系规划应避免"就区域论区域"[J].城市规划,1996(2):14-17.

[13] 顾朝林,张勤.新时期城镇体系规划理论与方法[J].城市规划汇刊,1997(2):14-26.

[14] 闫小培,方远平.全球化时代城镇体系规划理论与模式探新——以广东省阳江市为例[J].城市规划,2002,26(6):40-45.

[15] 仇保兴.论五个统筹与城镇体系规划[J].城市规划,2004,28(1):8-16.

[16] 胡序威.区域城镇体系的协调发展问题[J].城市规划,2005,29(12):12-17.

[17] 胡序威.中国区域规划的演变与展望[J].地理学报,2006,61(6):585-592.

[18] Simmons J W. The organization of the urban system[M]//Bourne L S,Simmons J W. System of cities. New York:Oxford University Press,1978.

[19] Taaffe E J,Morrill R L,Goule P R. Transport expansion in underdeveloped countries:a comparative analysis[J].Geographical Review,1963,53(4):503-529.

第十章　城市土地利用与地域结构模式

　　前面的章节基本上是从区域角度讲城市的产生与发展、城市化、城市职能、城市规模、城市空间分布体系,下面几章转向讲城市内部问题。本章首先讲土地利用类型和地租、土地制度对城市土地利用的影响,接着介绍城市内部的地域结构;然后在对传统地域三模式介绍的基础上,重点分析城市内部特别重要或特别受关注的几个地域类型或功能区,如中心商务区。

第一节　城市土地的特征与土地利用类型

一、城市土地的特征

　　城市土地是城市区域内的陆地、水面以及它们上下一定空间所构成的自然综合体。根据开发程度的不同,城市土地可以分成三个层次:一是城市建成区的土地,即城市已经开发的土地;二是城市规划区的土地,指按城市规划和城市土地利用总体规划确定定期发展的土地;三是城市行政区划辖区范围内的土地,包括城市郊区市辖县范围内的土地。

　　在城市经济中,城市土地扮演着非常重要的角色,城市的发展与繁荣一定程度上取决于城市土地是否能够集约高效利用。然而,城市土地极其有限,城市中工业、农业、商业、服务业、交通运输业、居民消费等各种经济活动只能在这有限的土地空间中进行,城市土地供给稀缺性的矛盾突出,因此有必要加强对城市土地特征的综合全面认识。具体来说,主要有以下三个方面。

1. 自然特征

　　土地与其他物品的区别在于,土地不是前人的劳动成果,而是自然产物。城市土地与其他经济物品的区别在于以下四个抽象的自然特征。

　　(1)位置固定性。土地的空间位置是固定的,不能移动。目前,大陆漂移、岛屿隐现等对陆地面积和位置的影响,即使在几十年、几百年间也微不足道,没有很大的实际意义,不能从根本上改变土地位置固定的特性。土地的这一特性决定了人们只能就地利用土地。

　　(2)面积有限性。地球是自然历史形成的,因此从总体上说,在一定的时间和区域内,土地总面积是有限的。土地利用改变的只是土地的形态,土地的总面积没有改变。

　　(3)质量差异性。由于组成土地的各种因素的不同组合,形成相互区别各具特色的土地,其差异性表现为土地质量的不同。土地质量的差异性是土地级差生产力的基础。这一特性要求人们因地制宜地合理利用各类土地资源,确定土地利用的合理结构与布局,以取得土地利用的最佳综合效益。

（4）功能永久性。在一定的用途和合理利用方式下,土地的质量可以维持或不断地提高。这样,土地就可以不断地被利用而体现出利用的可持续性,这一特性为人类合理利用和保护土地提出了客观的要求与可能。

2. 经济特征

城市土地的经济特征是城市土地利用过程中所产生的社会属性的反映。主要有以下五个方面。

（1）土地资源的稀缺性。土地的有限性不仅指土地总量的恒定不变,而且指在某一地区用于某种特定用途的土地数量是有限的,永远不可能达到满足所有需求的状态。城市越发展,土地需求的缺口越大。

（2）区位的效益性。土地的区位是城市土地价格的决定因素。交通运输条件及可达性、基础设施和公用设施的完善和方便性是影响城市区位的重要因素。

（3）边际效益递减性。城市土地开发程度越高,带来的投资收益也随之升高,但升高至一定程度后,由于边际成本明显上升而边际投资收益开始下降。也就是说,城市土地过度开发不仅会对环境产生破坏,也会使经济利益受损。

（4）土地利用方式变更的困难性。城市土地利用有多种利用方式,但某种方式一旦形成,就很难按市场需求进行调整,即使可进行功能置换,但成本很高,速度很缓慢。

（5）市场交易的低效性。由于城市每块土地、每栋建筑物千差万别,信息难以获取,投资回收期长,交易程序复杂,加上文物保护和建设工程滞后等,都可能造成城市土地市场是所有市场中最低效的市场之一。

3. 法律特征

实际上,被称为经济物品的城市土地,只不过是伴随城市土地的一种法律权利。这些权利反映社会制度与观念。为了处理与城市土地以及依附于其上的设施有关的利用、分配、所有权等方面的法律问题,在数世纪中,已经形成了独立的法律制度。在深入探索与城市土地有关的经济问题之前,所有权的确切性质必须搞清楚。法律特征是城市土地的又一个需要与其他经济物品相区别的重要之处。

二、城市土地利用类型

在西方,城市土地利用一般划分为以下类型。

（1）商业用地。按其性质又可分为零售商业、批发商业和专业性服务业。零售商业大都位于交通最方便,行人众多或主要交通交汇点上。专业性服务业需要交通方便,商业活动频繁,但不一定接近行人众多的地区。批发商业的顾客为零售商,由于需要较大空间储存货物,占地颇多,其付租能力又不如前两者,可位于非市中心区。

（2）工业用地。可分为小型工场和大型工业。后者往往占地面积大,所以很难在租金或土地使用费昂贵的土地上立足,其区位一般受用地的适用性、运输量与环境保护等因素所决定。小型工场生存的条件是劳动力和市场,它们比租金更为重要。小型工场的付租能力有很大的弹性,主要视其产品的档次而定。

(3)政府机关用地。政府往往是土地的支配者,在法律上它可以强行收购和征用所需要的土地,一般不考虑租金问题,而交通方便及邻近其服务对象是其主要的区位因素。

(4)住宅用地。几乎每一个城市超过一半的土地是作为住宅用地的,由于市民必须量入而出,租金的支出不能过于庞大,而交通费支出也受到一定的限制,其居住地点往往是综合考虑生活费用、居住面积、租金和交通费,假设前两者不变,便只能以交通费迁就其租金。同样的居住面积,在一般的情况下,接近市中心,租金高,但可以节省交通费;而远离市中心,则可以少付租金,但要花费较多的交通费。假设可付出的租金不变,在市内租用的房屋居住面积小,但可节省交通费;在郊区租用的房屋居住面积较大,但要付出较多的交通费用。因此,从市民总收入中扣除生活费用,决定可付租金和交通费的能力,再根据交通时间耗费的多少和对宽阔的居住面积的渴望程度,就可决定个人居住的地点。

不过,应该说明,这里仅从市场经济角度分析了个人经济条件如何决定住宅用地区位,但许多非市场经济因素也是不可忽略的。例如,居住区域的邻里关系,住宅是否由工作单位或其他房屋管理机构统一提供等,也影响住宅用地的区位。

(5)休憩用地及绿化地带。随着对城市生活素质和美化环境的重视,作为休憩用地及绿化地带的各种公园、游园等,也在城市的土地利用中占有重要地位。但其区位因素不是付租能力或市场机制,而是通过社会对市民的关心,确定它的存在。

(6)交通用地和其他公用事业用地。没有交通用地和其他公用事业用地,城市便不可能发挥其职能。可是这类用地的性质与商业用地和住宅用地不同,而与休憩用地和绿化地带相似,是公共财富之一。不过它们又具有生产性质,有的可自负盈亏或间有盈利,如码头、飞机场和自来水厂等。

(7)农业用地和水面。

由上可见,各种用地的区位因素是有差异的,差异越大,各种用地之间的分化倾向越强,这种倾向叫功能的分化(functional segregation)。由于这种功能分化,形成了城市某一地区只有某一单一功能的情形,因此在现代城市中出现了按其土地利用划分的若干功能区域(functional areas)。不过,要注意的是,以区域化的术语来说,它们是属于功能区域,而不是枢纽区域(nodal region),两者不可混淆。

但在非欧美地区的城市,各种用地的区位因素差异不大,分化倾向不强,故工业、商业、住宅功能往往混杂在一起,一般称为混合土地利用。近年来,土地利用功能分区的模式遭到了不少批评,认为这种土地利用功能区过于分化,牺牲了城市的有机组织,忽视了城市中人与人之间的多方面的联系,耗用能源太多。因此,人们提出了多功能综合区的概念,并认为这是解决上述问题的重要途径。1978年12月,一批建筑师在秘鲁利马集会,会后发表的《马丘比丘宣言》指出,为适应城市的急剧发展,更有效地使用人力、土地和资源,更好地协调生活环境与自然环境,为此,要努力去创造一种综合的多功能的生活环境,而不是把各功能区机械分离。

中国城市土地利用类型也大体一致。但在单一计划经济体制时期,城市各种土地利用类型的区位因素有所不同。随着社会主义市场经济体制的逐步建立与完善,上述区位因素开始发挥作用。住房和城乡建设部发布《城乡用地分类与规划建设用地标准(征求意见稿)》(GB 50137-

2018),自 2018 年 12 月 1 日正式实施。该标准将中国城乡用地分为大类、中类和小类 3 个层次的分类体系,共分为建设用地和非建设用地两大类。建设用地分类有 7 中类和 13 小类;非建设用地分类有 3 中类和 12 小类(表 10-1)。

表 10-1 中国城市用地的城乡用地分类一览表

大类	中类	小类
H 建设用地	H1 城乡居民点建设用地	H11 城市建设用地
		H12 镇建设用地
		H13 村庄建设用地
	H2 区域交通设施用地	H21 铁路用地
		H22 公路用地
		H23 港口用地
		H24 机场用地
		H25 管道运输用地
	H3 区域公用设施用地	
	H4 特殊用地	H41 军事用地
		H42 安保用地
		H43 外事用地
		H44 宗教用地
		H45 风景名胜设施用地
	H5 采矿用地	
	H6 盐田	
	H9 其他建设用地	
E 非建设用地	E1 农林用地	E11 耕地
		E12 园地
		E13 林地
		E14 牧草地
		E15 其他农用地
	E2 水域	E21 河流水面
		E22 湖泊水面
		E23 水库水面
		E24 沿海滩涂
		E25 内陆滩涂
		E26 沼泽地
		E27 冰川及永久积雪
	E9 其他非建设用地	

第二节 地租、土地制度与城市土地利用

一、地租的基本理论

地租是土地商品化和土地产权分化的产物,是现代经济的重要范畴。地租理论对于土地的分等、定级、估价、合理规划利用,对于制定土地价格、制定地税制度与政策、完善土地有偿使用管理制度,对于实现国民经济的合理分配、促进经济社会发展,均有重大指导意义。

地租是一个历史范畴,是随着有组织的土地利用和土地所有权的出现而产生的。任何社会,只要存在着土地所有者和不占有土地的土地使用者,后者在土地利用中有剩余生产物被前者占有,就有产生地租的经济基础。历史上,奴隶社会、封建社会、资本主义社会都存在地租。现今中国也存在地租。

1. 西方经济学的地租理论

早在 17 世纪后期,英国重商主义学派的代表人物、资产阶级古典政治经济学的创始人威廉·配第在其名著《赋税论》中首次提出,地租是劳动产品扣除生产投入维持劳动者生活必需后的余额,其实质是剩余劳动的产物和剩余价值的真正形态。

法国重农学派的代表人物之一杜尔阁在 1766 年发表的《关于财富的形成和分配的考察》中指出,由于农业中存在着一种特殊的自然生产力,所以能使劳动者所生产出来的产品数量,扣除为自己再生产劳动力所必需的数量还有剩余,这就是自然恩赐的"纯产品",也是土地对劳动者的赐予。这种"纯产品"是由农业劳动者用自己的劳动向土地取得的财富,却为土地所有者所占有,这就是地租。

英国资产阶级古典政治经济学主要代表人物和创始人之一亚当·斯密,在其 1776 年出版的《国富论》中系统地研究了地租。他认为,地租是作为使用土地的代价,是为使用土地而支付给地主的价格,其来源是工人的无偿劳动。

英国古典政治经济学的杰出代表和理论完成者大卫·李嘉图,在 1817 年发表的《政治经济学与赋税原理》一书中,集中地阐述了他的地租理论。他认为,土地的占有产生地租,地租是为使用土地而付给土地所有者的产品,是由劳动创造的。地租是由农业经营者从利润中扣除并付给土地所有者的部分。地租产生的两个条件是土地的有限性和土地肥沃程度及区位差异。

现代资产阶级经济学的权威代表人物之一萨缪尔森认为,地租是为使用土地所付的代价。土地供给数量是固定的,因而地租量完全取决于土地需求者的竞争(图 10-1)。

在图 10-1 中,SS 为土地供给曲线,由于可使用的土地数量有限,所以土地的供给曲线在平面坐标图中就是一条

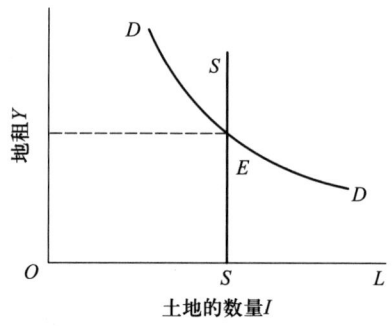

图 10-1 竞争状态下的地租决定

与横坐标相垂直的直线,表明土地的供给量不变。DD 为土地的需求曲线,对土地的需求取决于土地的边际生产力,而土地的边际生产力也是递减的,所以土地的需求曲线是一条向下的曲线。DD 与 SS 相交于 E,即地租的水平就是由土地需求曲线与土地供给曲线的交点决定的。

美国现代土地经济学家雷利·巴洛维在他所著的《土地资源经济学——不动产经济学》一书中提到:地租可以简单地看作是一种经济剩余,即总产值或总收益减去总要素成本或总成本之后余下的那一部分。各类土地上的地租额取决于产品价格水平和成本之间的关系。

2. 马克思主义地租理论

马克思主义地租理论是以农业地租为典型,是以资本主义经济为主要研究对象,将地租分为级差地租和垄断地租两种。级差地租是经营较优土地的农业资本家获得的、并最终归土地所有者的超额利润。级差地租又根据形成条件的不同分为级差地租Ⅰ和级差地租Ⅱ。级差地租Ⅰ是指经营较优等土地(肥沃、位置)的土地使用者获得的并最终被土地所有者占有的超额利润。级差地租Ⅱ是指由于土地连续追加投资(单位土地产出增加)而产生的超额利润。垄断地租是指由土地产品的垄断价格带来的超额利润转化成地租。建筑地段(城市建设用地)地租既包括级差地租也包括绝对地租和垄断地租。土地位置对级差地租具有决定性影响,而土地所有者对地租的变化具有很大的被动性,地租的增加主要是由于经济的发展和环境条件的改善造成的,因此垄断地租在许多情况下成为建筑地租的主体部分。

马克思主义地租理论尤其侧重于土地作为农业生产要素中由于自然力和肥力、位置差异所引起的边际生产力的差异。而在当前城市化发展迅速的时代背景下,级差地租的产生不是来源于农业内部之间,而是来源于城市与农村之间;不是土地自然力的差异,而是位置差异和所从事不同经济活动的边际利润的巨大差异;还可能与国家采取严格控制城市用地扩张、非农建设占用耕地等政策相关。

3. 地租对城市土地利用模式的影响

以下从地租角度讨论城市土地利用情况,描述理想状态下的城市空间模式。

城市一般商业中心地租最高,越是靠近中心商务区,土地租金越高。这样,家庭住址就必须在距离中心商务区远近和土地租金高低之间加以权衡。靠近中心选址意味着交通费用较少而土地租金较高,远离中心选址则意味着土地租金较低而交通费用较多。为了寻求最大效用的家庭住址将远离中心商务区,直到远离中心商务区每公里所引起的土地费用边际节约正好为交通费用边际增加所平衡为止。在这种距离上得到了住宅最佳位置(图 10-2)。

由于交通边际费用 AT 不变,土地费用边际节约 BC 随住宅与中心商务区距离下降,因此家庭最佳位置为 $\bar{u}$,这一点边际交通费用等于土地费用边际节约。

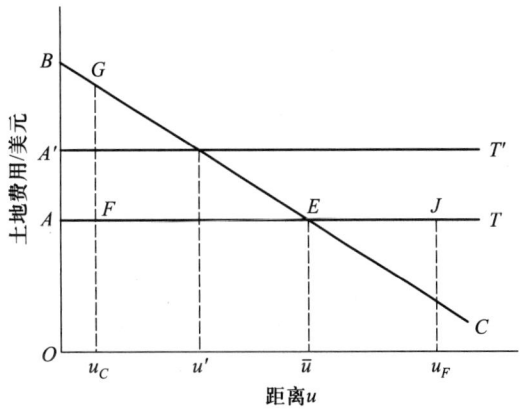

图 10-2　住宅最佳位置决定

同住宅选址情况一样,企业希望接近中心商务区,这不仅是考虑到运输成本,还考虑到聚集利益。所有企业都为中心商务区附近的有限空间竞争,却只有少数企业能够达到目的,出价最高的企业才能够使用离中心商务区最近的土地。企业面临着与家庭一样的权衡,是要接近中心商务区,还是要便宜的土地。土地租金是一种要素的价格,距离也就与企业对每种要素使用多少的选择有关。企业决策就得对各种利弊得失加以考虑,位置既影响产出的净价格,也影响土地价格。靠近中心商务区会增加净价格,但也增加土地费用(图10-3)。

图中4种租金出价函数 B_1,B_2,B_3 和 B_4,表示在任一间隔距离中使用土地和为此出价的最高限度。租金梯度曲线是所有租金出价函数中最高租金出价曲线的包络线 $R(u)$,表示在离中心商务区的不同距离上为土地实际支付的租金。

在市场机制调节下,每块土地都会愿意给支付最高租金的单位和个人使用,根据所能获得的最大收益决定愿意支付的最高租金,通过与其他土地使用者的竞争获得土地的使用权。城市土地使用模式是围绕中心商务区的同心环地带(图10-4)。可以这样说,内环是办事企业,中环是工业企业,外环是住宅地区。

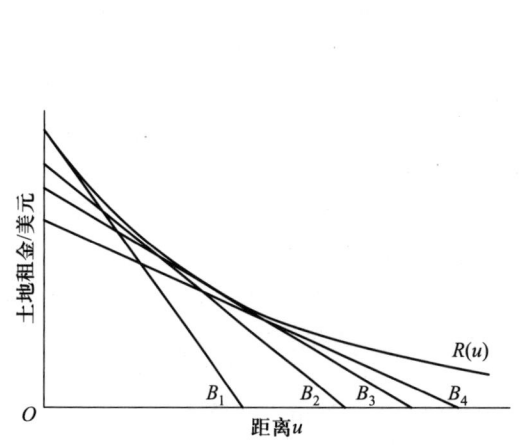

图 10-3 租金梯度曲线是租金出价函数的包络线

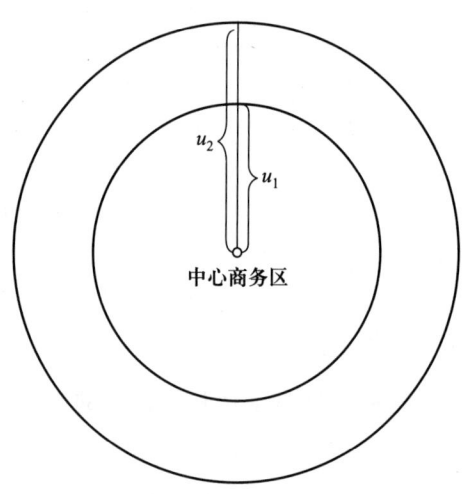

图 10-4 不同的租金出价函数产生的城市土地使用同心环模式

尽管这种选址理论说明的土地使用模式有一定的道理,不过,这种模式不足以说明城市从单中心变成多中心的过程。

二、中国的土地制度

土地制度的本质是与土地利用相关的权利规定。土地权利制度的建立和完善,不仅对城市的发展有重要意义,而且对国家的政治和经济也有着重大意义。在土地的权属中,最重要的是土地所有权和土地使用权。土地的所有权制度决定着土地的使用方式和土地收益方式,影响土地使用的社会经济效益。土地使用权也称土地经营权,是指使用人根据法律、合同的规定,在法律允许范围内,对土地享有的使用权利。中国现行土地制度主要由3部分组成:一是城市国有土地的有偿使用制度,二是集体所有的农村家庭联产承包责任制,三是农村集体土地向城市建设用地的转用制度。

1949 年前中国实行土地私有制。自 1950 年以来中国实行土地公有制,城市土地收归国有,农村和城市郊区的土地属于集体所有。1982 年施行的"任何组织和个人不得侵占、买卖、出租或以其他形式非法转让土地",确立了中国城乡二元土地制度,城市实行完全的土地国有制,农村实行完全的土地集体所有制。1988 年施行"国有土地和集体所有的土地的使用权可以依法转让",国家实行国有土地有偿使用制度。

1990 年 5 月国务院发布了《中华人民共和国城镇国有土地使用权出让和转让暂行条例》,明确规定"国家按照所有权和使用权分离的原则,实行城镇国有土地使用权出让、转让制度""中华人民共和国境内外的公司、企业、其他组织和个人,除法律另有规定者外,均可按照本条例的规定取得土地使用权,进行土地开发、利用、经营"。至此,中国以土地所有权与使用权分离为原则,以城镇国有土地使用权有偿出让和转让为核心的新的土地权利体制基本确定。

然而,在城市土地使用和管理中引入市场机制,并不意味着放弃或削弱行政机制的作用。实际上政府对城市土地的供应和使用方式无不加以严格管理。城市政府要通过经济计划、城市规划、国土等部门制定科学合理的土地使用规划,加强耕地的保护和实现耕地总量的动态平衡,并实施严格的城市建设用地管理和开发管理。

由于改革的渐进性及改革过程中产生的城市土地使用"双轨制",加上土地市场发育不成熟、不完善,城市土地使用出现了一些不利于城市健康有序发展的问题,如城市建设用地闲置浪费、城乡关系矛盾加剧等。改革有待进一步深入。土地制度改革要在考虑地方政府财政收入的基础上,同时考虑农民的权利诉求和土地资源的优化利用。一方面,建设用地管理上需要由"管供给"转变为"管需求"。政府对城镇超额建设用地需求征税,集体经济组织对村集体成员的超额需求收取有偿使用费,推动建设用地使用效率提高、城乡贫富差距缩减、城市住房去中心化。另一方面,给予农民更多的土地财产权利,给予农村土地更多权能,保障农村土地所有权权利的实现。此外,还需要处理好土地与人口的空间匹配,有前瞻性地区分发展型乡村、维持型乡村、撤并型乡村 3 大类,做好乡村发展规划工作。

三、地租、土地制度对中国城市土地利用的影响

城市土地本身不能产生价值,但是土地在城市的时空组合中,价值因素就显现出来了。因为城市是一个产生集聚效益的经济场所,各种类型的生产部门都有最充分地利用城市地域的综合性来创造最佳经济效益的趋向性,因而地租是调节城市土地利用效能的重要方式,是制订产品价格的重要依据,是加强土地管理的重要经济杠杆,它为制订土地价格、进行征地补偿等提供基础。

地租直接影响到城市空间形态的变化和空间结构的形成。在计划经济体制下,城市土地由政府无偿划拨、无限期使用,造成了城市中工业区、居住区、商业区混杂在一起,城市空间割据形成"千层糕""马赛克"式镶嵌结构,城市空间矛盾十分突出。

20 世纪 90 年代以来,国家相继颁布了一系列的法令、条例,促进土地由无偿使用向有偿使用的转换,从而引发城市土地使用的大幅调整,中心城区"退二进三"的步伐大大加快,实现了中心城区土地资源的优化配置,土地的价值和效益开始显现出来。一般来说,第三产业具有经济密

集、决策集中和信息灵敏等高度集聚及高产出的特点,因此地价最高的中心区地段更适于发展商务办公、金融、商业贸易等较为集约的第三产业,而广大的工业企业则更倾向于在地价相对低廉、用地空间广阔的郊区地段发展,才能获得更好的经济利益。

与之相伴随的是郊区化的推进,而在此过程中产生的土地级差地租一直是郊区化、农村城市化的直接经济动力。一方面,城郊、农村的土地升值,为作为土地所有者代表的政府攫取征收、转让土地的价差提供了巨大的寻租空间,诱发了政府征地的巨大热情,并引发了一系列严重的土地"后遗症"。对此,国务院于 1996 年 5 月下达 18 号文件,即《国务院关于加强城市规划工作的通知》,加强对城市规模的控制,强调"节约和合理利用土地及空间资源",加强对上报的城市总体规划中的用地规模和人均用地指标的审核,并于 1997 年下令冻结非农生产用地一年,采取了世界上最严厉的土地政策。另一方面,企业或者其他经济体购买或使用城郊、农村土地能够节约运营成本,由此可以扩大利润空间,因而城郊、农村土地的级差地租及地租梯度往往造成政府、企业与原地产使用者的利益纷争;越是在级差地租高的地方,征地前后政府、企业与原地产使用者之间的矛盾越尖锐;越是在征地收益高的地方,原地产使用者抗拒征地的行为越明显。政府、企业与居民在土地征用问题上的矛盾,主要是级差地租 II 的分配矛盾;征地过程中和征地后引发的一切问题,也都来源于级差地租 II 的评价和使用问题。

总之,随着市场经济的进一步发展,城市规模更加扩大,城市人口逐渐增多,城市区位差异日益明显,城市级差地租的差幅也随之扩大。同时,随着城市功能的复杂化,城市各功能区间相互影响和相互辐射作用进一步增强,这使土地所有者对地租量的决定更加处于被动地位。特别是在一些特大城市市中心繁华地段,由于多年投资建设的累积,垄断趋势日益增强,垄断地租和地价已类似天文数字。所有这些问题,都是中国城市地租必须认真研究解决的理论和现实问题。

第三节　城市地域结构模式

一、均质性和均质地域

1. 均质性和均质度

在分析地域结构模式之前,有必要先介绍均质性和均质度的概念。

均质性是指城市地域在职能分化中表现出来的一种保持等质、排斥异质的特性。均质性是动态的和相对的,并非地域本身所固有的职能特征。

例如,处在商业街热闹场所的居民住宅,随时都可能被征购者买去辟为商店。居民区中的工厂,常常遭到居民的反对和法令政策的限制,而被迫搬迁到郊区发展业务。

如何衡量均质性的相对程度?如何比较均质地域的质量?为了寻求定量标准的计算过程与实际地理系统最好的拟合,这里运用信息论观点设计出均质度计算公式:

$$D = \lambda(1-H) \qquad\qquad (10-1)$$

式中:D 为均质度;λ 为系数;H 为信息论中的熵。

熵是信息论中度量随机事件在某项实验中不肯定程度的概念,其计算公式:

$$H(x) = -\sum_{i=1}^{n} P_i \lg P_i \qquad (10-2)$$

式中：$H(x)$ 表示随机变量 x 的熵；P_i 为 x 取 x_i 时的概率。例如，城市中有两块地域，一块地域内 65% 是居住用地，15% 是商业用地，20% 是工厂用地；另一块地域内 40% 是工厂，60% 是居住区。试问哪一块地域的混合程度高？

$$
\begin{array}{cc}
\mathrm{I} & \mathrm{II} \\
\begin{bmatrix} 居住 & 商业 & 工业 \\ 0.65 & 0.15 & 0.20 \end{bmatrix} &
\begin{bmatrix} 居住 & 工业 \\ 0.60 & 0.40 \end{bmatrix}
\end{array}
$$

分别计算熵：

$$H(\mathrm{I}) = -0.65\lg 0.65 - 0.15\lg 0.15 - 0.20\lg 0.20$$
$$\approx 0.385$$

$$H(\mathrm{II}) = -0.40\lg 0.40 - 0.60\lg 0.60 \approx 0.292 < H(\mathrm{I})$$

熵值显示，第 I 块地域混合程度高，因而均质度低。从中可以看出，熵是对事物无序性做出的定量估计，用来测度均质性是很贴切的。

在计算城市地域均质度时，可以将公式（10-2）中 P_i 换成 $W_i / \sum_{i=1}^{n} W_i$。W_i 表示均质地域内第 i 种职能部门的占地面积；n 为该地域具有的职能种类。将其代入公式（10-1），得到：

$$D = \lambda \left(1 + \frac{W_i}{\sum\limits_{i=1}^{n} W_i} \lg \frac{W_i}{\sum\limits_{i=1}^{n} W_i} \right) \qquad (10-3)$$

公式（10-3）便是可以用来计算各种类型均质地域均质度的公式。

2. 均质地域与均质地域的划分方法

均质地域是指在均质性能作用下，城市地域中表现的那些与周围毗邻地域存在着明显职能差别的连续地段。城市中成片的工厂区、住宅区、商业区、文教区，都是均质性能造就出来的均质地域。均质地域以某项特定城市职能为衡量中心，讨论地域表现出来的相对同一性。换句话说，均质地域是由以某项职能为主构成的地域（其他职能或为这一主要职能服务，或被这一主要职能排斥），研究各类职能地域的共性——职能均衡现象的生成和布局。

城市系统在内部均质性的作用下，各种职能表现出了区域差异。差异的显著之处在各自区域的中央部位，从中心向边缘，差异的显著程度渐次递减。这样，在两个质地不同的区域之间必然存在着一个过渡带。各种区域划分在地图上标出的边界线，都是这个过渡带的抽象表示。在此思想基础上，采用信息图法来划分均质地域。

城市落在地表上的形状是一个不规则的几何面，划分均质地域就是根据这个面上各处不同的职能特征将其切成几块。如果将这个面上所有的职能信息全部提取出来，那么，界线的位置和划界的方法便可由处理这些信息得到。具体程序如下。

（1）在所要研究的市区地图上罩上大小相等的方格网。方格的面积以 $0.1 \sim 0.3 \ \mathrm{km}^2$ 为宜。过大，提取的信息粗糙，失真现象严重；过小，工作量浩繁，职能种类出现过多，容易淹没主要职能信息。

（2）确定要提取的职能种类，每种以一个字母表示，如居住（R）、工业（K）、商业（C）等。

（3）根据大比例尺城市土地利用图或航空照片，结合实地勘察及其他辅助资料，定出每个方格的主要职能倾向，打上相应的字母。这样可得到一张城市地域职能总信息图。

（4）将总信息图分解，得出各单项地域职能信息图，如居住职能信息图、工业职能信息图等。

（5）根据单项职能信息图上的字母密集情况，勾画出均质地域的边界走向。然后结合市区地形地物、行政区划、历史过程等具体情况加以修正，画出各种职能的均质地域图。

（6）计算各均质地域的均质度和紧凑度。

分析单项地域职能信息图及其均质度和紧凑度，可以了解该项职能地域的分布状况、面积大小、紧凑程度高低、质地纯净程度；对比分析各单项地域职能信息图，可以了解不同职能布局的合理性。因此，划分均质地域对城市合理布局和旧城区改造都具有指导意义。

二、土地利用三模式及发展

1. 伯吉斯的同心环模式

研究上述各功能区的布局和功能之间的入侵和继承的创始人是从人文生态学角度研究城市的伯吉斯。他于 1923 年创立了同心环模式（concentric ring model），他说，城市的中心是商务汇聚之地，农民初进城市时，为了找工作方便，便居住在中心商务区附近，后来以零售和服务为主的商业中心区向外膨胀，市民也向外迁移。环绕商业中心的外围是早期建造的旧房子，其中一部分被零售商业所侵占，一部分为低级住宅、小型工厂、批发商业及一些货仓的过渡带，这一带也是新来移民居住地区。再外围的第三带，是原来较大工厂的工人住宅区。继续向外第四带是较富有的中产阶级住宅区。最外围地带是富人居住区，散布着高级住宅，密度低，房舍宽敞。由于他们需要驾车入市工作，故又称通勤人员住宅区（commuter zone）（图 10-5）。

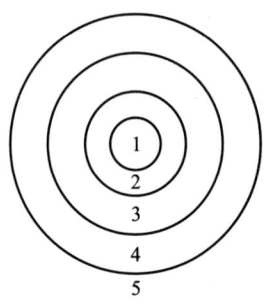

1. 中心商务区；2. 过渡带；
3. 工人住宅区；4. 中产阶级住宅区；5. 通勤人员住宅区

图 10-5　伯吉斯的同心环模式

伯吉斯从人文生态学角度得出的同心环模式，忽略了人类除了生物属性之外尚有文化属性，所以把人类的竞争行为比作生物群落的竞争，后来城市研究学者虽仍沿用伯吉斯所提出的同心环模式，却赋予土地经济学新的解释。

根据赫德（Hurd）、黑格（Haig）和李嘉图（Ricardo）等的地租理论，土地的经济地租是指利用土地所得报酬减去成本后的剩余。经济地租的量度是某种土地的生产力与最差土地的生产力之差。最差条件的土地经济地租为零。以城市商业为例，中心商务区条件最佳，其产生的经济地租最高；离开中心商务区一段距离之后，由于交通不便，顾客不多，其土地没有做商业用途的价值，经济地租为零；中间地段所产生的经济地租介于两者之间，可用图 10-6 表示。

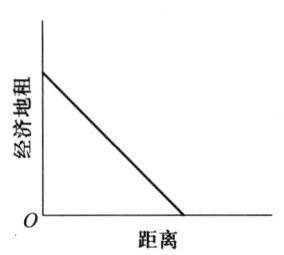

图 10-6　城市经济地租变化

由于不同的功能所要求的交通条件不同,在完全竞争的条件下,每一功能即每一土地利用区所产生的经济地租递减曲线是不同的(图10-7)。一般来说,零售业的经济地租曲线梯度最大,其在市中心所能产生的经济地租为各功能之冠。轻工业、批发业(以及服务业)的经济地租曲线的梯度较零售业小。在住宅用地方面,多层住宅用地利用率高,每单位面积所能产生的价值较低密度的独立平房高,所以其经济地租曲线的斜度也较独立平房大,农业的经济地租曲线梯度是各类经济活动中最小的一种,因其在市中心和较偏远的市郊所产生的价值的差别极为有限。

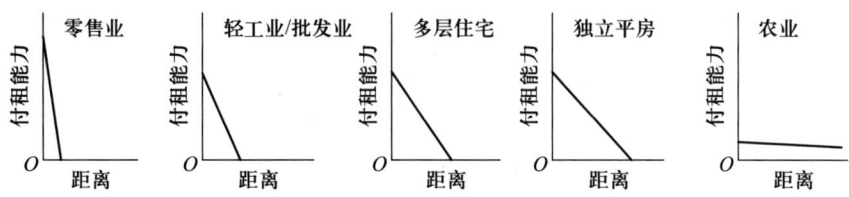

图 10-7 不同土地利用付租能力距离递减梯度

若把上述各功能的经济地租递减曲线重叠(图10-8),各曲线相交,可知道各地段产生经济地租最高的是什么功能,在完全竞争的社会,所有产生的经济地租均为土地拥有者以租金的形式收取,各土地使用者按其产生的经济地租决定自身的付租能力,向土地拥有者租用土地,而土地拥有者则把土地租给出价最高的使用者,这样城市中心为零售业所租赁,然后为轻工业、批发业(以及服务业),再远一些为高密度的多层住宅,而后是低密度的独立平房。住宅之外才是农业。假设城市所在地区为一均质的平地,各种土地利用将呈同心环布局。这就是同心环模式的新解释。

伯吉斯的同心环是基于均质性的平面而推论的,对现代交通运输的影响鲜有顾及。而后者不仅影响城市内的易达性,更影响土地价值及土地利用形式。假定城市内的交通运输线呈放射式,则同心环式的土地利用形式将变形(图10-9)。

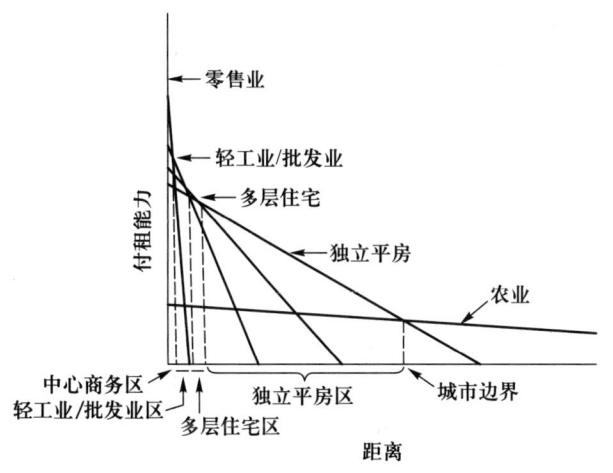

图 10-8 各类土地利用付租能力距离递减的重叠

1. 中心商务区;2. 过渡带;3. 工人住宅区;
4. 中产阶级住宅区;5. 富人居住区(或通
勤人员住宅区)

图 10-9 受交通线路影响的同心环模式

2. 霍伊特的扇形模式

霍伊特(Homer Hoyt)认为,均质性平面的假设太不现实,因而他于1939年提出了扇形模式或楔形模式(图10-10)。在他的模式中,保留了同心环模式的经济地租机制,加上了放射状运输线路的影响,即线性易达性(linear-accessibility)和定向惯性(directional inertia)的影响,使城市向外扩展的方向呈不规则式。他把中心的易达性称为基本的易达性,把沿着辐射运输路线所增加的易达性称为附加的易达性。轻工业和批发业对运输路线的附加易达性最为敏感,所以呈楔形,而且不是一个平滑的楔形,它可左右隆起。至于住宅区,低收入人群住在环绕工商业土地利用的地段,而中等收入和高收入人群则沿着或交通大道,或河道,或湖滨,或高地向外发展,自成一区,不与贫民混杂。当人口增多,低收入住宅区不能朝中等收入住宅区和高收入住宅区发展时,也会沿不受阻的方向作放射式发展,因此城市各土地利用功能区的布局呈扇形或楔形。

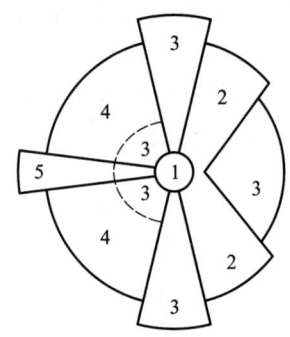

1. 中心商务区;2. 商业区;
3. 低收入人群住宅区;4. 中等收入
人群住宅区;5. 高收入人群住宅区

图10-10　霍伊特的扇形模式

3. 哈里斯和厄尔曼的多核心模式

基于伯吉斯、霍伊特等的城市地域结构模式均为单中心,而忽略了重工业对城市内部结构的影响和市郊居住区的出现等,哈里斯和厄尔曼在1945年提出较为精细的多核心模式(图10-11)。模式假设城市内部结构除主要经济胞体(economic cells)——中心商务区(CBD)外,尚有次要经济胞体散布在整个体系内。这些胞体包括未形成城市前,中心地系统内各低级中心地和在形成城市过程中的其他成长点。这些中心地和成长点皆随着整个城市的运输网、工业区或各种专业服务业,如大学、研究中心等的发展而发展。其中交通位置最优越的最后成为中心商务区,其他中心则分别发展成次级或外围商业中心和重工业区。哈里斯和厄尔曼还考虑到,易达性所吸引的商业、工业或低收入人群,本身便有排斥高收入住宅区的倾向。因为后者的区位因素之一便是要远离这些土地利用。介于两者之间的是中等收入住宅区。

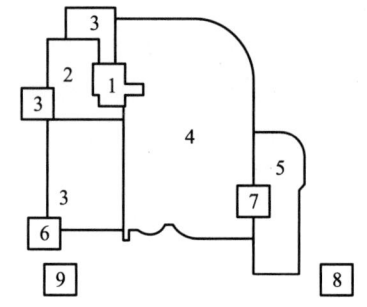

1. 中心商务区;2. 轻工业/批发业区;
3. 低收入人群住宅区;4. 中等收入
人群住宅区;5. 高收入人群住宅区;
6. 重工业区;7. 卫星商业区;
8. 近郊住宅区;9. 近郊工业区

图10-11　哈里斯和厄尔曼的
多核心模式

这一模式虽较为复杂,但仍然基于地租理论。它假设付租能力较高的高密度住宅倾向于接近中心点和其他主要经济胞体,但最接近这些胞体的空间却被批发业和轻工业所占有。由于哈里斯和厄尔曼的模式并没有假设城内土地是均质的,所以各土地利用功能区的布局并无一定序列,大小也不一样,其空间布局图是非常富有弹性的。

4. 城市地域结构三模式的发展

要特别注意的是,上述在城市地理学中占有重要地位的三个城市地域结构模式,虽然有地租理论的支持,可是由于它们的创始人都是美国人,其所列举的土地利用功能区的空间布局一般和美国的城市比较接近,至于对其他国家的现实性,连霍伊特本人也指出,不一定适用,必须加以修改。在英国,曼(Mann)提出了一个典型的英国中等城市的模式。该模式是伯吉斯和霍伊特两个模式的综合(图10-12),只是加上了位于城外可驾车入城的村落。由于英国位于西风带,城市的西部为上风带,多被高级住宅所占有,而城市的东部为下风带,工业和贫民多被迫于此。

如果曼的模式是上述三个美国模式在欧洲城市的应用,那么,麦吉的模式(图10-13)就是在殖民地和发展中国家城市的应用。由于这些地区存在着二元经济,所以在麦吉的模式里,有两组不同的商业中心。其一为西式商业中心,其形态和西方城市的中心商务区相仿,以国际贸易为主,零售商店出售的也以进口高档货为多。另一类为外来移民的商业中心,以从事当地的货品买卖为主。介于其间的是混合性土地利用,工商业住宅兼有,互相混杂。在外来移民的商业中心的前面为港口区,后面为住宅区,而住宅区的发展呈楔形或扇形。在西式商业中心后面的是高级住宅区,而在混合性土地利用区后面的是当地居民居住,不过密度不如前者,也无工业和商业。部分混合性土地利用区由于商业中心的扩展而改为商业用途。再后为新建的市郊高级住宅区和十分贫穷的木屋区。两者可能距离颇远,但亦可能近在咫尺,而生活水平悬殊。再后为城郊农业带。新建工业村则多位于旧城以外的空间。

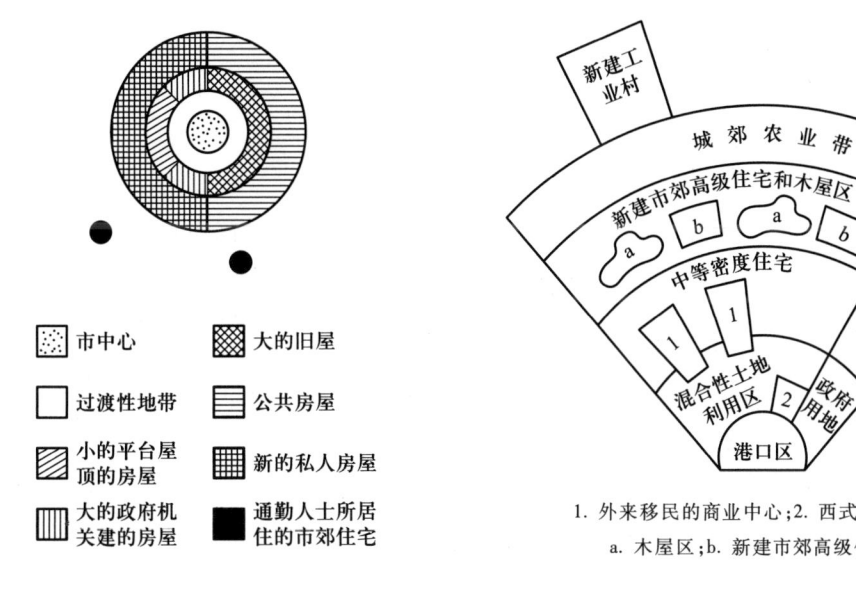

图例

🔲 市中心 ⬛ 大的旧屋

⬜ 过渡性地带 ▤ 公共房屋

▨ 小的平台屋顶的房屋 ▦ 新的私人房屋

▥ 大的政府机关建的房屋 ⬤ 通勤人士所居住的市郊住宅

图 10-12 曼的英国城市模式

1. 外来移民的商业中心;2. 西式商业中心;

a. 木屋区;b. 新建市郊高级住宅区

图 10-13 麦吉的二元经济城市土地利用模式

最后,还要指出的是,所有上述模式都是平面的,忽视了城市的垂直差异。以易达性和付租能力来衡量,中心商务区的底层无疑是城市最有吸引力和最易到达的地方,所以在中心商务区的低层往往为付租能力最高的零售业所占用。其上层可能为专业性服务业,再上层却不能排除用于住宅的可能。除了酒店(商业住宅)外,其间尚有不少富人的豪华公寓。在不少的欧洲城市里,富人往往不一定住在远离城市的市郊,而喜欢住在商业区及其邻近地区(图10-14)。

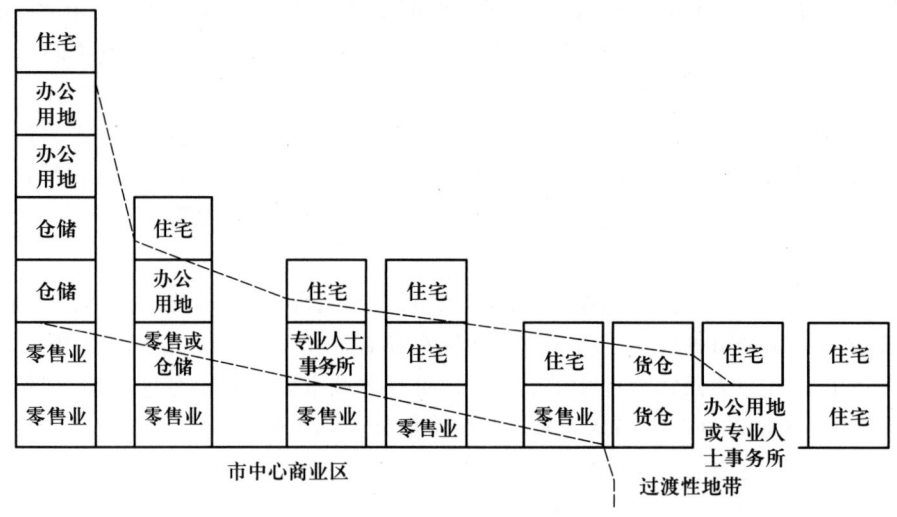

图 10-14 高低层建筑与土地利用的关系

而在美国,由于重建过渡性地带,新的豪华公寓在中心商务区边缘落成,吸引了不少喜欢城市中心生活的中产阶层人士,所以,在中心商务区边缘也不一定是破落的贫民窟、小工业和批发业地区。这是美国城市土地利用功能区的新发展。

三、中国城市土地利用模式

1. 近代城市土地利用模式

这一时期中国城市多是由几个资本主义国家共同控制的。城市空间布局上,一般可明显地划分为几个由不同势力所引发、促进和控制的城市地域,各地域功能相对独立而风格迥然不同,既自成一局,又相互叠合,共同形成了中国近代半殖民地半封建城市特有的"多区拼贴"(multi-collage)的空间结构特征(图10-15)。

这种城市空间结构特征主要表现在城市平面呈现出多个不同区域组合的形态。依据形成背景的差异,胡俊提出可将其划分为以下几大块地区。

(1)老城区。它是历史上形成和发展起来的城市原有核心,多是老城市的政治中心所在。但在近代资本主义输入影响下,老城区或多或少地发生了变化,政治中心往往移到其他区域导致该区没落。在原有传统城市空间结构内部,出现了一些经销各类商品的新式商业街区和洋式店面。但总体来看,在所有城区中该区变化是最小的。

(2)商埠区(租界区)。这是殖民地城市独特具有的组成要素。它主要为殖民势力所侵占,常位于城市河流下游或城关要道附近,占据了城市比较好的位置,在空间上具有明显的中心商务区、娱乐服务区、高级住宅区和港埠工业区等分异,而与中国居民的居住区域不同。并且由于租界的特殊地位,较少受到外界干扰,使得内部的繁荣可以长期维持。

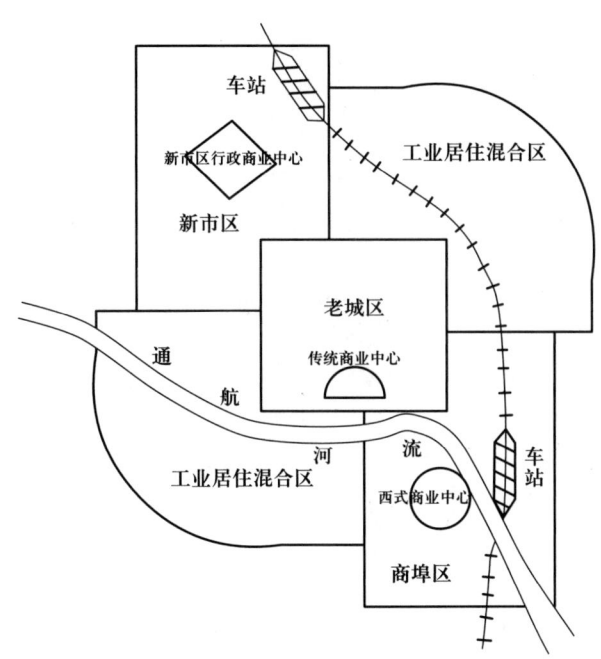

图 10-15　"多区拼贴"空间结构特征

资料来源:黄亚平,2002

（3）新市区。新市区是地方市政当局有计划开辟的新城市地域,受近代城市规划影响,路网设计较为规范,干支道路系统分明,功能分区自成一体,新的行政、商业、住宅和工业配置有序。

另外在城市中还有自发形成的工业、居住混合区。混合区是在近代资本主义影响和商埠区直接刺激下,由近代民族资本带动起来的,一般在老城区或商埠的周边,沿河流、铁路等地带自由扩展形成,内部构成上也有银行、商业区等新式建筑。

2. 计划经济时期土地利用模式

计划经济时期,中国的城市发展往往依托旧的城市,在旧城市中心附近建设新城市中心。新城市中心往往集中了政府、商业、交通等部门。由于工业在城市空间扩展中居主导地位,所以在新城市中心外围是计划经济时期的工业区以及相对住宅区。在城市的外围,集中了工业区、文教区、城镇,以及医院、监狱、部队营房等特殊用地。根据上述的理解,可以绘制出计划经济时期的城市空间结构综合模式(图 10-16)。

3. 转型中的土地利用模式

（1）圈层结构。城市中心区与外围功能区组成集中式布局,形态紧凑,这类城市中心地位突出,城市围绕核心区呈圈层式扩展,各区域的发展机会相对均等,城市边界明确。这是中国城市中最为常见的一种结构,如沈阳、北京、郑州等。但它使投资分散,中心城区面临巨大的向心增长压力,旧城负担加重,同心圆状增长最终有可能形成一种"摊大饼"式的城市形态,如图 10-17(a)所示。

（2）带状结构。由于自然条件(如河谷、滨海地带),或受主导经济流向强有力的吸引等因素的影响,城市中心区和外围功能区向两侧或单侧拉长,卫星城镇和其他方向的外围功能均不发

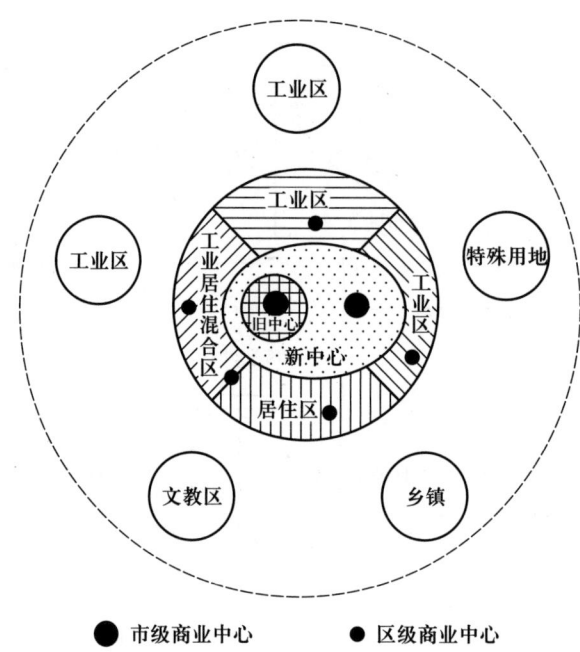

图 10-16　计划经济时期中国城市空间结构综合模式

育,如兰州、青岛。也有城市是随着资源的开发而呈带状延伸。带状结构无疑有利于带动整个城市区域的发展,使城市单元与自然生态有最大的接触面,获得良好的城市环境质量,但若延伸过长,也存在着投资增大、基础设施费用过高等弊端,如图 10-17(b)所示。

（3）放射结构。在依托中心城区的基础上,有选择地在中心城市的若干方向建立集中的发展轴,再使新的建设活动沿线型向外扩展。城市外围的各种功能区围绕中心区呈不均等连片集结,若干方向较为发育,若干方向较不发育,总体呈放射状。这类城市结构的形成主要是由于自然条件或交通条件等因素的限制而导致城市各个方向扩展的不均衡造成的,如南昌、合肥等。这种方式也可以避免在都市区内形成以中心城市为核心,四面凝集成巨大的团块。但中心城市仍将承受巨大的向心压力,如图 10-17(c)所示。

（4）多核网络结构。集中的城市分散为各类外围功能区,此时,中心城市相对稳定,外围各种功能区在地域上与中心城市不连片,但存在着紧密的功能联系。城市外部地域新的增长区,可以分布在郊区交通干线的交叉点上,在开发大都市的同时,建立近郊副中心和独立的新区,对中心城区起到截流作用,亦可以容纳城区向外疏散的重大设施项目,或通过外引内联,形成城市新的经济成长点。一般各个新的生长区,具有相对的独立性,尽量能够保持分块就地平衡的次结构,但与旧城区又相距不远,新区与旧区之间以绿化分隔。这类城市的空间格局最为松散,如淮南、大庆等,如图 10-17(d)所示。

（5）主城—卫星城结构。一般出现在带卫星城的大城市。城市中心区与部分外围功能区高度集中发育形成中心区,并在城市周边地区配置功能设施,逐渐形成较为发育的卫星城镇。中心区是城市的经济、文化、政治中心,而卫星城镇则具有某种专业职能,有时也是城市规划干预和引导城市发展而出现的一种典型的城市空间格局,如上海、南京等,如图 10-17(e)所示。

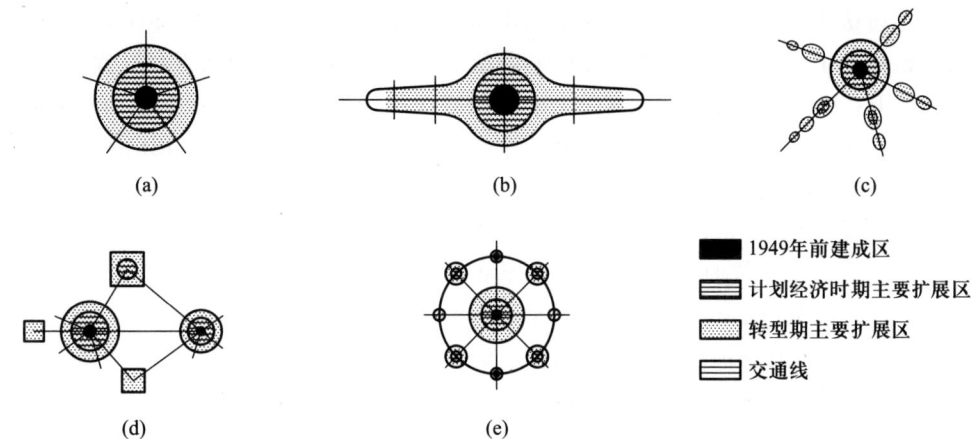

图 10-17 转型期中国城市空间结构模式

（a）圈层结构；（b）带状结构；（c）放射结构；（d）多核网络结构；（e）主城—卫星城结构

第四节 城市中心商务区

在城市地域结构中，最重要、最受人关注、研究成果最多的莫过于中心商务区。下面我们将简要介绍中心商务区的界定、结构及演变。

一、CBD 的界定

CBD 即 central business district 的缩写，中文多译为"中心商务区"或"中央商务区"。

CBD 最早是由美国学者伯吉斯于 1923 年创立的"同心环模式"中提出的。伯吉斯认为城市的中心是商业会聚之处，以零售业和服务业为主。随着世界经济的发展，办公事务、金融活动所占地位越来越重要。目前 CBD 的主要活动包括金融、贸易、信息、展览、会议、经营管理、旅游机构及设施、公寓及配套的商业文化、市政、交通服务设施等，它是城市中上述商务活动和人流最集中、交通最便捷、建筑密度最高、吸引力和服务范围最大的地区，同时也是城市中地价最高的地区。简而言之，现代城市的 CBD 是城市、区域乃至全国经济发展的中枢。

早期的研究者们认为，CBD 是城市中具有某些特征的不很确定的地区，并不太关心给 CBD 下个确切的定义。后来的学者们从 CBD 的形态、内部结构及其变化特征上来分析，试图明确划定 CBD 的界线，但往往因资料不易获取而失败。普劳德富特（Proudfoot）于 1937 年、奥尔森（Olsson）于 1940 年采用城市街区中的零售业贸易额、商店租金及临街商店的长度指标来确定 CBD。方法虽然合理，但由于完全真实的贸易额及租金的资料不容易获得，所以问题也很多。

1954 年美国学者墨菲（Murphy）和万斯（Vance）提出了一个比较综合的方法，即将人口密度、车流量、地价等因素综合考虑，那些白天人口密度最大、就业人数最多、地价最高、车流人流量最大的地区即 CBD。此方法必须建立在对城市的土地利用进行很细致的调查基础之上。

墨菲和万斯认为地价峰值区(the peak land value intersection,PLVI)是 CBD 最明显的特点,在此区的用地称为中心商务用地,其中包括零售和服务业,诸如商店、饭店、旅馆、娱乐业、商业活动及报纸出版业(因为它对商业的影响远大于对制造业的影响),不包括批发业(除少数外)、铁路编组站、工业、居住区、公园、学校、政府机关等。他们在对美国 9 个城市 CBD 的土地利用进行细致深入的调查后,提出下面的界定指标。

中心商务高度指数(central business height index,CBHI)

CBHI=中心商务区建筑面积总和/总建筑基底面积

中心商务强度指数(central business intensity index,CBII)

CBII=中心商务用地建筑面积总和/总建筑面积×100%

将 CBHI>1,CBII>50% 的地区定为 CBD。图 10-18 就是他们两人用 CBHI 和 CBII 对美国 9 个城市 CBD 进行界定的概念示意图。

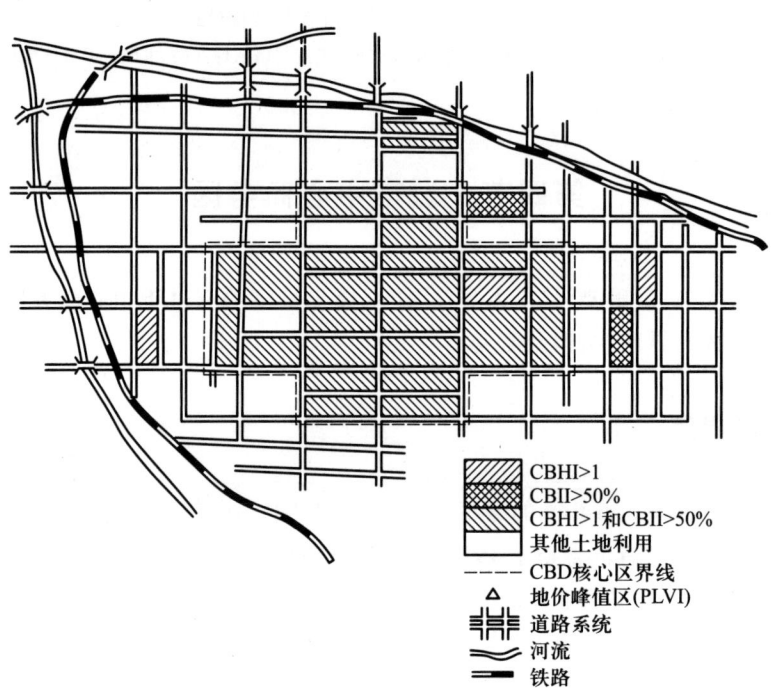

图 10-18　墨菲和万斯对 CBD 界定的概念示意图

然而,各国城市中心商务用地的划分是不同的。戴蒙德(Diamond)于 1962 年对英国格拉斯哥调查发现,英国的批发业与顾客关系紧密,常布局在地价峰值区内,属于中心商务用地。而美国城市中的批发业与铁路、高速公路更加密切,但在墨菲和万斯的分类中,不属于中心商务用地。于是,后来的学者开始弥补这些不足。1959 年戴维斯(Davies)在其对开普敦的研究中认为,墨菲和万斯定义的 CBD 范围太大,应将电影院、旅馆、办公总部、报纸出版业、政府机关等用地排除在外,他提出了"硬核(hardcore)"的概念,即 CBHI>4 和 CBII>80% 的地区为"硬核",也就是真正具有实力的 CBD,其余地区则称为"核缘(corefringe)"。

赫伯特(Herbert)和卡特(Carter)进一步提出了中心商务建筑面积指数比率(central business floorspace index ratio,CBI)的概念,将城市的规模、形状及其他有关因素考虑在内,使人们可以用更精确的方法去界定 CBD。许多学者,如卡特和罗利(Rowley),1966 年在对英国加的夫市的研究中,均将 CBHI、CBII 和 CBI 三个指标综合使用,收到了较好的效果,为以后对 CBD 内部结构、演变等研究奠定了基础。

二、CBD 的结构

1955 年,墨菲、万斯和爱泼斯坦(Epstein)对 CBD 内商务活动的布局进行了研究,认为由于不同区位的便捷性不同,获得的产业利润相异,因此地价不同,这正是造成 CBD 中商务活动空间分布的主要原因。经过对 8 个城市 CBD 的研究得出,若将 CBD 内的商务活动以圈层划分,则第一圈是零售业集中区,以大型百货商场和高档购物商店为主,它们围绕着 PLVI 分布;第二圈是零售服务业,其底层为金融业、高层为办公机构的多层建筑集中区;第三圈以办公机构为主,旅馆也多见;第四圈以商业性较弱的活动为主,如家具店、汽车修理厂、超级商场等需要大面积低价土地的商务活动。他们还进一步指出,CBD 内部的结构还可以更加细致地分析:百货店倾向于聚集在一起;文具店及办公用品商店与办公事务机构集中区联系紧密;律师事务所和房地产公司毗邻法院;低档的活动,如低档剧院、当铺、廉价餐馆及旧服装店在 CBD 边缘互相竞争相对优越的区位,以此获益。

上述观点对我们形象、具体地理解 CBD 的内部结构有很大启发,但实际情况并不那样简单。在实际中,相对便捷性(距 PLVI 的距离)只是影响 CBD 内部结构的一个重要方面,不能包揽全部,其他一些因素,如地形的复杂性、铁路、绿地等均是影响因子。

1959 年,斯科特(Scott)对澳大利亚 6 个州府的 CBD 进行了研究。他认为 CBD 的内部结构可分为 3 大功能圈,第一圈是零售业内圈,以百货店和女装店集中为特征;第二圈是零售业外圈,以杂品店、服务业等专业化较弱的多种零售活动为主;第三圈是办公事务圈。其中,零售业内圈总是环绕 PLVI 及城市的地理中心,而零售业外圈并不总是围绕第一圈,办公事务圈则总在 CBD 的一侧发展。1970 年,斯科特还运用"投标—地租(bid-rent)"曲线的概念来说明 CBD 内部结构中零售业的空间分布,从而证明更广泛的分布与这条曲线的情况类似(图 10-19)。

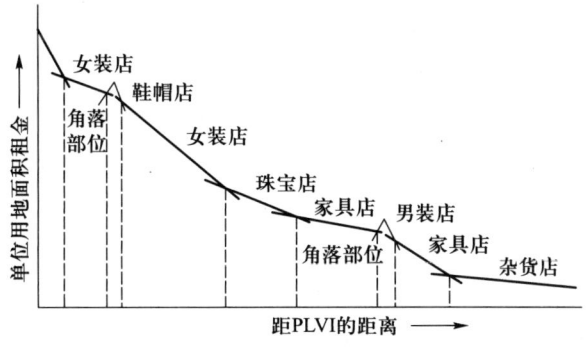

图 10-19　CBD 内部结构中零售业的空间分布

斯科特的分析比墨菲的分析进了一步,但在实际中,便捷性并不仅仅是距离的问题,地价与 CBD 的发展也不是图中简单的线性关系,而是复杂得多的关系。

1972 年,戴维斯为 CBD 的零售业布局提出了一个结构模式(图 10-20)。此模式假定零售业为主的区位决策受 3 个相互独立的便捷性影响,而不仅仅是受距离一个因子的影响。传统的城市中心购物活动受一般便捷性(general accessibility)影响最大,因而常常与顾客的分布相关,呈圆形以体现其等级状况及相关的潜在利益;其他商务,如汽车修理厂、咖啡馆等与进入市中心的交通干道紧密相关,即受干线便捷性(arterial accessibility)影响最大;一些特殊的功能,如娱乐设施、家具展销店或产品市场等的区位与场地、历史背景或环境条件相关,即受特殊便捷性(special accessibility)影响最大。

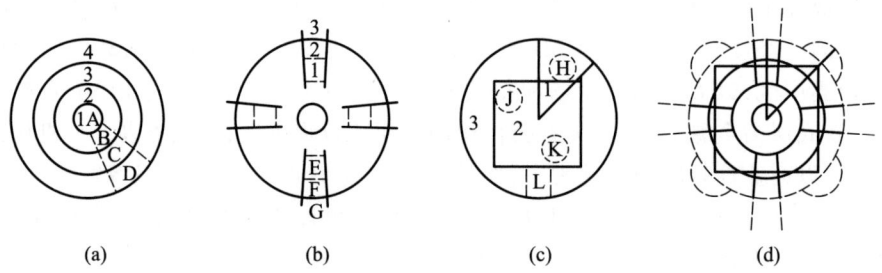

图 10-20　戴维斯提出的 CBD 中零售业布局模式(顺序从左至右)

(a)呈圆形布局的零售业:1. 核心;2. 地区中心;3. 社区中心;4. 邻里中心;A. 服装店;B. 各种商店;C. 礼品店;D. 食品店。(b)受干线便捷性影响的零售业布局:1. 传统街道;2. 干线地带;3. 郊区;E. 银行;F. 咖啡馆;G. 汽车修理厂。(c)受特殊便捷性影响的布局:1. 高档商店;2. 中档商店;3. 低档商店;H. 娱乐场所;J. 市场;K. 家具展销店;L. 器械店。(d)综合布局模式

三、CBD 的演变

上述种种方法及模式均是对 CBD 做静态研究。然而,墨菲、万斯和爱泼斯坦于 1955 年提出了一种"短期空间调整过程"理论,通过此过程,CBD 可以在某些方向向前推进,即同化作用圈层。而在其他方向则衰退,即退化作用圈层。典型的同化作用圈层位于城市中、上层居民住宅区附近,以新颖别致的商店、汽车展销厅、办公机构总部及新饭店的集中发展为特征。反之,退化作用圈层常邻近工业和批发业,与铁路及下层居民住宅区靠近,且以当铺、廉价服装店、廉价餐馆及汽车站密集为特征,这一理论比较切合实际。

1971 年,鲍登(Bowden)对圣弗朗西斯科(旧金山)CBD 的发展分 1850 年、1906 年及 1931 年 3 个时期进行了考察。他采用了贸易指南、照片、报纸及火灾保险图等多种资料,得出了有 3 种增长方式影响着 CBD 的空间结构变化的结论。

第一种是在人口增长缓慢的情况下,通过"周边增长(peripheral accretion)"方式,即通过新增加功能圈层或已有圈层向外围的发展来实现。

第二种是"爆发增长(burst)"方式,即在城市快速增长时期,CBD 在短期内迅速扩张,这种扩张主要发生在同化圈层,其功能变化的典型过程为:从金融区开始向服装业区扩展,再向旅馆业区扩展,如此循环以达到新的动态平衡。

第三种是"分化(separation)"方式,若城市在一定的时间内保持较高增长速度,在此情况下,每一主要功能将向市中心拥有其运作优势的特定区位发展,零售业可能随着市场的扩展而变化,

而商业和公共管理机构及批发业留在原区位,从而造成不同功能圈层的更大的空间分化。在多数城市,随着时间的推移,这种分离的状态改变很慢。在特大城市,这种分化的状态将是 CBD 的固定形态。我们从纽约的 CBD 曼哈顿内部结构的演变可以清楚地了解这点。

曼哈顿是纽约的市中心。1615 年荷兰人占领了曼哈顿岛的南端。此岛处于哈得孙河(Hudson)和东河(East)之间,两侧为开阔的水面,为货物装卸提供了便利条件。因此,早期的仓储业和批发业自然而然地聚集在这小小的三角地带,同时,为航运人员服务的金融保险业也在此发展起来,到 1775 年美国独立战争前,这儿已发展成纽约的市中心。约在 1880 年,许多金融业托拉斯开始在曼哈顿设立办事处。这些办事处未选在市中心的金融区及其北面人口稠密的高楼区,而是选在曼哈顿中城(Midtown)的豪华居住区内。随后,其他许多非营利的办公机构,如工会、研究院、专业团体、政府机构等均集中于此。在其周围许多相关的专职事务所,如房地产、广告业、税务部门等迅速聚集,原先设在市中心的保险业及银行业也被中城良好的环境吸引而来。与此同时,专业商店也日益壮大。

20 世纪 70 年代中期,曼哈顿的市中心区迅速形成,即从南边的巴特里(Battery)到第 61 号大街,面积约为全岛的 2/5。可以看出,自 1900 年以来,市中心区已出现明显的北移趋势。大百货商店逐渐从金融区的北部边缘转移到第 34 号街,豪华的专业商店则转向第 42 号街北部。第二次世界大战后,一些诸如"百事可乐"等新的大型企业总部则设在第 46 号大街与第 59 号大街间的帕克(Park)大道。

20 世纪 60 年代初,西区新建了许多建筑,如林肯表演艺术中心等,使市中心向北扩展。20世纪 70 年代,城市规划委员会号召对中城西部进行改建,因此,市中心出现向西扩展的趋势。西部建设了许多办公大楼、住宅楼、展览中心等,且修建了穿过市中心区的地铁。随后,政府又颁布了曼哈顿南部规划,在岛南端建成了宽阔的环形高速公路、世界贸易中心、1.5 万套公寓及 1 000多平方米的办公机关。在这些扩展的地区中,为分担拥挤的市中心压力,规划机构很重视交通运输网的建设,如把新建办公机构集中在地铁与其他铁路的连接处上面,同时把人行道和商店设置在地下并与地铁出入口直接相连。

今天曼哈顿各种功能的分化,已形成了与最初 CBD 相异的分布格局。

为了进一步分析 CBD 的演变,戴德胜等将大多数城市 CBD 发展演变划分为"传统商业中心(商业和办公混合)—CBD 和商业中心分化—CBD 和商业中心脱离—CBD 网络形成"这样一个由初级向高级过渡的几个阶段。

1. 商业和办公混合

在具有一定历史背景的城市中,CBD 往往是蜕变于传统的商业中心区。由于商业和商务活动依赖于整个地区,与整个地区发生频繁的空间联系,同时它又代表整个地区与区外进行交流,因此这些活动趋于向交通方便的地方传统的中心区位发展。其功能演化先是制造业和零售业、批发业共存,后来制造业退出 CBD。以商业零售和批发业为主,出现了大型零售商业设施、行政、商务办公与商业相混合,形成传统意义上的 CBD。

2. CBD 和商业中心分化

随着城市规模的扩大,中心区水平尺度逐渐扩大,商务活动沿着有限的道路网络围绕一些分离的节点扩展,形成分区。这些分区共同构成一个 CBD 区域式集中结构。斯科特(D. H. Scott, 1959)研究发现美国和澳大利亚的 CBD 通常沿交通轴向延伸,零售业总是围绕着中心内区分布,商务办公区往往在中心区的一侧发展。商务办公区位的迁移一般向城市中上层居民住宅区附近延伸,新颖别致的商店、公司总部及新饭店首先在这些地区发展,形成同化作用圈层,表现为商务办公建筑高层化,商务空间高度集中。CBD 的各种功能向最有利于自身发展的区位集聚。

3. CBD 和商业中心脱离

随着城市的进一步发展,商务设施的集聚,特别在 20 世纪 70 年代以后信息社会的到来,中心城市的 CBD 职能产生高度化、专业化,地位日益重要。高级别的行业首先进入 CBD,尤其突出的是具有指挥和调控功能的跨国公司总部和金融机构在大都市 CBD 的集聚,一些原属公司总部的部门,如金融公司的票据清算、汇款、信用卡办理业务、银行批发业务外迁至劳动力和办公场所更为廉价的郊区,而信用卡支付、国际货币转移业务等高级别部门留在 CBD。功能上从原有的中心区分离,形成专门化的商务区,并且区位上经常脱离原有的城市中心,一般分布在交通和通信较为发达的城市外围,或沿交通走廊延伸(如上海陆家嘴)。形成专门化商务办公为特征的CBD,经常是区域性或全球性的商务中心。

4. CBD 网络形成

随着商贸与金融地位的提高,在总体规模较大的情况下,CBD 是以网络形式存在的。CBD 用地规模的扩展方式首先是发展原有的 CBD,当老中心不能满足发展的需要时,会建立新的中心,以网络的形式存在。CBD 一般从单中心到建立副中心,最终发展成网络结构。以目前情况来看,区域级城市 CBD 大都处在单中心发展阶段,世界性城市东京、纽约、伦敦和巴黎 CBD 都以多中心形式存在。这种多核发展商务中心,成为世界性城市中心商务办公区发展的基本态势。这种发展阶段在结构上一般有双核结构、多中心结构。

双核结构是在原有 CBD 基础上形成区域+新核,如巴黎的拉德方斯。而多中心结构往往是规划的结果,为解决老 CBD 的拥挤状况在郊区规划若干次级 CBD 中心,各级中心相对独立,如东京规划了新宿等 3 个 CBD 副中心。

CBD 的发展阶段性特征决定了各个城市的 CBD 发展不是整齐划一的,而是处在不同的发展层次的。CBD 的概念范畴应该包括从低到高的多个层次发展阶段,而不是只有 CBD 发展的高级阶段。

四、CBD 的区位分布

1. CBD 的区位分布的影响因素

CBD 的主要服务对象是面向城市和整个地区的生产单位和经济机构,它的主导服务职能是为整个地区的市场和经济活动提供金融、信息、咨询、管理等"生产性服务"。因而,CBD 的区位选择往往需要在最佳经营环境和最低建设成本之间做决定。城市商务设施分布趋于利用土地价值相对较高的可开发用地,开发商通过提高项目规模、创造商务设施新型模式等手段,挖掘用地的商务潜力。主要影响因素如下。

第一,城市总体格局。与城市总体格局相协调是 CBD 区位选择的首要条件,现有城市公共中心体系对 CBD 区位影响较大,同时 CBD 本身即城市公共中心体系的组成部分,因而 CBD 的区位选择要融入城市公共中心体系的可持续发展进程之中。一般情况下,城市中心地区是 CBD 区位的首选区域。

第二,交通便捷性。交通便捷是商业及各种经营活动的基本条件,历史形成的城市商业区也是围绕各种交通中枢发展起来的。在城市商务设施容量发展有限时,商务空间总是首选交通集散便利的城市中心区集聚;而当城市贸易、金融、服务产业获得持续增长且城市中心地区交通拥挤、效率低下时,它们将立刻向新的交通便捷区扩散,城市商务活动重心偏移,甚至形成新的商务区。

第三,可开发用地的分布与开发潜力。在原有城市空间环境中建构中心商务区,必须有足够多的且相对集中的可开发用地,以使 CBD 获得持续的发展,达到应有的规模效应。当现有的亟待改造地段得到了开发之后,商务空间发展的目标将转移到相对易于重建的下一地段。

第四,其他环境因素。大面积的水体、自然生态绿化、山地对商务设施的扩展有着阻碍作用。与此相反,城市建成区、高尚住宅区的新发展方向对商务设施的发展有着强烈的吸引力。良好的周边环境将有利于 CBD 的有序发展和体现城市形象与视觉景观特色。

2. CBD 的区位分布的类型划分

理想状态下,CBD 的区位接近城市的地理几何中心,这是由于现代 CBD 在早期发展过程中通常依靠传统商业中心形成,而商业中心一般处于城市地理中心位置。但是,随着城市形态、交通格局、城市发展策略等限制因素的变化,城市经济环境和发展速度也各不相同,许多情况下CBD 不一定接近城市的地理中心,而是随着各种制约因素的不同产生出多种类型。主要有以下几种类型。

第一,CBD 位于城市中心部位。这是最常见的类型。在城市地势平坦、道路网络均衡的情况下,城市地理中心和交通可达性中心通常会重合在城市中心部位,商务空间的聚集将优先在城市中心部位产生。

第二,CBD 位于城市偏心部位。由于自然条件或其他因素的制约,城市向某些方向的发展缓慢甚至停滞,从而产生在各个方向上不均衡延展的形态,交通条件良好、可开发用地较多、环境优美的地方优先发展成为商务聚集的中心,如大连 CBD、青岛 CBD 等。

第三,CBD 位于城市发展轴延伸线。随着城市的发展、规模的扩大,城市在某个方向上沿轴向发展,商务空间在城市发展轴延伸线上聚集,逐渐形成条带状分布,这种类型有深圳 CBD、广州 CBD 等。

第四,CBD 位于城市交通环路。自然地势整的城市,商务空间一般在城市中心周围聚集,但有些城市的内城历史文化遗留较多,用地存量有限,道路网络化较低,而且对建筑高度有严格的限定,城市商务功能通常会围绕城市中心在交通环路附近发展,这种类型有北京 CBD、杭州CBD 等。

思考题

1. 城市土地具有哪些特征？
2. 试述中国与西方对城市土地利用划分的差异。
3. 分析地租理论对中国城市土地利用的影响。
4. 简述均质性和均质地域在研究城市地域结构中的作用。
5. 谈谈土地利用三模式的基本内容。
6. 简述 CBD 的演变与发展机制。
7. 为什么说 CBD 在城市发展中具有重要的地位呢？

参考文献

[1] 毕宝德.土地经济学[M].北京:中国人民大学出版社,2005.

[2] 阚博颖,濮励杰,徐彩瑶,等.基于 GWR 模型的南京主城区住宅地价空间异质性驱动因素研究[J].经济地理,2019,39(3):100-107.

[3] 李建伟,刘科伟,刘林.城市新区与城市功能的关联耦合机制[J].地域研究与开发,2016,35(1):15-19.

[4] 李志刚,吴缚龙,肖扬.基于全国第六次人口普查数据的广州新移民居住分异研究[J].地理研究,2014,33(11):2056-2068.

[5] 刘同山,张云华.城镇化进程中的城乡二元土地制度及其改革[J].求索,2020(2):135-142.

[6] 石楠.西方新古典主义城市地租理论浅述[J].城市规划,1990(5):28-32.

[7] 王霞,尤建新.城市土地经济学[M].上海:复旦大学出版社,2004.

[8] 魏宗财.CBD 范围界定量化研究——以南京市新街口 CBD 为例[J].中国人口·资源与环境,2010,20(S2):44-47.

[9] 杨俊宴,吴明伟.城市 CBD 空间形态量化研究——中国 CBD 发展量化研究之二[J].城市规划,2006(2):18-25.

[10] 赵民,陶小马.城市发展和城市规划的经济学原理[M].北京:高等教育出版社,2001.

[11] 周春山,边艳.1982—2010 年广州市人口增长与空间分布演变研究[J].地理科学,2014,34(9):1085-1092.

[12] 周春山.城市空间结构与形态[M].北京:科学出版社,2007.

[13] 周麟,沈体雁.大城市内部服务业区位研究进展[J].地理科学进展,2016,35(4):409-419.

[14] Carter H. The study of urban geography [M].3th ed. London:Edward Arnold,1981.

[15] Kaplan D H,Wheeler J O,Holloway S R. Urban geography[M].New York:John Wiley & Sons,2011.

[16] Johnson J H. Urban geography:an introductory analysis [M].2nd ed. Oxford:Pergamon Press,1972.

［17］Mann P H. The socially balanced neighbourhood unit［J］.Town Planning Review,1958,
29(2):91-98.

［18］McGee T G. The urbanization process in the third world［M］. London:G. Bell and
Sons,1971.

［19］Murph R E. The central business district:a study in urban geography［M］. London:
Longman,1972.

第十一章 城市产业空间

本章主要讨论城市产业空间。首先介绍城市产业的划分与城市产业空间的演化,而后重点分析城市工业和服务业的发展与布局。

第一节 产业发展与城市空间结构演化

城市产业空间结构是城市经济结构在空间上的表现形式,是城市空间结构的核心内容,它的演变历程是城市成长变迁的历程,其演变机理也折射出城市发展的内在动力(图11-1)。工业化初期,出于对河流水能的需要,工厂倾向于布局在邻近河流的地方,从而集聚越来越多的人口和工业,最终发展形成城市,这是城市化的初始动力。随着科学技术的发展,工业生产不再单纯依赖水能,工厂选址不再受限于河流,加之日益严重的城市问题所带来的负外部性,工厂开始逐渐从内城向郊区外迁,从而带动郊区发展。随着信息技术的快速发展,产业发展进入知识经济和网络经济的新时代,生产的组织更加灵活,而研发售后等服务功能却更加集中,这就导致生产功能不断从城市中心外迁,而生产性服务业则不断向城市中心,特别是大城市中心集聚,即生产分散化、服务集中化。

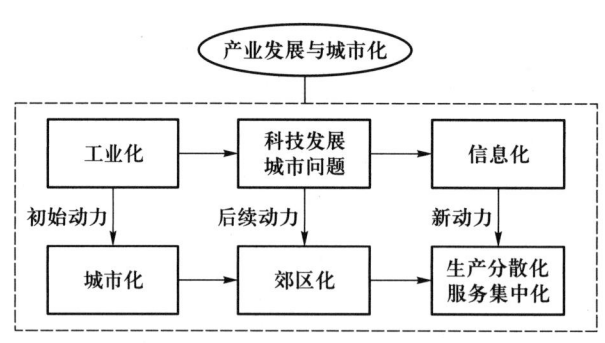

图 11-1 产业发展与城市化的关系

一、产业集聚与城市空间结构演化

城市化的发展需要产业的支持,并与产业的发展互为联动。日本地理学家松久弥认为,城市特别是现代城市的发展过程就是第二产业和第三产业集聚行为的发展过程,城市第二产业和第三产业集聚行为的发展变化正是城市产业空间结构的演变历程。在经济发展史上,工业化和经济服务化作为两次具有重大意义的产业成长过程,都对城市空间结构的发展和演变产生了深远的影响。

工业化时期,城市产业空间结构开始出现复杂的分化。这时,城市的主要功能是经济中心,尤其是工业生产中心,工厂成为城市的重要组成部分。工业倾向于集中在城市内通达性较好的地段,优先决定着城市的发展方向和规模。城市空间结构普遍表现为显著的同心圆模式,即不同类型的用地围绕单一核心,有规则地以圈层形式向外扩展。

20世纪中期,以信息技术为代表的世界新技术革命,把工业经济推向了一个崭新的时代,城市的功能性质由生产转向服务。城市中心由原来的中心商业区变为中心商务区,集聚了以企业管理部门和生产性服务业为主的办公业。办公机构不直接参加生产活动,其主要职能是处理货物的权属,以及收集、整理和传递各种信息,为企业和社会提供保险、金融、法律、咨询、行政管理等多种服务(图11-2)。

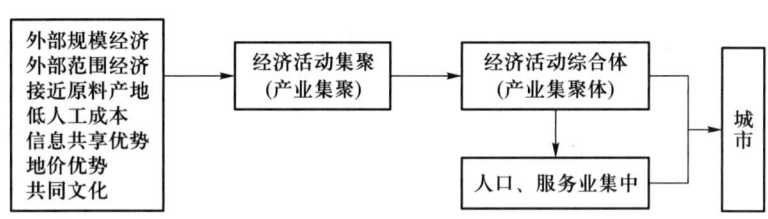

图11-2　产业集聚与城市化过程

资料来源:章文,2017

二、产业扩散与城市空间结构演化

进入20世纪以来,工业资本有机构成提高,企业规模扩大,采取一体化的生产组织结构,制造业从城市中心区分离出来并在郊区兴起。城市地域因此急剧扩张,城市中心区表现出衰退的迹象,在郊区则兴起大量的工业园区。

基于房地产经济、交通通信技术的发展和行业的内部分化,以及中心商务区办公空间高昂租金的制约,办公业也呈现出由城市中心区向边缘区转移的趋势。一些大公司将一些非决策性、常规性的机构以及分支机构迁往郊区,而把核心业务和高层管理机构保留在城市中心区。同时,郊区制造业、商业和服务业的迅速发展以及电子通信技术的发展也为企业办公机构的郊区化创造了条件。但是,大都市传统中心区的吸引力也仍是不可忽视的。电子通信不能完全代替面对面的交流,城市中心区优越的通达性能够极大地降低交易成本,现代企业的管理、控制功能仍有着向城市中心区集聚的趋向。就目前而言,大城市中心区仍是现代服务业和跨国公司总部的结节点,是获取信息和进行交易的主要场所。

三、城市产业空间结构演化的内在逻辑

1. 城市空间结构是产业结构在空间上的投影

城市的发展过程是一个产业结构转换和主导产业部门置换的过程。在产业结构转换的过程中,随着产业之间优势地位的不断更迭,城市空间结构不断地成长、进化和整合。产业结构不同,城市聚集利用的资源类别就不同,而不同的产业发展对区位选择的要求存在差异,决定了城市的聚集状况、空间分布的不同(图11-3)。以工业为主的城市,工业用地占比大,整个城市往往围绕工业来布局。例如,重化工业规模经济效益显著,与其他企业的前向、后向联系密切,占地大、运输量大,因此重化工业用地多集中连片布局。以服务业为主的城市,城市节点的等级高,各种专业化中心较多。在城市发展的初期,城市产业类型单一,城市化集聚经济尚不明显,城市用地结构及类型单一,城市发展规模受到制约;随着城市的进一步发展,城市产业多样化,集聚效益明显,用地结构、类型复杂化,城市规模不断扩大。

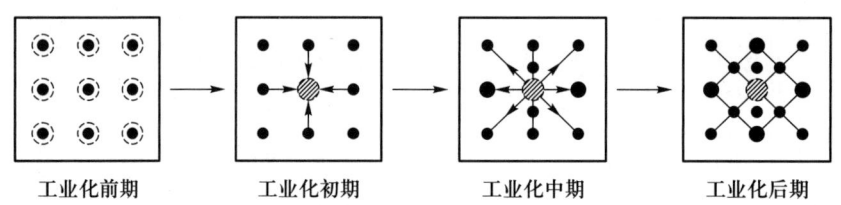

工业化前期　　　　工业化初期　　　　工业化中期　　　　工业化后期

图 11-3　城市空间结构的演化过程

资料来源:陈萍,2016

2. 城市空间结构演化是城市价值链整合的结果

随着工业化的推进,制造业对相应的研发、设计、金融等服务的需求越来越大,工业产品附加值中生产服务和中介服务所占的比例越来越高,原来的工业城市逐渐向服务业城市演变,在此基础上,基于工业的城市分工体系形成。尤其是第一次工业革命以后的城市发展轨迹表明,产业的兴衰与城市的命运息息相关,城市规模、功能和空间布局的变动同时也是产业价值链在地理空间上的反映。自城市产生以来,产业价值链就已内置于城市各种功能和作用,特别是第二次世界大战后大批城市和城市群的崛起更是与产业价值链的全球整合与重组紧密联系在一起。

城市价值链整合的动因是城市空间结构演化的微观基础,城市空间结构演化是城市价值链整合的结果。城市价值链整合也是城市发展的客观需要,中心城市的价值功能向外围地区转移低端价值功能,外围地区也可能有高端价值功能向中心城区转移,狭义的城市价值链整合主要是针对发达中心城市向落后外围城市转移其价值功能。城市价值链整合的实质是城市功能区位再选择的过程(图11-4)。

从价值链的视角来看,研究开发机构往往倾向于大学和科研机构的密集区,生产组装基地则倾向于交通便利、土地便宜且产业配套能力强的区域,销售服务部门则往往在城市的门户和窗口地区。一些高度国际化的城市,主城空间已经不再有生产加工基地,只是企业的管理总部,产业

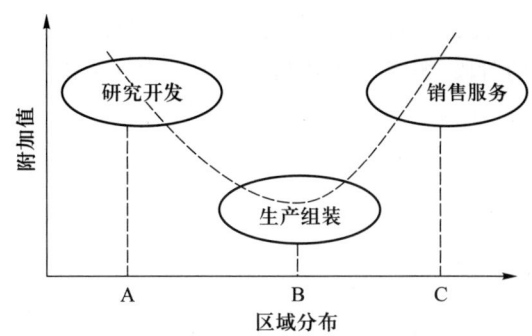

图 11-4　价值链区域分工模式

资料来源:周韬,2016

的主体为高端服务业(图 11-5)。每个城市都有自身的地域特色和区位价值,在城市发展过程中价值链不断重组和整合,实现了城市的可持续发展和综合竞争力(图 11-6)。

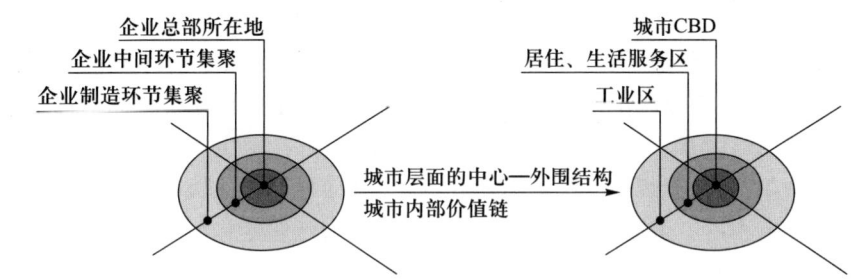

图 11-5　城市内部价值链模型

资料来源:周韬,2016

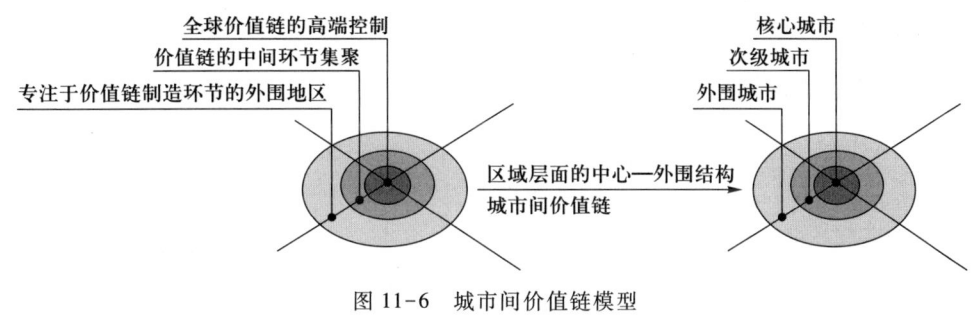

图 11-6　城市间价值链模型

资料来源:周韬,2016

第二节　工业发展与城市产业空间

胡佛(E. M. Hoover)和费舍尔(J. Fisher)在 1949 年提出区域发展一般要经历 5 个不同的阶段:① 自给自足阶段,以农业经济活动为主,区际贸易很少;② 乡村工业崛起阶段,乡村工业开始兴起,但仍以农业经济为主;③ 农业生产结构变动阶段,区际贸易逐渐增加,农业生产由粗放型向集约型转变;④ 工业化阶段,工业开始代替农业占据主导地位;⑤ 服务化阶段,以服务业输出为主代替工业输出为主的阶段,服务业代替制造业占据主导地位。在服务化阶段内部,还将经历以商贸、交通等传统第三产业为主的阶段向以管理、房地产、咨询服务等第四、五产业为主的阶段的转变过程。

一、产业分工的空间效应

1. 工厂制之前生产的分散与集中

在工厂制之前,生产主要是分散在农村的家庭作坊中,与分包商制相对应。到手工业工场制时,独立工作的工人被集中在工场中,生产由空间上的分散走向集中。这是生产组织的重要变化,促进了分工协作和专业化经济的发展,并由此产生了规模经济效益。

2. 机器大工业时期

德国古典经济学家韦伯(A. Weber)认为,工业区位的选择取决于生产成本费用的大小。也就是说,任何一个理想的工业区位都应当选择在生产成本费用最小的地点上。对于造成某一生产地点生产费用节约的因素,韦伯称之为区位因子。韦伯认为,对生产成本费用起决定作用的区位因子只有运输费用、劳动力费用和集聚力。在 3 个区位因子中,他认为运输费用对工业的基本定向起最有力的决定作用。劳动力费用的影响可能引起由运输定向的工业区位产生第一次"偏离"。而集聚力被归为由于外部经济引起的向一定地点集中的一般区位因素,可改变运输费用和劳动力费用的作用,而产生第二次"偏离"。由于机器的使用,企业规模得以迅速扩大。这一时期,企业多选择分布在原料地附近,并因对基础设施的需求以及产业间前后向的关联,企业的分布越来越趋于集中,这些工厂建设又催生了新的城市或扩大了原有城市的规模。

3. 福特制下的大规模生产方式时期

美国经济和城市地理学家艾伦·斯科特赋予企业纵向一体化和纵向分解的空间概念。城市生产系统越专门化,企业之间的联系网络就越稠密,从而可能形成相互联系的产业综合体。产业之间的联系是有成本的,既包括组织成本,又包括空间成本。企业联系的空间成本与企业间交易的性质、特点密切相关。高新技术产业有明显的纵向分解倾向,即劳动的社会分工程度较高,由此产生许多专业化的生产子系统,并因集聚经济原则导致区位会聚和再集聚,形成新的工业区等。在福特制大生产阶段,管理和生产的分离在空间上表现了出来。企业庞大的制造部门开始向城市郊区和更具各种资源优势的边缘地区转移,核心管理部门分布于城市中心区,尤其是大都市的 CBD。围绕企业管理部门,各种生产服务公司也在 CBD 蓬勃发展起来。可以说,这一时期城市产业结构和企业生产组织形式的演变使得城市产业空间结构发生了巨大的变化。

4. 后福特主义下新的生产组织方式时期

熊彼特(J. Schumpeter)认为,"创新"就是建立一种新的生产函数,即把一种从来没有过的关于生产要素和生产条件的"新组合"引入生产体系。它包括引进新产品、采用新技术(即新的生产方法)、开辟新市场、控制原材料的新供应来源、实现企业的新组织。由于交通运输和信息技术的广泛应用,企业的生产在空间上继续分离和去中心化,形成全球化的网络式生产组织方式。城市中的制造业已向郊区和边缘区转移,企业总部和知识密集型的生产性服务业在大都市中心区聚集的同时也出现了去中心化的倾向,这导致城市经济活动的联系空间更为广阔。

二、产业结构高级化对城市产业空间的影响

1. 产业结构横向高级化对工业空间的影响

产业结构横向高级化又称为产业结构高效化,指在技术经济条件不变的前提下,低效率产业比例不断减少、高效率产业比例不断增长的过程。它通过各种资源向高效率产业的转移来提高宏观经济效益。产业结构横向高级化导致各种资源向高效率行业转移,一方面造成了既有高效率产业逐渐扩大、低效率产业逐渐萎缩,另一方面造成了新兴高效率产业不断涌现,两者共同促进城市地租上涨。

城市工业空间的变动,是由各个企业支付能力的变化以及与城市地租水平的比较引发的。对于既有工业而言,如果高效率工业的支付能力与城市地租水平保持同步增长,且低效率工业的支付能力仍高于相邻城市功能区的支付能力的话,既有工业在城市中的位置基本不变,会以现有位置为基点连续向外推移,通过侵占相邻城市功能区的用地来扩大空间。当然,由于各个企业支付能力的增长水平不同,在工业区内部将会出现空间的置换与重组。如果高效率工业的支付能力与城市地租水平保持同步增长,低效率工业的支付能力低于相邻城市功能区的支付能力,但仍然能够在城市中生存的话,既有工业将在城市中分化为两部分。高效率工业依然在原有位置,并迅速占用低效率工业腾出的空间;低效率工业则跨越相邻城市功能区在城市边缘集结。转移出来的低效率工业,由于它的自我生长能力和关联效应都比较弱,一般不会发展成为足以与现有工业区相抗衡的新工业区,所以不会改变城市原有工业空间布局。可见,在工业结构横向高级化过程中,如果高效率工业的支付能力与城市地租水平同步增长,那么城市既有工业布局基本不发生改变(图11-7)。

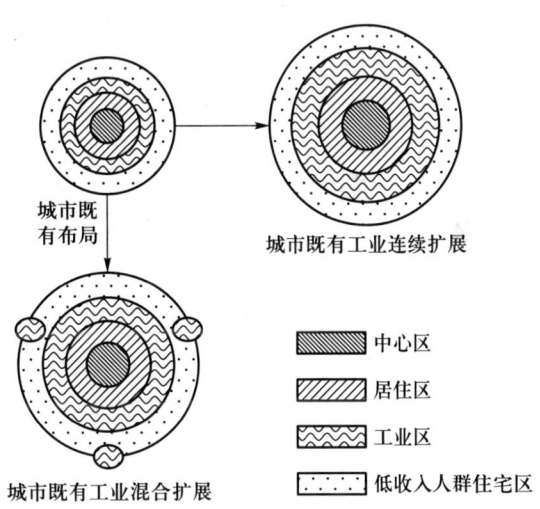

图11-7 既有高效率工业支付能力
与城市地租水平同步增长
资料来源:陈有川等,2009

对于既有工业而言,如果高效率工业地租支付能力的增长低于城市地租的增长,但高效率工业和低效率工业的地租支付能力仍然均高于外侧相邻城市功能区的支付能力的话,城市高效率工业的空间将被其内侧城市功能区所侵占,整个工业区只能顺次挤占其外侧城市功能区的空间,出现城市用地梯度推移增长现象,导致发生大规模城市更新;如果低效率工业的地租支付能力低

于外侧相邻城市功能区,但仍然能够在城市中生存的话,那么工业区在远离城市中心的过程中分化为两部分,即高效率工业梯度推移式增长,低效率工业跨越相邻城市功能区在城市边缘集结。如果高效率工业的地租支付能力低于其外侧相邻城市功能区,它将跨越相邻城市功能区而远离城市中心布局,但是仍然与现有建成区连片发展。因此,在工业结构横向高级化过程中,如果高效率工业支付能力的增长低于城市地租的增长,城市工业空间会发生较为明显的变化(图11-8)。

总之,工业结构横向高级化对既有工业空间和新兴工业空间的影响是以渐变为主导的,城市工业空间扩展相对连续,产生的变化多为工业区内部的重组与整合。

2. 产业结构纵向高级化对工业空间的影响

产业结构纵向高级化是在技术进步作用下,产业结构从较低级形式向较高级形式演变的过程。它强调技术集约化程度的提高,要求主导产业和支柱产业尽快成长,打破原有产业

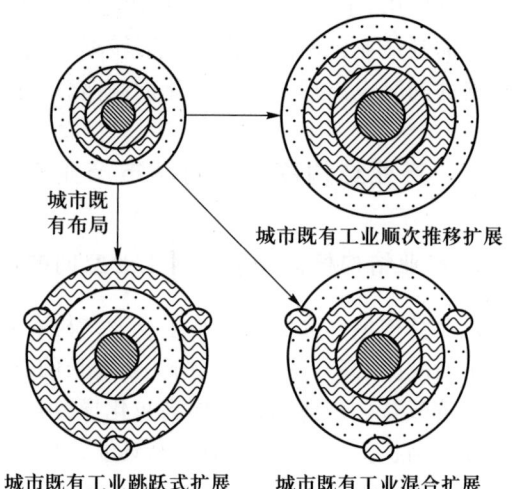

城市既有布局

城市既有工业顺次推移扩展

城市既有工业跳跃式扩展　　城市既有工业混合扩展

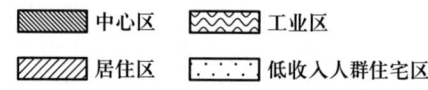

图 11-8　既有高效率工业支付能力的增长低于城市地租

资料来源:陈有川等,2009

结构低水平的均衡,实现少数高科技、高效率产业的超前发展,然后带动相关产业及整个经济的发展。工业结构纵向高级化有4个发展趋势,即重工业化趋势、高加工度趋势、高技术化趋势和高附加值趋势。工业结构纵向高级化一般沿着轻纺工业—基础工业—重化工业—耐用消费品工业—现代服务业—信息产业的路径演变。

在工业结构纵向高级化过程中,因技术经济条件落后而降低效率的工业一般会被无情淘汰。因技术经济条件先进而提高效率的工业,仅仅从支付能力上看完全可以在现有工业区内寻求发展空间。但是,考虑到工艺流程要求、环境质量情况、政策导向等因素,现有工业区往往不是它们区位成本的最低点,因而高新技术产业一般会远离现有工业区到城郊或高校附近发展。这首先是因为高新技术企业对环境质量的要求一般较高,现有工业区常常无法满足其要求;其次,跟传统工业相比,高新技术工业具有低消耗、技术含量高、物质形态小等特点,其区位敏感度降低,地租在其选址因素中的权重减小,更多的是考虑为高技术人才提供优美的生活、工作环境,因而其选址更具有灵活性;再次,政府要求高新技术工业快速成长为主导产业和支柱产业,发挥其强大的关联作用与集聚效应,带动相关产业及整个经济的发展,是城市空间扩展的增长极。为此,用地开阔、生态良好、交通便捷的城郊地区往往成为高新技术工业园区的首选地点,高新技术工业成为当前城市新区繁荣的主要支撑力量(图11-9)。

不难发现,在工业结构纵向高级化过程中,城市工业空间布局调整是以突变主导的,空间扩展一般是跳跃式的。工业结构纵向高级化,既可以引发原有工业区的衰退,又能导致新兴工业区的蓬勃发展,从根本上改变了城市工业空间布局。

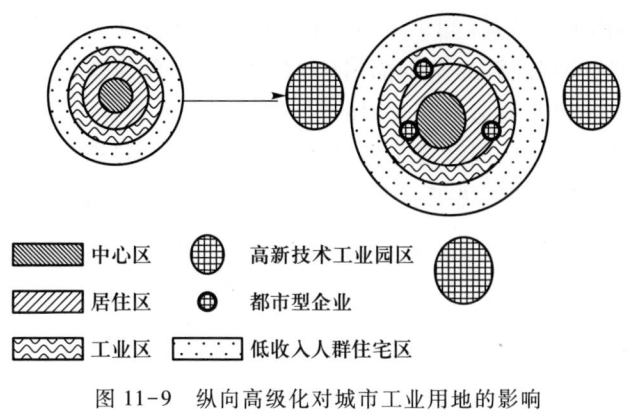

图 11-9 纵向高级化对城市工业用地的影响

资料来源：陈有川等，2009

第三节　知识经济与城市产业空间

现代城市产业部门的一个至关重要的转变就是从制造经济到服务经济的转变。制造经济发展到服务经济的最大动力因素是制造业内部的分工演进。在从制造经济转向服务经济之前，社会经济的主导力量是工业制造业，同时，工业制造业也是社会生产分工最为发达和活跃的领域。伴随着工业经济的发展，产业和企业内部的分工体系日益复杂，一方面不断激发对服务活动尤其是生产性服务活动的需求；另一方面为追求专业化经济的发展，原属于制造业内部的服务活动也日益被分化出来，这两方面的因素共同促进了服务业尤其是现代生产性服务业的迅速发展。城市居住、制造业以及商业等产业功能随着城市化进程的推进逐渐向郊区转移，办公业在城市产业职能中的比例不断上升。随着办公业的日益成熟发展，城市出现了办公功能集聚的区域——商务办公区。无论是在功能构成、空间形象还是在交通运转方式等方面，商务办公区均成为城市的一个重要功能区，是城市空间结构非常核心的组成部分。办公空间的发展变化不断地影响着城市空间格局的变化。

一、知识经济对城市产业空间的影响

知识经济是以知识为基础的社会经济形态，知识经济社会是农业经济社会发展到工业经济社会之后，所演变的更高级的一种经济社会形态，其本质特征表现为生产要素、生产企业和生产产品的知识化，一般表现为城市产业结构的高新化、知识化、服务化和国际化，加速了全球化和信息化（表11-1）。

在工业经济为主导的工业社会里，城市用地布局和产业空间以工业为中心，工业空间及其用地占据了城市的主要位置和大量用地；然而在知识经济时代，知识产业的兴起是以科技研发、教育培训和人才智力服务等为核心，而工业生产部分撤离市区，并郊区化和分散化，城市用地和空间被腾让，创意产业园区、科技园区、旅游游憩区等新产业空间发展起来，不但体现了城市空间的丰富和繁荣,更深刻地体现了以人(知识创造主体)的价值和意义为关注,也表达对人性的尊重和对生活的重视。另外,知识经济的基础部门(教育和培训)成为知识经济发展的根本性动力,因此科研和教育机构已不再是创造财富过程的附属,而在其中占据中心或重要位置,而那些以知识为内涵的高技术产业往往也会围绕着一些名牌大学或高端的科研机构集中布局,从而形成产学研一体的新型科技园,改变了传统工业围绕着大企业来发展的局面。

表 11-1　知识经济与农业经济、工业经济的比较

社会经济形态	农业经济	工业经济	知识经济
主要产业	种植业、牧业	制造业、工矿业	信息业、服务业
核心生产要素	土地、农业劳动力	有形资产、资本和工业劳动力	无形资产、知识和知识型人才
交通工具	马车、步行	火车、汽车、轮船、飞机	高铁、动车、飞机、汽车
动力	风、水和人畜力	蒸汽机、石油、天然气、电力	太阳能、核能等新能源
生产方式	分散家庭作坊	机械化大生产	柔性化产业集群
通信工具	信鸽、快马、狼烟	电话、电报	移动电话、互联网
生活方式	分散居住	集中居住	分散与集中居住并存
产品特征	手工产品	工业产品	服务和信息产品
产业结构特征	第一产业为主	第二产业为主	第三产业为主
技术特征	原始农业技术	工业技术	信息技术、智能科技
市场特征	地方性	相对稳定的全国性	全球化、多样化、多变性
流通特征	市井交换	中介的市场	非中介电子商务

资料来源:杨德进,2012

　　随着知识经济的发展,产业布局将出现分散与聚集共存的新趋势:一是生产技术标准化和操作程序化的传统劳动密集型和资本密集型制造业将从城市中心区向外扩散、从发达国家向发展中国家扩散的趋势;二是需要大量信息和彼此频繁接触、交流、联系的知识密集型产业,主要是生产性服务业,如企业管理、控制和协调等职能和价值链环节将逐渐向城市中心区聚集。这种分散与聚集共存的发展趋势使城市产业的空间布局进一步有序化。

　　自 20 世纪 80 年代以来,新一轮科技革命在世界范围内兴起,科技创新的速度明显加快,知识和技术密集的高新技术产业部门呈现快速发展的势头,发达国家的产业结构进一步“软化”和高度化。在知识经济时代,信息技术和远程通信技术的广泛应用,空间距离对约束城市发展的“门槛”作用大大下降,城市活动的内容、方式及其空间表现都将发生很大的改变。① 城市功能从以商品为中心的生产服务向以知识和信息为中心的生产服务转变,水平网状结构、柔性生产的企业趋向小型化、分散化、专业化、弹性化,个性化、特色化、非物质化服务与生产趋于主流。② 在信息网络的支持下,城市在空间上的集聚与扩散呈现新的特征,一方面,准确快捷的信息网络已在很大程度上替代了传统的可达性因素,距离不再是切断中心城区和郊区、外围影响区域的

关键性因素,城市与区域成为一个在地域上和功能上相互融合、相互包含的动态弹性空间;另一方面,部分相互联系紧密、多功能高质量的商务活动在要素组合较佳的区域聚集,以科技创新为主的高新技术产业依托智力密集区而聚集发展。③ 信息网络化带来的灵活性,使得城市功能内部分散化,生产、工作、生活功能边界模糊化,城市土地使用呈现兼容化特征,工业用地与商业用地相互兼容,生产用地和居住用地相互兼容,多功能的综合社区成为城市功能整合的重要空间载体。④ 人们对高质量工作生活环境的追求以及清洁化、软性化、非物质化生产的实施,使得人与自然关系更加和谐,城市生态空间格局进一步优化,城市生态环境敏感地带、自然环境资源特色地区将受到更加严格的保护。

二、研发产业与城市创新空间

1. 研发产业

"研发",即"研究与开发"(research and development),缩写为"R&D",国际经合组织认为科学研究与实验发展(研发)活动是指为了增加知识的总量,包括有关人类、文化和社会的知识,以及运用这些知识创造新的应用所进行的系统性、创造性工作。研发产业活动包括工业设计、工程服务、实验室的实验活动、计算机系统及相关服务、科技咨询服务、自然科学、工程领域和生命科学领域的科学研究与试验发展等。研发产业与信息化产业和教育产业化有类似特点,即研发活动外部化和商业化。研发外包大量出现、科技咨询业不断兴起、技术转移和技术交易现象频繁都说明了其商业化步伐正在加快。而商业化的研发活动日渐规模化,研发产业逐渐在城市内部产生强大的动力,促进经济快速发展。商业化的研发能够使高科技创新区域保持研发活力,在相互竞争中不断取得突破,不断探索研发机构的组织发展模式和开拓全新的研发领域,由此推动区域经济繁荣(图 11-10)。

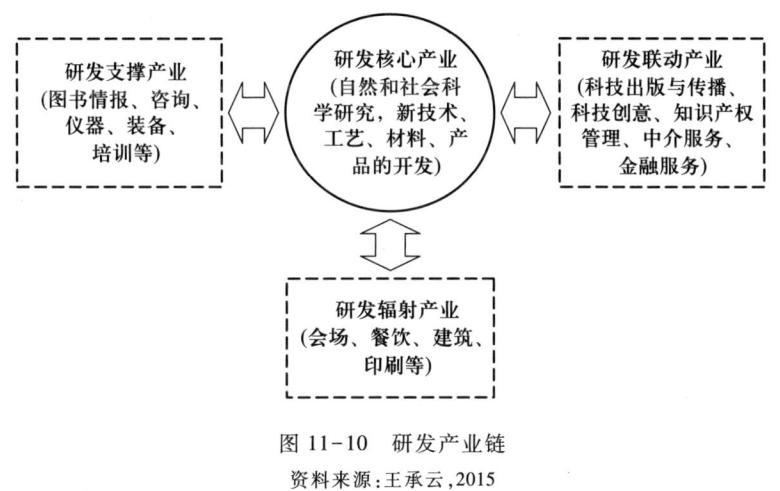

图 11-10　研发产业链

资料来源:王承云,2015

2. 城市创新空间

随着网络等高新技术的快速发展,世界经济正在从工业经济向知识经济转变,阻碍生产要素流动的制度壁垒和自然壁垒明显减少,产业空间区位选择的灵活性大大增强,产业布局将出现分散与聚集共存的趋势。那些以创新为基础的知识密集型产业将形成有规律的集群,大城市中心区也将日益成为跨国公司总部以及银行、保险、管理咨询等生产性服务业高度集中的地区,成为协调全国乃至全球生产的信息和服务中心。

（1）内生型集聚模型

内生型创新空间主要是在内生驱动因子的作用下产生和发展的,内生驱动因子主要包括区域资源禀赋和市场需求两个方面(图11-11)。区域资源禀赋包括地理环境、智力资源、社会文化和交通条件,而市场需求主要包括研发外部化、新市场产生和外资拉动。在资源优势和市场基础的影响和作用下,大量以研发活动为核心的企业迅速发展起来,随着研发支撑企业和辐射企业在核心企业周围的进一步集聚发展,研发产业在区域内形成了空间集聚。

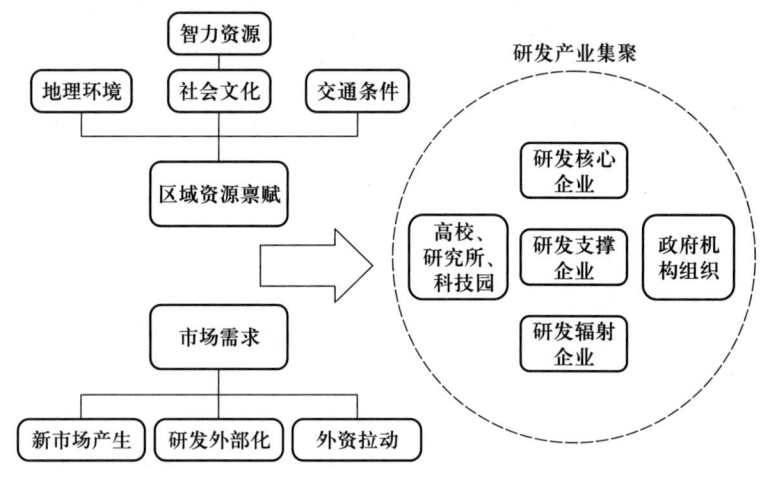

图 11-11　内生型研发产业空间集聚机制

资料来源:陆根尧,2014

单极辐射模式是创新空间内生型集聚模型的初级阶段,该模式的空间形态和结构主要表现为:区内有一个首位度极高、独占性极大的一级创新源点,并在该区域中处于主导地位,周边地区与其在创新能力上形成不平等关系,并对创新源点产生巨大的依赖。创新源点通过涓滴效应对周边地区产生影响,在交通节点处形成二级创新源点,但从规模上看,二级与一级创新源点之间的差别却十分巨大。多核协同模式是研发产业内生型集聚的中级阶段,该模式的空间形态和结构主要表现为:区内有一个较为成熟的市场,而一级创新源点不止一个,市场与创新源点之间有交通线连接。点与点之间存在竞争又合作的关系,区域创新结构呈现较为平均的等级结构。一级创新源点通过涓滴效应对周边区域产生影响,并在交通节点上形成二级创新源点。簇团网络模式是创新空间内生型集聚的高级阶段,该模式的空间形态和结构主要表现为:区内有多个较为成熟的市场,每个市场周围都围绕着多个创新源点。点与点之间、点与市场之间都有道路相连,由于市场共享和多个创新源点之间的智力溢出叠加,各创新源点之间都存在高度的竞争但又合作的关系,从而形成多个被众多创新源点围绕的市场。每个市场和创新源点作为一个整体的簇团,又与其他簇团之间通过现代交通方式连接,形成簇团式的创新网络(图 11-12)。

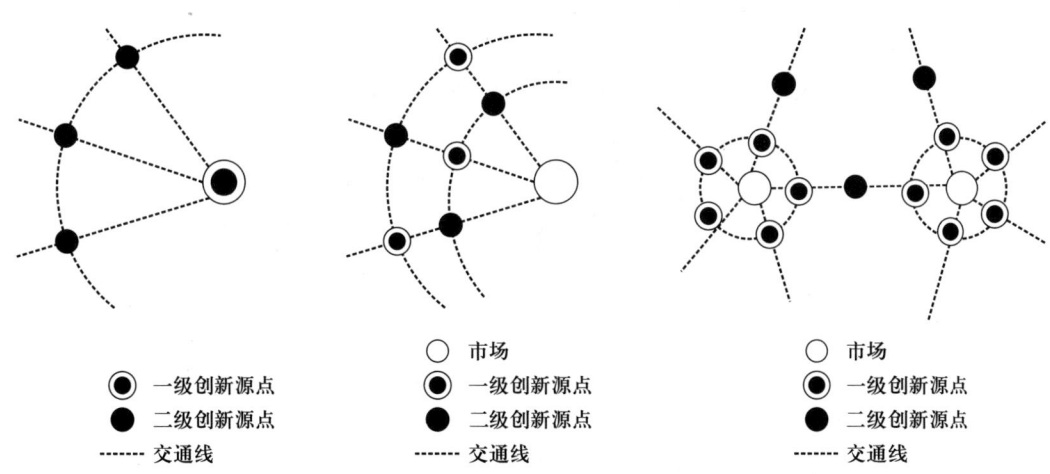

图 11-12 单极辐射模式、多核协同模式、簇团网络模式

资料来源:陆根尧,2014

(2)政府培育型集聚模式

政府培育型创新空间集聚模式是在内外力综合驱动的作用下形成的,驱动因子主要包括区位条件和制度环境。区位条件包括地理位置、社会文化和交通条件;制度环境是政府培育型集聚的最重要的因子,主要包括土地政策、税收政策和区域发展战略,该类集聚模式在空间上多表现为开发区的形式(图 11-13)。

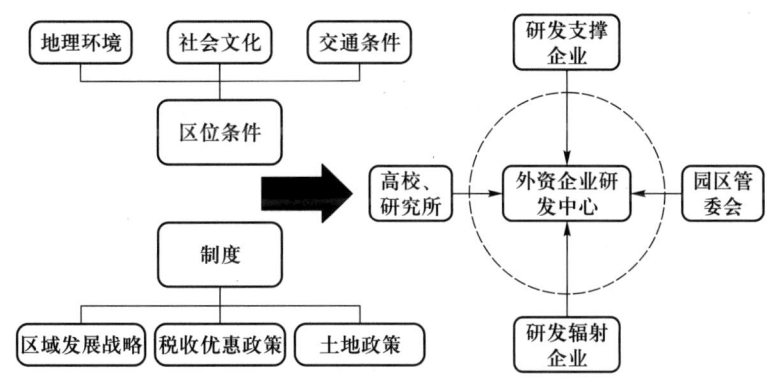

图 11-13 政府培育型创新空间集聚模式

资料来源:陆根尧,2014

政府培育型创新空间集聚模式主要演化为卫星平台集聚模式(图 11-14)。集聚区内的企业主要是跨国公司的分支工厂,企业与区域外的母公司联系紧密,区内的企业之间的联系与合作则较少,产业链不在区域内延伸;区域内对企业的各方面服务多是在政府的组织下进行的,因此在中国这些组织多表现为园区管委会,服务市场一般是全球,与本地联系并不紧密。卫星平台模式

的主要特征为:创新源点规模不等,但无依附关系,在区域内呈独立且平均的分布状态,各源点之间不产生竞争与合作关系,有一定范围的自主活动空间;区域内的研发企业通过现代交通方式与区外市场联系。

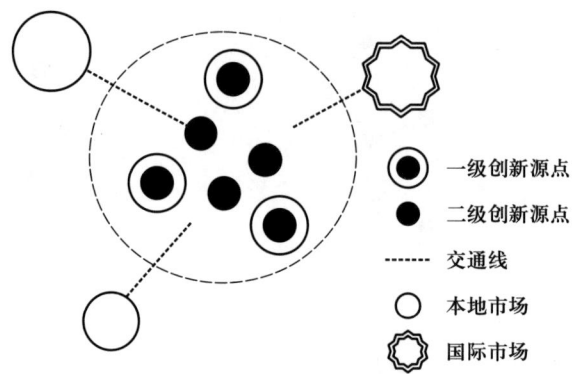

图 11-14　卫星平台集聚模式

资料来源:陆根尧,2014

思考题

1. 试述产业发展与城市化、城市空间结构演变的关系。
2. 试述产业结构变化对城市产业空间的影响。
3. 试述"知识经济"的内涵及其对城市产业空间的影响。
4. 试述研发产业的集聚模式。

参考文献

[1] 毕秀晶,汪明峰,李健,等.上海大都市区软件产业空间集聚与郊区化[J].地理学报,2011,66(12):1682-1694.

[2] 陈修颖.湘江经济带产业空间结构重组研究[J].经济地理,2009,29(2):261-266.

[3] 陈有川,孙博,尹宏玲.产业结构高度化对城市生产性空间的影响研究[J].地域研究与开发,2009,28(2):1-4.

[4] 成德宁,侯伟丽,周立.知识经济与城市产业空间布局的调整[J].经济地理,2002,22(3):277-280.

[5] 官卫华,陈雯.大都市现代服务业空间组织机理研究——以南京为例[J].地理科学进展,2013,32(3):341-353.

[6] 郭荣朝,苗长虹.基于特色产业簇群的城市群空间结构优化研究[J].人文地理,2010,25(5):47-52.

[7] 焦华富,杨显明.煤炭资源型城市产业结构演替与空间形态演变耦合——以安徽省淮南市为例[J].地理学报,2016,71(6):998-1009.

［8］李建新,杨永春,蒋小荣,等.中国制造业产业结构高级度的时空格局与影响因素[J].地理研究,2018,37(8):1558-1574.

［9］李少星,顾朝林.长江三角洲产业链地域分工的实证研究——以汽车制造产业为例[J].地理研究,2010,29(12):2132-2142.

［10］秦萧,甄峰,朱寿佳,等.基于网络口碑度的南京城区餐饮业空间分布格局研究——以大众点评网为例[J].地理科学,2014,34(7):810-817.

［11］邵晖.从分工视角解读城市产业空间结构的演变机理[J].城市问题,2011(8):50-54.

［12］孙斌栋.信息革命下的社会经济空间集聚与分散[J].地域研究与开发,2018,37(2):172-173.

［13］仝德,刘婧,李文钢,等.快速城市化地区农村产业空间发展评价——以广州市为例[J].地域研究与开发,2017,36(2):133-138.

［14］汪明峰,郗厚雪.城市新兴技术产业的演化路径比较分析——以长三角物联网产业为例[J].地理研究,2015,34(9):1697-1707.

［15］王承云,张婷婷.长三角地区研发产业的空间结构演化[J].地理科学进展,2012,31(8):989-996.

［16］王战和,许玲.高新技术产业开发区与城市经济空间结构演变[J].人文地理,2005(2):98-100.

［17］温锋华,许学强.基于分形理论的特大城市新型产业空间发展演变研究——以广州商务办公空间为例[J].城市发展研究,2010,17(5):23-29.

［18］伍世代,李婷婷.海西城市群工业空间格局与演化分析[J].地理科学,2011,31(3):309-315.

［19］延善玉,张平宇,马延吉,等.沈阳市工业空间重组及其动力机制[J].人文地理,2007(3):107-111.

［20］杨烁,于涛方.特大城市功能格局和集聚扩散研究:以北京为例[J].规划师,2018,34(9):5-10.

［21］运迎霞,杨德进,郭力君.大都市新产业空间发展及天津培育对策探讨[J].城市规划,2013,37(12):38-42.

［22］章文,王佳璆.基于PCA-SOM的深圳产业空间结构[J].地理研究,2014,33(9):1736-1746.

［23］周韬,郭志仪.城市空间演化与产业升级——以长三角城市群为例[J].城市问题,2015(3):25-30.

［24］Gainza X. Industrial spaces for grassroots creative production:spatial, social and planning facets[J]. European Planning Studies,2018,26(4):792-811.

［25］Grodach C, Martin D. Zoning in on urban manufacturing:industry location and change among low-tech,high-touch industries in Melbourne,Australia[J]. Urban Geography,2020,1:1-23.

［26］Hu C R,Zhou Y,He C F. Regional industrial development in a dual-core industry space in China:The role of the missing service[J]. Habitat International,2019,94:102072.

［27］Hu Z Y. Industrial capitalisation and spatial transformation in Chinese cities:strategic repositioning, state-owned enterprise capitalisation, and the reproduction of urban space in Beijing[J]. Urban Studies,2015,52(15SI):2799-2821.

[28] Keenan K,Gong H. Managerialism and terrorism policy for the urban financial industry:the implications of ignoring geographical process[J]. Urban Affairs Review,2013,49(2):190-219.

[29] Lindsey C,Mahmassani H S,Mullarkey M,et al. Industrial space demand and freight transportation activity:exploring the connection[J]. Journal of Transport Geography,2014,37:93-101.

[30] Liu H,Silva E. Examining the dynamics of the interaction between the development of creative industries and urban spatial structure by agent-based modelling:a case study of Nanjing,China[J]. Urban Studies,2018,55(5):1013-1032.

[31] Tang B,Ho W K O. Land-use planning and market adjustment under deindustrialization: restructuring of industrial space in Hong Kong[J]. Land Use Policy,2015,43:28-36.

第十二章 城市商业空间

城市的存在和发展自古以来与商业的发展相互依赖、互为条件。随着社会经济的发展,人类物质和精神生活日益丰富,城市出现了一些新型商业活动和商业空间。特别是在信息社会,地理距离对人类活动的限制越来越小,传统的商业空间组织面临重构。本章主要内容包括城市商业空间、信息化下的商业空间组织、消费城市以及消费对城市发展的影响等。

第一节 城市商业空间组织

一、商业、商业业态和商业空间结构

商业是指以货币为媒介进行交换从而实现商品流通的经济活动。广义的商业包括了批发业、零售业、餐饮业、商业服务业(旅馆、理发、修理、邮电、金融保险、贸易和文化娱乐等)。狭义的商业仅含批发业和零售业,是本章关注的重点。一个典型的商品流通渠道为生产者—产地采购批发商—中转批发商—零售商—消费者。其中,批发商和零售商为中间人,即在生产者与消费者之间参与商品交易业务,促使买卖行为发生和实现的、具有法人资格的经济组织或个人。

商业业态是指按照一定的目标,针对特定消费者特定需要,有选择地运用经营商品种类结构、店铺位置、店铺规模、店铺形态、销售方式和销售服务等多种经营手段,提供销售和服务的类型化经营形态。商业业态是随着社会经济条件、技术革新等的发展而不断发展的,包括从原始的"日中为市……交易而退"的商业雏形,到有固定交易场所的店铺,再到后来兴起的百货商店、超市等。

商业空间结构宏观上是指商业各种要素之间的相互作用关系,以及这种作用关系所反映到城市平面和空间上的结构与空间形态;微观上具体表现为商业活动的物质形态、区位选择、规模等级和商业活动的需求面。

商业业态与商业空间结构有密切的联系。这种联系通常不是直接地体现在对城市商业空间结构的影响上,而是通过不同业态的商业企业根据自身特点及消费者行为的区位选择实现的。因此,城市商业空间结构是商业业态的功能、规模与等级结构的空间表现。

二、商业中心等级体系

1. 城市内部商业空间的构成

城市内部商业布局一般分为 3 种：① 多层次商业中心；② 带状商业网点（购物街和干道商业带）；③ 专业化商业区。城市内部商业空间则是由这 3 种商业布局组成的复杂的系统结构（图 12-1）。

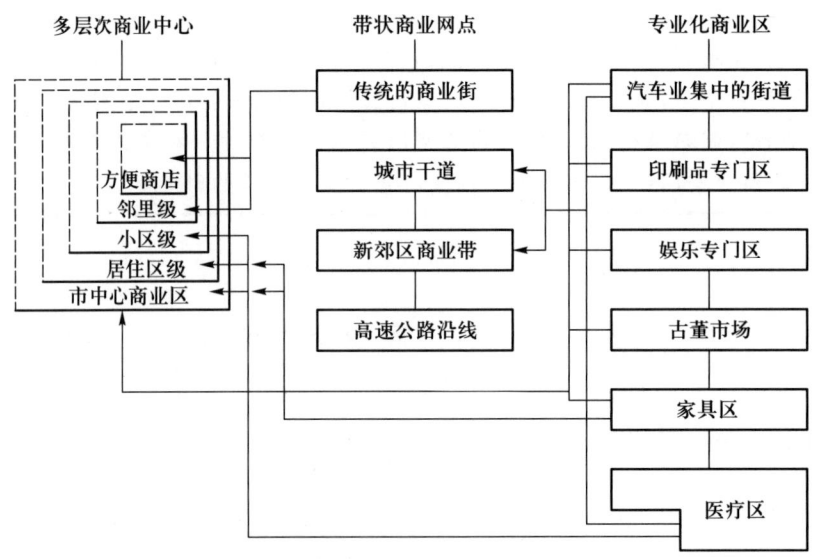

图 12-1 城市内部商业空间

以市中心商业区为首的多层次商业中心结构包括市中心商业区、居住区级商业中心、小区级商业中心、邻里级商业中心、纯粹是为方便居民而孤立设立的日用杂货商店（方便商店），以及更低层次的流动摊贩。这是城市内部商业空间的主体。不同层次的商业服务网点的级别和数量，所提供的服务档次和出售商品的价钱、种类都是不同的。一般来说，在层次系统的顶部，网点级别高，数量少，货品档次高，种类多，例如，大型的商业综合体等。在层次系统底部，网点级别低，数量多，货品档次低，品种单调，以日常用品为主。服务范围也是在层次系统的顶部的商业中心最大，往往包括整个城市地区，其他商业网点的服务范围随着它们的地位下降而缩小，局限其周围地区。这种呈层次系统的商业中心所销售的货物以日用品、食品为主，顾客以邻近地区的居民占大多数。

带状商业网点主要指城市，尤其是大城市和旅游城市传统的购物街，主要干道两旁呈带状连续分布的商业网点，以及欧美高速公路为提供长途旅客中途稍作休息或投宿的带状商业性设施。这些商业网点所销售的货物以非日常用品为主，顾客多为游客。

专业化商业区即城市内一些十分专门化的商业区域，如西方城市常见的汽车专门区、印刷品专门区（如书店等）、娱乐区、古怪物品专门区（包括古玩店区）、家具区以及医疗区等。这种商业区所销售的货物或提供的服务都是不常用的，或只是服务于有特殊需要的顾客。这些行业在地理上聚集一起，供顾客比较和选择，对顾客吸引力大。否则，零散分布就没有吸引力，甚至难以存在下去。

2. 不同等级商业中心的空间模式

基于土地价值论的思想，Yeates 等（1976）通过对不同门槛职能的竞标租金分析，提出了地区、社区和街区等 3 个级别的商业中心空间模式（图 12-2）。模式要点如下。

（1）门槛大小的系列在空间上可以表示为：最高门槛的活动靠近地价峰值区，占据了地价最高的土地，在其周围，将按照门槛递减的顺序，依次环绕其他职能活动。

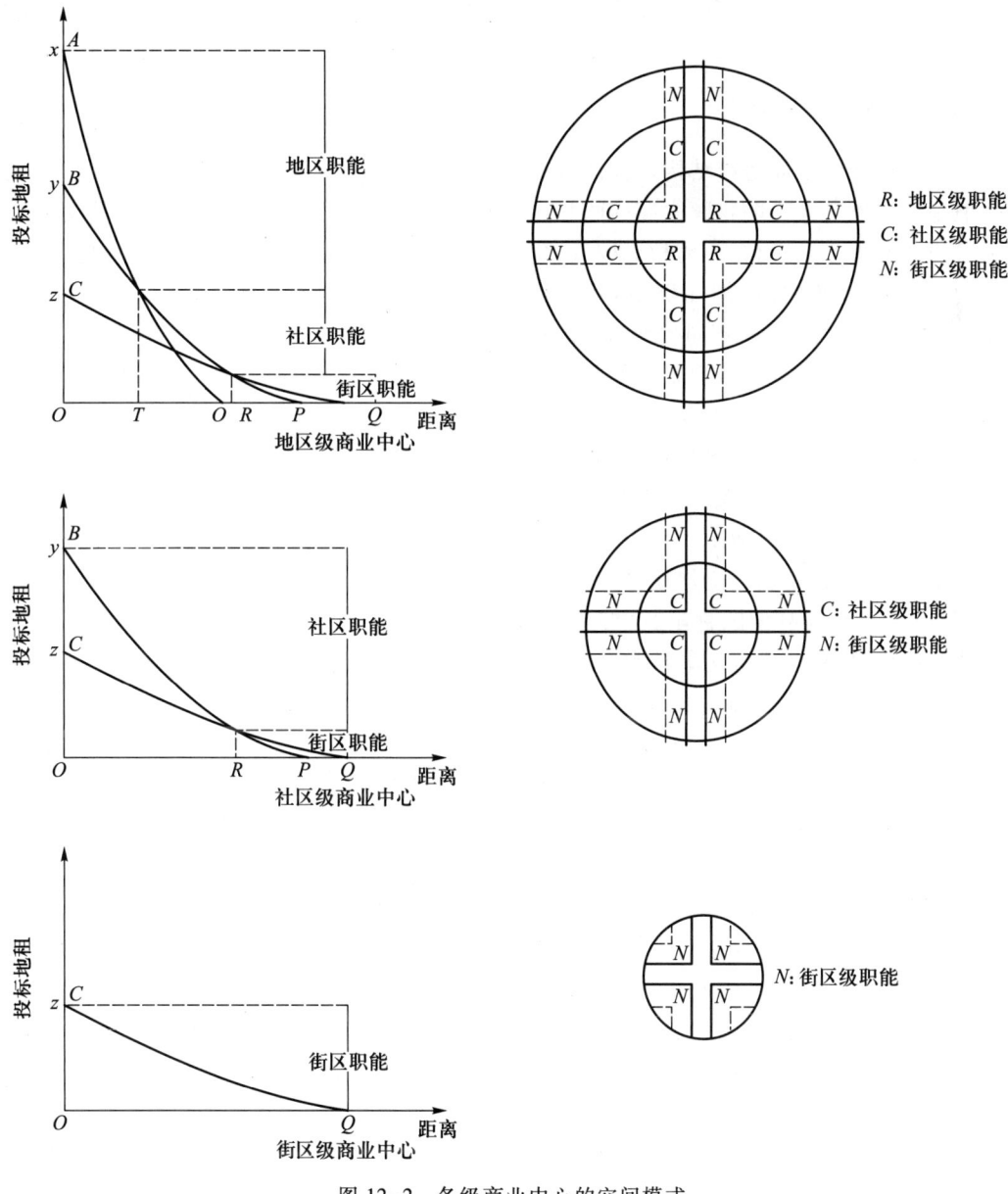

图 12-2　各级商业中心的空间模式

资料来源：Yeates 等，1976

（2）任何商业中心的核心区,总是被那些能够显示商业中心最高级别的职能部门所占据。

（3）随着商业中心级别的提高,低级职能部门占据的位置将越来越被排斥到商业中心的边缘,即地价较低的地方。

（4）在任何一级商业中心的典型职能组内,每一项职能的位置也按照门槛大小的系列排列。如在街区级职能中,门槛最高的活动将占据所有街区级职能中地价最高的土地。

该模式对合理布局城市商业网点有一定指导意义。然而,实际情况却表现出商店的位置并不总是与地价峰值区的距离有关,地价也不完全取决于离核心区的距离。还有其他因素影响地价,如土地面积的大小、人口和收入分布、交通和便捷性的不规则状况等。因此,该模式具有较大的局限性。

3. 购物出行空间等级性

居民购物出行的空间等级结构是指消费者购物出行距离的等级关系。购物出行距离与购物频度一般呈反比例关系。购物频度高的商品通常属于便利品或日常用品,如蔬菜食品类商品,分布于低等级商业中心地,出行距离相对较近;购物频度低的商品中选购品居多,如西装外衣类商品,一般分布于高等级的商业中心地,居民的购物出行距离相对较远。

实证研究表明,居民购买不同类型商品出行的空间等级层次分明,基本符合克里斯泰勒的中心地理论。以芜湖市居民日常购物为例,出行距离由大到小依次为家用电器类商品、服装衣饰类商品、日常用品类商品和蔬菜食品类商品(图 12-3)。2001—2011 年,由于城市扩张及芜湖市区商业网点规划的实施,居民购物出行更加便捷,出行距离不断缩短。4 种类型商品的购物出行空间等级均出现下降的演变趋势,其中家用电器类、服装衣饰类、蔬菜食品类商品的购物地等级下降了 0.5 个空间等级,日常用品类商品的购物地等级下降了1 个空间等级(图 12-4)。尽管居民商品购物地点逐渐从高级中心地向相对较低级中心地转移,但购物出行空间等级性并没有变化,等级结构出现了被拉长的趋势。与 2001 年相比,2011 年芜湖市居民购买低等级商品出行空间的等级与购买高等级商品出行具有较大的空间跨度,日常用品类商品与服装衣饰类商品由原来的相差 1.5 个空间等级增加到 2 个空间等级。这说明芜湖市居民购买蔬菜食品类与日常用品类商品的出行距离更近,而购买服装衣饰类与家用电器类等高等级商品则需要出行到离居住地更远距离的市级商业中心。

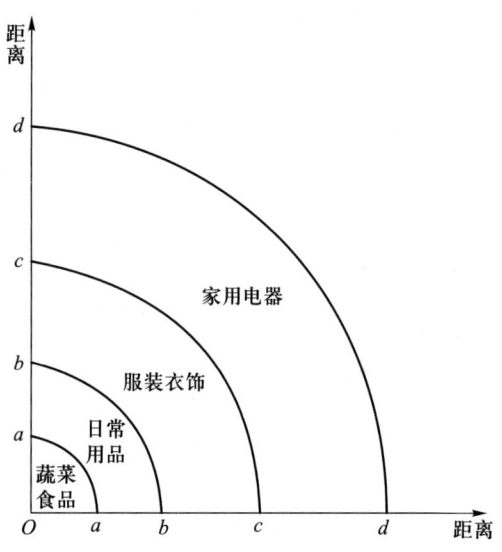

图 12-3　芜湖市居民购物活动的空间圈层结构

资料来源:韩会然等,2014

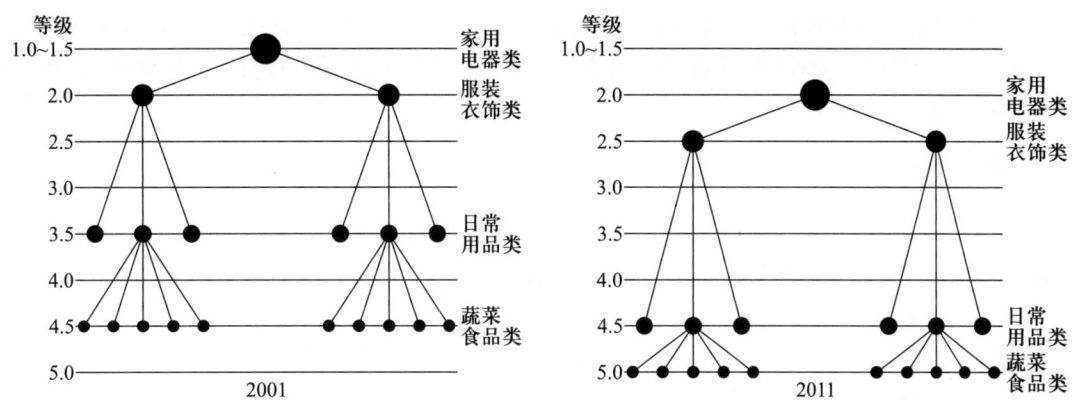

图 12-4 2001 年和 2010 年芜湖市居民购买不同类型商品购物出行空间等级

资料来源:韩会然等,2014

三、商业圈

1. 商业圈类型

商业圈有两个截然不同的含义,一是指商店以其所在地点为中心,沿着一定的方向和距离扩展,吸引顾客的辐射范围,是一种空间概念;二是指在一个地理区域内,吸引消费者购物的商店群,是一个实体概念。本节所指的商业圈是第一种概念。分析商业圈有助于更好地了解消费者的人口统计特征、心理特征和消费者行为;分析与竞争对手的商业圈是否重叠;作出空间决策,如是否增开新店,是否增加现有门店营业面积等。

商业圈内部结构可根据消费者所占的比例来划分。核心商业圈是最接近商店的圈层,来自该圈层的消费者数量占整个商业圈的 55%~70%。次要商业圈位于核心商业圈之外、边缘商业圈之内,来自该圈层的消费者数量占整个商业圈的 15%~55%。边缘商业圈是最外围的圈层,商店对该圈层的顾客吸引力较弱(图12-5)。

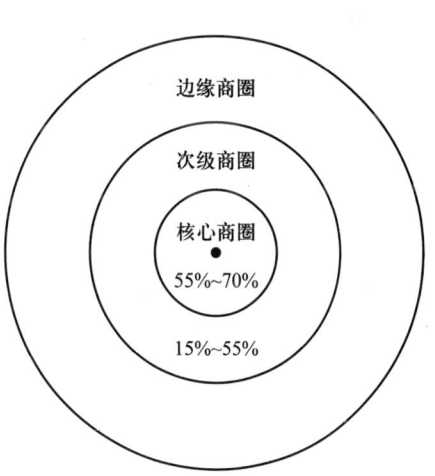

图 12-5 商业圈层结构

资料来源:郭崇义,2008

从商业圈间相互作用来看,商业圈类型主要分为空间垄断型、市场渗透型和分散市场型 3 种。空间垄断型商业圈是指一个商店周边的所有顾客都光顾该门店,该家商店对商业圈内的消费者形成独占。如果一个商店在一个区域内没有竞争对手,消费者只能到这家商店购物,便形成空间垄断。市场渗透型商业圈是指某个商业圈与其他商业圈存在相互重叠、相互渗透。市场渗透型商业圈的一个极端情况是,一个规模大且竞争力强的零售门店的商业圈可以覆盖规模小且竞争力弱的零售门店商业圈,也就是一个商店商业圈位于前一个商店的商业圈中。分散市场型商业圈是指因某种商品的独特性,其商业圈中的顾客往往较为分散分布,如专卖店和专业店[①]。对于分散市场型商业圈,顾客愿意耗费一定的出行时间、克服一定的空间距离、花费一定的交通费用到该门店购物。

2. 商业圈的划定

一个零售店一旦占据一个空间位置,其生存和发展便离不开与外部空间的联系,离不开与周边消费者的联系。而消费者与零售店的联系受到距离的影响,符合距离衰减原理。现代经济学的一个基本假设是,人性是理性的、经济性的。因此,消费者在选择购物地点时,一般会遵循距离最小化原则。距离越远,付出的金钱、时间、体力、生活舒适性与方便性,甚至情感等代价越大。对零售活动而言,处于某一位置的零售店,对周边消费者的影响随着距离的增加而减小;或是距离商店越近的人光顾该商店的频率越大,距离越远频率越小(图 12-6)。因此,基于距离衰减原理,有研究者提出了商业圈的界定方法。

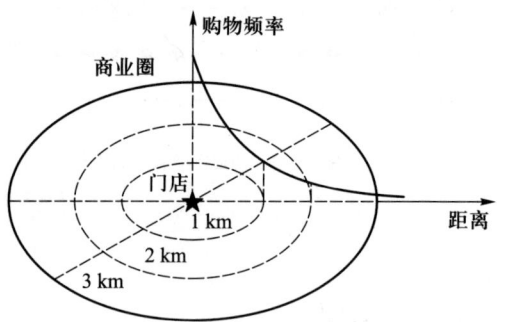

图 12-6 距离衰减原理模型
资料来源:郭崇义,2008

(1) 赖利法则与断裂点模型

赖利(Reilly)(1931)将物理学的引力模型引用到商业领域,提出了零售业引力法则。该法则认为,两个城市(i,j)商业的销售额(S_i,S_j)、城市的人口规模(P_i,P_j),以及两个城市之间任何一点到两个城市的距离(D_i,D_j)等 3 对因素之间存在如下的关系:

$$\frac{S_i}{S_j}=\left(\frac{P_i}{P_j}\right)\left(\frac{D_i}{D_j}\right)^2$$

康弗斯(Converse)在赖利法则的基础上通过数学变换提出了断裂点模型。断裂点公式如下:

$$BP=\frac{D_{ij}}{1+\sqrt{\dfrac{P_i}{P_j}}}$$

式中:BP 为断裂点到较小规模城市的距离;D_{ij}为两个城市间的距离;P_i 和 P_j 为两个城市的人口规模。

在断裂点的位置,一个消费者光顾两个城市的概率大体相同。该模型识别了两个相邻城市的市场区界限。

(2) 赫夫模型

基于赖利法则和断裂点模型,1960 年代赫夫从概率论角度提出了一个计算商业零售范围的公式,即零售引力模式,并用来区别各重叠的市场空间。

[①] 专卖店是指专门经营或授权经营某一主要品牌商品(制造商品牌和中间商品牌)为主的零售业形态;专业店是经营某一大类商品为主,并且具备有丰富专业知识的销售人员和提供适当售后服务的零售业态。

$$P_{Ai} = \frac{\dfrac{S_i}{T_{Ai}}}{\sum\limits_{i=1}^{r} \dfrac{S_i}{T_{Ai}^{\lambda}}}, \ \sum P_{Ai} = 1.0$$

式中：P_{Ai}是位于 A 区的消费者到零售店 i 的概率，而整个地区共有 r 个零售店；每个店的吸引力分别为 $S_1, \cdots, S_r$；T 为交通时间或距离，即 $T_{A1}, \cdots, T_{Ar}$；λ 为对交通时间或距离的函数，交通时间越长或距离越远，消费者越不愿光顾此商店。零售店的大小，雇员多少等可用来代表吸引力 S，不过，应根据引力的重要性而对 S 加上权数。

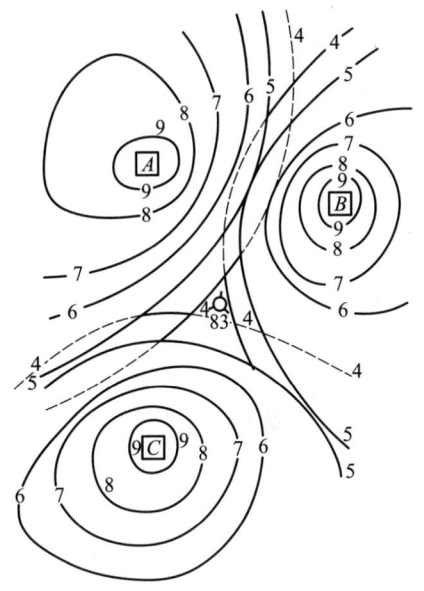

图 12-7　3 个中心对顾客达成
交易的概率等值线

通过这一公式，便可计算出市内各大小不同的商店群或商业中心对周围地区顾客达成交易的概率（图 12-7），从而可以了解每一个商业中心的顾客来源，并可通过概率等值线（probability contour）的绘制，查出每个居民区对不同的商业中心的等值概率点（indifference points），连点成片，即为每个商业网点的市场区域。应用这个方法，除了可以比较准确地划出城市中重叠的商业中心服务范围，还可以将每一居民区的消费能力乘上到每个商业中心的概率，得出 P_{A1} 所代表的实际金额。设城市内有 N 个居民区，则商业中心 A 营业总额的预测数便是 $P_{A1} + P_{A2} + \cdots + P_{AN}$ 的总值。

这个模式在大城市规划中也有一定使用价值，可以用于新商业中心的布点，或规划零售商业的布局。但这个模式也受到一些批评。如理论基础薄弱，基本是一个平衡的模式；不能预测动态变化，只考虑相互作用供应一方，即只考虑消费者对商业中心规模和便捷性的反作用，而对需求一方，如消费者的感应和特征都被忽视了；等等。因此，模式的应用有一定局限性。

需要指出的是，这个模式仅适用于分析同一层次的商业中心的市场区域和预测其营业额，不适用于呈带状的商业网点和面向全市的专门化商业区域，因为这两种非中心形态分布的城市商业，其服务对象既包括全城居民，也包括城市居民以外的游客和郊外居民。因此有必要采取其他办法来估计其市场潜量。其方法主要有上加法和下分法两种。前者首先确定不同专门市场的等级，通过市场调查，找出每一专门市场的顾客平均购买力和潜在顾客人数，两者相乘得出每个等级的专门市场的市场潜量，最后把不同等级的专门市场潜量相加为总市场潜量。下分法则是根据某种标准，估计出整个市场潜量，然后分配给各个市场。最常用的标准是购买力指数。根据影响购买力的因素，先预测总的购买力，然后根据各商业中心的规模、往年销售额等，把购买力分配给每个商业中心。由于商品或服务性质的不同，两种方法或标准的适用性因行业而异，因此没有通用的模式或方法。

对商业圈范围的界定还有其他方法，这里就不一一列举了。在现实社会，商业圈的范围大小受多种因素的影响，如零售业态、商品种类、门店规模、促销力度和商业集聚度等。例如，便利店的商业圈最小，综合性商业中心商业圈最大；随门店规模和商业集聚度的增加，商业圈的大小也在增加。

四、城市新型商业空间

随着城市产业结构的调整和升级,城市商业业态不断地发展、分化,城市内部出现了新型的大型商业购物空间,如超级市场、购物中心与巨型市场、仓储式市场等。本节关注综合型商业空间、主题型商业空间、休闲娱乐型商业空间和引领时尚型商业空间。

1. 综合型商业空间

综合型商业空间是将城市中商业、办公、居住、旅店、展览、餐饮、会议、文娱等商业活动的3项以上功能进行组合,并在各部门间建立一种相互依存、相互裨益的能动关系,从而形成一个多功能、高效率、复杂而统一的商业综合体。这种商业空间主要位于城市交通网络发达、城市功能相对集中的区域,拥有与外界联系紧密的主要交通网络和信息网络。因此,综合型商业空间主要具有功能复合性、交通网络化、公共性和开放性等特点。

城市综合体是综合型商业空间的典型代表。目前关于城市综合体还没有形成完全统一的定义。一般意义上认为,城市综合体是指在城市中的商业、办公、酒店、居住、餐饮、展览、交通、文娱、社交等各类功能复合、互相作用、互为价值链的高度集约的街区群体。如华润集团所开发的都市型综合体"万象城"和社区型综合体"欢乐颂"。当前城市综合体以商业零售占主导地位,其次是商务办公,再次是酒店会展,最后是住宅公寓,以上4大业态成为国内外城市综合体的主要功能。随着城市等级规模的提升,城市综合体功能也逐步复杂化,如商务办公、酒店公寓的业态比例增大,而商业零售、住宅的比例相对下降,反之亦然。现有城市综合体还处于主要为生产服务的发展阶段,生活服务已经兴起(如购物、休闲、娱乐等),公共服务逐步显现。

2. 主题型商业空间

主题型商业空间是面向某一类特定目标消费群体的、以目标群体的需求为导向的、不限经营商品类的、极富创新型的零售业态,如以文化艺术为主题的北京侨福芳草地、以卡通为主题的香港迪士尼乐园、以航空航天为主题的德国 Loop 5 购物中心、以海派文化艺术为主题的上海新天地。主题型商业空间具有独特性、文化性和多功能性。与一般商业空间相比,主题型商业空间最独特之处就在于拥有主题的独特性。传统的商业街区以购物消费为主,没有过多吸引人们眼球的亮点和核心文化,而主题型商业街区拥有丰富的文化内涵,能使消费者在特殊的意境里同时满足物质需求和精神需求。对于主题型商业空间,主题文化在定位时就已显现,也是其整体的灵魂之所在,正是这种文化性,使得主题型商业空间拥有自己的企业文化和品牌。此外,主题型商业空间是集购物、餐饮、休闲、娱乐、体验为一体的多功能公共空间。

3. 休闲娱乐型商业空间

由于生活节奏的加快、工作压力的加大,即使在平时人们也需进行短时间的休闲娱乐活动,以放松紧张神经。因此,现代社会的人更多地喜欢去能与家人同乐的休闲娱乐场所享受轻松、娱乐和健康的生活。休闲娱乐型商业空间的功能定位突出非购物功能,强调参与性和娱乐性,为消费者提供精神层面需求的娱乐活动、流行文化和人性化的服务。这种商业空间通常配备大型影视城、家庭式的 KTV、室内攀岩、健身房和溜冰厅等休闲娱乐场所。

4. 引领时尚型商业空间

引领时尚型商业空间通常是将前沿意识、科技创意、品质生活和时尚潮流精神相结合,融合科技商务文化,形成一个多元化的,集生活、休闲娱乐、世界美食于一体的新型商业空间。这种商业空间可以多类型精品专卖店为主体,辅以大型超市、多功能服务项目、健身商店,价格以中高档为主,充分体现高品质内涵。

第二节　信息化下的商业空间组织

一、互联网技术应用对传统零售业空间组织的影响

1. 传统零售业商品交易空间组织中的"中间人"或消失或转变为另外形式的"中间人"

在信息社会,制造商可利用互联网技术直接与消费者建立互动而成为新的"中间人"。这个过程称为零售业交易空间组织的"非中间化",消除了传统商品交易链中的分销商和实体零售商,从而改变营销渠道的长度、宽度和广度结构,增加了生产者和消费者经济效益(图12-8)。这种掠夺价值链的营销方式将最终改变传统零售业分销渠道中的均衡势力,有利于产供销联盟的形成。此外,迫于市场竞争压力,部分传统零售业商品交易空间组织中的"中间人"采取了在线交易功能,如苏宁和国美等。

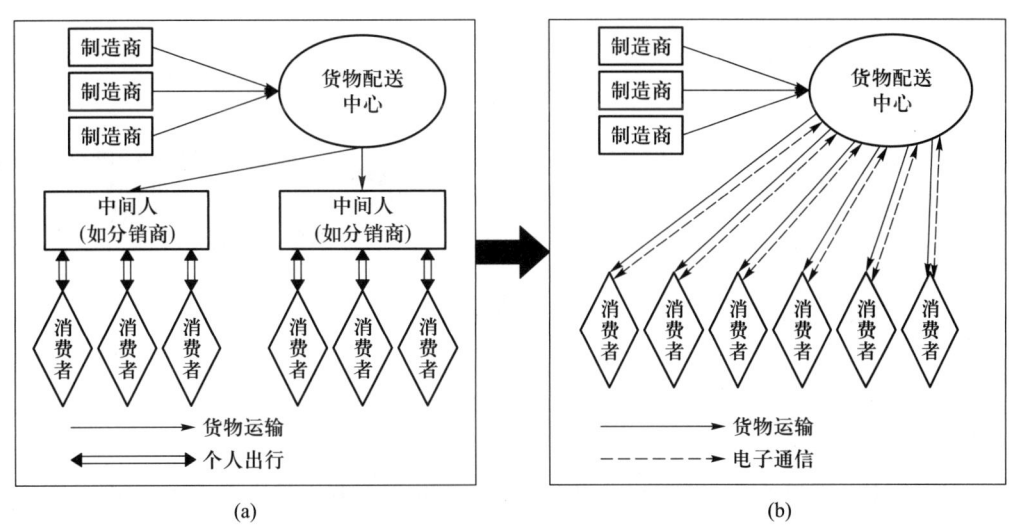

图 12-8　实体零售业和网络零售业商品流通环节和链条

(a) 实体零售业;(b) 网络零售业

资料来源:Anderson 等,2003

2. 互联网技术应用影响传统零售企业区位选择和空间布局

随着网络零售业的发展,传统零售业经济活动的活跃程度或许面临下降,就业岗位或许面临减少,特别是在大都市区内商业中心。大都市区居民受过良好的教育而易接受新事物、收入水平高、互联网设施较为完善、生活时间较为紧张、网购次数较为频繁,导致传统零售业支付地租的能力在下降。近几年来,由于网络零售快速发展及受品牌快速扩张等诸多因素的影响,中国城市商业中心零售企业关店现象较为明显,特别是在经济发达的、网络零售市场活跃的长江三角洲和珠江三角洲地区。2015年上半年,国内主要零售企业(百货和超市)共关闭121家店铺,而2014年上半年关闭的店铺有201家。尽管关闭的店铺数量在减少,但并不能说明实体零售企业的"关店潮"有所好转。由于城市中心发展空间有限和地价较高,互联网技术应用推动社会经济活动郊区化和城市蔓延,但对传统零售企业郊区化的直接作用较弱,因为传统零售企业向郊区迁移主要是伴随着居住区的郊区化产生的。

3. 互联网技术应用压缩传统零售企业市场空间

在网络零售业诞生之初,大量推测表明网络零售业将对城市内部传统零售业市场空间产生巨大影响,可能会在全球零售市场占据统治地位。这种观点来源于对互联网发展潜力的乐观认识及对网络销售增长的积极预测。但 Hurt 认为,早期有关网络零售业对城市内部实体零售业的冲击被夸大。Wrigley 等认为,网络零售业对城市内部实体零售业的影响是微弱的。因为许多生产者和网络零售商缺乏所需的管理和技术能力而不能直接将商品销售给最终消费者。不可否认的是,网络零售商的出现会给库存较大的实体零售商带来巨大压力,且这种现象愈加明显。这种压力会压缩传统零售企业市场空间,导致传统零售企业销售门槛与最大销售距离间的空间范围缩小(图12-9)。

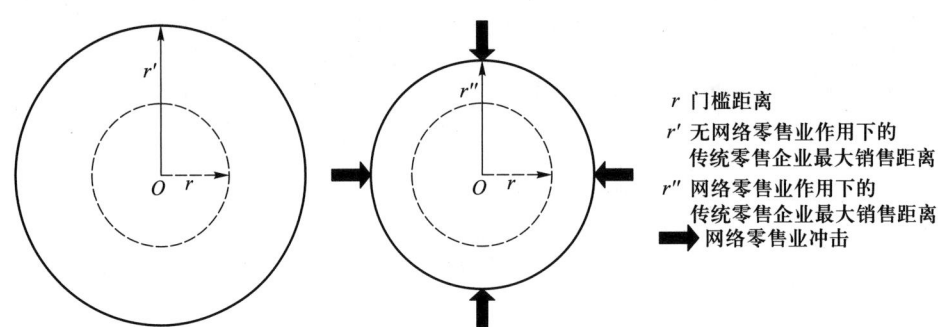

图 12-9 互联网技术应用下的传统零售企业最大销售距离变化

资料来源:金万富等,2018

4. 互联网技术应用对不同区位、不同行业传统零售企业市场空间影响存在差异

网络零售业对城市内部不同区位传统零售企业市场空间影响存在差异。如网络书店的出现并未明显地增加上海市郊区大学生网上购书频率,因为郊区书店价格较为优惠且图书种类更具有针对性。Schellenberg 在针对德国网购者的调查样本中发现,由于互联网购物,有近25%的网

购者很少会在市中心购物,约18%的网购者很少会在城市边缘地区购物中心购物。这种观点证实了居民网络购物不符合效率假说。

由于零售业行业特点存在较大差异,互联网技术应用对不同传统零售行业市场空间影响也存在差别。图书、音乐CDs、办公用品、计算机硬件和消费性电子产品等商品信息可有效地以数字化的方式表达、传递给消费者,故其网络销售对实体店市场空间的替代性影响较为明显。网上书店对不同规模的传统书店市场空间影响存在差别,对抢占中等规模的传统书店市场影响较为明显。因为与大型和小型传统书店相比,中等规模传统书店在商品种类、价格和运输便捷等方面均不具有明显优势,而网上书店则具有突出的比较优势。尽管现代信息技术有助于扩大零售业的市场空间,但消费者难以通过互联网充分地获取新鲜蔬菜与水果等生鲜类商品信息,也难以感触试穿衣服时的舒适程度,因此网络销售对这两类商品市场空间的影响存在很大不确定性。

5. 传统零售空间与虚拟零售空间融合发展

随着网络购物活动的盛行,部分传统零售商为了保护市场利益,转向信息技术,将线上和线下两种销售方式相结合,即实体销售活动部分虚拟化,虚拟活动部分实体化,其空间效应表现为传统零售空间与虚拟零售空间融合发展。这种具有在线交易功能的传统零售企业是一种特殊的类别,其发展最早依赖于店面,而后迫于市场竞争压力,采取了在线交易功能。正如Weltevreden等所发现的,商业街上的一些知名零售商已经通过互联网改善客户关系,增强宣传力度以增加客流量,部分实力雄厚的零售商已经开发出非常复杂的网站以享受来自在线零售的巨大比较优势,如日本的Seven-Eleven进入电子商务市场是通过在实体店面设立专门的电子商务终端设备。

此外,部分网络零售商发现,在线上销售额增长到一定阶段后,线上顾客数量增加将遇到瓶颈,线上同质化产品的增加也会加剧市场竞争。鉴于此,部分网络零售克服在线销售的自身缺陷,尝试以创造体验吸引消费者。例如,美国Warby Parker是一家纯在线销售眼镜的零售商,但是于2013年在纽约市曼哈顿时尚购物中心SoHo开设了首家旗舰样品零售店,以为消费者提供体验;美国苹果公司在香港中环国际金融中心和九龙塘又一城购物中心等设立了官方直营店,以提供体验式服务和销售服务。

二、互联网技术应用下的零售业空间组织特征

1. 网络零售商或信息中介成为零售业销售空间组织中新的"中间人"

全新的社会经济活动参与者——网络零售商/虚拟商人将电子商务软件与商品的调度和分配相结合,不需要出现在城市商业街上,绕过传统分销商和实体零售商,改变了商品的分销空间组织或渠道,从而对传统零售商造成威胁。分销商和传统零售商等传统"中间人"的消失促进了销售渠道成本降低,为新的"中间人"提供了丰厚的利润。另一种新的"中间人"则是"信息中介",它通过建设虚拟店面网页和零售数据库,在商品销售空间组织上为消费者和零售商之间建立直接联系,其核心功能就是交换存货、订单和交货信息,其优势是节省了零售商发展自身网站的成本和其他市场支出。这些新的"中间人"不同于传统零售店和具有在线交易功能的传统零售企业需要支付巨额租金、仓库管理费和税费等成本,可以更低成本提供商品或服务,具有突出

的价格竞争优势。

2. 网络零售业交易空间组织结构趋于扁平化

传统零售业商品交易空间体系在制造商和消费者之间存在垂直的商品分销体系,而零售业交易空间组织的"非中间化"将直接消除或减少分销商(图12-8)。尽管网络零售交易空间组织也存在分销渠道体系,但该市场分销体系基本上消除了必须依托消费市场、分层级的组织分销体系的硬约束,市场结构更加扁平化。此外,互联网技术改变了零售企业管理模式,售前接待、售后服务、营销推广等职能部门不需要在不同区域设立不同等级的职能部门,部门内部集聚性增强,从而导致中间管理部门大幅度缩减,企业管理部门空间组织结构趋于扁平化。

3. 网络零售商业区位选择更注重货物配送和信息化而非接近市场

在工业社会,接近市场、低成本和交通便捷度是影响企业区位选择的重要因素。在信息社会,可接近性、快速沟通和高收益网络则成为影响企业区位选择的重要因素,特别是"时间成本"已成为决定企业区位选择的核心机制。多数研究显示,新的"中间人"集中在经济发达、市场规模较大、物流便捷、信息化程度较高的城市。由此可见,快捷、高效的联系网络是吸引新"中间人"入驻的重要因素之一。为了满足消费者和供应商的利益诉求,网络零售商对空间距离的敏感性降低,对时间距离的敏感性增强,区位选择与物流网点间的空间匹配程度总体较高。国外部分大型网络零售企业通常将商品仓库设立在远郊地区的州际公路或机场附近。

4. 网络零售企业职能部门空间布局出现了较为明显的分散化和集聚趋势

传统零售企业职能部门较为单一,尽管其空间布局呈现出了分散化和集聚化,如中小传统零售企业集聚在各种商业街,大型连锁传统零售企业职能部门分散在不同等级城市。而零售企业采用互联网技术后,职能部门更加复杂化和多样化,其空间分布分散化和集聚现象较为明显。因为信息技术革命改变了商品供应和采购系统及(或许是)企业的根本本质,增大了企业区位弹性,深刻影响着企业的空间组织,使企业的经济活动分散到世界各处,并导致企业组织明显地空间重组。在信息社会,为了降低投资风险及追求规模经济和范围经济,网络零售企业的空间组织按照自己的需求合理布局组织,将自己不具备优势的业务虚拟化。

互联网在零售业中的应用重构了商业价值链系统,大型网络零售企业职能部门空间布局向分散化演变,部门内部则集聚。如京东商城是一种典型的"纯鼠标"网络零售商,总部位于北京亦庄经济开发区,负责整个集团的管理和采购;现已在物流便捷的北京、上海、广州、成都和武汉分别建立华北、华东、华南、西南和华中5个地区的一级服务和物流中心,拥有运营支持部、区域大货仓管理部和售后维修中心等多个职能部门;在次级区域中心和部分市场规模较大的城市建立二级物流中心以负责配送或便于消费者自提;江苏宿迁为全国客服中心,负责远程咨询和售后服务。当当网的空间组织结构类似于京东商城,在全国建立6大物流中心,为中国东部沿海地区城市和中西部省会城市居民提供送货上门服务,企业销售组织向三级城市扩展则是有选择的。Dodge认为,拥有网络零售平台的大型零售商通常将互联网业务集中在某些地区。例如,虽然亚马逊建立了面向英国和德国零售市场的新网站,但这些网站都托管在位于西雅图总部的服务器上。

5. 网络零售企业商业圈辐射范围较广，市场销售普遍符合创新扩散理论

传统经济区位理论认为，零售企业销售随着空间距离的增加总体上呈衰减趋势。然而，互联网的发展减轻了距离或空间对零售商销售的制约。因为零售商可以利用互联网平台和现代物流，不需要在消费者居住附近建立实体店以提供商品和服务。因此，互联网有助于零售商扩大市场销售规模或范围，甚至可以在全球范围内从事经济活动和安排空间组织。有研究显示，由于现代通信技术降低了空间阻碍作用，网络零售商虚拟商业圈辐射范围更广，且在时间地图上辐射范围呈现出近似圆形的空间分布状态，但"时间距离"所导致的消费者购物和收货时间的"时滞"不会使虚拟商圈无限延伸。

网络购物作为一种新的购物方式，在社会上的普及是否符合创新扩散理论受到研究者的关注。事实上，居民建立该购物方式的决策过程是一种创新决策过程，需要依次建立认知、说服、决策、实施和确认。Farag 等利用荷兰互联网市场研究机构 Multiscope 的 1996 年和 2001 年网购问卷调查数据来研究不同地区城镇化水平与在线网购者规模间的关系时发现，区域城镇化水平与居民接受在线购物呈现明显的等级关系，这种空间分布符合创新扩散理论。Clarke 等也支持 Farag 等的观点，他们认为英国网络零售业销售集中在城镇化水平较高的伦敦和英国的东南部，随着乡村地区互联网设施的改善，威尔士、苏格兰和英格兰北部地区乡村网络零售消费快速增长。

此外，Anderson 等和 Boschma 等认为由于实体购物出行不便，欠发达地区居民可能更倾向于进行网络购物。基于此，Oort 等提出了网络购物的效率假说，即在相对落后的城市区域或郊区，实体商业市场不发达，且交通可达性较差，实体购物出行不便，居民更倾向于进行网络购物。这种假说与网络购物的创新扩散假说关系并不是对立的，创新扩散假说强调网络购物采用者出现的先后次序，而效率假说则是强调网络购物采用者的规模。

第三节　消　费　城　市

一、消费城市和消费城市理论的产生

消费型城市主要通过服务业发展来促进消费，包括生产性服务业和消费性服务业，以满足生产者、消费者的服务需求，提供不同形式的服务劳动和服务产品。根据消费型城市支柱产业的不同，其可分为旅游休闲型城市，如拉斯维加斯；房地产开发型城市，如迪拜；商贸零售型城市，如香港；信息服务型城市，如伦敦。从消费型城市所提供的服务劳动和服务产品等特点角度，可以将城市中的消费分为两种类型：一种是被城市建成区内的消费者消费，称为内部性消费；另一种是被城市建成区外的消费者消费，称为外部性消费。国际上通常将一个城市的内部性消费占总消费的比率计为内部消费率，50%的内部消费率为消费型城市的底线。

消费城市的理论较早由 Weber 等（1920 年）提出，他将城市分为商人城市、生产型城市和消费型城市。商人城市中消费者的购买力主要来自国内和海外商品贸易所得的差价，以出口需求拉动发展。生产型城市的消费能力取决于当地的工厂、制造业和家庭工厂的发达程度，以生产投资为主要发展动力。消费型城市主要依赖强大的消费能力,以内部需求为主要发展动力。

　　然而,城市经济学者和城市地理学者在很长时间内侧重于从生产角度探索城市聚集产生的原因,因此消费城市理论没有得到良好的发展。随着人均收入的增加及交通通信技术的发展,消费在城市经济发展中的作用日益突出。2001年以来,美国城市经济学家 Glaeser 等(2001)和 Saiz 等(2006)再次提出"消费城市"理论,并进一步丰富其内涵。该理论将城市视为商品、服务和文化的消费中心,从消费的视角来研究城市经济增长。

二、消费城市特征

　　从消费角度看,消费城市是多种消费要素的综合,进而产生独特消费牵引力,使消费者愿意前往或是愿意留在某地,包括短期旅行、中期度假休闲以及长期的工作定居。因此,消费城市应该包括良好的消费环境、卓越的消费体验、丰富的情感和社交消费、独特的消费符号,以及较高的人力资本存量与高等教育发展水平等。

1. 良好的消费环境

　　消费环境是消费行为得以实现的外部条件,包括自然环境与社会环境两个部分,它直接作用于消费的质量和满意程度。其中,消费城市的自然环境既包括城市气候、降水、气温、地貌、空气质量以及城市内外自然风光等。消费城市的社会环境包括与当地政府机构相关的行政效率、服务水平及廉洁程度等,与城市管理机构治理水平相关的法治水平、社会治安以及环境保护力度等,与城市文化积淀相关的城市遗迹、文化风貌以及风俗习惯等。

2. 卓越的消费体验

　　消费体验是消费对象、消费基础设施、消费服务设施以及消费服务水平综合互动的结果。其中,消费对象的丰富与多元化是消费体验的关键,大量的商品和服务聚集在城市,使得消费者能够节约消费时间和交通成本,为消费活动带来便利;消费基础设施和消费服务设施则是消费体验赖以提高的前提;消费服务水平的提高当然是消费体验提升的中心环节,对一个消费城市来说,消费服务水平主要体现于一些不可贸易或难以贸易的消费服务的深度化、高端化、定制化和交叉性。

3. 丰富的情感和社交

　　城市是社会的产物,它不仅是人类集聚的空间,更是维系人类情感和社交的基本纽带。实证研究表明,密度较大的城市和社区居民更有可能与邻居交往和联谊。按照集聚经济学中消费者自组织理论的解释,正是因为人类具有情感和社交的需求,才愿意放弃在远离城市的地方享受土地收益而集聚于城市。

4. 独特的消费符号

　　每个城市应具有自我独特符号,这是城市魅力的表现。对某个消费城市来说,它就应具有自我的消费符号,这是其消费与其他城市的区别,体现了城市个性,也是城市吸引消费者的重要力量。世界上很多城市都有各自的消费符号,例如米兰是时尚消费之都,巴黎是浪漫消费之都。

5. 较高的人力资本存量与高等教育发展水平

西方城市经济学认为,消费需求的层次与收入、能力密切联系。高收入人群和高能力者在城市选择定居和工作时,更加看重生活消费质量和消费机会。高等教育消费发展是中国城市消费中比较特殊的部分,众多的优质高等教育消费资源通常集聚在超大城市或特大城市。高等教育消费对消费城市的魅力就在于众多求学者初始到某城市求学,在求学过程中习惯了求学城市的生活消费,也就是一般认为的消费黏性,便选择在该城市定居和工作。

从产业发展的角度看,第一,消费城市通常拥有较为发达的服务产业体系,其中发达的商贸流通业是消费城市发展的前提;第二,消费城市一般具有主导服务业部门或高端制造业部门,这是其发展的动力来源,也是城市消费规模扩张和质量提升的基础;第三,消费城市的服务业部门通常趋于高端化或现代化,以便满足消费城市居民的高质量消费要求,是提供城市财富来源的关键。

三、消费对城市发展的影响

1. 消费需求增长推动城市更新

列斐伏尔等社会学家认为,空间是在历史发展的过程中产生的,并随历史的演变而重新解构和转化,是各种利益角逐的场所,又是利益角逐、充溢着各种意识形态的社会产物。因此,空间本身是一种商品。这使得消费空间生产赋予了更深层次的含义,即将空间转变为一种空间消费品。消费空间生产不仅仅是为了满足消费需求的增长,更植入了经济发展方式转变、支撑城市营销竞争等更深刻的经济目标与政治目标,致力于城市经济活力与城市吸引力的提升。因此,消费空间成为城市政府实现经济目标、政治目标的重要战略载体。城市空间在级差地租①的引导下不断发生着功能置换,大量原有的低收益生产空间转换为消费空间。而消费社会中消费需求不断扩大,也迫切需要城市政府持续扩张城市中的消费空间,这进一步加速了用地更新的进程,使得消费空间自身在空间规模、用地效率等方面得到不断的更新升级。如南京市新街口商业区,从最初的中央商场开始,经过几十年的发展,不断通过空间更新的方式向外扩充,陆续形成了包括德基广场、大洋百货等10余家商场在内的巨型消费空间群,使新街口商业区在景观风貌、用地构成等方面都焕然一新。

2. 在城市消费的向心力和离心力作用下城市规模趋于稳定

在消费需求升级、面对面交流需求增强、地方政府竞争加剧及创造性阶层兴起等众多驱动力的作用下,城市必然会经历升级、更新和再发展。在此过程中,城市消费设施及相关服务进一步完善,消费质量和消费满意度得到提升,城市消费对人力吸引产生较强的向心力。然而,居民的过度集聚

---

① 等量资本投资于等面积的不同等级的土地上所产生的利润不相同,因而所支付地租也就不同,这样的差别地租就是级差地租。级差地租又可分为因土地肥力和位置不同而产生的级差地租Ⅰ和因投资的生产率不同而产生的级差地租Ⅱ。

和居住密度过高,尤其是城市发展速度慢于消费质量提升时,拥堵和生活成本会快速增加。消费者将在拥堵、生活成本和消费收益间权衡,并再作迁徙决策,也就是所谓的城市消费离心力。在离心力和向心力的综合作用下,城市规模将逐步趋于平衡,并达到稳定状态,不会无限制扩大。

3. 消费需求的多样性和层次性有助于多极分散化的城市商业空间结构的形成

收入水平的提高有助于扩大居民消费面,激发消费需求升级;消费结构将更多地依次转向以服务消费、发展和享受型消费、精神文化消费为主;消费方式更多地转向个性化和定制化;消费内容更多地转向高端化和科技化,城市商业演变出多种新型商业业态。而在离心力和向心力的综合作用下,城市发展相继进入郊区化和逆城镇化阶段,城市空间结构重构,旧城区商业中心衰落。在城郊接合部,交通便捷或地价便宜的地点出现了占地面积较大、可提供商品服务种类繁多的新型商业业态中心。此外,部分新型的综合性商业中心通常会选择在客流密集且交通便捷的新城市中心或次中心布局。由于发展的惯性,旧城区商业中心可能在城市商业网络中仍占据重要地位,但新城市中心、次中心及郊区商业中心的崛起,使得城市商业布局向多极分散化格局发展,特别是各种业态商店连锁经营发展,更加剧了城市商业的综合性和横向性发展趋势。

4. "拟像"消费空间提升城市竞争力

现代交通和通信技术的发展使得中国城市发展日益融入全球城市体系的构建与发展的进程中,且消费空间生产逐渐突破了时空约束。为了应对人们对异域奇特文化符号的消费需求以及对差异化城市空间环境的体验式消费需求的日益增长,大量与当地真实传统和场所无关的建筑与空间(正是波德里亚所说的"拟像"①)在消费逻辑的驱动下不断产生,成为独具特色、令人难忘的城市空间景象。而现代都市旅游的发展更是促使空间消费进入了前所未有的广度和深度,所有具有特色的自然景观和建筑空间整体包装、转变为消费对象,通过各种新奇的拟像景观对城市旅游的推动作用以及对周边城市居住、商业功能的带动作用,实现了城市自身经济发展的需要。不仅如此,在新的发展背景下,城市竞争、城市营销的逻辑转向使得城市本身也开始追逐全球化、现代化、个性化的潮流。根据 2010 年的调查,全国已有 183 个城市提出了建立"现代化国际大都市"的目标,每个城市都力图融入全球空间的体系构建之中,渴望与世界接轨,这也使不少西方的、现代的空间意象在中国成为现实空间的再创造。植入奇特化、差异化城市景观,美化和装饰城市已经成为城市实现自身发展跃迁的重要举措,特别是一些自身资源禀赋不足的城市,更是注重通过植入城市拟像、打造奇特景观以塑造城市新名片、新标志。

思考题

1. 简述城市内部商业空间的构成。
2. 简述购物出行空间等级性。
3. 简述互联网技术应用对商业空间的重构。

---

① 拟像概念来自法国后现代理论家让·波德里亚的后现代理论。所谓拟像就是复制或仿制所得的艺术成品,特点是模拟再现物或仿本。

4. 简述消费城市特征及其对城市发展的影响。

参考文献

[1] 郭崇义.商业布局与区位决策[M].北京:中国商业出版社,2008:3-27.

[2] 韩会然,杨成凤,宋金平.芜湖市居民购物出行空间的等级结构演变特征及驱动机制[J].地理研究,2014,33(1):107-118.

[3] 洪涛,李国玉.中国零售业结构性调整分析——2014年中国零售业关店报告[J].中国流通经济,2015,29(3):1-9.

[4] 黄璜,王俊程,战冬梅."消费城市"兴起对城市旅游发展的影响[J].经济问题探索,2010(1):151-154.

[5] 黄杉,武前波,崔万珍.国内外城市综合体的发展特征与类型模式[J].经济地理,2013,33(4):1-8.

[6] 金万富,王少剑,邓神志,等.互联网技术应用对零售业空间组织影响研究进展[J].人文地理,2018,33(3):1-15.

[7] 林耿,许学强.广州市商业业态空间形成机理[J].地理学报,2004,59(5):754-762.

[8] 刘卫东,甄峰.信息化对社会经济空间组织的影响研究[J].地理学报,2004,59(S1):67-76.

[9] 刘向东,陈成漳.互联网时代批发商的"再中介化"——价值链整合视角[J].商业经济与管理,2016(6):5-14.

[10] 刘学,甄峰,张敏,等.网上购物对个人出行与城市零售空间影响的研究进展及启示[J].地理科学进展,2015,34(1):48-54.

[11] 龙固新.大型都市综合体开发研究与实践[M].2版.南京:东南大学出版社,2011.

[12] 史坤博,杨永春,邵蕊,等.中国城市居民C2C网络消费的空间特征分析:兼论技术扩散与效率假说的适用性[J].地理科学,2019,39(1):107-115.

[13] 史坤博,杨永春,白硕,等.技术扩散还是效率优先:基于"美团网"的中国O2O电子商务空间渗透探讨[J].地理研究,2018,37(4):783-796.

[14] 宋周莺,丁疆辉,刘卫东,等.信息技术对中国服装企业空间组织的影响[J].地理学报,2009,64(4):435-444.

[15] 宋周莺,刘卫东.信息时代的企业区位研究[J].地理学报,2012,67(4):479-489.

[16] 孙鹏,王兴中.西方国家社区环境中零售业微区位论的一些规律[J].人文地理,2002,17(2):63-66.

[17] 汪明峰,卢姗.网上零售企业的空间组织研究:以"当当网"为例[J].地理研究,2011,30(6):965-976.

[18] 汪明峰,卢姗,邱娟.网上购物对城市零售业空间的影响:以书店为例[J].经济地理,2010,30(11):1835-1840.

[19] 汪明峰,卢姗,袁贺.网上购物对不同区位消费者行为的影响:市区和郊区的比较[J].城市规划,2013,37(11):84-88.

［20］仵宗卿,柴彦威,戴学珍,等.购物出行空间的等级结构研究:以天津市为例［J］.地理研究,2001,20(4):479-488.

［21］肖作鹏,王缉宪,孙永海.网络零售对物流供应链的重组效应及其空间影响［J］.经济地理,2015,35(12):98-104.

［22］许学强,周素红,林耿.广州市大型零售商店布局分析［J］.城市规划,2002,26(7):23-28.

［23］闫小培.信息网络对企业空间组织的影响［J］.经济地理,1996,16(3):1-5.

［24］叶强,陈娜,向辉,等.城市商业空间新结构模式［M］.北京:中国建筑工业出版社,2015:142-145.

［25］李俊高,叶胥.消费经济理论的发展脉络:回顾、趋势以及展望［J］.经济问题探索,2017(9):175-181.

［26］俞金国,王丽华,李娜.电子商铺空间分布特征分析:来自淘宝网的实证［J］.经济地理,2010,30(8):1248-1253.

［27］余金艳,刘卫东,王亮.基于时间距离的 C2C 电子商务虚拟商圈分析:以位于北京的淘宝网化妆品零售为例［J］.地理学报,2013,68(10):1380-1388.

［28］郑文升,金丽娟,姜玉培,等.中国 C2C 电子商铺与物流网点地区分布关系［J］.经济地理,2016,36(3):83-90.

［29］甄峰,顾朝林.信息时代空间结构研究新进展［J］.地理研究,2002,21(2):257-266.

［30］甄峰,花俊,黄朝永.数字化时代的城市与区域发展构想［J］.人文地理,2000,15(2):49-52.

［31］甄峰,翟青,陈刚,等.信息时代移动社会理论构建与城市地理研究［J］.地理研究,2012,31(2):197-206.

［32］曾思敏,陈忠暖.国外网上零售商业空间及其影响效应研究综述［J］.人文地理,2013,28(1):36-42.

［33］郑静,许学强,陈浩光.广州市社会空间的因子生态再分析［J］.地理研究,1995,14(2):15-26.

［34］赵丹,张京祥.消费空间与城市发展的耦合互动关系研究:以南京市德基广场为例［J］.国际城市规划,2015,30(3):53-58.

［35］赵宇,张京祥.中国城市消费型转型研究［J］.现代城市研究,2010,25(4):19-24.

［36］赵宇,张京祥.消费型城市的增长方式及其影响研究:以北京市为例［J］.城市发展研究,2009,16(4):83-89.

［37］Alba J,Lynch J,Weitz B,et al. Interactive home shopping:consumer,retailer and manufacturer incentives to participate in electronic marketplaces［J］.Journal of Marketing,1997,61(3):38-53.

［38］Anderson W P,Chatterjee L,Lakshmanan T R. E-commerce,transportation,and economic geography［J］.Growth and Change,2003,34(4):415-432.

［39］Angelides M C. Implementing the internet for business:a global marketing opportunity［J］.International Journal of Information Management,1997,17(6):405-419.

［40］Aoyama Y. Structural foundations for electronic commerce:a comparative organization of retail trade in Japan and the United States［J］.Urban Geography,2011,22(2):130-153.

［41］ Clark D. Urban geography［M］.London:Billing and Sons Limited,1982.

［42］ Clarke G,Thompson C,Birkin M. The emerging geography of e-commerce in British retailing ［J］.Regional Studies,2015,2(1):371-391.

［43］ Constantinides E,Romero C L,Boria M. Social media:a new frontier for retailers? ［J］. European Retail Research,2008,22:1-28.

［44］ Converse P D. New laws of retail gravitation［J］.Journal of Marketing,1949,14:379-390.

［45］ Doherty N F,Ellis-Chadwick F. Internet retailing:the past,the present and the future［J］. International Journal of Retail & Distribution Management,2010,38(11/12):943-965.

［46］ Enders A,Jelassi T. The converging business models of internet and bricks-and-mortar retailers［J］.European Management Journal,2000,18(5):542-550.

［47］ Farag S,Weltevreden J,Rietbergen T V,et al. E-shopping in the Netherlands:does geography matter? ［J］.Environment and Planning B:Planning and Design,2006,33(1):59-74.

［48］ Freathy P,Calderwood E. Coping with change:the implications of e-commerce adoption for island consumers［J］.Regional Studies,2016,50(5):894-908.

［49］ Ghezzi A,Mangiaracina R,Perego A. Shaping the e-commerce logistics strategy:a decision framework［J］.International Journal of Engineering Business Management,2012,4(13):1-13.

［50］ Glaeser E L,Gottlieb J D. Urban resurgence and the consumer city［J］.Urban Studies, 2006,43(8):1275-1299.

［51］ Huff D L. A probability analysis of shopping center trade areas［J］.Land Economics,1963, 2:379-384.

［52］ Hurt C. Initial public offerings and the failed promise of disintermediation［J］.Entrepreneurial Business Law Journal,2007,2(2):703-742.

［53］ Jones K,Biasiotto M. Internet retailing:current hype or future reality? ［J］.The International Journal of Retail Distribution and Consumer Research,1999,9(1):69-79.

［54］ Liu W D,Dicken P,Yeung H W C. New information and communication technologies and local clustering of firms:a case study of the Xingwang Industrial Park in Beijing［J］.Urban Geography, 2004,25(4):390-407.

［55］ Park S O. The impact of business-to-business electronic commerce on the dynamics of metropolitan spaces［J］.Urban Geography,2004,25(4):289-314.

［56］ Rachmawati R,Rijanta R,Djunaedi A. Location decentralization due to the use of information and communication technology:empirical evidence from Yogyakarta,Indonesia［J］.Human Geographies, 2015,9(1):5-15.

［57］ Reilly W J. The law of retail gravitation［M］.New York:The Knickerbocker Press,1931.

［58］ Ren F,Kwan M P. The impact of geographic context on e-shopping behavior ［J］. Environment and Planning B:Planning and Design,2009,36(2):262-278.

［59］ Saiz A,Kolko J,Glaeser E L. Consumer city［J］.Journal of Economic Geography,2001, 1(1):27-50.

［60］ Weltevreden J W J,Rietbergen T V. E-shopping versus city centre shopping:the role of perceived city centre attractiveness [J].Tijdschrift voor Economische en Sociale Geografie,2007,98(1):68-85.

[61] Wrigley N, Currah A. Globalizing retail and the "new e-conomy": the organizational challenge of e-commerce for the retail TNCs[J].Geoforum,2006,37:340-351.

[62] Yeates M H,Garner B J. The North American city[M].New York:Harper and Row,1976.

[63] Zhou C S,Jin W F,Zhang G J. Impact of shipping distance on online retailers' sales:a case study of Maiyang on Tmall[J].Chinese Geographical Science,2018,28(2):261-273.

第十三章 城市社会空间与城市感应空间

世界银行数据显示,世界人口至 2018 年 12 月已达到 76 亿。与此同时,全球老龄化态势日趋严重,城市社会空间分异现象不断凸显,邻里成为城市社会研究的重要组成部分。以上主题具体呈现怎样的变化特征,本章节将从理论和实证案例两个方面进行探讨。

第一节 人口变化与移民

人口变化会对城市地理产生重大影响,因为城市的规模、结构、土地利用、环境等均会受到人口的影响。人口变化包括出生率、死亡率,迁入和迁出城市的移民流,人口的空间分布,年龄分布及模式,人口相关特征等多个方面的变换。

一、人口变化

1. 人口变化的概念

人口变化也称人口变动,指人口状况随着时间和所处社会经济条件的变化而不断变化的过程,主要包括人口总量、人口结构、人口分布等的变动。人口变动可以通过自然变动、迁移变动和社会变动三种方式实现,它们分别从不同的方面反映人口变动的特点和规律。三种人口变动形式各具特征,但三种人口变动形式之间是互相联系的,归根到底都取决于一定的社会生产方式。

(1) 人口自然变动。指由人口出生和死亡而引起的人口数量的增减和人口性别年龄结构变化的过程,同时也包括人口体质等某些因素的变动。

(2) 人口迁移变动。指人口在空间上的移动,包括改变定居点的移动和暂时的移动。迁移变动使人口地区分布发生变化,也引起地区人口性别年龄结构和人口社会经济结构的变动。

(3) 人口社会变动。指人口从一个社会集团转入另一个社会集团的变动。社会集团是指依据人口所具有的各种社会经济标识所划分的人口群体。这些标识主要指阶层、民族、行业、职业、语言和文化程度等。人口社会变动根源于社会经济条件的变化,它通过改变人口的社会结构引起人口变动。如随着工业化的进程,人口的行业结构、职业结构和文化程度结构均发生了变动。

世界人口近 50 年变化明显,人口总量不断增长,已经从 1970 年的 36.84 亿人,增加至 2018年的 75.94 亿人,翻了一番多。但世界人口的年均增长率在不断下降,从 1970 年的 2.09% 下降至 2018 年的 1.11%(图 13-1)。人口构成方面也发生了变化,其中世界女性人口占总人口的比重,从 1970 年的 49.87% 下降至 2018 年的 49.58%。

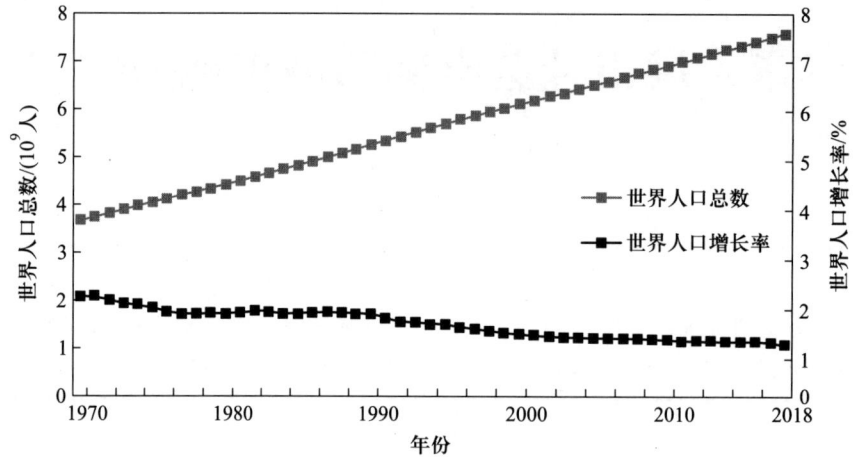

图 13-1　世界人口总量及增长率变化图(1970—2018 年)

随着城镇化和工业化的发展,中国人口也发生了巨大的变化。其中,人口总量从 1970 年的 8.30 亿人,增加至 2018 年的 13.95 亿人,增长了约 68.07%。城镇和乡村的人口比例发生巨大变化,城镇人口所占比例从 1970 年的 17.38%,上升到 2018 年的 59.58%;乡村人口占总人口的比例从 1970 年的 82.62%,下降到 2018 年的 40.42%。至 2011 年城镇人口所占比例已经超过乡村人口,表明自 2011 年起中国已经有超过一半的人生活在城市里(图 13-2,图 13-3)。

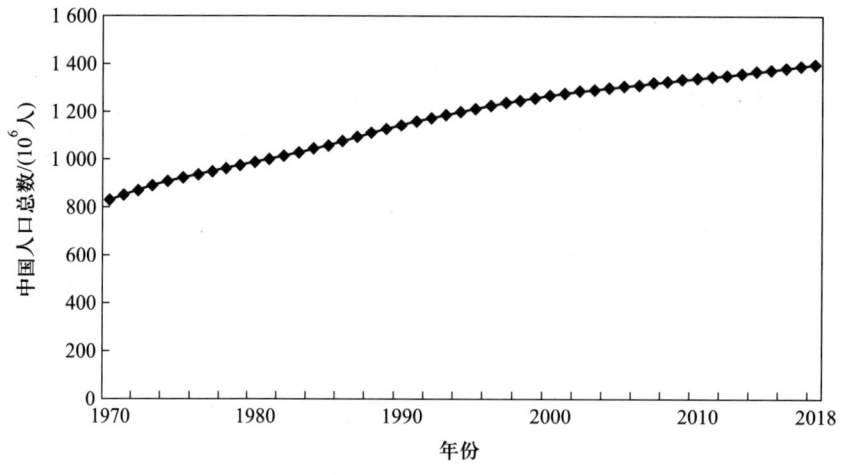

图 13-2　中国人口总数变化图(1970—2018 年)

2. 人口变化的影响

结合城市社会经济发展阶段,人口变化大致经历了 4 个阶段,不同阶段的人口变化导致对应城市空间结构和形态呈现出不同的特征(图 13-4,表 13-1)。

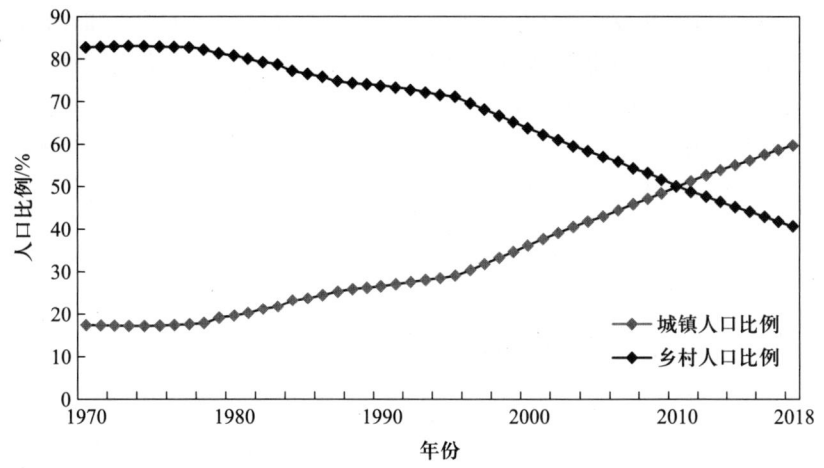

图 13-3 中国城乡人口比例变化图(1970—2018 年)

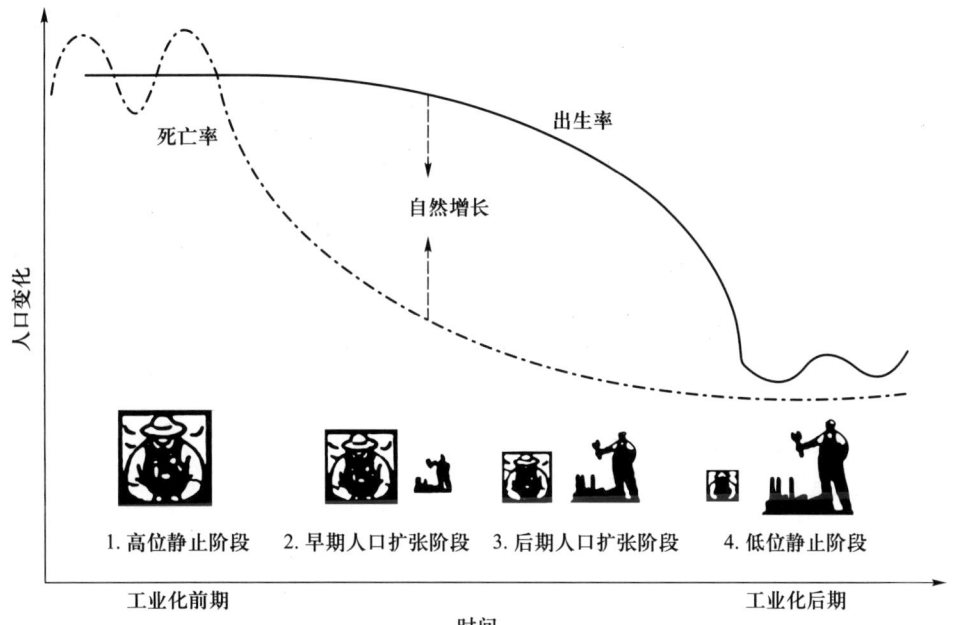

图 13-4 工业化国家的人口变化图

在工业化前期,由于社会经济条件的限制,出生率和死亡率都很高,人口总量相对稳定,人口变化主要受自然变化影响,且变化幅度不大。所以,该时期主要为农业社会时期,人口结构比较简单,形成了严格的社会等级制度,城市空间结构相对稳定。如在西方以宗教神职为尚,在中国官方阶层拥有较高的权力和社会地位,城市形态则表现为以广场为中心的放射状和以官方建筑为中心的规整的方正结构为主,以体现严格的社会等级关系。

在工业化初期,随着经济的发展、科技的进步、生活环境的改善,死亡率开始下降,出生率下降水平低于死亡率,处于人口快速增长期,人口变化现象明显,主导方式仍然是自然变化,但已经出现农村人口向城市迁移的现象。人口总量的增多,为城市提供了大量的劳动力,为工业化的发展提供了人力资本,是城镇化发展的充分条件。与此同时,工业化、城镇化和经济增长又促进了人口增长。所以在该时期,城市空间结构和形态相比农业社会发生了很大的变化。如以农业为主的产业结构向以工业为主转变,文化娱乐、商业服务等第三产业发展,新的职业类型不断出现,职业结构等方面都与农业社会有很大的不同。以靠近工作地点而选择居住地的行为,逐渐改变着原有的城市空间形态,形成了中心商务区、居住区、混合居住区(工业区和居住区混合)、近郊工业区等类似圈层结构的城市形态。所以,该阶段迅速增长的人口总量,势必产生更多的消费和服务需求,最终要求城市空间不断向外扩张。

表13-1　城市不同发展阶段人口变化特点

阶段		人口变化		城市空间结构和形态
		中心城市	郊区	
工业化前期		−	+	社会等级结构严格,放射状和规整的方正结构城市形态
工业化初期	Ⅰ 城镇化	+	−	城市空间结构日趋复杂,城市形态呈圈层结构和综合结构
工业化中期		++	+	
工业化后期	Ⅱ 郊区化	++	++	城市出现了多种新要素和社会空间,如农民工、族裔聚居区、城中村、老年社区等;城市形态种类趋于多样,如多核网络结构、主城—卫星城结构等
	Ⅲ 逆城镇化	−	+	

在工业化中期,随着社会经济进一步发展,死亡率降到最低,出生率也呈现明显的下降,人口增长速度放缓。该阶段人口变化的一个突出特点是,农村人口大量涌入城镇,城镇人口所占的比例已经超出农村人口。该阶段人口变化的主导方式已经由自然变动转为迁移变动,即迁移是导致城乡人口结构变化的主要方式,迁移改变了城市和农村人口的结构和分布情况。而该快速的人口变化现象,会导致一系列城市问题的产生,如交通堵塞、住房紧张、能源需求增多、空气污染、社会隔离等。

在工业化后期,出生率和死亡率均降到最低,人口净增长率下降到零增长附近,国家人口处于低位静止阶段。该阶段人口变化特点为城市所容纳的人口高于第三阶段,但人口总量的增长速度低于第三阶段,人口变化的主要方式依然是迁移。与第三阶段不同,在该阶段迁移呈现农村人口和城市人口的双向移动,既存在农村人口向城市流动的现象,也存在城市人口向农村迁移的现象,所以人口变化现象在该阶段异常活跃,是城镇化进程的不同阶段,有学者将其称为郊区化的过程。在该阶段,随着城市不断向郊区扩张,郊区出现商业、办公等生产和生活服务配套,城市土地利用类型增多,城市空间结构和形态随着城市要素种类的多样化,出现更加复杂的特点。如城市的扩张行为,导致大量农村的农用地被征用,农村被城市所包围,出现了新的城市空间要素,如城中村等;其次,大量农村人口流入城市,受地缘关系和生活习惯的影响,产生了大量的河南人聚居区、湖南人聚居区、四川人聚居区等聚居区类型,国外移民聚居区也开始在中国的大城市出现。此外,在一些大城市,伴随城镇化进程的不断加快,出现了明显的社会结构变迁特征,如家庭与职业体系分离、专业化增加、职能分化、集体性增长、等级结构和规章制度正规化等,无一不影响着城市形态的演变。当中心城区因过高的人口密度导致大量高收入群体为寻求更舒适的生活环境而前往郊区时,城市发展进入了逆城镇化阶段,也是城镇化发展的高级阶段。该阶段城乡人口结构特点为,中心城区人口所占比例低于农村人口,大量的中高收入人群,选择居住在环境更加优美的郊区。此时的城乡人口结构特点与农业社会时期农村人口高于中心城区人口的特点有着本质的差别,在逆城镇化阶段填补郊区人口空缺的群体往往是中高收入群体,即可以通过自驾车进行通勤的人群。该阶段,面临严重的城市问题,城市管理者已经开始寻找新的城市规划方法,城市形态出现了放射结构、多核网络结构、主城—卫星城结构等反映城市空间结构的土地利用方式的几何形态。

人口变化通过人口总量、人口结构和人口分布的变化影响城市空间结构和形态的发展。城市各要素的空间分布模式和各要素之间的相互关系共同构成了城市空间结构和形态。人口作为城市的重要要素,在总量、结构和分布上的变化可以直接引起城市空间结构和形态的改变,也可以通过影响经济活动、物质设施等社会要素间接导致城市空间结构和形态的发展。尤其是在当今国际贸易快速发展、全球化和快速城镇化的世界里,经济变化的加速集聚,当代国家相比一两个世纪以前经历着更快的人口变迁。人口变迁对城市地理学来说影响深远。

二、移民

移民主要是指人口在不同地区之间的迁移活动的总称。作为名词,是指迁移人口的集合,是人或人的集合(人群);作为动词,是指人口的迁移活动。而迁移主要指人口从一个社区、州或国家迁移到另一个社区、州或国家的运动过程。迁移根据是否跨越国际,可以分为国际迁移和国内迁移。

随着全球化的不断推进,资本、信息等在全世界范围内快速流动,促进了世界人口跨国流动的发展。目前,世界人口迁移变化现象凸显,国家之间迁移人口的总量从 1970 年的 0.78 亿人,增加至 2015 年的 2.43 亿人,增加了近 211.54%(数据来源于世界银行)(表 13-2)。根据《2015 年国际移民报告》数据显示,国际移民主要来源地是中等收入国家,流入地主要是高收入国家。2015 年中等收入国家的移民占国际总移民的 65%,这其中有 77% 的移民居住在高收入国家。

表 13-2　国家之间迁移人口变化(1970—2015 年)　　(单位:亿人)

年份	1970	1975	1980	1985	1990	1995	2000	2005	2010	2015
迁移人口数	0.78	0.83	0.94	1.05	1.52	1.60	1.72	1.91	2.21	2.43

与全球范围内的跨国迁移相比,中国城乡之间、省与省之间、省内城市之间的迁移活动也十分活跃。目前,中国流动人口总量从 2000 年的 1.21 亿人,增加至 2018 年的 2.41 亿人,增加了约 1 倍(表 13-3)。相关研究基于 1983 年以来历次全国人口普查和 1% 的人口抽样调查数据资料,总结出改革开放以来中国流动人口变动的 9 大趋势:流动人口的普遍化、流动原因的经济化、流动实践的长期化、流入地分布的沿海集中化、年龄结构的成年化、性别结构的均衡化、女性人口流动的自主化、流动方式的家庭化和学业过程的知识化。流动类型从 1987 年的社会型(即婚姻、

随迁家属等）的迁移为主,转变为 1990 年显示的经济型（即以就业、寻找更好的发展机会为目的）的迁移为主。

表 13-3　中国流动人口变化（2000—2018 年）　　　　　（单位:亿人）

年份	2000	2010	2011	2012	2013	2014	2015	2016	2017	2018
流动人口数	1.21	2.21	2.3	2.36	2.45	2.53	2.47	2.45	2.44	2.41

1. 国际迁移群体——非洲移民

伴随全球化的深入推进,劳工移民、技术移民、商贸移民等不断出现,而中国正在成为外国人迁入的主要目的地。大量的外国人社区在中国出现,国际移民社区逐渐成为一种新的社会空间类型。如北京海淀区五道口和望京新城等韩国人聚居区、长富宫和发展大厦附近的日本人聚居区,上海古北虹桥和浦东的欧美白领聚居区,浙江义乌中亚移民聚居区,沈阳西塔和长春桂林路的"韩国城",广州小北路和广园西路的非洲人移民聚居区等。

广州作为中国对外贸易的重要港口城市,自古以来外商云集。尤其是 1978 年改革开放之后,珠江三角洲地区成为名副其实的"世界工厂",大量来自非洲、俄罗斯、韩国、日本等国家的移民涌入,广州也成为国内外学者研究移民社会空间特征和规律的焦点。有关广州黑人聚居区的研究指出,该类型的集聚区不同于西方的黑人聚居区,广州小北路的黑人聚居区主要产生于1997 年东南亚金融危机之后,是大量的非洲客商进入广州,因商业目的定居或暂居广州而形成的,一种"自下而上"的因跨国经济联系促生的族裔经济区。广州的黑人聚居区大致经历了兴起期（1990—2003 年）、繁荣期（2004—2007 年）和衰退期（2008 年至今）3 个阶段。以调查问卷和半结构式访谈的方式对广州小北路黑人聚居区的研究发现,暂居在小北路的黑人有 90% 是在1998 年之后来到广州的,其主体为较年轻的青壮年（调查对象年龄中位数为 32 岁）,且多数为短暂居住,长期居住在广州（超过 5 年）的黑人较少。黑人聚居区作为城市社会空间的一种新类型,丰富了城市的社会空间内容,但因人们对黑人聚居区的抵触情绪,日益纯粹的黑人聚居区因卫生、管理等问题在一定程度受到来自周边居民和相关管理部门的一些排斥。这种被动隔离的现象,给城市安全、城市社会空间的融合带来挑战。

中国国际移民聚居区产生的原因如下。

第一,全球化背景下的产物。全球化涉及层面众多,尤其以商品、资本等生产要素在全球范围内流动为特征的经济全球化对国际移民的影响最大。因为劳动力作为全球资本流动的形式之一,以劳务移民方式在全球内流动的资本形式,直接导致国际移民的产生。另外,国际资本流动的不平等性和易变性,尤其是近年来国际公共资本流动的减少,以私人投资和劳务为代表的私人资本流动不断增加,人们愿意流向收入水平更高的地区。

第二,交通和技术的发展使得国际移民成为可能。大型客机和通信技术的发展,压缩和重塑了全球的时间和空间概念,观念、文化符号等要素得以在全球范围内多向流动;在追求更好收入和家庭团聚等因素的推动下,国际移民通过移民链强化移民以获得持续发生;与此同时,技术的进步促进跨国社会关系网络的形成,改变了国际移民所处的大环境,使得国际移民可借助社会关系网络形成成熟的移民路径。

2. 国内迁移群体——农民工

中国有一部分从农村迁移到城市进行工作或居住,但并未改变其原户籍的流动人口被称为"农民工"。农民工是具有中国特色的移民群体,是农村部门、城市部门以及相关制度共同作用形成的,是中国快速城镇化和特殊户籍制度共同作用的产物。相对于跨国移民,农民工主要为跨地域的移民群体,即常年或大部分时间在城镇生活和工作、但户籍仍在农村的具有中国特色的群体。目前中国流动人口规模较大,已经从 20 世纪 80 年代初的几百万增长到 2018 年的 2.41 亿,占总人口的 17%。

如何定义农民工,有学者给出这样的方案:农民工,即他们来自农村,属于农业户口;农民是他们的社会身份,农民工是他们的职业身份;其主要时间不是务农而是从事非农活动,活动领域包括第二、第三产业;还有一部分是自雇者进城从事个体工商活动,不包括进城成为企业老板的农村流动人口。其社会身份有两重含义:一是国家制度的安排,二是社会的认可。

深圳作为外来人口集聚的城市,农民工规模较大,成为农民工研究的最佳案例地。相关研究表明,深圳农民工规模的变化在 1980—2010 年间大致经历了 3 个发展阶段。1980—1992 年间受特区政策的影响,农民工处于爆发性增长期,年均增长率为 50% 左右,至 1992 年农民工数量已经达到 148 万;1993—2000 年随着深圳高新技术产业的发展,低端制造业的外迁,农民工年均增长率下降至 16%,至 2000 年农民工数量为 476.55 万;2001—2010 年产业结构持续转型升级,农民工年均增长率已经下降到 3.35%,2010 年人数为 662.73 万人。虽然增长率有所下降,但深圳市作为流动人口高度集聚的大都市,农民工数量一直不容小觑。基于此,利用 2009 年国家农民工监测调查报告和 2008 年珠江三角洲外来工调查数据对深圳市农民工的特征进行研究,发现深圳农民工中年龄在 30 岁以下的青年农民工比例为 74.18%,高于全国的 61.6%,并且受教育水平在高中、中专及以上的比例为 42.9%,高于全国的 23.5%。通过对其职业类型的研究,发现有少量农民工已经不再从事低收入的职业,成为企业中高层管理人员和事业单位公务员。研究还得出一个有趣的结论,虽然深圳拥有较好的基础设施、丰富的休闲娱乐空间,以及较多的工作机会,但农民工愿意留在深圳的却不足一半,仅仅有 42% 的农民工有留城意愿。当然,在中国除了深圳拥有大量的农民工外,北京、上海、武汉等城市的农民工规模也较大。

农民工产生的原因有 3 点。

第一,"二元化"户籍制度的产物。全国范围内实行的户籍制度,将户口划分为城市户口和农村户口,导致城市人口少、农村人口多的特点。这样一来,持农村户口的农民到城市里工作,就变成了农民工。另外,党的十一届三中全会后,对经济体制进行了改革,允许多种经济成分并存的经济体制,并允许农民进城进行个体经营活动;与此同时国外企业大量兴建,城市对劳动力需求异常强烈,进一步加快了农村人口向城市迁移的速度,最终导致农民工数量的增加。

第二,农村推力—城市拉力共同作用的结果。一方面,工业化的快速发展,使得城市需要大量的劳动力,加之城市良好的医疗条件、健全的公共服务设施、舒适的居住环境对农村人口有巨大的吸引力;另一方面,工业化的发展大大提高了农业现代化程度,农村出现了大量的剩余劳动力,尤其是青年农民为了获得更好的发展机会和更好的收入纷纷向城市移动。

第三,城镇化、工业化为农民工形成的主要动力。近郊区城区工业的扩散、住宅的建设以及大量廉价空置农民住房的存在,为外来农民工创造了大量的就业机会,提供了便利廉价的居住场所。因此,近郊区成为吸引外来农民工的热点地区,并通过关系的社会网络和集聚效应,促进农民工聚居区的形成。

第二节　人口老龄化

一、人口老龄化的概念

对人口老龄化的定义需要结合人口年龄结构展开,人口的年龄结构是指不同年龄人口的分布情况(表 13-4)。年龄结构通过一些特定年龄组的不同特征来影响城市地理。人口老龄化社会界定标准:一个国家或地区 60 岁(或 65 岁)以上人口达到 10%(或 7%)即进入老龄化社会,人口结构为老年型。如在很多超过 65 岁的老年人的社区,需要增加公共交通服务、老年疗养设施以及护理服务。长期的、世界范围内老龄化的趋势突出了老年人对这些服务的需要。

表 13-4　人口年龄结构类型划分标准

指标	年轻型	成年型	老年型
60 岁以上人口比例	<5	5~10	10 以上
65 岁以上人口比例	<4	4~7	7 以上
0~14 岁人口比例	<40	30~40	30 以下
年龄中位数	<20	20~30	30 以上
老少比	<15	15~30	30 以上

资料来源:联合国制定的人口年龄结构类型划分标准

从 1970 年到 2018 年,世界人口从 36.84 亿人增加到 75.94 亿人,约翻了一番。预计 2050 年世界人口将超过 90 亿,其中发展中国家达到 79 亿,占世界人口的 86%,这将极大地改变世界人口的分布格局。据统计,2002 年世界 65 岁和 65 岁以上的人口占世界总人口的比例已经超过 7%,这表明世界人口已经趋于老龄化,世界人口年龄结构已属老年型(图 13-5)。但发达国家和发展中国家的情况又有很大的不同。20 世纪 50 年代,发达国家的 65 岁以上老年人口比例就已经超过 7%,进入老龄社会,目前已经超过 14%,到 2050 年将进一步上升到 26%。而发展中国家目前 65 岁以上老年人口比例刚超过 5%,预计到 2050 年时将上升到 15% 左右。进入 21 世纪以来,世界人口老龄化明显加快,并呈现出以发展中国家老龄结构变化显著的特点。

中国在 2000 年 60 岁以上人口占总人口的比例为 10%,达到 10% 的老年型人口年龄结构的标准,表明中国自 2000 年起已经步入了老龄化社会,老龄化程度严峻(图 13-6)。

基于此,有学者以广州市为案例地,对中国人口老龄化的特征进行研究,发现 1992 年广州市户籍老年人口(年龄超过 60 岁)所占比例已经达到 10%,其步入老龄化社会的时间早于全国进入老龄化社会的时间(2000 年)。至 2018 年户籍老年人口所占比例为 18.25%,老龄化程度已经比较严重。但受迁移人口的影响,广州市总体老龄化速度相对缓慢,如在 2010 年年龄在 60 岁以

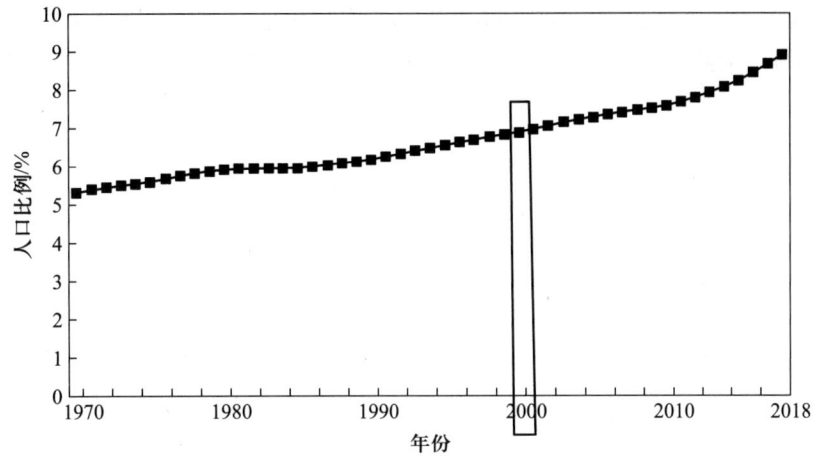

图 13-5 世界 65 岁和 65 岁以上人口占世界总人口的比例

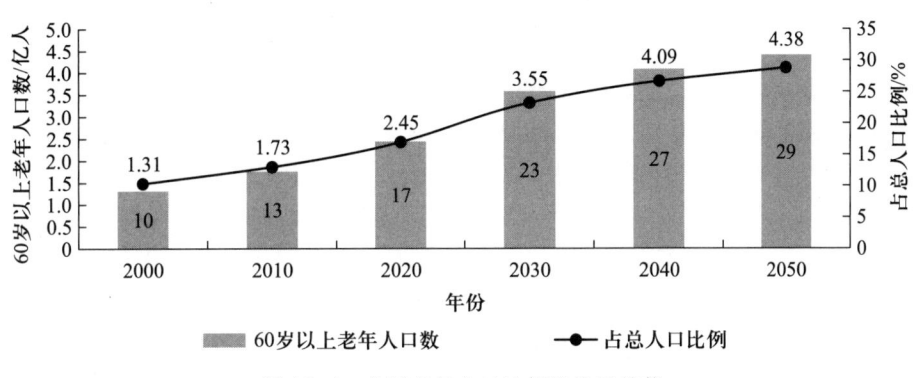

60 岁以上老年人口数 ■ **占总人口比例** ●

图 13-6 中国老年人口比例及发展趋势

资料来源:联合国统计数据库

上的迁移人口仅占总迁移人口的 4.09%,这导致 2010 年老年人口(户籍老年人口和迁移老年人口)占总人口的比例为 9.74%,2010 年广州尚未进入老龄化社会。基于此,我们得出结论,对城市老龄化程度的影响不仅涉及城市自身人口自然变化的影响,同时会受到外力的作用,如人口迁移的影响。所以,对人口老龄化产生原因的研究就显得尤为必要。

二、人口老龄化产生的原因

人口老龄化是随生育率下降、预期寿命延长而出现的人口中位年龄提高,老年人口比例增加的现象。生育率、死亡率及现存人口的年龄结构是决定人口年龄结构变化的主要因素。其他的因素,如出生性别比、人口迁移和城镇化,均是通过影响生育率和死亡率来影响老龄化水平的。

1. 人口自然变化的影响

人口的自然变化主要是指出生率和死亡率对人口变化的影响。根据人口学稳定人口理论的分析,当代的生育率下降是决定人口老龄化的主导因素。因为出生率的下降直接导致少儿人口所占比例的下降,人口中位年龄提高,进而相对增大了老年人口比例。从人口转变理论看,目前低出生率、低死亡率和低自然增长率的人口变化特点,将进一步加剧人口老龄化的速度。

2. 人口预期寿命的延长

随着社会经济的发展和医疗卫生水平的不断提升,群众物质生活质量和精神生活水平都显著提高,饮食结构更加合理,年龄别死亡率①不断下降,进而导致仅有年龄别死亡率所决定的人口平均预期寿命不断延长。预期寿命的延长表明老年阶段的死亡率相对下降了,这也意味着老年人口在总人口中的比例增加。但必须明确一点,预期寿命延长对老龄化的影响远低于出生率带来的变化,它并不能改变老龄化的走势,仅对出生率所造成的老龄化走势做细微调整,当然,预期寿命越高老龄化程度越严重。

3. 人口迁移的影响

人口迁移作为人口变动的重要组成部分,即人口机械变动,同样会对人口老龄化产生影响,并且作用的过程和机理相当复杂。一方面,人口迁移会通过迁移人口的年龄结构影响迁入地与迁出地的人口年龄结构,进而影响人口老龄化的过程。例如,农村的年轻人出于经济因素,更倾向于迁移到城市,老年人成为农村人口的主要组成,导致城乡老龄化程度发生不同变化,影响老龄化的空间布局。另一方面,迁移人口由于改变了居住地而接受了不同的文化与环境,适应和接受城市的生活方式及文化观念,享受城市的物质生活水平及医疗卫生条件,使得其生育观念和死亡风险发生了变化,进而影响一个人的生育和死亡,最终影响人口的年龄结构。

三、人口老龄化的影响

1. 对劳动力供给和劳动生产率的影响

一方面,人口老龄化导致劳动力增长率放缓,劳动力在人口结构中的比例下降,城市劳动力供给规模日益缩小。有学者研究发现,未来中国新增劳动力人口将减少,适龄劳动力人口向高龄化过渡,将导致大量工作岗位空缺、资源闲置等现象。另一方面,人口老龄化会降低劳动生产率。高龄化的劳动力身体机能会限制劳动水平的发挥、增加因病痛导致的误工现象,此外这类群体自身的创新能力、业务能力也存在很大的局限性,并且对高科技适应能力弱,所以人口老龄化的趋势将最终导致劳动生产率下降。

2. 对产业发展的影响

随着老年人口的不断增加,基于老龄人口自身的身体状况和消费特点,促进了众多针对

---

① 年龄别死亡率指年龄组死亡率,是按年龄分组计算的死亡率。计算公式:年龄别死亡率=同年该年龄组死亡人数/该年某年龄组平均人口数×1 000‰。

老年人的服务的产生,涉及基本生活产品、老年专用产品、老年服务、医疗保健、老年生活环境、老年精神生活关怀等物质和精神方面。这包括社会上以非正规形式开设老年大学、老年书法、老年俱乐部等团体;社区为了服务老年人专门设计老年社区;旅游业中增加银色之旅、养生之旅等为老年人设计的旅游产品;商业性保险机构根据老年人群体的特殊需求增设夕阳红等保险产品等。

3. 对城市规划的影响

老年人口比例的增大,对城市规划提出了更高的要求,规划中必须认真考虑老年人的生活习惯和特殊需求,如对城市公园、绿地等公共空间布局的选择,应积极与城市老年人口和老年社区的空间分布相协调。另外,对公共服务设施的专项规划中也必须考虑城市人口老龄化的问题,合理分配医院、疗养院、敬老院等医疗卫生设施和社会福利设施,做好医养结合在空间和功能上的配合,真正服务城市老年人口的特殊需求。

第三节　社　会　区

一、社区、社会区和社会空间

社区(community)是指占据一定地域,彼此相互作用,拥有不同社会特征的人类生活共同体。社区是一个相对独立的地区性社会,类似植物群落。社区人口之间本质上是一种共生体,有明显的相互依存的关系。社区由邻里构成,但具有比邻里更复杂的动态特征与空间特征。

社会区(social area)是指占据一定地域,具有大致相同生活标准、相同生活方式以及相同社会地位的同质人口的汇集。帕克和伯吉斯等人更加关注的是地方社区而不是社会群体。他们借鉴生态学思想,引入支配、侵入、演替等概念来研究社会(区)的形成,认为不同社会群体会居住在城市的不同区域,同一社会群体则会因为具有相同的收入、种族和家庭背景而居住在一起。通过对城市社会区的大量研究,他们总结了同心圆、扇形结构等城市社会地理经典模型,为现代社会地理学的发展奠定了基础。社会区人口之间是社会关系。生活在不同社会区的人具有不同的特性、观念和行为。反映在空间上,社会区是由数个社区构成的更大范围的城市均质地域。社会区不同于城市本身有比较明显的空间范围,也不同于多数邻里和社区有固定的地物界线,社会区的边界比较模糊,不易辨认。

社会空间(social space)依学科不同有不同的定义。社会学所指的社会空间,一是英美社会学界的所谓基层社会(substrate society),以涂尔干为代表,指的是社会分化,包括社会地位、宗教和种族的变化;一是法国社会学界有关邻里和人与人的交往的研究,以劳韦(C. D. Lauwe)为代表。地理学所指的社会空间,近似劳韦的观点,不过有明显的地域意义,最小单位为家庭,较大的为邻里(街坊)、社区,最大的为城市区域甚至国家(图13-7)。城市地理学所研究的社会空间通常包括邻里、社区和社会区3个层次,而以社会区为主。法国地理学家索尔(M. Sorre)认为社会空间是相邻地域组成的马赛克,他关注人们感知和评价空间的方式。即社会空间视为区域中一个个的马赛克,每一个马赛克因为其中生活的居民具有相同的空间感知而具有同质性。同时,每一个马赛克当中又会形成由各种点(比如剧院、学校、教堂等)和线所组成的网络。每一个群体有其特定的社会空间,以反映独特的价值、偏好和期望。社会空间的密度反映了社会群体间互补性和互动强度的大小。约翰斯顿(J. Johnston)将社会空间定义为"社会群体感知和利用的空间",与个人空间(由个体感知和利用的空间)相对应,并认为社会空间是由具有共同价值观、态度和行为方式的群体所形成的城市马赛克。还有学者将社会空间视为与物质实体空间相对应的概念,认为社会空间是社会现象所占据的空间,并将其划分为居住空间、行为空间和感应空间。

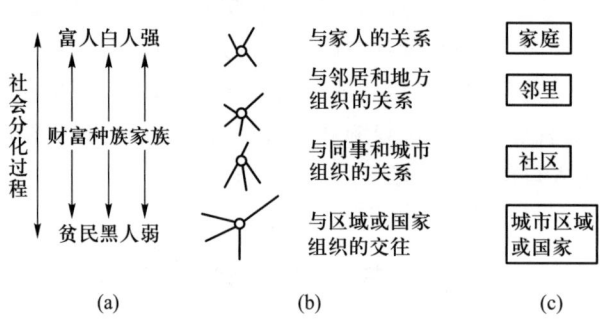

图 13-7　社会空间的不同概念

(a) 英美社会学;(b) 法国社会学;(c) 地理学

二、社会区的模式

中国社会区与国外社会区因城市发展模式、发展阶段、土地政策等经济和政策环境的差异,形成了不同于国外社会区发展模式(主要为同心环模式、扇形模式和多核心模式)的发展特点。中国社会区模式的归纳更注重不同社会群体对社会区的影响,以突出"人"在社会区形成中的作用。新中国成立后,改革开放前这段时期,城市社会空间主要是受计划经济下单位制的影响,工作单位和居住混合在一起,不同身份地位的人混合居住,异质性的社会区是当时主要的社会区形式。但改革开放后,市场经济的快速发展和全球化的影响,以及国家为促进城市发展而制定的一系列政策如住房市场化、土地有偿使用等,客观上促进了城市社会空间的复杂化。尤其是居民职业的复杂化、城市人口组成的多样化(本地人口、农民工、国外移民等)、房地产事业的繁荣等现象,共同塑造着中国的城市社会空间。

广州作为对外开放的排头兵,市场环境宽松,经济活力十足;企业类型众多,职业构成复杂;外来人口多样,不仅包括国内的流动人口还涉及大量国外移民;住房市场化和繁荣的房地产事业,劳动力市场、收入、住房的极化等现象,共同塑造了广州复杂而又具有一定规律性的社会空间特点,所以对广州市社会区演变的研究极具代表性。

基于此,有学者以广州社会区为例,对广州 1985—2010 年社会区的演变进行了系统分析,并总结出广州社会区发展的 4 种模式,对了解中国社会区发展模式具有重要的借鉴意义(表 13-5、表 13-6、图 13-8)。

表 13-5　1985 年、2000 年和 2010 年广州社会区分析所提取的主因子

因子	1985 年社会区			2000 年社会区			2010 年社会区		
	名称	特征值	贡献率/%	名称	特征值	贡献率/%	名称	特征值	贡献率/%
1	人口密集程度	15.13	20.59	人口密集程度	67.13	34.39	人口密集程度	33.87	26.81
2	科技文化水平	7.02	10.76	文化与职业状况	24.45	14.4	农业人口比例	23.61	17.77
3	工人干部比例	4.98	7.44	家庭状况与农业人口	19.96	8.58	文化水平	14.97	9.98
4	房屋住宅质量	4.68	6.93	不在业人口比例	13.92	5.14	房屋住宅质量	20.29	8.38
5	家庭人口构成	4.07	6.08	城市住宅质量	20.73	3.29	城镇人口和外来人口比例	11.94	3.53
6	—			—			中等收入阶层比例	8.98	3.04
7	—			—			低收入阶层比例	9.76	2.89

资料来源:周春山等,2016a

表 13-6　1985 年、2000 年和 2010 年广州社会区类型

序号	1985 年社会区	2000 年社会区	2010 年社会区
1	人口密集混合功能老城区	人口密集、居住拥挤的老城区	老城区
2	干部居住区	中等收入阶层居住区	中等收入阶层聚居区
3	工人居住区	一般工薪阶层居住区	知识分子聚居区
4	农业人口散居区	知识分子、高收入阶层居住区	低收入阶层聚居区
5	知识分子居住区	外来人口和本地居民居住区	城镇人口聚居区
6	—	近郊城镇人口居住区	外来人口和本地居民混居区
7	—	农业人口居住区	农业人口散居区

资料来源:周春山等,2016a

　　从 1985 年、2000 年、2010 年广州社会区变化可以发现如下特征。首先,社会区类型由剧变趋向稳定,即 2000 年比 1985 年社会区类型增多,而 2010 年与 2000 年分类基本一致。其次,强归属感的社会区具有历史延续性,如"人口密集、居住拥挤的老城区""知识分子聚居区"和"农业人口散居区"为各时期共有的社会区类型。这也表明老街坊、知识分子和城郊农民是比较稳定的三类群体。再次,中等及以上收入阶层在社会区分异的影响作用逐渐增强。在市场经济的推动下,社会阶层分化不断加快,高收入阶层逐渐形成。此外,外来人口对社会区分异的影响逐渐由市中心往郊区蔓延。在 2010 年原有的"外来人口和本地居民混居区"逐渐演变为"城镇人口

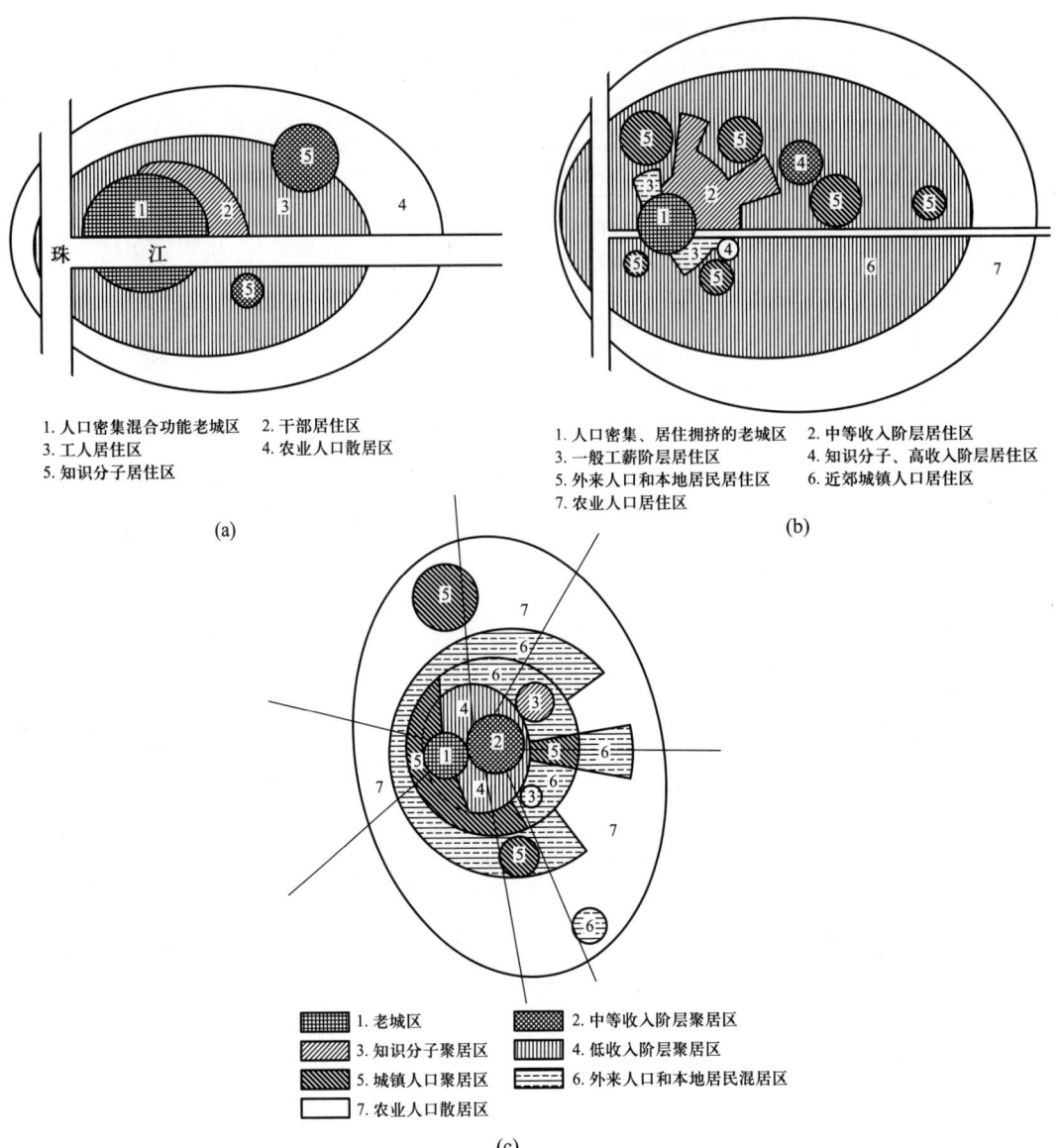

1. 人口密集混合功能老城区　　2. 干部居住区
3. 工人居住区　　　　　　　　4. 农业人口散居区
5. 知识分子居住区

(a)

1. 人口密集、居住拥挤的老城区　　2. 中等收入阶层居住区
3. 一般工薪阶层居住区　　　　　　4. 知识分子、高收入阶层居住区
5. 外来人口和本地居民住区　　　　6. 近郊城镇人口居住区
7. 农业人口居住区

(b)

1. 老城区　　　　　　　2. 中等收入阶层聚居区
3. 知识分子聚居区　　　4. 低收入阶层聚居区
5. 城镇人口聚居区　　　6. 外来人口和本地居民混居区
7. 农业人口散居区

(c)

图 13-8　1985 年、2000 年和 2010 年广州社会区布局结构意向图

(a) 1985 年；(b) 2000 年；(c) 2010 年

资料来源：周春山等，2016a

聚居区"，说明部分外来人口已经融入当地，但在城市外围又逐渐形成了新的外来人口聚居区。最后，政策因素已成为影响社会区分异的重要手段。2010 年社会区的空间特点很大程度上得益于 2000 年广州城市总体发展战略规划。

　　广州社会区演变包括 4 种模式，分别是基于老城区发展的、基于工业和教育"飞地"发展的、基于农村社会区发展的模式和基于郊区小城镇发展的社会区演变模式（图 13-9）。前 3 种是在 2000 年已经形成的发展模式，第 4 种是在 2000—2010 年间形成的社会区发展模式。至 2010 年原有社会区演变模式发生了一定的变化,如基于老城区发展的社会区更新与演替并存,即一方面老城区社区依然存在,另一方面老城区因旧城改造和"中调"的发展战略,老城区核心区建筑形态和基础服务不断改善,逐渐被因子女教育而迁入的年轻家庭所填充,且其边缘区破旧的特征有所改变,逐渐演替为中等收入阶层聚居区等社会区。工业和教育"飞地"发展的社会区逐渐融合,同时出现新的"飞地"。基于农村发展的社会区融合与分化并存,即随着城市工业化和郊区化的发展,原远郊农村社会区转为工业区,并吸引大量的务工人员聚集,加速了农村社会区的分化,演化为"外来人口和本地居民混居区"和"城镇人口聚居区"等。基于郊区小城镇发展的社会区演变模式,主要包括"城镇人口聚居区"和"外来人口和本地居民混居区",得益于小城镇介于城市与农村之间独特的地理优势,很好地衔接了城市和农村。

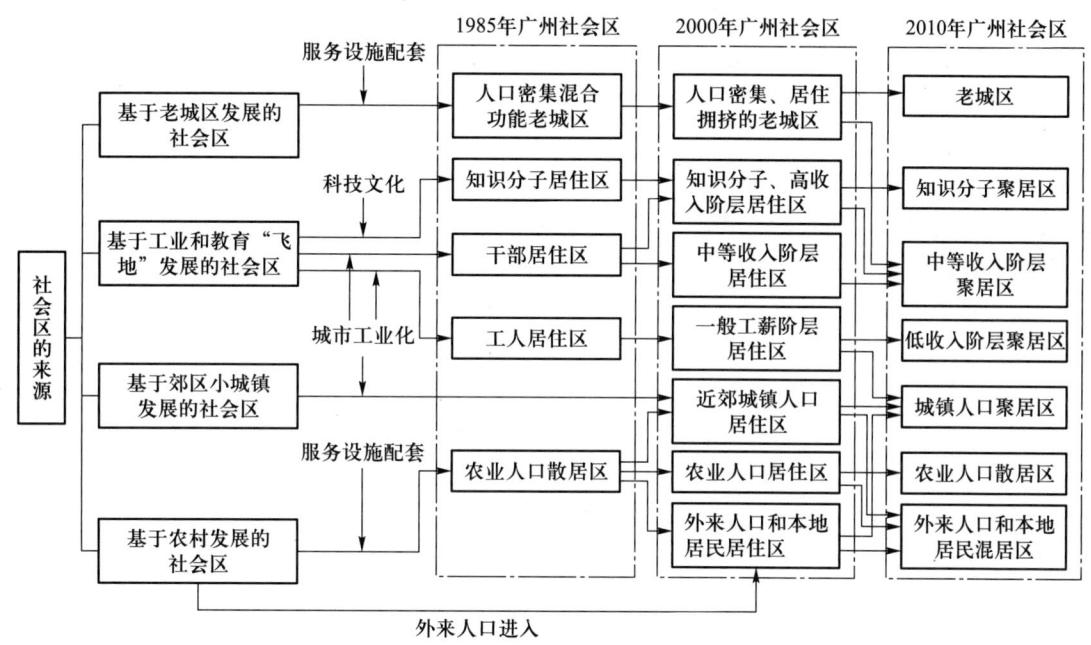

图 13-9 广州社会区演变模式

资料来源:周春山等,2016a

三、中产阶层集聚区

1. 中产阶层和中产阶层化

（1）中产阶层

中产阶层（middle class）最早由英国学者詹姆斯·布拉德肖于 1945 年提出。他认为中产阶层是介于贵族和雇佣工人之间的为数不多的商人、小工厂主和农场主所构成的群体。马克思从社会关系的视角出发,认为中产阶层主要包括小商人、小工业家、小自由农、牧师和为数不多的管理者。美国社会学家 Mills 认为中产阶层主要是指从事脑力劳动的白领阶层,主要包括管理者、技术雇员等薪金雇员。

目前,学者有关中产阶层的界定给出了多种说法,但主要理论依据是马克思的阶级理论和韦伯的社会阶层理论,并以后者影响更为深远,即依据财富、权利和地位3个要素对社会阶层进行划分。目前对中产阶层界定标准主要有3类:客观标准、主观判定、复合标准。其中客观标准主要涉及收入划分、职业划分、贫困线与净财富划分。收入划分如收入分配的中位数法,收入中位数的50%~150%、75%~125%和50%~200%视为中产;职业划分将中高级管理人员、专业技术人员、白领、公务员和私营企业主视为中产阶层;还有一种客观标准认为,中产阶层是位于贫困线之上,净财富超过贫困线/消除通货膨胀后无风险利率以下的群体。主观判定主要包括公众声誉法和自我评价法。复合标准主要是指根据样本的社会属性如职业、受教育程度、消费水平、主观感受等,同时参考其他不可量化的指标如社会地位等进行综合判断。

如学者以收入标准对广州的中产阶层进行界定,首先运用生活方式推算法和消费成本推算法作为判定中产阶层收入的下限,利用收入分层、消费分层和以社会经济地位为基础的等级分层等,将社会阶层分为富裕阶层、中产阶层、一般阶层和贫困阶层的自上而下4个阶层(图13-10)。在此基础上利用资产划分法和社会阶层比例法确定中产阶层收入的上限,最终得到广州中产阶层的判断标准,即家庭年收入40万~200万元或个人年收入17万~80万元的群体。同时,以广州为案例地,通过问卷调查的方式研究广州中产阶层群体的特点,发现广州中产阶层普遍文化程度较高,职业以第三产业为主;收入水平高,房产和车辆往往超过一处或一辆;对生活品质有较高的要求,注重健康和子女教育;并且普遍拥有较高的身份认同感,幸福感强。

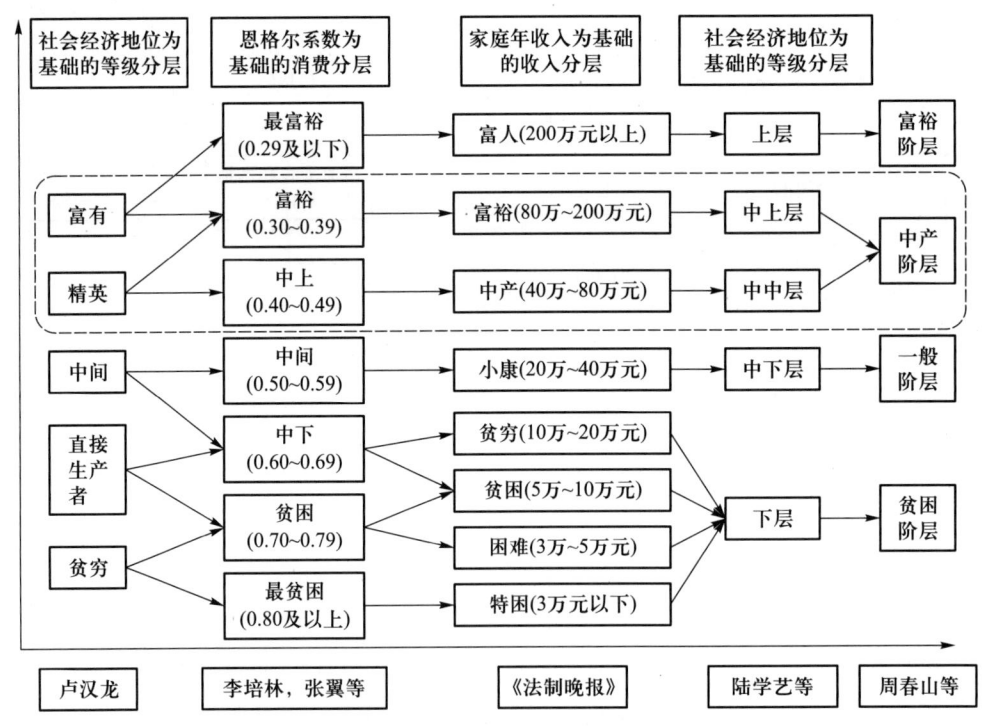

图 13-10 中国中产阶层在社会分层中的地位

资料来源:周春山等,2016b

（2）中产阶层化

中产阶层化，指中等或中等以上收入人群在一些破败街区改造之后的回流，有时也被称为邻里复兴，从 20 世纪 80 年代起进入社会科学家们的研究日程。由格拉斯（Glass）在其对伦敦市中产阶层家庭进入工人阶层居住邻里的研究中最先采用，被用来描述一种"新贵族"人群，即主要是家庭富足、没有儿女、夫妇双方均有工作的人，他们在闹市街区定居，并且把那里的老住宅翻新。它与 20 世纪 80 年代许多城市发生的"邻里衰退现象"反其道而行。

其隐含的事实是，目标街区的低收入人群由于无力承担街区改造所引起的高房租而逐渐退出该街区，表现为城市物质环境更新和社会阶层重构。该现象主要发生在衰败的城市中心及其附近地区，通常是通过中产阶层对低收入阶层的置换，房地产升值而形成，所以说中产阶层化是一个对旧城进行更新的动态过程，而不是一种静止的状态。在中国，随着 20 世纪末大规模的城市更新过程，中产阶层化也开始兴起。不同于西方"侵入—演替"式中产阶层化渐进置换过程，中国中产阶层化的阶层演替是通过房地产开发项目为单位的整体植入方式完成的，空间整体植入是阶层演替的主要方式。

2. 中产阶层化产生的原因

（1）级差地租理论

级差地租理论认为，由于财产的资本地租与潜力地租之间的差异导致了地租差异的出现，当投资者发现两种地租存在较大差异时，就会出现邻里复兴或者中产阶层化。其中，资本地租是指某地块当前使用所产生的价值，应该在邻里尺度上进行度量；潜力地租是指该地块更有效使用时所得的利益，应该在大都市尺度上进行度量，在这两种尺度上的双重考虑对理解级差地租在城市中如何消失至关重要。

（2）级差地租与其他城市进程复合影响

将级差地租理论与其他城市进程关联，认为郊区化进程也影响城市的级差地租：当越来越多的投资集中在城市边缘区时，由于中产阶层化的出现，就会使城市闹市区的投资逐渐减少。强调空间尺度与地理单元对级差地租的影响；通过对城市较大区域的研究，确定了每一地块的地租差距。例如，在第二次世界大战后双城（Twin Cities）的郊区化进程中，某音乐厅附近一个区域出现了地租差距的最大值，随后此区域被重新开发。

3. 广州中产阶层聚居区特点

广州作为改革开放的前沿阵地，经济总量在全国一直处于领先位置，是全国最具经济活力的城市之一。同时，近年来广州市人口一直处于增长状态，社会空间分异现象明显，所以以广州中产阶层聚居区为研究对象具有很强的代表性。

学者以 2013 年行政区划调整前的广州市 10 个区，148 个街道（镇）为研究区域，将广州分为老城区、中心城区、近郊区和远郊区 4 个圈层（图 13-11（a））。研究方法采用因子生态分析法、聚类分析法及区位熵法；研究数据主要来自 2000 年和 2010 年第五、第六次全国人口普查数据及广州市统计年鉴。研究在 2010 年广州社会区划分的基础上，分析广州中产阶层聚居区的空间分布和亚类划分。然后与 2000 年的数据进行比较，总结出 2000—2010 年广州中产阶层聚居区空间分布变化与地域类型演变规律。

研究首先将广州社会空间分为 5 类社会阶层聚居区,分别是阶层混合聚居区、中产阶层聚居区、一般工薪阶层聚居区、工人阶层聚居区和农民阶层聚居区[图 13-11(b)]。然后,根据 2010年广州社会区聚类结果,提取中产阶层聚居区,再将中产阶层聚居区归纳为教育、职业、收入和混合 4 个亚类。

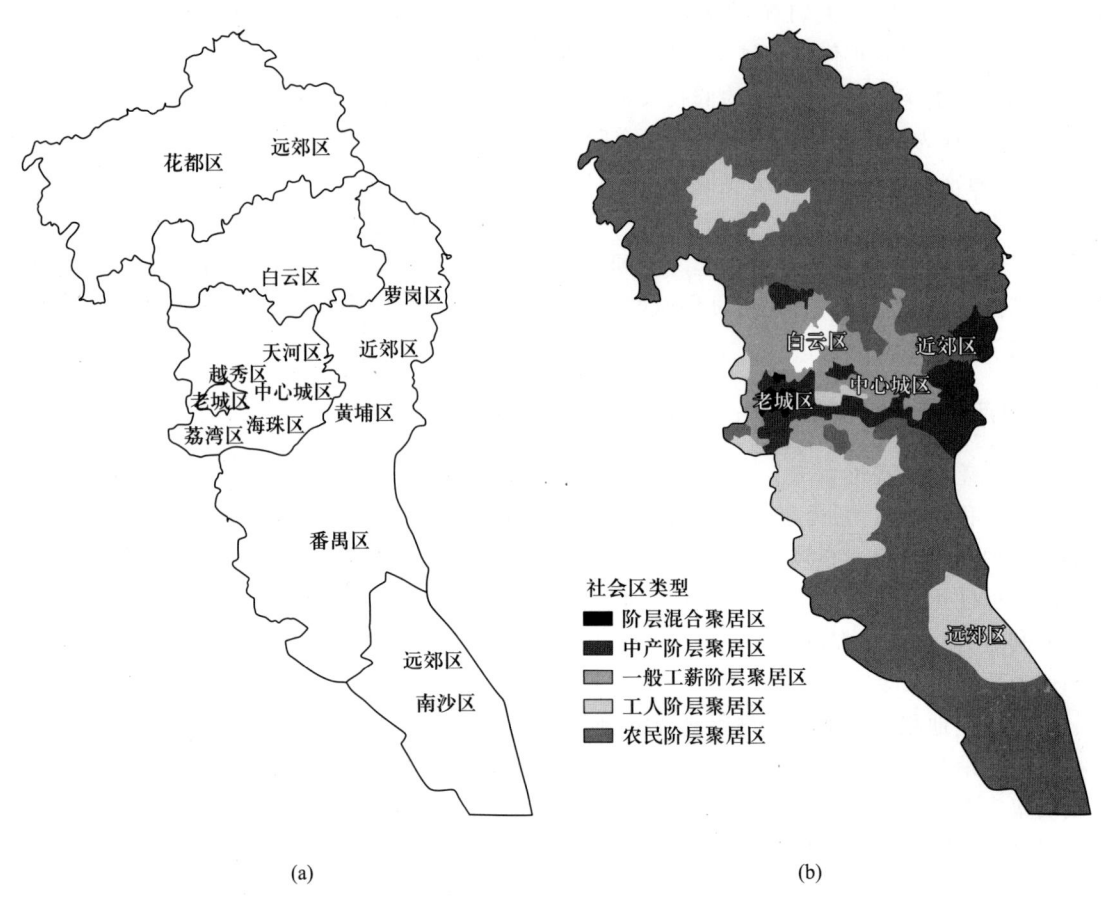

(a)　　　　　　　　　　　　　　　(b)

图 13-11　研究范围和 2010 年广州社会区类型及分布

(a) 研究范围;(b) 社会区类型及分布

资料来源:周春山等,2016b

通过对比 2000 年和 2010 年广州中产阶层聚居区类型和空间分布的演变发现以下特点(图 13-12)。第一,中产阶层聚居区区域范围有所扩大,呈现郊区化与向中心性并存现象。2010 年中产阶层聚居区范围从 2000 年的 26 个街道,增加到 39 个街道,其中老城区街道 4 个,郊区街道 9 个。说明老城区个别改造后的社区由高收入阶层替代,同时中产阶层聚居区具有明显的郊区趋势。第二,老城区外围、珠江两岸及经济开发区是中产阶层集中分布的区域。这一方面得益于老城区街道传统的社会威望和旧城改造的成果,另一方面环境优良的街道依然是中产阶层的优先选择区。第三,中心城区外来人口的集聚促使中产阶层的外迁。中心城区不断增多的外来人口,伴随交通拥堵、环境污染、噪声等一系列城市问题,导致大量中产阶层迁向环境更加优良的区域。第四,中产阶层聚居区亚类数量和类型发生变化。除混合中产阶层聚居区空间范围有所减小以外,教育中产阶层聚居区、收入中产阶层聚居区和职业中产阶层聚居区3个亚类聚居区街道范围都有所增加;并且,聚居区类型发生改变,如混合中产阶层聚居区向教育中产阶层聚居区转变,收入中产阶层聚居区与职业中产阶层聚居区之间的互相转变。这说明广州中产阶层数量在增加,同时社会阶层之间存在较强的流动性。

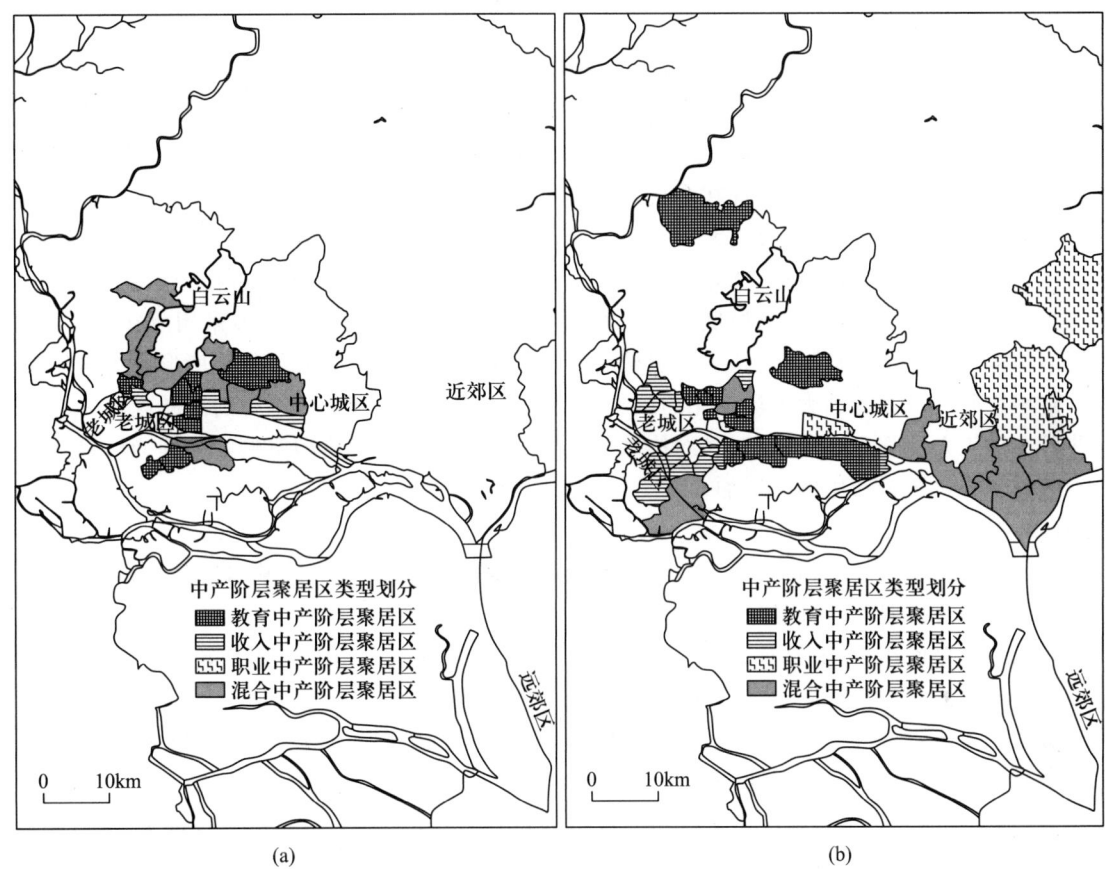

图 13-12　2000 年和 2010 年广州市中产阶层聚居区类型划分及其空间分布

资料来源:周春山等,2016b

(a) 2000 年;(b) 2010 年

　　综上得出,与西方国家相比,中国中产阶层空间分异特征有相似之处也有不同之处。相似之处主要体现在两个方面:一是中国与西方国家大城市中产阶层空间分布均呈现出中产阶层回迁的现象,回迁区域主要集中在城市老市区旧城更新后的新建住宅区,并与其他社会阶层聚居区表现出一定的居住隔离;二是中产阶层聚居区均趋向于交通便利、生态环境良好的区域。不同之处主要在于中国大城市中产阶层空间分布虽存在向郊区发展的趋势,但目前仍是以市中心为主,不同于西方国家以郊区为主的特点。

四、贫困群体集聚区

1. 贫困聚居区和贫困线

（1）贫困聚居区

贫困是指个体或家庭缺乏社会认可的金融财产和物质必需品的状况。它代表一种生活方式，可能限制机会，增长政府的发展成本。贫困聚居区（poverty enclaves）也常被称为贫困邻里（poverty neighbourhoods）、贫困地区（poverty areas）、贫困社区（poverty communities），最初指犹太人在欧洲和北美城市的聚居地，现在多代表被排斥在社会经济活动之外的城市内部贫困黑人或其他少数民族聚居区，该聚居形式大多是由外部歧视所造成的。联合国人类居住规划署将贫困聚居区定义为"以低标准和贫穷为基本特征的高密度人口聚居区"，住房建造在合法租赁的土地上，建造标准达不到规范要求的最低标准。国内学者对贫困空间的研究大多采用所在城市最低的生活保障线作为绝对贫困线，认为贫困聚居区即低于贫困线以下的人口集聚所形成的居住区。

贫困受到经济和劳动力市场变化的影响，如技术的变化会导致某些工种的缩减或消失，造成这些行业的工人面临生活危机，互联网技术取代打字员便是其中的典型案例。此外，经济危机也会导致贫困人口数量和比例的增加。

（2）贫困线

贫困线是在一定的时间、空间和社会发展阶段的条件下，维持人们的基本生存所必需消费的物品和服务的最低费用，贫困线又叫贫困标准。

中国目前多使用 2011 年所划定的农民人均纯收入 2 300 元（2010 年不变价）作为国家扶贫标准。

美国的贫困线是根据家庭营养平衡所需的 48 类生活品的平均值，乘以 3，以确定贫困线。根据家庭规模和年龄结构会有所调整，规模较小、儿童较少的家庭的标准则较低。家庭收入需要被测度，家庭收入主要指一个家庭所有成员的税前货币收入，不包括资本性收入（表 13-7、表 13-8）。

表 13-7 2000 年美国的贫困线

家庭规模和儿童数量	贫困的收入门槛/美元
65 岁以上的单身家庭	8 259
65 岁以下的单身家庭	8 959
户主在 65 岁以下的两人家庭	11 531
有两个儿童的四人家庭	17 463
没有儿童的四人家庭	17 761
有四个儿童的六人家庭	30 188
有两个儿童的九人家庭	37 813

表 13-8　2016 年美国的贫困线

家庭规模和儿童数量	贫困的收入门槛/美元
单人	12 228
二人家庭(带有 18 岁以下子女)	15 569
三口之家(含 18 岁以下子女)	19 105
四口之家(含 18 岁以下子女)	24 563

2. 贫困的测度方法

（1）贫困的测度

贫困可以使用深度测度法来实现,贫困深度(depth of poverty)是指某个家庭的收入与其相对应的贫困标准之间的比值。例如,X 家庭的收入是 16 500 美元,其对应的贫困线标准是 17 500,则贫困深度可计算为:

贫困深度 $=X$ 家庭的收入$/X$ 家庭的贫困线 $= 16\ 500/17\ 500 \approx 0.943$

贫困发生率(head-count index)也称贫困人口指数,指城市人口中生活水平低于城市贫困线的人口比例,反映城市贫困现象的广度指标,公式为:

$$H = \frac{q}{n} \tag{13-1}$$

式中:H 表示贫困发生率;n 表示人口总量;q 表示贫困人口数。

对贫困空间的测度多使用贫困区位熵,贫困区位熵(location quotient)即对贫困人口空间分布和集聚进行测度的指标,公式为:

$$LQ = \frac{\left(Q_i \Big/ \sum_{i=1}^{m} Q_i\right)}{\left(P_i \Big/ \sum_{i=1}^{m} P_i\right)} \tag{13-2}$$

式中:LQ 代表城市贫困区位熵;Q_i 表示 i 城市贫困人口数;P_i 是 i 城市人口总数;m 表示城市个数。LQ 大于 1 表示贫困人口在某个城市集聚的水平高于全国平均水平,LQ 越大则贫困人口聚集度越高。

（2）中国的贫困

参照国际贫困线每人每天生活支出 1.9 美元(2011 年不变价)的标准,中国贫困人口比例从 1990 年的 66.6%下降至 2016 年的 0.5%(世界银行数据库)。中国贫困人口总量在大幅下降,但城市贫困空间的差异变化明显。有学者以中国城市为研究尺度,探究了中国 352 个地级以上城市 2007—2011 年城市贫困空间演变、城市贫困变化的差异(图 13-13)。

通过研究,发现西部地区贫困人口集聚加剧,小城市、资源型城市和少数民族聚居型城市的贫困加重。依据贫困发生率将贫困进行等级划分,界定贫困发生率 0.00~0.02 为基本贫困区,0.02~0.04 为低度贫困区,0.04~0.06 为中度贫困区,0.06~0.08 为高度贫困区,>0.08 为剧烈贫困区。基于此,贫困发生率自东向西逐渐升高,东部城市整体贫困率较低,中高度和剧烈贫困的城市有 24 个,主要集中在辽宁老工业基地和广西落后的少数民族聚居区;中部城市整体贫困率高,剧烈贫困区集中在黑龙江和吉林;西部城市整体贫困率高,其中超过一半的省级行政区处于中高度和剧烈贫困区。研究还发现,不同类型城市贫困发生率存在明显的差异,如中小城市(0.075)>大城市(0.036),少数民族聚居型城市(0.053)>非少数民族聚居型城市(0.049),资源型城市(0.068)>非资源型城市(0.041)(图 13-14)。

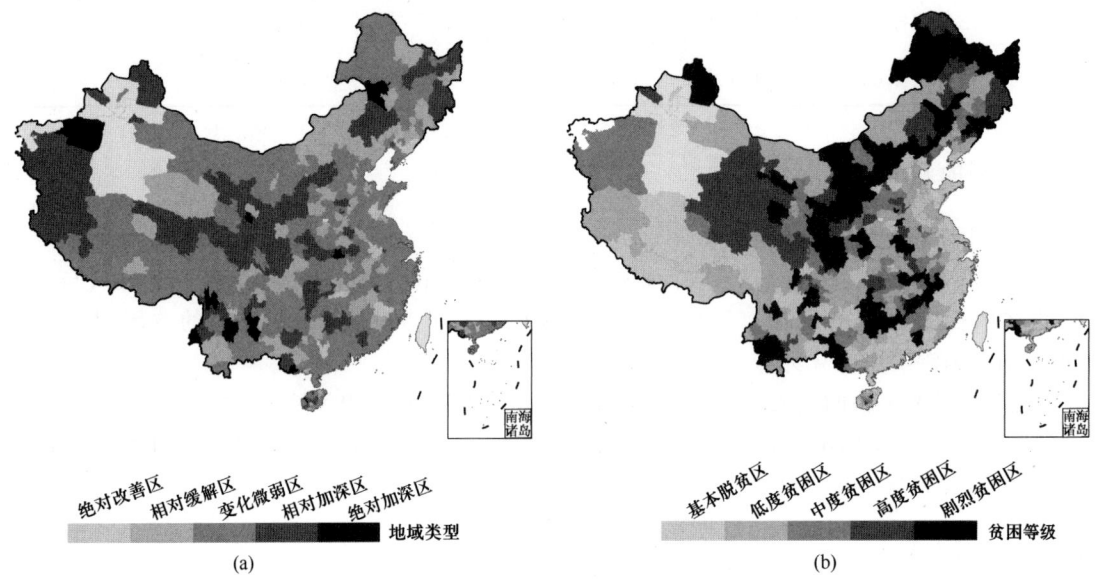

图 13-13 2007—2011 年间中国城市贫困演变分布和 2011 年中国城市贫困发生等级分布图

(a)贫困演变分布;(b)贫困发生等级分布

(未包括港、澳、台地区)

资料来源:袁媛等,2016

（3）美国的贫困

美国的贫困定义主要是绝对贫困标准,因为它是基于物质层面的经济必需品,它的货币数量是绝对的。然而,它又不是严格的绝对定义,因为它会根据国家的平均水平随时间的推移而进行调整。相对贫困标准则使用国家平均收入或平均消费水平以下的人口比例来决定贫困。

（1）中心城区的贫困率(18.4%)比郊区的贫困率(8.3%)高。在 20 世纪 80 年代,数百万美国都市区的移民大多来自拉丁美洲和亚洲,相对本地人,移民技术低下,教育水平低,容易陷入贫困;另外,贫民窟主要存在于中心城区,贫民窟的家庭结构大多表现为存在大量的单身母亲和未婚妈妈,贫困率极高;此外一个缩减贫困的不利因素是,政府实施非现金性质的福利项目。

（2）非都市区的贫困率比都市区高。在大城市之外,贫困主要集中在小的空间内,其居民的受教育水平低、工作技能差。非都市区的贫困还与隔离相联系,很差的学校、不安全的饮用水及其他环境问题、公共基础设施缺乏与种族歧视等。此类贫困在 2000 年具有较大贫困率的各州中有所体现,如拥有较大农村人口的路易斯安那州等。尽管大都市的贫困地区也存在社会、健康和公共安全问题,但相比非都市区,他们的居民常常更接近劳动力市场。

（3）2016 年美国贫困率相对下降。据美国人口统计局资料显示,2016 年美国住户(不含波

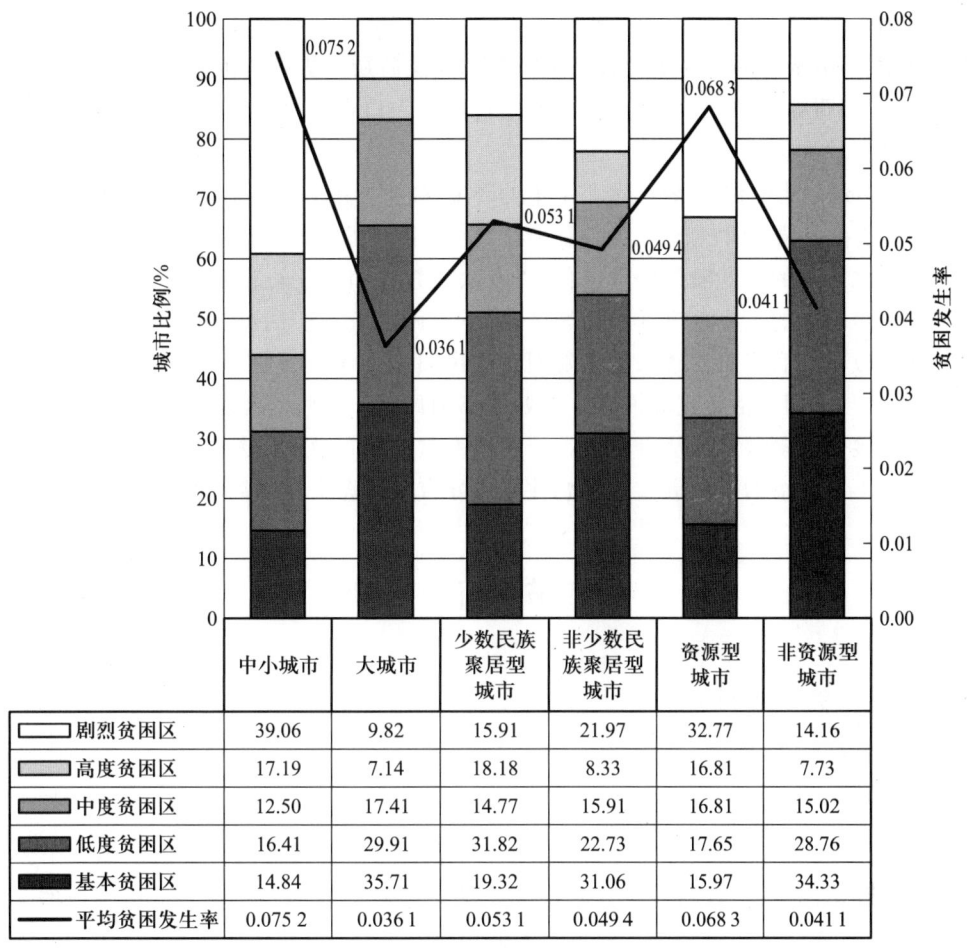

	中小城市	大城市	少数民族聚居型城市	非少数民族聚居型城市	资源型城市	非资源型城市
□ 剧烈贫困区	39.06	9.82	15.91	21.97	32.77	14.16
高度贫困区	17.19	7.14	18.18	8.33	16.81	7.73
中度贫困区	12.50	17.41	14.77	15.91	16.81	15.02
低度贫困区	16.41	29.91	31.82	22.73	17.65	28.76
基本贫困区	14.84	35.71	19.32	31.06	15.97	34.33
—— 平均贫困发生率	0.075 2	0.036 1	0.053 1	0.049 4	0.068 3	0.041 1

图 13-14　不同类型城市的城市贫困类型分布

资料来源：袁媛等，2016

多黎各和属地)整体贫困率为12.7%，同比2014年的13.5%，下降0.8%。贫困人口为4 061.6万，同比2014年的4 312.3万下降250.7万。其中，在区域方面，南部为14.1%，同比下降1.2%；西部为12.8%，同比下降0.5%。在性别方面，男性为11.3%，同比下降0.9%；女性为14.0%，同比下降0.8%。各族裔的贫困率也出现了下降趋势：白人(含拉美裔白人)为11.0%，同比下降0.6%；白人(非拉美裔)为8.8%，同比下降0.3%，为全美贫困率最低的族裔；黑人为22.0%，同比下降2.1%；拉美裔为19.4%，同比下降2.0%；亚裔为10.1%，同比下降1.3%。

3. 长期贫困、偶然贫困和极端贫困

长期贫困(chronic poverty)指因为低素质、缺乏技能、障碍和持续的歧视而陷入贫困，这种类型的贫困常常涉及底层阶层的问题。对于长期贫困的人口而言，由于导致贫困的条件具有长期性，因而很难摆脱。

偶然贫困(episodic poverty)指由于短期因素和中期因素造成的，比如离婚、在经济萧条期时的暂时失业，或者是自然灾害造成的家庭成员的丧失。这些情况下，人们可以通过改善条件在短期内脱离贫困。

极端贫困(extreme poverty)主要包括贫民窟和底层阶层。极端贫困区的主要特征包括：高失业率；家庭结构以母亲为户主的家庭为主；极端贫困区人口在减少，但贫困在增长；部分极端贫困区分布在贫民窟的周边。

贫民窟是指最恶劣的住房条件、最不卫生的环境、高犯罪率和吸毒盛行的穷人避难所。底层阶层是指那些长期在极端贫困状态下，面临种种脱贫社会障碍的人群。其中，贫民窟的成因被解释为去工业化和随之而来的中产阶层的郊区化，以及缺乏教育和失业的恶性循环。中产阶层家庭，包括白人和非裔美国人的家庭都离开中心城区，留下贫困社会，这导致贫民窟居民深陷其中，缺乏逃离的资金和教育。底层阶层越来越多地困在贫民窟内而不能逃脱。黑人在社会经济发展、政治权利，以及参与美国生活主流等许多方面处于不利局面。这些社会层面的隔离，阻碍年轻的贫民窟居民通过接受更多教育和从事更好工作来改变贫民窟的文化，这些内在行为的文化特征包括说话方式及不同言语的使用等。这种恶性循环导致贫民窟文化隔离、贫困等问题的产生。

第四节　邻　　里

一、邻里和邻里特征

1. 邻里概念

邻里(neighbourhood)是城市社会的基本单位，是相同社会特征的人群的汇集。个人交往的大部分内容在邻里内进行，这种交往只需要步行即可完成，比需要交通工具才能完成的交往要频繁得多，其形式以面对面接触为主。邻里为人们提供社会、文化和休憩等多种功能，由于其可以通过社会和经济界限来区隔，所以向来被看作成熟的社会性实体。邻里，通常是城市里的人们视为社区的地方，是居住在同一社区的人们对其身份的认知程度。

2. 邻里特征

（1）拥有中心和边界

中心和边界相结合形成社区的社会可识别性。尽管中心与边界都很重要，但中心更为重要。中心通常是某一公共空间，如一个广场、一片绿地或一个重要的道路交叉口，它一般位于邻里的几何中心附近。邻里边界的性质各异。在乡村，邻里边缘紧挨着房屋密度最低处，常被预留耕地或者自然保护区所界定。在城市里，邻里边缘常被两侧排列着高密度住宅的林荫大道或公园道路所界定。

（2）各种行为的均衡组合：购物、工作、学习、休闲等

这种安排对于那些年幼的、年老的、残障的及贫困的人尤为合适，因为他们无法依靠汽车。邻里为各种收入阶层的人提供了住宅：平价住房类型包括带后院的小住宅，底层设置为商店的公寓，以及联排式住宅。富人的住宅和公寓则一般布置在精心挑选的地带。

（3）优先考虑公共空间的塑造及市政建筑的合理分布

私人建筑形成了公共空间和内部私密街块的边界。而公共建筑，不论是拘于形式的广场还

是形式自由的公园和小游戏场地,都提供了聚会与休闲的场所。一些纪念重要人物或事件的场地则作为学校、市政建筑、音乐厅等公共建筑而保留下来。这些场地支持着社区的城市精神,并提供了人们受教育和进行社交、文化及宗教活动的聚集场所。

(4) 具有很强的遗传能力

当前许多城市的邻里是过去邻里分离的联合体,过去邻里的名称或区域名称至今仍在沿用,如波士顿的查尔斯顿等。如使用同一邻里命名的商家数量,以及这些商家的布局,就能够有效地反映出邻里的边界。邻里特性不容低估,如洛杉矶城市委员会将南部中心更名为南洛杉矶,因为那里曾经因臭名昭著的罗德尼·金暴动闻名,他们希望通过改变名称以改变其在人们心中的形象。

二、两种典型的邻里

(一) 封闭社区

1. 封闭社区和类型

封闭社区也称为门禁社区(gated communities),是指通过围墙或栅栏阻止外来者进入其公共空间,只有通过专门的入口通道或大门才能进入的邻里。它兴起于美国 20 世纪 60—70 年代,主要是出于对安全因素的考虑,在多种族、多文化、贫困人口集聚、犯罪率居高的城市空间中发展起来的防卫居住模式。

布莱克利和施耐德(Blakely,Snyder,1998)基于对美国社区的研究,将封闭社区分为享受生活型、名望型和安全保障型 3 类(表 13-9)。

享受生活型社区:主要是为了迎合中上收入阶层而进行的大规模市场化开发的封闭性住宅模式,为渴望独立、私人服务和设施的中产阶层提供经济舒适性生活方式的选择,着重发展乡村俱乐部和退休休闲中心等设施,拥有类似于高尔夫球场等高端娱乐设施。名望型社区:是美国传统的封闭式居住模式,主要是为了迎合高社会经济地位群体以彰显社会地位、排斥他者、保值房产和需求相似居住群体的需要,其发展是为提高声誉。安全保障型社区:该类型社区主要是由居住在其中的居民主导而产生,并非由开发商主导而产生,特别是居住在其中的低收入群体,为了隔离那些认为对他们的安全或生活质量构成威胁的区域和人群,主动将街道等公共空间封闭起来,以确保社区安全、增强社区情感和避免犯罪侵害。

表 13-9　布莱克利和施耐德对封闭社区类型的划分

类型	特征	亚类型	特征
享受 生活型	强调公共设施和满足有闲阶层共同兴趣,也许反映的是乡村怀旧之情,也许是城市农庄、奢侈庄园或休闲乡村	退休社区	居民在一定年龄以上,并配有相应设施和社区活动
		高尔夫休闲社区	积极生活方式,共享休闲设施
		郊野新镇	通常分布在"阳光地带",具有配套设施的整体规划项目

续表

类型	特征	亚类型	特征
名望型	满足对身份地位、私有性和控制的渴望，强调社区排外属性，较少共享设施与设备	富人名人居住区	居住着名人和非常富有的人；安全警卫，限制进入；私人社区；位于风景优美地段
		顶级居住区	防卫型新兴富人居住区；通常有警卫
		中产阶级居住区	限制进入；通常没有警卫
安全保障型	反映着恐惧，包括在公共街道上安置翻新的围栏和大门，控制进入	城市栖息地	内城区限制公共进入以减少犯罪或交通
		郊区栖息地	郊区限制公共进入以减少犯罪或交通
		街垒栖息地	封闭街道限制过境交通

资料来源：Blakely，Snyder，1998

　　Raposo 基于社区的商品属性将封闭社区分为居民自发组建的"自然型的封闭社区"和由开发商规划建造的"商业性封闭社区"。其中，前者主要是居民迫于暴力和犯罪的猖獗以及居住区环境恶化而自发建设的封闭社区；后者则是由开发商以各种营销手段吸引和引导消费者进行消费的有规划性的房地产商品。当然，对封闭社区的分类，不同的学者从不同的研究视角，可将其进行不同类型的划分，如英国学者 Webster 根据英国的福利政策、治理模式和生活方式，将封闭社区分为填充型（infill）、遗产转换型（heritage conversion）和乡村型（village）。

2. 封闭社区的成因

　　封闭社区主要是受新自由主义思想和一些社会因素的影响而产生的，其发展与全球化、城市管治也有一定的关系（图 13-15）。

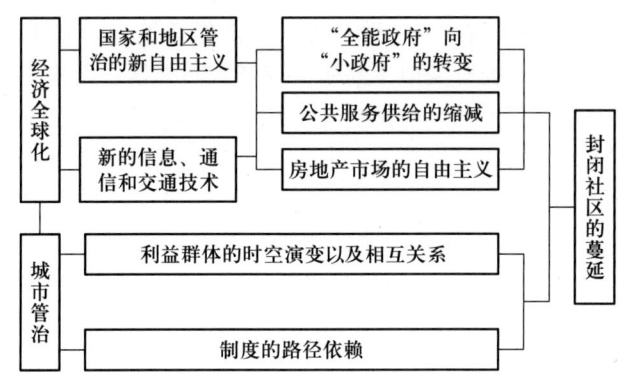

图 13-15　全球化、城市管治与封闭社区扩散的关系

资料来源：秦瑞英等，2008

　　受新自由主义的公共策略的影响。"全能政府"向"小政府"转变，尤其是 20 世纪 70 年代以来，全球各国内提高行政效率和节约开支而大力推行分权化与私有化，国家福利体制瓦解，政府公共职能开始私有化，推动地方政府成为独立的决策单元；公共服务职能随土地开发权外包，政府将公共资源用在更大的项目和地方硬件的建设上，提升地方吸引外资的能力，而政府对公共管理和服务留下的空白，由业主委员会以及同时开发的自治机构及私有开发模式所填充。新自由

主义的管制模式,导致政府减少了对社会、经济和空间的直接干预,为私人开发商或私人自治机构的投资开辟了更宽松的环境。

受社会隔离与社会冲突的影响。随着城市内部异质性的加深,原有社会关系与社会秩序严重削弱。全球化过程中移民活动的加剧,导致种族问题难以掩饰,城市阶层因素减弱,种族因素加剧;经济全球化和过度城镇化导致的社会贫富的极化和暴力的增加等现象,导致富人为了自保选择封闭社区,一般阶层为了安全选择封闭社区;拥有房屋所有权的人主要关注的是封闭社区带来的社会名望,租房者则更加注重其所带来的安全感。

封闭社区产生三种发展路径:美国模式、拉美模式和中国模式。

美国模式,即自下而上的自发推动形成。美国最早的封闭社区以老年社区或名望社区为主,并由此产生对犯罪与他人恐惧的假说。其实更确切的说法为"感觉到犯罪"而非真实的犯罪,是一种心理的歧视。于是,美国高收入者往往以安全为由选择封闭社区去掩盖其对黑人或其他种族群体的歧视。这种行为选择诱发了美国封闭社区的产生,而公共管理的私有化和社区管理的私有化进一步加剧了这种趋势。最终导致封闭社区在美国的蔓延。

拉美模式,资本驱动的市场趋势。全球化背景下,国外资本不断进入房地产市场,封闭社区作为一种新型的房地产商品受到中上层人士的青睐;其次,由于过度的城镇化致使城市内部社会分化严重,公共空间被弱势群体如低收入阶层、吸毒者等群体所占领,封闭社区成为共享公共空间和实现安全感的重要空间被大家所接受。此外,政府为了增加税收、增加就业以及降低公共支出费用,空间管治权力下放,也加速了拉美封闭社区的形成。

中国模式,在中国被认为存在自上而下的权利路径,是政府为了加强法制管理和实现社会稳定的一种手段,是维持社会管治的基本单元,是对单位体制瓦解后权利空白的填补,社区的建设旨在分担部分政府的社会服务职能。

3. 封闭社区对城市空间的影响

(1) 对物质空间的影响,体现在以下几点。

第一,对自然环境的影响。封闭社区一般位于郊区、邻水、靠山等自然环境相对优质的区域。封闭社区的蔓延,一方面侵蚀了大量的郊区农田和绿地;另一方面破坏城市自然景观线的完整性;此外,临近山体景观建设的封闭社区,对于山体生态系统带来一定的干扰,严重的可能会妨碍动物正常的生态廊道。当然,封闭社区生活污染的不合理排放,也会导致沿河、沿江水体的污染。Blinnikov 对莫斯科绿带上封闭社区的研究,发现封闭社区对绿地的侵占导致城市整体的空气质量和用水质量下降。

第二,对城市规划的影响。首先,封闭社区空间的私有性特征,导致外来车辆、人员不得进入、通行,社区内部道路与城市公共道路系统完全分离,为了实现城市正常的联通,需要增加城市道路数量和提高连接密度,导致城市道路网络更加复杂。其次,造成城市人工景观连接性的破坏。如封闭社区栏杆或围墙的式样可能与周边整体人工景观风格不符,出现人工景观带上的"断点"。此外,封闭社区自有的公共服务空间和设施的提供,与城市规划中提供的公共服务存在资源浪费的现象。如依据人口分布的数量和指标,对公共服务设施进行布点,但封闭社区内可能已经提供了某种公共服务,使得社区内的居民并不存在多余的需求,进而致使城市规划中建设的公共服务设施空置,造成资源浪费。

（2）对社会空间的影响，体现在以下几点。

第一，加剧社会隔离。封闭社区的扩张，其实质是非正规经济作用下，空间、管理、服务和公民身份私有化的过程。该过程将进一步加剧不同群体在地理空间和社会空间上距离的扩大，空间歧视和排斥在社会群体潜意识里滋生，并加速城市空间的割裂，不同群体之间的隔离也会加剧，严重的可能会出现群体之间的敌对心理。一些优质的城市公共空间资源，如滨水、河岸、绿地等资源往往被高档社区或别墅区所圈占，城市公共空间的正义性遭到侵蚀。

第二，降低城市活力。开发商规划建设的封闭社区，在发展模式上日趋成为"福特制"的空间，即标准化设计，仅在色彩和建筑式样等形式上有所不同，但缺乏历史感和场所感。该特点与城市生活本应有的文化多元性、生活偏好的多样化、文化和价值观念等的多重性相背离。功能性和物质性为主导的建设理念，不利于公共空间的共享，限制了城市活力的发展。

第三，加速城市空间破碎化。封闭社区作为与城中村形成鲜明对比的居住空间，为城市空间注入新的要素，如城市郊区或城市中心出现的贫困海洋中的"富人岛"。与封闭社区相配套的高端商业空间、私人会所、游憩中心等具有一定社会排他性，空间碎块的联系导致高收入阶层活动场所网络的形成。与此同时，城中村、城市贫困区域和日益增多的农民工聚集区，形成了与"富人岛"迥异的生活和生产空间，城市空间分化严重（图 13-16）。

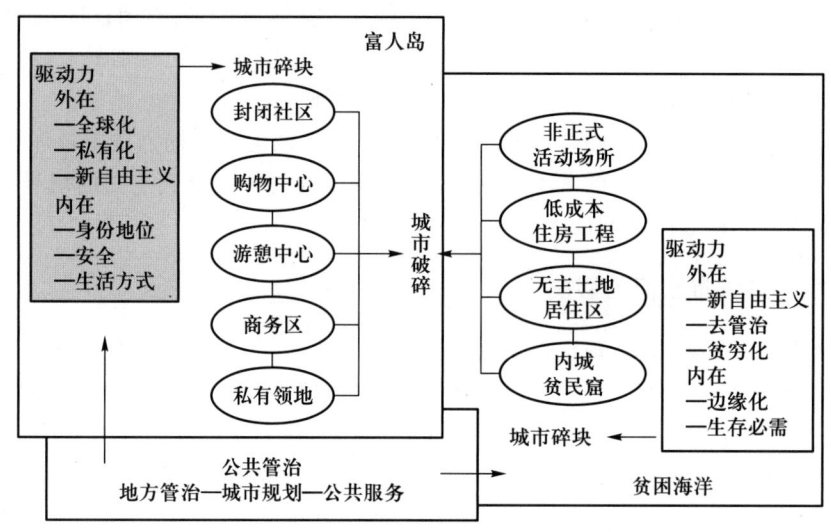

图 13-16　城市空间的破碎化

资料来源：秦瑞英等，2008

（二）城中村

1. 城中村与类型

从狭义上说，城中村是指农村村落在城镇化进程中，由于全部或大部分耕地被征用，农民转为居民后仍在原村落居住而演变成的居民区，亦称为"都市里的村庄"。从广义上说，城中村是指在城市高速发展的进程中，滞后于时代发展步伐、游离于现代城市管理之外、生活水平较低的居民区。

（1）城中村的背景。改革开放以来，中国进入迅速城镇化时期，自上而下的城市扩展与自下而上的乡村城镇化双轨并行，深刻地改变着中国的区域空间格局。其中，20世纪90年代以来沿海大中城市的迅速扩张尤其引人注目。例如，从1980年到2018年，广州市区（只包括区）的人口从302.66万人增长到1 490.44万人（常住人口），GDP从57.55亿元增长到22 859.35亿元。

随着城市用地的扩展，越来越多原在郊区的村庄被纳入城区范围，它们在城市发展的带动与影响下发生明显的乡村—城市转型，在产业结构、建设景观、生活方式等多方面逐渐具备城市的特质而与传统农村相区别。但因土地、户籍、人口、行政管理等多方面的城乡二元体制，它们又没有真正纳入城市的统一规划、建设与管理，其发展往往具有很大的自发性，在生产方式、生活方式、建设景观及社区组织等各方面更是保留浓厚的农村居民点特征而与城区差别明显，从而形成一种独特的地域现象——城中村，即城市里的村庄。

随着中国城镇化进程的不断推进，城中村现象在中国具有相当范围的普遍性，但在沿海地区、扩展迅速的城市，如广州、深圳、上海等地，表现最为明显。其中广州可能是城中村现象最为突出的城市，据广州市政府2000年的统计，在城市规划发展区内共有139个城中村。

（2）城中村的概念。对于上述城中村现象，研究者们给出了多种命名，如都市村庄、都市里的乡村、城市里的乡村、城中村等。英文译名也不统一，如metropolitan village, RRI（rural residential island）, village in city, city village等。但"城中村"一词已逐渐成为约定俗成的称呼，而其英文译名则尚未有公认的定论。

目前城中村尚未出现统一的定义，学者分别从不同的视角界定城中村。有的认为城中村是位于城乡边缘带，一方面具有城市的某些特征，也享有城市的某些基础设施和生活方式，另一方面还保持着乡村的某些景观，以及小农经济思想和价值观念的农村社区。有的定义是城市边缘区，乃至城市内部，普遍存在的农村自然居住聚落现象。有的提出城中村是中国社会经济发展转型背景与快速城镇化过程中产生的一种独特的地域空间现象，游离在城市型主体社区之外的"体制外灰色社区"。它是非农化农民群体聚居的"新社会空间"，是保护和实现非农化农民利益和权益，以及与城市顺利接轨的媒介。这些定义包含两个方面的基本界定：① 空间界定，城中村处于城市发展用地范围内，村建设用地被城市用地所包围或与城市用地互相交错；② 区域类型界定，城中村是转型中的农村居民点，它在经济、社会、土地利用、建设景观等各方面处于明显的乡村—城市转型过程之中，既具有较高程度的城镇化特征，又保留浓厚的农村社区特征。

（3）城中村的类型。研究者从各个不同角度对城中村的类型进行过多种划分。有的运用因子分析法和聚类分析法等统计方法，把城中村分为基础设施优越型、集体经济实力型和土地资源充足型3类。

有的对城中村的划分则根据城市与村庄相交接的形态特征：① 全包围型，农庄村社全被城市建筑所包围，部分变为城市城区；② 半包围型（相交型），村庄的一部分与都市型外貌相融合；③ 外切型，村庄与市区边缘线相切，常常因一河流、一铁路线，甚至一墙之隔，两边有不同的风貌；④ 飞地相邻型，与城区外围飞地（如经济技术开发区）相毗邻，或在新开发的工业区出口处很快形成自由贸易服务型的棚户村；⑤ 相离型，村庄尚呈独立状态，通过道路与城区有密切的联系，仍在市区职能范围内；⑥ 内切型。

从城中村的空间位置、发育程度、与城市用地的关系等因素考虑，将城中村分为3类。① 成熟型（成熟的城中村）：位于城市建成区内，靠近城市中心区、为城市用地所包围的村庄。② 成长型(扩展中的城中村):位于城市建成区边缘、与城市用地相交错的村庄。③ 初生型(形成中的城中村):位于城市建成区外围、城市规划发展区内,城市用地开始侵入的村庄。

从社会形态视角划分,将城中村分为两类:① 仍以本地村民为主的传统农业社会;② 本地原村民社会和外来务工者暂住型移民社会,也称"二元转型社会"。

2. 城中村的地域特征及成因

(1) 城中村的地域特征。城中村是城市中的一种特殊居住形态和空间形态,也是一种新型社会形态、社区形态和文化形态,具有一些明显不同于城市其他区域的特征,主要表现在景观、社会、经济 3 个方面。

景观特征:许多学者都认为城中村的景观特征就是"脏、乱、差",与周围城市环境不协调。城中村聚落景观形态既不同于传统农村聚落单家独户的单层住宅,也不同于城市的多层建筑景观,是介于两者的不伦不类的现象,具体来说就是建筑结构以砖混结构为主,建筑密度高、层数低,村屋密布犹如蜂房;整个空间由于缺乏统一规划,道路狭隘曲折、不成系统,基础设施配套不足,生产生活空间混杂。但也有学者认为,在某些城中村里,还是存在一些良好的自然景观和人文景观,可以结合这些景观改造村庄的整体环境。

社会特征:城中村人口特征复杂,主体为从事非农活动的村民,其次是暂居在城中村的规模较大的流动人口;职业构成复杂,本地村民主要以租房和个体经营为主,外来流动人口多以低收入职业为主,如临时环卫工、小时工等;受教育程度方面,文化程度普遍不高;价值观念方面,城中村保留着传统的生活习惯,缺乏现代化意识,小农思想严重,与周围城镇化的氛围不协调,被动市民化的过程提高了城中村成为"孤岛"的风险。因此,城中村因复杂的社会结构,导致治安较为混乱,社会问题众多。从这些观点可以看出城中村具有浓厚的农村社会特征,但又存在着严重的"城市病"。

经济特征:城中村的经济得益于土地,但目前城中村土地主要以宅基地为主,农用地几乎被征完。城中村集体经济实力强大,村民的收入主要来源于集体分红、房屋租赁和小规模的非正规商业活动几个部分。

(2) 城中村的形成原因。城中村是中国城镇化过程中的一种特殊的地域现象,是在特定的经济、社会、文化、政策背景下形成的非完全城镇化的产物。其中,改革开放提供了农村城镇化的大背景,是城中村形成的主要外部动力;土地使用制度是核心;政府趋利型的土地征用政策是直接原因,而传统的城乡二元体制是根本原因。在二元格局下,城市、乡村各自发展方式的缺陷是城中村形成的具体背景,而社会调节系统的局限则是城中村形成的社会因素。

第一,政府趋利型的土地征用政策是城中村产生的直接原因。改革开放初期,地方政府为了实现城市的发展,纷纷加快城市建设和城镇化的进程。农村土地征用作为短期成本最低,而资本积累丰厚回报的有效方式,成为城中村产生的直接原因。对农村低价农用地的征用和成本较高的宅基地的保留,导致村庄逐渐被不断扩展的城市所包围,形成城中村。其次,随着市场经济的不断发展,对自由竞争的追求和城乡二元制度带来的土地所有制差异,使得村民在城市的不断侵蚀中持续对抗,最终导致在"土地使用有偿化"的政策下,村民与政府在土地利益上的博弈长期存在。

第二,二元体制是城中村产生的根本制度原因。中国特殊的二元体制,不仅包括土地所有的二元隔离,还包括户籍身份、管理组织、社会保障等诸多方面。首先,土地所有的二元性,使得村集体对村中集体土地具有使用权,其中村委会是主导力量,政府对集体用地的约束力下降。其次,随着土地有偿使用,房地产事业的发展,大量外来流动人口对住房的需求日益猛增,村委会通过自主开放和招商引资的方式对城中村进行建设开发。在城乡居民巨大的管理组织和社会保障制度差异下,土地是村民生产经营的基础,生活、情感的保障和归依。城市很难吸收和同化城中村,城市对城中村村民有偏颇的认识和评价,如村民"农转非"的户口特点,也使得城中村村民自觉抵制"市民"的身份。

第三,非正规的就业环境和利益驱动,自我强化了城中村的存在。还应指出,城中村这种特殊的建筑群体和村落体制的形成,是农民在土地和房屋租金快速增值的情况下,追求土地和房屋租金收益最大化的结果,也是地方政府在工业化和城镇化过程中与原农村集体和原住居民博弈后的结果,还是巨大的廉租屋市场需求和政府缺失(没有及时给予廉租屋供应)二者共同作用后的结果。其次,城市就业结构滞胀促进了城中村非正规就业的发展,在解决中国剩余农村劳动力就业问题方面发挥重要作用。另外,由于政府的制度管制,城中村的土地收益低于同地段城市土地的平均收益(自由竞争的均衡价格),而村民又没有得到相应补偿。在此情况下,村民为了补偿自己土地收益与均衡价格的差价,只有最大化利用可支配的面积与空间,使建筑向高层发展。这种利益驱动进一步强化了城中村的存在。

3. 城中村的改造

正是由于城中村属性的多元性、问题的复杂性、村庄的差异性,使得城中村改造的难度非常大,从各城市政府对城中村改造采取的如履薄冰和小心翼翼的态度和行动中就可以看出这一点。近年来,由于城市政府手上储备的可用土地已经越来越少,城中村带来的治安问题、消防问题越来越严重,成为构建和谐社会的障碍之一,加上政府可支配的财政收入大幅提高,政府认为有能力开始实施廉租屋制度,因此城中村改造提速。

城中村问题的焦点在土地,原因在规划管理,症结在体制。因此,解决好城中村问题,要从加快乡村向城市体制融合速度、完善管理和社会保障体制、加速土地使用的市场化进程等方面着手。城中村改造要遵循规划控制、分类指导、逐步推进的原则,处理好政府、村集体、开发商之间的关系,可以推行村集体经济主导、非市场化的社区改造,也可以采取政府主导、半市场化的旧区重建,还可以实施开发商主导、市场化的综合开发。城中村的改造,实际上是对政府、房地产商、村民3方面利益的平衡。为了防止城中村改造带来的房屋过剩供应和房地产市场波动,城中村的改造要有步骤、分阶段地进行。从不同的视角出发,城中村的改造模式可划分为不同的类型。如从改造主体出发,城中村改造模式可分为政府改造模式,村民自主改造模式,半市场化模式,市场化模式等。依据改造强度可分为全面改造和综合整治两类。依据改造实施的具体方式可分为市政基础设施带动模式,整体搬迁改造模式,周转地块改造模式,滚动开发改造模式等。

在城中村改造中,不能仅停留在物质层面的改造,要注意保证原村民收入不减少,保障外来低收入人群的廉价住房要求能得到满足,保护和利用城中村的本土文化和社会资本,要注意促进城中村居民在角色意识、思想观念、文化素质、职业技能、行为模式和生活方式的转变和提升,加快城中村居民融入城市社会。为此,城中村改造必须由政府主导,政府通过政策、规划、计划的适时调控,保证城中村改造符合公共利益,维护改造过程中的社会公平,努力使改造惠及所有的城中村居民、低收入外来人群和城市居民。同时,要积极建立村民参与改造的途径,实现改造符合当地居民生产和生活的习惯和要求。城中村改造后,必须像城市社区一样,由政府财政承担基础设施投入,由政府主导成立相应正规或非正规的社区管理组织,共同承担改造后城中村社区的管理职责。

目前,城中村改造经历了从关注物质层面,如土地利用、建筑形态、利益均衡、产权置换等方面,向关注城中村村民市民化、社会融合等社会文化层面逐渐转变的阶段。当然物质层面依然是目前绝大多数城中村改造的重点阶段,只有当物质层面改造达到一定程度时,关注城中村从社会文化层面深度融入城市才有意义。针对一些物质层面已经相当成熟的城中村,如广州的猎德村,其目前发展所关注的重点问题应当是如何改变村民被动市民化的现象,即如何通过调整组织方式、经济模式、行为习惯和价值观念等方面使其真正融入城市,真正实现从村民向市民的转换。

第五节　城市感应空间分析

传统研究城市内部空间结构的方法是土地利用功能分区和社会区分析,这两种分析方法的共同缺点是机械地把城市作为一个物体来分析。从 20 世纪 50 年代开始,部分地理学家把注意力从区域特征研究转移到个人和集体的行为研究上。60 年代行为地理学的出现,被认为是研究城市内部空间结构的一个突破。

行为地理学的研究是以非规范的方式,用实证的方法,研究形式和过程之间的关系。它特别重视行为过程产生空间模式的方式和途径,是心理学和地理学的结合。但不同的是,传统心理学中把人作为变量,把环境当成常量,专门研究人对环境的心理活动;传统地理学中则把人作为常量,环境作为变量,研究客观环境。而在行为地理学看来,环境、人的感应和行为都是变量,它把个人决策放在首位,把个人的外在行为和内在心理行为综合起来考虑以解决复杂的人与环境相互作用的空间问题。

一、感应、环境和行为

感应是指人们从实际中感觉的(听觉、视觉、嗅觉等)以及对整个过程的反应。只要是社会人(不同集团、阶层、阶级、性别的人)都会对环境产生一定感应,而只有对环境产生了一种稳定概念,才能真正产生感应。产生感应的过程实际上是对环境的一个认识过程。人的感应过程包括心理方面的许多过程,如信息的获取、破译、储存、回忆、处理和生理过程等,而行为地理学所关注的是输入和输出上的差异。

环境是指一个人以外的所有能影响感应的部分。环境可分成四部分,从小到大的顺序是:行为环境、感应环境、操作环境(人类活动的部分)、绝对客观环境。行为地理学感兴趣的是行为环境和感应环境。

所谓行为,一般指人们对环境做出的行动上的反应,包括态度、动机、信念和期望等。人们在空间的活动称为空间行为,如移居、购物、上下班和社交等。空间行为是一种复杂的活动,它受限于多种因子(图 13-17)。

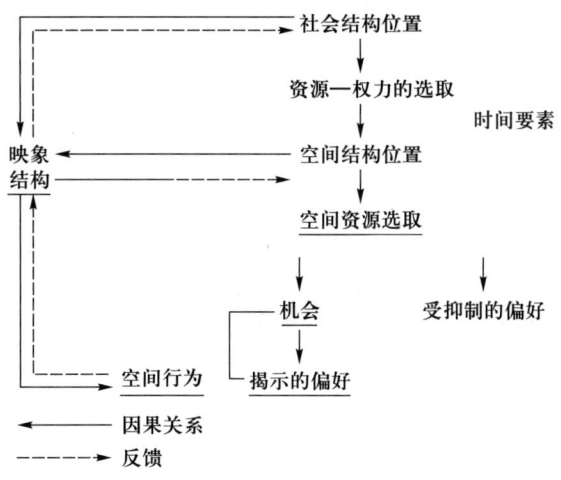

图 13-17　行为限制因子(王兴中译,1988 年)

人们从对客观环境的感应到产生行为的过程见图 13-18。人通过感应获得有关环境的信息,并根据自己的价值观来评价这些信息,从而获得进行决策的行为意象。因此,人对环境的感应可以指导人的行为。

行为地理学关于感应空间的研究,不是取代土地利用功能分区和社会区分析,而是提供另一种关于人与环境关系的解释,是对城市土地利用功能分区和社会区分析的补充。

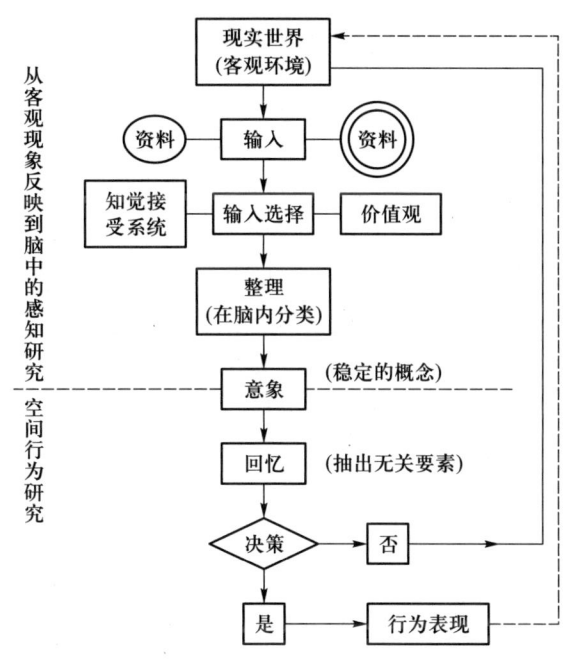

图 13-18　人对环境的感应到产生行为的过程(引自许学强等,1989)

二、居民构想图(城市意象图)

感应空间的研究成果说明,个人的空间行为,包括寻找工作和居所、购物等,多数不是由客观的空间组织所决定,而是由个人的感应空间组织所支配的。一般来说,感应空间包括三个层次;① 结构性的;② 评估性的;③ 个人感情性的。城市空间结构的感应,最基础的是居民构想图。

美国学者林奇(K. Lynch)早在 20 世纪 50 年代曾要求波士顿、新泽西、洛杉矶的受调查居民画出其各自城市的简图。其结果,他们所勾勒的简图省略了许多重要细节,并将复杂的几何形状简略为更容易理解的直线或直角。这样就简化了所感应环境的空间结构。这种简图称为居民构想图(城市意象图)。居民构想图使我们可以了解居民对城市特点的感应和认识,借以测度城市物质空间及其文化风貌对人刺激的强度,以便为设计和谐的城市空间和城市环境提供依据。居民构想图是研究感应空间的最基本的方法。

林奇认为,居民构想图主要由下列五项要素构成:

(1) 路径(paths):指人能够移动通行的道路,包括市内交往和交通的渠道,如街道,人行道。

(2) 界线或边沿(edges):区与区之间的分隔线(或障碍),包括线性的自然或人为的各种边线,如湖畔、斜坡、铁路。

(3) 区或区域(districts):城内有特殊文化或经济属性的区域,如伦敦市中心的鸽子广场。

(4) 枢纽或节点(nodes):为交通交汇或公众聚集的地点,如莫斯科的红场。

(5) 标志(landmarks):人们用以识别方向和区位的参考物,如巴黎埃菲尔铁塔。

需要说明的是,这五项要素并非界限分明。对某些人来说,教堂可能是枢纽(因为经常造访),但对另一些人来说,可能是标志(因不常造访,但却具有方向指示作用)。在分析中应该注意这一点。外来游客由于他们对城市的认识肤浅,因而对城市的感应往往仅限于一些标志,而当地居民对城市的感应无疑会更加全面、深入。

居民构想图能够反映个人的空间行为。不同种族、不同经济文化背景、不同性别的居民,其城市意象也不相同,即他们对城市空间结构的感应不同,从而空间行为也会不同。就种族来说,白人的感应空间大,黑人的感应空间小。就不同经济地位的人来说,有钱人的感应空间大,贫民的感应空间小。就不同性别的人来说,男性的感应空间往往比较大,女性尤其是家庭主妇的感应空间通常要小。林奇的方法在不同类型城市的应用中取得了相当大的成功,较好地从人的感应和行为的角度解释了人与环境的关系。但也有不少学者提出了批评:① 居民构想图是徒手绘制的,这要求居民受过一定程度的教育和训练,但事实并非完全如此,对教育程度低的人来说可能绘制不出来,从而不能真实地反映他们的空间行为。② 林奇研究的整个焦点都指向了意象的可见因素,忽视了声音、气味等因素。这表明对城市空间的职能及象征意义未给予足够的重视(如医院的味道、工厂的机器声),因而影响了分析效果。

三、研究实例介绍

1. 对罗马市民意象空间的研究

弗朗西斯卡托(Francescato)及麦彬(Mebane)在研究罗马市的时候发现,中产阶级和下层社会所感应的罗马是完全不同的。总的来说,前者脑海中的罗马空间宽度大,内容丰富;后者空间宽度小,内容简单(图13-19)。其原因是中产阶级富有,活动范围大,嗜好多,对广泛分散在城市内的各种资源也不计较距离远近都去享受;而下层社会不那么活跃,上下班距离较短,有限的收入限制了他们的嗜好和空间宽度。但值得注意的是,下层社会对其近邻事物的认识都较中产阶级深,说明下层社会居民的生活空间虽然狭窄,但邻里关系却很密切。

此外,西方学者对洛杉矶的研究成果显示,种族隔离影响了各自对城市的感应。

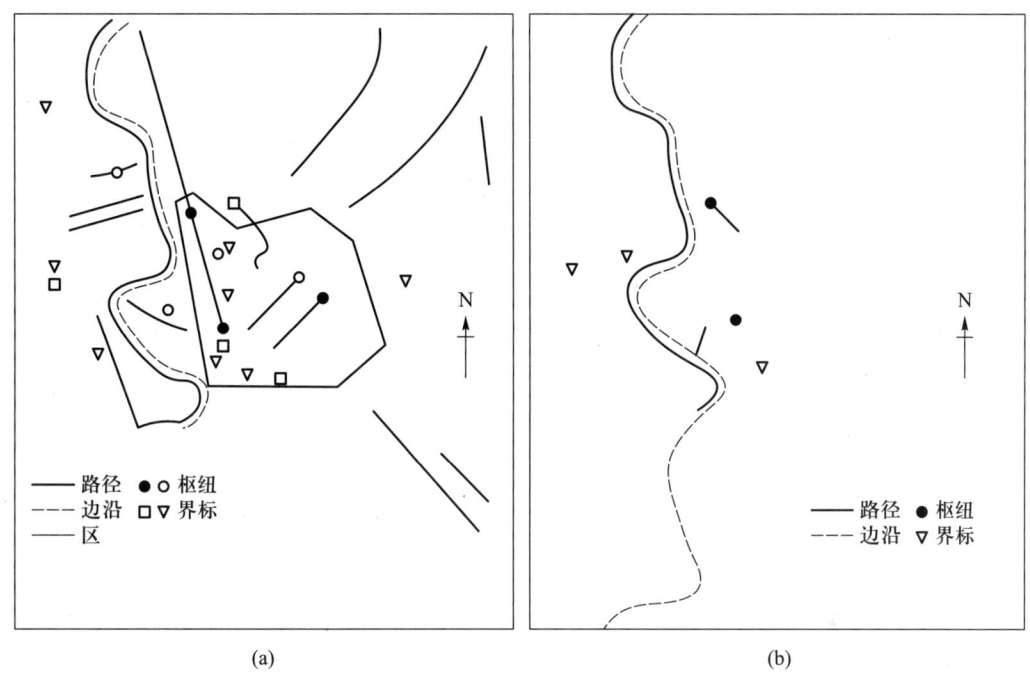

图 13-19　不同社会阶层的罗马构想图
(a) 罗马中产阶级对罗马的构想图　(b) 罗马下层社会对罗马的构想图

2. 对广州意象空间的研究

分析结果显示,广州城市意象是以珠江为整个城市参照系,环市路、东风路、中山路、解放路、广州大道、江南大道及工业大道构成了城市意象的网络状系统,在此基础上有广州火车站、海珠广场、区庄立交和中山五路、东风路、解放北路上的几个交叉节点,形成火车站、海珠广场、白天鹅宾馆、越秀山及珠江上四座大桥等主要标志,辅以各种区域。总体来说,广州市城市意象主结构明显,次结构趋于模糊(图13-20)。

那么,影响广州城市意象要素的因素是什么呢? 为此作者在利用评价标准给每张城市意象草图(图13-21)定级打分的基础之上,对广州市民的性别、年龄、在广州居住时间、职业、文化水平、居住地点、上班时间、交通工具与道路、边沿、节点、标志、区域、类型、范围等级之间两两用卡方检验求出 x^2 值,在显著性水平 0.05 情况下,意象构成要素的道路、标志、节点受上述影响最小,是城市意象中最为普遍性的构成要素。而边沿、区域、范围,则受到个人因素影响较大,属于受制约的构成要素。具体的影响因素主要有:① 文化水平。它是影响面最广的一个因素,受它

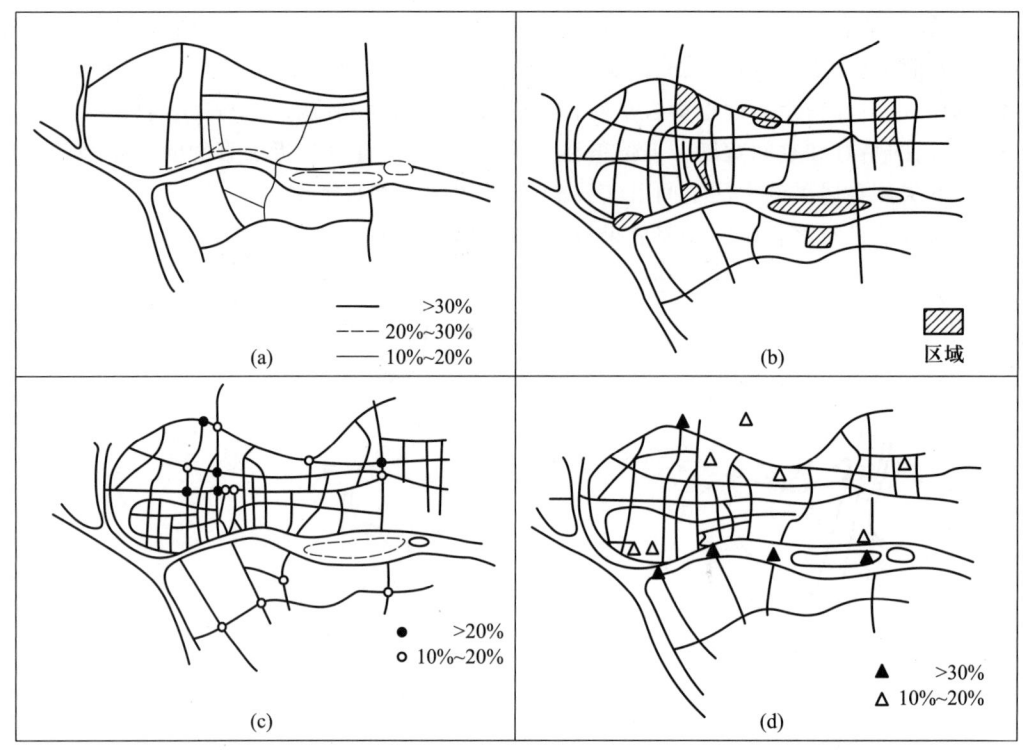

图 13-20　广州市城市意象图(引自李郇等,1993)

(a) 主要是道路;(b) 含主题明确的区域;(c) 增加了节点;(d) 增加了标志

影响的有边沿、区域、标志以及类型和范围,这些要素的等级是随市民文化水平的提高而提高的,文化水平越高的人对广州市越易了解。② 居住地点。它影响到区域、边沿和范围,它是由于市民居住地点不同,日常活动范围也不同而形成的。③ 交通工具。虽然它只影响到区域的等级,但它表示出了城市穿越方式对意象要素的影响。

四、研究感应空间的作用

研究感应空间至少有三个方面的作用:① 城市功能区和各种用地的布局应尽可能为居民构想图增加美丽的要素、深刻的印象,突出各具特色的功能区,从而增加居民对城市的好感;② 城市功能区的布局要增加适当的标志,枢纽和区域的布局也要考虑其可辨认性,以便扩大市民的感应空间;③ 如果市民的感应空间扩大了,构想图的内容丰富了,就有助于市民参与城市管理和规划,从而使城市管理和规划不仅仅只是规划师的事务。

改革开放之后,中国经历了高速的经济增长与快速的城市化过程。中国已经是仅次于美国的第二大经济体,2019 年城市化水平超过了 60%,城市规模不断扩大、城市数量不断增加,城市建设日新月异。然后,在快速的大拆大建、强调高大上的城市建设过程中,城市的历史文化不断丧失,城市的个性被忽视,形成了千城一面的风貌格局。中国经济现在进入高质量发展的阶段,为建设高品质人文城市,必须要深入开展城市感应空间的研究,为规划建设"望得见山,看得见

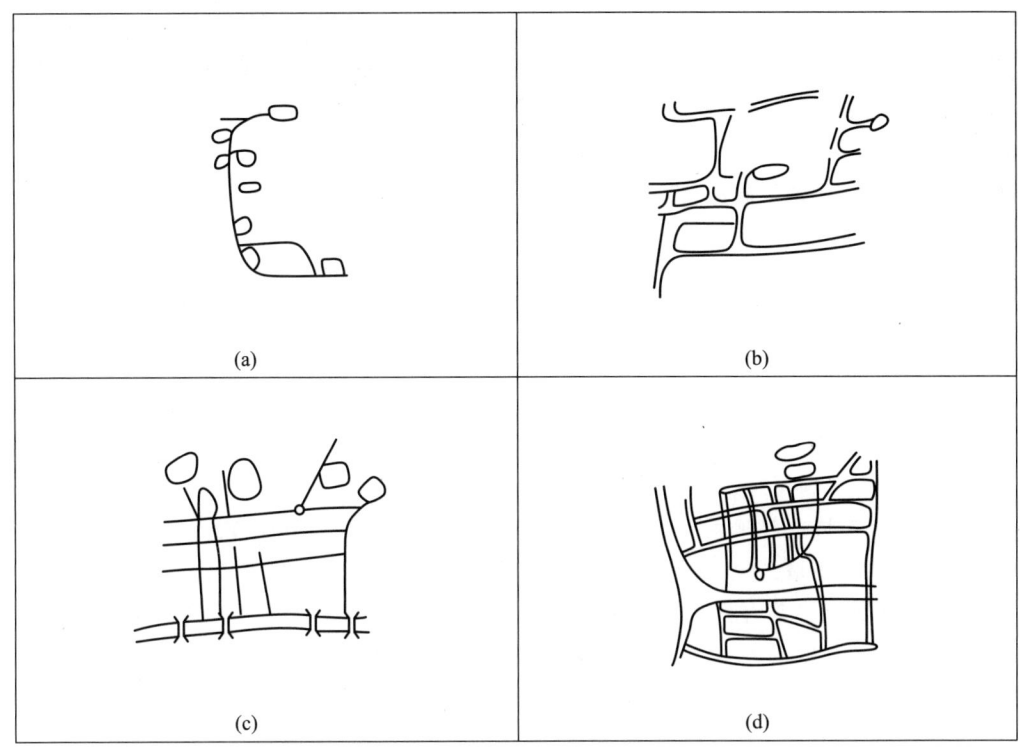

图 13-21　意象草图的类型(引自李郇等,1993)

(a) 第一类;(b) 第二类;(c) 第三类;(d) 第四类

水,记得住乡愁"的城市提供理论依据。

思考题

1. 简述中国人口变化及其影响。
2. 简述老龄化产生的原因和影响。
3. 简述不同类型社会区的差异。
4. 简述封闭社区产生的原因和影响。

参考文献

[1] 段成荣,杨舸,张斐,等.改革开放以来我国流动人口变动的九大趋势[J].人口研究, 2008,32(6):30-43.

[2] 顾朝林,胡秀红,刘海泳,等.北京城市富裕阶层现状的初步研究[J].城市问题,1999 (6):23-30.

[3] 胡华颖.城市·空间·社会:广州城市内部空间分析[M].广州:中山大学出版社,1993.

[4] 李志刚,杜枫.中国大城市的外国人"族裔经济区"研究——对广州"巧克力城"的实证 [J].人文地理,2012,27(6):1-6.

[5] 李志刚,薛德升.广州小北路黑人聚居区社会空间分析[J].地理学报,2008,63(2):207-218.

[6] 李勇,刘国翰.流动治理:概念、结构与范式[M].北京:社会科学文献出版社,2016.

[7] 李培林,张翼.消费分层:启动经济的一个重要视点[J].中国社会科学,2000(1):52-61.

[8] 吕晨,孙威.人口集聚区吸纳人口迁入的影响因素——以东莞市为例[J].地理科学进展,2014,33(5):593-604.

[9] 刘晔,李志刚.20世纪90年代以来封闭社区国内外研究述评[J].人文地理,2010(3):10-15.

[10] 缪朴.城市生活的癌症——封闭式小区的问题及对策[J].时代建筑,2004(5):46-49.

[11] 卢汉龙.转换中国社会发展的研究路径——以"小康阶层"取代"中产阶级"为尝试[J].探索与争鸣,2011(11):73-67.

[12] 陆学艺.当代中国社会十大阶层分析[J].学习与实践,2002(3):55-61.

[13] 格林 R P,皮克 J B.城市地理学[M].中国地理学会城市地理专业委员会,译.北京:商务印书馆,2011.

[14] 马航.我国城中村现象的经济理性的分析[J].城市规划,2007(12):37-40.

[15] 秦瑞英,闫小培,曹小曙.国外城市封闭社区及治理[J].经济地理,2008,28(3):401-405.

[16] 人口老龄化态势与发展战略研究课题组.人口老龄化态势与发展战略研究[M].北京:华龄出版社,2014.

[17] 宋迎昌,武伟.北京市外来人口空间集聚特点、形成机制及其调控对策[J].经济地理,1997,17(4):71-75.

[18] 许学强,胡华颖,叶嘉安.广州社会空间的因子生态分析[J].地理学报,1989,44(4):385-397.

[19] 冯剑锋,陈卫民.我国人口老龄化影响经济增长的作用机制分析——基于中介效应视角的探讨[J].人口学刊,2017,39(4):93-101.

[20] 徐旳,宋伟轩,朱喜钢,等.封闭社区的形成机理与社会空间效应[J].城市问题,2009,(7):2-6.

[21] 杨吾扬.北京市零售商业与服务业中心和网点的过去、现在和未来[J].地理学报,1994,49(1):9-17.

[22] 姚华松,薛德升,许学强.城市社会空间研究进展[J].现代城市研究,2007(9):74-81.

[23] 约翰斯顿 R J.人文地理学词典[M].柴彦威,等译.北京:商务印书馆,2005.

[24] 弗里德曼 J.对中国城市中场所及场所营造的思考[J].城市与区域规划研究,2008,1(1):111-134.

[25] 虞蔚.城市社会空间的研究与规划[J].城市规划,1986(6):25-28.

[26] 袁媛,许学强.国外城市贫困阶层聚居区研究述评及借鉴[J].城市问题,2007(2):86-91.

[27] 袁媛,古叶恒,陈志灏.中国城市贫困的空间差异特征[J].地理科学进展,2016,35(2):195-203.

[28] 张京祥,赵伟.二元规制环境中城中村发展及其意义的分析[J].江苏城市规划,2006(6):12-16.

[29] 周春山,童新梅,王珏晗,等.2000—2010年广州市人口老龄化空间分异及形成机制[J].地理研究,2018,37(1):103-118.

［30］周春山,胡锦灿,童新梅,等.广州市社会空间结构演变跟踪研究［J］.地理学报,2016, 71(12):1010-1024.

［31］周春山,边艳,张国俊,等.广州市中产阶层聚居区空间分异及形成机制［J］.地理学报, 2016,71(12):2089-2102.

［32］周尚意,王海宁,范砾瑶.交通廊道对城市社会空间的侵入作用——以北京市德外大街 改造工程为例［J］.地理研究,2003,22(1):96-104.

［33］Blakely E J,Snyder M G. Forting up:gated communities in the United States［J］.Journal of Architectural and Planning Research,1998,15(1):61-72.

［34］Blinnikov M,Shanin A,Sobolev N,et al. Gated communities of the Moscow green belt:newly segregated landscapes and the suburban Russian environment［J］.GeoJournal,2006,66:65-81.

［35］Bray D. Building"community":new strategies of governance in urban China［J］.Economy and Society,2006,35(4):530-549.

［36］Coy M,Pohler M. Gated communities in Latin American megacities:case studies in Brazil and Argentina［J］.Environment and Planning B:Planning and Design,2002,29(3):355-370.

［37］Nora L de D. Gated communities as a municipal development strategy［J］.Housing Policy Debate,2007,18(3):607-626.

［38］Davis J C,Huston J H. The shrinking middle-income class:a multivariate analysis［J］.Eastern Economic Journal,1992,18(3):277-285.

［39］Low S M. Behind the gates:life,security and the pursuit of happiness in fortress america ［M］.New Tork:Routledge,2003.

［40］Grant J,Katherine G,Kirstin A X. The planning and policy implication of gated communities ［J］.Canadian Journal of Urban Research,2004,13(1):70-88.

［41］Miao P. Deserted streets in a jammed town:the gated community in Chinese cities and its solution［J］.Journal of Urban Design,2003,8(1):45-66.

［42］Mills C W. White collar:the American middle classes［M］. Oxford:Oxford University Press,1951.

［43］Nam C B,Boyd M. Occupational status in 2000:over a century of census-based measurement ［J］.Population Research and Policy Review,2004,23:327-358.

［44］Raposo R. Gated communities,commodification and aestheticization:the case of the Lisbon metropolitan area［J］.GeoJournal,2006,66:43-56.

［45］Caldeira P T. City of walls:crime,segregation and citizenship in Sao Paulo［M］.California: University of California Press,2000.

［46］Warner W L. Yankee city［M］.Abridged ed. New Haven:Yale University Press,1963.

［47］Webster C. Gated cities of tomorrow［J］.Town Planning Review,2001,72(2):149-169.

［48］Yang G,Zhou C S,Jin W F. Integration of migrant workers:differentiation among three rural migrant enclaves in Shenzhen［J］.Cities,2020,96:102453.

［49］Yeh A G O,Wu F L. International structure of Chinese cities in the middle of economic reform［J］.Urban Geography,1995,16(6):521-554.

第十四章 城市增长管理

改革开放以来,城市规划为中国城市社会经济发展起到了重要引领作用,与此同时,规划预期的发展目标与现实之间往往存在一定的偏差,这主要体现在城市增长边界的失控,产生的后果是城市发展无序蔓延带来的城市发展占用生态空间、土地利用低效无序、城市公共资源浪费等。在经济新常态与新型城镇化等战略的背景下,大部分城市急需对城市增长进行科学的引导和管理,完善相关技术手段与政策工具。

第一节 城市增长管理的提出

一、西方城市蔓延与城市增长管理

1. 城市增长管理的提出背景与概念

20 世纪 20—50 年代,美国进入郊区化阶段,迁往郊区的主要是经济收入较高并且拥有私人汽车的白人中产阶级。到了 20 世纪 70 年代,随着经济的发展,私人汽车进一步普及,蓝领阶层等普通民众也有能力迁往近郊。20 世纪 80 年代以后,美国郊区化又出现了新的趋势,不仅是居住区,新的工厂区、办公园区(office park)也纷纷迁建在郊区。这一时期,城市扩张的触角开始伸向原来的森林和农田。城市蔓延成为 20 世纪 60 年代后困扰美国为代表的西方国家城市发展的重大问题。总的来说,城市蔓延是指城镇化地区失控扩展与蔓延的现象,它使原来主要集中在中心区的城市活动扩散到城市外围,城市形态呈现出分散、低密度、区域功能单一和依赖汽车交通的特点。

尽管城市蔓延也给新居民、开发商和其他土地所有者带来了很多私人利益,但城市蔓延以大量消耗农田和自然资源为代价,严重损害了环境、经济、社会等各方面的利益。造成自然生态环境破坏、公用服务水平降低、社会阶层分化、市中心区衰败加剧等问题。城市蔓延带来的诸多问题以及 20 世纪 60 年代末期全球性的环保思潮促进了席卷美国的城市增长管理理念的产生,并进而带来了 60—70 年代和 80—90 年代美国实践城市增长管理行动的两次高潮。人们也要求制定更加完善的措施,对土地开发活动进行管制;各地方政府则从维护本社区的利益出发,率先采取了增长管理行动。

在美国城市土地协会 1975 年出版的《对增长的管理与控制》中,对增长管理的定义是:"政府运用各种传统与演进的技术、工具、计划及活动,对地方的土地使用模式,包括发展的方式、区位、速度和性质等进行有目的的引导。"20世纪80年代中期,在美国一些州的相关立法中正式引入了"增长管理"一词,如佛罗里达州制定了各自的"增长管理法"。

B. Chinitz(1990)认为不同于单纯的增长控制,"城市增长管理是积极的、能动的,旨在保持发展与保护之间、各种形式的开发与基础设施同步配套之间、增长所产生的公共服务需求与满足这些需求的财政供给之间,以及进步与公平之间的动态平衡"。D. Porter(1997)则在此基础上进一步将增长管理概括为"解决因社区特征变化而导致的后果与问题的种种公共努力",是"一种动态过程,在此过程中,政府预测社区的发展并设法平衡土地利用中的矛盾、协调地方与区域的利益,以适应社区的发展"。其后,1999年E. Fodor又提出增长管理"泛指用于引导增长与发展的各种政策和法规,包括从积极鼓励增长到限制甚至阻止增长的所有政策和法规"。

从上述对增长管理概念的描述中可以得到这样的结论,即增长管理是一种公共的政府行为,它贯穿于管理计划制定和实施过程的始终,通过政策法规等具体工具的运用,对城市增长过程中的速度、时序及发展总量进行随时的预测和引导,以便协调多方矛盾冲突,实现开发与保护等各种发展目标及利益之间的动态平衡,从而将城市增长维持在合理适度的范围内。

2. 城市增长管理的目标

城市增长管理(urban growth management)是在对城市蔓延发展的反思过程中做出的一种政策响应,之所以区别于城市控制,主要在于它不仅仅是抑制增长或限量增长,而是具有一系列更为广泛的公共目标。D. Porter将城市增长管理目标概括为"解决因社区特征变化而导致的后果与问题"。E. Fodor提出城市增长管理在于提出各种引导城市增长、发展的政策和法规,以达到积极鼓励城市增长到限制甚至阻止城市增长的目标。

在美国,俄勒冈州首先开始尝试增长管理的实践。20世纪60年代末至70年代初,美国俄勒冈州经历了较快的增长,出于对资源能源消耗的担忧和对环境问题的广泛关注,于1973年在其土地利用法中提出实行增长管理后,州政府在广泛听取民众意见的基础上,提出了19个规划目标,强调广泛的公众参与和规划协作,内容涉及农林地保护、城镇合理增长、提供住房、经济增长、自然资源保护、改善公共设施与交通、改善大气和水质量、保护自然灾害多发地、提供居民休闲、海岸带资源保护等方面,并要求全州范围内的城镇规划必须给予综合考虑。

总之,增长管理主要拟解决3个主题:一是已有基础设施的城镇化地区的复兴和再开发;二是城市边缘自然环境的保护;三是充分维护社会公平,改善城市生活质量。Nelson等人(2002)对增长管理的目标进行了比较全面、准确的概括,提出增长管理的5大目标:保护公共产品,如空气、水和重要的土地景观;最小化负外部性,最大化土地利用的积极作用;减少开发的财政支出;最大化社会公平,包括就业、住房、服务和休闲等;提高生活质量。在当前经济技术条件和制度环境下,选择适当的城市增长路径,用以促进城市和社会经济整体的良性发展,就是城市增长管理研究的主旨所在。增长管理的主要目标可概括为"4C"。

(1)对一些超越地方范畴的问题进行区域性协调(coordination),并提出解决措施,如开发合作、交通以及交通拥堵、污染等。

(2)通过限制(containment)服务区范围提高能源、公用和市政设施的效率。所谓限制服务区范围即要求城市在一定范围内高密度地发展,具体措施包括:更高的居住密度、更高的住宅开发强度、更灵活的场地规划标准、更多的综合开发项目和综合规划社区、更高的就业开发强度。

（3）保护（conservation）大城市边缘区及其附近的开敞空间及其他资源。通过保存邻近的非建设用地而直接使城市居民受益。

（4）城市社区（community）的经济、再开发、城市形态以及生活质量等内容。

增长管理还包括对住宅支付能力的研究，以及从政府间合作到国家决策过程中的公众参与等内容。

二、城市增长管理相关理论

20世纪60年代以来，随着城市无限制增长的危害日益显现。全球学术界针对城市增长管理的相关研究也越发丰富。相继出现了"精明增长""增长管理""填充式开发"，以及"新城市主义""区域城市"等众多理论思潮，促进了城市增长管理概念的深入发展。

1. 新城市主义

新城市主义是20世纪90年代初北美地区城市面对郊区的无序蔓延而提出的一种新的城市规划和设计思想，主要内容是塑造具有城镇生活氛围的、紧凑的社区，取代城市蔓延的发展模式。1994年，建筑师彼得·凯茨（Peter Katz）组织了支持新城市主义的建筑师和规划师，把他们多年来的作品集中起来，并撰写论文总结经验，出版了专著《新城市主义——走向社区建设》，新城市主义的话题才正式在建筑界展开，并被许多人熟知和接受。

20世纪90年代，新城市主义主张回归都市核心区，发展功能糅合的新型社区，推动城市空间向一种亲和的、相对密集的社区型空间转变。其代表观点有安德雷斯·杜安伊（Andres Duany）与伊丽莎白·普拉特-兹伊贝克（Elizabeth Plater-Zyberk）倡导的传统邻里区开发（traditional neighbourhood development，TND）、彼得·卡尔索普（Peter Calthorpe）提出的公共交通导向开发（transit-oriented development，TOD）。新城市主义的核心思想在于：一是重视区域规划，强调从区域整体的高度看待和解决问题；二是倡导回归以人为本的设计思想，重塑多样性、人性化、社区感的城镇生活氛围；三是尊重自然与历史，强调城市发展与自然、人文、历史环境的和谐性。新城市主义对于美国城市和郊区开发建设具有强大的影响力，指导了很多社区的规划设计，符合人们对生态环境、社会和人的核心关怀。

新城市主义主要包括了两种规划思想，即TOD和TND，其中TOD更多的是关注城市整体空间的开发与区域形态的形成（图14-1，图14-2）。

按照新城市主义的思想，可以用3种分类来划分城市空间：① 区域（region）；大都市（metropolis）、城市（city）、城镇（town）；② 邻里（neighbourhood）、分区（district）、交通走廊（corridor）；③ 街区（block）、街道（street）、建筑物（building）。

区域层面包括大都市（metropolis）、城市（city）和城镇（town）。大都市是一个有明确地理界线的实体单元，由关系密切但界线明显的城市、城镇和乡村多个中心组成（图14-3）。其发展的主要模式应该采用对城市内部边缘地区和废弃地区的插入式发展，以防止边缘的膨胀，并最大限度地利用城市空间。与市区相连的边缘开发新区宜采用邻里、地区的结构形式，并与现有城市组成一个整体共同发展。与市区不相连的开发新区则应以城镇、乡村的结构形式来组织。

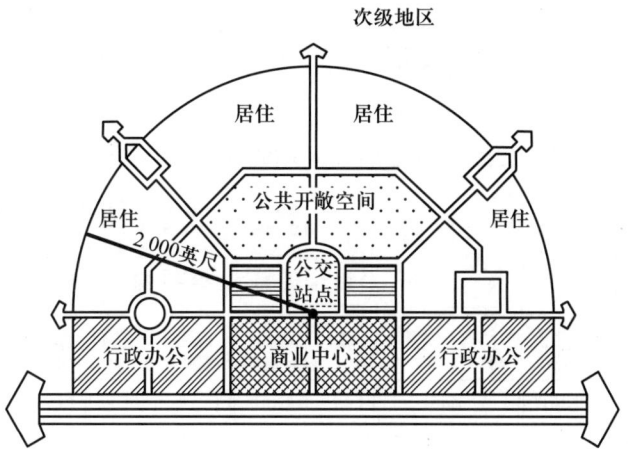

图 14-1　TOD 主导模式图解

资料来源:戴晓晖,2000

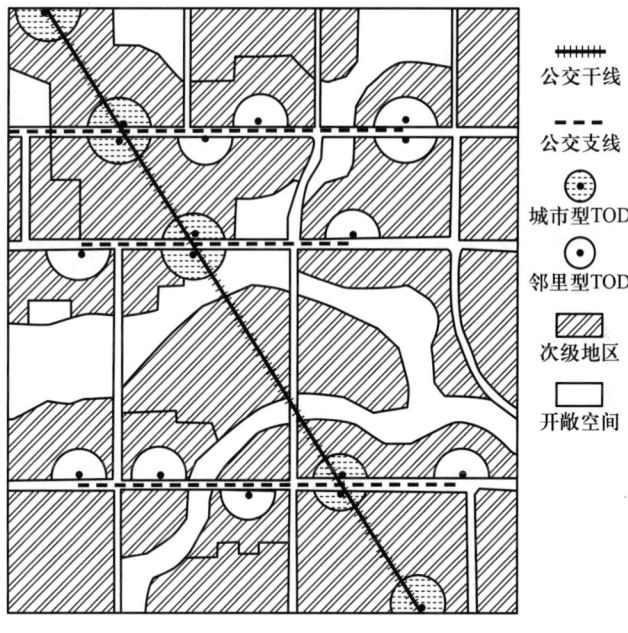

图 14-2　TOD 区域发展模式图解

资料来源:戴晓晖,2000

分区、邻里和交通走廊是新城市主义社区的基本组织元素(图 14-4)。分区通常强调一种特定的城市功能。邻里则是紧凑的、功能混合的、适合步行的居住单元,能够为不同阶层的居民创造日常交流的空间。而交通走廊就包括林荫道、轨道、河流、公园路等,并把分区和邻里连接起来。

街区、街道和建筑物是决定环境质量的重要内容。街区特色决定街道和建筑之间的对应关系,街道设计又会影响街区形态和建筑布局,而建筑是依托所占据的街区和周边街道才能凸显出来的。从城市结构与形态控制出发,新城市主义还提出了用城市梯度法(the transect method)来

337

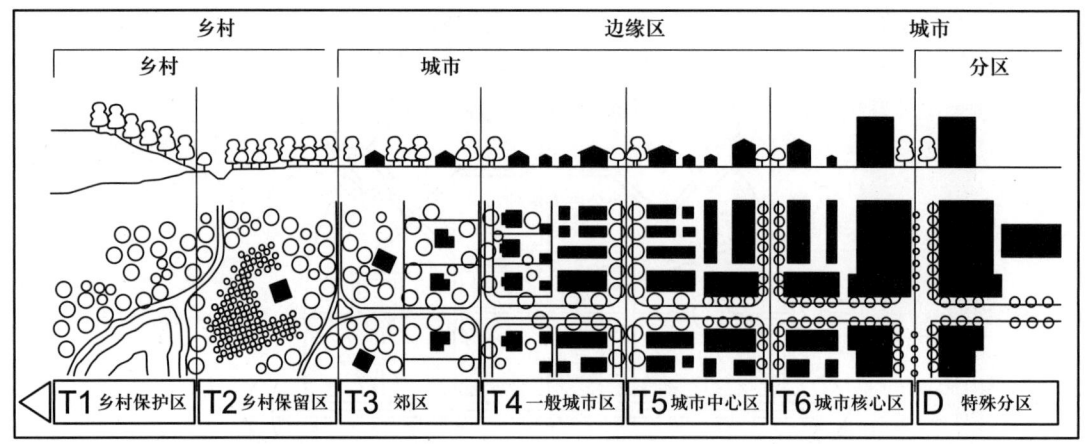

图 14-3　新城市主义的区域结构层次
资料来源:新城市主义协会网站(CNU)

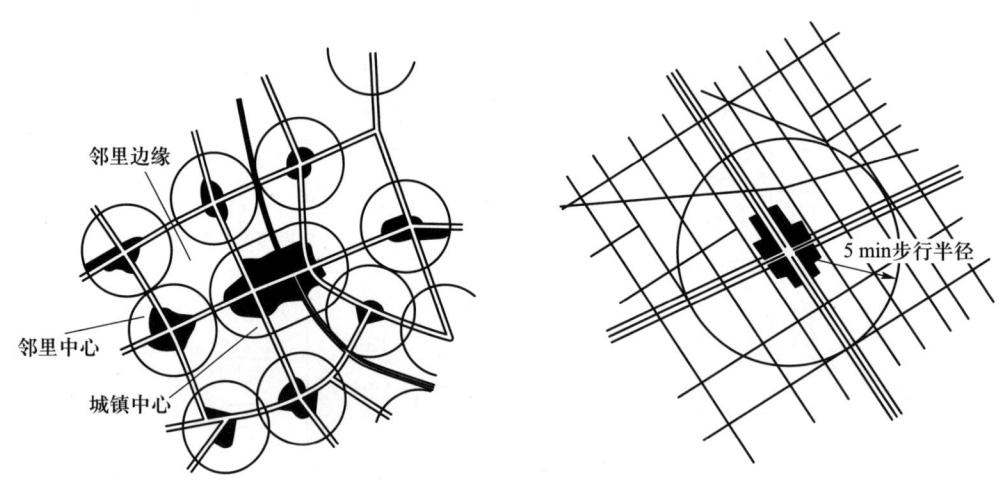

每个邻里具有中心和边缘，两者之间为5 min步行距离

图 14-4　新城市主义的邻里结构图
资料来源:新城市主义协会网站(CNU)

定义广泛的城市发展结构与形态,即从整个城市出发,利用密度坡度的原理划分城市空间并阐述各地段的城市形态,即生态多元坡度曲线从郊区到城市中心区逐步递减,而社会多元坡度曲线则是上升的。对城市形态的控制主要从密度、地块大小和形态、建筑形式和体量来考虑,并以其地理环境和区位来检验。同时,使用城市开发规范指标(the development code)来控制城市形态,主要是用于对不同层次的街区、街道和建筑提出详细空间控制的方法,通过规范指标来取定梯度和每个分区的发展规则。这种方法并不只局限于邻里单元的设计,还包括了整个城市空间形态的规划。

2. 精明增长

新城市主义在实践中追求的是人文主义和空间感,注重空间形态的设计,但缺乏对大城市问题的全方位思考,多为局部、分散地解决城市问题。与新城市主义的城市设计思想并行,一些新的区域发展理念已经出现,其中比较引人注目的是20世纪90年代提出的、风行全美的一项发展计划——精明增长。相对新城市主义而言,精明增长则更系统、更全面,涉及城市发展的社会与经济、空间与环境、城市规划的设计与管理、法制与实施等各个方面的行动计划。

精明增长是在城市蔓延的背景下产生的,是指有利于经济、社会和环境的,发展的增长模式。以前人们争论的话题为"是传统发展还是不发展",精明增长则更关心新的发展应该在何地、以何种方式进行。美国规划协会(APA)于1994年提出了城市精明增长计划(Smart Growth Project),并在1996年由美国规划协会等32家组织联合建立了精明增长网络(Smart Growth Network),开始对精明增长活动进行全面研究。此后,精明增长作为一种城市发展模式得到快速推广和广泛实践。作为应对城市蔓延的新型城市增长模式,精明增长并没有确切的定义,其直接目标就是控制城市蔓延,以解决由蔓延产生的经济、社会、环境问题。

精明增长是以实现城市增长途径为基础,控制土地的粗放利用,以可持续发展模式促进城市健康发展,并创造一种强烈的社区感。城市增长的"精明"主要体现在3个方面。一是平衡发展与环境保护。在容纳发展的同时保留空地、农田和重要栖息地,重新利用土地,以及保护水资源和提高空气质量。二是经济发展和就业。创造商业机会及改善当地税收基础,为社区邻里提供服务和娱乐,创建经济上有竞争力的社区。三是营造强烈的社区邻里。提供系列住房选择,使居民有机会选择最适合自己的住房,维护和强化现有社区邻里的价值,并创造一种强烈的社区感。因此,精明增长是一种高效、集约、紧凑的城市开发模式。

根据1996年美国环境保护局联合其他机构建立的"精明增长"网站,关于精明增长的6大原则包括:① 提供可选择的交通运输形式;② 创造适于步行的邻里;③ 创造居住机会和宽泛的住房选择范围;④ 以社区参与的形式鼓励社区居民合作;⑤ 通过清晰特色培育强烈的地方场所感,增强吸引力;⑥ 混合土地使用,将开发集中于现存的社区,以保存开放空间、保护农地、自然美景和重要的环境区域。应该说,精明增长是一项针对城市蔓延而提出的合理引导城市空间增长的政策(图14-5,表14-1)。

表 14-1　精明增长和城市蔓延的对比

	精明增长	城市蔓延
密度	密度更高,活动中心比较集聚	密度较低,中心分散
增长模式	填充式(infill)或内聚式发展模式	城市边缘化,侵占绿色空间
土地使用混合度	混合使用	单一的土地利用
公共设施 (商店、学校等)	地方性的,分散布置的、适合步行	区域性的、综合性的、需要机动车联系
交通	多模式的交通和土地利用模式,鼓励步行、自行车和公共交通	小汽车导向的交通和土地利用模式,缺乏步行、自行车及公共交通的环境与设施
连通性	高度连通的道路,人行道和步行道路,能够提供短捷的路线	分级道路系统,具有许多环线和尽端路,步行道路连通性差,对于非机动车交通有许多障碍

续表

	精明增长	城市蔓延
道路设计	采用交通安全措施将道路设计为多种活动服务的场所	道路设计的目的是提高机动交通的容量和速度
规划过程	由政府部门和相关利益团体共同协商和规划	政府部门和相关利益团体之间很少就规划进行协商和沟通
公共空间	重点是公共领域(如街景、步行环境、公园和公共服务设施)	重点是私人领域(如私人庭院、封闭的社区和私人俱乐部)

资料来源:马强,徐循初,2004

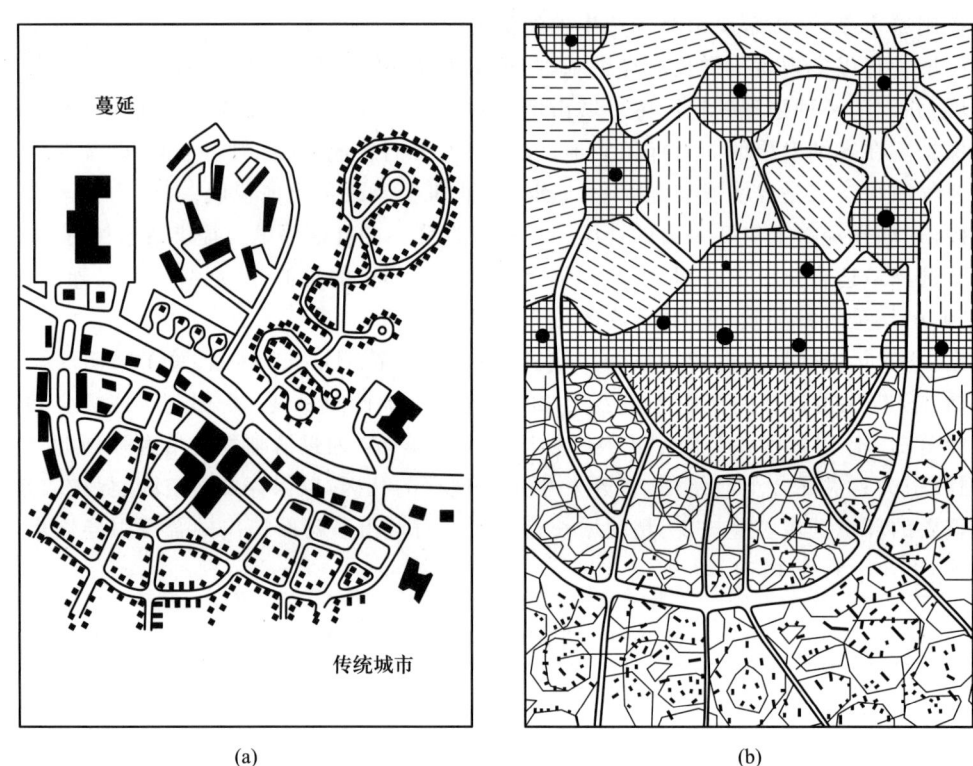

(a)　　　　　　　　　　　　(b)

图 14-5　城市蔓延与精明增长提倡的社区模式比较

(a) 城市蔓延;(b) 精明增长

资料来源:马强,徐循初,2004

第二节　城市增长管理的工具

要实现增长管理的目标就要采取各种技术措施和方法,这些技术措施和方法被称为"工具"。这些工具种类多样,随着城市增长管理实践的推进,逐步发展形成比较成熟的增长管理政策工具,既有传统的综合规划工具,也有创新的政策工具,如特殊类型的法规等。本书从保护土地类、基础设施引导类、保护资源环境类、抑制增长类这几个方面介绍城市增长管理的政策工具。

一、保护土地类工具

1. 城市增长边界

城市增长边界是一种用于控制和指导城市增长和区域规划的工具,将城市区域划定为可进行城市开发建设的增长区和不可用于开发建设而要保护的农地、林地、生态脆弱区。它可以把在不可开发建设区域进行建设的行为定性为非法的,这样的严格执行才能更为有效地限制城市空间的无序开发,引导城市土地资源的合理利用。城市增长边界的核心思想为控制/限制城市中一定区域的增长或扩展范围线,即明确城市发展的边界。从早期的伦敦绿带开始,对于将开发控制在特定地区、划定城市发展界线的尝试便一直层出不穷,美国俄勒冈州是第一个正式采取这种方法的区域,首先对城市发展情况和城市土地资源进行评估和规划,在增长边界划定的可开发建设区域内要包括足以容纳 20 年规划期限内建设需要的土地。需要特别注意的是,城市增长边界要根据实际发展情况合理调整。

2. 公共征购土地与购买开发权

公共征购土地也是被广泛使用的土地保护政策之一,它通过政府出资购买土地开发权来实现,这种手段被用于建设或扩展各种开敞空间,如公园、休闲地、森林、野生动物栖息地、环境敏感地等。但是,对于土地价值较高、开发压力较大的地区来说,这种购买的方式成本较高。政府不得不采取多种手段筹集征购土地的资金,如发放长期债券、福利抽奖等。美国马里兰州实行的土地保护合约计划就是一例,土地所有者通过与具有半官方色彩的信托基金签订合约,对土地的开发权进行一定限制。被签订合约的土地,所有权名义上仍属于原来的土地所有者,但该土地在签约后即成为公共物品,土地所有者可以根据该土地的用途适当使用,但不能进行开发建设。土地保护合约是一个多赢的契约,对土地所有者来说,既可排除对土地的不当开发,又可依法把土地合约作为扣减税负的凭证;对政府和其他公众来说,则增加了公共物品,保护了文化古迹和生态环境。

3. 土地开发权的转让

与开发权的购买不同,开发权转让是指为限定某些区域的开发,把如生态保护区的土地开发权转移到城市允许的增长区,在更适合开发的区域进行。其目的在于"把限制性地带的开发项目集中到预期发展的地带"。这种方法对于历史遗迹的保护、农田保护以及临界区域或生态脆弱地带的保护具有比较明显的作用。例如放弃在生态脆弱区进行开发建设,可以为开发商提供在城市建设区的用地,那么开发权就转移到了这个地区,既实现了增长又保护了环境。

4. 预留开敞空间与农地保护

在对土地的保护中,地方政府一方面可以通过强制分区要求开发者不得开发环境敏感地

（如陡坡、泛滥平原、湿地和河床等）和打算用于公园、室外运动场的地区。这些被预留出来的土地由社区协会或地方政府进行管理,颁布禁止在这些地块上从事建设的规章制度,对那些已经从事开发的,则要求其立即退出开发,以保护濒危物种和自然环境。另一方面,政府还可以依靠农田专区制度保护受到城市发展压力的农业用地。农田专区也被叫作农业保护区、农业鼓励区等,是近几十年来美国实行的一种土地保护措施,其目的在于规定此区域内的土地必须用于农业。农田专区的登记注册是自愿的,加入农田专区的农场主可以获得多种好处,如根据《农场立法》,若农场主和牧场主将其土地一直用于农业用途,他们会得到一定的奖励基金或税收方面的优惠政策,从而降低其经营成本。《耕种权法》规定,只要不损害公共健康、安全,任何正常的耕种活动都受到法律的保护。

二、基础设施引导类工具

1. 城市服务边界

城市服务边界和城市增长边界相关,都可以对城市增长起到辅助作用,但城市服务边界不是为增长划定一个范围,而是和基础设施配置直接联系。政府为在服务边界内的区域提供基础设施建设的资金支持,可以不为超出服务边界的区域提供这种支持。这是以基础设施的供给来限制地区的盲目扩张,保护生态敏感地和自然环境,确保城市土地的集约利用。"城市政府可以拒绝将其服务（例如供水系统、下水道排污系统、道路、学校、公园）延伸到超出城市服务边界的地区"。美国马里兰州1997年颁布了《边界保护和精明增长计划》。根据立法,该州将为在指定的增长区以及现有市区和工业区内的开发项目优先提供资金帮助。从1998年10月1日起,马里兰州就不再向非优先地区的"增长相关型"项目提供资金,对乡村和无排污系统社区内的项目资助也进行限制,并通过州政府资金的导向将开发引入适于增长的地区。

2. 公共设施条例

公共设施条例产生于美国,主要由地方政府贯彻实施,并被部分城市纳入增长管理计划当中。该条例可以相对降低城市未开发地区的项目建设热情,缓解城市的过度扩张和增长。公共设施条例要求开发新项目时必须拥有开发所需要的各种城市服务和基础设施,但没有设置开发限制,可是如果不能逐一证明从事某项开发时已经拥有或将要拥有足够的基础设施,则该项开发不能获得批准。也就是说,这是一种同步配套要求,新项目开发时必须确保足够容量的道路、给水和学校等设施到位;若社区无力建设这些设施,可要求开发商提供,作为取得开发许可证的条件。例如美国华盛顿州要求地方政府在开发前,不论是由政府还是开发单位负责,都必须先行建设或在开发期间配套建设足够的公共设施,公共设施满足了该地区发展的需求,才能获得开发许可证。

3. 公交导向型开发

TOD开发模式是在国际上广泛应用的增长管理工具。该模式基于"交通—土地利用"相互关系,强调整合公共交通和土地使用。一方面,它对城市交通提出相应要求,主张在社区内提供良好的步行系统,使各种公共活动空间、公共设施及住宅区中心点能够保持在公交站点的步行距离之内,并应修建舒适、安全的人行道,以增加步行、自行车和公交等各种出行方式的选择机会,减少对小汽车的依赖。另一方面,TOD还主张集约化、高效率的土地利用模式,以形成更为紧凑的区域空间形态。比如,对土地采用混合利用的方式,将工作、娱乐、休憩、商务和居民生活结合在一起,打造服务丰富的多功能区域;在城市建筑设计上加大建筑的容积率与紧凑度,提倡向纵向空间而非水平方向的扩展,从而节约土地,减少对绿地的占用。该模式将公共交通发展和紧凑的城市建设相结合,既提高运行效率又促进土地资源的合理利用和均衡发展。

4. 开发影响费

开发影响费是政府对新开发项目征收的一次性费用,开发商和购买新房者必须为他们对该地区的影响而负担更多的基础设施开支。这一费用在新项目开发时征收,征收后进入专门账户,用以支付政府在该新开发项目的配套基础设施方面的支出(如在新建的购物中心周围加宽马路和设置交通灯),以避免出现新开发区域基础设施水平低下、不配套等问题。这与公共设施条例的强制配套有些不同,通过收取开发影响费可以鼓励更有效的开发模式,比如通过降低开发影响费引导开发商在已经存在公共设施的地区开发,或者依靠提高开发影响费的数额对暂无基础设施地区的开发活动进行抑制。

三、保护资源环境类工具

1. 社区影响报告

社区影响报告是保证居民知情权、了解开发建设项目影响的一种政策工具。在项目审批建设前需要提供一系列的影响数据报告。报告内容包括:项目建成后人口的容量,不同年龄层次增加人口的估量;项目建成投入使用公共设施的需求量变化,提高现有基础设施的利用效率的程度,作为设施建设的数据参考;现有学校各项设施的情况及项目建成增加的学生量,评估教学设施新要求;项目建成对社区经济财务影响情况;现有道路建设情况及新要求。

2. 环境影响报告

环境影响报告与社区影响报告相似,是通过提供影响报告来获得开发权的一种政策工具。报告需要符合几点要求才能进行项目建设,包括:不会对资源生态环境造成明显影响;有对区域资源保护的构想和设计;维护资源的可持续利用,不形成过度需求消费。

3. 保护性规划

这是一个利用科技手段来保护重要生态区域的政策工具。利用地理信息系统,标识出具有重要生态特征而不能进行开发建设的区域如包括农地、斜坡在内的生态保护区域。这个方法用于判断地区可不可进行可持续的开发,这就为政府制定土地管理规划等政策提供了科学依据,有助于生态脆弱区和基本农田的保护,促进可持续发展。

四、抑制增长类工具

1. 建筑许可证

在一些快速发展的地方,为促进合理的扩张、引导合理的增长速度、缓解资源环境的压力,政府会控制每年建筑许可证的数量,把它限定在一定的范围内。这就放缓了建筑物的大量增加,也降低了对基础设施的过快需求,提高了公共资源的利用效率。

2. 暂停开发

暂停开发是一种更为严格的限制城市增长的政策工具。这种方法常被增长过快的地区采用。美国有些地方通过暂缓开发条例等临时性政策试图解决快速增长所带来的各种严重问题,问题严重的开发项目暂停开发,直到找到合适的解决方案。暂停开发只是面对无序增长的临时性政策,只是为制定长效的解决方案争取时间。

第三节　城市增长管理工具对城市发展的影响
——以增长边界为例

一、城市增长边界的影响过程与作用力分析

1. 城市增长边界的影响过程

城市增长边界将城市的发展空间划分为两个部分,分别为城市增长边界内部和城市增长边界外部,城市增长边界作用对城市增长边界内部和外部有着不同的作用效果。城市增长边界内部作为城市建设用地发展的空间,可通过城市规划的引导,根据市场的发展需求,通过行政许可,获得土地的开发建设使用权并进行建设;城市增长边界外部作为城市建设的限制甚至禁止空间,除对该区域提出保护措施外,还应制定相应的控制措施,包括禁止基础设施的投入(包括给水、排水、电力、电信等),以确保该地区无法获得开发条件,从而保护农田、湿地、林地等生态资源(图14-6)。

2. 城市增长边界的作用力

根据城市增长边界的影响过程分析,可将城市增长边界的作用力分为两种,分别为城市增长边界内部

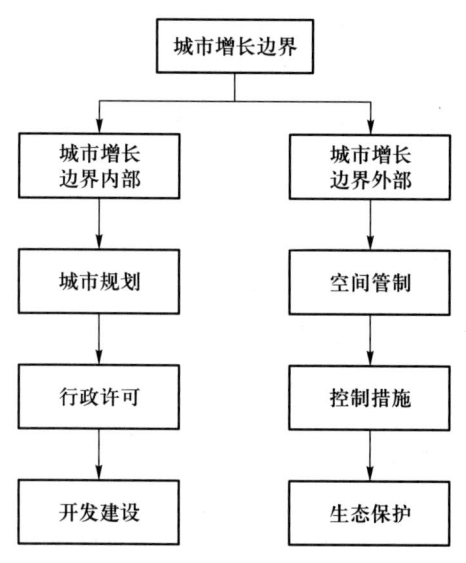

图14-6　城市增长边界作用基本过程

的发展推力和城市增长边界外部的发展阻力(图14-7)。

城市增长边界内部的发展推力主要是,由城市增长边界提出的邻里(邻近现有建设区)发展、紧凑发展而形成的基础设施、公共服务设施的集中建设,降低开发成本,形成集聚效应。同时,作为开发建设区,相应地提出基础设施和公共服务设施建设计划,这部分投资将获得财政支持,因此促进城市增长边界内部的开发建设,发挥城市增长边界的发展推力。

城市增长边界外部的发展阻力主要是由于该区域未获得发展权,缺乏规划的引导,无法做出规划行政许可。因此,基础设施、公共服务设施建设无法相应地开展,缺乏了财政的支持,其发展相对于城市增长边界内部具有明显的开发劣势,最终成为发展的阻力因素。

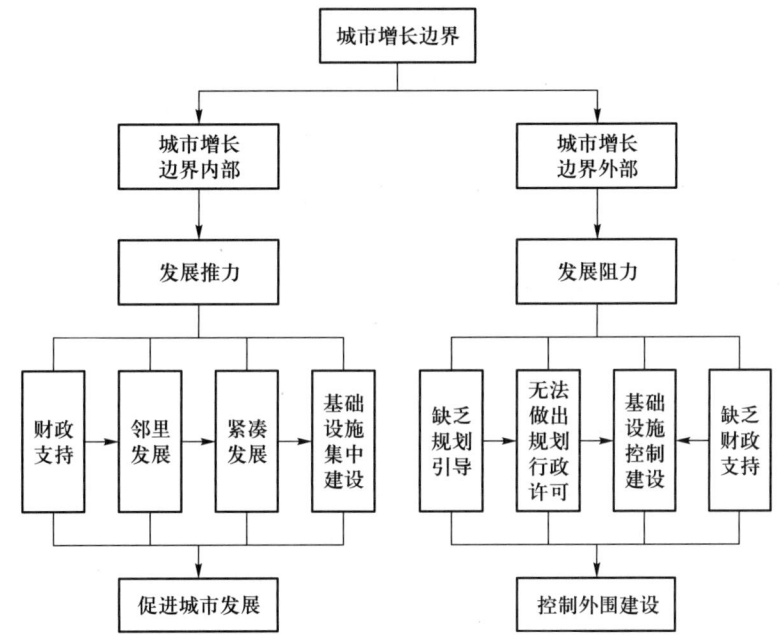

图14-7　城市增长边界的作用力分析

二、城市增长边界对城市空间扩张的影响

1. 对城市空间扩张的影响

城市增长边界在划定过程中已经考虑了部分自然条件的约束,并结合了部分市场发展需求(如人口增长的需求、社会经济的需求),主要通过权力行为力的作用,通过政策空间管制,来实现对城市空间扩张的影响。

城市空间扩展边界,实际上由自然环境背景即自然条件约束、市场驱动发展、权力行为力驱动3个方面共同决定的(图14-8)。自然条件约束是开发建设的基础,根据自然地形等条件,可以确定一个适宜建设的空间范围。根据市场中企业以及其他趋利开发者对城市发展的要求,在市场导向下,也将形成最符合市场发展需求的空间发展线,这条范围线可能有部分并不属于适宜建设范围,部分区域为并不适宜建设的区域,在市场动力下,可能通过技术手段获得市场发展需求的选择。权力行为力主要是政府在城市基础设施、公共服务设施、财政预算等目标导向下的发展需求,这条需求线有部分与市场驱动发展范围线重合,有部分与市场冲突,且有可能部分不属于适宜建设范围线。三种力量的符合结果可能形成三者的交汇区域,以及部分在市场驱动力以及权力行为力共同作用下,部分不太适宜建设的区域也成为真正的建设区,形成实际建设区范围线。

城市增长边界作为一种城市空间增长管理的政策,是作为一种权力行为力影响城市空间扩张。

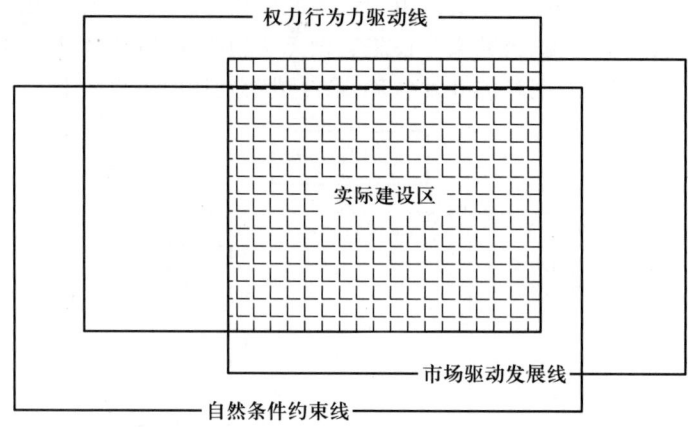

图 14-8　城市空间扩张的驱动力机制分析

2. 对城市竖向空间形态的影响

城市竖向空间形态,实际上为建筑高度的变化。城市增长边界确定城市开发控制线后,在一定期限内土地的开发规模是固定的,这就使得新增的土地供应减少,因此相应的地价上升。在市场趋利的环境下,土地开发的容积率也将相应提高,由于建筑密度受到间距、宜居环境等要求的控制,建筑容积率的提高主要是通过建筑高度增加而获得。另外,城市增长边界控制土地开发规模,倡导城市紧凑发展,在新增土地供应减少的情况下,旧城改造等挖潜城市土地资源的行为将增加,但是由于旧城改造有较高的拆迁安置成本,这也对土地开发的容积率提出了较高的要求,会通过相应的增加建筑高度来提高容积率。而城市增长边界也将保障城市良好的自然生态环境,有利于相应的土地价值提升,影响城市土地的开发(图 14-9)。

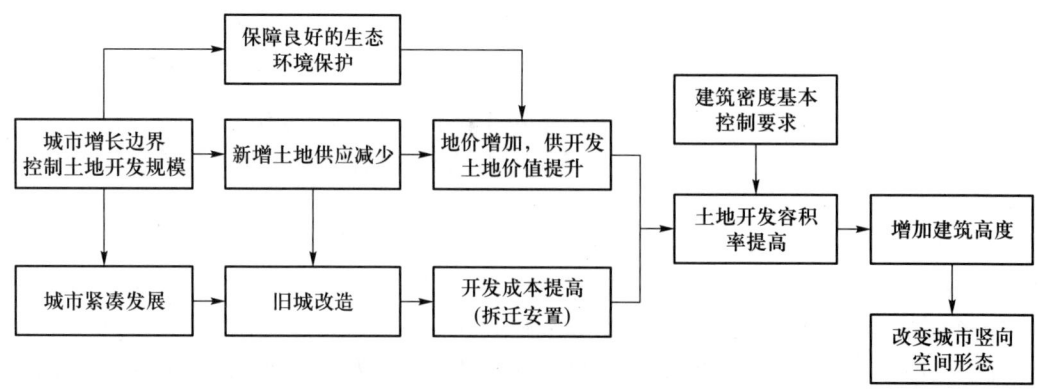

图 14-9　城市增长边界对城市竖向空间形态的影响分析

三、城市增长边界对产业空间布局的影响

1. 对产业空间布局的影响

自 20 世纪 80 年代以来的产业园区建设,是一种投资引导下的市场主导开发模式,政策和规划引导虽然发挥了一定的作用,但是这种力量在早期的发展明显较弱。因此当前产业空间布局的开发,是在土地资源非常宽松的发展环境下建立起来的,土地使用的节约程度相对也较低。在当前发展背景下,土地资源明显减少,城市增长边界提供给产业开发的空间明显减少,而且提供的开发空间除了部分重点开发地区独立于主城区外,相当部分是与现有城区的相邻发展区。规模的减少以及空间区位的特征(与现有城区的相邻性)带来至少两个方面的影响。第一,投入产出比值低的产业难以获得充足的开发空间,由于供开发的土地资源在一定阶段内有限,基于区位理论,所提供的土地资源将仅仅满足较为高端的产业的开发需求。第二,由于供开发的土地资源与现有城区的相邻性,与城市生活结合较为紧密,对城市生活干扰小的产业将更容易获得发展空间,对土地资源需求量大,开发规模大的项目在城区边缘地区将难以获得发展。因此,城市增长边界将促使产业开发朝高附加值、低干扰的产业集聚,促进产业空间与城市生活空间的融合(图 14-10)。

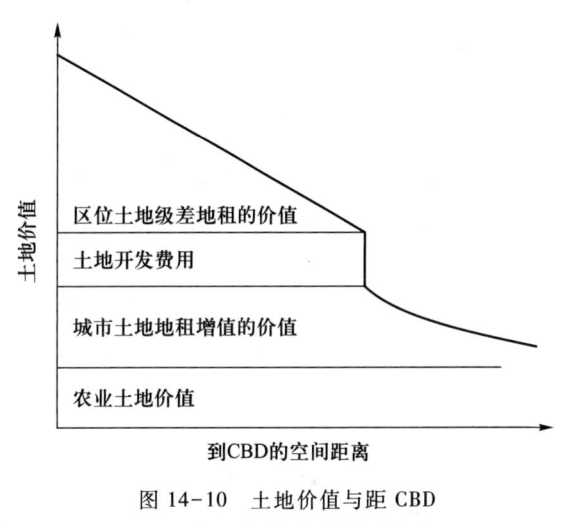

图 14-10　土地价值与距 CBD
空间距离的关系分析图

2. 对城市开发规模的影响

城市增长边界不能够改变城市对城市建设的需求,但是城市建设的需求会因不同的开发强度而对用地的需求有很大差异。城市增长边界对于建设用地需求的影响主要基于两个方面。第一,提高开发强度,当城市在一定范围内进行开发时,开发强度会得到提高,对建设用地需求相应地减少。第二,严格的城市增长边界线的管理,限制了城市土地的松散式扩张,对于现有的低密度开发以及宗地的再利用有重要的推动作用。

第四节　中国城市增长管理

改革开放以来,中国城镇化水平快速提高,2019 年达到 60%,中国仍处于快速城镇化时期,城镇规模迅速扩张,农业用地不断被占用,城市生态空间也逐渐被侵蚀,并迅速向农村地区蔓延,造成耕地和生态用地减少、土地城镇化超前于人口城镇化等问题。由于对城市增长管理缺乏有

效的技术手段与政策工具等原因,中国城市规划也存在城市空间形态的失控等一系列问题。如何有效调控城市盲目扩张、引导城市理性增长成为城市土地利用理论与政策研究的重要内容,现行体制下用地增长管理机制的有效性也成为人们关心的焦点问题。从某种程度上讲,中国城市当前与未来一段时间将要面临的发展问题,与西方城市增长管理政策产生的背景有很多相似之处。因此,20 世纪 90 年代以来,中国各级政府借鉴美国等国家城市增长管理的成功经验,选择适合各城市可持续发展的规划技术与增长管理工具,对部分城市增长管理进行了一定的尝试。

一、中国城市增长管理框架

鉴于中国土地所有制及社会主义市场经济阶段特征,现行城市增长管理政策主要集中在城市规划编制与管理以及土地利用规划与管理。

1. 城市增长管理有关制度

城市规划编制与实施制度具有调控城市增长规模和形态的功能。根据《中华人民共和国城市规划法》和 2008 年 1 月施行的《中华人民共和国城乡规划法》,城市总体规划内容涉及城市、镇的发展布局,其中规划区范围、规划区内建设用地规模等内容为强制性内容。由于中国城市规划一经法定批准即具有法律效力,总体规划的规划区以及规划区内建设用地范围近似于城市增长边界的作用,并且以 20 年为周期更新;为实施总体规划而编制的近期建设规划,明确五年内城市建设的时序、发展方向和空间布局;而规划实施管理的"一书两证"制度,则在城市土地开发环节上管理地块的位置、使用性质、开发强度等。通过城市规划编制和规划管理,政府可以在静态上控制城市增长规模,在动态上管理城市增长的形态。

政府控制一级土地市场的用地制度具有调控城市增长速度的功能。一般而言,城市增长的速度由经济增长和城市人口增长带来的用地需求决定,然而在土地资源紧张的中国,特别是东部沿海地区,土地供给对于城市增长具有决定性作用。根据《中华人民共和国土地管理法》,中国实施的是城市土地国有和农村土地集体所有的制度,城市新增土地需通过对农村集体所有土地的征收、征用获得,并由政府实行统一征地、统一供地。用地单位通过政府出让、划拨国有土地或其他使用者转让来获取土地使用权。由于土地一级市场完全由政府控制,理论上可以认为当政府根据经济发展、社会公平、生态环境保护需要等确定征地和供地数量多少的同时,就决定了城市用地增长的快慢。

就制度设计层面而言,中国政府对于城市增长具有很强的掌控能力,然而现实效果并不理想。许多县市一级地方政府财政中租地、卖地的收入占地方财政的 1/3,土地财政刺激了城市的快速增长,并随之产生严重的城市建设占用耕地、土地利用粗放、土地利用效率不高等问题。土地市场行为不规范、土地供给制度不完备、土地供给总量难以确定等原因加大了增长管理的难度,而最重要的是行政效率不高,缺乏政策绩效评估机制。

2. 城市用地增长的政府干预机制

由于政府控制一级土地市场,中国城市土地开发基本由政府完成,包括征地与供地两个环节。征用农村集体土地用于城市建设的程序一般包括征用方案拟定、审查报批、公告、补偿安置和清理土地几个步骤。该管理机制在垂直联系上,县市级政府主要充当征用土地行为主体,省级和中央政府则充当监督者,根据所征用土地是否为基本农田或耕地、具体数量、是否在城市建设用地范围等条件确定审批权限,并将涉及基本农田、面积超过 35 hm² 的耕地、面积超过 70 hm² 的其他土地的征用,以及国家和省级基础设施建设和城市建设用地范围内涉及的农用地转用审批权限归于国务院,以控制耕地流失,强化城市规划的有效性,保障农用地不被建设用地过度占用。在部门分工上,发展和改革委员会负责立项批准,旨在强化按需求开发、减少闲置地;规划部门负责划红线和发放用地规划许可证,旨在引导城市有序开发;土地部门统一征地、扎口管理,以提高城市用地配置的效益,最终达到保护耕地、提高土地利用效率、促进城市理性扩展的管理目标(图 14-11)。

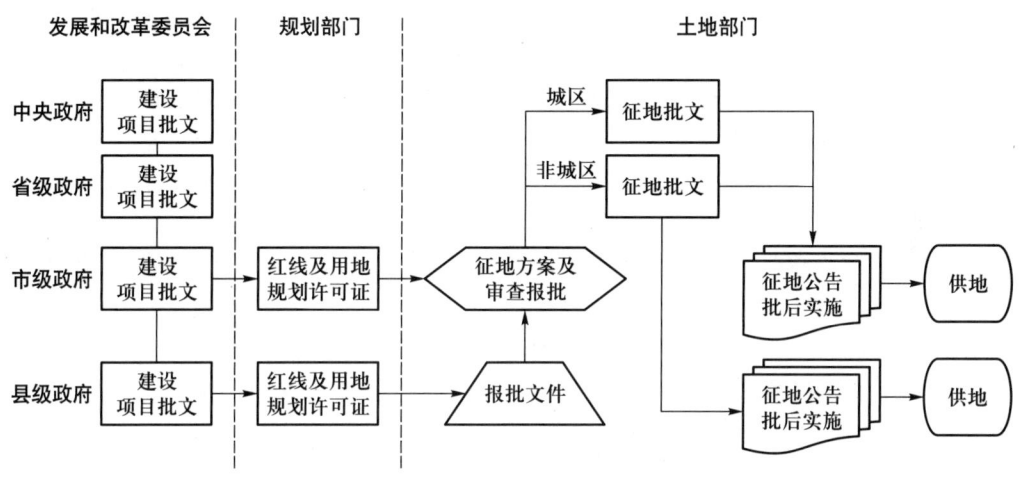

图 14-11　征用土地一般流程及相关责任部门

二、国土空间规划与城市增长管理

1. 国土空间规划的产生与发展

2013 年 11 月,中央《关于全面深化改革若干重大问题的决定》指出,要建立空间规划体系,划定生产、生活、生态空间开发管制界限,落实用途管制。2017 年 10 月,党的十九大报告再次强调:"完成生态保护红线、永久基本农田、城镇开发边界三条控制线划定工作。"2019 年 5 月 28日,自然资源部印发了《关于全面开展国土空间规划工作的通知》(自然资发〔2019〕87 号),对国土空间规划各项工作进行了全面部署,全面启动国土空间规划编制审批和实施管理工作。各地不再新编和报批主体功能区规划、土地利用总体规划、城镇体系规划、城市(镇)总体规划、海洋功能区划等。已批准的规划期至 2020 年后的省级国土规划、城镇体系规划等,将既有规划成果融入新编制的同级国土空间规划中。建立国土空间规划体系是生态文明体制改革的重要组成部分,也成为中国城市增长管理的重要手段。

2019 年 10 月中共中央办公厅、国务院办公厅印发的《关于在国土空间规划中统筹划定落实三条控制线的指导意见》(以下简称《意见》),明确三条控制线的基本内涵、划定优先顺序及划定原则,指出各控制线的管控要求,指出协调边界冲突的总体思路。《意见》提出,到2020年年底,结合国土空间规划编制,完成三条控制线的划定和落地,协调解决矛盾冲突,纳入全国统一、多规合一的国土空间基础信息平台,形成一张底图,实现部门信息共享,实行严格管控。到2035年,通过加强国土空间规划实施管理,严守三条控制线,引导形成科学适度有序的国土空间布局体系,进而对城市增长实现有效管理。这是深入贯彻习近平生态文明思想,按照党中央、国务院决策部署,落实最严格的生态环境保护制度、耕地保护制度和节约用地制度的重要举措。

2. 国土空间规划对城市增长的管理手段

三条控制线简称"三线",是根据城镇空间、农业空间、生态空间三种类型的空间,分别对应划定的城镇开发边界、永久基本农田保护红线、生态保护红线。生态保护红线,是在生态空间范围内具有特殊重要的生态功能、必须强制性严格保护的区域,是保障和维护国家生态安全的底线和生命线。永久基本农田保护红线,是按照一定时期人口和社会经济发展对农产品的需求,依法确定的不得占用、不得开发、需要永久性保护的耕地空间边界。城镇开发边界,是在一定时期内,可以进行城镇开发和集中建设的地域空间(包括城镇现状建成区、优化发展区,以及因城镇建设发展需要必须实行规划控制的区域)边界。

《意见》提出,优先将具有重要水源涵养、生物多样性维护、水土保持、防风固沙、海岸防护等功能的生态功能极重要区域,以及生态极敏感脆弱的水土流失、沙漠化、石漠化、海岸侵蚀等区域划入生态保护红线。其他经评估目前虽不能确定但具有潜在重要生态价值的区域也划入生态保护红线。同时,对自然保护地进行调整优化,评估调整后的自然保护地应划入生态保护红线;自然保护地发生调整的,生态保护红线相应调整。

生态保护红线内,自然保护地核心保护区原则上禁止人为活动,其他区域严格禁止开发性、生产性建设活动,在符合现行法律法规的前提下,除国家重大战略项目外,仅允许对生态功能不造成破坏的有限人为活动。永久基本农田是为保障国家粮食安全和重要农产品供给,实施永久特殊保护的耕地。《意见》提出,依据耕地现状分布,根据耕地质量、粮食作物种植情况、土壤污染状况,在严守耕地红线基础上,按照一定比例,将达到质量要求的耕地依法划入。已经划定的永久基本农田中存在划定不实、违法占用、严重污染等问题的要全面梳理整改,确保永久基本农田面积不减、质量提升、布局稳定。

城镇开发边界是在一定时期内因城镇发展需要,可以集中进行城镇开发建设、以城镇功能为主的区域边界,涉及城市、建制镇以及各类开发区等。《意见》提出,城镇开发边界划定以城镇开发建设现状为基础,综合考虑资源承载能力、人口分布、经济布局、城乡统筹、城镇发展阶段和发展潜力,框定总量,限定容量,防止城镇无序蔓延。科学预留一定比例的留白区,为未来发展留有开发空间。此外,城镇建设和发展不得违法违规侵占河道、湖面、滩地。

三、城市增长管理工具应用探索——以南京城市总体规划为例

城市增长管理的目的是引导城市从无序增长到有序增长,从而促进城市的全面协调、可持续发展。南京在制定2020年城市总体规划中,以增长管理为导向,尝试进行了规划编制技术与政策工具应用的探索。南京自2007年起依法启动了总体规划修编工作。南京面临的主要发展矛

盾有:在发展规模上面临无限需求与有限供应之间的矛盾,在空间增长上面临无序蔓延与有序控制之间的矛盾,在土地利用上面临粗放低效与集约高效之间的矛盾等。依据城市发展目标、针对发展中的矛盾,2020 年南京城市总体规划的编制,针对规模增长管理、形态增长管理、设施配置管理 3 个方面,采用了技术与政策两种工具:技术工具是实现规划目标、解决发展矛盾的重要技术手段,政策工具是支撑技术手段落实的重要政策保障(表 14-2)。

表 14-2 南京城市总体规划中应用的主要增长管理工具

管理方面	技术工具	政策工具
规模增长管理	远景城市容量控制规划期三规(城市规划、土地利用规划、经济发展规划)协调平衡	农村土地整理政策、产业结构调整政策、投资开发准入制度、环境影响评价制度
形态增长管理	远景城市形态控制、确定建设用地增长边界、确定生态绿化控制边界(绿带)、划定基本农田稳定发展区	建设用地项目许可制度、绿线和绿地管理条例、主导功能区划与差异化考核制度、基本农田专区保护条例
设施配置管理	TOD 导向城市开发、梯度服务设施供应	区域交通协调机制、城乡一体化交通体制、差异化服务设施保障制度

1. 规模增长管理

在人多地少的国情下,城市规模的控制应更加关注对用地增长规模的控制。一方面土地资源的供应有限、土地利用效率不高,另一方面各级地方政府以经济发展为目标的土地扩张需求强劲,南京也不例外。南京在新一轮总体规划修编中,主要通过远景容量控制与规划期城市、土地、经济"三规"协调平衡的技术方法,以及农村土地整理政策、产业结构调整政策、投资开发准入制度、环境影响评价制度等政策工具解决发展与可持续发展问题。

远景容量控制的主要目的是确保城市生态安全的基本底线,主要方法是分析影响南京城市发展规模的相关因素,按照"短板"效应确定关键影响因素后,确定南京未来发展适宜的城市规模,保障城市的宜居性和发展的可持续性。

规划期城市发展规模的确定的主要难点在于如何协调好需求、供应、效率三者之间的平衡关系。南京城市总体规划修编之初,就确定了"三规"协调的技术路线,由国土部门组织编制土地利用规划并提出土地供应计划,由发展与改革委员会研究近中远期经济发展目标,由规划部门协调需求与供应之间的矛盾。而协调两者之间矛盾依靠的主要手段就是政策工具。如通过农村土地整理政策,一方面解决农村土地利用效率不高、农村公共服务水平难以提高等问题,另一方面可以部分解决城市发展空间不足问题;又如通过产业结构调整政策和投资开发准入制度,一方面可以促进南京产业结构优化升级,另一方面可以盘活南京存量土地,提高土地利用效率。最终实现需求、供应、效率三者之间的协调发展。

2. 形态增长管理

改革开放以来,经济的发展和城镇化的推进,有力地推动了城市的快速扩张。发展条件具有比较优势的大城市,在城市总体规划实施过程中普遍出现了形态失控的现象。如何有效控制城市空间形态,是新一轮城市总体规划修编面临的另一个难题。南京在新一轮总体规划修编过程中应用的主要技术工具包括:远景城市形态控制、确定建设用地增长边界和生态绿化控制边界(绿带)、划定基本农田稳定发展区;政策工具包括:建设用地项目许可制度(依据城乡规划法)、绿线和绿地管理条例、主导功能区划与差异化考核制度、基本农田专区保护条例。

　　远景城市形态的控制借鉴了新加坡的规划经验,主要方法是在建立基本生态安全格局基础上,按照 TOD 导向理念,建立"多心开敞、轴向组团、拥江发展"的高效率的城市空间发展格局。建设用地增长边界、生态绿化控制边界和基本农田稳定发展区的划定,是有效控制远景城市空间形态的重要技术工具。在总体规划中,具体操作方式为:依据远景容量、规划期城市发展规模以及远景城市空间形态,划定远景、规划期建设用地增长边界;依据基本生态安全格局和远景城市空间形态划定绿化控制边界;建设用地增长边界和生态绿化控制边界之间的用地作为基本农田稳定发展区(图 14-12)。

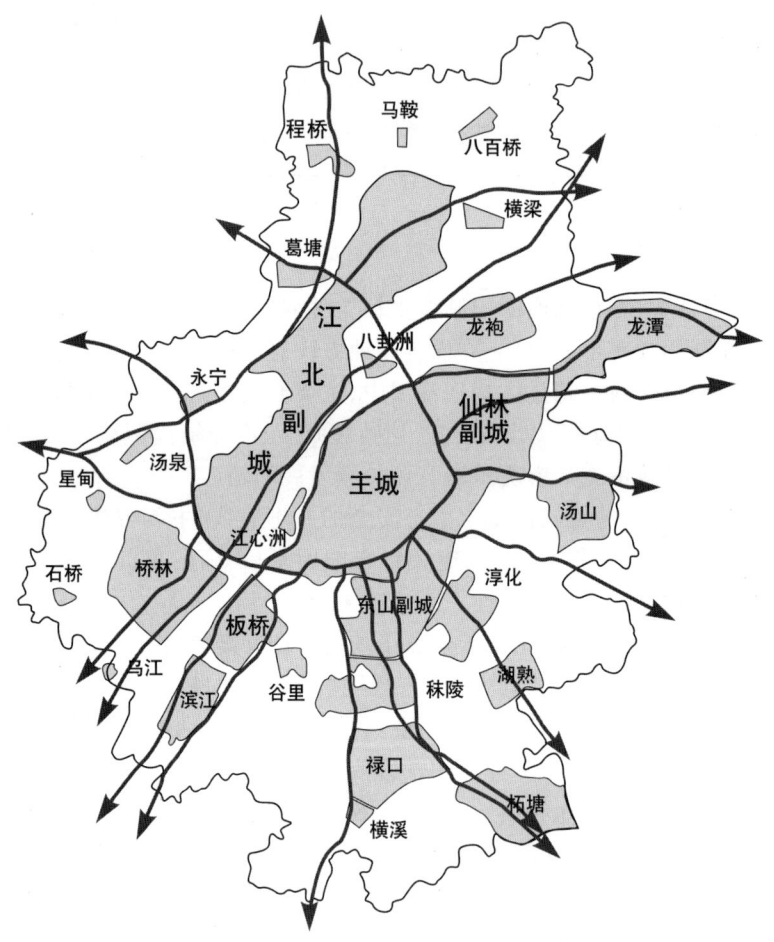

图 14-12　南京远景城市空间形态示意图

　　为了有效控制城市在发展过程中出现城市空间形态失控,除了技术手段完善外,另一个重要手段是相应的政策工具配合。例如,建设用地项目许可制度,是依据城乡规划法制定的确保建设用地增长边界得以有效控制的最重要的政策工具,要求建设用地项目的许可必须限定在建设用地增长边界以内;绿线和绿地管理条例、基本农田专区保护条例是确保城市生态、农业空间有效保护与合理利用的重要政策措施;主导功能区划与差异化考核制度的建立(主导功能区划即根据总体规划确定的城市功能分区,确定各行政区的主导功能;差异化考核制度即依据各区的主导功能确定相应的考核内容与考核标准),则是确保"三线"有效控制的最根本的制度保障。

3. 设施配置管理

城市发展规律表明,城市拓展方向和速度与城市设施的配置区位及水平相关:城市设施配置越完善、配置水平越高的地区,也是城市人口与各项经济活动越容易快速集聚的地区。这也是城市一般都是沿着城市边缘或者城市交通基础设施走廊蔓延的重要原因。因此,遵循城市发展的客观规律,引入城市设施配置管理工具,也是引导城市有序发展的重要规划手段之一。南京在新一轮总体规划修编过程中应用的设施配置管理技术工具包括 TOD 导向的城市开发、梯度服务设施供应体系;政策工具包括:区域交通协调机制、城乡一体化交通体制、差异化服务设施保障制度。

以 TOD 导向的城市开发为例,TOD 导向工具在南京城市总体规划中的应用包括:区域层面,结合南京作为国家重要区域中心城市这一定位,强化了南京与沪宁、沪杭发展轴上城市,以及与南京都市圈内主要城市之间的高速公路与城际轨道交通的配置;城市层面,结合南京城市发展空间格局,强化了城市发展轴上城镇之间、满足不同出行需求的"三快"(高速公路、城市快速路、快速轨道)交通配置,引导城市中心结合轨道交通枢纽布局以及周边土地的适度高强度开发。而建立区域交通协调机制、城乡一体化交通体制等,则是 TOD 导向规划实施的重要政策保障。

思考题

1. 简述城市增长管理提出的背景。
2. 城市增长管理与相关理论的区别与联系是什么?
3. 城市增长管理的主要目标是什么?
4. 城市增长管理有哪些实施工具?
5. 如何评价城市增长管理的实施效果?

参考文献

[1] 卡斯特 M.网络社会的崛起[M].夏铸九,王志宏,译.北京:社会科学文献出版社,2001.

[2] 米切尔 J M.伊托邦:数字时代的城市生活[M].吴启迪,乔非,俞晓,译.上海:上海科教出版社,2001.

[3] 奥沙利文 A.城市经济学[M].4 版.苏晓燕,常荆莎,朱雅丽,等译.北京:中信出版社,2003:269-283.

[4] 陈锦富,任丽娟,徐小磊,等.城市空间增长管理研究述评[J].城市规划,2009(10):19-24.

[5] 陈爽,姚士谋,吴剑平.南京城市用地增长管理机制与效能[J].地理学报,2009,64(4):

487-497.

[6] 崔功豪,魏清泉,刘科伟,等.区域分析与区域规划[M].3 版.北京:高等教育出版社,2018.

[7] 党安荣,毛其智,王晓栋.基于 G1S 空间分析的北京城市空间发展[J].清华大学学报(自然科学版),2002,42(6):814-817.

[8] 方创琳.区域规划与空间管治论[M].北京:商务印书馆,2007.

[9] 蒋芳,刘盛和,袁弘.城市增长管理的政策工具及其效果评价[J].城市规划学刊,2007(1):33-38.

[10] 蒋伶,陈定荣.增长管理导向的城市总体规划实践——以南京市城市总体规划为例[J].国际城市规划,2010,25(2):39-42.

[11] 匡文慧,刘纪远,邵全琴,等.区域尺度城市增长时空动态模型及其应用[J].地理学报,2011,66(2):178-188.

[12] 李铭,方创琳,孙心亮.区域管治研究的国际进展与展望[J].地理科学进展,2007,26(4):107-120.

[13] 龙瀛,韩昊英,赖世刚.城市增长边界实施评估:分析框架及其在北京的应用[J].城市规划学刊,2015(1):93-100.

[14] 王颖,顾朝林,李晓江.中外城市增长边界研究进展[J].国际城市规划,2014,29(4):1-11.

[15] 魏宗财,甄峰,席广亮,等.全球化、柔性化、复合化、差异化:信息时代城市功能演变研究[J].经济地理,2013,33(6):48-52.

[16] 张进.美国的城市增长管理[J].国外城市规划,2002(2):37-40.

[17] 张京祥,陈浩.空间治理:中国城乡规划转型的政治经济学[J].城市规划,2014(11):9-15.

[18] 张润朋,周春山.美国城市增长边界研究进展与述评[J].规划师,2010,26(11):89-96.

[19] 周春山,张润朋,金万富,等.基于基础设施综合服务水平导向的城市增长边界划定——以广州市为例[J].地理与地理信息科学,2017,33(5):42-49.

[20] Zhou Y X,Ma J C. Economic restructuring and suburbanization in China[J].Urban Geography,2000,21(3):205-236.

第十五章　城市问题及可持续发展

人类社会由农村进入城市是一大进步。然而,城市从诞生的第一天起就伴随着问题。在历史的长河中,人们不断地解决问题,又出现新问题,又解决新问题……这就是进步。作为本书的重要一章,我们如实地揭露城市问题,目的是追求进步,追求城市的可持续性发展。

第一节　城市的主要问题

城市是一个开放的复杂巨系统,其内部各个子系统(经济、社会、环境 3 个子系统)之间形成相互作用、相互包容的有机整体,具有复杂系统所具有的学习功能、自适应性和自组织性。而且由于社会人的复杂参与,城市系统的特点、变化趋势和产生的问题更加复杂。

一、城市环境系统问题

城市环境系统包括自然环境和建成环境两个方面,是构成城市的物质实体环境。城市自然环境主要包括水文、大气、地质、地貌、气候、动植物、土壤等构成城市的自然要素。而城市建成环境一般为物质环境中人工建造的部分,包括住宅、学校、工业区、商业区、城市公园和道路等人工建筑,其范围也可扩展到城市公共设施范畴,如市政电缆网、能源管道、城市交通网、地下水管网等人为建筑。

(一) 自然环境问题

在现代社会的发展过程中,资源、人口、经济发展和环境之间相互依存、相互影响的关系日益明显。人口和经济的迅速增长,刺激了对资源的需求,同时也诱发了对资源的不合理的开发和利用,加上在发展过程中诸如"先发展、后治理"等错误观念影响导致了对生态系统的破坏。自然生态的破坏和土地的损失,不仅减少了自然资源,而且造成了农业环境的退化。工业化带来了生产力的进步和社会的发展,也带来了一系列新的问题,如资源浪费和环境污染,使人口涌向城市,造成城市的拥挤等。因此,城市生态系统问题有一个产生和发展的过程。在人类社会的前期,由于人类从事规模较小的农牧业生产,环境污染的程度很低。污染成为一个大范围的环境问题,并且发展成为一个危害人类生存和经济发展的社会公害,是在近代工业诞生之后才发生的。大工业的产生和发展,一方面促进了社会的进步和人们生活水平的提高;另一方面也排放出大量有害物质,造成日趋严重的环境污染。城市发展的历史证明,城市一方面是人类作用于环境最深刻、最集中的区域;另一方面也是人类社会中环境污染最严重的区域。

1. 雾霾问题

雾霾天气是近年来常发生的一种天气现象,是雾和霾的混合物,还没有被列入气象观测规范。2013 年年初,中国遭遇有观测记录以来最严重的雾霾天气,雾霾作为一种污染进入了人们的视线中。根据相关研究,2015 年 338 个城市发生重度污染 2 464 天次、严重污染 784 天次,以 $PM_{2.5}$ 为首要污染物的天数占重度及以上污染天数的 80.3%,以 PM_{10} 为首要污染物的占 20.4%。在发生时间上,呈现冬季和春季浓度较高,夏季最低的特点。其中以冬季尤甚,主要是因为冬季北方燃煤取暖,以及受沙尘等影响,占比最高在第一季度。其中,有 32 个城市重度及以上污染天数超过 30 天,分布在新疆(部分城市受沙尘影响)、河北、山西、山东、河南、北京和陕西。全年 90% 的城市 $PM_{2.5}$ 浓度超标,城市年均超标 246 天。44 个城市超标天数大于 300 天;105 个城市超标 200~300 天;仅有 41 个城市超标 200 天以下。从空间分布上来看,雾霾主要集中在京津冀和长江三角洲两大都市群及其周边地区,河北省尤为严重。

雾霾天气通常是多种污染源混合作用形成的,其源头多种多样,主要是由发展方式粗放、产业结构和能源结构不尽合理造成的,其根源是烧煤和燃油。中国科学院大气物理研究所研究显示,$PM_{2.5}$ 有 6 个重要来源,分别是土壤尘、燃煤、生物质燃烧、汽车尾气与垃圾焚烧、工业污染和二次无机气溶胶。中国的雾霾不仅源于工业化进程中工业污染生成的二次气溶胶颗粒,还源于广大农村土壤、水源严重污染导致的以微生物为主的二次气溶胶颗粒,两者的叠加效应导致中国雾霾快速形成与扩散。因此雾霾的出现和扩展并不是单纯的大气污染,与土壤污染、水污染都有着密切的联系。

雾霾天气主要的影响因素是产业结构、人口密度、私人汽车保有量、房地产及其相关产业的发展和道路密度等。产业结构尤其是第二产业比例往往对雾霾的产生造成直接影响,能源供应、生产过程等方面均会产生大量氮氧化物、固体颗粒物等污染源;人口聚集往往造成高密度地区生产、生活需求增大,生产、生活废物增多;汽车产生的尾气是雾霾产生和加重的一大原因;房地产及与其相关的产业(石灰、建材、装修等)往往产生大量粉尘,导致雾霾加重,道路密度主要与汽车有关,因此也是促进雾霾加重的一个因素。

2. 水污染

水污染是指外来物质进入水体的数量达到破坏水体原有用途的情况。水污染的来源很多,城市工业废水和居民生活污水是最重要的来源。目前,中国工业废水排放量占污水总量近 70%。中国 90% 城市地下水不同程度遭受锰、铁、溶解性总固体、"三氮"(亚硝酸盐氮、硝酸盐氮和氨氮)、硫酸盐、氟化物等,以及一些砷、铅、汞、六价铬、镉等重(类)金属污染,地下水污染已呈现由点向面、由城市向农村扩展的趋势,水环境恶化和水质污染迅速发展,已到了极为严重的程度。《2016 中国环境状况公报》的数据显示,以地下水含水系统为单元,以潜水为主的浅层地下水和承压水为主的中深层地下水为对象的 6 124 个地下水水质监测点中,水质为优良级、良好级、较好级、较差级和极差级的监测点分别占 10.1%、25.4%、4.4%、45.4% 和 14.7%,水质差监测点占比高达 60.1%。而在中国 9 个重要海湾中,辽东湾、渤海湾和胶州湾水质差,长江口、杭州湾、闽江口和珠江口水质极差。目前,不论是大城市还是小城镇,水污染都十分严重。造成水污染的原因与生产和生活大量用水有关,如用水较多的造纸、纺织、化学等工业都是最大的污染源。污染水不仅对人体健康有害,而且腐蚀管道,破坏城市内部水域。还有些有机污染物,会使水体富营养化,造成水中溶解氧缺乏,影响鱼类和其他水生生物的生存。生活用水因城市生活现代化已大大增加,家庭耗水量每天每人约 300 升,大部分为浴室、洗涤、冲洗厕所、冲洗汽车用水。这种未经处理、含有大量细菌和需氧污染物的生活污水,成为流经世界上一些大城市的河流变黑发臭的主要原因之一。水污染对人体健康危害的典型例子是 1956 年在日本熊本县发生的一种神经错乱的怪病,称为"水俣病"。

水污染主要有工业废水污染和生活污水污染两种,工业废水污染严重的区域分布呈现明显的地域差异,主要集中在东部沿海的部分省份。与江苏、浙江、山东等省份相比,西部地区的工业废水污染程度较低。而生活污水污染的空间分布,总量方面是以广东、北京、上海、江苏、浙江和福建等经济发达区域为主,而从单位 GDP 生活污水排放量来看,则是以海南、广东、云南、安徽、江西及广西为主。

经济的快速发展往往意味着更多的资源消耗与环境压力,相关学者的研究证实经济增长确实造成了中国生活污水排放量的增加。排污强度、人均 GDP、第三产业比例每增长 1% 将分别引起人均生活污水多排放 0.70%、0.68% 及 0.68%,说明人们富裕程度提高的同时也造成了环境污染,同时随着经济的发展,人们在日常生活中对于第三产业的需求大量增长,造成第三产业的水资源消耗大量增加,从而使得第三产业相对于第二产业而言对生活污水排放有更明显的正向影响。同时,地区开放程度也与人均生活污水排放显著正相关。通常开放程度越高的地区也是经济越活跃、富裕程度越高的地区,这些地区的第三产业更为发达、居民的消费水平与富裕程度往往也高于其他地区,因而造成了更多的生活污水排放。此外,经济增长的实现模式、产业结构层次及发展规模、生产工艺及技术水平、城镇化水平、环保投资及环境政策、公众对环保的认识等因素也是重要的水污染影响因素。

(二) 建成环境问题

城市作为人类居住、生产、生活的聚落,势必有大量的人为加工、建设,而这种人为制造的环境,就是建成环境。"建成环境"(built environment)一词最早由美国著名建筑学者拉普卜特(Amos Rapoport,1982)提出,其指出建成环境可以理解为可移动、部分可移动和不可移动元素的结合体,可以通过各种方式持续发生变化。从城市地理和城市规划的视角出发,通常认为建成环境由 3 部分共同组成——土地利用、交通系统和城市设计。而随着城市的建成、发展,其土地利用、交通系统和基于人的意志的设计都会使城市建成环境发生一系列变化,产生一些影响城市发展、市民生活等多方面的问题。

1. 城市土地利用问题

土地是一种综合资源,是人类生产生活的物质基础和环境条件,因此土地问题向来是人类社会的重要问题。随着人口的增长以及社会经济的发展,人类与土地的相互关系在不断地发生着变化。而城市土地是城市的物质基底,是城市存在和发展的空间载体,是城市一切经济活动和社会财富的原始要素,因此由于城市土地利用不合理而产生的城市无序蔓延、内城衰落以及新城新区"建设热"等问题对城市产生着直接、重大的影响。

(1)城市无序蔓延。随着经济社会发展到一定水平,城市内部的空间承载力达到极限,集聚式发展转变为扩散式发展,表现为城市建设用地向周边扩散、吸收,产业、人口和服务等先后从城市中心区向郊区迁移的离心扩散过程。发展带来的这种扩散趋势难以避免,但是由于管理、建设等方面的疏忽,出现了"无序蔓延"的现象,造成严重社会、经济和环境问题,如城市低密度无序扩张大量吞噬自然景观和农田资源,旧城中心衰落,城市内部出现阶层与种族分化,市政设施效率低下,交通拥挤及郊区缺少社区氛围,城中村、城郊村脏乱差,郊区环境污染加重等,严重影响了城市的发展。根据《中国城市建设统计年鉴2019》的数据显示:中国设市城市建设用地面积在1981—2018 年间由 6 720.0 km² 增至 55 155.5 km²,净增长 48 435.5 km²,增长约 7.21 倍,城市用地快速扩张。且年均净增加面积也呈整体上升趋势,年均净增加面积约为 1 311 km²,2000 年以来年均净增长量更是高达 1 940 km²。而人均城市建设用地面积也呈现出逐步增长的趋势,由1981 年的人均 46.67 m² 增至 2014 年的 112.43 m²,2014 年远远超出国家标准(人均城市建设用地指标 85.1~105.0 m²·人$^{-1}$),高于发达国家人均 84.4 m² 和其他发展中国家人均 83.3 m² 的水平,呈现出低利用效率,无序扩张,大量侵占耕地、林地等自然资源的局面。

(2)城市内城衰退。内城问题的根本在于其功能性衰退,即原有的功能活动及功能设施随着社会经济发展而逐步出现不适应,而新的功能活动和功能设施又没有相应建立起来。内城问题一般包括 4 个方面:与内城地区工业基础缩减相联系的经济衰退及其对就业的影响;自然环境恶化,服务设施和住宅内设施缺乏;以城市贫困为主要内容的社会衰败;社区和种族争端。前述各种城市社会问题及若干住宅问题都可以包容在内城问题之中,之所以称为内城问题,是因为这些问题最集中表现在内城区。

第二次世界大战后,经济的发展、小汽车的迅速增加引发了城市工业、人口、商业大规模郊区化。中产阶级向郊区迁移,以私人汽车为主要交通工具,往来于市中心办公地点与市郊住宅之间,导致了早上上班时间汽车由四面八方涌入市中心,造成内城交通极度阻塞、人车争路等混乱局面。市区内的房屋,本来已经是年久失修、设备陈旧,中产阶级迁出市区之后,补充进入市区内的往往是负担不起私人汽车而又在城内上班的贫民和少数民族,内城渐渐变成贫民窟和少数民族聚居之地。由于贫困,无力维修房屋,使已陈旧的房屋进一步破落,环境卫生也进一步恶化。至于由内城税收维持的公共设施,如学校、公园、医疗设施等,也因区内的地方政府收入少、支出多,只能因陋就简,服务质量低劣,造成学童缺少良好的教育机会,健康不良和容易误入歧途等问题。这里的学者长大成人之后,也不容易找到好工作,于是便不得不继续留在内城贫民窟内,一代一代地住下去。在西方,这叫作空间陷阱,陷入内城的贫民便好像坠入陷阱之中,不能自拔和脱离内城的范围。

针对这些问题,西方发达国家掀起了一次又一次的城市更新改造运动,如 20 世纪 50 年代的城市重建(reconstruction)、60 年代的城市复苏(revitalisation)、70 年代的城市更新(renewal)、80年代的城市再建(redevelopment)、90 年代的城市复兴(regeneration)。内城问题有了很大的缓解,从 20 世纪 60 年代开始出现了一定规模的中产阶级回迁。据美国城市土地机构估计,北美经历过内城衰退的大城市中,有 70% 都出现过中产阶级回流的现象。中产阶级化提高了内城居住区的税收,并为中心区带来一些投资,改善了内城社区的居住环境,使市、郊城市交通在一定程度上得以平衡。

与西方国家不同,目前中国处于快速城镇化阶段,内城面临的问题是吸引力过强带来的人口激增和超强度开发,城市基础设施压力过大,环境过度拥挤。城中村问题是内城问题的综合体现。虽然我国内城问题有别于西方,但西方国家的很多经验仍然值得借鉴。

(3) 新城新区发展问题。从 20 世纪 90 年代的"开发区热"开始,全国范围内便掀起了轰轰烈烈的新城新区建设。但在"以经济建设为中心"的政策转向下,新城新区建设成了各级地方政府拉动经济增长的重要手段,一些地方政府仅仅看到了新城建设的成功案例和其背后的利益,而忽视了本地区的实际情况,跟风加入造城运动,具有很大的盲目性,往往产生侵占耕地、土地低效利用的问题。根据国家土地管理局(现自然资源部)对 7 个省的不完全统计,每个省的开发区起步面积都超过了 30 万亩,占用耕地面积在 80% 以上,有的地方甚至达到 100%。这些耕地的占用往往不可逆,从而产生一系列诸如生态破坏、农民失地等严重问题。而占用的大量耕地,相当一部分出现了"圈而不建"的问题,导致耕地资源流失的同时土地资源未被有效利用。

此外,建设的盲目性和过度超前性导致一系列"鬼城"出现,新城建设缺乏规划和仔细考虑论证造成产业匮乏、基础设施不完善,从而出现了人口集聚效应弱,大量空置房屋、空闲道路出现,或是出现住在新城,工作休闲等其他生活活动在老城的局面,使其成为"卧城",一方面加剧新老两城之间的交通压力,另一方面不利于新城的后续发展。当地政府耗资 50 多亿打造、面积达 32 km^2 的内蒙古鄂尔多斯康巴什是一座计划居住 100 万人口的大规模新城,但是由于投机型资金推高的虚假膨胀房价、矿产能源类企业资金吃紧以及以信托公司为主的民间资本推高的房地产企业成本,导致房价泡沫破灭后近 8 成地产项目停工,出现了入住率仅有 1/3,白天道路上车辆稀少,只有政府办公部门开门的"鬼城"现象。

2. 城市交通系统问题

随着城市人口的增多和汽车的增加,城市交通问题日益突出。在许多大城市,由于过量的汽车、道路网规划建设的滞后、交通管理不善,经常导致交通阻塞,交通事故频繁,大气污染严重等。交通问题已经给城市社会经济发展带来了严重影响。

(1) 交通堵塞。随着经济的发展和城镇化步伐的加快,城市交通需求急剧增加,而交通设施建设则相对缓慢;同时,由于城市空间的限制,使得城市中心区对道路空间的需求必然大于供给,造成了土地的需求与供给之间的矛盾。这种交通供求关系的不平衡以及长期形成的城市混合交通导致了交通拥挤与堵塞。从某种程度上说,交通堵塞是汽车社会的产物。在人们上下班的高峰期,交通堵塞现象尤为明显,在很多大城市中心区,高峰期交通速度仅有 16 $km \cdot h^{-1}$。交通堵塞导致时间和能源的严重浪费,影响城市经济发展的效率。大城市圈内的汽车道路还在继续建设,汽车数量也进一步增加,道路的建设和汽车的增加有可能形成恶性循环,导致更为严重的交通堵塞。

(2) 停车问题。汽车并非总处于运动之中。当它们处于静止状态时,就要占据一定空间。汽车越多,占据的空间越大。在城市中心区,人多车多空间少,停车场与汽车数量很不相称,停车也最困难。尽管近十多年来在市区建了许多多层停车场,但仍满足不了停车需求。部分城市限制在市中心区停车,以控制进入市中心区汽车的数量。有一些城市制订了"停车—乘车"计划,在市中心区外围建若干处停车场,汽车司机只能将车停在这些停车场内,然后乘公共汽车进入市中心区。但这些措施并没有解决停车问题。有学者提出,应重新认识大型公共交通工具的价值。

美国政府曾在20世纪70年代中期制订过一个方案,迫使个人使用公共汽车来代替小汽车。但很多人认为,这个方案的实施会减少家庭小汽车的数量,从而改变消费模式,减少就业机会,失业、福利减少、职业培训缺失和贫困等问题随之出现。发展公共交通还需要政府大量补贴,其结果将限制解决其他问题资金的流动,或者被迫增加税率。高税率将使货币从个人手中分配到政府手里,从而可能造成社会经济体系变化,也增加了政治不稳定性。因此,如何有效地解决停车问题仍在探讨中。

（3）公共交通萎缩。一方面,消费水平的提高使人们对乘车环境要求提高,公共交通相较于私家车无法提供更舒适的乘车环境,大多数人满足购买私家车的经济前提后,通常选择私家车出行。另一方面,因为公交车具有公共服务、公共福利的属性和低票价机制、国营股份制的属性,国内绝大部分公交公司都在依靠政府补贴生存,提高运营和服务质量相对来讲比较困难,这也造成了一定程度上公共交通的萎缩。此外,城市交通存在高峰和低峰时期,如果仅靠增加公共交通设施来满足高峰时期人流需求,那低峰时期这些公共设施便会处于闲置状态,造成资源浪费。

（4）忽视步行者需求。现阶段的城市交通规划重点放在城市道路拓宽、交通设施建设及交通运营效率的提高上,很少考虑步行者的需求。实际上,在大城市的居民出行中,步行者占据了1/3,但与日益剧增的机动车相比,步行者处于弱势地位。机动车道变宽而人行道变窄,禁止人通行的栅栏增多却缺少相应的供人通过的设施,城市交通建设中缺少必要的人性化设计。而且对于特殊人群的步行需求则更为缺乏针对性的规划设计,例如针对老年人、盲人等残障人士,其步行需求在城市规划建设过程中远远没有得到满足。

二、城市社会系统问题

城市社会系统包括人口、秩序、制度等多个方面。城市社会系统问题是指在城市中存在的人与自然、人与社会以及人与人之间关系的严重失调或冲突现象,是经济发展到一定阶段的产物。城市社会系统问题具有普遍性、特殊性、复合性和爆发性的特点。从横向看,每个城市都存在着社会问题,不同的城市表现出不同的社会问题;从纵向看,每一个阶段都存在着社会问题,而且不同的阶段社会问题类型、程度不同。城市社会问题的复合性体现在产生原因多方面、表现形式多样性以及产生后果有复合性上。相对于农村的社会问题,城市的社会问题具有"急性"状态。

（一）城市人口问题

1. 贫困问题

城市贫困的产生是一个历史过程,20世纪70年代以来西方工业社会国家几乎都经历了从工业社会向后工业社会的转型和挑战,社会经济的转型引起了西方社会的贫富分化加剧。西方国家的城市大都有法定的贫困线,当低于贫困线的城市贫民的比例超过一定数值后,就意味着城市陷入贫困状态。城市贫困在市区比郊区更严重,且具有顽固性。在西方,城市贫民被称为"低等阶层",该阶层已经成为城市社会经济体系的组成部分。多数贫民长期失业,需要救济,受歧视,不卫生的环境、缺乏教育使这个阶层无法改善贫穷状况,因而不能摆脱贫困地位。

城市贫困在很大程度上是全球化和就业制度变迁的产物。20世纪70年代以来,随着西方国家由福特主义向后福特主义转型,传统重型制造业衰落,就业机会大幅下降,许多工作转移到低工资的发展中国家,发达国家失业水平上升带来了城市贫困人口的增加,而与此并行的是新产业空间的形成,新产业劳动者通常都是高收入和高社会地位者,这样发达国家就产生了来源于后工业经济社会的被排斥者;同时在许多第三世界国家,因产业结构的升级以及人们赖以生存的土地改革,也产生了大量的被排斥者,这些被排斥者主要来源于从事农业经济的劳动者。偏见和歧视是城市贫困的另一个原因。贫民拮据的经济条件和不好的名声导致偏见和歧视,使他们在教育和经济竞争中处于不利地位。城市贫困的第三个原因是规范。西方学者提出的"贫民文化"理论认为,贫民的价值标准、信仰模式及生活方式都与主流文化有重要区别,因为贫民往往在地域上集中,并形成共同的交往方式,享有共同的生活条件。这种"文化模式"代代相传,成为一种特殊的生活方式。这种生活方式与中产阶级的要求格格不入,所以贫民很难同化于社会主流之中。虽然这个理论招致批评,但它揭示了一个事实:贫困问题与规范有关。由于贫民的规范与社会主流群体的规范不同,所以贫民常受到某些社会心理障碍的折磨,并在贫民生活方式中反映出来。

在中国,改革不断深入,国有企业下岗职工增多,就业压力增大,城镇化过程中剩余农村劳动力冲击,以及老年社会来临,使得中国城市贫富差距拉大,城市贫困有扩大的趋势。国家统计局给出最新数据显示,2015 年全国居民收入基尼系数为 0.462,高于 0.4,说明收入分配差距较大。而且从数值上看,按全国居民五等份收入分组,低收入组人均可支配收入 5 221 元,而高收入组人均可支配收入 54 544 元,是低收入群体的 10.45 倍。贫困人口的群体也在不断扩大,除传统的"三无"人员外,新增有城市下岗和失业职工、退休老人、失去土地的农民等。

2. 老年人问题

在传统社会,老年人是构成家庭群体的一部分。老年人年龄越大,社会地位越高,越受到尊重。然而,随着现代化、城镇化和工业化的发展,社会文化背景也发生巨大变化,老年人情况改变,不再被尊重。他们失去地位,被迫进入依附性角色,收入也低。在美国,1/3 的老年人收入低于贫困线。大多数老年人精力下降,健康不佳,于是他们放弃或被迫放弃自己原来的职位,而这种职位对于确立他们的社会地位是至关重要的。西方国家的老年人多住在城市,他们在人口中所占比例迅速增长。老年人问题作为城市社会问题的一部分,主要表现在他们对于社会服务、住房和邻里结构等方面都有特殊的需求。然而,这些需求并未得到多少关注。虽然社会有关机构为他们提供了基本的收入和医疗保健,但在很多情况下是不充分的。现在,尽管一些城市专门制订了针对老年人问题的方案,并已通过实施,但是老年人的社会福利和收入水平实际上下降了。随着医疗保健的改善,人们期望寿命延长,老年人日益增多,老年人问题越来越引起社会的重视。

由于大力推行刚性极强的计划生育政策,使得中国城市过早步入老龄化社会。经济增长滞后于老龄化速度,社会养老保险体制来不及建立或完善,大大增加了国家负担,导致劳动人口老化,劳动力资源缺乏,以及带来诸如老年人的赡养、住房、医疗、婚姻、娱乐等一系列社会问题。

3. 种族与社会争端

失业问题伴随着其他社会问题,产生了许多次一级的城市问题,种族与社会争端就是其中之一。在美国,相对的经济繁荣等引起了非法移民的热潮。他们为了寻找工作,追求更好的生活而涌入美国城市。在过去的几十年里,避难者与合法移民都被允许住在城市里,以及非法移民大量涌入城市,都使其与当地的其他人群成为就业的竞争者,彼此产生怨恨情绪,甚至发生直接暴力冲突。西欧也有类似的情况。

据统计,中国有近 2 亿"农民工",他们中绝大部分在城市务工、经商,由于户籍制度等限制,他们无法享受与城市居民同等"待遇",根据相关调查显示,农民工参加养老保险、医疗保险、工伤保险和失业保险的比例分别仅为 18.2%、29.8%、38.4% 和 11.3%,引发一系列的诸如就业和利益分配及保障、劳动保护、社会保障、子女教育、社会声望的问题,以及由此产生心理疾病和犯罪等社会问题。

(二)城市安全问题

在城镇化加速发展的当代,由于贫富差距拉大,防灾体系不健全,城市基础设施脆弱,人们防灾意识薄弱,城市安全问题已越来越凸现在人们的面前。地震灾害、地质灾害、火灾、爆炸、雷击、洪水灾害、雪灾、沙尘暴等突发性的自然灾害已经对城市构成了很大的危害。现在又面临着国际恐怖组织和铤而走险的极端分子的严重威胁。在恐怖主义蔓延的当代社会,城市文明和城市安全面临着前所未有的严峻挑战,特别是大城市的安全问题已成为当代社会最为关注的问题。此外,当代社会人口流动性和聚集性大幅度提升,城市高速运转下人们的身体和心理健康问题凸显,对重大疾病尤其是传染病(如结核、艾滋病、新冠肺炎等)的预防、监控和治疗,对食品、药品、公共环境卫生的监督管制,以及相关的卫生宣传、健康教育、免疫接种等都应得到高度重视。

三、城市经济系统问题

城市经济系统包括城市的各项经济活动,如生产、流通等领域。城市作为人类活动的集散中心,是国家和区域发展中的重要组成部分,其经济系统的发展一直是城市生活中最重要的一环。自工业化以来,城市经济系统快速发展,但是传统的发展模式在取得巨大经济效益的同时,也产生了一系列的问题,严重阻碍城市经济的可持续发展。在宏观层面,人口过度集聚以及要素型生产活动造成资源消耗和环境污染、产业结构畸形变动和城市经济粗放增长等问题,经济流往往伴随着人流、资本流和技术流同方向流动,区域经济增长极化趋势产生的发展不均衡明显增强。在微观层面,大城市多处于人口饱和状态,物价、房价偏高,经济发展规模与发展效率不匹配,经济发展水平与发展质量不匹配,又引发了住宅等社会、经济问题。

(一)城市衰退

城市产业作为城市经济系统重要的载体,其发展往往决定并影响着城市经济系统的稳定,工业革命后城市为了提升经济水平,普遍选取的是要素型产业,以劳动力、资源、环境为依托,走高耗能、高污染的粗放型发展方式,产生了一系列环境、社会、资源问题。而随着技术的发展和全球化的深入,城市产业逐步开始向知识密集型过渡,但一部分城市由于种种原因出现了转型缓慢、升级困难的问题,从而导致城市经济系统衰退、人口外流、资源枯竭等问题,城市经济系统失去平衡。

1. 城市经济增长粗放

城市经济增长与能源消耗一般呈现负相关关系,在工业化初期,以巨大的能源消耗来推动经济的发展,能源的消耗量保持较高的增长速度。转入工业化中期后,经济结构经过了调整,能源的消耗结构也同时进行了调整,此时,能源消耗量的增速开始减缓。中国自工业化以后利用自身的资源、劳动力优势,经济实现了快速增长,但从增长模式来看,基本都经历了粗放的发展阶段,而且目前大部分城市仍处于这样的阶段,能源消耗持续增长的同时利用效率低,目前中国大陆的能源利用率仅为31.2%(2017年水平)(图15-1),低于世界平均水平。每创造1美元的国民生产总值,消耗的煤炭、电能等能源是世界平均水平的3~4倍,水的消耗则为4倍。按照国民收入能耗比较,中国是日本的10.6倍,德国的8.3倍,美国的4.6倍,资源利用和经济增长粗放现象明显。

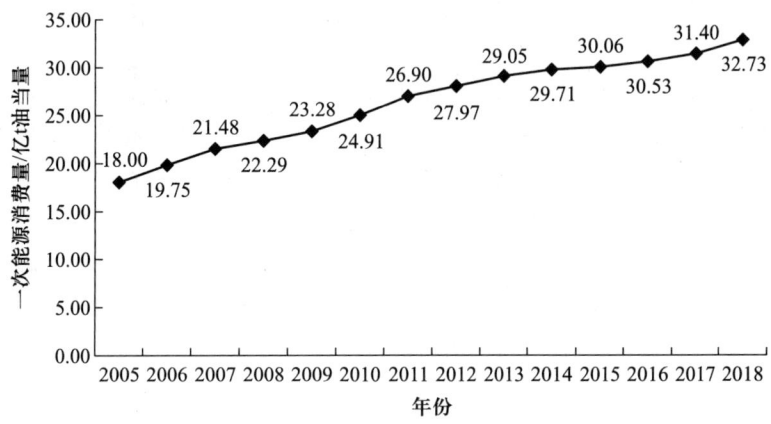

图 15-1　2005—2018 年中国大陆一次性能源消费总量

资料来源:世界能源统计年鉴

2. 城市经济系统衰退

随着城市经济驱动力由生产要素驱动向知识驱动转变,生产城市向消费城市转变,以及国内外市场环境和相关政策的变化,资源型城市和传统工业型城市面临着产业的升级转型,但一部分城市由于资金、区位、重视程度等方面的影响,产业转型缓慢且困难重重,产生了一系列经济、人口等多方面的问题。例如东北地区原本以资源性企业(包括煤炭企业、石油企业、冶金企业和森工企业等)为主导的城市,现在普遍面临着严峻的城市经济系统问题。资源型企业基本上均为国有大中型企业,大多经营期在40年以上,现在相当一部分企业已背上了沉重的负担,主要包括离退休人员多、企业社会支出大、税费负担重以及债务负担重。例如,抚顺的煤炭开采始于1901年,抚顺矿业集团公司现有在职职工4.21万人,离退休人员5.01万人,在职职工与离退休人员的比例为0.8:1.0;又如鸡西矿务局成立于1948年7月,2001年8月改制为鸡西矿业(集团)有限责任公司,现有全民职工69 888人,集体职工37 454人,离退休人员48 531人,包括全民职工和集体职工在内的在职职工与离退休人员的比例为2.2:1.0,企业负担严重且后续生产困难,难以支撑城市经济系统的稳定。而在这种情况下,人口、人才流失成为必然,《辽宁蓝皮书:2016年辽宁经济社会形势分析与预测》指出,2000年第五次全国人口普查时东北三省人口净流入为36万人,10年后的第六次全国人口普查则显示,东北人口净流出为200万人。2000年黑龙江省的省外流动人口渗透率为0.32,吉林为0.35,辽宁为0.70。而到2010年时,这组数据分别下降为0.21、0.26和0.63,随着人才和劳动力的流失,城市经济系统的问题将会更加明显。

3. 资源型城市转型困难

新中国成立初期是中国资源型城市形成的一个高峰期。在这个阶段,国家为了发展国民经济,充分利用原有资源产地,快速发展区域经济,扩大资源开发,有效地促进了资源型城市的发展。改革开放后,随着国家投资力度的加大、科学技术的进步以及人才的培养,中国资源开采的效率大大提高。加强了对煤炭、电力、石油、有色金属等资源的开发,这期间资源型城市出现了形成高峰,新增资源城市 24 个。其中,煤炭型城市 12 个,金属型城市 5 个,油城 4 个,林城 3 个,主要分布在中西部地区。相关研究表明,中国共有 110 多座资源型城市,其土地面积约为 90 万 km^2,涉及人口约 1.5 亿人。

资源型城市在历史上为国民经济的发展提供了丰富的石油、煤炭、天然气和矿产资源,但面临不可再生资源储量竭尽的困境,不得不进行城市转型和产业升级。根据中国矿业协会的统计,全国有 400 多座矿山已经或者将要闭坑,有 50 多座矿城资源处于衰减状态,面临着严重资源枯竭问题。而在资源型城市转型过程中,由于经济结构单一且资源型产业收益递减,资本积累缓慢,人才缺乏,市场规模小且市场化程度偏低,城市负担过重,社会矛盾累积,生态破坏严重,地质灾害风险严重,以及城市基础设施、生活设施滞后等多方面的原因,产业升级缓慢且城市发展受限,导致城市经济系统衰退,发展问题难以解决。2008 年以来,全国已有 68 个城市被确认为资源枯竭型城市。

(二) 城市住房问题

住房作为城市重要的部分,一方面作为市民生活需求,具有生活属性;另一方面作为一种商品和产业,具有产业和经济属性,成为城市产业和经济系统重要的组成部分;此外,作为一种城市的物质构成,也是城市建成环境的重要组成部分,具有物质和美学的属性。由于人口的需求和自身产业的发展,产生了诸如高房价、高泡沫以及高耗能等问题,严重影响了城市的发展。

1. 住宅阶层化问题

灰区的大量存在。在西方,尤其是美国一些城市的某些地区,常常集中有年代较老、比较破旧的住宅。这些住宅虽说不上现代化,但可以使用,在没有拆除和建筑新房之前,稍加修缮就可以达到目前的居住标准。这类建筑集中的地区被称为"灰区"。灰区存在的问题与城市其他地区不同。① 灰区一般是老年人集中区。他们的住房一般很大,但得不到适当的照料,因为他们在这里组建过自己的家庭,子女成家后都搬出去了。这些老年人在这些住宅中度过了大半生,并已经付清了当初买房时抵押的借款,因而不愿搬出去。但随着年龄的增长,收入减少,个人活动能力衰退,他们继续维护自己的住宅是困难的。② 灰区的空房率较高。今天城市居民的服务需求与灰区住宅建设时的情况大不一样。灰区一般缺少娱乐设施、绿地和停车场。这些情况使人们对这里住宅兴趣锐减,从而造成较高的空房率。③ 灰区多为贫民区。当城市其他区进行重建和拆除贫民区工程时,灰区成为无房贫民的自然避难所。

贫民窟与棚户区。世界上多数大城市都有贫民窟和棚户区,尤以发展中国家的大城市最为明显。贫民窟和棚户区均为城市中的萧条区,无论在经济上还是在社会上均不是城市发展过程的组成部分。贫民窟多为政府批准的贫民区,这里房屋破旧,街道狭窄,缺乏或根本没有社会服务。贫民窟一般位于大城市中心区附近。在某些发展中国家,贫民窟可能出现在城市的任何角落。棚户区则是未经政府批准、居民私自建造的住房,通常位于城市边缘而非市中心。这里的建房材料多样化,房屋质量极差,没有起码的卫生设备,整个地区缺乏给排水等基础服务设施。居住在贫民窟和棚户区的人大多从外地移来,他们向往大城市生活,指望在城市找到就业职位。但事与愿违,他们移民进城市后,不但没有就业机会,连起码的住房都没有,只能住在贫民窟和棚户区,靠政府救济过日子。

2. 房价飞涨问题

1987 年,英国一座半新的住宅约为 3 万英镑,而在 20 世纪 50 年代中期,同类住房只需4 000~5 000 英镑。而在美国,与收入相对比,住房费用上涨幅度之大到了这样的程度:假如美国的全部家庭都在市场中购房,只有 20%的家庭买得起住房。

中国在计划经济条件下,长期实行住房实物分配,公房租金低,租不上房,加上政府和企业财力不足,缺乏以财政为主的长期的稳定的资金来源渠道,无法大量建房,造成恶性循环,居住条件难以改善。从 1980 年 4 月起,中国开始了以出售新、旧公房,调整租金的住房商品化改革,对城市土地、房屋实行了综合开发,期望实现住房商品化、社会化。1998 年下半年开始停止住房实物分配,逐步实现住房分配货币化,首次提出对不同收入家庭实行不同的住房供应政策和调整住房投资结构,重点发展经济适用住房。随着房地产业的迅速发展,广大城镇居民住房条件有了很大的改善。自 2003 年以来,中国大中城市的房价普遍上涨,有的地区上涨幅度过快,已成为不争的事实。根据国家统计局的历年资料,中国大中城市商品房销售均价持续上涨,由 2003 年的 2 359 元·m^{-2}上涨至 2018 年的 8 737 元·m^{-2},上涨 270.37%,仅 15 年,房价上涨了将近 3 倍(图 15-2)。

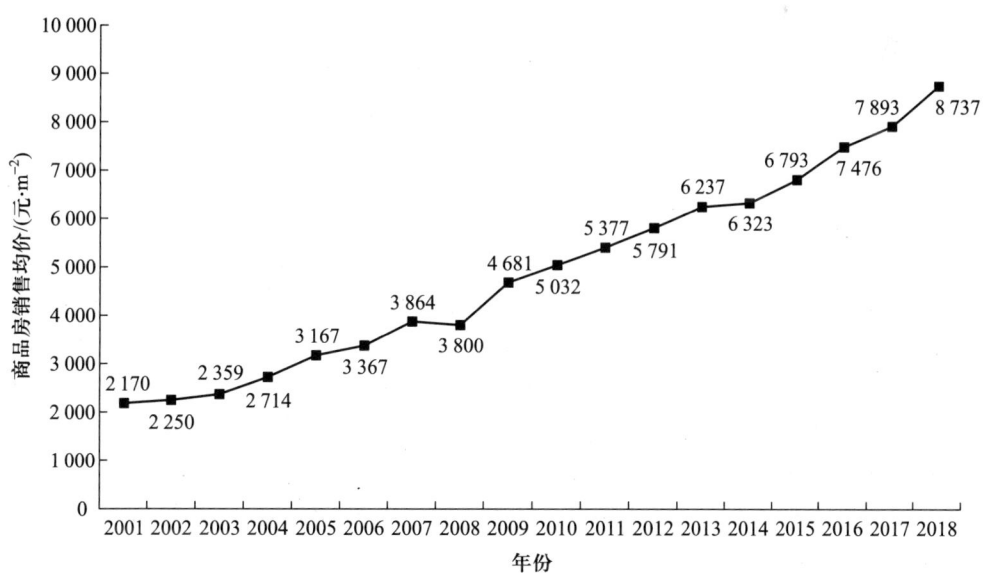

图 15-2　2001—2018 年中国商品房销售均价

资料来源:中国统计局网站

与全国平均水平相比,外来人口高度集聚的一线城市,其商品房价格飞涨(图 15-3),远高于城市平均工资水平的问题更为突出。2018 年,北京、上海和深圳的商品房价格均突破了 50 000 元·m⁻²,而大部分一线城市房价均在 20 000 元·m⁻²以上,过高的房价成为影响城市外来人口定居、本地居民改善住房条件的重大阻碍。而且对于特大一线城市而言,房价出现了圈层状分布的特点,中心区和近郊过高的房价导致城市的社会空间和阶层状况逐渐明显。例如 2018 年,上海市内环线以内商品房均价高达 107 730 元·m⁻²,内外环线之间为 54 150 元·m⁻²,外环线以外则为 20 151 元·m⁻²。而北京这一情况更为明显,二环内商品房均价为 9 万~18 万元·m⁻²,二环至三环则为 4 万~12 万元·m⁻²,三环至四环则为 5 万~10 万元·m⁻²,四环至六环则为 3 万~7 万元·m⁻²,六环外则是城市商品房价格较低的区域,为 1 万~5 万元·m⁻²,过高的房价成为天然的居住隔离屏障,导致城市居住空间的圈层化和隔离化,不利于城市的健康发展。

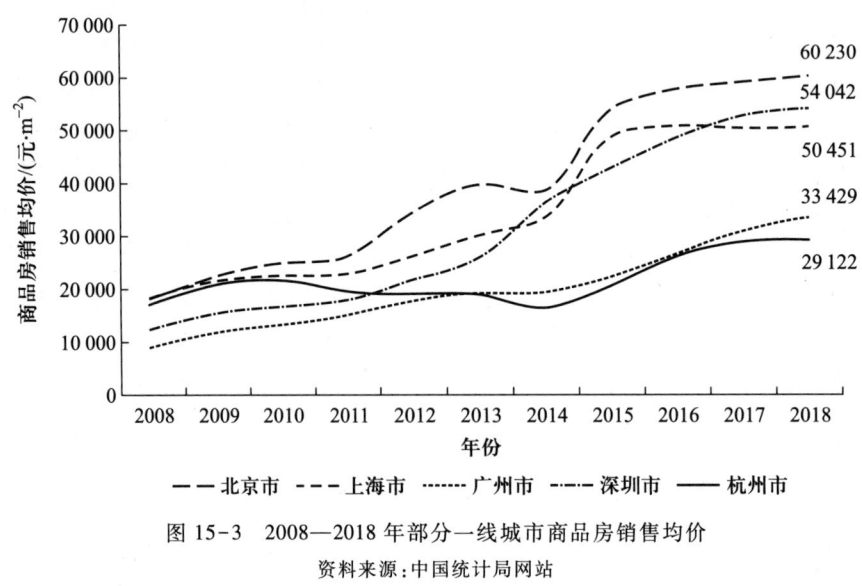

图 15-3　2008—2018 年部分一线城市商品房销售均价

资料来源:中国统计局网站

3. 保障性住房不足问题

房地产项目结构不合理,保障性住房发展缓慢表现为城市非住宅供应量过大,有的城市非住宅供应量占总量的 1/3。2000—2018 年间房地产开发投资额年均增长 10%以上,持续高速增长,商品房大量建设,但是高价位、大面积住房偏多,中低价位、中小户型普通商品住房的比例过低。而保障性住房投资额占房地产开发投资的比例由 2011 年 35%左右下降到 2018 年的 20%以下,直接导致低价商品房供应不足,房价上涨。

当前住房困难人群主要是:新增流动人口中低收入人群、城市拆迁释放出的中低端住户、低收入新组建家庭、低收入的老国有企业职工,无法支付高额房价导致住房困难,无法自身改善住房。

第二节　构建可持续发展的城市

自工业社会以来,在城市经济高速发展的同时,城市产生种种问题,如环境问题、交通问题、社会问题以及安全问题,"城市病"横行于大多数城市。随着经济的进一步发展和人们对城市良好环境的渴求以及意识的变化,通过城市建设与管理,谋求城市内人口、资源、社会、经济、环境的协调发展,既为当代城市居民的发展、城市经济的发展创造条件、提供方便,又为后代城市居民的更大发展提供基础的城市可持续发展思想成为当今城市规划与管理的重要法则。

一、可持续发展城市的内涵

可持续发展概念最广泛的定义和核心思想是:既满足当代人的需要,又不对后代人满足其需要的能力构成危害的发展。人类"应享有以与自然和谐的方式过健康而富有生产成果的生活的权利",并"为了公平地满足今世后代在发展和环境方面的需要,求取发展的权利必须实现"(《里约宣言》)。在这里,可持续发展把当代人赖以生存的地球及局部区域,看成是由自然、社会、经济、文化等多因素组成的复合系统,它们之间是既相互联系又相互制约的。在具体内容方面,可持续发展涉及可持续经济、可持续生态和可持续社会3方面的协调统一,要求人类在发展中讲究经济效率、关注生态安全和追求社会公平,最终达到人类生活质量的提高。这表明,可持续发展虽然起源于环境保护问题,但作为一个指导人类在21世纪的发展理论,它已经超越了单纯的环境保护。它将环境问题与发展问题有机地结合起来,已经成为一个有关社会经济发展的全面性战略。具体地说可持续发展主要体现在以下3个方面。

(1)经济可持续发展方面。可持续发展十分强调经济增长的必要性,而不是以环境保护为名取消经济增长,因为经济发展是国家实力和社会财富的基础。但可持续发展不仅重视经济增长的数量,更关注经济发展的质量。可持续发展要求改变传统的以"高投入、高消耗、高污染"为特征的生产模式和消费模式,实施清洁生产和文明消费,以提高经济活动中的效益。对中国来说经济增长方式从粗放型到集约型的根本性转变是可持续发展在经济方面的必然要求。

(2)生态可持续发展方面。可持续发展要求经济发展要与自然承载能力相协调。发展的同时必须保护、改善和提高地球的资源生产能力和环境自净能力,保证以可持续的方式使用自然资源和环境成本。因此,可持续发展强调发展需要节制,没有节制的发展必然导致不可持续的结果;同时又不同于以往环境保护与经济发展相脱离的做法,而是要求保护与利用合理地结合起来。可持续发展强调对环境资源的预防应该重于治理,要求在发展的整个过程中强调可持续发展而不是终端,从而在根本上解决环境问题。

(3)社会可持续发展方面。可持续发展强调社会公平是发展的内在要素和环境保护得以实现的机制。鉴于地球上自然资源分配与环境代价分配的两极分化严重影响着人类的可持续发展,因此发展的本质应包括普遍改善人类生活质量,提高人类健康水平,创造一个保障人们平等、自由、教育、人权和免受暴力的地球社会环境。这就是说,在人类可持续发展系统中,经济可持续是基础,生态可持续是条件,社会可持续才是目的。人类应该追求的是以人为目标的自然—经济—社会复合系统的持续、稳定、健康发展。

作为一个具有强大综合性和交叉性的研究领域,可持续发展涉及众多的学科,可以有不同重点的展开。例如,生态学家着重从自然方面把握可持续发展,理解可持续发展是不超越环境系统更新能力的人类社会的发展。经济学家着重从经济方面把握可持续发展,理解可持续发展是在保持自然资源质量和其持久供应能力的前提下使经济增长的净利益增加到最大限度。社会学家从社会角度把握可持续发展,理解可持续发展是在不超出维持生态系统涵容能力的情况下尽可能地改善人类的生活品质。科技工作者更多地从技术角度把握可持续发展,把可持续发展理解为建立极少产生废料和污染物的绿色工艺或技术系统。

可持续发展内涵所体现的基本原则如下。

(1) 公平性原则。可持续发展强调发展应该追求两方面的公平。一是代内公平,即本代人之间的公平。可持续发展要满足全体人民的基本需求和给全体人民机会以满足他们要求较好生活的愿望。当今世界的现实是一部分人富足,而占世界 20% 的人口处于贫困状态;占全球人口26% 的发达国家耗用了占全球 80% 的能源、钢铁和纸张等。这种贫富悬殊、两极分化的世界不可能实现可持续发展。因此,要给世界以公平的分配和公平的发展权,要把消除贫困作为可持续发展进程中特别优先的问题来考虑。二是代际公平,即各代人之间的平等。要认识到人类赖以生存的自然资源是有限的。本代人不能因为自己的发展与需求而损害人类世代满足需求的条件——自然资源与生态环境,要给子孙后代以公平的发展权。

(2) 持续性原则。持续性原则的核心思想是指人类的经济建设和社会发展不能超越自然资源与生态环境的承载能力。这意味着,可持续发展不仅要求人与人之间的公平,还要考虑人与自然之间的公平。资源与环境是人类生存与发展的基础,离开了资源与环境就无从谈及人类的生存与发展。可持续发展主张是建立在保护自然生态系统的基础之上的发展,因此发展一定得有必要的限制因素。人类发展对自然资源的耗竭速率应充分顾及资源的临界性,应以不损害支持地球生命的大气、水、土壤、生物等自然系统为前提。换句话说,人类需要根据持续性原则调整自己的生活方式、确定自己的消耗标准,而不是过度生产和过度消费。发展一旦破坏了人类生存的物质基础,发展本身也就衰退了。

(3) 共同性原则。鉴于世界各国历史、文化和发展水平的差异,可持续发展的具体目标、政策和实施步骤不可能是唯一的。但是,可持续发展作为全球发展的总目标,所体现的公平性原则和持续性原则,则是应该共同遵从的。要实现可持续发展的总目标,就必须采取全球共同的联合行动,认识到我们的家园——地球的整体性和相互依赖性。从根本上说,贯彻可持续发展就是要促进人类之间及人类与自然之间的和谐。如果每个人都能真诚地按"共同性原则"办事,那么人类内部及人与自然之间就能保持互惠共生的关系,从而实现可持续发展。

二、可持续的城市环境系统

作为城市可持续发展的基底,环境系统为城市的发展、人口的居住提供了充足的物质支撑,但随着经济社会的发展,城市产生了人口密集、工厂林立、交通阻塞、千城一面等建成环境问题,而且经济发展的粗放、意识形态的忽视致使环境遭到了严重的污染和破坏,直接威胁到居民身体健康和城市后续的可持续发展。

（一）可持续的城市自然环境

随着经济的发展,在城市的生产和生活中不断向自然界排放的各种污染物,超过了自然环境的自净能力,遗留在自然环境中,并导致自然环境各种因素的性质和功能发生变异,破坏生态平衡,给城市的生产、生活和城市居民的身体带来危害。而自然环境的可持续发展是一项长久的行为,需要城市多元主体的共同努力。

1. 强化政府监督管理力度

有关部门需要加强监管,出台相应的政策法规积极推广新能源燃料,给予补贴、处罚等多元化激励手段,从源头上遏制环境污染问题。依靠遥感影像、3S 技术等多样化的技术手法,动态监管城市环境的污染,对污染的企业、个人严格处罚,保障监督工作的及时性。完善环境保护的相关法律,用法律的强制手段保证城市环境的可持续发展,强化与科研部门的合作,探索治理环境污染的有效手段。加大城市自然环境保护的宣传力度,提升企业、个人的环境保护、节约集约意识,并充分依托个人、媒体的监督功能,共同完善环境污染监督体系,促进城市自然环境的可持续、健康发展。

2. 优化企业生产工艺,减少能耗和污染排放

传统工业企业也要注重科研投入,研发或引进比较先进的生产设备和生产工艺,提高能源的利用效率并减少污染物的排放。在排污端,通过采用比较先进的工艺,达到清洁生产的目的,对污染物和生产残渣进行二次处理和利用,做到排污达标,大力淘汰落后产污设备和生产工艺,以清洁生产和社会责任为重,培养企业的环境保护文化。针对生产中可能产生的噪声等社会危害,应积极探索相关的治理手段,保障周边居民的正常生活。此外应积极配合国家的相关政策法规,积极深化生产革新,承担环境保护的研发、推广责任,协助政府推动自然环境的和谐发展。

3. 树立环境保护的生活观,积极推广绿色低碳生活

作为城市生活的主体,城市居民应树立环境保护的生活观念,从基本生活方面做起,积极响应国家层面的政策战略,如"垃圾分类""节约用水"等要求,主动节约能源,购买绿色、清洁能源制品,选择绿色建筑、新能源汽车等低污染产品,抵制高污染、自然界难分解产品的购买(如塑料袋等)。此外积极参加城市环境治理工作,向企业、政府提出有效科学的意见建议,做好城市环境的监管工作,对违反《中华人民共和国环境保护法》行为或其他污染行为积极向有关部门反馈举报,共同提升城市环境的保护能力。

4. 以环境保护思想指导城市规划

用环境保护的思想指导城市规划,严格划定生态禁建区、限建区、水文保护区、自然保育区等区域,并严格限制城市在此类区域的开发建设活动,促进城市环境的可持续发展。合理布局生产生活区域,并妥善安置污水处理、垃圾处理设施,避免因分区导致的交叉污染现象。城市规划要集思广益,从选址选线、规划布局、总图布置方面综合考虑,切实贯彻环境保护的思想,对城市环

境的可持续发展提出自己的意见建议,真正改善城市的自然环境状况。

(二)可持续的城市建成环境

随着城镇化进程的加速发展,全球人口越来越多地集中于城市,大部分国民经济活动也趋向于城市。然而,城市的发展又离不开交通。不良的交通状况不但不利于城市的发展,而且会减缓城市内及城市间的物质与能量流通,降低劳动生产率,同时亦会消耗大量的能源,不利于达到可持续的要求。因此,为了建设生态化城市人居环境,就需要城市交通规划与之相适应。

1. 大力发展公共交通系统

公共交通载客多、占地面积少,同样的客运量公共交通所需的道路面积比其他交通方式节约数倍甚至几十倍,而且公共交通运行效率高,节约能源。因此,世界上很多大城市都把优先发展公共交通、压缩私人汽车交通作为主要的交通策略。

要发展公共交通,首先必须与土地利用规划相结合,两者之间存在着十分密切的联系。例如,将圣弗朗西斯科(旧金山)湾区的传统居住区与圣弗朗西斯科(旧金山)典型的新型郊区居住区相比较,就具有很强的说服力。由于前者具备不少 TOD(公共交通导向开发)社区的特征,因此,居民每天出行时,使用公共交通、步行、骑自行车的比例也比较大,而后者的居民出行主要依靠私人小汽车。所以,不难理解,无论是卡尔索普的 TOD 模式还是纳来逊的社区模式,均通过较高密度的综合土地利用来组织公共交通。希望以此鼓励人们使用公共交通工具,进而促进公共交通系统的发展。在具体的设计中,还需特别注意每个 TOD 内的车站位置。每个 TOD 的车站要与商业、零售等功能相结合,以便于 TOD 内的居民能步行到达。车站的设施必须完善,遮雨、安全、照明、无障碍等方面的要求均应顾及,以便为人们提供一个舒适的候车环境。

仅仅依靠土地利用规划尚不能完全奏效,还应辅以必要的其他措施,例如限制在市区中心行驶的小汽车数量,减少小汽车的停车车位,提高停车收费标准,提高汽车价格,征收汽油费,公布更严格的污染控制标准。此外,政府对公共交通体系也应提供一定的财政支持,例如纽约公共交通系统的补贴是55%,罗马为83%,阿姆斯特丹为78%,巴黎为53%。唯有如此,才能真正鼓励人们更多地使用公共交通系统。

目前,在私人汽车拥有量很高的发达国家,多已在其交通规划方面强调公共交通的作用,希望通过各种措施来减少人们使用私人小汽车的频率。因而,对于发展中国家而言,在面临城市大发展之时,更应制定以公共交通为主的交通规划,只有这样才能缓解日益加剧的交通矛盾,有利于生态化的城市人居环境的实现。为了保证发挥公共交通系统的作用,还必须解决好各种交通设施之间的换乘和城市中的停车等一系列问题。这样,才能满足人民日常生产生活等各种活动的出行要求,适应经济发展的需求。

2. 重视"低碳"交通

"低碳"交通方式(步行和骑自行车等)几乎是不消耗能源、也不污染环境的出行方式,有人也称其为"绿色出行"方式。然而,由于这两种出行方式都需要消耗人的能量,所以其实用的范围受到了一定的限制。这一特点必须在土地利用规划中予以考虑,一旦在土地利用规划中忽视这一点,必将使人们难以利用它。例如欧洲的国家,由于在土地利用中比较重视步行和骑自行车的交通方式,步行和骑自行车的出行比例就比较高。反观美国,这两种出行方式的比例就比较低。所以,为了提高步行和骑自行车的出行比例,必须从土地利用规划以及其他一些方面进行研究。

首先,要从人的体力及舒适性上考虑,在规划中确定合适的范围。例如 TOD 的基本模式是一个半径为 2 000 英尺①的范围,其用意就是希望处在 TOD 内任一点的居民,都能比较方便地步行到达设置在 TOD 中央部位的公共交通站。小社区模式的范围也是从普通人能接受的步行距离出发进行规划。在美国,认为步行时间在 5 分钟左右(约 1 500 英尺)是人们比较乐意接受的,如果超出适宜的步行距离太多,就可能趋向于驾车出行。根据这一原则,纳尔逊在其著作中,提出了如表 15-1 的步行距离建议。

表 15-1　纳尔逊的步行距离建议

步行范围	大致距离
对于社区中心	可呈长约 1 000 英尺的线状布置
从社区中心至社区边缘	1 000~1 500 英尺
从家至公共交通站	1 300~1 500 英尺
从家至工作单位	1 500~2 000 英尺
从家至社区设施、学校、娱乐场所	1 500~2 000 英尺

其次,必须考虑设施的问题,特别要注意满足安全与舒适的要求。在步行道、自行车道与机动车道交叉口,或者在接近停车场的地方,均要特别注意安全问题。交叉口的信号设施、残疾人无障碍设施、自行车停车场的停车设施等均需要经过仔细推敲。同时,无论是步行车道还是自行车道,都需要考虑沿途的视觉效果,有时亦可以与绿地系统相结合,保证为人们提供一个良好的景观。

发展"低碳"交通系统,不但对发达国家有重要意义,对于发展中国家也有重要的意义。这既有利于建设生态化的城市人居环境,又能发挥发展中国家的人力资源。

3. 发展"共享"交通方式

"共享"交通是伴随现代经济技术进步和社会发展而产生的一种新的交通形态,是城市交通发展的一种新模式。其特征是使用者依托信息技术平台,通过点对点的连接方式使用存量交通资源。共享交通主要由汽车共享(俗称"网约车")和自行车共享(俗称"共享单车")由组成,"网约车"包括快车、拼车、专车、出租车及顺风车服务。"共享单车"是指企业在校园、地铁站点、公交站点、居民区、商业区、公共服务区投放公共自行车,市民通过手机软件服务获取用车密码享受用车服务。共享交通是以市场需求为导向、以服务效率为基础的新型交通模式,其理念在于"共享经济"。

共享交通的出现,一定程度上缓解了城市交通供给不足的矛盾,给市民带来了更多的选择和多样化的出行方式,完善了城市交通系统,提升了市民的生活品质。相关研究指出共享交通出现

---

① 1 英尺 ≈ 0.305 m。

以后,仅次于公共交通的、占出行人数第二位的交通方式由出租车变为顺风车和低价快车。以网约车和共享单车为主导的共享交通的盛行,遵循了绿色交通的发展要求,在一定程度上缓解了城市热点区域的拥堵情况。共享单车的大数据指出,热门的共享单车使用区域,拥堵有较为明显的下降。以北京、广州、深圳3个一线城市数据为例,2016年工作日期间,北京三里屯、国贸等5个热点单车区域附近的拥堵指数下降了7.4%;广州5个最热的单车区域拥堵指数下降了4.1%;深圳热点区域拥堵指数下降了6.8%。节假日期间,北京和广州的热点区域拥堵率下降幅度分别为1.8%和1.4%,深圳的拥堵率下降幅度达到了7.1%。共享交通方式对于解决城市拥堵,践行低碳交通有极大的推动作用。

三、可持续的城市社会系统

城市社会问题的种类繁多,产生城市社会问题的原因也十分复杂,因此要构建可持续的城市社会环境,对城市问题的整治势在必行。城市社会问题的综合整治是个系统工程,在治理的过程中要坚持以下原则。

第一,整体性原则。在城市社会问题的综合整治中,贯彻整体性原则,就是要对城市社会问题进行历史的、系统的、全面的分析,从社会问题的内容、性质、特点到产生的原因、影响的范围和后果进行全面的分析,形成对社会问题的完整认识。在综合治理过程中分清主次,抓住主要矛盾,采取标本兼治的方法。以城市系统协调运行为目的,从整体效益出发考虑具体问题,使具体问题的解决服从于城市整体效益的要求。

第二,综合性原则。城市是集人口、物质、经济、社会的综合体,在治理城市社会问题时要从综合的角度考虑城市发展的效益,从经济效益、社会效益和环境效益3个方面来制订城市社会问题的防治措施。只有从综合的角度考虑城市社会问题,才能找到城市社会问题的根源,找到解决城市社会问题的办法,达到标本兼治的目的,才能保证城市经济、社会、环境效益的统一,促进城市的均衡发展,最终实现城市可持续发展。

第三,协调性原则。城市社会问题是城市系统不协调造成的。因此,城市社会问题的治理要以实现城市系统及要素的相互协调为目的。这就要求对城市社会问题的治理要考虑目标和利益是否与整体以及其他系统的目标和利益相协调,考虑本系统的社会问题的解决是否有利于其他系统和整体社会问题的解决。

第四,具体问题具体分析原则。由于城市社会问题的特殊性,同一种城市社会问题在不同的城市其形成原因、表现方式、危害程度及防止手段也是不同的,因此,要坚持具体问题具体分析的原则,切不可一刀切。要从深入细致的调查入手,掌握第一手实际资料,对城市社会问题进行具体的分析,对症下药,探索切实可行的解决方案。要根据问题产生、发展的原因及其与社会的关系,采取政治的、经济的、法律的、行政的、教育的、思想上的综合措施,调整社会关系,解决社会问题,实现城市可持续发展。

(一)可持续的城市人口系统

以中国老年人问题和贫困问题为例,说明如何整治城市社会问题以及如何构建可持续的城市人口环境。

1. 老年人问题

2019 年，中国 60 岁以上老年人口已达到 2.54 亿。中国是世界上老年人口最多的国家，同时也是人口老龄化速度最快的国家之一。在这种境况下，需要充分考虑老年人的多种需求。① 个体需求。老年群体里每个个体由于成长经历、性格以及处世态度的不同，每个个体都有具体需求。面对老年个体显著个性化的状况，社会保障、养老设施等要作出适时的调整，社会保障体系中对特困老人、高龄老人要尽可能给予充分照顾。② 微小需求。比如老年人的膳食结构要注意营养物质的摄入，注意微小环境变化与老年人适应能力的关系。③ 交往的需求。满足老年人交往需求，对城市发展提出了新的要求，需要城市不断提出新的解决方案。如现有城市建筑大多以楼房、高塔楼为主，随着老年人的增多，更多的老年人居住在高层居室中，行动不便，遇到不利天气或电梯故障，老年人就不容易自由外出。由于老年人大量增加，如果在每层或邻近几层设立老年公共活动室，将十分有利于老年人的交流活动。

强化社区养老职能。随着城市经济的发展，社区应当成为城市可持续发展的基本单元。不同社区各自发展，彼此形成持续发展的网络体系。可持续发展十分重视"以人为本"的原则，社区物质文明和精神文明建设应当重视本社区每个成员的全面发展。作为直接联系老年人的社会组织，城市社区可以而且也能够为老年人提供各种服务，在社区内部构建功能完善的养老服务体系，突出"养老、敬老、帮老"的地位。

建立城市老年金融机构。城市人口老龄化速度不断加快，需要建立专门机构加强老年工作。目前，各地相继建立老龄工作委员会，在解决和协调老年人问题中发挥重要作用。然而，老年人生活保障、老年产业发展等还需要强大的经济基础。经济基础的建立既不能完全依赖社会或个人捐助，也不能依靠国家长期无偿拨款。面临不断壮大的老龄群体，建立商业化的城市老年金融机构具有重要意义。

2. 贫困问题

中国改革已进入了全面攻坚阶段，就业压力越来越大，按要素分配制度的合法化，城镇化过程中剩余农村劳动力的冲击，以及老年社会的来临，都将使中国城市贫困有进一步扩大的趋势。构建和谐、可持续发展的城市必须采取一定的措施来消除贫困问题。要消除贫困，必须建立健全保障人们在生存、发展方面权益的诸项制度，包括社会保障制度、就业保险制度、医疗保险制度、养老保险制度、教育制度等。就中国城市而言，贫困在很大程度上是体制缺陷造成的，实质是体制贫困，所以，反贫困的重点在于体制创新。具体来说就是要通过建立基本的社会保障制度去预防贫困，通过实施有效的就业、医疗、教育体制去缓解贫困，逐步创造消除贫困的经济和社会条件。

建立健全城市社会最低生活保障制度是城市反贫困的基本制度。"低保"不仅是城市居民最低的生活保障，而且是城市改革开放、发展繁荣的基本保障。享受"低保"不仅是城市公民的权利，也是各级政府应尽的义务。

将非正规就业正规化、经常化，构建城市反贫困的就业新体制。解决就业是反贫困的长远之计。囿于计划经济的习惯，国人对就业的理解是要在行政事业单位或国有大中型企业有一份正式、稳定的工作，而将从事个体、私营经济活动或家庭、社区劳务活动看作是非正式的、临时性的工作。因此,在寻求就业的过程中,重视正规就业忽视非正规就业,把解决就业的希望更多地寄于政府。随着社会主义市场经济体制的不断完善和发展,"小政府、大社会"的格局正在形成,社区在城市社会生活中扮演着越来越重要的角色,加之知识经济和信息社会的到来,城市社会已进入追求生活质量阶段,提高城市生活质量的环保产业、住宅产业也日趋重要。在此基础上,老龄消费和休闲消费增加,城市公共服务业和私人服务业也产生长足发展,从而为城市非正规就业提供了千载难逢的机遇。

反贫困的医疗体制和教育体制。医疗的困难已经是城市中许多低收入者最大的困难之一。在现有的医疗卫生体制下,实施医疗扶贫将是一项比最低生活保障制度更为复杂的行动体系,它需要各个城市政府及其卫生、劳动与社会保障和民政等部门的密切配合,并有基层社区和居民群众的广泛参与才能有效地实施。城市教育扶贫不仅是满足贫困家庭子女当前受教育的需要,而且是防止贫困代际传递和防止贫困文化产生的必要措施。在教育扶贫有益的实践下,教育扶贫更多地体现反对歧视和防止"贫困烙印"的原则。

(二) 可持续的城市安全系统

城市公共安全是城市可持续发展的基本条件,没有城市社会、经济与生态环境的稳定与安全,就不会有城市的可持续健康发展。可持续发展已成为中国现代化建设的一项重大战略。加强城市的防灾和减灾,使城市安全在任何情况下都能得到保障,不但可以保护城市居民的生命财产安全,而且可以减少经济损失,减轻城市破坏,对保持国民经济和城市的可持续发展具有十分重要的意义。

1. 重视立法和体系建设,从程序上保证城市公共安全体系建设和运行

组织机构健全是城市公共安全的重要保障,城市公共安全系统需要将事故预防、灾害预警、应急反应和灾后处理形成一个整体,而各个环节的协调一致需要政府和各级组织管理部门的积极组织,这需要从立法上给予保证,明确责任,建立统一的组织机构,理顺城市公共安全综合管理体制,从而建立完整的城市公共安全保障体系。同时,通过立法程序确定社会各界和公民在社会生活中的地位、责任、义务和权利,以确保社会体系在紧急状态下的稳定和有序。

2. 发挥政府主导作用,保证建设资金超前投入

城市公共安全是涉及内容十分广泛的系统工程,必须发挥政府主导作用才能使其充分发挥作用。首先,要运用政府的宏观调控能力,设定城市公共安全的总体发展目标,制定科学的安全规划,通过体制和机制创新,建立与城市社会经济发展相适应的城市安全体系,综合运用工程技术以及法律、行政、经济和教育等手段,全面提高城市安全与防灾减灾能力。其次,要发挥政府在政策制定和舆论导向方面的功能,制定科学的城市安全制度规范和体系,有效地节制人类自身的行为。再者,要强化政府在国民收入分配与再分配工作中的职能,加大公共安全领域的投入。城市安全系统的完善和建设需要资金,这种投入既具有公益性又具有战略性,因此,要保证持续和超前的投入。由于产出的效益是社会性的,并且是滞后的,市场机制的调节作用有限。因此,城市安全系统的完善与建设迫切需要政府从全民利益出发给以必要的保障,需要投入足够的资金,尤其在公共工程和基础设施方面,作为主体的政府投入具有决定性的作用。

3. 建立完善的城市安全防护体系和保障机制

城市的安全防护应从系统学的角度出发,用系统分析的方法加以分析和评价,使之具有总体和综合的特性,建立完善的城市安全防护体系和保障机制,如事故预防、灾害预警、应急反应和灾后处理等环节的综合考虑。对可能发生的主要灾害的破坏程度和后果进行预测;建立各种综合的防灾系统并使之互相联网;加强各类建筑物和城市经济设施、基础设施的抗灾能力;把城市安全防护作为一个系统,从人口到物资、城市设施、经济设施实行全面的防护;强化政府对各种灾害的应急能力,在关注以往发生过的地质地貌灾害、气象灾害、生物生态环境灾害等的同时,要特别注意应对城市信息灾害、城市恐怖袭击灾害、城市经济恐慌灾害等新的灾害。

4. 把科学技术作为主要的技术手段,强化高新技术集成

城市安全的保障程度在很大程度上取决于科学技术的水平,因此,要加强城市安全方面的科学技术研究,对城市公共安全可能面临的重大问题做出预测,进行相应的物资和技术储备,加大投资力度,增加科技含量,促进城市防护和防灾的现代化建设。要特别注意发挥现代信息技术和媒体技术在城市安全中的作用,发展数字城市和城市安全网络等高新技术,建立现代化的城市安全防御系统、灾害预警系统和应急救援系统。

5. 动员全社会力量,齐心协力,确保城市安全和持续发展

城市安全需要人的参与,因此,要保障城市安全,必须重视人的思想意识问题。一方面,可通过科技文化教育、政治思想教育、可持续发展教育和环境教育等多种形式,增强社会组织和个人的社会责任感,增强整个社会的凝聚力,提高全社会对城市公共安全的认识,使城市公共安全系统覆盖到城市每一个居民。另一方面,要通过各种形式,向广大市民广泛普及防御地震、火灾等灾害的常识,使市民了解和掌握发生地震和火灾的自救方法,要在社会各个层面开展安全和灾害防御知识和技术的培训工作,适时进行应对突发事故的演习和训练,不断提高市民的防灾意识和应对灾害的技巧。再者,要实现政府专职城市安全部门、民间科研机构、市民参与意识一体化。政府专职城市安全部门对城市灾害进行预测并组织训练,进行安全教育,对灾害进行定量分析等;民间科研机构作为政府职能部门的延伸,参与城市公共安全问题与对策的研究。通过政府专职城市安全部门、民间科研机构和市民的共同努力,提高城市公共安全综合保障水平。

四、可持续的城市经济系统

可持续的经济增长是在经济总量达到一定阶段的情况下,能源消耗与生态环境改善、经济增长结构优化等经济增长质量方面表现出的与经济增长数量扩张路径的一致性、协调性,使经济运行中的宏观成本总量最小化、结构最优化。可持续的经济增长是在不降低生态环境质量、不破坏能源资源基础上的经济增长,是更好的利用和更健康的发展。从结果来看,可持续的经济增长包含能源消耗的高效与生态环境的改善、国民经济综合素质的提高及福利分配的改善等经济增长质量方面的维度。

（一）可持续的城市产业发展

1. 坚持绿色、低碳的城市经济发展思维

绿色发展，是基于宏观成本考虑的经济可持续增长的新路径，通过创造全新的环保产品市场、加大生产环节研发力度和资金投入、改变消费模式等措施，使经济增长摆脱对能源资源、碳排放和破坏环境的依赖，从而达到提高经济增长质量的良性循环。在经济进入"新常态"的发展背景下，绿色发展是经济增长可持续性的保证，即只有在考虑环境、能源、人力资本等的宏观成本的背景下的经济增长，才是有质量的经济增长。在经济增长模式转型的时期，应当鼓励传统行业向绿色发展模式转型，同时大力支持新兴绿色工业和服务业部门的发展。通过技术研发、科技创新脱离对于能源使用、污染排放、环境破坏的严重依赖，并通过创造新的绿色产品、科技、投资，以及变革购买与节约行为来推动经济更加绿色、健康、低碳地增长。

2. 稳步走循环经济的城市经济系统发展道路

循环经济是对传统的发展理念、经济模式和经济学基础的发展和前进，以资源循环利用为客观基础，其主张通过技术手段以科学、有效的方式实现资源的循环利用，其发展目的就是为了寻求资源可持续利用、环境保护、生态恢复与经济发展的平衡。传统城市经济发展中依靠先污染再治理的方法对于生态环境造成了巨大破坏且修复能力有限，在环境保护方面花费大量的成本且没有很好的收益，另外，依靠污染控制技术使得末端的所谓的污染物没有被利用，造成了资源的浪费。而循环经济则通过资源的循环利用，既能保持生产的发展，又能减轻资源的消耗，减少排出，从而将经济活动对自然环境的影响控制到最低的程度。循环经济可以从经济活动的源头节约资源和降低污染，并在产品制造、消费、回收等各个环节系统地最大限度地减少污染物的排放，并且随着产业链条的增加，为城市提供了更多的就业岗位，促进城市就业问题的解决。

3. 制定并完善节能减排、产业升级方面的政策法规

政府作为城市经济系统可持续发展的主体，为有效降低经济增长中的其他主题惰性和散漫性，提升经济增长可持续性，必须在减排、环境保护和产业升级方面履行其公共职能。必须采取严格的减排、环保和基于新旧动能转换的产业升级重组政策，提高环保标准，减少以牺牲环境为代价的增长，努力提高绿色增长，从法律和战略层面推动产业升级和调整工作的稳步进行。在此基础上，还必须引入基于市场的灵活有效的政策实现机制，包括市场化的减排碳机制、环保激励机制和产业升级机制。修订和完善准入条件，严格限制高耗能、高排放和资源性行业准入，将区域环境资源保护和充分利用作为主要决策制定的基本依据。在法规方面，需要建立强有力的环境、排放和能效标准以及产业升级标准、部署，推动城市产业健康、可持续和稳步的发展，提升城市的经济竞争力。

（二）可持续的城市住房体系

城市住房问题，一直是热点民生话题，如果处理不好，将直接影响房地产产业的健康发展、外来人口的落地和城镇化的发展，进而影响整个城市经济系统和社会系统的稳定，因此需要国家和

城市的管理者从健全机制体制、强化供应体制等多个方面进行调控,构建可持续的城市住房产业和住房体系。

1. 构建新型可持续的城市住房供应体系

新型住房供应体系的重点应该是从供给角度的"补砖头"形式转向需求角度的"补人头"形式。例如美国从公共住房供给政策转变为租金补贴及贷款担保政策;德国从"住房统制经济"下的社会住房等供应政策转变为"社会市场经济"下的住房补助金需求政策,注重对弱势群体的帮扶。随着住房保障财政压力的加大,以及住房市场逐步平衡,保障性的住房供应逐步由政府独立供给与维护,转向政府、企业、非营利组织、私人机构以及其他公共机构之间的合作。例如美国自20世纪80年代起,地方政府以及各类非营利机构便成为住房项目开发和实施的中坚力量。德国则通过补贴大型住房企业承担住房建设,并形成了以合作社建房为主的多渠道住房供应体系。充分利用社会力量和企业力量,在政府主导下进行保障性住房的建设,实现保障性住房和商品住房同步供应的体系,解决低收入人群的住房问题。

2. 完善住房政策管理、保障的法律体系

法律制度是提升住房政策和措施效能的保证。住房法律的功能在于明确住房政策的基本目标,规定住房保障的实现方式,确定住房发展规划等。一方面,政府部门应该制定更为严格的法律保障措施,强化对房地产市场的监督和管理,抑制过快上涨的房价和市场上"双合同""一房多卖"等抬高房价、损害购房者合法权益的行为。另一方面,也应出台相应的政策法规,基于"住有所居"的理念,扩大保障房的保障范围,保障低收入群体的居住权益,例如硬性要求房地产开发企业开发楼盘的小面积刚需产品比例,合法维持保障性住房的比例等。此外,政府部门应完善动态监管、征信体系,充分依靠媒体、市民的力量,对房地产市场和保障房市场进行及时的跟踪反馈,维持房地产市场的稳定和保障性住房的合理分配、使用。

3. 优化、健全住房金融市场

优化现有住房公积金制度体系,通过提供不同幅度的优惠利率贷款,做到有针对性地满足人们住房融资需求。建立类似德国的住房合作社金融制度和"先存后贷"合同储蓄模式,着力发展互助式的储蓄住房金融,减轻居民贷款负担。按照实际状况和发展需求,逐步鼓励不同城市设立互助性和储蓄性金融机构,在提供居民储蓄的同时,也提供住房金融服务。完善住房金融市场,构建住房金融市场体系,积极推行住房抵押贷款证券化,完善贷款担保机制,降低贷款门槛,激活和释放普通居民的住房消费,从而促进目前城市房地产存量过多的问题。

4. 稳步改善住房政策环境,推进住房政策平稳实施

推进社会福利与住房脱钩,逐步剥离住房附加功能,促进住房系统的公平化和市场化。适度建立城市新区与特色小城镇,逐步改善二、三线城市社会政策,为外来人口提供优质公共服务,促进外来人口的落地和住房问题的解决。住房政策在制定上应树立跨地域、整体全面和差异化思维,以大都市区战略为主,兼顾中小城镇战略,形成与各自地域面积、发展状况和人口水平相匹配的差异化政策。将住房规划纳入城市整体开发计划中,提升住宅规划的地位,整合住房建设与交

通、公共设施的配套建设,推进职住平衡。相关部门在住房供应的规划决策时应突破"孤岛效应",积极采纳社会各界的科学意见,形成底层意见直通顶部决策的通道机制;给予社会参与的住房合作社模式一定的政策自由,推进住房公共管理从行政管理向服务社区转变。

思考题

1. 现代城市主要有哪些问题?
2. 试分析城市大气污染、雾霾天气的成因。
3. 简述城市经济发展问题。
4. 简述城市贫困问题。
5. 如何构建可持续发展城市?
6. 如何以人为本地解决城市问题?

参考文献

[1] 拉普卜特 A.建成环境的意义:非言语表达方法[M].北京:中国建筑工业出版社,2003:132-133.

[2] 柏兰芝.如何思考城市问题[J].国外城市规划,2006,21(5):4-6.

[3] 陈易.城市建设中的可持续发展理论[M].上海:同济大学出版社,2003:1-19.

[4] 代嗣俊,董殿文,芦清文.煤炭资源型城市可持续发展的对策研究[J].经济师,2018(3):51-52.

[5] 方创琳,李广东,张蔷.中国城市建设用地的动态变化态势与调控[J].自然资源学报,2017,32(3):363-376.

[6] 顾朝林,陈果,吴缚龙.中国新城市贫困研究[J].社科研究,2006,11(45):55-63.

[7] 何振德,金磊.城市灾害概论[M].天津:天津大学出版社,2005:14-38.

[8] 金磊.中国城市安全警告[M].北京:中国城市出版社,2002:3-90.

[9] 姜玉培,甄峰,孙鸿鹄,等.健康视角下城市建成环境对老年人日常步行活动的影响研究[J].地理研究,2020,39(3):570-584.

[10] 刘海猛,方创琳,黄解军,等.京津冀城市群大气污染的时空特征与影响因素解析[J].地理学报,2018,73(1):177-191.

[11] 罗桑扎西,甄峰,尹秋怡.城市公共自行车使用与建成环境的关系研究——以南京市桥北片区为例[J].地理科学,2018,38(3):332-341.

[12] 彭丽思,孙涵,聂飞飞.中国大气污染时空格局演变及影响因素研究[J].环境经济研究,2017,2(1):42-56.

[13] 仇保兴.紧凑度和多样性——我国城市可持续发展的核心理念[J].城市规划,2006,30(11):18-24.

[14] 汤晔峥.城市文化遗产保护规划技术形态解析与思考[J].城市规划,2016,40(11):38-48.

[15] 唐恢一.城市学[M].修订版.哈尔滨:哈尔滨工业大学出版社,2004:222-237.

［16］王振坡,员彦文,王丽艳.我国城市住房政策的思路转变:构建可负担住房发展框架
［J］.学习与实践,2017(7):52-60.

［17］吴良镛.吴良镛城市研究论文集(1986—1995)［M］.北京:中国建筑工业出版社,1996.

［18］向德平.城市社会学［M］.武汉:武汉大学出版社,2002:243-275.

［19］许学强,张俊军.广州城市可持续发展的综合评价［J］.地理学报,2001,56(1):54-63.

［20］许学强,姚华松.农民工——趋势、属性、问题与制度创新［R］//《中国城市发展报告》
编辑委员会.中国城市发展报告(2006).北京:中国城市出版社,2007:197-206.

［21］杨宝路,冯相昭.我国共享交通的现状、问题分析与发展建议［J］.环境保护,2017,45
(24):49-52.

［22］殷成志,杨东峰.希腊的规划体系和城市文化遗产管理［J］.国际城市规划,2017,32
(1):123-129.

［23］余建辉,李佳洺,张文忠.中国资源型城市识别与综合类型划分［J］.地理学报,2018,73
(4):1-11.

［24］周春山,胡锦灿,童新梅,等.广州市社会空间结构演变跟踪研究［J］.地理学报,2016,
71(6):1010-1024.

［25］周春山,童新梅,王珏晗,等.2000—2010年广州市人口老龄化空间分异及形成机制
［J］.地理研究,2018,37(1):103-11.

［26］Berry B J L,Horton F E. Geographic perspective on urban systems with intergrated readings
［M］.Englewood,NJ:Prentice-Hall,1970.

［27］Zhou C S,Chen J,Wang S J. Examining the effects of socioeconomic development on fine
particulate matter($PM_{2.5}$)in China's cities using spatial regression and the geographical detector tech-
nique［J］.Science of the Total Environment,2018,619-620:436-445.

［28］Zhou C S,Li S J,Wang S J. Examining the impacts of urban form on air pollution in develo-
ping countries:a case study of China's megacities［J］.International Journal of Environmental Research
and Public Health,2018,15(8):1565.

［29］Herbert D. Urban geography:a social perspective［M］.New Abbot,UK:David & Charles,
1972.

［30］King L J,Golledge R G. Cities,space,and behavior:the elements of urban geography［M］.
Englewood,NJ:Prentice-Hall,1978.

［31］Mayer H M,Koho C F. Readings in urban geography［M］.Chicago:University of Chicago
Press,1959.

［32］Michael P. Urban geography:a global perspective［M］. 2nd ed. London:Routledge,2005.

［33］Li S J,Zhou C S,Wang S J,et al. Dose urban landscape pattern affect CO_2 emission effi-
ciency? Empirical evidence from megacities in China［J］. Journal of Cleaner Production,2018,203:
164-178.

［34］Skort J R. An introduction to urban geography［M］.London:Routledge & Kegan Paul,1984.

第一版后记

1993 年，我们接受了高等教育出版社"八五"教材建设规划中《城市地理学》的编写任务。城市地理学在我国发展历史虽然较短，但由于这门学科已在经济建设中发挥着重要作用，大学地理系和城市与区域规划系也已普遍开设此课程，因而从事城市地理研究的队伍不断壮大，亦有不少研究成果，但目前尚无一本体系较完整的基本理论教材。我们正是在这样的背景下，在现有文献和教学实践的基础上，充分吸收国内外有关科研成果，编写了这本教材。

在编写过程中，我们特别注意以下几点：① 系统地介绍城市地理学的基本理论、方法和基础知识；② 力求反映我国城市地理学的理论研究成果和实践经验，使该书具有中国特色；③ 定性与定量相结合，以提高理论的深度和应用的广度；④ 每章之后附有参考文献，为学生和研究人员进一步学习提供方便。

教材的初稿经我国城市地理学前辈——华东师范大学的严重敏教授审稿，并对教材提出了十分中肯的评价和修改意见。送审稿完成后，为了及时从多方面了解到有关教材的反馈意见，也为了使有关专业的教师和学生尽早用上教材，我们胶印了该教材。在交付严重敏教授审校同时，有关学校和个人也拿到了送审稿。

根据审稿和其他方面的反馈意见，我们对全书做了修改。虽尽了很大努力，但限于水平和时间，这本教材难免还有许多不足之处，望读者不吝赐教，非常感谢。

本书共分十二章，第二、六、七、九章，第三章第二、三节，由周一星撰写；第四、五章，第八章一、二、三、四节由宁越敏撰写；第一、十一、十二章由许学强、闫小培撰写；第十章，第三章第一、四节，第八章第五、六节由许学强、李立勋撰写，全书由许学强统稿、修改及定稿。

编者
1995 年 7 月于中山大学

第二版后记

1993 年我们接受高等教育出版社《城市地理学》的编写任务。该书 1997 年出版,2000 年荣获教育部科技进步三等奖。

为适应时代发展,我们决定对《城市地理学》进行修订完善。在修订过程中,我们力求坚持原书的基本特点:① 系统地介绍城市地理学的基本理论、基本方法和基础知识;② 力求反映我国城市地理学的理论研究成果和实践经验,使该书具有特色;③ 定性与定量相结合,以提高理论的深度和应用的广度;④ 每章之后附有参考文献,为学生和研究人员进一步学习提供方便;⑤ 保持原书的结构体系与框架基本不变。

在修订过程中,根据近年来城市和城市化的发展以及国内外学术界研究成果,对部分内容有所增减。增加的内容有城市的功能地域、信息技术革命与城市发展、地租与土地制度、开发区、城中村及城市问题中的可持续发展问题等。减少的内容主要是有关早期中外城市发展的历史等,压缩了中心地理论的章节。其余大部分章节都尽可能地用最新研究成果进行了更新,局部章节作了调整。

此外,在原有参考文献的基础上进行了增删,仍附在各章之后。在全书之后列出了主要参考书目,因为这些参考书的内容几乎与大部分章节有关。每章之前对该章内容作了引导性介绍,每章之后增列了思考题。

华中师范大学刘盛佳教授审阅了书稿,提出了十分中肯的评价和修改意见。同时中山大学承担城市地理学教学任务的刘云刚老师也提出了不少修改意见。在此特致衷心的感谢。我们根据审稿意见做了修改。

本书共分 13 章,第二、六、七、九章,第三章第二节、三节由周一星撰写修改;第四、五章,第八章第一、二、三节由宁越敏撰写修改;第一、十、十一、十二、十三章,第三章第一、四、五节,第八章第四、五节由许学强、闫小培、周春山、李立勋、林耿撰写修改。全书由许学强统稿、修改及完稿。刘艳艳协助许学强做了大量具体的工作。

徐丽萍副编审、南峰编辑在本书的撰写、修订、出版过程中做了大量组织、指导工作,表示诚挚的谢意。

在修订过程中,虽尽了很大努力,但限于水平和时间,本书难免还有许多疏漏和不当之处,望读者不吝赐教,非常感谢! 望同仁志士,特别是中青年学者,共同努力,推动中国城市地理学健康发展,为祖国的美好未来贡献我们的一份力量。

许学强

2008 年 10 月于中山大学

读者意见反馈

为收集对教材的意见建议，进一步完善教材编写并做好服务工作，读者可将对本教材的意见建议通过如下渠道反馈至我社。

咨询电话　400-810-0598
反馈邮箱　hepsci@pub.hep.cn
通信地址　北京市朝阳区惠新东街4号富盛大厦1座
　　　　　高等教育出版社理科事业部
邮政编码　100029

防伪查询说明

用户购书后刮开封底防伪涂层，使用手机微信等软件扫描二维码，会跳转至防伪查询网页，获得所购图书详细信息。

防伪客服电话　（010）58582300